신화
이론화하기

⑭ 신화 종교 상징 총서

Theorizing Myth
신화 서사, 이데올로기, 학문
이론화하기

지은이/ 브루스 링컨
옮긴이/ 김윤성·최화선·홍윤희
펴낸이/ 강동권
펴낸곳/ (주) 이학사

1판 1쇄 발행/ 2009년 9월 15일
1판 3쇄 발행/ 2025년 7월 1일

등록/ 1996년 2월 2일 (신고번호 제1996-000015호)
주소/ 서울시 종로구 율곡로13가길 19-5 우03081(연건동 304)
전화/ 02-720-4572 · 팩스/ 02-6919-1668
홈페이지/ ehaksa.kr
이메일/ ehaksa1996@gmail.com
인스타그램/ instagram.com/ehaksa_
페이스북/ facebook.com/ehaksa · 엑스/ x.com/ehaksa

한국어판 ⓒ (주) 이학사, 2009. Printed in Seoul, Korea.
ISBN 978-89-87350-26-4-04100(세트)
    978-89-6147-125-1-94200

THEORIZING MYTH: NARRATIVE, IDEOLOGY, AND SCHOLARSHIP by Bruce Lincoln
Licensed by The University of Chicago Press, Chicago, Illinois, U.S.A.
Copyright © The University of Chicago, 1999
All rights reserved.

Korean Translation Copyright © 2009 by Ehak Publishing Co., Ltd.
All rights reserved.
Korean edition is published by arrangement with
The University of Chicago Press through Guy Hong & Company, Korea.

이 책의 한국어판 저작권은 (주) 이학사가 가지고 있습니다.
저작권법에 의해 한국 내에서 보호를 받는 저작물이므로 무단 전재와 무단 복제를 금합니다.

＊책값은 뒤표지에 표시되어 있습니다.

14 신화 종교 상징 총서

Theorizing Myth

신화 이론화하기

서사, 이데올로기, 학문

브루스 링컨 지음
김윤성 · 최화선 · 홍윤희 옮김

이학사

일러두기

1. 이 책은 Bruce Lincoln, *Theorizing Myth: Narrative, Ideology, and Scholarship*(The University of Chicago Press, 1999)을 우리말로 옮긴 것이다.
2. 주요 인명과 도서명(논문명)은 처음 나올 때 한 번 원어 병기를 하는 것을 원칙으로 하였으나, 관련 주석에 원어가 나오는 일부 인명과 도서명(논문명)의 경우 본문에는 원어 병기를 하지 않았다. 도서명의 병기는 원서를 따르는 것을 원칙으로 하되, 영어로 표기된 일부 도서명의 원어는 〔 〕속에 밝히기도 하였다. 외국 인명, 지명 등은 현행 외래어표기법을 기준으로 표기하는 것을 원칙으로 하였으나, 표기 원칙이 정해지지 않은 것은 일반적으로 통용되고 있거나 굳어진 표현을 사용하였다.
3. 원서의 이탤릭체는 한글 고딕체로(이탤릭체 중 도서명은 『 』로) 표기하였다. 단 이탤릭체로 된 단어를 원어 그대로 사용해야 할 경우에는 이탤릭체로 표기하였다. 원서의 ""는 직접 인용일 경우 ""로, 간접 인용이나 강조일 경우 ''로 표기하되, 그중 논문명, 성서명은「 」로 표기하였다.
4. 본문의 내용 이해와 독서 편의를 위해 본문에 나오는 인명이나 용어 중 옮긴이의 추가 설명이 필요하다고 판단된 경우는 해당하는 단어가 처음 나올 때 단어 뒤의 어깨에 별표(*)를 붙이고 그 내용을 권말에「옮긴이의 인명 및 용어 설명」으로 정리하였다.
5. 지은이의 주석은 원서에 준해 1, 2, 3으로 표기하고 미주로 처리하였으며, 옮긴이의 주석은 †로 표기하고 각주로 처리하였다. 일부 장의 첫 페이지 하단에 #로 표기한 각주는 지은이의 것이다.
6. 부호의 쓰임은 다음과 같다.
『 』: 도서명
「 」: 논문명, 성서명, 단편명
《 》: 오페라명
〈 〉: 곡명, 강연명, 심포지움명
〔 〕: 인용문, 괄호 안에서는 지은이의 부연 설명. 본문에서는 옮긴이의 부연 설명
〔* 〕: 인용문, 괄호 안의 옮긴이의 부연 설명

미네소타대학의 '담론과 사회 비교 연구 프로그램'을 함께한
리처드 레퍼트와 여러 친구 그리고 동료들에게 이 책을 바친다.

존 아처   존 모위트

버드 듀발   케이트 포터

짐 게리티   지아나 포마타

앤 게리티   말로스 루디

테드 후터스   요헨 슐테-잣세

앨런 아이작먼   모니카 스텀프

리제트 조세파이즈   데이비드 실반

조지 립시츠   게리 토마스

지니 롱   허넌 비달

윌리엄 멀랜드라   앤 워터스와 린제이 워터스

수잔 맥클레리   폴라인 유

엘렌 메서-다비도우 토니 자하리아스

로저 밀러

차례

머리말 7

제1부 그리스인들의 **뮈토스** 19

1장 **뮈토스**와 **로고스**의 옛 역사 21
2장 호메로스로부터 플라톤을 거쳐 48

제2부 신화의 근대사 91

3장 르네상스에서 제2차 세계대전까지 신화의 역사 93
4장 존스 경의 기원 신화 139
5장 니체의 "금발의 야수" 177
6장 뒤메질의 게르만 전쟁 신 207

제3부 새로운 방향들 233

7장 제2차 세계대전에서 현재까지(아마도 조금 더) 235
8장 플루타르코스의 시빌라 264
9장 『가우트렉의 사가』와 선물 여우 282
10장 황소의 탄식 다시 읽기 301
11장 산스크리트 학자와 존스 경 315

후기: 신화로서의 학문 339

주석 357
부록: 옮긴이의 인명 및 용어 설명 513
옮긴이의 말 541
찾아보기 551

머리말

 '신화'에 관해 간단명료하게 정의를 내리는 데서 시작해도 좋을 것이다. 하지만 안타깝게도 그럴 수가 없다. 사실 **어떤 식으로든** 정의를 내리고 시작하는 것이 좋기는 하겠지만, 그렇게 하면 잘못된 길로 가기 십상이어서 내가 하려는 기획 자체가 망가지고 뒤틀릴지도 모른다. 이제부터 내가 하려는 일은 도대체 신화란 무엇 '인지'를 규정하는 것이 아니기 때문이다. 그보다 나는 '신화'라는 단어와 개념 그리고 범주가 사용되어온 몇몇 방식을 해명하고, 이들의 위상과 용법에서 일어난 가장 극적인 변화들을 규명하고자 한다.
 정의를 내리는 대신에, 논의의 방향을 잡는 데 도움이 될만한 두 가지 예비적 견해를 개진해보도록 하겠다. 우선, '신화'라는 용어는, 그 어원인 그리스어 **뮈토스**mythos와 마찬가지로, 대개 일정한 스타일을 지닌 서사 담론과 그 특정한 사례들을 가리킨다. 다음으로, 누군가가 어떤 것을 '신화'라고 지칭할 때, 그는 언제나 그것이 타당성과 권위 면에서 다른 종류의 담론과 구분된다고 강력히—또 아주 의기양양하게—주장하고 있는 것이다. 더욱이 이러한 주장은 아주 긍정적일 수도 있고(신화= '원초적 진리' 또는 '성스러운 이야기'), 아주 부정적일 수도 있으며(신화= '거짓말' 혹은 '낡아빠진 세계관'), 그 중간일 수도 있다(신화= '즐거운 오락거리', '시적인 몽상' 혹은 '아동용 이야기' 같은 식의 적당히 두루뭉술한 견해).

사람들이 하는 이야기나 그 이야기가 말해지는 방식에 문제가 많은 것과 마찬가지로, 사람들이 사용하는 단어나 그 단어가 사용되는 방식에도 문제가 많다는 것은 분명한 사실이다. 이제부터 할 작업에서 나의 주된 목적은 다른 사람들이 또 다른 사람들의 이야기들에 대해 했던 이야기들에 관해 이야기하는 데 있다. 그리고 나의 초점은 우리가 이 모든 이야기와 메타 이야기를 아주 조심스럽고 주의 깊게 다루어야 한다는 것이다.

이 책의 제1부에서, 나는 '신화'라는 용어로 지칭되고 그렇게 분류되는 이야기들에 대한 지배적 태도와 관련하여 서구가 겪었던 두 번의 주기적인 뒤바뀜 중 첫 번째 뒤바뀜에 대해 탐구하고 있다. 이는 그리스 황금기에 **뮈토스**가 어떻게 **로고스**logos에 굴복했는지에 대한 친숙한 설명으로서, 나는 여기에 약간의 새로운 결들을 추가했다. 우선 1장에서는 이 두 용어에 관한 최초의 증거들을 탐구하며, 이를 통해 서사시에서 **로고스**는 합리적 논증이 아니라 미심쩍은 발화 행위를 가리키고 있었음을 보여준다. **로고스**는 유혹하고, 현혹하며, 기만하는 발화 행위로서, 이를 통해 구조적 약자들은 그들 위에서 권력을 행사하는 사람들을 슬쩍 가지고 놀았다. 반대로 **뮈토스**는 걸출한 인물, 특히 시인과 왕의 발화로서, (이들과 마찬가지로) 높은 권위를 지니고, 강력한 진리 주장을 개진할 능력을 지니며, 물리적 힘으로 뒷받침되는 그런 장르의 이야기였다. 이어서 2장에서는 **뮈토이**mythoi[뮈토스의 복수형)가 흔히 생각하는 것보다 훨씬 더 오랫동안, 무려 기원전 5세기 내지 4세기까지 그 권위를 유지하고 있었음을 보여준다. 뮈토이의 위상이 무너진 것은 인간 사고력의 다소 모호하고 점진적인 발전이나 (신화적인) '그리스의 기적'의 결과가 아니라, 정치적, 언어적, 인식론적 성격을 두루 지닌 문제들과 관련된 격렬한 논쟁의 결과였다. 이는 아테네 민주주의가 정착하고, 문자가 널리 보급되며, 산문이 시를 잠식하는 과정이 공고해지는(그리고 치열해지는) 것과 관련이 있었다.

신화라는 범주의 위상이 너무도 낮아졌기 때문에, 로마인들은 뮈토스라는 용어를 빌려오는 데 별 흥미를 보이지 않았다. 그 대신에 로마인들은 그리스인들이 뮈토이라 불렀던 종류의 이야기를 가리키기 위해 그들 나름의 단어를 사용했다. 그것은 본질상 전혀 모호하지도 않고, 또 이러한 이야기들이 으레 지닐 것이라고 여겨지는 진지함도 별로 없는 단어, 즉 파불라이fabulae(파불라fabula의 복수형)다. '신화'라는 단어가 다시 사용되기 시작한 것은 르네상스 시대에 그리스 문화와 텍스트가 되찾아지면서부터다. 이후 일련의 사건에 의해 신화 장르가 회복되는 토대가 마련되었다. 이 책의 제2부(3~6장)는 18세기 후반과 19세기에 절정에 이른 이러한 전개를 추적한다. 그리스에서의 상황과 마찬가지로, 이러한 운명의 전도는 훨씬 더 넓은 사회 문화적, 역사적, 정치적 과정과 얽혀 있었다. 여기서 주된 이야기는 특히 낭만주의와의 관계 속에서 민족주의가 출현했고, 이제 막 태동하기 시작한 민족-국가의 토대가 될 만한 언어와 이야기에 대한 추적이 이루어지기 시작했다는 사실이다. 이 과정에서 각 지역의 언어들이 교회와 법정의 국제적인 언어들을 대체하게 되었으며, 신화는(그리고 신화만큼은 아니어도 민담은) 민족Volk[†]의 권위 있는 태곳적 목소리라는 위상을 부여받게 되었다.

3장은 이 과정에 대한 개관을 제공한다. 이 장은 좀 심하게 긴데, 제대로 하자면 사실 그것도 너무 짧다. 나는 효율성을 고려해서 많은 주요한 인물(하이네Heine,* 크로이처Creuzer,* 셸링Schelling,* K. O. 뮐러Müller,* 벌핀치Bulfinch* 등)을 무시하고, 어떤 이들은 간략히 다루거나 지나가는 수준에서 잠시 언급하는 정도에 그치는 것이 낫겠다고 판단했다. 이 장은 자칫하면 그 자체로 한 권의 책이나 백과사전이 될 뻔도 했다. 하지만 나는 너무 피상적으로 되지 않으면서 적절한 분량을 유지하는 데 목표를 맞추었다. 이를 위해 나는 좀 더 온전한 논의에 필요한 몇몇 대표적인 인물을 선택했다. 4~6장을 세 명의 지적 거장이 아주 과감한 이론적 정식화를 시도했던 계기들을 좀 더 상세히 고찰하는 데 할애한 것은 이 때문이다. 윌리엄 존스 경Sir William Jones과 관련해서는, 그가 훗날 다른 이들이 '아리아'나 '인도-유럽'이라고 이름 붙이게 될 공통기어共通基語protolanguage와 근원적 집단의 존재를 상상하던 시기에 초점을 맞추었다(1786~92). 프리드리히 니체Friedrich Nietzsche와 관련해서는, 그가 도덕의 계보를 쓰기 시작하면서 "금발의 야수들"이라는 집단을 상상하던 시기에 초점을 맞추었다. 이 견해는 그가 『마누법전Laws of Manu』을 접하게 되

† 지은이는 이 책 전반에서 '민족'을 지칭하는 단어로 독일어 '폴크Volk(또는 복수형 필커Völker)'를 쓰고 있다. 여기에는 두 가지 맥락이 있다. 하나는 신화와 민족의 관계에 대한 그의 논의에서 게르만 신화에 대한 독일인들의 관심 및 여기서 비롯된 나치즘에 대한 논의가 주요한 부분을 차지하기 때문이고, 다른 하나는 영어에는 '폴크'에 상응하는 적절한 단어가 없기 때문이다. '국민', '국가', '민족', '종족' 등의 두루뭉술한 함의를 지닌 '네이션nation'은, 특히 인종적 측면이 핵심인 독일어 '폴크'의 함의를 제대로 담아내지 못한다. 반면 한자어 '민족民族'이나 우리말 '겨레'는 독일어 '폴크'와 그 의미의 폭과 깊이가 많이 겹치는 편이다. 따라서 우리는 '폴크'를 '민족'으로 옮겼다. 이후 이 책에 나오는 고딕체로 된 민족이라는 단어는, 특별히 예외적인 경우가 아니라면, 대개 '폴크(필커)'를 가리킨다.

면서 더욱 확대되었다(1886~88). 조르주 뒤메질Georges Dumézil과 관련해서는, 그가 3기능 체계와 이중 형태의 주권이 인도-유럽 신화와 종교의 핵심 특징이라는 견해를 처음 제시하던 시기에 초점을 맞추었다(1936~40). 이 세 개의 장은 관심사가 서로 다르기는 하지만, 모두 신화라는 주제와 관련된 학문이 왜 그리고 어떻게 한 세기가 넘도록 아리아 (또는 인도-유럽) 신화들에 특권을 부여하는 경향을 보였는지를 파헤치고 있기 때문에, 한 묶음으로 읽어도 무방하다. 그러한 특권화를 통해서, 신화학은 가설적이고 심지어 허구적인 '인종', '민족' 혹은 '문명'이 담론적으로 구축되는 데 주된 역할을 했고, 이로써 세계사적 차원의 중대한 결과를 초래했다.

어떤 면에서, 1장에서 6장까지는—이 장들은 신화의 이론화는 물론 이론의 신화화와도 관련된다—이반 스트렌스키의 『20세기 신화 이론』[1987]과 다니엘 뒤비송의 『20세기의 신화학들』[1993] 같은 훌륭한 선행 연구들이 시작한 논의를 확대한 것이라 할 수 있다.[1] 두 책은 신화학에 대한 현대의 가장 영향력 있는 접근들 중의 일부, 특히 클로드 레비스트로스Claude Lévi-Strauss나 미르체아 엘리아데Mircea Eliade 식의 신화학에 대해 탁월한 분석을 제공하고 있다. 하지만 안타깝게도 두 책은 현대 신화 이론의 좀 더 뿌리 깊은 계보를 추적하지는 않고 있으며, 뒤메질에 대해서도 제대로 다루지 않고 있다. 스트렌스키는 뒤메질을 전혀 언급하지 않으며, 뒤비송(그는 뒤메질의 제자다)은 뒤메질을 무비판적으로 다룬다. 나는 레비스트로스와 엘리아데의 신화 이론을 뒤메질의 신화 이론과 관련짓고, 이들 세 학자를 넘어서는 데 관심이 있기는 하지만, 스트렌스키와 뒤비송 같은 이들이 수행한 작업이 있기에, 레비스트로스와 엘리아데의 저작들에 대해서는 자세히 다루지 않았다. 따라서 이 책의 제3부를 여는 7장은 최근의 비판적 논의들을 요약하고, 에밀 뒤르케임Emile Durkheim과 마르셀 모스Marcel Mauss의 『원시 분류 체계』(1903)에 담긴 풍요로운 문장이 어떻게 뒤메질과 레비스트로스의 가장 생산적이고 또 문제가 가장 적은 측면의 원천이 되었는지를 살피고 있다.² 나는 신화란 분류 체계의 재코드화라는 사회학파école sociologique* 거장들의 주장을 검토하는 데서 시작해 신화란 서사 형식의 이데올로기ideology in narrative form라는 내 자신의 견해로 나아갈 것이다. 8~11장은 이 견해를 검증하고 발전시키기 위한 다양한 사례 연구이다. 특별히 언급하지 않는 한, 모든 번역은 내가 직접 한 것이다.

후기는 모든 논의를 한데 모아서 과연 학문이 신화와 다른가에 대한 물음을 숙고한다. 신화 관련 학문의 불행한 사례, 특히 아리아 신화나 인도-유럽 신화의 사례를 살펴본 이상, 이제 우리는 학문적 담론이란 단지 서사 형식으로 된 이데올로기의 또 다른 사례일 뿐이라고 결론지어야만 할까? 나에게 이는 괴롭지만 중요한 문제다. 나는 내 학문 경력의 초창기에 충분히 비판적으로 성찰하지 못했던 학문 분야와 패러다임 그리고 담론으로부터 벗어나려고 계속 분투하고 있기 때문이다.³ 어떤 면에서 이 책은 내가 한때 의식이 부족했다는 점을 만회하고 이를 고치기 위한 시도였다.

순진성을 자연스럽고 본질적인 조건으로 볼 수도 있겠지만, 나는 나의 순진성이 사실상 특정한 선택과 작인, 그리고 영향과 환경에 의해 만들어진 것이라고 생각하게 되었다. 과거를 돌이켜 보니, 1955년 즈음의 시절이 떠오른다. 당시 일곱 살이었던 내게 아버지는 그야말로 영웅이었다. 나는 아버지가 튀니지 전투 때부터 유럽 전승일까지 북아프리카와 이탈리아에서 군인으로 복무하셨다는 것을 알고 있었다. 하지만 아버지는 당신의 경험에 대해 별로 말씀을 안 하셨고, 나는 이 때문에 좀 실망했다. 어느 날 나는 아버지께 좀 더 많은 이야기를 해달라고 졸랐다. 나는 이렇게 말했다. "아빠는 용감해요. 아빠는 독일군하고 싸웠잖아요. 독일군 엄청 센데." 아버지는 잠시 머뭇거리시더니, 깜짝 놀랄 대답을 하셨다. "사실은 그렇지 않단다. 그들도 우리랑 똑같단다. 다들 겁먹은 청년들이지." 아버지께서 이에 대해 더 이상 말하고 싶어 하지 않으신다는 건 분명했고, 그후로 우리는 이런 이야기를 다시는 하지 않았던 것 같다. 하지만 나는 약간의 교훈을 얻을 수 있었다. 독일 사람들도 우리와 다르지 않다는 것을. 두려움은 성숙하지 못하다는 징표라는 것을. 영웅적 행동을 보게 되기란 하늘의 별따기라는 것을.

이야깃거리로 잘 떠오르지 않은 또 다른 주제가 있었다. 내가 아버지께서 매카시 시기에 블랙리스트에 오른 적이 있다는 것을 알게 된 것은 무려 열 살이나 되어서였다. 또 친척 중에 급진적 운동에 연루된 분들이 있다는 것도 그후에야 알게 되었다. 종교에 대해서도 별로 들은 바가 없었다. 나의 부모님과 조부모님은 명목상 유대인이었지만 전혀 종교적이지 않은 분들이셨다. 우리 집안은 문화적으로 동화되는 일에 전념했다. 이따금 외증조모님께서 당신이 1890년대에 러시아를 떠나기 전에 목격한 학살에 대해 이야기해주시는 것을 들은 적은 있다. 하지만 그런 대화는 드물었고, 혹여 화제가 그런 쪽으로 가면 나는 늘 방에서 내보내지곤 했다.

내가 그리고 있는 그림이 침묵과 억압에 관한 것이기는 하지만, 우리 집안은 그런 분위기는 전혀 아니었다. 반대로 우리는 떠들썩한 수다쟁이들이었다. 책, 음악, 선거 정치, 국제 관계, 프로이트 이론, 역사와 과학의 국면들이 모두가 좋아하는 화제였다. 우리 집안 분위기에서는 누구든지 무엇에 관해서든 이야기할 수 있었고, 심지어 막내에게조차 대화에 온전히 참여할 권리가 있었다. 말해서는 안 되는 것이란 거의 없었기 때문에, 침묵의 영역은 오히려 더 큰 호기심을 자극했다.

이제 나는 그 침묵이 나와 내 누이를 겁먹게 만들지도 모를 모든 것으로부터 우리를 지켜주기 위한 것이었음을 알고 있다. 제2차 세계대전은 우리 집안에 하도 많은 어려움을 안겨주어서, 우리 가족사는 우리를 미국의 주류에서 벗어나게 만들었고, 우리가 이 때문에 상처를 입게 (그렇게 느끼게) 만들었다. 우리 조상들 중 많은 분이 좌파였다. 어떤 분들은 아나키스트였고, 어떤 분들은 공산주의자였으며, 온갖 운동권에서 활동하던 분들도 있었다. 물론 모두 유대인들이었다. 역사 속에서, 다른 부류의 사람들이―가까운 과거에서 찾자면, 스스로를 아리아인이라 여기던 사람들이―우리네 같은 사람들을 위협했다. 내가 태어나던 1948년에 모든 일이 끝났다. 아니, 우리 부모님은 모든 일이 끝났기를 바라셨다. 아들을 겁쟁이로 키우지 않으시려 한 부모님의 판단은 나에게 대체로 큰 도움이 되었고, 이 점에 대해서는 부모님이 고맙다. 하지만 부모님이 고수하신 엄한 침묵은 내가 부끄러울 정도로 순진한 상태로 남아 있게 만들기도 했다.

1971년 9월에 시카고대학에 입학했을 때에도 나는 그 순진성을 결코 그리 분명히 자각하지는 못하고 있었다. 나는 신화를 공부하기 위해 종교학과에 들어갔고, 운 좋게도 지금 거기서 가르치고 있다. 나는―힌두교 같은―특정 종교 전통이나―중국 같은―특정 지역의 전문가가 되고 싶어 하던 동학들과 달리, 여러 주제에 관심을 갖고 있었고, 다양한 조언에 귀를 기울였다. 나는 특히 엘리아데 선생님의 조언을 많이 들었는데, 내가 시카고대학에 입학한 것도 실은 그분이 거기 계셨기 때문이었다. 내가 입학하기 한 해 전에, 조르주 뒤메질이 석학 객원교수로 시카고대학에 머물렀는데, 그의 하스켈 강좌는 『신화와 서사시』 제2권으로 출간되었다.[4] 또 그 전 해에는 스티그 비칸데르Stig Wikander가 하스켈 강좌를 열었는데, 역시 주제는 인도-유럽 신화였다. 두 학자를 초청한 사람은 엘리아데 선생님이셨는데, 내가 공부를 시작하던 당시에 그분은 두 학자의 방문에 고무되어 인도-유럽에 관한 강의에 많은 공을 들이고 계셨다. 내가 이제껏 몰랐던 주제에 대한 엘리아데 선생님의 열정에 감화된 나는 산스크리트어를 배우기로 결심했다. 또 이어서 아베스타어*도 배웠다. 나는 언어를 배우는 데 재미가 붙어 계속해서 그리스어, 라틴어, 고대 노르드어,* 팔라비어*를 배웠고, 역사언어학 공부를 보완하기 위해 히타이트어, 고대 아일랜드어, 러시아어도 약간 배웠다.

종교학도로서 나는 비록 프리드리히 막스 뮐러Friedrich Max Müller가 종교학의 창시자이기는 하지만, 그의 '비교신화학' 연구는 그의 무능력 때문에 실패하고 말았으며, 이는 훗날 제임스 조지 프레이저 경Sir James George Frazer 역시 마찬가지였다는 점에 대해 배웠다. 또한 종교학이 뒤메질 덕분에 구제되었으며, 여기에는 스티그 비칸데르, 오토 회플러Otto Höfler, 얀 데 브리스Jan de Vries, 에밀 방브니스트Emile Benveniste 같은 탁월한 동료들의 역할이 컸다는 점에 대해서도 배웠다.5 나는 좀 더 이전의 학자들에 대해서도 알게 되었다. 바로 헤르만 귄테르트Herman Güntert, 헤르만 롬멜Hermann Lommel, 발터 뷔스트 Walter Wüst, 루돌프 무흐Rudolf Much, 프란츠 알트하임Franz Altheim, 리하르트 라이첸슈타인Richard Reitzenstein, 한스 하인리히 섀더Hans Heinrich Schaeder 같은 학자들인데, 이들은 대개 나치 운동에 밀접히 연루되었던 사람들이다. 하지만 당시에 나는 그들의 연구가 지닌 이런 측면에 대해 아무것도 몰랐다. 나는 위험한 이데올로그들은 보지 못한 채, 탁월한 언어학자들, 박식한 동양학자들(사실 이것도 의심스럽다), 선구적인 신화학자들만 보고 있었던 것이다. 내가 어떤 질문을 던지든—그리고 질문이 그리 많지도 않았지만—질문에 대한 대답은 교묘하게 회피되었다. 내가 들은 대답은 비록 히틀러 일당이

'아리아인 논제Aryan thesis'를 악용하기는 했지만, 그것 자체는 근본적으로 건전하다는 것이었다. 하지만 그 누구도 '아리아인'에 대해 더 이상 아무 말도 하지 않았고, 그들의 (추정된) 본향Urheimat을 스칸디나비아, 독일, 북극 지방에서 찾는 사람은 아무도 없었다. 오히려 전쟁 후의 담론은 인도-유럽인을 다루면서 인종 문제를 지워버렸고, 이 순전하게 가공된 민족의 기원을 저 머나먼 동양이나 러시아 초원에서 찾았다. 후기의 뒷부분에서 나는 문제가 그렇게 단순한 것은 아니며, 이런 담론과 학문을 둘러싼—도덕적, 지적—문제가 그렇게 쉽게 해결되는 것은 아니라는 점을 보여주고자 한다.

이 책은 1993년 여름 이탈리아의 아름다운 세스트리 레반테에서 크리스티아노 그로타넬리와 나누었던 폭넓은 대화에서 시작되었다. 당시에 우리는 이런 종류의 책을 함께 쓰려고 했다. 하지만 서로 시간을 맞추기도 어려웠고 또 멀리 떨어진 채 협동 작업을 지속하기도 쉽지 않았기 때문에, 결국 우리 계획은 무산되고 말았다. 계획대로 되었다면, 분명 더 좋은 책이 되었을 것이다. 어쨌든 그래도 지난 몇 년간 그로타넬리가 보내준 조언과 비판은 내게 커다란 도움이 되었으며, 특히 1996년 시카고대학에서 그와 나 그리고 웬디 도니거가 함께 가르친 「신화의 역사를 위하여」라는 제목의 브라우어 기금 세미나는 정말 많은 도움이 되었다. 우리 셋 사이에 의견이 일치하지 않는 부분도 많았지만, 토론은 아주 솔직하고 생산적이었다. 눈부신 이 두 학자에게, 그리고 마틴 리제브로트에게 깊은 감사를 표하고 싶다. 나는 1998년 가을 코펜하겐대학에서 「신화의 해석」이라는 과목을 가르치면서 스칸디나비아의 여러 대학에서 이 책의 일부를 발표할 수 있었는데, 그곳의 친구들과 동료들에게도 많은 빚을 졌다. 그들은 언제나 아주 특별한 호의를 베풀어주었고, 그들의 논평은 더없이 유익했다. 특히 에릭 렌버그 산, 스테판 아르비드손, 페르-아르네 베르글리, 페터 브뤼더, 울프 드로빈, 에릭 아프 에드홀름, 아민 기어츠, 안데르스 훌트가르드, 페터 야크손, 팀 옌센, 올로프 륭스트룀, 토르 올손, 카테리나 라우드베레, 미카엘 로트슈타인, 가르비 슈미트, 외르겐 포데만 죄렌센, 토베 튀브예르그, 마그리트 바르부르그, 모르텐 바르민, 그리고 다비드 베스털룬에게 감사한다.

다른 이들도 논평과 비판을 해주고, 초대해주고, 용기를 북돋아주었는데, 이는 내게 아주 큰 도움이 되었다. 누구보다도 내 가족 루이스와 마사, 그리고 아내 레베카에게, 그들의 사랑과 도움과 고무적인 대화에 감사한다. 그 밖에도 데비 앤더슨, 프랑수와 바데르, 마우리치오 베티니, 시뇌베 데스 부브리, 존 콜린스와 아델라 콜린스, 일리나 키라시 콜롬보, 피에트로 클레멘테, 프라센지트 두아라, 크리스 파라온, 로저 프리드랜드, 샌더 길먼, 로라 깁스, 클라 길핀, 프리츠 그라프, 지아니 구아스텔리, 윌리엄 멀랜드라, 러셀 맥커천, 글렌 모스트, 그레고리 내기, 모하메드 옹다우, 파트리치아 피노티, 셸던 폴록, 지아나 포마타, 제이미 레드필드, 마리아 미카엘라 사시, 데이비드 시크, 브라이언 스미스, 조나단 Z. 스미스, 피에르 지오르지오 솔리나스, 이반 스트렌스키, 예스퍼 스벤브로, 휴 어번, 스티븐 와서스트롬, 앤서니 유, 안드레이 차포로그첸코, 그리고 고인이 된 마릴린 월드먼, 이 모든 이에게 감사한다.

제1부 그리스인들의 **뮈토스**

1장
뮈토스와 로고스의 옛 역사

진보와 문명의 발전에 대한 거창한 설명들은, 친애하는 저 '그리스의 기적'을 이야기할 때, 말과 사고에서 벌어진 변화에 통상 우선적인 위치를 부여한다. 그 변화란 호메로스Homer와 헤시오도스Hesiod의 뮈토스로부터 헤라클레이토스Heraclitus*와 플라톤Plato의 로고스로 전환된 것으로, 이는 상징적 담론에서 이성적 담론으로, 신인동형적 사고에서 추상적 사고로, 그리고 종교에서 철학으로의 전환과 관련된다.[1] 분명 이 같은 흐름을 따라 어떤 변화가 일어나기는 했고—그 변화는 상당히 극적인 것이었음이 틀림없다. 그러나 그 변화의 내용

\# 이 글은 "Competing Discourses: Rethinking the Prehistory of *Mythos* and *Logos*"라는 제목으로 *Arethusa* 30(1997): 341~63에 발표되었다(ⓒ 1997, The Johns Hopkins University Press). 저작권자의 허락 아래 여기 다시 싣는다. 이 글의 초고는 시카고대학에서 1995년에 발표한 바 있으며 후에 *History of Religions* 36(1996): 1~12에 실렸다.

은 흔히 말하듯 그리 간단한 것이 아니다. 초기 텍스트들을 면밀히 검토해보면 몇몇 중대한 문제가 제기되며, 한두 가지 이상의 놀라운 사실들이 드러난다.

I

잘못된 한 가지 구체적인 사례에서 시작해보자. 다음은 헤시오도스의 『신통기Theogony』†에 나오는 잘 알려진 구절로서 무사 여신들Muses이 시인에게 직접 말을 거는 부분이다. 여기 제시한 텍스트는 여러 필사본 중 하나다. 대부분의 편집자는 이 텍스트를 다음과 같이 읽는 데 동의한다.

우리는 진실처럼 들리는 많은 거짓을 말할 줄 안다.
그러나 우리는 원하기만 하면 진실도 선포할 줄 안다.[2]

여기서는 두 가지 말의 내용과 이에 각각 대응되는 두 가지 말의 방식이 대조를 이룬다. 무사 여신들과 또 그들이 영감을 주는 사람들에게는 이 두 가지가 모두 가능하다(표 1.1).
이 텍스트는 그럴듯한 거짓말을 하는 행위를 묘사하기 위해 레게인legein이라는 동사를 사용하고 있으며, 다른 장면에서 오뒤세우스의 아주 교묘한 (그리고 도덕적으로 문제 있는) 속임수 기술을 나타내는 데 사용되는 공식 어구를 채용하고 있다.[3] 한편 진실을 말하는 행위에 대해서는 『일과 날Works and Days』에서 정의의 여신(디케Dikē)

† 우리는 원서의 영어 번역문 외에 『신통기』의 우리말 번역본(천병희 옮김, 한길사, 2004)을 참조했다. 뒤에 나오는 『일과 날』(이 책은 앞의 책에 함께 실려 있다)도 마찬가지다.

표 1.1 『신통기』 27~28행의 구조적 대조

	말의 방식	말의 내용
27행	"말하다"(legein)	"진실처럼 들리는 거짓" (pseuda······etymoisin homoia)
28행	"선포하다"(gērusasthai)	"진실"(alēthea)

이 거짓 맹세하는 자들과 "뇌물을 받아먹고" 비뚤어진 판결을 내리는 왕들을 몸소 비난할 때 쓰는 동사를 사용하고 있다.[4]

현대의 편집자들은 28행의 동사를 게뤼사스타이gērusasthai로 읽어야 한다고 확신하지만, 상당히 많은 필사본은 그 자리에 좀 더 평범한 동사인 뮈테사스타이mythēsasthai('이야기하다')를 집어넣고 있다.[5] 이렇게 되면 이 용법은 『일과 날』의 또 다른 구절과 호응을 이룬다. 곧 『일과 날』 서문의 절정이라 할 수 있는 부분으로, 헤시오도스가 제우스에게 법적인 절차에서의 진실과 정의를 확보해줄 것을 요청하면서, 그의 변덕스러운 형제 페르세스Perses에게도 마찬가지로 진실을 말할 것을 서약하는 순간이다.

> 가장 높은 곳에 사시며 저 위에서 천둥을 치시는 제우스여,
> 제 말을 들으소서, 보고 아시는 당신이여, 정의로서 법도들을 바로 세우소서!
> 나는 페르세스에게 진실을 말하고자[mythēsaimēn] 하나이다.[6]

『신통기』 28행의 동사를 뮈테사스타이로 읽는 것이 더 좋다거나, 이것이 바로 '원전 그 자체'라고 주장하려는 것이 내 의도는 아니다. 그보다, 단지 내가 이 입증된 이본의 존재를 통해 주목하는 것은, 많

은 그리스인이 뮈테오마이mytheomai를 레게인과 나란히 병치시켜 놓는 것이, 진실한 말과 거짓(혹은 최소한 모호한 것), 곧은 것과 굽은 것, 피상적이고 장식적인 것과 무뚝뚝하지만 정확한 것, 그리고 시의 놀이성과 법정 투쟁의 심각성 사이를 가로지르는 다양한 의미의 대조들을 드러내는 가장 포괄적이고 효과적인 방식이라고 생각했다는 점이다.[7] 여기까지는 아무 문제가 없다. 그런데 현대인들의 눈에는 이 등식에 등장하는 용어가 뒤바뀐 것처럼 보인다. 우리의 기대와 정반대로 여기서는, 진실(알레테아alēthea)과 연관된 것이 뮈테오마이(뮈토스의 말)고, 레게인(로고스의 말)은 거짓말, 가장, 은폐(*pseudea······ etymoisin homoia*)와 연관되어 있기 때문이다!

위에서 살펴본 구절들(*Theogony* 27~28, *Works and Days* 10)을 제외하고는, 헤시오도스의 작품들 중 다른 어디에서도 이 동사들이 나타나지 않는다. 그러나 이 동사들에 상응하는 명사형으로 주의를 돌려보면, 상황은 좀 더 복잡해지고—좀 더 흥미진진해진다.

II

로고스에서 시작해보자. 다섯 번 등장하는 이 단어는 단수형으로는 딱 한 번만 등장한다.[8] 바로 헤시오도스가 세상의 시대들에 대한 자신의 설명을 소개하는 장면에서다. 그가 교훈적인 목적에서 페르세스에게 들려주는 이야기는 세상 최초의 일들부터 마지막 일들까지를 망라하며, 인류가 황금시대 본래의 완벽성—늙지도 않고, 그저 경건한 심성만이 존재하며, 노동도 전혀 할 필요가 없는 상태—으로부터 현재의 철의 시대 인간을 특징짓는 사악하고 저열한 존재로 타락한 것에 대해 묘사한다. 그러나 현대의 독자들이 이 공상적인 담론이 뮈토스라고 불렸으리라 기대하는 순간, 헤시오도스는 로고스라는 용어

를 사용해 이를 다르게 규정짓는다.⁹

다른 곳에서 로고스는 언제나 복수형[로고이logoi]으로만 나타난다.¹⁰ 그것[로고이]은 세 군데에서 형용사 하이뮐리오스haimulios('유혹하는')† 에 의해 수식되고, 또 세 번에 걸쳐 프세우데아pseudea('거짓말')라는 말과 함께 나타난다. 예를 들어 창조에 관한 설명의 한 부분을 살펴 보자.

> 한편 가증스런 불화[에리스Eris]는 고통스런 노고와
> 망각과 기아와 눈물을 자아내는 고통과
> 전투와 전쟁과 살인과 도륙과
> 언쟁과 거짓말과 로고이와 반론을 낳으니.¹¹

여기 등장한 단어들을 보면 전체적으로 불길한 성격 너머 무엇인 가 미묘한 점들이 감지된다. 로고이는 단지 "거짓말"(*pseuda te Logous*) 뿐만 아니라, "반론"(*Amphi-logia*, [문자 그대로는] '로고이에 반대되 는') 및 "언쟁"과도 연결되어 한 세트를 이룬다. 이는 바로 여성이 남 성보다 우월한 언어적 형태의 갈등이다. 또한 이 단어들은 바로 앞 행에서 자세히 설명하고 있는, 남성적·육체적 형태의 갈등인 "전투 와 전쟁과 살인과 도륙"과 대조를 이룬다(그림 1.1 참조).

일단 신적인 차원에서 이런 코드들을 설정한 헤시오도스는, 최초 의 원형적 여성인 판도라에 대해 이야기하면서 이를 인간에게까지 확장시킨다. 판도라의 가슴에 헤르메스가 "거짓과 유혹의 **로고이**, 그

---

† 형용사 haimulios(haimulos)는 '아첨하는', '감언이설로 유혹하는', '잔꾀를 부리는' 등의 뜻을 지닌다. 이 책의 영어 번역문에는 이것이 '유혹하는seductive'으로 되어 있고, 천병희는 이를 '아첨하는'으로 옮겼다.

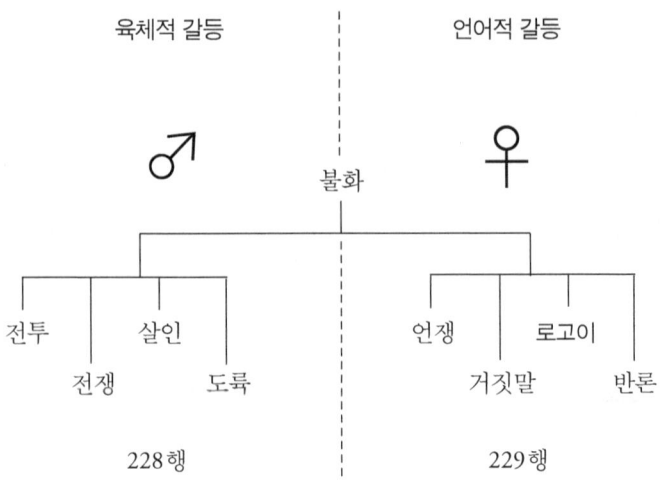

그림 1.1 『신통기』 228~29행에 나타난 논리적 관계와 성별 관계

리고 교활한 성격"을 집어넣었다는 식으로 말이다.[12] 다른 곳에서와 마찬가지로 여기서도 형용사 하이뮐리오스는 문제가 되는 말(그리고 화자)에 의해 발휘되는 미혹과 유혹의 에로틱한 힘을 지칭한다.[13] 이 말의 어원은 불분명하지만, 그 의미는 다음 구절에서 명확히 드러난다.

엉덩이를 흔들어대는 여자가 그대 마음을 호리지 못하게 하시오. 유혹과[haimula] 감언이설로, 그녀는 당신 곳간을 노리고 있으니. 여자를 믿는 남자는 도둑들을 믿는 것이오.[14]

불신과 우월감에 찬 가부장제는 "거짓과 유혹의 로고이"라 이름 붙인 이 담론에 그들이 생각하는 '여성성'을 결부시키고 있지만, 그럼에도 불구하고 이것을 완전히 여성들의 독점물로만 간주하지는 않는다.[15] 일부 남자들 역시 이런 종류의 말을 사용한다. 그러나 그 결과 그들은 온전히 남성적이지 못하거나, 혹은 지나치게 남성적인 존재로 이해되곤 한다. 헤시오도스가 『일과 날』에서 날들에 관한 지식을 다루고 있는, 복잡한 구절을 살펴보자.

> 매달 열여섯 번째 날은 식물들에게는 매우 이롭지 않지만,
> 남자아이가 태어나기에는 좋은 날이오. 허나 여자아이에게는
> 처음 태어나기에도 결혼하기에도 좋은 날이 아니오.
> 초엿샛날도 여자아이가 태어나기에는 적당치 않으나,
> 새끼 염소들과 새끼 양들을 거세하기에는 적당하며,
> 양의 우리를 짓기에도 알맞은 날이오.
> 그날은 또한 남자아이가 태어나기에도 좋은 날이지만, 그 아이는
> 비꼬기와 거짓말과 유혹적인 로고이와 은밀히 속삭이기를 좋아
> 할 것이오.[16]

이 구절에는 문제의 두 날이 각각 이항 대립으로 구성된 세 개의 범주와 상호작용하는 방식에 대한 형식 분석이 담겨 있다. 그 세 범주는 곧 (a) 운명(길운 혹은 불운), (b) 인간(남성과 여성), 그리고 (c) 다른 생명체들(동물과 식물)이다(표 1.2).

표 1.2 특정 종류의 생명체에게 길운(+)과 불운(−)을 가져다주는 날들, 『일과 날』 782~89행

	남성	여성	동물	식물
열여섯 번째 날(782~84행)	+	−	〔+〕	−
여섯 번째 날(785~89행)	+	−	+	〔−〕

이 구절의 두 부분은 서로 밀접히 연결되어 있지만, 어떤 점에서는 서로 전혀 다르다. 예를 들어 아주 분명히, 첫 번째 부분(782~84행)은 남성, 여성, 그리고 식물에 대해서 말하지만 동물에 대해서는 말하지 않는다. 두 번째 부분(785~89행)은 남성과 여성, 동물에 대해서 말하지만 식물에 대해서는 말하지 않는다. 그러므로 이 틈을 메우기 위해, 다음과 같은 유추 관계를 끌어내볼 수 있다.

남성 : 여성 :: 동물 : 식물
남성 : 동물 :: 여성 : 식물

또한 이 틈으로 말미암아 우리는 텍스트의 두 부분에서 **실제로** 식물과 동물에 관해 무엇이라고 말하고 있는지에 주목하게 되며, 여기서 또 다른 차이점을 발견하게 된다. "식물들에게 매우 이롭지 않은 날"이라는 말에서 알 수 있듯이, 식물에 관한 언급은 모호하고 총체적이다.[17] 반면 동물에 관한 언급은 그렇지 않다. "새끼 염소들과 새끼 양들을 거세하기에 적절한 날"이라는 말은 꽤 정확하고 중요한 권고다. 하지만 이는 오직 수컷에게만 해당되는 말이다.[18] 여기서는 논리적 정밀함이 보인다. 즉 여기서 권고되는 거세 행위는 이 동물들이 선택되게 만든 이유가 되는 수컷의 특징을 효과적으로 제거해버린다. 또는―레비스트로스 식으로 표현하자면―이 텍스트는 우선 남성과 여성을 대조시킨 후에, 이 상반된 범주들을 매개하고자 하며, 이것이 중성화된 동물 및 동물의 거세로 나타나는 것이다.

이날이 "또한 남자아이가 태어나기에도 좋은 날이지만, 그 아이는 아마도 비꼬기와 거짓말과 유혹적인 **로고이**와 은밀히 속삭이기를 좋아할 것"[19]이라는 말을 보면, 이 같은 점의 중요성이 명확해진다. 이런 사람은 인간 사회에서 거세한 동물과 똑같은 모호한 위치를 차지하게 된다. 그는 남성이지만, 힘(*biē* 또는 *kratos*)보다는 설득(*peithō*)을 선호하고, 행동(*erga*)보다는 말에서 더 즐거움을 느낀다. 게다가 그가 좋아하는 말의 종류라는 것은 명백히 '여성적'이라는 암시를 풍긴다. 즉 장난스럽고 귀여운, 심지어 농탕치는 것 같은 말이지만, 동시에 부도덕하고 교묘한 속임수의 말인 것이다. 이런 말은 그 말을 하는 사람에게는 유리하지만, 듣는 사람에게는 그만큼 위험하다. 바로 이런 말을 가지고, 이런 말을 사용해서, 약자들이—특히 여성들을 비롯한 다른 모든 약자가—좀 더 강한 육체적 힘을 갖고 태어난 이들을 거듭 이길 수 있기 때문이다.

약자가 강자를 이기게 만드는—또는 좀 더 정확히 말하자면, 계략과 말재주에 능한 사람이 무기와 군대에 능한 사람을 이기게 만드는—술책은 그리스인들 사이에서 메티스*mētis*라 알려져 있다. 마르셀 데티엔Marcel Detienne과 장-피에르 베르낭Jean-Pierre Vernant은 이 주제에 관해 권위 있는 논의를 펼쳐왔다.[20] 『신통기』에서 계략과 책략을 담당하는 지_智는 여신 메티스로 의인화되어 있다. 제우스는 천상의 왕이 되자마자 이 여신을 길들이고 그녀의 힘을 자신의 통제 아래 두고자 바로 그녀와 결혼을 했다.[21]

그러나 이 결혼은 제우스의 문젯거리를 해결해주기는커녕 곧 또 다른 차원의 문제로 옮겨간다. 메티스가 임신하자 제우스는 걱정에 빠진다. 그의 불안은 다음과 같은 추상적인 서사 형태로 표현된다. (이 결혼의 산물인 아이에게서 기대되는 것과 같은) 힘과 책략의 보다 완전한 결합이 (이 결혼 자체가 나타내는) 이전의 보다 덜 완전한 형태의 결합을 누르고 이길 것이다. 따라서 신탁이 메티스가 딸을 낳고 이어 아들을 낳을 것이며, 이 아들이 아버지 제우스를 무너뜨릴 것이라고 예측하자, 제우스는 메티스를 삼켜버리고 만다. 즉 제우스는 메티스의 힘을 자신의 몸 안에 완전히 가둬버림으로써 그녀를 철저히 자신의 통제 아래 두게 되는 것이다. 이제 제우스의 몸 속 (특히 '배'와 '자궁'을 동시에 지칭하는, 그의 네두스nēdus 안에) 깊이 자리 잡은 메티스의 거처로부터, 새롭게 내재화된 (여성적) 술책의 여성적 목소리가 다가올 모든 위험을 경고해주고, 이를 극복할 수 있는 책략도 가르쳐준다.[22] 덕분에 마침내 그의 주권은 안전해진다.

이제 텍스트가 해결해야 할 마지막 문제가 남아 있다. 텍스트는 "신들과 인간들 모두를 통틀어 가장 아는 것이 많은"[23] 메티스가 왜 제우스의 공격을 예견하지 못했는지 설명해야만 한다. 이에 대한 대답은 우아하고도 간결하다. 남성적 존재들 중 가장 힘이 센 제우스는 메티스를 이기기 위해서 가장 예측하기 힘든 행동을 했다. 즉 그는 자신의 힘에 의존하지 않고, 그가 이미 갖고 있던 '여성적' 술책에 의존했으며, 그리하여 메티스의 고유한 무기가 그녀 자신을 겨냥하게끔 만든 것이다.

제우스는 그녀를 그의 마음속 꾀와
유혹적인 로고이로 속여, 자신의 배 안에 집어넣었다.[24]

III

호메로스풍의 (서사시인 동시에 찬가인) 시들에서 **로고스**라는 용어는 헤시오도스에게서 보이는 것과 상당히 유사한 의미론적 범위 안에서 사용된다. 그렇지만 뉘앙스와 미묘한 의미에서 차이가 좀 있다. 가장 두드러지는 것은 호메로스의 **로고이**가 언제나 폭력적인 투쟁의 상황이나 위협과 반대되는 위치에 놓인다는 점이다. 모든 경우에 이 용어는—흔히 상대방을 달래거나 때로 속여서—전장에 나오지 않고 물리적 힘을 쓰는 것을 포기하거나, 평화에서 위로와 위안을 찾게끔 설득하는 말을 가리킨다. 그러나 공식적·관습적 도덕의 목소리는 이런 말을 하거나 이에 좌우되는 사람들의 본성이 무책임하고, 여자 같거나 어린애 같다고 묘사하는 경향이 있다. 예를 들어 『오뒤세이아 Odyssey』 제1권에 나오는 아래 구절들은 칼립소Calypso뿐만 아니라— 그녀의 **로고이**에 사로잡혀—자신의 영웅적 운명을 포기한 오뒤세우스에게도 해당되는 말이다.

> 칼립소, 아틀라스의 딸이 그가 불행과 탄식을 억누를 수 있게 하였네.
> 한없이 부드럽고 유혹적인 **로고이**로.
> 그녀는 그를 이렇게 속여서 그는 이타카를 잊어버리게 되었네.²⁵ †

또한 『헤르메스에게 바치는 호메로스풍의 찬가Homeric Hymn to Hermes』에는 아폴론이 갓 태어난 헤르메스에게 맞서 이 어린 동생이 자신의 가축들을 훔쳐갔다고 ("부당하지 않게") 책망하는 장면이 있다.²⁶ 다른 데서와 마찬가지로 여기서 텍스트는 여러 행에 걸쳐 아폴론과 헤르메스를 대비시킨다. 형과 동생, 더 강한 자(크라테로스krateros)와 더 약한 자, 믿을만한 자와 한 입으로 두말하는 자, 책임감 있는 자와 꾸며대기 좋아하는 자, 도덕적인 자와 교활한 자. 태어난 순간부터 헤르메스는 "교활하리만치 영악하며"(*haimulo-mētis*), 간계의 달인이다.²⁷ 그는 아폴론의 도전을 받았을 때 어떻게 대답해야 하는지 알고 있다.

---

† 우리는 원서의 영어 번역문 외에 『오뒤세이아』의 우리말 번역본(천병희 옮김, 숲, 2006)을 참조했다.

그의 술책과 유혹적인 로고이로,
그는 은빛 활의 신을 속이기를 원했네.²⁸

교활한 말을 사용해서 폭력적인 충돌에서 빠져나가는 비슷한 주제는 『일리아스Iliad』에 나오는 짧은 일화에서도 나타난다. 모든 그리스 군대가 공격에 나서게 되었는데, 케팔레니아 군만이 무슨 까닭에서인지 전투에 나오라는 호출을 받지 못했다. 텍스트는 이를 전쟁의 혼잡한 수렁 속에서 일어난 사소한 과실로 묘사하지만, 아주 우둔한 아가멤논Agamemnon은 상황을 잘못 읽고 케팔레니아 군의 지도자 메네스테우스Menestheus를 심하게 비난한다.

그대, 사악한 속임수에서 누구도 능가하는, 교활한 영혼이여,
왜 그대는 두려움에 위축되어 대기하고만 있는가? 왜 다른 이들을 기다리고 있는가?²⁹ †

아가멤논이 사용하는 단어들로 미루어보아, 그는 메네스테우스를 겁쟁이일 뿐만 아니라 사기꾼이라고 간주하고 있다. "교활한 영혼"(*kerdaleophrōn*)이나 "그대, 사악한 속임수에 있어서 누구도 능가하는"(*kakoisi doloisi kekasmene*) 같은 표현은 모두 메티스와 관련된 어휘에서 끌어온 것이다. 그런데 아주 흥미로운 것은 이 텍스트의 이본들 중에서 "사악한 로고이에 있어서 누구도 능가하는"(*kakoisi logoisi kekasmene*)이라고 적힌 파피루스가 발견된다는 사실이다.³⁰ 여기서는

---

† 우리는 원서의 영어 번역문 외에 『일리아스』의 우리말 번역본(천병희 옮김, 숲, 2007)을 참조했다.

로고이가 돌로이doloi를 대체하고, 약삭빠른 자가 전쟁의 위험에서 자기 한 몸을 보전할 수 있는 수단으로서 재치와 말이 기능상 서로 바뀔 수 있다.

호메로스에게서 로고이가 마지막으로 등장하는 경우는 서사시 전체의 운명이 달린, 『일리아스』에서도 특히 통렬한 장면이다. 장면이 시작되면, 오르메니아Ormenia의 영웅 에우뤼퓔로스Eurypylus는 상처를 입고 쓰러지고, 아킬레우스Achilles는 파트로클로스Patroclus를 보내 상황을 알아보게 한다. 작가의 목소리는 이를 "악의 시작"(*kakou······ arkhē*, 11.604)이라고 묘사한다.[31] 그러나 파트로클로스는 네스토르Nestor와 상의한 후 잠시 멈춰서 에우뤼퓔로스의 상처를 치료해주고 (11.809~48), 그가 이 오르메니아 출신 장수의 허벅지에서 화살을 뽑아내고 약초로 지혈하는 장면에서 제11권은 끝난다. 이후 서사시는 이런 서사의 흐름을 갑자기 끊어버리고는 헥토르Hector의 공격의 광포함에 대해 이야기하기 시작한다. 제15권 중간쯤에 가서야 파트로클로스와 에우뤼퓔로스의 장면으로 되돌아간다.

> 아카이아인들Achaeans과 트로이아인들이
> 성벽을 둘러싸고 전투를 벌이는 동안, 빠른 배들의 은신처 너머,
> 파트로클로스는 친절한 에우뤼퓔로스의 막사에 앉아 있었다.
> 그는 로고이로 그를 즐겁게 해주고, 그의 가엾은 상처에
> 어두운 고통을 치료해줄 약을 뿌렸다.
> 그러나 트로이아인들이 성벽을 향해 돌진하고 있는 것을 알게 된
>   그는,
> 다나오스인들Danaans 사이에서 비명과 공포가 퍼져나가는 가
>   운데,
> 슬픔에 잠겨 소리치며 손바닥으로 허벅지를 때리고 울부짖으며

다음과 같이 연설을 했다.

"에우뤼퓔로스여, 나는 더 이상 여기 당신과 함께 있을 수 없소, 당신이 나를 필요로 하는 것을 알지만, 큰 싸움이 일어났기 때문이오."[32]

처음에 우리는 평온과 우정이 깃든 매혹적인 공간을 보게 된다. 여기서 파트로클로스는 약(파르마카pharmaka)으로 육체의 모든 고통을 치료함과 동시에 로고이로 영혼을 달래주고 있다. 그러나 트로이아 군대가 방어벽을 뚫고 들어와 그리스 군대가 전멸의 위협을 받고 있다는 소식이 전해지자, 이 평온의 섬은 더 이상 유지되지 못하고 텍스트는 갑자기 다른 분위기로 바뀐다. 방금 전 에우뤼퓔로스의 다친 허벅지에 약을 발라주던 바로 그 손으로 파트로클로스는 이제 자신의 허벅지를 세게 내리친다. 또한 에우뤼퓔로스를 즐겁게 해주던[33] 바로 그 목소리는 이제 더 거칠고 또한 동시에 더 현실적인 말을 하기 시작하고, 텍스트는 이를 연설이라 칭한다. "에우뤼퓔로스여, 나는 더 이상 여기 당신과 함께 있을 수 없소, 당신이 나를 필요로 하는 것을 알지만, 큰 싸움이 일어났기 때문이오."[34] 여기서부터 이야기는 결말을 향해 치닫기 시작한다. 파트로클로스는 황급히 에우뤼퓔로스 곁을 떠나 아킬레우스에게로 가고 거기서 전투로 나간다. 치유자는 전사가 되어, 다른 사람들을 죽일 것이고, 스스로도 죽게 될 것이며, 그리하여 우리가 너무나 잘 아는 잔인한 이야기 속으로 그의 뒤를 이어 다른 사람들을 끌어들이게 될 것이다.

IV

이제 가장 오래된 고대 텍스트들이 여성, 약자, 젊은이, 약삭빠른 자의 말을 표시할 때 항상 **로고스**라는 용어를 사용했다는 것이 틀림없이 분명해졌을 것이다. 로고스는 부드럽고 유쾌하고 매력적이며 유혹적이지만, 동시에 속이고 현혹시킬 수 있는 말이기도 했다. 로고스는 여러 장소와 여러 맥락에서 들을 수 있지만, 전투와 회의 장면에서는 결코 등장하지 않는다. 육체적, 정치적, 물질적 영역에서 우세한 이들이 누리는 이점의 허를 찌르고 이를 상쇄시키는 것이 이 담론의 본질—그리고 기발한 재주—이기 때문이다(표 1.3).

약자의 무기로서 로고스는 말을 듣고 거기에 토를 다는 이들의 이해관계를—때로는 더 공공연하게 때로는 덜 공공연하게—반영하는 다양한 독법에 대해 열려 있다. 저자의 목소리와 권위 있는 목소리는 대개 이를 방종하고 위험한 것으로 규정한다. 그러나 이는 또한 동정받을만한 인물들이 심각한 장애물에 맞서 합리적이고 심지어 존경받을만한 목적을 달성하는 데 사용되는 효과적인 도구로 묘사될 수 있다. 마치 헤르메스가 아폴론에 맞서 불공정한 경쟁의 장을 공정하게 만들려 할 때나, 파트로클로스가 에우뤼퓔로스를 진정시키고 상처의 고통을 가라앉혀줄 때처럼 말이다.

로고스에 대한 이야기는 충분히 했다. 그렇다면 학문적인 글에서 이와 자주 대비되는 **뮈토스**는 어떠할까? 가장 오래된 텍스트들에서 뮈토스는 어떤 종류의 말을 가리킬까? 이 단어는 헤시오도스에게서는 여섯 번 나오는데, 한 번을 제외하고는(이에 대해서는 나중에 다시 논의할 것이다), 언제나 자신의 힘을 자랑스러워하고 무슨 수를 써서라도 이기는 데 열중하는, 고집 센 남성들의 거친 말을 나타낸다.

예를 들어 제우스가—전사의 무력의 화신인—우라노스의 아들들†

---

† 헤카톤케이레스Hecatoncheires(백손이)를 의미한다. 헤시오도스는 『신통기』 502행에서 이들을 '우라노스의 아들들'이라 칭했다.

표 1.3 헤시오도스와 호메로스의 로고스 용법 비교

	복수형	하이뮐리오스 haimulios ('유혹적인')라는 형용사로 수식됨	거짓 (pseuda) 과 연관됨	속임수, 꾀 (mētis)의 의미를 암시함	약자의 말	명백히 '여성적인 것' 과 관련됨	군사적 혹은 법적 투쟁에 반대됨
Th. 27: 무사 여신들			+	+	+	+	+
Th. 229: 에리스의 자녀들	+	+	+	+	+	+	+
Th. 890: 제우스, 메티스	+	+		+	+	+	+
WD 78: 판도라	+	+	+	+	+	+	+
WD 106: 세상의 시대들	+		+	?	+	+	+
WD 789: 초여샛날 태어난 소년	+	+	+	+	+	+	+
OD 1.56: 칼립소	+	+	+	+	+	+	+
HH 4.317: 헤르메스	+	+	+	+	+	+	+
IL 4.339: 메네스테우스	+		+	+	+	?	+
IL 15.392: 파트로클로스	+						+

에게 티탄족에 맞서 그들의 "강력한 힘과 무적의 손"을 써서 "승리와 권력"을 위해 싸우는 자신을 도와달라고 부탁하는 장면이 있다.[35] 티탄족과 형제간임에도 불구하고 우라노스의 아들들은 제우스의 부탁을 받아들이는데, 그들의 지지 서약은 **뮈토스**라 지칭된다.[36] 이와 마찬가지로 가이아가 자식들에게 자기가 방금 만든 단단한 낫을 들고 가서 폭군 아버지를 거세하는 데 사용하라고 말했을 때, 아직 어린 신들은 두려움에 사로잡혀 처음에는 아무 말도 하지 못한다.

> 그러자, 잔꾀에 밝은 위대한 크로노스가 용기를 내어
> 재빨리 이러한 **뮈토**이로 대답했다.
> "어머니, 이 일은 제가 맡아 완수하겠습니다.
> 사악한 이름의 아버지에 대해서는 염려하지 않습니다.
> 그가 먼저 부적절한 행동을 꾀했으니까요."[37]

이 두 사례 모두에서, 화자들은 몸소 폭력적인 싸움을, 그것도 바로 자기 친족에 대항하는 싸움을 감행하고 있다. 그들은 그 어떤 환상이나 그럴싸한 꾸밈도 없이 이 잔인한 현실을 직면하고, 자신의 육체적 힘을 확신하면서 싸워 이길 것을 서약한다. 게다가 실제로 그들은 서약을 충실히 지킨다. 따라서 그들의 말은 거칠고 조야하지만, 참이다. 육체적 힘에서는 물론 바로 이런 점에서도, 그들은 헤시오도스가 페르세스에게 세상의 시대들에 관한 **로고스**를 말해주고 나서 바로 시작하는 이야기에 등장하는 매와 더없이 닮았다.

> 나 이제 왕들에게 이야기 하나 할 테니, 그들이 직접 숙고해볼 것이오.
> 매가 목이 알록달록한 밤꾀꼬리 한 마리를 발톱으로 채어

높은 구름 사이로 날아가며 말했소.
밤꾀꼬리는 갈고리발톱에 찔려 애처로이 울었으나
매는 밤꾀꼬리에게 준엄하게 이런 **뮈토스**를 말했소.
"착한 아가씨, 왜 비명을 지르지? 훨씬 강한 자가 지금 너를 움켜잡고 있다.
너는 내가 데려가는 곳으로 가게 될 것이다, 노래하는 자여.
내가 하고자 한다면, 너를 저녁거리로 삼을 수도 있고 놓아줄 수도 있다.
더 강한 자와 겨루려는 자는 어리석도다!
그는 승리도 놓치고 치욕에 더하여 고통까지 받게 될 테니까."
날개가 큰 새인 빨리 나는 매는 이렇게 말했소.[38]

매와 밤꾀꼬리는 선명한 대비를 이룬다. 남성 대 여성(매irex와 **밤꾀꼬리**aedon는 각각 남성명사와 여성명사다), 약탈자 대 먹이, 높은 것 대 낮은 것, 더 강한 자(*areiōn, kreissōn*) 대 더 약한 자, 거만하고 잔인한 자 대 겁에 질렸지만 매력적인 자("목이 알록달록한"). 그들 사이의 대화를 봐도 이 차이는 역시 분명하다. 비록—잔인한—매가 밤꾀꼬리의 울음소리를 깩깩거리는 비명(*lelēkas*)으로밖에 보지 않기는 하지만, 어쨌든 그 아름다움과 구슬픈 노랫소리로 온 세상에 이름을 날리던 밤꾀꼬리는 애처롭게 울었다(*eleon*······*myreto*)고 되어 있다.[39] 이와 대조적으로 매는 준엄하게(*epikrateōs*) 말한다. 그는 어떤 완곡어법도 사용하지 않고 우아하지도 않게, 재치보다는 사실에 충실히 입각해서 잔인한 세상을 묘사한다. 그의 화법은 자신의 힘을 아주 확신하고, 힘 있는 자가 지배하는 것이 옳다고 확신하는 자들의 전형적인 화법이다. 텍스트는 이런 화법을 **뮈토스**라 명명한다.

전장에서의 **뮈토이**가 이런 성격을 지닌다면, 논쟁적인 회합에서 말해지는 뮈토이는 좀 더 복잡하다. 그것은 '곧은' 형태와 '굽은' 형태로 등장하기 때문이다(그림 1.2). 곧은 뮈토이는 전투에서 사용되는 뮈토이와 비슷하다. 이는 종종 정의로운 판사들과 증인들의 곧은 선언의 형태로 나타난다. 다른 경우로는 사회에서 자신의 힘과 지위를 확신하는 자, 그리고/또는 자신의 승리를 보장해주는 이유의 정당성을 확신하는 자의 꾸밈없는 단언으로 나타나기도 한다.[40] 이와 대조적으로 위증 행위와 부정하게 내려진 판단은 굽은 뮈토이가 된다. 부도덕하고 부정한 이런 말들은 최악의 사건과 최악의 인간이 승리를 차지하

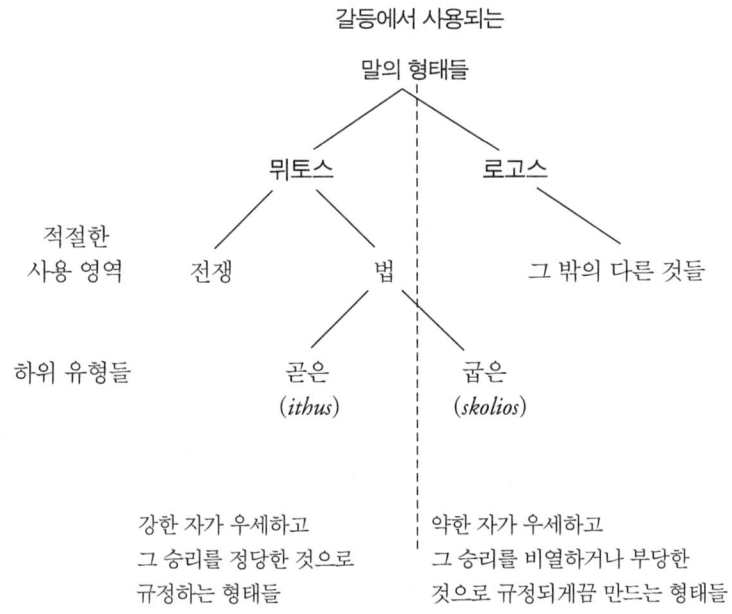

그림 1.2 헤시오도스에게 있어서 뮈토스와 로고스의 관계

게끔 만든다. 따라서 법정의 맥락에서 이 같은 **뮈토이**는 마치 다른 맥락에서 **로고이**가 하는 것과 비슷한 기능을 한다. 이런 일들이 가능하다는 것을 헤시오도스는 경험을 통해 알고 있었고, 그의 형제 페르세스가 어떻게 거짓 맹세를 하고 탐욕스런 왕들을 매수해서 유산을 가로채갔는지 묘사한다. 이런 상황에 직면해서 시인은 페르세스를 불러 그 행동의 잘못을 바로잡도록 하고 왕들에게는 "뮈토이를 똑바르게 하도록" 탄원한다.[41] 그는 또한 사실상 앞선 호시절에는 한 번도 들어볼 수 없었던 이 같은 일들이 현 청동시대 사람들 사이의 관례가 되어가고 있는 것을 탄식한다.

> 맹세를 지키는 사람이나 의롭고 선량한 사람에게는 아무도
> 감사하지 않을 것이오. 그들은 오히려 오만〔*hybris*〕을 칭찬하고
> 악행을 저지른 자를 존경하게 될 것이오. 정의는 그들의 주먹 안
>   에 있고
> 염치는 사라질 것이오. 악한 자가 더 나은 사람을
> 굽은 **뮈토이**로 모함하고 거짓 맹세로 이를 뒷받침할 것이오.[42]

헤시오도스의 이 그림은 의도적으로 황폐하게 그려졌으며, 이는 세상의 시대들에 관한 그의 담론이 지닌 목적에 부합한다. 그런데 텍스트는 이 담론을 **로고스**라고 부르며, 따라서 그것을 전략적 목표와 수사적 효과를 위해 말해진 "그럴듯한 거짓말"이라 규정한다. 여기서 헤시오도스는 페르세스에게 퇴락에 관한 이야기를 하다가, 마지막에는 서로 속이고 거짓 증언을 일삼으며 "형제마저도 이전처럼 소중한 존재가 아닌" 청동시대 인간들에 대한 이야기로 끝을 맺는다.[43] 그는 계속해서, 이런 사람들은 단지 제우스가 내리는 고난, 불행 그리고 파멸만을 기다릴 수 있을 뿐이라고 말한다. 이렇게 해서 헤시오도스

는 교활하고 대범하게도 자기의 특별한 이익을 마치 보편적인 것처럼 (거짓되게) 설명하며, 페르세스에게 만약 그가 굽은 **뮈토**이를 "똑바르게 해서" 헤시오도스에게 유리한 쪽으로 논쟁을 타협 짓는다면, 올바른 형제 관계를 회복하는 것은 물론 그렇게 함으로써 이 시대의 가장 끔찍한 성향을 되돌려서 인류가 파멸로 떨어지는 것을 막을 수 있을 것이라고 제안한다.

따라서 세상의 시대들에 관한 **로고스**는 헤시오도스가 법정 분쟁에서 이미 자기를 이긴 자, 자기보다 더 좋은 연줄을 갖고 있고, 더 힘 있으며, 더 무자비한 자를 무찌르기 위해 사용하는 도구들 중의 하나다. 이를 위해 그는 신비스런 무사 여신들에게서 받은 언술 능력을 펼쳐 보이며, 무사 여신들에게 영감을 받은 자로서 말을 했다. 우리는 사람들이 그들 자신의 말이 지닌 힘을 기술하는 방식에 대해 고려하면서 논의를 시작했지만, 그들의 담론이 텍스트 안에서 틀 지어지는 방식에 대해서는 아직 주목하지 않았다.

> 여신들이 내게 먼저 이 **뮈토스**를 말씀하셨다,
> 올림포스의 무사 여신들, 아이기스를 가진 제우스의 따님들이신
>   여신들이.
> "들에서 야영하는 목자들이여, 악하고 불명예스런 무리, 그저 배
>   뿐인 자들이여,
> 우리는 진실처럼 들리는 많은 거짓을 말할[*legein*] 줄 안다.
> 그러나 우리는 원하기만 하면 진실도 선포할 줄 안다."[44]

이 구절은 헤시오도스의 글에서 **뮈토스**가 전투나 회합 이외의 맥락에서 나타나는 유일한 경우이자, 이런 담론이 여성적 존재의 입을 통해 나오는 유일한 경우이기도 하다(표 1.4). 게다가 그 사용이 예리

하고 정확하다. 왜냐하면 이를 통해 텍스트가 중요한 논리적 난제를 해결하기 때문이다. 따라서 만약 27~28행을 명제 {P}라 하고, 이것이 {P1}(=무사 여신들의 "우리는 진실을 말할 수 있다."는 단언)과 {P2}(="우리는 진실을 닮은 거짓말을 할 수 있다.")라는 두 부분으로 이루어져 있다고 하면, {P}에 관해서는 다음과 같은 두 가지 가정이 가능하다.

1. {P}가 참이라면, 이 경우 {P1}과 {P2} 모두 참이다. 따라서 무사

표 1.4 헤시오도스의 작품에서 뮈토스의 용법

	무뚝뚝한 진실	더 강한 자의 담론	명백히 '남성적인 것'과 관련됨	전쟁의 공격이라는 맥락	법적인 공격이라는 맥락	스콜리오스 skolios('굽은')라는 단어로 수식됨
Th. 24: 무사 여신들	+	?				
Th. 169: 크로노스	+	+	+	+		
Th. 665: 우라노스의 아들들	+	+	+	+		
WD 194: 청동시대		+	+		+	+
WD 206: 매	+	+	+	+		
WD 263: 위증자들과 부패한 왕들		+	+		+	+

여신들의—{P}를 포함한—어떤 언설도 참이거나 거짓일 수 있다. 따라서 우리는 {P}와 무사 여신들의 모든 언설에 대해 의심과 의혹을 갖게 된다.

2. {P}가 거짓이라면, 이 경우 다음 세 가지 가능성이 열려 있다.

 (a) {P1}과 {P2}가 모두 거짓(-{P1} 그리고 -{P2})인 경우: 무사 여신들은 진실을 말할 수 있는 것도 아니고, 거짓을 말할 수 있는 것도 아니다.

 (b) +{P1} 그리고 -{P2}[{P1}은 참이고 {P2}는 거짓]인 경우: 그들은 진실을 말할 수는 있지만, 거짓을 말할 수는 없다.

 (c) -{P1} 그리고 +{P2}[{P1}은 거짓이고 {P2}는 참]인 경우: 그들은 거짓을 말할 수는 있지만, 진실을 말할 수는 없다.

그런데 만약 {P} 자체가 거짓이라면, 우리는 사실상 거짓을 말할 수 있는 무사 여신들의 능력이 바로 이 문장을 통해 증명되기 때문에, 이 세 가지 가능성 중 첫 번째와 두 번째를 배제할 수 있다. 그러면 결국 무사 여신들은—그리고 헤시오도스를 포함해서 무사 여신들에게 영감을 받은 시인들은—오직 거짓만 말한다고 결론짓게 된다. 이 경우 우리의 입장은 의심이 아니라, 완전한 불신과 거부가 된다.

가정 (2c)처럼 뿌리 자체를 뒤흔드는 결과를 피하기 위해, 누군가는 가정 (1)을 확증하고 싶어 할지도 모르겠다. 그러나 우리가 살펴본 것처럼, 가정 (1)은 결코 내적 증거와 논리적 추론을 기반으로 입증될 수도, 반증될 수도 없다. 게다가 이에 따라 행동하려는 어떤 시도도 결국 헛일이 된다. 이런 막다른 골목에서 저자의 목소리가 단호하게 개입하여 {P}를 하나의 **뮈토스**로 규정한다. 다시 말해 {P}는 거칠고 공격적인 방식으로 말하는 권력자가 개진하는, 있는 그대로의 진실이 되는 것이다.[45]

V

호메로스가 말하는 **뮈토스**는 종종 헤시오도스가 말하는 **뮈토스**와 같은 의미를 지닌다. 즉 **뮈토스**란 전장이나 논쟁적인 회합의 열기 속에서 강력한 힘을 지닌 남성이 행하는, 퉁명스럽고 공격적이며 솔직한 발화 행위다.[46] 예를 들어 아가멤논이 회합 장소에서 크뤼세스Chryses의 간청을 거절하고 (신성모독의) 폭력적인 위협을 동원해 명령을 내릴 때, 그것은 **뮈토스**다(*Iliad* 1.25=1.379, 1.33). 아킬레우스가 아가멤논의 사절들에게 연설할 때, 그는 "결과나 다른 이들의 감정을 고려하지 않고"(*apēlegeōs*) 말하며, 그들의 제안을 깜짝 놀랄 만큼 단도직입적으로 거절하는 자신의 말을 **뮈토스**라 부른다(9.309). 마찬가지로 포세이돈이 전쟁에서 물러나라는 제우스의 명을 거절하며 자신 역시 명예에 있어서 제우스에 뒤지지 않고 또한 겁쟁이도 아니라고 주장할 때, 그의 "힘 있고 굽히지 않는" 말 역시 **뮈토스**라 명명된다(15.202). 오뒤세우스가 배로 도망가는 그리스 병사들을 가로막고 서서 홀笏로 그들을 때릴 때, 그는 그들에게 이렇게 말한다. "조용히 앉아서 너희보다 힘센 다른 사람들의 **뮈토스**에 귀 기울여라. 너희는 호전적이지도 못하고, 무력하며, 그래서 전장이나 회의장 안에 들지도 못하는 자들이니."[47]

『오뒤세이아』의 이어지는 구절에서 텔레마코스Telemachus가 자기 어머니에게 하는 말도 주목해볼 만하다.

"당신의 방에 가서 당신의 일을 돌보십시오.
베틀과 실, 그리고 하인들을 부리는 일 말입니다.
뮈토스는 남자들―모든 남자, 그리고
특히 제가 주관할 것입니다. 이 집안의 권력은 제게 있으니 말입니다."
놀란 그녀는 자신의 방으로 돌아갔고,
자식의 이 같은 **뮈토스**를 마음에 새겼소.[48]

현재까지 서사시 속 **뮈토스**에 관한 가장 철저한 연구로 꼽히는 리처드 마틴Richard Martin의 연구에 의하면, 『일리아스』에 등장하는 167개의 명사 **뮈토스**나 동사 **뮈테오마이** 중 155개(93퍼센트)가 힘 있는 남자가 명령을 내리거나 허풍을 떠는 상황과 관련된다. 그의 견해에 따르면, **뮈토스**는 언제나 권위자가 공적인 장소에서 장황하게 늘어놓는 권력의 말이다. 보통 **뮈토스**는 듣는 이들이 그 말에 동의할 것을 강요하며, 이 같은 선포에 대항할 수 있는 사람은 오직 화자의 신분과 맞먹는 지위를 지닌 사람뿐이다.[49] 따라서 이 상황은 우리가 헤시오도스의 글에서 본 상황과 상당히 비슷하다. 즉 **뮈토스**는 권력과 권위를 단언하는 담론으로, 우리가 믿거나 복종해야 할 그 무엇으로 제시되는 것이다.[50] 서사시의 그 어디에서도 **뮈토스**는 '거짓된 이야기', '상징적 이야기', '성스러운 이야기' 등을 의미하는 것으로 쓰이지는 않는다.

VI

뮈토스와 **로고스**를 이런 식으로 새롭게 이해하는 것은, 말과 사고, 그리고 지식/권력 관계의 역사를 이해하는 방식과 관련해 상당히 중요한 의미를 지닌다―표준적인 서양철학사의 첫 장을 상당 부분 수정해야 할 정도로 말이다. 헤라클레이토스가 옹호한 **로고스**―어느 주석자의 표현을 따르자면, "단지 언어가 아니라 합리적인 토론, 추론 그리고 선택. 즉 말과 사고와 행동으로 표현된 합리성"―는 그의 선대 그리스인들이 로고스라 간주했던 것과는 다르다.⁵¹ 마찬가지로 플라톤이 깎아내리고자 했던 뮈토스도 헤시오도스와 호메로스가 이해했던 뮈토스와는 공통점이 거의 없다.

헤라클레이토스나 플라톤의 용법을 규범적인 것으로 간주하기보다는, 과거로 소급하여ex post facto, 적절한 순간에 출현한 이러한 용법이 기껏 (그러나 또한 바로) 문제의 이 용어들을 재정의하고 재평가하려는 하나의 전략적인—그리고 결국 성공한—시도였다는 사실을 이해하는 것이 더 바람직하다. 따라서 '뮈토스'와 '로고스'라는 어휘 항목에 대한 우리의 견해는 좀 더 역동적이어야만 한다. 이들은 고정된 의미를 지닌 용어가 아니며(사실 그런 용어는 존재하지도 않는다), 그 의미가 인간의 개입이 없는 과정을 거쳐 오랫동안 천천히 변한 것도 아니다. 오히려 다른 많은 단어와 마찬가지로 이 단어들은, 이들을 둘러싸고 경쟁하는 진리 체제들이 서로 싸우는 신랄하고 매우 중대한 의미론적 논쟁이 벌어진 장이었다.⁵²

이 논쟁의 논점은 심각한 것이었고, 그것은 판돈이 큰 내기였다. 누구의 말이 설득력 있는 것으로 간주되고, 누구의 말이 단지 현혹적인 것으로 간주될 것인가? 어떤 담론이 '진실'과 연관될 것이며, 어떤 담론이 (기껏해야) '그럴싸한 거짓말'이 될 것인가? 누구의 언어적 구축물이 지식의 지위에 오를 것이며, 누구의 언어적 구축물이 미신이 될 것인가? 분석하고 설명하고 가르치는 누구의 행위가 존경을 받을 것이며, 누구의 행위가 비웃음을 자아낼 것인가? 누구의 말(그리고 말하는 방식)이 권위를 부여받게 될 것인가? 이러한 물음들과 권력에 대한 물음들이 서로 연관되어 있다는 사실을 감지하는 것은 어려운 일이 아니다. 누가 학생들을 끌어모을 것인가? 누가 지도자들에게 조언을 할 것인가? 누구의 말이 보존되고, 인용되고, 이후로도 내내 연구될 것인가?

다음 장에서 보게 되듯이, 기원전 5세기에 이르기까지 **뮈토스**와 **로고스**에 부여된 의미와 가치는 여전히 불안정하고 경쟁적이었다. 둘 사이의 권력 균형은 아직 이루어지지 않고 있었다.

2장
호메로스로부터 플라톤을 거쳐

I

『일리아스』의 마지막과 『오뒤세이아』의 시작 사이에는 간격이 있다. 어떤 설명도 필요 없을 만큼 잘 알려져 있지만, 또한 어떤 말도 허용하기 두려운 공백이다.[1] 서사시의 전편인 『일리아스』는 불길하고 음울한 말로 끝난다. "이렇게 해서 그들은 조마사調馬師, 헥토르의 장례를 준비했다." 후편인 『오뒤세이아』가 시작되면, 전쟁은 끝났고, 그리스 군대는 이미 오래전에 떠났으며, 오뒤세우스는 칼립소의 마법에 걸려 전설의 섬 오귀기아Ogygia에 머물고 있다. 그 사이에 일어난 모든 일, 특히 트로이아의 몰락과 관련된 모든 일은 우리의 상상에 맡겨진다.

몇 권을 더 넘어가면 이 공백을 메우는 이야기들이 나오지만 이는 기이하고 계시적인 방식으로 쓰여 있다. 이제 오뒤세우스는 파이아케스인들의 땅Phaeacia으로 가서, 몸을 추스르고 긴 귀향길의 마지막 여정을 준비하고 있다. 오뒤세우스는 파이아케스의 왕 알키노오스 Alcinous로부터 환대를 받지만, 8권 마지막 부분에 등장하는 클라이맥스 장면 이전까지 여전히 경계를 늦추지 않고 자신의 정체도 밝히지 않는다.

이 장면의 무대는 매우 신중하게 짜여 있다. 장면이 시작되면 하인들이 연회를 준비하려 바쁘게 움직이고 있으며, 오뒤세우스는 왕의 옆자리에 앉는다. 이어 알키노오스의 전령이 "널리 이름이 알려진", "모두에게 존경받는" 눈먼 시인 데모도코스Demodocus를 데려온다. 데모도코스가―홀의 중앙 기둥 옆에 마련된 은이 박힌―의자에 자리를 잡고 앉자, 오뒤세우스가 자리에서 벌떡 일어난다. 그는 식탁 중앙에 차려진 구운 수퇘지 고기를 잘라 데모도코스에게 "최고의 부위"를 직접 대접한다. 이는 가장 기름진 최상의 부위로, 보통 당대 최고의 영웅을 위해 남겨두는 것이다. 이와 더불어 오뒤세우스는 이런 최상의 물질적 대접에 걸맞은 아낌없는 찬사를 이 시인뿐만 아니라 시라는 기예에 종사하는 모두에게 바친다.

> 시인들은 역시 지상의 모든 인간으로부터 제 몫의
> 명예와 존경을 받고 있지요. 무사 여신이 그들에게
> 노래하는 법을 가르쳐주시고, 시인들의 집단을 사랑하시기 때문이지요.[2]

연회와 축하가 뒤따른다. 모두가 진창 먹고 마시고 있을 때, 오뒤세우스는 다시금 자신의 주제로 돌아가서, 데모도코스가 무사 여신들이나 아폴론 또는 그 둘 모두에게 영감을 받았음을 인정하면서, 모든 인간 가운데 특히 훌륭한 자로 그를 칭송한다. 나아가 오뒤세우스는 이 시인이 트로이아에서 싸운 이들의 행위를 너무나 잘 노래해서, 마치 자기가 그 자리에 몸소 있었던 것만 같다고, 혹은 그 자리에 있었던 누군가로부터 이야기를 들은 것만 같다고 말한다. 이 장면은 상당히 아이러니하다. 그 장소에 몸소 있었던 영웅이 그 자리에 있지 않았던 시인에게 이러한 말을 하는 순간 번쩍이는 긴장이 표면 아래 감돈다. 게다가 자신의 신분을 감추고 있는 이 영웅은 그 시인이 결코 그 자리에 몸소 있었던 자기 자신만큼은 알지 못한다는 사실을 알고 있다. 그래서 그는 데모도코스에게 일종의 테스트를 제안하는데, 모든 테스트가 그렇듯 이 역시 악의 없어 보이지만 동시에 뒤에 어떤 위험이 도사리고 있다.

> 자, 그대는 화제를 바꾸어 목마에 관하여 정확히 노래하도록 하시오.
> 에페이오스Epeius가 아테나의 도움으로 목마를 만들자
> 고귀한 오뒤세우스는, 트로이아를 함락한 남자들로 목마를 가득 채운 다음,
> 이 올가미를 성채로 몰고 갔었지요.
> 만약 그대가 내게 그것에 관하여 제대로 이야기해줄 수 있다면,
> 나는, 신께서 그대에게 신적인 노래를 흔쾌히 선사하셨다고
> 모든 사람에게 지체 없이 알릴 것이오.[3]

시인은 이 도전에 응수해서, 리라를 들고 노래를 한다. "신의 영감을 받은 그의 노래가 울려 퍼졌다." 그가 부르는 노래는 승리에 찬 당당함과 더불어 무시무시한 어조로 그리스인들이 어떻게 그들의 막사를 불태우고 바다로 나갔는지, 그들 중 가장 최고의 장수들이 어떻게 목마의 배 안에 깊이 숨었는지, 트로이아인들이 긴 논쟁 끝에 어

떻게 이 목마를 성벽 안에 들여놓기로 결정하고 이를 신들에게 바쳐진 선물로 간주했는지, 어떻게 그 속에서 그리스인들이 핏발 서린 눈으로 손에 횃불을 들고 쏟아져 나왔는지, 어떻게 오뒤세우스가 그들의 트로이아 약탈을 이끌었는지를.

데모도코스가 이 행적들을 노래하는 것을 듣던 오뒤세우스는 억장이 무너져 내린다. 눈물이 그의 뺨을 타고 흐르고, 어느 순간 그의 고통은 그에게 희생된 사람들의 고통과 하나가 되어버린다. 이 서사시에서 가장 감동적인 장면 중 하나인 여기서 우리는 오뒤세우스가 마치 도시를 방어하다 전사한 남편을 보고 통곡하는 여인처럼 우는 것을 본다. 그녀가 남편을 안고 그가 마지막으로 내뱉는 숨에 눈물을 쏟을 때처럼, 적들이 그녀 등 뒤로 비 오듯 창을 들이대며 달려들어, 남편의 시신으로부터 그녀를 떼어내고 그녀가 통곡할 때처럼, 결국 노예로 끌려가게 된 그녀가 울부짖으며 탄식할 때처럼 말이다. 당황한 영웅은 눈물 가득한 자신의 눈을 가리지만, 옆자리에 앉은 왕에게 자신의 감정을 감추지 못하고, 왕은 그의 신음 소리를 듣게 된다. 이 순간 알키노오스가 시인의 노래를 중단시키고 이를 해명하기 위해 다음과 같이 말한다. "이러한 노래가 모든 사람을 다 즐겁게 해주는 것은 아닌 것 같소." 그리고 그는 오뒤세우스를 향해 돌아서서 마침내 자기 자신을 드러내고 모든 것을 솔직하게 밝히며 더 이상 계략으로 사실을 감추지 말 것을 요구한다. 그는 누구인가? 그는 어디에서 왔는가? 그의 이름은 무엇인가?

> 그대는 또 왜 그대가 아르고스인들과 다나오스인들 그리고 트로이아의
> 운명을 듣고는, 눈물을 흘리며 마음속으로 슬퍼하시는지, 그 까닭을 말씀해주시오.

그 운명은 신들께서 만드신 것이오. 신들께서 인간들을 위해 파
멸의 실을 자으시니까요.
이는 후세 사람들에게도 노랫거리가 있게 하시려는 것이지요.[4]

8권은 이렇게 끝난다. 9권이 시작되면 오뒤세우스는 아무 주저 없이 진심으로 자신의 이름을 밝히고 자신의 이야기를 기꺼이 들려주려 한다. 일단 이야기가 시작되면, 오뒤세우스의 이야기는 9권부터 12권까지 계속 이어진다. 그렇지만 이야기를 시작하기 전 오뒤세우스는 먼저 데모도코스와 시인 일반에 헌사를 바친다.

목소리가 신들과도 같은 이런 시인에게
귀를 기울인다는 것은 확실히 아름다운 일이오.
나는 전 백성이 즐거워하는 것보다
더 바람직한 것은 없다고 생각하오.
사람들은 잔치를 벌이며 집 안에 나란히 앉아
시인에게 귀를 기울이고, 그들 앞에 있는 식탁들에는
빵과 고기가 그득하고, 술 따르는 이는 술동이에서
술을 퍼 가지고 와서는 술잔에다 따라주고 있소.
이것이, 내가 보기에는, 가장 아름다운 일인 것 같소이다.[5]

이 일화에서 우리는 바로 서사 형식 안에 웅크리고 있는 시론詩論을 찾을 수 있다. 다르게 말하자면 우리는 그것을 시 자체의 이데올로기적 정당화와 이상화된 자기실현, 혹은 신화에 관한 신화라 할 수 있을 것이다. 즉 시는 시인뿐만 아니라 시라는 것 자체의 입장을 정의하고, 방어하고, 다시 생각해보고, 낭만화하고, 분석하고, 정당화하고, 과장하고, 신비화하고, 수정하고, 제시하는 이야기인 것이다.

데모도코스와 파이아케스 궁전에서의 그의 공연을 통해 이 서사시는 구술 전통에 뿌리를 둔 시대가 시의 최상의 것으로 간주했던 모든 것을 우리에게 보여준다. 이는 시인의 목소리는 신으로부터 권위를 부여받은 목소리이며, 그가 말하는 이야기는 절대적으로 믿을만한 것이라고 되풀이해서 강조한다. 시인은 단지 무사 여신으로부터 영감을 받기만 한 것이 아니라 그녀에게 직접 가르침을 받았기 때문이다. 테스트를 거치면서, 데모도코스는 시인들에 대해 다른 데서 확언되고 있는 바를 증명한다. 즉 그들은 풍부한 지식을 가지고 과거, 현재, 미래의 인간들과 신들의 행위에 관한 진실을 노래할 수 있는 자들인 것이다. 여기서 시는 그 자체를 전지전능한 것에 가까운 무언가로 주장한다. 데모도코스는 오뒤세우스의 도전을 받은 순간, 그가 한 번도 보지 못한 것들에 관해 정확히 노래하며, 『오뒤세이아』를 『일리아스』와 연결시키고, 시 그 자체에 어떤 서사, 이데올로기 혹은 담론의 흐름을 손상시키는 부득이한 간극을 메우는 능력이 있음을 보여준다.

 더욱이 시는 시가 위대한 감정을 불러일으킬 수도 있음을 보여준다. 오뒤세우스가 연회의 마지막에 노래의 기쁨을 묘사하듯이, 시는 대개 기쁨을 가져다준다. 음식, 풍족함, 연회, 축하의 분위기가 몸과 영혼 모두에 똑같은 즐거움을 선사하듯이 말이다. 그러나 이 이야기는 기쁨이 아니라 슬픔을 강조한다. 다른 이들이 데모도코스의 시구에서 즐거움을 느끼는 동안, 가장 강인한 마음을 지닌 영웅은 이를 듣고 눈물을 줄줄 흘리는데, 이보다 더 극적인 순간을 찾기는 힘들 것이다.

 오뒤세우스의 눈물은 좀 더 언급해볼 가치가 있다. 그의 슬픔을 트로이아 여인의 고통과 비교하는 행에서 『오뒤세이아』는 이 둘의 차이가 어떤 식으로든 극복되거나 해소된 것 같은 인상을 준다. 여기서 그리스인과 비-그리스인, 남성과 여성, 승자와 패자는 상실과 고통이라는 보편적 경험 안에서 하나로 재결합된다. 그러나 우리는 텍스트의 감언에 너무 완전히 사로잡히지 말아야 하며, 가장 극심한 대립이 극복되는 이 순간이 단지 허구일 뿐만 아니라 허구 안의 허구라는 사실을 강조해야만 한다. 따라서 『오뒤세이아』의 화자인 시인은, 이 이야기 속의 등장인물([허구적] 시인 그 자신)이 하는 이야기가 자신의 이야기와 허구적 시인의 이야기 모두에 등장하는 한 인물에게 전해질 때 생기는 효과에 관한 이야기를 하고 있는 것이다. 시가 허구 밖의 삶에서 그러한 화해를 가져다줄 능력은 극히 제한적이지만, 시의 진짜 재주는 청중으로 하여금 반대되는 온갖 증거에도 불구하고 이 같은 치유와 회복이 가능하다고 믿게끔 설득하는 데 있다.

  이와 같이 시는 시 자체에 대하여 일련의 대담한 주장을 개진한다. 곧 시가 지식과 진실을 담고 있다는 주장, 그리고 시가 감정적, 치유적, 화해적 힘을 지닌다는 주장이 그것이다. 이 모든 것이 어떻게 데모도코스가 트로이아에서 일어난 일을 알고 있었는지, 또 어떻게 그가 이 이야기를 완벽하게 전달해서 오뒤세우스를 트로이아 여인들처럼 울게 만들었는지 말해주는 서사 안에 새겨져 있다. 게다가 이것이 전부가 아니다. 이렇게 눈물을 쏟고 난 뒤—계략의 대가이자 고대 세계 최고의 거짓말쟁이인—오뒤세우스가 마침내 자신의 정체를 밝히고 자신의 이야기를 하기 때문이다. 여기서 시는 시가 변화를 가져오는 힘을 지닌다고 주장한다. 시는 진실일 뿐만 아니라, 그 진실에는 전염력도 있다. 시를 듣는 사람은 마음이 움직이며, 그렇게 마음이 움직여 그 자신도 진실하게 말할 수 있는 (말해야만 하는?) 것이다. 또한 오뒤세우스가 마침내 그의 이야기를 끝마칠 때, 다른 그리스 서사시 어디에서도 찾아볼 수 없는 동사를 사용한다는 사실에도 주목해볼 만하다. 그는 자신이 "뮈토스를 자세히 이야기했다." (*mythologeuein*, *Odyssey* 12.450과 453)고 말한다. 호메로스의 서사시나 그 밖의 다른 곳에서 **뮈토스**가 어떤 다른 뜻을 지니든 간에—우리가 살펴보게 될 것처럼 이 단어는 다양한 사람에게 온갖 의미를 지니고 있었다—바로 이 특정한 맥락에서 사용된 이 특이한 동사가 지닌 힘은 확연히 두드러진다. 이 동사는 텍스트 외부의 사람들(모든 청자와 독자)뿐만 아니라, 텍스트 내부의 청중(알키노오스와 파이아케스인들)에게, 오뒤세우스의 이야기 속의 일들이 아무리 믿기 힘들어 보이고 이야기꾼인 그가 의심스러울지라도, 그의 이야기를 진실로 간주하는 것은 물론, 교훈적이고 모범적이며 권위를 지닌 이야기로 간주해야 마땅하다는, 흔들리지 않는 확신을 제공한다.

II

뮈토스라는 용어는 헤시오도스가 『신통기』 첫머리에 배치한 중요한 구절에서도 나타난다.[6] 여기서 헤시오도스는 자신이 어떻게 영감을 받은 시인이 되었는지 기술하면서 서구 문학사 최초의 자전적인 글쓰기를 보여준다. 또한 이 와중에 그는 모든 그리스 서사시 가운데서 유일하게 무사 여신들 자신의 입에서 나온 말을 인용한다. 그러나 이 시구들을 소개하기에 앞서 그는 먼저 여신들이 한 말이 다름 아닌 바로 **뮈토스**라는 것을 명확히 밝힌다. 헤시오도스가 이 단어를 사용하는 방식은 그에게 이 단어가 지녔던 모든 힘을 이해하는 데 도움이 된다.

> 그분들은 어느 날 헤시오도스가 신성한 헬리콘 산기슭에서
> 양떼를 치고 있을 때 그에게 아름다운 노래를 가르쳐주셨다.
> 여신들이 내게 먼저 이 **뮈토스**를 말씀하셨다,
> 올림포스의 무사 여신들, 아이기스를 가진 제우스의 따님들이신

여신들이.

"들에서 야영하는 목자들이여, 악하고 불명예스런 무리, 그저 배
 뿐인 자들이여,
우리는 진실처럼 들리는 많은 거짓을 말할(legein) 줄 안다.
그러나 우리는 원하기만 하면 진실도 선포할 줄 안다."
이렇게 말씀하시고는 위대하신 제우스의 말 잘하는 따님들은
내게 홀笏을 주셨다. 싹이 트는 월계수의
보기 좋은 가지 하나를 꺾어서. 그리고 내게 신적인 목소리를 불
 어넣어
내가 미래사와 과거사를 찬양할 수 있도록 하셨다.[7]

앞 장에서 우리는 이 구절에서 사용된 **뮈토스**가, 자체의 모순으로 인해 그냥 흩어져버릴 뻔했던 생각과 이미지를 안정시키는 데 어떻게 기여했는지 살펴보았다. 즉 저자는 여기서 **뮈토스**라는 단어를 사용함으로써 그저 역설적인 말이 되어버렸을지도 모를 무사 여신들의 말을 그 모호성과 내적인 모순에도 불구하고 절대적인 진실로 받아들여질 수 있게 했던 것이다.

이 거울 게임에서 시인은 이렇게 무사 여신들의 말을 정당화하고, 여신들은 이제 시인의 말을 정당화해줄 것이다. 그러나 그를 정당화해주기 전에 먼저 무사 여신들은, 이야기의 시작 부분에서 만난 헤시오도스에게 양치기들이란 나쁜 무리이고 "그저 배뿐인 자들"이라고 말하며 그를 놀리고 비웃는다. 이 모욕적인 언사는 단지 신랄한 말이 아니라 일종의 관용 어구로서, 굶주리고 야외에서 살며, 물리적으로—또한 존재론적으로—그들이 돌보는 동물들에 가까운 자들이 과연 믿을만하고 정직한지에 대한 일련의 함축을 담고 있다. 예를 들어 크레타의 에피메니데스Epimenides of Crete*가 한 역설적인 말을 보라.

"크레타인들은 언제나 거짓말쟁이들이고, 사악한 짐승들이며, 게걸스레 먹어대는 게으름뱅이들이다."⁸

그러나 헤시오도스는 무사 여신들로부터 그를 짐승에 가까운 양치기에서 신들에게 가까운 시인으로 격상시켜줄 두 가지 선물을 받는다. 첫 번째 선물은 월계수 홀이었는데 이는 특권을 지닌 왕, 사제, 예언자 그리고 시인만이 소유할 수 있는 도구였다.† 이 모든 경우에서 홀은 신성, 그중에서도 특히 제우스, 아폴론, 혹은 무사 여신들에 의해 주어졌다. (헤시오도스의 홀은 이중의 기원을 지닌다. 이는 비록 무사 여신들에게서 왔지만 월계수는 아폴론의 상징이기 때문이다.) 일단 주어진 홀은 신의 호의를 뜻하는 명백한 표시가 되며, 그렇기 때문에 효과적으로 사람들의 주목을 받게 된다. 홀을 손에 쥔 사람이 이야기할 때, 이는 그들에게 신들의 호의가 내렸다는 것을 나타낸다. 혹은—은유를 써서 표현하자면—화자와 그가 하는 말이라는 매개를 통해 신성이 계속 빛을 발한다는 것을 의미한다.

또 다른 곳에서 헤시오도스는 무사 여신들이 어떻게 "감미로운 이슬"을 왕들의 입에, 아니 보다 정확히는 그들의 혀 위에 떨어뜨려 특별한 말의 권위를 선사하는지에 대해 감각적이고 구체적인 설명을 한다.⁹ 이 수사법에는 복잡한 이데올로기가 새겨져 있다. 우선 이슬은 신들의 음식이며, 하늘에서 지상으로 내려오는 신들의 선물로, 이를 섭취하는 이들을 변화시킨다. 이 이슬은 몸속으로 다 섭취되지 않고 그 일부가 왕들의 혀에 남아 매번 그들의 입에서 나오는 말에 실려져 나가, 그 말을 듣는 청자들에게 특별한 효과를 낸다. 그리고 이

---

† 천병희는 이 구절의 그리스어 단어 skeptron을 '지팡이'로 해석했다. 천병희의 역주에 따르면 보통 다른 곳에서는 왕, 사제, 예언자가 지니는 홀을 의미하는 단어 skeptron을 '지팡이'로 해석한 이유는, 그가 이를 서사시 음송자들이 보통 지니고 다니던 월계수 지팡이 rhapdos라고 생각했기 때문이다.

같은 직접적이고 물리적인 현상의 결과로서 청자들은 왕들의 말을 말 그대로 신성이 가미된 감미로운 것, 마음을 달래는 무엇으로 간주하게 될 것이다.

이는 자연히 헤시오도스가 무사 여신들로부터 받은 두 번째 선물인 새로운 목소리와 연결된다. 이 새로운 목소리는 말 그대로 그의 가슴 안에 불어넣어진 신성한 목소리다. 영감에 대한 지극히 육체적인 이 설명에서 공기는 왕들의 말에서 "감미로운 이슬"이 한 것과 똑같은 역할을 한다. 그러나 어떤 의미에서 시인들과 무사 여신들의 관계는 왕들과 무사 여신들의 관계보다 더 친밀하게 묘사되어 있다. 왕들의 말이 달콤한 겉치장의 힘으로 신성을 획득하는 반면, 시인들의 말은, 신성이 바로 그들의 말을 구성하는 공기 자체에 존재하기에 본질적으로 신성한 것으로 간주되기 때문이다. 이슬이 무사 여신들이 왕들에게 선사하는 특별한 음식이라면, 무사 여신들이 시인들에게 선사하는 것은 그들 자신의 본질적인 무엇이 포함된, 그들 자신의 생명력의 일부, 더 정확히 말하자면 그들의 아름다움, 우아함 그리고 지식이다.

이 지식의 본성에 관해서는, 헤시오도스와 그의 추종자들 모두가 무사 여신들을 제우스신과 므네모쉬네Mnemosynē 여신 사이에서 태어난 딸들로 여겼다는 점에 주목해볼 필요가 있다. 므네모쉬네라는 이름의 문자적 의미가 '기억'이기 때문에, 그리고 그녀에게는 다른 자식이 전혀 없기 때문에, 무사 여신들은 저 '기억'이 지닌 모든 것의 유일한 상속자들이다. 따라서 과거에 대한 지식은 무사 여신들이 시인들에게 불어넣어준 공기를 통해 그들에게 전해지고, 시인들은 이를 가지고 말을 만들어낸다. 하지만 미래에 대한 지식은 신관들, 무녀들sibyls, 예언자들의 수호신인 아폴론으로부터 온다. 시인들은 아폴론과 밀접한 관계가 있는 두 물건, 월계수 홀과 리라를 통해 아폴론 신과 연관된다. 따라서 시인들이 리라의 반주에 맞춰 찬가를 부를 때, 그들은 단지 시에 멜로디를 붙이기만 하는 것이 아니라, 그들의 연주 안에 아폴론과 무사 여신들의 선물들, 즉 과거의 일과 미래의 일에 대한 지식이 녹아들어 있음을 암묵적으로 선언하고 있는 것이다.

 자본주의 이전 경제의 모든 선물이 그렇듯이, 무사 여신들이 처음에 준 선물들 역시 계속 진행되는 과정의 한 부분이지, 그것으로 끝이 아니다. 오히려 이는 주는 자와 받는 자 간에 계속되는 호혜 관계의 문을 연다. 헤시오도스가 먼저 무사 여신들로부터 목소리와 지식—즉 그의 시의 스타일과 내용—을 받았다면, 무사 여신들은 그가 매번 시를 낭송할 때마다 시작과 끝에 그들의 이름을 언급함으로써 그들에게 무언가를 돌려줄 것을 요구한다. 매번 이렇게 할 때마다 그는 무사 여신들의 선물에 감사를 표하고, 그가 그들을 기념하는 한 그들이 계속 도움을 줄 것을 기원하며, 그들에 대한 영예와 찬미로 자신의 시를 바친다. 나아가 헤시오도스는 큰 대중 경연 대회에서 상을 타서 시인으로서의 경력에서 정상에 섰을 때, 그 상을 무사 여신들이 그에게 처음 나타났던 헬리콘 산으로 가져가 그에게 시라는 기예를 선사한 이 여신들에게 바쳤다.

III

 이러한 서사적 세부 사항들은 구술 문화의 제도와 관습을 반영한다—그리고 이데올로기적으로 미화한다. 구술 문화에서 전통을 보존하고 전달하는 주된 기술은 기억술과 공연에 큰 도움이 되는 시의 언어, 운율, 선율 그리고 관용 어구였다. 이러한 맥락에서 시는 사회의 가장 핵심적인 기록 매체였을 뿐만 아니라, 사회의 가장 권위 있는 담론이자 문화적 재생산의 주된 도구였다. 그러나 쓰기의 도입과 더불어 큰 변화가 뒤따르게 되었다. 그 변화는 하룻밤 사이에 급작스럽게 생겨나거나 단일한 방식으로 진행된 것이 아니라, 실험과 투쟁의 결과로서, 서서히 그리고 불균형적으로 일어났다. 그리스—이곳에서 알파벳 문자가 처음으로 완성되었다—의 경우, 기원전 8세기 호메로스와 헤시오도스의 세계가 기원전 4세기 플라톤의 세계와 갈라지는 시기에 이 변화가 가장 뚜렷이 드러난다.

쓰기의 도입과 더불어 다른 무엇보다도 특히 담론적 권위의 성격이 변화했다. 파피루스나 양피지 위에 쓰여 지속되는 말은 직접적인 인간적 맥락에서 벗어날 수 있고, 언어 외적인 요소—음악, 리듬, 축제, 연회—의 속박을 받지 않는다. 나아가 그것은 다시 검토되고, 연구될 수 있으며, 예측하지 못했던 새로운 시각에서 비판을 받을 수도 있다. 또 각 청중의 관심사에 즉각적으로 반응하거나 이에 맞춰 말의 내용을 조정할 수도 없다. 비록 시인들은 여전히 상당 부분 그들의 위신과 문화적 중요성을 유지하고 있었지만, 소크라테스 이전 기원전 6세기 철학자들로부터 시인들에 대한 공격이 나타나기 시작했다.[10] 따라서 예를 들어 크세노파네스Xenophanes*는 "처음부터 모두가 호메로스를 따라 배워왔다."는 점을 인정하면서도, 다음과 같은 불평을 늘어놓는다.

> 호메로스와 헤시오도스는 신들에게
> 인간들 사이에서도 비난받아 마땅한 온갖 부끄러운 일을 부여했다.
> 절도, 간음, 사기 등등.[11]

흥미롭게도 이 비판은 서사시의 6보격 운율로 되어 있다. 한 세대가 지난 후 헤라클레이토스는 경구체 산문 형식으로 글을 쓰면서 시인들에 대해 더욱 가혹해진다. 호메로스를 "모든 그리스인 가운데 가장 현명한 자"라고 풍자적으로 언급한 뒤, 이 위대한 시인이 한 어린 아이가 낸 수수께끼에 당황한 모습을 이야기함으로써 사람들이 어떻게 가장 뻔한 일들에 속아 넘어갈 수 있는지 보여준다.[12] 비슷한 방식으로 그는 헤시오도스가 "박학다식한 사람"이지만 그의 넓은 지식이 결코 그를 현명하게 만들지는 못했다고 말한다. "대부분의 사람들의 스승"이라는 위치에도 불구하고, 헤시오도스는 낮과 밤의 관계를 이해하지 못했다는 것이다. 헤라클레이토스는 그 현란한 풍자의 절정에서, 호메로스와 아르킬로코스Archilochus*는 시인들과 운동선수들이 겨루는 경연장에서 쫓겨나 매질을 당해야 마땅하다고까지 말했다.[13]

헤라클레이토스는 시인들을 비웃고, 아폴론으로부터 영감을 받았다고 주장하는 이들(신관과 시빌라)도 비웃었으며, 일부 종교적인 예식(정화 의식, 신들의 조상彫像을 섬기는 것, 디오뉘소스 숭배자들의 행렬, 비의적 입문 의식)과 선대의 현자들(헤카타이오스Hecataeus,* 피타고라스Pythagoras, 크세노파네스) 역시 조롱했다.[14] 그는 고대의 인물들 가운데 오로지 한 사람, 프리에네의 비아스Bias of Priene*에게만 존경을 표했다. 헤라클레이토스는 한 단편에서 대놓고 그를 칭찬했고, 또 다른 단편에서는 그의 의견에 동의하며 그를 인용했다. 비아스는 다음과 같은 두 가지 장점이 있었던 것으로 보인다. 첫째, 그는 시인이 아니라 법률가였다. 둘째, 헤라클레이토스처럼 그 역시 뚜렷한 엘리트주의자였고 귀족주의적인 시각을 갖고 있었다. 이 같은 정서는, 헤라클레이토스가 대중들이 시를 존중하는 것이 바로 그들의 지적 결핍을 증명해준다고 빈정거리면서 인용한, 비아스의 유명한 경구에서 분명하게 나타난다.

그들이 대체 어떤 이해력이나 지적 능력을 지니고 있는가? 그들은 속인의 시인들을 신뢰하고 군중을 그들의 스승으로 간주한다. "대중들은 악하고, 선인은 소수다."라는 사실을 알지 못한 채.15

이런 잔인한 비판에도 불구하고, 헤라클레이토스는 **뮈토스**에 대해서는 침묵한다. 현존하는 129개의 단편에 뮈토스라는 단어는 단 한 번도 등장하지 않는다. 대신 그는 또 다른 형식의 말, 로고스에 집중한다. 헤라클레이토스의 용법에서 **로고스**는 구술 시가의 담론이라기보다 문자로 쓰인 산문의 담론에 가까우며, 서사보다는 논쟁의 담론에 가깝다. 또한 **로고스**는 또 다른 중요한 점에서 **뮈토스**와 다르다. 첫째, **로고스**는 초자연적 기원이나 영감을 주장하지 않는다. 둘째, 로고스는 스스로의 진실성을 고집하지 않고 대신 설득적인 어조로 암암리에 청자로 하여금 이에 대해 반박하거나 혹은 이를 받아들이도록 요구한다. 셋째—이는 헤라클레이토스는 축소시켰으나 호메로스나 헤시오도스 같은 이가 강조했던 차원인데—**로고스**는 유혹, 속임수, 아부, 기만 등의 비양심적인 수단을 통해서도 설득할 수 있다는 점이다. 이 측면에서 **로고스**는 특히 여성, 사기꾼, 그리고 육체적 혹은 정치적 힘이 열등한 자들이 그들의 약삭빠른 말을 통해 힘이 더 센 자들을 이기고자 하는 것과 연관된다.

헤라클레이토스는 부적절한 것을 걸러낸 **로고스**를 선호하며 신화를 전부 무시했고, 심지어 몇몇 시인들조차 **뮈토스**로부터 물러섰다. 예를 들어—신들과 영웅들에 대한 옛이야기를 즐겨 했던—핀다로스 Pindar*는 **뮈토스**라는 용어를 아주 드물게 사용했으며, 이를 사용할 때는 항상 거짓 및 속임수와 연결시켰다.16 그러나 다른 시인들은 그 범주의 경계를 재고하면서도 여전히 신화에 큰 가치를 두고 있었다. 예를 들어 크세노파네스의 현존하는 글 중 가장 긴 글을 살펴보자. 이 시에서 그는 친절하고 아주 상세하게 이상적인 향연 혹은 주연을 묘사한다. 우선 그는 이 연회의 물질적인 측면에 대해 길게 적는다. 그는 향연이 벌어지는 방, 그릇들, 세간들을 묘사하고, 향연 참석자들 모두가 이 모임을 위해 어떻게 자신을 깨끗이 단장하고 정화했는지 기술한다. 하인들은 향료와 값비싼 향수를 뿌리고, 손님들에게 우아한 화관을 씌운다. 꿀과 꽃이 첨가된 포도주를 비롯해서 다양한 종류의 포도주가 제공된다. 그러나 음식의 우아함은 그 소박함에 있다. 황금빛 빵, 치즈 그리고 짙은 꿀, 이 모든 것이 꽃잎이 뿌려진 제단 옆 탁자에 쌓여 있다. 여기에 우연이라고 보기 힘든, 무엇인가 중요한 하나가 빠져 있다. 호메로스 및 다른 이들이 묘사한 연회와 대조적으로 여기에는 고기가 없다. 이는 이 축제를 준비함에 있어 그 어떤 잔인함이나 도살의 흔적도 없었으며, 손님들이 서로 차지하고자 다툴 '승자의 부위'도 없다는 것을 의미하는 것이다. 크세노파네스는 이 같은 물리적인 세부 묘사를 마친 후, 평화롭고 조화로운 자리에 걸맞은 언어의 향연으로 시선을 돌린다.

> 노래와 즐거움이 집을 채운다.
> 무엇보다도, 원기 왕성한 이들이,
> 제주를 붓고 정당한 일들을 이룰 수 있게 해달라고 기도를 드린 후,
> 유려한 **뮈토이**와 순수한 **로고이**로,
> 신에게 노래를 바치는 것은 적당하다. 그것이 더 편하니까.
> 마실 수 있는 데까지 마시고, 그러고 나서도 여전히
> 시종 없이 집에 갈 수 있다는 것은 도리에 어긋난 것이 아니다
>   (단 당신이 그리 늙지 않았다는 전제하에서!).
> 인간들 가운데 칭송받을 자는, 술을 마시면서도 고귀한 일들이
>   알려지게 하는 자로서,
> 기억과 최고가 되기 위한 노력 덕분에 그가 이 일들을 알게 되는

> 것이니,
> 티탄들, 거인족, 켄타우로스의 전투도 다루지 말고—이런 것들은 옛 시대에 날조된 것들이다—,
> 폭력적인 시민들의 무질서도 다루지 말라. 이러한 것들은 아무 쓸모도 없다.
> 그러나 신들을 존경하는 것은 언제나 좋은 일이다.[17]

이것은 현존하는 크세노파네스의 글 중 유일하게 **뮈토스**에 대한 언급이 명시적으로 드러나 있는 부분이다. 비록 분명 약간의 미묘한 차이는 있지만, 그럼에도 불구하고 여러 가지 면에서 그의 견해는 호메로스와 헤시오도스를 이어가고 있다. 그에게 신화란 구술적, 시적 공연으로, 기억을 통해 전해지고, 신들을 찬양하는 데 적합한 것이다. 그러나 여기에는 영감에 대한 언급이 없다. 말은 인간인 시인에게서 시작되어 신들까지 포함한 청중에게로 전달된다. 마찬가지로 기억이 여전히 시인의 노력 기반으로 남아 있기는 하지만, 이는 더 이상 무사 여신들의 어머니 여신인 므네모쉬네로 인격화되지 않는다. 오히려 기억은 시인의 내재적 능력이자 그가 시인의 기능을 하는 데 필요한 무엇일 뿐이다. 마치 "최고가 되기 위한 노력"처럼 말이다.

시의 근원과 성격에 대한 생각이 변한 것과 마찬가지로, 그 공연의 맥락 역시 변했다. 왕권이 무너지고 도시국가(폴리스)가 부상하면서 (이는 수세기에 걸쳐 진행된 과정으로, 많은 지역차가 있지만, 대체로 기원전 6세기와 5세기경에 이르러 완성되었다), 연회—즉 비교적 포괄적인 모임으로, 왕권의 관대한 아량으로 모든 사회 계층에 두루 제공되고, 그 참석자들이 좋고 아름답고 의미 있는 온갖 것에서 공감각적 즐거움을 누리던 자리—는 이제 더 이상 시인의 목소리를 가장 자주 들을 수 있는 장소가 아니게 되었다. 다른 자리들이 연회를 대체했기 때문이다. 그중에서도 가장 중요한 장소는, 내가 전에 언급한 적 있는 시인들의 경연 대회와 더불어, 주연 혹은 **심포지아**symposia[심포지움symposium의 복수형]였다. 이는 귀족 남성들의 비교적 배타적인 성격의 모임으로, 그들이 사적이고 한가한 분위기에서 만나 사회적 구별의 표시가 되는 자신들의 심미안을 기르고 과시하는 자리였다. 때때로 그들이 만들어내는 분위기는 상당히 점잖은 것이었고, 이는 크세노파네스의 설명에서 그대로 잘 나타난다. 그러나 어떤 경우에 참가자들은 그들의 계급과 배경이 부여한, 전통적인 도덕적 관행의 제약으로부터의 자유를 극적으로 실현하며 엄청난 술을 마셨고, 그 결과 상스러움, 방탕, 방자함이 난무하기도 했다.[18]

이런 가능성들 속에서, 크세노파네스는 어떤 시가 그의 이상화된 심포지움에 적절하고 어떤 시는 그렇지 못한지를 천명하기 위해 고심한다. 이를 위해 그는 잘 알려져 있고 널리 사랑받던 거인족들의 전투나 티탄들의 전투 이야기 등을 거부한다. 여기서 그는 점잖음에 관심을 두고 있지만, 또한 사회적 이익에도 관심을 두고 있다. 따라서 그는 신들 사이의 갈등을 묘사하는 이야기를, 인간 차원에서 국가의 이익과 안정을 거스르는 시민들 사이의 분쟁과 연결시킨다. 그가 호메로스와 헤시오도스가 "훔치고, 간음하고, 서로서로 속이는" 신들에 관한 이야기를 한다고 비난하는 데서도 역시 비슷한 관심이 선명하게 드러난다. 여기서도 실용적인 기준은 분명하다. 만약 인간들 사이에서 행해졌을 때 중요한 제도들(결혼, 가족, 법, 상업, 도시국가)의 토대를 침식할 가능성이 있는 행위들은, 신들에 관한 이야기에서도 역시 다뤄져서는 안 된다는 것이다. 그러나 그는 어디에서도 그가 '신화'라고 거부한 이야기들에 대해 말하지 않는다. 오히려 그의 어휘 안에서 **뮈토스**는, 그 내용에서 도덕적이고, 그 태도에서는 경건한, 그리고 그 결과에서는 사회에 도움을 주는 이야기들을 가리키는, 높이 존중할만한 용어로 남아 있다. 물론 크세노파네스가 비난할만한 내용을 담은 다른 종류의 서사들도 있다. 그러나 그는 이러한 서사들에 대해서는 "옛 시대에 날조된 것들"(*plasmata tōn proterōn*)이라는 조롱 섞인 새 이름을 붙였다.[19]

IV

대부분의 소크라테스 이전 철학자들은 주로 로고스에 대해 말하는 데 만족하고 뮈토스에 대해 언급하는 것을 피했다. 뮈토스에 대한 비판처럼 보이는 것은 단 하나 발견되는데, 면밀히 살펴보면 사실 이것도 그런 종류의 비판은 아니라는 것이 드러난다. 이는 데모크리토스 Democritus*가 무지한 사람들이 사후의 운명에 대한 이야기를 듣고 겁에 질리는 것에 대해 고찰한 부분이다.[20] 그는 이러한 이야기를 거짓이나 기만을 뜻하는 일반적인 단어인 프세우다pseuda로 지칭한다. 그리고 이 이야기에 책임 있는 사람들은 뮈토플라스테온테스mythoplasteontes ('신화를 꾸며내는 사람들')라 부른다. 이 단어는 우리가 잘 아는 두 어휘를 연결시켜 만든 합성 신조어이다. 즉 여기 쓰인 명사는 전통적으로 진실하고 권위적이며 믿을만한 말에 사용되었고(뮈토스), 동사는 진흙, 석고, 밀랍 등 전성展性이 있고 고정되지 않은 물질로 만들어진 장인의 창작품에, 그리고 말과 생각의 고안물에도 사용되었던 것이다(플라조plassō, '주조하다, 형성하다, 가공품을 만들어내다'). 이 마지막 단어는 의심스러운 의미를 지닐 수 있다. 이 단어와 이로부터 파생된 단어들은 위조, 사기, 허구 등 다양한 종류의 꾸며낸 일을 말할 때 사용되었기 때문이다. 크세노파네스가 자신이 거부하고자 하는 이야기들을 플라스마타plasmata, 즉 '꾸며낸 것들'이라고 불렀던 것도 바로 이 때문이다.[21]

따라서 데모크리토스의 비판에서 무게는 뮈토-플라스테온테스라는 합성어의 뒷부분에 실려 있다. 즉 그가 비난하는 대상은 '신화'가 아니라 거짓을 꾸며내는 사람들(프세우데아의 플라스테온테스)인 것이다. 그들은 이러한 거짓을 성스러운 진실(뮈토이)인 양 어리석은 자들에게 전한다. 이 해석은 데모크리토스가 신화, 시인, 시 등에 관한 전통적 견해를 보여주는 다른 단편들을 통해서도 확인된다. 그는 호메로스가 "신성한 본성을 지녔고", "시로 우주를 지었다."고 말했으며, "시인이 영감을 받은 상태에서 성스러운 영혼으로 쓴 것은 지극히 아름답다."고 말했다.[22] 이중 그가 신화에 관해 명시적으로 언급하고 있는 또 다른 유일한 예는 매우 인상적이다. "**로고이**가 많은 사람이 아니라, **뮈토스**가 진실한 사람이 되는 것이 필요하다."[23]

소크라테스 이전의 다른 거장 철학자들—특히 운문으로 글을 쓰고 (비록 관습적이지 않은 방식으로라도) 신들에 대해 존경을 표하며 영감을 인정하는 이들—은 자신의 글에서 특히 중요한, 그리고/또는 어려운 부분에 초월적인 권위를 부여하기 위해 **뮈토스**라는 용어를 사용한다. 파르메니데스Parmenides*가 그 분명한 예다.[24] 파르메니데스는 자신의 작품 서문에서 자신의 가르침이 천상을 여행하는 동안 그에게 계시된 것들에 근거한다고 주장하면서, 이 여행에 대해 상세히 설명한다. 그는 신성한 처녀들, 태양의 딸들이 어떻게 그를 전차에 태우고, 낮과 밤의 문에 도달할 때까지 하늘로 올라갔는지 설명한다. 이 문을 통과한 후 그는 이름을 알 수 없는 여신을 만났다. 일부 학자들은 이 여신이 정의의 여신이었을 것이라고 생각하고, 어떤 이들은 진리의 여신이었을 것이라고 생각하며, 또 어떤 이들은 기억의 여신이었을 것이라고 생각한다. 파르메니데스를 반갑게 맞이한 이 여신은 그에게 근본적으로 다른 두 가지 "길", 혹은 지식의 양태를 보여준다. 하나는 진리 자체이고, 다른 하나는 "아무런 진리도 없는, 인간들의 의견이다."

이 특이한 서문에 이어서 파르메니데스는 천상에서 지상으로, 과거에서 현재로, 서사에서 교훈적 목소리로 옮겨가 여신이 그에게 가르쳐준 것들에 대한 평가를 시도한다. 서사시 운율로 쓰인 이 중요한 연설에서 그는 다음과 같은 인사말로 그의 청중(그는 독자가 아니라 청중이라고 간주하고 있었던 것으로 생각된다)의 시선을 사로잡는다. "오시오, 내가 나의 **뮈토스**를 들려줄 터이니, 여러분은 그것을 가져가시오."[25] 그러고 나서 그는 있음과 생겨남, 본질적 실재와 피상적 현상, 그리고 '있다'와 '있지 않다'는 모순된 두 명제 사이에서 선택해야 하는 두 가지 길의 대립에 대한 논의를 펼친다. 그는 이 대립에서 후자를 불합리한 것으로 거부하며, 다음과 같은 친숙한 용어를 써가며 논의를 매듭짓는다. "이 길의 한 가지 **뮈토스**가 남아 있습니다. 바로 '있다'입니다."[26]

이와 비슷하게 엠페도클레스Empedocles*도 동일한 용어를 거창하게 사용한다.[27] 인간 존재가 만들어지게 된 과정에 관한 자신의 설명을 뒷받침하기 위해, 그는 이것이 "무지하지도, 잘못되지도 않은 뮈토스다."라고 단언한다.[28] 또한 그는 영혼의 윤회에 관한 자신의 이론을 소개하면서, 최고의 질서에 호소함으로써 듣는 이들의 확신을 얻으려 한다.

> 친구들이여, 나는 진리가 **뮈토이** 안에 있는 것을 알고 있다.
> 나는 말할 것이다. 그러나 이는 인간들에게는 매우 어려운 일이며,
> 믿음의 시작은 그들의 마음에 매우 가혹하다.[29]

호메로스와 헤시오도스처럼 엠페도클레스는 무사 여신을 부르며 영감을 구한다. 이런 태도는 다른 소크라테스 이전 철학자들에게서

는 찾아볼 수 없는 태도다. (헤라클레이토스가 "무사 여신들"이라는 제목의 책을 썼다고 말하는 자료들이 있기는 하다.)³⁰ 어떤 곳에서 그는 무사 여신에게 신들을 노래하도록 도와달라고 청한다. 또 어떤 곳에서는 무사 여신이 그녀의 **로고스**를 자신의 장기 속에 집어넣어 그의 지식의 기반이 되게끔 했다고 말한다. 다시 또 어떤 곳에서 그는 무사 여신에게 인간이 알아야 마땅한 모든 것을 들려달라고 탄원하고, 같은 행에서 신들에게 다음과 같이 빈다. "다른 이들의 광기를 저의 혀에서 치워내 주시고, 깨끗한 흐름만이 제 거룩한 입에서 흘러나오게 하소서."³¹ 그러나 엠페도클레스가 좀 더 대단한 권위를 행사할 수 있는 담론을 만들어내길 갈망하는 순간들도 있다. 이를 위해서 그는 시인들과 시가 전통적으로 특권적 지위를 차지하고 있던 이데올로기 체계를 재구성한다. 이 대담한 시도를 충분히 이해하기 위해서는 영혼의 윤회에 관한 그의 이론을 살펴보는 것이 도움이 된다.

  동시대의 다른 많은 사람처럼 엠페도클레스는 영혼이 불멸한다고 주장했다. 나아가 그는 모든 영혼이 한때는 신이었지만 통탄할만한 파계의 결과 신적인 지위에서 추락했다고 믿었다. 그 뒤로 영혼은 여러 윤회의 단계를 거치는 긴 여행을 하며, 식물에서 동물을 거쳐 인간의 영역에 이르면서 점차 그 죄를 정화시킨다. 인간의 영역에서는 먼저 낮은 층위의 삶과 육체에서 시작해 점차 고양된 존재로 나아가면서 서서히 최고천으로 다시 돌아갈 것을 도모한다. 따라서—현자이자 시인, 의사, 예언자로 명성을 날렸던—엠페도클레스는 자신의 존재가 수많은 거처 중의 하나인 일시적인 육체적 거처라고 생각했다. "한때 나는 젊은이로, 처녀로,/ 작은 나무로, 새로, 그리고 바다의 짠물고기로 태어났다."³² 그러나 끝이 보인다. 그가 수줍게 윤회의 마지막 단계를 묘사할 때 그는 자기 자신을 염두에 두고 있었기 때문이다.

마지막에 다가가면, [영혼은] 예언자와 시인과 치유자,
그리고 지상에 사는 인간들 중 최고가 된다.
이 상태로부터 그들은 최상의 영예인 신들의 자리로 솟아오른다.[33]

따라서 시인은 글자 그대로 그리고 확실히 신들 다음으로 최상의 존재이기에, 우리는 시인의 말이 신들과 인간들 사이를 중재한다고 생각해야 한다. 심지어 이것이 전부가 아니다. 자신의 설명에 가능한 한 최고의 권위를 불어넣기 위해 엠페도클레스는 이야기를 한 단계 더 진전시켜 그 자신이 영혼의 윤회 여행을 마치고 신의 지위를 얻었다고 주장한다. "친애하는 친구들이여." 그는 시민들을 부른다. "나는 더 이상 필멸하지 않는 불멸의 신으로서 그대들과 함께하오." 이러한 신적인 페르소나로서 그는 청중에게 다음과 같이 말한다. "신으로부터 이 같은 **뮈토스**를 들었으니, 이러한 일들을 분명히 알고 있으시오."[34]

우리는 또다시 거울 게임과 만난다. 화자는 자신의 말을 **뮈토스**라 명명함으로써 그 말에 권위를 부여하고, 말은 화자를 신이라 명명함으로써 그에게 권위를 부여한다. 그 순전한 대담성은 탄복할만하긴 하지만, 엠페도클레스의 시도는 실패할 위험을 무릅쓰고 있다. 그러나 그 실패 가능성 안에서 우리는 무엇인가 중요한 것을 찾을 수 있을지도 모른다. **뮈토스**의 권위를 산출하는 장치가—예를 들어 헤시오도스의 경우에서처럼—최대한의 효과를 내면서 기능을 한다면, 그 장치는 다음 세 행위자가 서로 관련되게 만든다. (1) 신(담론에 의해 가정된 그리고 담론 안에서 구성된 신적인 존재), (2) 시인, 그리고 (3) 청중. 물론 셋 중에서 시인이 가장 능동적인 행위 주체이지만, 시인 자신도 청중도 시인을 그렇게 보도록 허락되지 않는다. 오히려 그들은 시인을 단지 매개의 도구로 이해하도록 되어 있다. 시인

을 통해서 절대적 진리와 초월적 중요성에 관한 담론이 천상과 지상의 틈을 건너뛰게 된다는 것이다.

이 같은 구조 안에서, 시인의 자기표현은 자신을 깎아내리는 것인 동시에 추켜세우는 것이다. 시인이 주장하는 자신의 특권적 위치—청중의 주목과 신뢰에 대한 그의 요구—가 궁극적인 의미에서 '그 자신의 것'이 아니라고 간주되는 말에 근거를 두고 있기 때문이다. 엠페도클레스는 전통적인 구조의 이 세 행위자(신, 시인, 청중)를 둘(신-시인, 청중)로 축소시키고, 그가 인정하는 말의 특권을 자기 자신의 것이라 주장한다. 간단해진 이 두 행위자 체계에서는 청중에게, 그리고 아마도 심지어 신-시인 자신에게도 이 체계가 어떻게 작동하는지 숨기는 것이 힘들 것이다. 여기에서는 술수를 그럴싸하게 완성시켜주는 거울이나 연막을 거의 찾아보기 힘들다.

V

스스로를 소피스트라 부른 기원전 5세기 후반 지식인들에게, 모든 말이 인간의 말이라는 것은 지극히 당연하게 생각되었던 것으로 보인다. "인간은 만물의 척도다."라고 말한 프로타고라스Protagoras*는 일반적으로 이들 무리의 시조로 간주된다. 그는 주제의 불확실성과 인간의 짧은 삶을 고려해볼 때 우리는 결코 신들이 존재하는지 존재하지 않는지 알 수 없다고 주장했다.[35] 그러나 만약 모든 말이 신이 아닌 인간으로부터 나온 것이라면, 신적인 영감에 대한 시인들의 전통적인 주장과 관련해서, 시의 위상에 대한 질문이 불가피하게 제기된다. 시인들이 그들의 청중을 속인 것일까? 아니면 시인들 스스로도 속은 것일까? 그들이 한 이야기들, 특히 그들이 자기 자신에 대해서 그리고 자신들과 신들의 관계에 대해서 한 이야기들을 어떻게 생각해야 할까? 시인들은 **뮈토스**나 **로고스**를, 혹은 둘 다를 말하지 않는가? 이러한 범주들에 어떤 가치를 부여해야 할까? 시의 언어는 단지 설득의 도구, 혹은 심지어 속임수의 도구가 아닌가? 이러한 문제들을 탐구하는 언어를 개발할 수 있을까? 아니, **모든** 언어란 단지 설득의 도구, 혹은 심지어 속임수의 도구가 아닐까? 이러한 질문들 및 이와 관련된 질문들이 다 소피스트들의 논의 주제였다. 그러나 이에 대해 우리가 알고 있는 것은 지극히 미미하다. 남아 있는 기록이 별로 없고 또 소피스트들에게 적대적인 이들이 왜곡한 부분이 많기 때문이다.[36]

그러나 소피스트들의 입장이 어떠했는지 추측해볼 수 있는 경우가 약간 있다. 예를 들어 (엠페도클레스의 제자였다고 하는) 고르기아스Gorgias*가 트로이아의 헬레네를 그릇되게 비난하는 시인들과 또 이러한 시인들의 말을 믿는 사람들, 즉 그리스 세계 전체에 맞서서 헬레네 옹호론을 펼치는, 긴 수사학 습작이 있다. 그는 시란 "운율을 지닌 **로고스**"에 지나지 않으며, 그렇기 때문에 비판적인 검토가 필요하다고 주장한다. 나아가 그는 **로고스**는 의견을 조작하고, 감정에 호소하며, 재미를 느끼게 만드는 등 진리를 전하는 것과는 전혀 상관없는 여러 방식으로 설득할 수 있다고 주장한다. 오히려 **로고스**는 마치 약이 몸에 작용하듯이 영혼에 작용해서 사람을 홀리거나 미혹에 빠지게 하는 힘이 있다는 것이다. 따라서 고르기아스는 만약 헬레네가 파리스의 **로고스**에 설득되어서 그녀의 남편을 저버렸다면, 그녀는 속임수에 빠져 이에 저항할 힘이 전혀 없었던 것이기 때문에 우리는 그녀를 용서해야만 한다고 주장한다.[37]

고르기아스의 헬레네 변론은 비범한 텍스트로서, 현존하는 형태로 기록되기 이전, 훌륭히 갈고닦아 시연된 소피스트들의 솜씨를 잘 보여준다. 게다가 이 화려한 화술의 주제 역시 결코 우연히 선택된 것이 아니다. 헬레네를 변호함으로써 고르기아스는 단지 지배적인 견해에 정면으로 맞서 반론을 펼치는 기술을(프로타고라스의 표현을 빌리자면, "더 약한 로고스를 더 강하게 만드는" 기술을) 자랑하고만 있는 것이 아니다. 여기서 우리는 헬레네의 납치가, 호메로스 서사시의 소재가 된 트로이아전쟁을 유발한 사건이었다는 점을 상기할 필요가 있다. 따라서 고르기아스는 헬레네를 변호하는 가운데 호메로스를 겨냥하고 있다. 고르기아스는 호메로스가 헬레네 이야기를 잘못 전했고, 그 결과 다른 모든 것에 대해서도 잘못된 이야기를 하게 되었다고 은근히 호메로스를 비난하고 있는 것이다. 또한 헬레네의 무죄를 주장하는 고르기아스의 논의는 더 나아가서 일련의 다른 결론들도 시사하는데, 그는 이를 감질나게 암시만 하고 있다. 만약 호메로스가 헬레네가 유죄임을 우리에게 납득시키기 위해 시—"운율을 지닌 로고스"—를 사용했다면, 우리 역시 용서받을 수 있다. 왜냐하면 고르기아스의 더 강력한(즉 더 설득력 있는) 언어가 과오로부터 우리를 구원하기 이전까지는 우리도 역시 호메로스의 언어에 속았고, 이에 저항할 힘이 없었기 때문이다.

하지만 속는다는 것이 반드시 나쁜 것만은 아니다. 고르기아스가 당대 시의 대표적 형식이라 할 수 있는 비극 작품의 공연에 대해 평한 글을 보면 그런 것 같다. "비극은 영감을 주고 선포한다. 비극은 사람들이 보고 듣기에 굉장한 것이며, 그것의 **뮈토이**와 그것이 불러일으키는 열정을 통해 속임수를 만들어낸다. 나아가 [이런 방식으로] 속이는 자는 그렇지 않은 자보다 더 정의롭고, 반면 속는 자는 그렇지 않은 자보다 더 현명하다."[38]

이 단편에서 고르기아스는 광범위한 함축을 지닌 신화 이론을 시사한다. 이 짧은 구절에는 문학, 예술, 교육학, 윤리학 이론들이 실려 있다. 우선 그는 신화를 서사로 취급하고, 이러한 서사가 (1) 감정을 움직이며, (2) 사람을 속이거나 오도할 수 있지만, (3) 그러한 오도가 결국에는 좋은 목적을 위한 것이라고 말한다. 이 전제로부터 그는 작가들이 신화를 이용해서 청중을 더 현명하고 훌륭하게 만들어주는 무엇인가를 전할 수 있다고 주장한다. 그렇기에 그는 비극 작가들의 이야기가 얼마나 거짓말이고 그들의 행위가 얼마나 작위적이든 간에, 그들이 어떤 도덕적 프로젝트에 종사하고 있다고 믿는다. 이러한 방식으로 속이는 자들은 그렇지 않은 자들보다 "더 정의로운" 법이다.

그러나 문제는 결코 그렇게 간단하지가 않다. 우리는 청중이 배우는 것이 무엇이고, 어떤 의미에서 그것이 청중을 더 훌륭하게 만들어주는지 물어야만 한다. 이 문제와 관련해서, 청중은 누구의 판단에 의해 또 어떤 기준에 따라 개선되는가? 또한 어떻게 비극 작가들은 무엇이 청중을 더 훌륭하게 만드는지 알고 있고, 왜 청중은 이를 미리 알지 못하는가? 설사 작가들이 청중이 알아야만 하는 것을 먼저 알고 있다는 문화적 엘리트의 가정을 받아들인다 해도, 그들이 이를 직접적으로 설명하는 대신 교화적 지식을 전달하기 위한 작위적 방법을 사용하는 이유를 정당화시켜주는 것은 무엇인가? 고르기아스는 이런 모든 문제에 대해 침묵한다. 그러나 다음과 같은 글을 쓴, 후대의 한 소피스트는 그렇지 않았다.

> 사람들의 삶이 질서 없고,
> 야수 같고 힘의 노예였던 때가 있었다.
> 선에 대한 대가도 없었고,
> 악에 대한 벌도 존재하지 않았다.
> 내 생각에, 그러자 사람들이 형법을 세웠고,
> 이제 정의가 절대적 통치자가 되어
> 모든 것을 다스리고, 폭력을 그 노예로 삼아,

만약 누군가가 잘못을 하면, 그는 벌을 받을 것 같았다.
그런데 법이 사람들이 대놓고
폭력적인 행위를 하는 것을 막자,
내가 보기에, 사람들은 이를 은밀히 행했다.
그래서—기민하고 현명한—한 사람이 최초로
사람들은 신들을 두려워해야만 한다는 생각을 고안해냈다.
악한 이들이 은밀히 무엇인가를 행하거나 말하거나 생각하면,
그들에게 어떤 무시무시한 일이 닥친다는 것이다.
그리하여 그는 신적인 존재를 도입했다.
신은 죽지 않고 영원히 번영하며,
마음으로 듣고 바라보고, 아주 많이 생각하며,
세상사에 깊은 관심이 있고, 신의 본성을 지녔기에,
인간들 사이에서 말해지는 모든 것을 들을 것이며,
행해지는 모든 것을 볼 수 있을 것이다.
만약 당신이 사악한 무엇인가를 은밀히 계획한다면,
이러한 일들에서 신들의 눈을 피해갈 수 없을 것이니,
그들이 이러한 것들에 대해서는 아주 잘 알고 있기 때문이다.
이러한 **로고이**를 이야기하면서,
그 사람은 거짓된 **로고스**로 진실을 감추며,
가장 달콤한 교훈을 소개해주었다.
그는, 이런 식으로 말하면서, 사람들이 아주 무서워할만한
그런 장소에 신들이 살고 있다고 단언했다.
그 결과, 그는 사람들에게 존재하는 두려움과
고통 가득한 삶의 이점을 알게 되었다.
그는 신들의 거처를 저 높이 선회하는 하늘에 마련했다. 사람들이
번쩍거리는 번개와 천둥의 노호,

하늘의 빛나는 별들,
시간의 아름다운 문직紋織, 저 현명한 장인을 보게 되는 그런 곳,
그로부터 빛나는 별의 물질들이 나오고
촉촉한 비가 땅 위에 내리는 그런 곳에.
그는 이 같은 두려움을 모든 사람에게 심어주었고,
이렇게 해서, 그의 **로고스**를 사용하여,
눈에 잘 띄는 곳에 신성을 잘 확립하고,
법으로 불법을 진압했다.
이와 같이 나는 누군가가 처음에 사람들로 하여금
신들의 종족이라는 존재를 인정하게끔 설득했다고 생각한다.[39]

앞에서 살펴보았던 다른 몇몇 자료와 마찬가지로, 이 텍스트는 신화에 관한 신화의 또 다른 예다. 그것은 서사 형식으로 코드화된, 특정한 권위적 서사에 관한 이론이다. 또 그것은 서구 사상사에서 이데올로기에 대한—특히 이데올로기로서의 종교에 대한—최초의 매우 면밀하고 또 매우 가차 없이 냉소적인 이론이기도 하다. 또한 그것은 널리 받아들여지던 다른 이야기들의 거짓됨을 밝혀내기 위한 진실한 이야기로 고안된 것으로, 그 이야기들의 기원을 자세히 보여줌으로써 그 거짓됨을 밝혀낸다. 그렇게 함으로써 이 텍스트는 그 이야기들이 국가 자체의 목적을 위해 조작되고 선전된, 신들에 관한 설득적인 허구라고 묘사한다.

나아가 이 텍스트는 국가의 행위와 목적을 도덕적인 것으로 규정한다. 국가는 거짓된 이야기들(*pseudei logoi*)을 도구로 해서, 법의 발명과 함께 시작된—그러나 끝낼 수는 없는—프로젝트를 완성하기 때문이다. 여기서 법은 국가가 공공의 도덕을 강제하기 위해 사용하는 수단으로 간주된다. 법을 통해 국가는 시민들에게 무엇을 하고 무

엇을 하지 말아야 할지 가르치고, 그렇게 함으로써 그들을 짐승과 같은 무질서 상태에서 빠져나오게 한다. 게다가 법은 시민들에게 국가가 항상 지켜보고 있다고 계속 경고한다. 법은 만약 시민들이 법의 요구에 순응하지 않는다면 가혹한 결과가 뒤따를 것이라며 협박하고, 필요한 경우에는 법을 어긴 자들을 체포해서 확실한 교훈의 대상으로 삼기도 한다. 그러나 법의 효용성은 제한적이다. 법은 사적 영역까지 뚫고 들어가지는 못하기 때문이다. 국가가 볼 수 없는 곳—아니 좀 더 정확히는 시민들이 국가가 볼 수 없다고 알고 있는 곳—에서는, 공공의 도덕이 강제될 수 없다. 사적 영역은 자유의 공간으로, 저항의 전선으로, 그리고 국가의 통제 너머의 영역으로 남아 있다.

이러한 도전에 맞서 국가는 가장 은밀한 영역에서까지 감시의 힘을 발휘하고 숨은 위반자들에 대해 끔찍한 보복을 가하는 상상적 존재들에 관한 이야기를 지어내어 이에 대응한다. 나아가 텍스트는 만약 대중이 이 같은 이야기들—**뮈토**이가 아니라 **로고**이라 불리는 이야기들—에 설득당한다면, 두려움과 죄의식이 어디에나, 심지어 사적 영역에까지 뒤따를 것이며, 따라서 사적 영역마저 공공의 도덕에 의해 식민화되고 국가의 통제 아래 놓이게 될 것이라고 주장한다.

이 구절이 인용된 극작품은 기원전 5세기 말에 지어졌으며, 고대의 자료들에서는 이 작품의 작가로 두 사람의 이름이 거론된다. 일부 자료는 이 작품을 에우리피데스Euripides*의 것이라고 보는데, 이는 상당히 그럴듯한 추정이다. 그러나 더 설득력 있는 것은 이를 크리티아스Critias*의 작품으로 돌리는 전통이다. 크리티아스는 소크라테스와 고르기아스 밑에서 공부했으며 귀족들의 클럽과 심포지움 모임의 단골손님이었고, 수많은 시와 산문 작품을 썼다.[40] 정치적 견해에 있어서 지독한 귀족주의자였던 그는 스파르타적 가치와 제도의 열렬한 숭배자였고, 펠로폰네소스전쟁에서 아테네가 패배하자마자 아테네의 권력을 장악하여 스파르타 세력을 등에 업고 펼쳐진 '30인 참주 정치'(기원전 404~3년)의 선도자로 역사에 잘 알려져 있다.

크리티아스의 통치에 관한 설명들은 모두 이를 공포정치로 묘사하고 있다. 이 기간 동안 무려 1,500명이나 되는 아테네인들이 처형되었으며, 모든 민주주의 지도자가 도시에서 쫓겨났다. 또한 크리티아스는 첩자들과 밀고자들의 연락망을 조직했으며, 온갖 법적·초법적 장치를 써서 잠재적 반대자들을 협박해 복종하게 만들었다. 그러나 이러한 정치에 대한 분노가 널리 퍼져갔으며, 이는 급속히 반란으로 치달았다. 한 해도 채 못 가서 30인 정권은 타도되었고, 크리티아스는 살해되었다. 이 기간의 모든 기록은 크리티아스의 반대자들에 의해 기록된 것이며, 따라서 그에 대한 호된 비판을 반영하고 있다. 그러나 우리는 그가 추구했던 정치를 위에 인용된 단편에 잘 표현된 사상의 연속선상에서 이해할 수 있다. 그의 정치와 사상의 공통점은 소수의 엘리트가 국가라는 도구를 통해, 태생적으로 위약하고 제멋대로이며 비밀리에 죄를 짓게끔 되어 있는 시민들에게 도덕적 질서를 부과할 수 있다는, 혹은 부과해야만 한다는 생각이다. 게다가 통치자는 이 같은 고귀한 목적을 추구하는 과정에서 동원할 수 있는 가장 효과적인 수단이라면, 비록 그것이 도덕적으로 미심쩍은 것이라 해도 그것을 사용하는 것이 정당하다고 간주한다.

이 미심쩍은 수단들 중 으뜸가는 것이 바로 신들에 대한 허구적 이야기를 담은 거짓된 담론과 무자비한 무력의 사용이다. 저자로서의 크리티아스가 피력한 견해와 참주로서의 크리티아스가 추구한 정치를 서로 이어주는 선이 있다면, 이 둘을 아테네 귀족정치의 또 다른 대표자가 피력한 견해와 이어주는 또 다른 선도 있다. 그는 크리티아스의 친구이자 동창생이며 가까운 친척으로, 크리티아스보다 훨씬 더 예리한 통찰력과 뛰어난 솜씨로 훨씬 더 긴 글을 썼다. 그는 다름

아닌 바로 플라톤이다.[41]

VI

기원전 5세기 말까지, 시적인 담론에 주어진 엄청난 권위는 아테네 사회를 구성하는 권력과 지식의 관계 변화 속에서 시가 실제로 담당했던 역할을 훨씬 능가하고 있었다. 시는 여전히 엘리트 교육의 중심이었고, 높은 대중성과 문화적 특권을 누렸으며, 특히 성대한 시민 축제의 일부였던 비극 안에서는 더욱 그러했다. 그러나 국가와 상업적 담론—법적, 정치적, 실무적 연설, 이 모두는 산문 형식으로 만들어졌고, 문자화되는 경우가 종종 있었다—의 중요성은 시가 제공할 수 있었던 모든 것을 무색하게 만들었다.

이 같은 격변의 상황에서, 시를 그 특권적 위치에서 끌어내리고, 대신 그 자리에 그들 자신, 그들의 행위, 가치, 언어, 그리고 그들이 선호하는 사고 범주를 세우려는 수많은 주장자가 등장했다. 그들 중에는 소피스트, 수사학자, 경구 작가, 법률가, 민중 선동가, 의사, 그리고 자연학자들(즉 '자연철학'을 하는 사람들)이 있었고, 우리가 잘 알지 못하는 다른 많은 이도 있었다. 그렇지만 역시 우리가 가장 잘 알고 있는 집단은—당연하게도—최종적인 우위를 차지하게 된 집단, 즉 아테네 민주정치에 불만을 갖고, 처음에는 소크라테스 주변에, 이어서 플라톤 주변에 모였던 부유하고 젊은 귀족들이었다. 이 두 거장은 젊은이들의 불만과 그들 스스로의 엘리트 의식에 이데올로기적 정당성을 부여했으며, 또한 그들이 반대자들과 논쟁할 때 유용한 비판적·수사학적 기술을 제공했다. 아마도 소크라테스가 만들어냈을 용어를 사용해서 그들은 스스로를 '지혜를 사랑하는 자들'(필로소포이 philosophoi)라고 불렀으며, 그렇게 함으로써 스스로를 '현명한 자'(소피스타이sophistai)라 부르던 경쟁자들에게—점잖으면서도 공격적인 방식으로—맞섰다.

구술 문화의 가치관과 관습에 기반을 두고 있던 소크라테스는 자신의 행동 영역을 공적 토론과 사적 교육에 국한시켰으며, 자신의 견해를 결코 글로 남기지 않았다. 그러나 소크라테스가 죽고 난 후, 플라톤은 수많은 글을 썼으며 스스로를 스승 소크라테스의 방법과 프로젝트를 충실히 따르는 사람으로 묘사했다. 이러한 뜻에서 그는 '철학'을 위해, 우선 시를 비난하고 이어서 시의 정신을 열망하는 이들을 비난하는 이중 캠페인을 계속 벌였다.

플라톤은 시를 향해 우리가 익히 알고 있는 수많은 비난을 퍼부었다. 그는 크세노파네스의 뒤를 이어, 실제적이고 실용적인 이유로 전통적인 시의 주제들을 비난한다. 예를 들어 다음과 같은 것들이다. 신들 사이의 전투를 이야기해서는 안 된다. 이는 시민 분쟁을 촉발하기 때문이다. 또 황량한 저승 세계에 관한 이야기도 안 된다. 이는 병사들의 사기를 저하시키기 때문이다.[42] 또한 그는 고르기아스를 따라, 시를 선율, 리듬, 운율에 의해 고양된 **로고스**의 한 형식으로 취급한다. 그런데 이런 특징들[선율, 리듬, 운율]은 시를 더 진실하고, 더 분명하거나, 더 확실히 증명 가능하고, 분석적으로 더 엄정하게 만들어 주는 데 아무런 공헌도 하지 못한다.[43] 사실 이런 특징들은 오히려 철저하게 해악을 끼친다. 왜냐하면 그런 것들은 시인이 청중의 감정을 자극하여 그들을 조종하는 데 사용되기 때문이다. 이런 점에서 시는 인간 영혼의 가장 저급한 부분(훈련되거나 이성적인 부분이 아닌 단지 욕망에 관련된 부분)에 어울리며, 저급한 인간 부류, 즉 여성들, 아이들 그리고 낮은 신분의 사람들에게 어울린다.

『국가』의 2권과 10권 전반에서 플라톤은 시인들과 시를 매도한다.† 그의 논의 중 일부는 아주 새로운 것이다. 예를 들어 그가 시란 실재의 값싼 모방으로 청중을 만족시키는 미메시스의 기술이며, 따라서 청중이 진리 추구에 전념하는 대신 게으르게 이미지만 소비하게 만든다고 말한 것은 새로운 주장이다. 또한 그는 시인들에 대한 호의적인 주장, 즉 그들이 신적인 영감을 받은 자들이라는 주장은 인정하지만, 이를 그들의 권위를 뒷받침하는 것으로 받아들이는 것이 아니라 오히려 그 권위를 깎아내리는 것으로 바꾸어버린다. 플라톤이 철학적 훈련의 특징으로 간주하는 말과 사고의 상호 지지하는 관계와 대조적으로, 시인의 영감에 취한 말은 그의 정신적 과정과는 완전히 분리된 것으로 묘사된다. 무사 여신들이 시인을 통해 말할 때, 시인은 말 그대로 정신을 잃고 "신적인 광기" 상태에 들어가는데, 그 상태에서 그는 무슨 말인지도 모른 채 여신들의 말을 전할 뿐, 자기 자신의 앎에 근거한 말은 시작하지조차 못한다는 것이다.[44] 여기서 시인은 권위와는 전혀 거리가 먼, 하찮은 존재로 그려진다.

시인에게 부과된 혐의의 목록은 길다. 시인들은 무지하고 실질적으로 의식하지는 못하지만, 고도의 속임수를 구사한다. 그들의 시란 좋게 보면 모방이고 나쁘게 보면 거짓말로서, 어떤 경우든 본질상 불경하고, 결과적으로는 반사회적이다. 게다가 그들은 두드러지게 **뮈토이**를 사용한다. 플라톤의 분류에 따르면, **뮈토**이란 다른 것들보다 진실을 훨씬 적게 포함하고 있는 **로고스**의 한 형식으로서, "대체적으로 거짓이지만 여전히 그 안에 약간의 진리를 포함하고 있는" 서사의 한 종류다.[45] 게다가 이처럼 도덕적으로 결함 있고 인식론적으로 모호하기 짝이 없는 이야기들이 바로 시인들이 사용하는 상투적인 도구다. 소크라테스가 죽기 직전 마지막 순간에 다음과 같은 말을 남겼던 것

† 우리는 원서의 영어 번역문 외에 『국가』의 우리말 번역본(박종현 역주, 서광사, 1997)을 참조했다.

도 바로 이런 이유에서다. "만약 시인이 진정 시인이 되고자 한다면, 그는 **로고이**가 아니라 **뮈토이**를 만들어야 한다."⁴⁶

이 같은 언급이 나오게 된 맥락은 상당히 흥미롭다. 소크라테스의 죽음에 관한 서사는 그 자체가 비슷한 종류들의 기원 신화이기 때문이다. 플라톤은—생전에 단 한 번도 시 같은 것의 창작에는 손도 대지 않았던—소크라테스가 처형 순간을 기다리면서 아폴론에게 바치는 찬가와 그 밖의 다른 시구들을 쓰기로 결심했다고 이야기한다. 왜 그런 결심을 했느냐는 질문에 소크라테스는 자신이 반복해서 여러 번 꾼 꿈을 묘사한다. 그 꿈속에서 소크라테스는 시가詩歌를 만들라는 목소리를 들었다. "철학이 곧 최고의 시가"이기에, 소크라테스는 처음에는 이 꿈을 단지 자신이 하고 있는 일을 계속해서 열심히 하라는 격려로 이해했다. 그러나 유죄판결을 받고 난 후 그는 이 꿈을 문자 그대로 받아들여야 하는 것은 아닌지 의심하기 시작했다. 그리고 시를 쓰기로 결심했다. 그러나 그는 신화에 관심이 있던 사람이 아니기에(*ouk*……*mythologikos*), 어쩔 수 없이 아이소포스[이솝]로부터 신화를 빌려올 수밖에 없었다. 이 얽히고설킨 구절에서 우리는 플라톤의 능수능란한 재주를 감지할 수 있다. 소크라테스가 임종 순간에 보여준 개심의 기미와는 대조적으로, 플라톤은 소크라테스가 평생 동안 보여준 시와 신화에 대한 오랜 적대감을 계속 유지시키려는 노력을 보이기 때문이다.

일반적으로 플라톤은 비루하게 **뮈토이**를 사용해 의사를 전달하는 철학자들을 좀 낮게 보는 경향이 있다. 파르메니데스, 크세노파네스, 엠페도클레스, 피타고라스 그리고 프로타고라스 모두가 이런 종류의 비판의 대상이 된다.⁴⁷ 그런데 정작 플라톤 자신도 자신의 주장에 도움이 되는 경우에는 신화를 인용하기를 마다하지 않는다. 그러나 그럴 때 그는 보통 주의를 기울여서 이러한 담론의 열등한 지위를 분명히 밝히고, 독자들에게 이는 지극히 어렵거나 파악하기 힘든 진리의 불완전한 근사치에 지나지 않는다고 경고한다. 하지만 그래도 플라톤이 소크라테스라는 등장인물로 하여금 그의 목소리로 **뮈토스**라 이름 붙여진 담론을 전하게 하는 경우는 매우 드물다.

  이 경우를 가장 잘 보여주는 것은 『파이드로스Phaedrus』에 실린 소크라테스의 첫 번째 연설이다. 여기서 그는 라이벌 웅변가가 제시한 주제를 발전시켜 논의한다. 왜 사랑하지 않는 이에게 유혹당하는 것이 사랑하는 이에게 유혹당하는 것보다 더 나은가? 놀랍게도 그는 시인들이 주로 하듯이 무사 여신들에게 탄원하는 것으로 시작하는데, 이는 사실상 그에게는 전례가 없는 일이다. "오소서, 맑은 목소리를 지닌 무사 여신들이여……. 이 훌륭한 이가 내게 말해달라고 한 **뮈토스**를 이야기하는 것을 도와주소서."[48] 후에 그는 우아한 시적 운율로 이야기를 시작하면서, 이를 무사 여신들로부터 온 영감의 증거로 인용한다. 그런데 이상하게도 소크라테스는 계속 자기 머리를 가리고 있다. 그는 (나중에 가서야) 이를 자신이 에로스 신을 모욕한 데서 비롯된 수치심 때문에 취한 몸짓으로 해석한다. 그리고 나서 그는 반농담조로 이 연설은 자신의 책임이 아니라며 부인한다. 연설을 한 것은 자기가 아니라, 파이드로스가 자기에게 약을 먹이고는 복화술을 활용한 기발한 속임수로 자기의 입을 통해 말했다는 것이다. 그래서 소크라테스는 방금 전에 한 말을 번복하기 위해 두 번째 연설을 한다. 이제 그는 에로스에게 경의를 표하며, 사랑하지 않는 자가 아닌 사랑하는 자를 칭송한다. 또 이번에는 머리를 가리지 않고 말한다. 두 연설의 대조는 매우 중요하며, 마치 바닷물보다 민물이 더 좋듯이 두 번째 연설이 모든 면에서 훨씬 더 좋다는 결론을 강요하는 식으로 주제화될 수 있다.

첫 번째 연설	두 번째 연설
머리를 가림	머리를 가리지 않음
사랑하지 않는 자	사랑하는 자
파이드로스	소크라테스
거짓	참
불경스런 모욕	경건한 칭송
영감에 의한 것	이성에 의한 것
무지함	지혜로움
바닷물	민물
시(혹은 수사학)	철학
뮈토스	**로고스**

두 번째 연설의 내용은 순수한 이데아의 세계로 올라가는 영혼에 대한 현란한 설명에서 그 정점에 이른다. "어떤 시인도 아직까지 이 영역에 대해 적절히 노래한 적 없고, 그 누구도 앞으로 그렇게 하지 못할 것이다." 그리고 나서 소크라테스는 "감히 진실을 말하고자 시도해야 한다. 특히 진실한 것들에 대해 이야기할 때는 말이다."라고 단언한다.[49] 역시 동일한 대조가 나타나며, 논의의 많은 부분이 철학자가 시인보다 우월함을 증명하기 위한 (유사)우주론적이며 존재론적인 기반을 확립하는 데 할애되어 있다. 이 부분에 대해서는 7장에서 좀 더 자세히 살펴보게 될 것이다.

비록 플라톤은 그의 유토피아 사회에서 시인을 추방하려는 생각을 갖고 있었지만, 결국에는 다른 결정을 내린다. 시인들과 그들이 이야기하는 신화가 철저히 철학자-왕들의 통제 아래 놓여 있는 한, 아주 유용하게 쓰일 수도 있기 때문이다. 시인들은 다음과 같은 두 영역에서 가치가 있다. 첫째, 특정한 주제들―예를 들어 신들의 본성이나 영혼의 사후 운명 같은 것들―에 대해서는 철학적 탐구가 열망하는 그런 종류의 확실성을 달성하는 것이 사실상 불가능하다. 확실한 지식을 확립하거나 전달할 수 없는 이 지점에서 국가는 그럴듯하고 유용한 믿음을 키우는 데 만족해야 한다. 이처럼 다소 적지만 꼭 필요한 일을 하는 데서는, 시인들, 시, 신화가 편리하다.[50] 둘째, 청중―어린아이들이나 하층계급―은 난해한 철학적 분석과 논쟁을 이해하지 못한다. 그러나 그들이 국가의 이익에 기여하게 하려면(혹은 최소한 국가에 위험을 끼치지 않게 하려면) 그들에게도 역시 어느 정도의 명제들을 납득시켜야만 한다. 다시 한 번 신화가 이러한 책략을 담당할 것이다.[51]

두 경우 모두에서, **뮈토이**는 국가가―비록 크리티아스가 **로고이**라는 용어를 선호하지만, 어쨌든 그가 주장한 것처럼―그 자체의 목적을 위해 사용하는, 사상의 주요한 주입 수단으로 기능한다. 이 주제는 플라톤이 그의 이상적인 도시의 교육 문제를 논의하는 데서 특히 분명하게 펼쳐진다.

"그렇다면 교육으로는 무엇을 해야 하겠는가?"
"이미 오래전에 발견된 것보다 더 나은 것을 찾기는 힘들 것 같습니다."
"아마도 그것은 몸을 위한 체육과 영혼을 위한 시가일 걸세."
"그렇습니다."
"그런데 체육보다는 시가를 가르치는 데서 시작해야 하지 않겠는가?"
"물론입니다."
"그리고 자넨 **로고이**를 시가의 아래에 두겠지. 그렇지 않은가?"

"그러겠지요."

"그런데 로고이에는 두 가지가 있어서, 하나는 참이고 다른 하나는 거짓이겠지?"

"그렇습니다."

"그리고 우리는 그 둘을 모두 가르쳐야 하지만, 먼저 거짓된 것부터 시작해야 하겠지?"

"무슨 말이지 모르겠습니다." 그가 말했네.

"자넨 어린아이들에게 먼저 뮈토이를 들려줘야 한다는 걸 모르고 있는가? 그건 대체로 거짓이지만 여전히 그 안에 약간의 진리를 포함하고 있다네. 그래서 어린아이들에게 체육을 가르치기 전에 먼저 뮈토이를 사용하는 걸세."

"그렇군요."

"체육보다 먼저 시가에 착수해야 한다고 한 것은 바로 이런 뜻에서 한 말이네."

"옳으신 말씀입니다." 그가 말했네.

"자네도 무슨 일이든 간에 시작이 가장 중요하다는 걸, 어리고 여린 아이들에게는 특히 그러하다는 걸 알고 있지 않은가? 그건 이때에 우리가 어떤 사람 안에 새겨 넣고 싶은 이상형을 가장 잘 만들어 각인시킬 수 있기 때문일세."

"맞는 말씀이십니다."

"그렇다면, 우리가 어린아이들로 하여금 아무나 지어낸 아무 뮈토이를 마구잡이로 듣게끔 경솔하게 내버려두고, 그래서 그들이 어른이 되었을 때 지니게 되었으면 하는 것과 정반대되는 생각들을 그들의 마음속에 품게끔 해서야 되겠는가?"

"결단코 그렇게 하지 않을 것입니다."

"무엇보다도, 우리는 뮈토이를 만드는 이들을 감독해야만 할 것이고, 그들의 작품 중에서 좋은 것은 승인하고 그렇지 않은 것은 폐기해야 할 걸세. 그리고 우리가 승인한 것들을 유모들이나 어머니들로 하여금 아이들에게 들려주도록 해서, 이러한 뮈토이로 아이들의 영혼을 형성해가야 할 걸세. 그들의 손으로 아이들의 몸을 가꾸어주는 것보다 훨씬 더 강하게 말일세. 하지만 지금 그들이 들려주는 이야기들 대부분은 버려야만 하네."[52]

여기서 시인들은 국가의 하인으로 강등되고, 마찬가지로 그들의 신화는 철학자-왕들의 검토와 검열 아래 종속된다. 신들이 악을 행하는 것을 보여주는 신화는 결코 허락되지 않을 것이며, 악한 자가 번영하고 정의로운 자가 고통 받는 이야기들 역시 배제될 것이다.[53] 반면에 어린아이들이 잘 훈련되고, 자기 통제력을 지니며, 경건하고, 용감하고, 현명하게 되도록—즉 국가의 이상적인 일꾼이 되도록—고무하는 이야기들은 장려될 것이다.[54] 그러나 단지 장려되기만 하는 것이 아니다. 플라톤은 시인들과 철학자-왕들의 역할을 분명히 구분한다. 철학자-왕들은 어떤 신화들이 만들어질 필요가 있는지 알지만, 이를 직접 만드는 천한 노동은 수행하지 않는다. 대신에 그들은 시인들이 무엇을 해야 하는지 가르치고, 자신들의 현명한 관점을 시인들이 받아들이도록 설득하는 것을 선호한다. 이에 실패하면, 그들은 시인들로 하여금 그들과 국가가 요구하는 이야기를 만들도록 명령하거나 강요할 것이다.[55]

플라톤이 구상한 의사소통 관계의 네트워크에서 시인들은—그들은 자신들이 신들과 인간들의 매개자라고 생각하고 있었지만—의미심장하게 재배치된다. 플라톤이 시인들에게 할당한 공간은 국가와 국가의 가장 낮은 하부 구성원들 사이에 놓여 있으며, 거기에서 시인들은 철학자-왕들의 지시에 따라 어머니들과 유모들이 돌보는 아이들에게 전해줄 **뮈토이**를 만든다. 그리고 이 체계 안에서, **뮈토이**는 단지 개정될 뿐만 아니라 그 가치가 근본적으로 재평가된다. 어떤 이들에게는 원초적 계시나 부정할 수 없는 진리라 여겨졌던 것들이, 스스로를 "철학"이라 불렀던(지금도 그렇게 부르는) 신생의 진리 체제 안에서, 이제 국가의 선전 도구로, 어린아이들에게, 그리고 지배 엘리트들의 담론과 행위를 받아들일 능력이 없는 이들에게 가장 적합한 것으로 간주되었던 것이다.

VII

나는 이제껏 자주 거론되어온 이야기를 재서술하고자 했다. 내 목적은 ("**뮈토스로부터 로고스로**"라는) 발전과 진보의 단순하고 단선적인 줄거리를 다양한 행위자, 관점, 입장의 중요성을 인식하는 줄거리로 변화시키는 데 있었다. 이들 중 어느 것도 버릴 수 없으며, 어느 것도 단순하지 않고, 또 어느 것도 진리에 대한 독점권을 지니지 않는다. 사실, 주요 인물들의 언명에도 불구하고, 그들이 씨름했던 핵심적인 이슈는 진리 자체가 아니라 담론적 권위였다. 이 문제는 다음과 같은 추상적이고 비인격적인 방식으로 표현될 수 있다. 어떤 종류의 말이 다른 이들의 존경과 관심을 불러일으키게 될 것인가? 시인가(서사시, 서정시, 심포지움의 시, 비극) 아니면 산문인가(법조문, 아포리즘, 수사학 등)? 말해진 것인가 아니면 써진 것인가? 서사인가 아니면 명제적 논증인가(분석적, 변증법적, 논쟁적, 소피스트적 논증)? 전통적인 것인가 아니면 새로운 것인가? 신적인 영감에서 권위를 주장하는 것인가(시, 신탁, 예언, 비법 등) 아니면 국가권력에 의해 지탱되는 것인가? 좀 더 정확한 것은, 보통 인지되지 못하지만 항상 존재하고 있는, 이 문제의 인격적인 형태다. 누구의 말이 존경과 관심을 불러일으키게 될 것인가? 이 투쟁에 걸린 내기 판돈은 상당히 높은 편으로, 그것은 바로 다름 아닌 담론적·이데올로기적 헤게모니다.

지금까지 우리가 살펴본 시기 동안, 하나의 헤게모니 집단이 제거되고 또 다른 헤게모니 집단이 자리를 잡게 되었으며, 이는 대부분 플라톤의 논쟁에 의해 이루어졌다. 플라톤의 작업이 끝나갈 무렵, 신화를 진지하게 받아들이려 하는 이는 거의 없어지게 되었다. 그의 견해에 대한 심각한 도전이 다시 등장한 것은 수세기가 지난 후였다.

제2부 신화의 근대사

3장
르네상스에서 제2차 세계대전까지 신화의 역사

I

대단히 의욕적인 이 장에서, 나는 18세기 말에 왜 그리고 어떻게 신화라는 범주가 복귀하여 민족Volk 담론 안에서 이론화되고, 결국 아리아족과 셈족을 대비시키려는 시도와 철저하게 얽혀들게 되었는지를 밝히고자 한다. 그 이야기는 길고 복잡하지만, 흥미롭고—안타깝게도—역사적으로 상당히 중요하다.

플라톤 시대부터 르네상스 시대까지, 신화라는 범주나 신화라고 일컬어지는 이야기들을 중시하는 사람은 거의 없었다. 신화를 철학적 진리의 우의적 재코드화로 다루거나, 또는 옛 모습을 알아볼 수 없을 정도로 변형된 고대 역사에 대한 설명으로 다룸으로써 신화라는 장르를 복원시키려 한 몇몇 무리한 시도는 있었다. 하지만 대체로 고대의 신화적 서사들은 그 권위를 잃은 채 민담, 동화, 지방 전설,

우화가 되어버리거나, 여흥과 예술적 장식에 부수적인 모티브로 쓰이는 진부한 레퍼토리를 제공하는 데 그쳤다.[1] 후대의 그리스인들과 로마인들은 이 자료들을 다루느라 끙끙대면서, 그들이 뮈토이와 파불라이라고 칭한 이 재미있고 심각하지 않은 이야기들에 대해 자못 겸손한 태도를 보였다. 반면 기독교인들은 그런 이야기들을 그들이 생각하기에 권위는 있지만 절대로 신화는 아닌 하나의 이야기, 즉 성서 이야기와 그중에서도 특히 그리스도의 수난 이야기에 완전히 반대되는 것이라고 여겼다.

그러나 르네상스 시대에 고대 문헌들이 복구되면서 변화가 생겼고, 그 변화의 일부는 예기치 못한 것이었다. 그리스와 로마의 이야기들을 접할 수 있게 되면서, 다시금 교회의 지배적 서사에 대한 대안이 제공되었을 뿐 아니라, 특별한 텍스트 하나가 제3의 대안으로 떠오르게 되었다. 그것은 바로 아이네아스 실비우스 피콜로미니Aeneas Silvius Piccolomini(1405~64)에 의해 1457년에 처음으로 출간된, 타키투스Tacitus의 『게르마니아Germania』였다. 그는 여러 해 동안 이 책을 구하려고 애썼고, 그 결과 이 책의 첫 번째 필사본을 막 구했던 것이다. 신성로마제국과 게르만 민족 옹호자들이 교황권에 반대하여 제기하던 불평에 대응하여, 피콜로미니는(그는 이듬해에 교황 피우스 2세로 등극했다) 타키투스의 책을 인용했다.[2] 그런데 그의 관심은 게르만족을 아주 척박한 물질적·문화적 생활양식을 지닌 무례한 야만인들로 간주한 서술에 특별히 더 초점이 맞춰져 있었다(16장과 26장). 이로부터 그는 더 고등한 것들에 대한 게르만족의 모든 지식은 교회의 영향에서 비롯된 것이며, 따라서 게르만 제국은 이에 대한 적절한 감사로서 로마 교황에게 복종하는 것이 당연하다고 주장했다.

이 책이 더 널리 알려지면서, 다른 이들은 다른 독법으로 이에 대응했다. 제국의 지지자들은 『게르마니아』에서 그들의 선조를 이상화한 구절들을 신속하게 찾아내고 강조했다. 특히 1~8장과 13~14장이 유용했는데, 거기에는 게르만인의 명예심, 정직함, 육체적 용맹함, 용기, 아름다움, 그리고 나라와 가족과 지도자에 대한 그들의 애정이 자세히 적혀 있었고, 이런 특징들이 게르만인의 토착성, 로마에 대항한 그들의 자유 수호, 그리고 다른 민족들과 섞이지 않은 점과 결부되어 있었다.

북유럽 민족들이 타키투스의 『게르마니아』에 열광했다는 것은 역사적으로 중요한 사실이다. 몇 세기가 지나 다름 아닌 바로 알렉산더 폰 훔볼트Alexander von Humboldt*가 타키투스의 재발견을 콜럼버스의 아메리카 대륙 발견에 비견할만한 것으로 간주하기도 했다.3 콜럼버스가 서구 사회에 신세계를 펼쳐주었다면, 타키투스는 자신과 그 동포들이 태어난 북부의 고대 세계를 위해서 마찬가지의 공헌을 한 셈이었다. 요컨대 타키투스는 고대 세계에 대한 지중해인들의 독점을 종식시키고, 게르만인, 스칸디나비아인, 네덜란드인, 그리고 앵글로색슨인들에게 깊이 있고 고귀한 과거의 찬란한 빛을 처음으로 맛보게 해주었던 것이다.

타키투스의 『게르마니아』에 담긴 문화적 요소가 북방인들의 자부심을 북돋아주었을지도 모르지만, 그것은 그들의 고대사에 대한 열망을 만족시키기보다는 자극했다고 할 수 있다. 새로운 희망과 오랜 열망이 결합되면서 수요가 싹텄고, 영리한 생산자들은 새로 생겨난 시장에 서둘러 물건을 공급했다. 그중 기략이 가장 뛰어난 이는 비테르보의 아니우스Annius of Viterbo(조반니 난니Giovanni Nanni)*였다. 그는 1512년에 저명한 바빌로니아 역사가 베로수스Berosus*의 사본을 재발견했다고 하면서 그 책을 출판했다.4 베로수스라는 인물을 활용해 그는 태곳적에 라인 강과 다뉴브 강 사이에서 번성했던 고귀한 게르만 문화에 대해 묘사하면서, 그것이 노아의 아들 투이스콘Tuyscon

에 의해 창건되었다고 주장했다. 하지만 이런 식의 인물 구성에는 뻔히 보이는 약간의 모순점이 있다.

「창세기」에는 투이스콘이라는 인물이 나오지 않는다. 그런데도 성서와 전혀 무관한 이 영웅이 노아의 계보에 끼워 넣어짐으로써 신성한 경전의 권위를 획득하게 되고, 덕분에 투이스콘의 후손들은 자신들이 셈, 함, 야벳의 후손들과 똑같은 유구한 역사와 위엄을 지녔다고 선포할 수 있게 된다. 그런데 셈족과 함족이 남방 지역과 결부되는 것과 달리, 투이스콘은, 북방 민족들의 원조로서 유럽 북서부 경계의 게르만인과 북동부 경계의 사르마티아인 모두의 아버지로 여겨지던 야벳을 대체하게 된다.

아니우스가 투이스콘에 관해 제시하는 자료는 타키투스가 게르만족의 본래의 조상을 서술한 부분에 나오는 다음 구절이다. "게르만족은, 그들의 유일한 기억 수단이자 과거의 기록인 고대의 노래들 속에서, 땅에서 태어난 신, **투이스코**와 그 아들 만누스Mannus를 그들의 민족과 건국 시조의 기원으로 찬양한다."[5] 어쨌거나 아니우스가 날조한 이 이야기의 요점은 게르만인들이 고대 지중해 민족들보다 더 오래되었을 뿐만 아니라 (적어도) 그들과 문화적으로도 동등했다는 점이다. 타키투스를 보아도 분명히 알 수 있듯이, 그들이 문자를 몰랐을 리는 없다는 것이다. 그리하여 땅에서 태어난 신 투이스콘은 그리스-로마 모델에 따른 문화적 영웅, 즉 시와 법과 문자의 발명자가 되었다. 그리고 이런 식의 논의를 확립한 덕분에 아니우스는 그가 날조한 텍스트에 대한 '주석'으로서 그의 청중이 그토록 듣고 싶어 했던 다음의 결론을 내릴 수 있었다. "그러므로 철학은 그리스인들이 아닌, 야만인들로부터 시작되었다."[6]

II

 아니우스가 내세운 '베로수스'가 호소력을 발휘할 수 있었던 것은 이 '바빌로니아인'의 텍스트가 그리스인들이나 로마인들이나 히브리인들에게 아무것도—심지어 언어조차도—빚진 것이 없다는 주장 때문이기도 했다. 이 점에서 그것은 타키투스의 라틴어로 된 민족지보다 한층 더 나은 것이었다. 하지만 북방 토착어로 써진 고대의 텍스트가 없다는 점은 여전히 불만스러운 일이었다. 그러한 텍스트에 대한 갈구와 문화적 집착은 1640년대에 가서야 해소되었다. 이 시기에 울필라Wulfila*의 신약성서 고트어 번역본이 입수된 데다, 더 중요하게는 고대 노르드어로 된 최초의 에다 사본이 나와 그 갈증을 조금이나마 채워주었던 것이다.7 그러나 그 전까지 게르만 제일주의는 30년 전쟁*의 공포에 시달리고 있었고, 또 성서가 유일무이한 위상을 지니며 다른 모든 텍스트는 근본적으로 하등하다는 개신교의 주장 때문에 신화에 대한 태도도 별로 개방적이지 못했다.
 이 시기 동안 성서에 대한 존중 때문에 신화에 대한 관심이 꺾인 것과 별도로, 계몽주의 철학자들은 새로운 방식으로 신화에 대해 부정적인 관심을 보였다. 그들은 신화가 '미신'이라는 식의 비판을 찾아, 성서와 교회를 우회적으로 비판할 수 있는 편리한 도구로 삼고자 했다. 크세노파네스와 플라톤의 뒤를 이어, 그들은 불합리성이 신화의 핵심적 특징이라 여겼고—기독교의 **말씀 선포**kerygma가 아닌—철학을 신화적 담론에 대한 해독제로 삼았다. 그리고 암암리에 기독교는 더 최신의 강력하고 위험한 비합리적 신화의 일례로 떠오르게 되었다.8
 이것이 신화에 대해 비판적이기보다는 확실히 환영하는 태도를 취했던 낭만주의자들과 더불어 신화를 전혀 다르게 받아들이는 입장이 등장한 배경이다. 비코Vico*의 『새로운 학문La Scienza Nuova』(1715)

이 이런 변화의 선구였는데, 이전에는 이런 목소리에 귀 기울이는 이가 거의 없었다.[9] 더 직접적인 영향을 미친 것은 폴 앙리 말레Paul Henri Mallet*의 여섯 권으로 된 『덴마크 역사 입문Introduction à l'histoire du Danemarc』(1755~56)이었다. 이 책은 에다에 담긴 신화들을 처음으로 번역한 것으로, 유럽 전역에서 기초적인 의의를 지닌 자료로 받아들여졌다.[10] 이 책은 상당한 관심을 불러일으켰고, 덴마크어(1756), 독일어(1765), 영어(1770)로 신속하게 번역되었다. 이 책에 열광한 독자들 중에는 레싱Lessing, 괴테Goethe, 기본Gibbon 그리고 볼테르Voltaire도 있었다. 말레 자신은 고대 북유럽신화에 대해 모호하고, 심지어 모순되는 태도를 보였다. 그는 한편으로 그 신화들이 야만족 사회의 무례하고 폭력적이고 음울한 산물이라고 생각했지만, 다른 한편으로 그것이 옛날의 더 순수했던 시대를 투명하게 보여준다고도 생각했으며, 거기서 자기 자신의 이상과 동시대의 이상을 감지했다(아니, 투사했다). 신화학자이자 신화 제작자로서 그가 서술한 이 황금시대는 이신론理神論deism을 연상시키는 도덕적이고 합리적인 종교, 강력한 유머 감각, 자유에 대한 사랑을 보여주었고, 그는 이런 특징들이 문명에 대한 북방의 불후의 공헌이라고 보았다.[11]

말레의 저작이 인기를 끈 정도였다면, 제임스 맥퍼슨James Macpherson(1736~96)의 저작은 그야말로 대사건이었다.[12] 1760년에서 1763년 사이에 그는 3세기의 맹인 음유시인이었던 오시안Ossian*이 지었다고 하는 시들을 모아 세 권의 책으로 펴냈다. 이 책은 어둡고 음침한 톤으로 모르벤 왕 핑갈Fingal의 모험을 들려준다. 거기에는 또한 훼손되지 않은 풍경, 그리고 삶과 죽음과 만물의 덧없음에 대한 우울한 사색을 담은 아름다운 삽화들도 들어 있다. 맥퍼슨은 자신의 저작이 세상에 알려지지 않은 게일어 사본의 번역이자 지금도 스코틀랜드 북부 고지대에 살아남아 있는 구두 전승이라고 주장했다. 처음의 반응은 대단히 뜨거웠다. 저명한 비평가들은 오시안을 호메로스나 셰익스피어와 동등한—심지어 더 뛰어난—작가로 높게 평가했다.

하지만 사무엘 존슨Samuel Johnson* 같은 몇몇 예리한 이들은 오시안과 핑갈이 진짜라고 하기엔 너무 훌륭하다는 점에 주목했고, 그리하여 수십 년에 걸친 논쟁이 뒤따랐다. 1796년에 맥퍼슨이 죽고 나서야 그가 펴낸 책들이 재검토되었고, 그의 글과 주장은 사기였음이 밝혀졌다. 설령 그렇다 해도, 이 책이 불러일으킨 열광은 중대하고도 뜻깊은 것이었는데, 이는 낭만주의적 감수성이 형성되는 데 있어서 맥퍼슨이 중요한 역할을 했기 때문이다. 맥퍼슨은 오시안의 번역자나 창조자라기보다는, 청중의 욕망을 그대로 재현해낸 사람이라고 이해하는 것이 가장 적절할 것이다. 독자들은 그의 텍스트에 빠져듦으로써 그들의 집단적 상상이 만들어낸 이상적인 과거와 그들 자신 사이의 관계를 구축했다.

낭만주의 자체도 그렇듯이, 이 오시안 현상도 발생 초기의 민족주의라는 맥락과 직접적으로 연관된다. 맥퍼슨의 독자들은 자신들이 오랜 세월 박탈당했다가 마침내 자신의 정당한 유산을 되찾은 상속자들이라는, 그래서 예전에 그들을 위협하고, 착취하고, 쫓아냈던 사람들로부터 존경을 요구할 수 있게 되었다는 경험을 했던 것이다. 오시안의 작품에서 어떤 이들은 새롭게 깨어난 스코틀랜드의 목소리를 들었고, 다른 이들은 고대의 이 음유시인이 대체로 게일인이나 켈트인 같은 북방인일 것이라고 여겼다(켈트어와 게르만어가 아직 분화되지 않았기 때문에 그렇게 주장하기는 쉬운 일이었다). 맥퍼슨의 성공은 자신들의 잃어버린 신화와 서사시와 전설을 찾던 다른 민족들을 자극했고, 그 결과 『니벨룽의 노래Nibelungenlied』,*『롤랑의 노래 Chanson de Roland』,*『칼레발라Kalevala』* 등이 생겨났다. 오시안이 완전히 신빙성을 잃었을 때조차도 일단 이렇게 형성된 정서는 흔들리지 않았다. 계몽주의자들이 원시적 비합리성의 형식이라며 경시했던 신화적 시는 진정성과 전통과 민족 정체성의 기호들 아래 다시 이론화되었던 것이다.

III

말레와 맥퍼슨이 펴낸 책들은 민족주의적 관심을 자극하기도 했지만, 또한 고대의 지역 언어와 문학—특히 시와 신화—을 민족 정체성의 주된 토대로 삼는 이론적 분석도 부추겼다. 두 저자의 예리한 독자들 중에는 동시대인들에게 "북방의 마법사the Magus of the North"라 불리던 요한 게오르크 하만Johann Georg Hamann(1730~88)*도 있었다.[13] 낭만주의의 선구자로서, 계몽주의의 핵심적 가치들을 가차 없이 반대했던 하만은 언어의 본질에 대해 강한 관심을 가지고 있었다. 신비주의자였던 그는 「요한복음」 1장 1절의 "태초에 말씀[*logos*]이 계셨다."는 구절의 의미에 매료되었다. 그는 이 구절이 인간 조건의 분리할 수 없는 부분으로서 언어 및 언어의 창조주로서 신을 말해 준다고 보았다. 또한 쾨니히스베르크 독일어협회의 일원이었던 하만은 프로이센 왕실이 선호하던 프랑스어를 전면적으로 반대하고 독일어를 옹호하여 중간계급과 낮은 귀족계급에게 환영받기도 했다. 끝으로 상당히 많은 언어—그리스어, 라틴어, 히브리어, 프랑스어, 영어, 이탈리아어, 포르투갈어, 레트어 그리고 약간의 아라비아어까지—를 알고 있던 하만은 그 언어들 간의 어법, 운율, 문체, 구조의 차이에 주목했다. 그는 각각의 언어가 그 언어를 사용하는 사람들의 역사를 낳고, 일반적으로 그들의 세계관을 형성한다고 주장했다.

하만은 언어를 중심에 두고—동시에 신학적, 철학적, 문학적 그리고 문화-역사적인—고찰을 했는데, 그것은 계몽주의의 합리성 모델에 반대하여 언어학이 행사한 최대의 압력이었다. 예를 들어 그는 이성적 추론은 언어의 산물이므로 언어가 이성을 포함한다고 주장하면서, 이를 통해 많은 결론과 수사학적 표현들을 이끌어냈다. 계몽주의 철학자들이 이성을 추상적이고 보편적인 것으로 해석한 것과 달리, 하만은 언어란 구체적이고, 특정하며, 개별적인 것이라고 주장했다. 즉 보편적 언어가 없는 한 보편적 이성이라는 것은 더더욱 있을 수 없다는 것이다. 또 계몽주의자들이 이성을 인간의 가장 높은 능력이라고 옹호한 것과 달리, 하만은 언어야말로 신이 주신 선물이며, 따라서 이성보다 우월하다고 보았다. 또한 계몽주의자들이 무지와 야만에서 문명으로 가는 진보의 서사를 가장 선호한 것과 달리, 하만은 오시안, 에다 그리고 히브리성서*를 인용해가면서 언어는 원래 시와 노래의 숭고한 형식을 취했으며, 그것은 근대의 저급한 산문보다 훨씬 훌륭한 것이라고 주장했다.

하만은 경건주의파 목사였다. 따라서 그에게는 교권을 반대하는 세속화의 공격으로부터 종교를 방어하려는 목적도 있었다. 더 나아가 그는 프랑스에서 유입된 지적 흐름에 맞서 독일인의 감수성을 보호하고자 했다. 물론 그의 독자층과 지인들은 주로 독일인들이었고, 그중에는 괴테, (그가 공격했지만 심하게 잘못 이해한) 칸트, 모제스 멘델스존Moses Mendelssohn* 그리고 프리드리히 야코비Friedrich Jacobi* 등이 있었다. 그러나 그의 영향을 가장 강하게 받은 사람은 역시 경건주의파 목사이자 초기 낭만주의의 영웅인 요한 고트프리트 헤르더 Johann Gottfried Herder(1744~1803)*였다. 헤르더는 쾨니히스베르크에서 칸트와 하만에게 배웠고, 하만에게 깊이 심취했다.14

당대의―가장 심오하거나 가장 독창적이지는 않았더라도―가장 광대한 정신의 소유자였던 헤르더는 하만, 말레, 맥퍼슨 같은 이들의 주제를 한데 엮어 새롭고, 영향력 있고, 강력한 종합을 만들어냈는

데, 거기서 신화는 상당히 중요한 위치를 차지했다. 이런 생각의 대부분이 1770년부터 그의 글에서 지속적으로 나타나지만,[15] 헤르더의 체계는 네 권으로 된 『인류 역사의 철학에 관한 관념들Ideen zur Philosophie der Geschichte der Menschheit』(1784~91)[이하 『관념들』로 표기]에서 완전한 형태를 갖추었다.[16] 이 책은 인간이 유일하고 불가분한 신의 피조물이므로 인류는 단일하다고 주장하면서, 인류를 인종이나 문명화 단계 같은 하위 범주로 나누려는 시도들을 반대하는 데서 시작한다.[17] 그런데 헤르더는 이렇게 인류라는 종의 단일성에서 출발했지만, 재빨리 다수성을 인정하면서, 세계 모든 민족Völker이 비록 서로 다르긴 해도 존엄성 면에서는 동등하다고 주장했다. 그는 하나와 여럿 사이의 긴장이 여전히 풀리지 않은 채 남아 있는 문화 상대주의적 견해를 처음으로 개진한 사람들 중 하나다. 이 긴장은 그의 웅대한 역사적 서사의 주제로 다루어졌는데, 여기서 단일성은 신이 창조한 본래 상태로 간주되는 반면, 다양성은 단일성에 뒤이은 인간 행위의 결과로서 언어적, 지리적, 문화적 분화에 의한 것으로 간주된다. 이 서사의 익숙한 (그리고 만족스러운) 모습은 타락으로 인한 낙원으로부터의 추방이며, 그 완성은 바벨탑이다.[18]

그러나 헤르더가 단일성에만 공감했던 것은 아니다. 오히려 그는 각 민족의 온전함과 중요성을 강조했는데, 여기서 독일어 민족이라는 말의 외연적 의미나 정서적 함의는 이에 상응하는 불완전한 영어 단어들(예를 들어 '민간folk', '인민people', '민족성ethnicity', '국민nation')에서는 사라져버린다. 헤르더의 견해에 따르면, 민족들을 형성하는 요소에는 세 가지가 있다. 첫 번째 요소는 거주하는 지역의 다양한 기후다. 그는 더위와 추위의 차이를 히포크라테스 식으로 이해했다. 예를 들어 더위와 추위는 단지 사람들의 기질이나 습관뿐 아니라 그들의 신체에도 강력한 영향을 미친다는 것이다.[19] 한 지역에서 오랜 세월 동안 살아가게 됨에 따라, 그들의 모습과 그 지역의 풍광 사이에는 긴밀한 상관관계가 생겨나는데, 이는 둘 다 동일한 기후의 흔적을 지니게 되기 때문이다.[20] 족내혼과 라마르크가 밝힌 획득형질 유전은 세대를 거듭하면서 이런 특징적 모습이 더 강해지게 만든다.[21] 두 번째 형성 요소는 언어다. 언어는 한 **민족**의 환경과 역사적 경험을 반영하며, 그들의 사고와 사회적 관계의 구조를 만든다. 마지막 요소는 **민족 형성**Nationalbildung으로, 각 집단이 자신의 문화적 정체성을 획득하고, 개개인이 이 집단의 구성원으로서 정체성을 획득하는 발전 과정이다.

헤르더는 『관념들』에서 신화에 대해 별로 언급하지 않았지만, 꼼꼼히 살펴보면 그가 신화에 아주 중요한 역할을 부여했음을 알 수 있다. 신화는 집단 정체성의 결정적 원천으로서, 기후와 **민족 형성**을 매개하는 언어적 형식이다. 그러므로 만약 환경이 어떤 **민족**의 신체에 직접적으로 흔적을 남긴다면, 그것은 신화를 매개로 그들의 관습과 습속에도 흔적을 남기며, **민족**들은 신화를 이용해 그들의 주변 환경과 역사를 성찰하고, 조상의 전통을 한 세대에서 다음 세대로 전수한다. 신화는 보존력이 대단히 높아서, 망각과 변화에 맞서 역사적, 문화적, 실용적 지식을 실어 나르며, 동시에 **민족**의 특유한 가치들을—또한 오류들을—지켜준다.

그린란드와 인도의 신화, 라플란드Lapp*와 일본의 신화, 페루와 흑인종의 신화를 비교해보자. 그 신화들은 시적 영혼의 완벽한 지리학이다. 만약 브라만에게 아이슬란드의 「뵐루스파Voluspa」를 읽히고 설명한다면 그는 거의 아무것도 이해하지 못할 것이다. 또한 아이슬란드 사람에게는 『베다』가 그만큼이나 낯설 것이다. 모든 민족에게는 그들 나름의 개념화 방식이 너무나 깊이 각인되어 있다. 왜냐하면 그것은 그들 자신의 것이고, 그들의 하늘과 땅에 연결되어 있으며, 그들의 삶의 방식에서 싹트고, 그들의 아버지들과 조상들로부터 물려받은 것이기 때문이다. 이방인이 아주 신기해하는 것을, 그들은 자신들이 아주 명확히 이해한다고 믿는다. 즉 이방인이 비웃는 것을 그들은 아주 진지하게 받아들이는 것이다. 인도인들은 한 사람의 운명은 그의 뇌에 쓰여 있으며, 그 미세한 선들은 『운명의 서』의 판독할 수 없는 문자들을 나타낸다고 말한다. 아주 자의적인 민족적 관념과 믿음은 대개 그런 뇌-그림들[즉 뇌가 그 자체 위에 그려 넣는 그림들]이다. 그것은 몸과 영혼에 아주 강하게 연결되어 짜인 환상의 선들이다. 이는 어디서 비롯되었을까? 인류의 모든 종족이 그들 자신의 신화를 창조했고, 그래서 신화를 자신의 재산으로서 좋아하는 것일까? 천만의 말씀이다. 그들은 그것을 창조한 것이 아니다. **그들은 그것을 물려받았다.** 그들이 그들 자신의 성찰 과정을 통해 신화를 만들어냈다면, 그후에도 똑같은 성찰 과정을 통해 신화를 조악한 상태에서 더 나은 상태로 이끌었을 것이다. 하지만 사실은 그렇지 않았다.[22]

따라서 신화는 차별화의 담론이다. 즉 신화란 **민족들**이 서로 분리되면서 펼쳐내는 특유의 이야기들이며, **민족들**은 신화를 통해 그들의 고유한 특징들을 상기하고 재생산한다. 이처럼 신화는 본질적으로 다중적이며, 인간의 원초적 단일성에서 떨어져 나온 일부이면서 동시에 각 **민족**의 귀중한 재산이다. 따라서 신화가 없었다면 각 민족의 정체성과 지속성은 불가능했을 것이다. 이런 다중성은 학자들에게 두 가지 해석 방식을 제공한다. 한편으로는 다양성에 관심을 가지고 신화를 읽을 수 있다. 즉 색다른 서사적 디테일들이 그 신화를 이야기하는 **민족**의 특유한 가치, 성격, 기후 등에 어떻게 상응하는가를 드러낼 수 있는 것이다. 또는 이와 달리 단일성에 초점을 맞추어 신화를 세계의 **민족들**의 공통 기원을 추적해가는 데 증거로 이용할 수도 있다.[23] 헤르더는 『관념들』 제10편에서 후자에 해당하는 작업을 했는데, 거기에는 인류의 단일성의 원초적 기반과 그 근원적 창조의 지점을 중앙아시아에서 찾으려는 기획도 포함되어 있었다.[24]

IV

헤르더는 1785년에 나온 『관념들』 제2권에서 아시아가 인류의 원초적 고향이자 인류의 단일성의 지점이라는 이론을 펼쳤다. 1년 뒤, 영국의 동양학자 윌리엄 존스 경(1746~94)은 유명한 강연에서 훗날 다른 이들이 '아리아어', '인도-게르만어', '인도-유럽어'라고 부르게 될 언어의 공통 기원을 상정했다. 다시 3년 후 존스 역시 언어적 공동체의 **본향**을 중앙아시아에 두었다. 이런 우연의 일치는 두 학자가 서로에게 영향을 끼쳤기 때문이 아니라, 성서 독해에 기반을 둔 그들의 공통된 선입견 때문이었다. 존스의 '발견'에 관한 계보학은 이 책 4장에서 다룰 것이다. 지금 당장은 헤르더의 글이 독일인들에게 존스의 이론에 대한 의견을 준비하는 데 도움을 주고 그들의 반응을 좌우하였다는 점만 지적하고자 한다.

하지만 헤르더 혼자 기반을 닦은 것은 아니었다. 1760년대 이후로 게르만 민족주의자들, 그리고 낭만주의의 선배들과 초기 낭만주의자들은 언어와 문학이 민족 정체성을 수립하는 데 관건이 된다고 보았다. 이러한 충동은 그들이 오시안, 고대 북유럽의 에다와 사가, 『니벨룽의 노래』 같은 고대 독일 고지대의 담시, 그리고 민요와 **동화** 채집에 끌리게 만들었다. 앞 세대들이 타키투스와 '베로수스'에 쏟았던 관심 못지않게, 이들 역시 이 새로운 자료들에 많은 관심을 쏟았고,

그것이 현재에는 문화적 통합의 기반이고, 운이 좋다면 가까운 미래에는 정치적 통일을 실현하는 기반이 될 것이라고 생각했다. (후자와 같은 필요는 나폴레옹 전쟁을 겪으면서 더 절박하게 느껴졌을 것이다.)25 게르만 애국주의자들은 헤르더의 저작에서 그들의 분열된 정치 구조를 극복하게 해주고, 그들의 공통된 언어, 신화, 역사, 골상, 기후, 풍광이 뚜렷이 보여주듯이 그들 자신을 공동의 동질적인 민족으로 간주하게 해줄 이론 체계를 발견했다. 그런데 아시아적 기원이라는 관념은 헤르더의 중심 서사의 일부였지만, 그것은 성서에 기반을 둔 인간의 단일성이라는 관점을 지지함으로써 고유의 민족적 특징을 매우 심하게 말살하는 관념이기도 했다. 따라서 그것은 민족주의 프로젝트에 거의 아무것도 제공해주지 못했던 것으로 보인다.

반면 존스의 이론은 아시아적 기원을 모든 인류에게 적용하지 않고, 게르만어를 포함하는 하나의 거대하고 중요한 어족에 적용했다. 그리하여 존스를 헤르더와 교차시키고, 헤르더가 민족을 언어와 동일시한 것을 강조함으로써 아리아의 공통기어Ursprache를 그에 상응하는 (원)민족(Ur)volk과 연관 짓고, 선사시대에 이 민족 집단이 아시아의 (본)향(Ur)heimat으로부터 이주하여 인도에서 아이슬란드에 이르는 세계를 정복해간 과정을 상상하는 것이 가능했다. 충실한 헤르더주의자들은 이 민족들이 이주 과정에서 새로운 환경과 만나면서, 이를 통해 자신들의 언어, 시, 관습 그리고 신체의 모습을 변화시켜가며 고유한 민족 문화를 획득하게 되었을 것이라고 여기곤 했다. 또한 그들은 이 민족들로부터 물려받은 그들의 신화 속에 그들 자신의 기원과 고대의 민족대이동Völkerwanderungen에 관한 기억들이 간직되어 있다고 생각하곤 했다.

게르만인들은 이런 선입견과 관심을 가지고 존스를 읽으면서, 금세 그들 스스로를 예전에 상상했던 어느 민족들보다도 깊고, 찬란하고, 영웅적인 과거를 지닌 하나의 **민족**으로 보게 되었다. 게르만인들은 더 이상 그리스인들이나 로마인들과 경쟁할 필요가 없었다. 이제 자신들이나 저들이나 똑같은 원초적 집단의 일원임을 알게 되었기 때문이다.[26] 인도가 이 집단의 가장 오래된 구성원이라는 가정 아래, 산스크리트어에 대한 관심이 피어났고, 고대와 인도의 모든 위대한 것이 주목을 받았다. 특히 인도를 아리아인의 고향으로 만든, 프리드리히 슐레겔Friedrich Schlegel*의 『고대 인도인의 언어와 지혜에 대하여Über die Sprache und Weisheit der Indier』(1808)가 출판된 이후에는 더했다.[27] 동시에 이스라엘은—이스라엘의 언어는 아리아 어족에 속하지 않는다—완전한 타자로 규정되었는데, 이는 뿔뿔이 흩어져 있는 유대인들은 그들의 고향에서 완전히 떨어져 나온 **민족**이라는 헤르더의 주장을 따른 것이었다.[28] 집단 정체성을 잃게 될 위험 속에 있던 유대인들은 그들이 정착한 땅의 **민족**들에게 위험한 존재로 여겨졌다. 헤르더가 유대인에 대한 그의 논의를 어떻게 마무리 짓는지 살펴보자. "하늘로부터 수천 년 동안 **조국**Vaterland을 부여받았던 신의 **민족**은—사실, 거의 처음부터—다른 민족들의 줄기에 빌붙은 기생식물이었다. 즉 그들은 거의 전 세계에 흩어져 있는 교활한 거간꾼들의 종족으로, 온갖 탄압을 받았음에도 불구하고 어디에서도 자신들의 명예와 거처를 열망한 적이 없고, 어디에서도 자신들의 조국을 열망한 적이 없다."[29]

헤르더의 이론과 아리아인의 이해관계가 결합하면서 어떻게 인종, 언어, 문화에 대한 생각에 영향을 미치게 되었는지에 대해서는 다른 연구자들이 보여준 바 있다.[30] 하지만 지금 나의 관심은 신화에 대한 논의가 어떻게 이런 그림에 맞아 들어갔는지를 살피는 일이다.[31] 가장 뚜렷한 사례들 중 하나는 야코프 그림Jacob Grimm(1785~1863)과 빌헬름 그림Wilhelm Grimm(1786~1859) 형제의 사례다. 그들의 기념비적 연구는 언어와 신화에 대한 헤르더적 관심이 독일 **민족**을 정의하는 매개가 되고, 그리하여 그들이 하나의 민족으로 결집할 수 있었음을 보여준다. 야코프는 이런 동기들을 가지고 프란츠 보프Franz Bopp(1791~1867)와 함께 문헌학을 연구하고, 『독일어 문법Deutsche Grammatik』(1819~37)을 편찬했다. 그의 『독일어 문법』은 다른 아리아 언어들과 독일어의 관계를 최초로 설명한 것이었다. 한편 빌헬름은 『독일 전설Deutsche Sagen』(1816~18)을 편찬했다. 그리고 그들은 함께 에다의 주석본 작업을 하고(1815), 방대한 독일어 사전을 편찬했으며(1854), 그 유명한 『그림 동화Kinder- und Hausmärchen』(1812~15) 전집을 펴냈다.[32]

게다가 야코프는 게르만 신화에 관한 최초의 백과사전적 집성으로, 20세기까지 게르만 신화의 공인된 원전으로 남게 된 『독일 신화Deutsche Mythologie』(1835) 네 권을 펴냈다.[33] 이 책은 현학적일 정도로 엄밀하고 철저하게 여러 장에서 온갖 이교 신을 다루면서 어원학적 분석을 통해 그 신들을 인도-유럽의 다른 신들과 연관 짓고 있다. 이런 작업과 더불어 '숲', '샘', '산' 등에 대한 또 다른 논의가 아주 적극적으로 개진되고 있는데, 여기서 야코프는 환경이 신화의 내용을 틀 짓고 아울러 민족의 성격을 형성한다는 헤르더의 관점을 따라, 옛 신화들을 독일의 특유한 풍광과 연결 지었다.

이어서 야코프는 분명 틀에 박힌 종교적 감수성을 자극했을만한 그런 입장을 취해, 기독교가 들어오면서 땅-신화-와-민족land-myth-and-Volk이라는 집합체를 흩어놓았다고 주장했다. 토착 전통이 외부에서 들어온 것들의 압력에 굴복했고, 그것은 그 민족을 그들의 과거는 물론 그들이 태어난 땅과 맺고 있던 관계로부터 단절시키는 결과를 낳았다는 것이다.[34] 대체로 건조하던 야코프의 문투는 이 과정을 묘사하는 대목에서 격정적으로 변한다. 그의 연구는 무엇보다도 기독교가 말살하고자 했던 모든 전통을 회복하고 그것을 다시금 친숙하게 만듦으로써 그 과정을 전복하고자 하는 시도였다고 할 수 있다.

V

그림 형제는 리하르트 바그너Richard Wagner(1813~83)에게 대단히 존경을 받았는데, 바그너는 학문이 아닌 예술을 통해 역시 신화와 민족을 다시 연결 짓고자 했다.35 이런 야심은 그가 1848년 드레스덴 혁명이 실패한 뒤 파리에 은신해 있던, 1849년에서 1851년 사이에 파리에서 쓴 이론적 에세이들에 상세히 나타나 있다. 가장 중요한 글은 「미래의 예술 작품[Das Kunstwerk der Zukunft]」(1849)인데, 여기서 바그너는 그의 미학적, 문화적, 정치적 이론들을 충실히 개진하였고, 계급의식적이면서도 여전히 민족주의적인 감수성을 펼쳐 보였다.36 예를 들어 바그너는, 민족이 그들이 공유하는 모든 것(예를 들어 영토, 언어, 역사, 신화, 음악, 민요 등)으로 특징지어지는 필요충분조건에 의해 구축된다는 통상적인 견해에 더하여, 근대 시기에는 민족이 어떤 결핍에 의해 규정될 수도 있다고 주장했다. 민족은 이제 그 구성원들의 요구와 바람에 의해 정의되기 때문이라는 것이다. 그런 요구가 없는 자들은 결과적으로 민족으로부터 멀어지고, 스스로 민족의 적이 된다. 바그너는 계속해서 그런 "사치"스런 사람들을 변덕스럽고 이기적이라고 묘사하는데, 여기서 "이기적"이라는 말은 바그너가 당시 대단히 존경해서 이 에세이를 헌정하기까지 했던 루트비히 포이어바흐Ludwig Feuerbach(1804~72)의 반-셈족주의적 해설로부터 차용한 용어였다.37

포이어바흐의 가장 중요한 저작인 『기독교의 본질[Das Wesen des Christenthums]』(1841)은, 제목이 말해주듯이, 헤겔 좌파적 관점에서 기독교를 비판적으로 분석한 것이다. 그런데 한 장은 기독교가 아닌 다른 종교들을 다루고 있어서 눈에 띈다. 바로 「유대교에서 창조의 의의」라는 제목의 11장이다.[38] 여기서 포이어바흐는 유대인의 심성과 그리스인의 심성을 날카롭게 구조적으로 대조시키고, 그 차이의 연원을 그들의 상이한 창조 신화에서 찾는다. 예를 들어 유대교의 경전은 신이 자연을 인간이 이용할 수 있는 대상으로 창조했다고 하는 반면, 그리스인들은 자연을 신들과 동일시했으며, 경외 속에서 자연과 신들에 대해 숙고했다. 이런 기본적인 가정들의 결과, 그리스인들은 미학적·이론적 감수성을 지니게 되어 예술과 과학을 발전시킬 수 있었다. 반면 유대인들은 자연을 착취하고 거기서 이익을 얻는 데만 관심이 있는 실질적이고 실용적인 민족이 되었다. 더군다나 포이어바흐의 논의 전체에서 관건이 되는 용어는 "이기주의"로서, 그는 이 말을 무려 스물한 번이나, 그리고 매번 유대인들의 특성을 지칭하기 위해 사용했다. 다음은 그 전형적인 사례다.

유대인들은 그들의 특이한 성향을 오늘날까지 유지해왔다. 그들의 원리, 그들의 신은 세상에서 가장 실용적인 원리로서, 다름 아닌 이기주의이며, 더군다나 종교라는 형태를 한 이기주의다. 이기주의는 그의 종들로 하여금 부끄러움을 모르게 하는 신이다. 이기주의는 본질적으로 유일신적이다. 그것은 오직 하나만을, 오직 자아만을 그 목적으로 지니기 때문이다. 이기주의는 응집력을 강화하고, 인간으로 하여금 자기 자신에게 집중하게 만들며, 인간에게 변치 않는 삶의 원리를 제공한다. 하지만 이기주의는 인간을 이론적으로 편협하게 만드는데, 이는 그가 자신의 행복과 관계없는 것에는 무관심하기 때문이다. 따라서 과학은 예술처럼 오직 다신교에서만 생겨난다. 다신교는 모든 아름답고 선한 것에 아무런 차별 없이 솔직하고 개방적이고 시기하지 않는 감각이며,

세계의 감각, 우주의 감각이다. 그리스인들은 그들의 시야를 확장시켜줄 넓은 세상을 향해 멀리 눈길을 돌렸다······. 다시 말하지만 다신교적 정서는 과학과 예술의 토대다.³⁹

바그너는 포이어바흐를 읽으면서 이기주의라는 주제를 포착했고, 「미래의 예술 작품」에서 그것을 코드화된 준거로 삼았다. 민족의 적들을 부르주아 압제자에다 부르주아 '이기주의자들'로 만들면서, 그는 그들을 유대인과 동일시할 수 있었다. 이 글에서는 그의 반-셈족주의가 그래도 모호한 편이었다. 그러나 같은 시기에 그가 반격으로부터 스스로를 보호하기 위해 익명으로 발표했지만 별 소용이 없었던 다른 글은 전혀 모호하지 않았다. 그 글은 「음악에서 유대교[Das Judenthum in der Musik]」(1850)로, 여기서 그는 세 가지 두드러진 주장을 펼쳤다.⁴⁰ 첫 번째 주장은 가장 저속한 형태의 반-셈족주의에서 비롯된 것으로, 유대인을 도저히 부인할 수 없는 신체적 타자로, 그저 다를 뿐만 아니라 골상학적으로 볼 때도 본능적으로 불쾌한 타자로 규정했다. 두 번째 주장은 헤르더에 근거한 것으로, 유대인은 그들 자신의 언어를 가지고 있지 않으며, 그들이 쓰는 이디시어Yiddish*는 게르만어의 변질되고 타락한 형태라는 견해에서 비롯된다. 다른 이들에게는, 언어의 이러한 결핍은 (게다가 고향도 없는) 유대인이 진정한 **민족**이 아님을 의미하는 것이었다. 그런데 바그너는 자신만의 편견에 빠져서 새로운 방향으로 분석을 진행시켰다. 그는 노래가 발화의 가장 고귀한 형식이며 모든 음악의 기본이라고 단언하면서, 이어서 언어의 존재가 음악이나 시의 전제 조건이 되기 때문에 유대인은 어떤 음악이나 시도 만들어낼 수 없다고 주장했다. 셋째로, 그는 유대인이 혹시라도 음악과 맺을 수 있는 유일한 관계는 그것을 소비하는 능력에 있을 뿐이라고 주장했다. 고리대금업을 통해 어마어마한 부를 축적했기에 그들은 이제 남들이 창조한 음악을 자기들을 위한 **사치품**으로 사들일 수 있게 되었다. 그렇게 함으로써 그들은 다시 한 번 자신들을 이방인으로, 심지어 **민족**에 반대되는 이방인으로 드러내면서, 음악과 문화의 세계까지 지배하려 한다는 것이다.[41]

이런 생각은 「미래의 예술 작품」의 좀 더 확장된 논의를 통해 심화되었다. 이 글에서 바그너는 근대의 병폐를 문화적 데카당스의 과정과 연관시켰다. 헤르더에게서 이론적 가설을 취한 웅장한 역사적 서사를 통해, 그는 **민족들**이 본래 친족 관계에 기초한 공동체, 즉 전설과 의례적 축제 속에 그들의 혈통과 고향에 대한 지식을 보존하고 있던 공동체라고 설명했다.[42] 이후 부족들이 민족을 이루게 되면서 그들은 더 웅장하고 효과적인 신화와 의례를 고안해냈으며, 이를 통해 더 대규모로 널리 퍼져 있는 사람들을 고무하고 통합했다. 그 가장 뛰어난 예는 그리스 비극으로, 거기서 신화는 공동체 전체가 함께 참가하고 누리는 심미적 산물이었다.[43] 하지만 그리스 비극을 정점으로 그후에는 이런 예술적 능력이 약화되었는데, 특히 사치와 이기주의가 문화적 삶을 철저히 타락시킨 근대에는 그 정도가 더욱 심했다. 바그너가 예언자적이고 메시아적인 열정을 가지고 선언한 해결 방법은 고대 그리스의 예술과 같은 예술을 회복하는 것이었다. 그것은 곧 음악, 시, 무용, 웅장한 극예술, 조소, 건축을 통합할 하나의 종합예술 작품(*Gesamtkunstwerk*)이었다. 게다가 그것은 그 자체로 **민족의 목소리**이자 **민족의 산물**로서, 모든 이기주의를 무너뜨릴 예술이었다. "마침내 우리가 **민족**이 필연적으로 미래의 예술가여야 함을 증명한 것이라면, 우리는 이제 이 사실을 알게 된 요즘 예술가들의 지적 이기주의가 모욕감에 치를 떨며 터져 나오는 것을 보게 될 것이다. 그들은 개인의 절대적 이기주의가 하나의 종교로 고양된 시대 이전에 있었던 민족적 혈연-형제애의 나날들—즉 우리의 역사가들이 신화와 전설의 시대라고 간주한 나날들—에는, 민족이 진정 유일한 시인이자 유일한 예술가였다는 사실을 완전히 잊고 있다……."44

VI

「미래의 예술 작품」에 대한 일종의 부록으로, 바그너는 게르만 민족에게 영감을 줄만한 한 가지 신화의 예를 들었다. 그것은 바로 어느 왕의 노예로 일하다가 족쇄를 벗어던지고 탈출하여 자신의 적에게 끔찍한 복수를 행한 대장장이 빌란트Wieland the Smith* 이야기다.45 처음에 바그너는 이 신화를 종합예술 작품의 기초로 삼으려고 했지만, 이 계획에 대한 그의 열정은 그가 정치혁명을 열망하기 시작하면서 식어버렸다. 따라서 그는 또 다른 신화, 즉 빌란트 신화와 마찬가지로 고대 스칸디나비아와 앵글로색슨 그리고 유럽 대륙의 자료들에서 증명되는 명백히 범-게르만적인 한 가지 신화로 주의를 돌렸다. 이것이 바로 용을 무찌른 뵐중족Völsung 영웅 지크프리트Siegfrid (또는 지구르트Sigurd) 이야기다. 바그너는 이후 30년 넘게 이 자료들에 매달렸고, 종합예술 작품에 대한 그의 계획을 점차 그가 **축제극** Bühnenfestspiel이라 불렀던, 즉 무대로 가져온 축제였던,《니벨룽의 반지〔Der Ring des Nibelungen〕》4부작*으로 확대시켜갔다. 더욱이《니벨룽의 반지》는 그냥 아무 무대에서가 아니라, 초연에서 신전으로 사용하기 위해 왕궁의 후원 아래 바그너가 설계해서 지은 바이로이트 축제 극장에서 상연되었다(1876년 8월 13~30일). 극장 공연이라기보다는 하나의 의례적 축전이었던 그 공연의 목적은 게르만 **민족**을 한데 모으고 부흥시키고 고무하는 데 있었다.

《니벨룽의 반지》는 여기서 다루기에는 너무 큰 주제다. 그 상징적이고 이념적인 기호들은 너무나 복합적이어서 별도로 책 한 권을 써야

할 정도다. 대신에 지크프리트 신화에 관한 바그너의 초기 유사-학술적 작업이자, 연구와 환상의 놀라운 조합으로서 바그너가 1848년 여름에 쓴 『비벨룽겐Die Wibelungen』에 주목해보자.⁴⁶ 이 제목은 바그너의 뛰어난 천재성과 동시에 학문적 엄격성의 완전한 결여를 보여준다. 이 제목은 바그너가 '복구'한 것이었는데, 이를 통해 그는 전설 속의 니벨룽들과 르네상스 시대에 교황에 맞서 게르만 황제를 옹호했던 역사 속의 황제당Ghibelline party 사이의 깊은 연관을 보여주고자 했다.⁴⁷

바그너에 따르면 이 비벨링들Wibelings은, 그가 어떤 면에서는 '인도 코카서스'와 또 다른 면에서는 트로이아와 동일시했던 아시아의 본래 고향에서 이주해온 게르만 민족의 왕족이었다.⁴⁸ 수세기 동안 이 민족은 그들의 가장 오랜 기억을 니벨룽의 전설 속에 보존해왔는데, 바그너는 그중 다음 두 가지 상징군을 가장 중요한 것으로 꼽았다. 첫째, 그림 형제 등에 의해 일반화된 견해를 따라, 바그너는 지크프리트와 용의 싸움을 낮과 밤, 더위와 추위, 선과 악의 투쟁을 나타내는 것으로 간주하고, 이들 중 어느 것도 최후의 승자는 아님을 강조했다. 즉—태양의 경우와 마찬가지로—지크프리트는 적들을 무찌르지만, 그다음 대결에서는 그들에게 패하는 것이다. 그런데 이 영웅의 죽음은 그의 민족에게 투쟁을 재개하고, 그의 원수를 갚고, 어둡고 사악한 타자에 맞서 승리를 되찾도록 고무한다.⁴⁹ 둘째는 니벨룽의 보물이라는 상징에 응축된 관념들로, 바그너는 그것을 바로 세계 지배라고 보았다. 카이사르와 로마에 의해 이루어졌던 세계 지배는 이후 샤를마뉴와 프랑크족에게 넘어갔고, 그후로는 메로빙, 카롤링, 색슨, 바이에른, 롬바르드 등의 왕조들, 그리고 황제들과 교황들 사이에서 분쟁의 씨앗이 되었다.

중세를 지나면서 게르만 왕들의 힘은 줄어들었다. 하지만 약해지고 쇠퇴하던 시기에도 그 민족은 자신의 과거에 대한 지식과 미래를 향한 희망을 니벨룽의 보물에 관한 신화와 노래 속에 간직했다. 이를 통해 바그너는―자신의 자부할만한 재능을 발휘하기 위해서가 아니라 (어쨌든 그의 재능은 대단하다!) 민족을 대신하여―그리스 비극에 비견할만한 미래의 예술 작품을 만들어내기로 작정했다. 그 작품을 통해 이 신화는 단지 보물에 대한 이야기가 아니라 그 자체로 값진 유산이자 자부심과 힘의 원천으로서 그 장엄한 모습을 드러내고, 그의 민족에게 다시금 활기를 불어넣을 것이었다.

바그너가 초기 저술들에서 주로 게르만 민족에 대해서 언급하긴 했지만, 그가 『비벨룽겐』에서 그들의 기원을 아시아까지 소급해갔다는 사실은 그가 게르만족을 아리아 디아스포라의 일부로 이해하고 있었음을 보여준다. 이 점은 인종에 관한 최초의 체계적 연구인 『인종 불평등론』(1853~55)의 저자로서, 바그너가 1878년에 처음 만나게 된 아르튀르, 콩트 드 고비노Artur, Comte de Gobineau(1816~82)*와 우정을 발전시키는 데 기초가 되었다.[50] 당시에 고비노의 인종론은 독일에서 잘 알려져 있는 편이 아니었는데, 바그너는 그의 이론을 열심히 수용하여 고비노의 염세적인 면은 약화시키고 반-셈족주의적인 견해는 강화시켰다. 고비노의 인종론은 이렇게 수정된 형태로 바그너 주변의 바이로이트 사람들에게 추종되었다. 그중에는 『바이로이트 신문Bayreuth Blätter』 편집장 루트비히 셰만Rudwig Schemann(1852~1938)과 바그너의 사위이자 나치 이데올로기를 발전시키는 데 기초가 된 『19세기의 토대』(1899)의 저자 휴스턴 스튜어트 체임벌린 Houston Stewart Chamberlain(1855~1927)*도 있었다.[51] 말년에 바그너는 고비노의 용어를 빌려, 수십 년 동안 자신이 견지해온 관점을 개괄했다. 1881년 5월 16일, 베를린에서 《니벨룽의 반지》를 초연한 후 바그너가 바이에른의 루트비히 2세에게 쓴 편지가 바로 그것인데,

이 편지는 온통 자기 공치사와 인종주의적 오만, 그리고 현학으로 얼룩져 있다. "[《니벨룽의 반지》는] 의심할 바 없이 아리아족의 특징을 가장 잘 보여주는 예술 작품입니다. 아리아족만큼 자신의 기원과 기질을 그렇게 명확히 인식한 민족은 세상에 없지요. 이들은 아시아 북부에서 유래했으며 유럽 문화에 가장 늦게 진입하였고, 그때까지는 다른 모든 백인 종족보다 그 순수성을 더 잘 보존해왔습니다. 이런 훌륭한 작품의 성공을 목도하면서 우리들 가운데 누군가는 커다란 희망을 느낄 수 있을 겁니다!"[52]

VII

《니벨룽의 반지》가 바이로이트에서 초연된 뒤 프리드리히 니체(1844~1900)는 바그너와 완전히 절연했다. 하지만 그가 초기에 바그너의 영향을 많이 받았다는 것은 잘 알려진 사실이다.[53] 니체가 바그너의 이론을 자신의 출발점으로 삼으면서 신화라는 테마를 가장 뚜렷하게 다룬 것은 초기 저작들에서다.[54] 실제로 이 주제에 관해 그가 가장 충분하고 체계적으로 논의를 펼친 것은 그의 첫 번째 저서인 『음악 정신으로부터 비극의 탄생[Die Geburt der Tragödie aus dem Geist der Musik]』(1872)에서였다. 이 책은 바그너에게 헌정되었고, 대단히 중요한 거장의 견해에 대한 호응이었다.

이 책이 집필된 역사는 복잡하며 모종의 불연속성을 보여준다. 니체는 1870년에 이 책을 쓰기 시작했고, 이듬해 4월 바그너를 위해 썼다고 밝힌 서문과 15장까지 쓴 초고를 바그너에게 보여주었다. 바그너의 반응은 대체로 열광적이었지만, 그는 자신의 과거 업적과 앞으로 이룰 공헌에 더 확실히 주의를 기울여 몇 가지 점을 더 자세히 적어주기를 원했다. 친절하게도 니체는 10개의 장을 덧붙였는데, 『비극의 탄생』의 재판(1886)에 수록된 「자기비판의 시도」와 『이 사람을 보라Ecce Homo』(1888)에서 밝혔듯이, 그는 나중에 이 점에 대해 후회했다.[55] 신화에 대한 논의는 대개 이 책에서 바그너 식의 종결부에 해당하는 §§16~25에서 다루어졌지만, 앞부분에도 신화와 관련된 중요한 단락들이 있다(특히 §§9~10).

바그너처럼 (그리고 19세기의 다른 많은 독일인처럼) 니체는 그리스 비극이 유럽 문화의 가장 고귀한 성과이며, 그 이후로 유럽 대륙은—아울러 인간성도—지속적으로 퇴보했다고 보았다. 그런데 니체는 이런 일반적 통념을 넘어서, 완전히 반대되는 경향들을 종합한 결과물인 그리스의 기적에 대해 독창적이고도 도발적인 분석을 펼쳤다. 물론 가장 중요한 것은 앞부분에서 그가 아폴론적인 것과 디오뉘소스적인 것으로 규정한 두 정신 사이의 상호작용이다.[56] 하지만 그의 책에서 이보다 아주 약간 덜 강조된 것은 그가 신화와 음악 사이에 설정한 대립(하지만 완전히 평행적이지는 않은 대립)이다.[57] 그는 신화를 강력하게 축약된 세계의 이미지, 모든 종교의 필수적인 전제조건, 보편성과 진리의 유일한 예로서 경험되길 바라는 장르로 이해했다. 게다가 신화는, 생기를 불어넣고 심취하게 만드는 음악을 매개로 했을 때 가장 강하게 생명력을 띠게 되며, 신화와 음악이 결합한 결과가 바로 비극이다.[58]

니체는 이런 공식화된 분석(비극=신화+음악)을 넘어서 그리스 비극의 역사를 간략히 제시했는데, 그것은 다시금, 잃었다 되찾은 낙원의 신화였다. 그의 설명에 의하면 그리스 비극은 기원전 480년(증거 자료가 있는 시점) 이후에 바로 생겨나기 시작했고, 그리스 민족이 힘을 강화하고 스스로를 하나의 민족으로 규정하는 계기가 된 페르시아전쟁의 승리 이후로 자신들을 표현하고 치유하는 매체였다.[59] 니체는 이 책을 프로이센·프랑스전쟁(1870~1871)* 동안 집필했고,

전쟁 직후 독일 통합에 대한 자각이 일던 와중에 간행했다. 약간의 수사적 표현들로도 그의 독자들에게는 그리스 민족과 독일 민족 간의 명백한 유사성을 보여주기에 충분했다. 가장 중요한 것은 §23의 마무리 단락으로, 여기서는 전쟁을 넘어서 **민족의 정화와 재생**을 요구하고 있다. 이 과정의 첫 단계를 이국적인 모든 것의 폭력적 제거라고 보는 사람들이 있음을 인식하면서도, 니체 자신은 게르만의 예술, 시, 신화, 종교를 다시금 긍정할 것과, 조국에 대한 애착을 강조했다.

> 우리는 게르만적 특성의 순수하고 강력한 핵심을 대단히 높게 평가한다. 그렇기 때문에 우리는 무엇보다도 강제로 심어진 이국적 요소들의 이러한 제거를 감히 기대하고, 게르만 정신이 그 본연으로 돌아갈 수 있다고 생각한다. 어떤 이들은 이 정신이 모든 로마적인 것을 제거하는 투쟁에서 시작해야 한다고 생각할 것이다.[60] 그렇게 되면 그들은 지난 전쟁[*프로이센·프랑스전쟁] 동안의 무적의 용맹성과 피에 젖은 영광 속에서 이 투쟁을 위한 외적 준비와 격려를 인식할 것이다. 하지만 그 내적 필연성은 이 길을 거친 고귀한 선배 투사들, 루터나 우리의 위대한 예술가와 시인처럼 되려는 야심에서 찾아야 할 것이다. 그러나 가정의 수호신이나 신화적 고향, 모든 게르만적인 것의 '회복' 없이 그들과 비슷한 투쟁을 치를 수 있다고 믿지 않기를![61]

니체는 비극의 기원을 서술하면서 그가 살았던 시대의 문화와 정치에 관해 언급했듯이, 비극의 소멸을 이야기할 때도 마찬가지였다. 그의 생각에, 비극을 소멸시킨 악당은 다름 아닌 소크라테스였다. 니체는 소크라테스가 예술에 반하는 것으로서의 과학 정신, 영감에 고취된 시에 반하는 것으로서의 신랄한 탐구, 열정에 반하는 것으로서의 합리성에 책임이 있다고 보았다. 그리고 기원전 5세기 말에 이르러 소크라테스와 관련된 이러한 가치들이 우세해짐에 따라, 그것들은 신화를 무력화하고 따라서 음악에도 손상을 입혔다는 것이다.[62] 비극은 종말을 고하고, 다른 저급한 문화 형식들이 그 자리를 대신했다. 니체가 문제 삼았듯이 소크라테스라는 인물은 분명히 과도한 영향을 미쳤고, 사람들의 많은 특징, 성향, 행동, 유형을 좌우했는데, 니체는 이 모든 것을 못마땅하게 여겼다. 합리성, 낙관주의 그리고 일방적인 아폴론주의가 바로 그런 것들이었다. 더 나아가 그는 소크라테스의 철학을 알렉산드리아와 로마, 그리고 소크라테스를 핵심적인 성인이자 영웅 중 하나로 떠받들었던 프랑스 계몽주의와 은연중에 연관시켰다.

니체는 이런 연관성들 중 일부를 초기 낭만주의, 특히 프리드리히 슐레겔과 아우구스트 슐레겔의 글에서 받아들였지만, 그 밖의 것들은 니체 자신의 생각이었다.[63] 니체 자신의 생각은 『비극의 탄생』에도 얼마간 녹아들어 있지만, 그가 바젤에 있는 자유학문협회Freie Akademische Gesellschaft에서 (1870년 1월 1일에) 행한 「소크라테스와 비극」이라는 제목의 초기 강연에서 더 두드러지게 나타난다. 여기서 그는 그의 첫 번째 책인 『비극의 탄생』에 담기게 될 많은 주장을 미리 선보였다. 하지만 그가 상당히 더 나아가게 된 결정적인 시점은 바로 바그너의 망상에 호응하면서, 소크라테스의 철학을 '현대 유대인 언론'과 동일시하고, 그것을 위대한 비극 예술의 주적으로 간주했을 때였다.[64] 이는 적절함의 한도를 넘어섰고 격렬한 비판을 초래했다. 바그너는 니체의 주장을 지지하긴 했지만, 자신을 숭배하는 이 젊은이에게 편지를 써서 공적으로 견해를 발표할 때는 좀 더 신중해질 것을 권고했다.[65] 니체가 『비극의 탄생』에서 사용한—좀 더 완곡하고 모호하지만, 이 작품을 헌정받은 바그너에게는 너무나도 명료한—문투는 바그너의 충고를 받아들인 결과였다.

VIII

니체는 고전 문헌학 분야에서 학문적 훈련을 받았다. 그 결과 그는 인도-유럽 언어와 신화 연구에 정통하게 되었다. 그가 알거나 탐독했던 이들 중에는 아달베르트 쿤Adalbert Kuhn(1812~81)이 있었다. 쿤은 독일에서 '비교신화학'의 가장 영향력 있는 주창자로서, 『비교언어학 잡지Zeitschrift für vergleichende Sprachforschung』의 발행인이자, 인도-유럽어 연구를 개척한 사람이었다.[66] 주저인 『불 훔치기와 신의 음료』(1859)에서 쿤은 '아리아' 신화 하나를 재구성했는데, 그 신화의 주인공은 신들로부터 무언가를 훔쳐 그것을 필요로 하는 인간에게 전해줌으로써 천상과 지상을 매개했다.[67] 주인공이 훔쳐다준 선물은 때로는 문명의 필수 도구인 불이었고, 때로는 불사의 음료였다. 그는 불사의 음료에 대한 다양한 이야기를 인도와 스칸디나비아에서 가장 많이 찾아냈다. 불에 관한 이야기는 프로메테우스 신화에서 전형적으로 나타나는데, 쿤은 허울만 그럴듯했기에 오랫동안 버려져 있던 비교언어학을 바탕으로 프로메테우스가 궁극적으로 아리아족에서 기원했다고 주장했다.[68] 그리고 모든 경우에 그는 이런 신화들이 자연현상, 무엇보다도 생명 유지에 필요한 물과 불을 천상에서 땅으로 쏟아붓는 격렬한 천둥에 대한 우의화된 설명이라고 해석했다.

니체가 초기 미발표 원고들에서 경멸적으로 언급한 것에서도 볼 수 있듯이, 니체는 그리스신화를 우의적으로 해석하는 일에는 거의 관심이 없었다.[69] 하지만 그는—바그너, 괴테 그리고 다른 낭만주의자들과 마찬가지로—창조적이고 반항적이며 불경한 천재 프로메테우스에 대해서는 오랫동안 관심을 가지고 있었다.[70] 1869년 11월, 그는 『불 훔치기』와 인도-유럽 신화 및 언어에 대한 그 밖의 많은 책을 바젤도서관에서 빌렸다. 그중에는 벨커Fr. G. Welcker*의 『그리스신화학Griechische Götterlehre』(1857~63)도 있었는데, 이 책은 쿤의 관점을 확장하여 '아리아'의 프로메테우스와 '히브리'의 타락 신화를 대조한 것이었다.[71]

이것은 니체가 바그너와 관련된 내용을 첨가하기 전에 쓴 『비극의 탄생』 원본의 일부인 §9의 배경이 되었다. 이 장에서 니체는 자신의 초점을 그리스 문명 내부의 (그리고 그것을 구성하는) 아폴론적인 것과 디오뉘소스적인 것 사이의 대립으로부터 그리스인들과 그들에 반대되는 타자들 사이의 대립으로 옮겨갔다. "프로메테우스 이야기는 모든 아리아 **민족사회**의 근원적 재산이며, 심오한 비극성에 대한 그들의 천부적 재능의 증거다. 실로 원죄 신화가 셈족의 특성을 규정하는 의의를 가지는 것처럼 프로메테우스 신화가 아리아족의 특성을 규정하는 의의를 지니거나, 두 신화 사이에 남매간 같은 관계가 존재하는 것도 불가능한 일은 아닐 것이다."[72]

니체는 불 훔치기라는 주제에 관한 쿤의 연구를 간단히 요약한 후에, 이어서 자연의 우의보다는 도덕적 의미에 초점을 맞춰 다음과 같이 말한다. "인류는 신성모독을 저지름으로써 최상의 것과 최선의 것을 획득했고, 이제 다시 고통과 슬픔의 홍수로 그 대가를 치러야 한다. 모욕당한 천상의 신들은 높은 곳을 지향하며 추구하는 인간들을 이런 것들로 괴롭힌다. 이는 신성모독을 고귀하게 보는 격렬한 사고인데, 그 때문에 셈족의 원죄 신화와 기묘한 대조를 이룬다. 셈족의 신화에서는 호기심, 기만적 현혹, 유혹에의 굴복, 정욕—요컨대 현저하게 여성적인 일련의 정념들이 악의 근원으로 간주된다."[73]

이 구절에서 니체는 신화적 서사를 이용하여 민족들을 정형화할 뿐만 아니라, 동시에 인종, 젠더, 종교, 도덕성 등의 범주들을 아울러서 서로 맞물린 이항 대립의 차별적 구조를 수립하고 있다. 최소한 다음과 같은 일련의 대비를 감지할 수 있다.

프로메테우스 : 이브 ::
그리스 : 이스라엘 ::
아리아족 : 셈족 ::
남성 : 여성 ::
대담한 신성모독 : 거짓된 속임수 ::
불(=문화적 성취) : 과일(=성적 쾌락) ::
비극 : 멜로드라마 ::
악의 윤리 : 죄의 윤리 ::
당당한 반항 : 신경증적 죄의식 ::
고통과 강인함 : 자책과 유약함.

약간의 미묘한 차이는 있지만, 이러한 도식은 니체의 후기 저작들에서도 계속되었다. 따라서 프로메테우스와 이브의 대조는 『아침놀 [Morgenröte]』(1881)의 §83, 『즐거운 학문[Die fröhliche Wissenschaft]』(1882)의 §135, 그리고 『안티크리스트[Der Antichrist]』(1888)의 §48~49에서도 되풀이된다. 하지만 이 글들에서 니체는 자신의 분석을 확대시켜, 성서의 이브 이야기는 그 자체로 유대교를 대표할 뿐만 아니라 기독교 및 전반적인 성직자적 성향을 대표하는 것으로 해석한다. 1888년에 공책에 써놓은 것을 보면, 그가 아리아족과 셈족을 각각 생을 긍정하는 경향과 생을 부정하는 경향으로 대조시키던 것을 그만두고, 성직자적 관점의 존재 여부를 상호작용적이지만 비교적 독립적이고 가변적인 제3의 변수로 다루려 했음을 발견할 수 있다. 이런 식으로 그는 (쇼펜하우어와 바그너가 선호했던) 불교를 생을 부정하는 아리아족의 종교로 규정하는 한편, 이와 대조되는 이슬람, 그리고 히브리성서 앞부분에 묘사된 종교는 생을 긍정하는 셈족의 종교로 다루었다.[74]

니체는 후기 삶과 저작들에서 바그너의 경배할만한 바이로이트 극장 설립에서 저속한 반-셈족주의와 편협한 쇼비니즘을 감지하고는 혼란에 빠졌다. 따라서 『도덕의 계보[Zur Genealogie der Moral]』 첫 권과 같은 저작들에서 그는 기존의 아리아족과 셈족의 대조를 더 이상 단순하게 그리스인과 유대인의 대조를 반영하는 것이 아니게끔 재조정했다. 대신 그것은 이제 그리스인과 기독교인의 대립으로 마무리되었고, 기독교는 유대교의 혐오스러운 모든 요소가 극단화된 형태로 나타난 것으로 취급되었다. 이 변화를 논하는 데는 상당한 분량이 요구되므로, 이 문제는 이 책 5장에서 다시 다루기로 하겠다.

IX

독일에서 쿤이 '비교신화학'을 선도한 주도자였다면, 프리드리히 막스 뮐러(1823~1900)는 영어권에서 비슷한 역할을 했다. 그는 독일에서 태어나 영국으로 이민을 갔고, 옥스퍼드에서 비교문헌학 분야 최초의 교수가 되었다. 그는 『리그베다Rg Veda』와 『동양의 성스러운 경전들Sacred Books of the East』을 편찬하고, 수많은 저작을 남겼으며, 수천 명의 청중이 모이는 대중 강연을 셀 수 없을 정도로 많이 했다.[75] 그는 젊었을 때 프리드리히 슐레겔의 『고대 인도인의 언어와 지혜에 대하여』를 읽고 인도 연구에 착수하게 되었고, 노학자 셸링의 강연은 신화에 대한 그의 관심을 자극했다.[76] 가능한 한 최고의 교육을 받기로 결심한 그는 1847년 영국으로 가기 전에 베를린에서 프란츠 보프에게 언어학을 배우고, 파리의 외젠 뷔르누프Eugène Burnouf (1801~52)* 밑에서 산스크리트어를 배웠으며, 영국으로 가서는 동인도회사가 소유한 베다 문헌들을 연구하고자 했다. 영국에 가자마자 크리스천 분젠 남작Christian Bunsen(1791~1860)의 소개로 옥스퍼드에 가게 되었다. 분젠은 페르시아어, 아라비아어, 고대 노르드어에 능한 귀족 학자로서, 영국 주재 프로이센 대사로 일했다. 그는 이 재능 있는 젊은이가 독일의 최신 학문을 영국에 들여오고, 고대 아리아족에 대한 유행을 퍼뜨려주기를 기대했다―그리고 그 기대는 아주 정확했다.77

분젠이 보기에, 아리아족에 관한 담론은 게르만 민족주의로 뒤덮인 것이었다.78 하지만 막스 뮐러는 그런 경향을 몇몇 예외적인 경우에만 보였는데, 그중 가장 두드러진 것이 프로이센·프랑스전쟁 중에 쓴 「영국 국민에게To the People of England」라는 공개서한이다.79 하지만 대부분의 경우, 그가 관심을 가진 아리아족은 북부 유럽이 아닌 남아시아의 아리아족이었다. 인도에 대한 더 자비로운 식민지 정책을 증진시키려는 욕망은 그의 많은 저술에 서브텍스트로 깔려 있으며, 그의 저작 전반에 걸쳐 자유롭게 흩어져 있는 산스크리트어와 그리스어 자료의 비교는 그의 독자들로 하여금 인도인이라는 타자들을 오래전에 잃어버린 '우리' 가족의 일부로 인식하도록 갑작스럽지 않게 조금씩 주의를 끌고 부추기는 효과를 가지고 있었다.

당시로서는 그의 입장이 상당히 개화된 것이었지만, 거기에는 여전히 한계가 있었고 내적인 모순들이 있었다. 베다 시대의 인도와 호메로스 시대의 그리스를 동등한 것으로 상정한다면, 빅토리아시대의 영국이 인도를 점유하는 일은 결코 불가능했을 것이다. 막스 뮐러는 인도를 뒤처지게 만든 주된 요인 중 하나가 신화라고 생각했고, 신화를 종교와 언어에 관한 일반 이론의 틀 안에서 시와 연관 짓고 대조했다. 하만이나 헤르더와 마찬가지로 그는 시가 인류 초창기부터 존재했으며, 본유적인 종교적 깨달음, 즉 창조의 경이로움에 대한 직접적이고 직관적인 반응을 반영하는 것이라고 간주했다. 반면 신화는 나중에 발명된 것으로서, 특히 아리아 언어들 특유의 문법적이고 문체론적인 특징들에 의해 생겨나는 "언어의 질병"이었다. 예를 들어 확장성 높은 어근, 성별로 구분되는 명사, 과다한 유의어들 같은 모든 특징이 보통명사를 신성한 이름으로 오인되도록 만들었던 것이다. 자연현상—예를 들어 일출과 폭풍우—에 대한 시적 묘사가 초자연적 존재들과 그들의 전설적 모험에 대한 이야기로 잘못 파악되기도 하는 것처럼 말이다.[80] 아리아족을 상상력이 풍부하고 창조적이게 만든 바로 그 언어적 경향은 이렇게 해서 그들로 하여금 시를 신화로 탈바꿈시키게 만들었고, 그 결과 수많은 신이 생겨나고, 종교적 타락과 지적 혼란이 초래되었다. 이와는 대조적인 셈족 언어들의 특징(무엇보다도 어근의 고정성과 명확성)은 셈족을 그 상대역인 아리아족에 비해 창조적이지 못하고 더 완고하게 만들었지만, 유대인, 무슬림, 기독교인들이 철저한 유일신론자들로서 신화의 유혹에 거의 빠져들지 않도록 지켜주었다. 셈족은 종교적 의례에 소질이 있었고, 아리아족은 신화에 소질이 있었다.

사실 이 분석은 방금 서술한 것보다 훨씬 더 억지스러운데, 왜냐하면 그 바탕에 상당히 인위적인 분류법이 놓여 있기 때문이다. 당시에 언어학자들은 일반적으로 격변화를 사용하는 언어들과 그렇지 않은 언어들을 구분했고, 전자가 더 복잡하며, 더 정교한 사유 과정을 뒷받침해준다고 주장했다. 격변화가 있는 가장 중요한 어족은 아리아어족(또는 인도-유럽어족)과 셈어족인데, 아리아어족의 어근이 전형적으로 두 개의 자음과 한 개의 모음을 갖는 반면, 셈족의 어근은 세 개의 자음을 가진다는 점에서 이 둘은 차이가 났다. 언어들을

(그리고 더 중요하게는 그 언어를 사용하는 사람들을) 구분하고 싶어 했던 학자들은 온갖 그럴 듯한 주장들로 이 두 언어 체계 중 한쪽이 다른 쪽보다 우월하다는 것을 입증하려 했다.

막스 뮐러는 그의 초기 저작들에서 윌리엄 존스 경의 주장을 따라 제3의 언어학-겸-인종학적 범주를 그가 생각한 인류 지도에 포함시켰다. 즉 투르크-몽골어족이라 불리기도 하는 우랄알타이어족을 아리아어족 및 셈어족과 나란히 둔 것이다.[81] 이는 그의 친한 친구이자 동료였던 에르네스트 르낭Ernest Renan(1823~92)*처럼 영향력 있는 동시대인들의 저작에 나타나는 대단히 차별적이고 우월주의적인 이분법을 깨뜨린다는 장점이 있었다.[82] 하지만 진짜 그의 관심을 끌었던 것은 결코 우랄알타이어족이 아니었다. 그리고 막스 뮐러는 자꾸만 아리아족과 셈족의 대립으로 슬쩍 되돌아가면서, 우랄알타이어족이나 다른 어족들은 부수적인 것으로 밀어놓곤 했다. 하지만 이런 종류의 텍스트들에서도 그는 가차 없는 비판이나 날카로운 표현을 피하고 대신 온화하고 장황한 표현을 썼다. 그는 어느 한 민족이 또 다른 한 민족보다 우월하다고 주장하기보다는, (아리아족의) 유럽이 (셈족의) 기독교로 개종했을 때처럼, 막연하게 헤겔적인 종합을 이상화했다. 그는—이런 종합 덕분에 역사적·문화적 성취를 이룰 수 있었던—영국의 제국주의자들을 아리아 신화에서 점잖게 떼어내어 복음서로 옮겨놓음으로써 그들이 뒤떨어진 인도 형제들을 도울 수 있는 가능성을 가졌다고 주장했다.

누군가는 이런 입장 때문에 막스 뮐러가 선교사들에게 사랑받았을 거라고 생각할지도 모르겠다. 하지만 사실은 그렇지 않았다. 오히려 선교사들은 막스 뮐러가 '이교도'에게 지나치게 동정적이라고 생각했고, 그의 신앙심이 부족한 것은 아닐까 의심했다. 그리하여 1860년에 그는 옥스퍼드의 보덴 기금 산스크리트어 교수가 될 기회를 놓치고 말았는데, 그 자리는 『산스크리트어-영어 사전』 준비에 대한 책임을 수반하는 자리이기도 했다. 이 교수직과 사전 편찬 작업은 영어에 대한 이해나 인도에 대한 존중을 기르기 위한 것이 아니라, 육군 중령이었던 보덴의 의지에 따라, 인도인의 기독교 개종을 촉진시키기 위한 것이었기 때문이다.[83] 막스 뮐러는 크게 실망했다. 1868년에 그 보상으로 그를 위해 비교문헌학 교수직이 만들어졌지만, 그는 1875년에 교수직에서 사퇴했다. 그가 내세운 표면적인 이유는 자신의 연구와 강연, 그리고 편집자로서 책임을 다하기 위해서라는 것이었다. 이후 그는 비교신화학에 대한 무한한 열정을 지닌 사람들로부터 대단한 대중적 인기를 얻었다. 하지만 그 과정에서 그는 전에 없이 너무나 단순해지고 반복적이게 되면서 더 이상의 학문적 진전이 없었고, 여러 가지 점에서 극심한 비판을 받게 되었다.[84]

X

언어에 대한 담론은 19세기를 거치며 크게 변화했다. 인도-유럽어 음운론과 어형론에 대한 전문 지식이 눈부시게 발전하면서 비교신화학자들이 전에 없던 전문적 비판을 받았을 뿐 아니라, 핵심적 패러다임에도 변화가 있었다. 언어학이 아직 하나의 학문 분야로 확립되지 못하고 있던 시절인 1770년에, 헤르더는 베를린아카데미의 논문 대회에서 당시 뜨거운 이슈였던 '언어의 기원'에 대한 논문으로 상을 거머쥠으로써 명성을 얻은 바 있다.[85] 그러나 1866년에 언어학 분야 최초의 학회인 파리언어학회 Société de linguistique de Paris가 창립되었을 때, 그 내규는 바로 이 주제에 관한 논의를 특별히 금지시키고 있었다.[86] 말년에 막스 뮐러는 낡은 문헌학적 가정들에 갇혀 개별 이름들의 피상적 유사성들에 대해 체계 없이 연구하고, 고대 문헌들을 통해 언어에 접근하면서 그 토대 위에서 선사시대를 창세의 시점까지 복원하려 했다. 그러는 동안 다른 이들은 막스 뮐러가 선호한 '어원학'의 대부분이 옹호될 수 없도록 하는 음운학적 대응 관계들의 규칙적인 목록들을 만들어냈다. 게다가 결국에는 더욱 위협적인 두 가지 발전이 있었다. 언어를 문헌적 인공물이 아닌 살아 있는 구어적 실재로서 연구하는 경향이 생겨난 것, 그리고 페르디낭 드 소쉬르Ferdinand de Saussure(1857~1913)에 의해 역사적, 복원적 연구를 보완하는 공시적, 구조적 언어학이 도입된 것이었다.[87]

인류학 분야의 변화들도 신화학에 깊은 영향을 미쳤다. 독일, 프랑스 그리고 유럽의 어디서든, 일반적으로 **인류학**이라는 분야는 인종학과 조금이라도 관련되는 의학이나 동물학 등과 관계 맺으며 자연과학의 일부로서 자리 잡았다. 인류학은 해부학과 생리학 연구를 아우르며 인간의 신체를 주된 연구 대상으로 삼았고, 이어서 인류 종 내에서 양적인 방식으로 입증할 수 있는 명확한 분류법을 만들어내고자 했다. 린네, 다윈, 멘델 그리고 때로는 고비노에게서 모델을 가져와 이런 학문적 패러다임 안에서 연구한 인류학자들은, 피부색과 두개골 비례 같은 여러 생리적 항목에 기초하여 흑인종과 백인종과 황인종, 아리아족과 셈족, 북유럽인과 알프스인과 지중해인 등을 구별했다.[88] 이런 형질인류학자들은 막스 뮐러의 연구에서 그들 자신이 선호하던 범주들, 특히 아리아족/셈족의 구분 같은 범주들을 반영하고 지지해주는 측면들을 순순히 받아들였다. 하지만 그들은 문화의 다른 면들이나 신화에 대한 문제에는 별 관심이 없었다.

같은 시기에 (민속학자, 민족학자, 사회학자, 종교사학자 등) 다양한 학문 분야의 연구자로 자처하며 인체보다는 신앙과 관습에 더 관심을 갖는 학자들이 영국과, 조금 적긴 하지만 프랑스에도 있었다. 이런 식으로 그들은 사회인류학, 문화인류학, 상징인류학이 발전하게 될 지적 공간에 자리를 잡고 있었다. 선교사들의 보고, 여행가들의 기록, 식민지 관리들의 메모와 회고록에서 뽑아낸 자료들에 근거하여, 에드워드 버넷 타일러Edward Burnett Tylor(1832~1917), 앤드류 랭Andrew Lang(1844~1912), 윌리엄 로버트슨 스미스William Robertson Smith(1846~94), 제임스 조지 프레이저 경(1854~1941), 에밀 뒤르케임(1858~1917), 마르셀 모스(1872~1950), 그리고 아놀드 반 게넵Arnold van Gennep(1873~1957) 같은 학자들은 비교신화학자들의 신화 모델과는 근본적으로 다른 신화 모델을 만들어냈다. 신화를 무엇보다도 구술적인 현상으로 간주하고 문헌적인 면은 부차적으로만 인정하면서, 그들은 신화를 언어나 시학과의 관계보다는 의례 행위나 사회조직 유형과 관련하여 연구했다.[89]

더 나아가 이 학자들은 또한 다윈의 진화론 모델을 생물학적 영역에서 문화적 영역으로 옮겨서, 자신들의 전문적 임무를 '원시'라는 범주로 향하게 하였다. 이 '원시'라는 키워드는 단지 시간적 차이만이 아니라, 공간적·인종적·정치적 차이를 지칭하는 것이기도 했으며, 유럽의 도시인들이 동시대인으로 인정하지 않던 모든 민족에게 적용되었다.[90] 신화를 원시 민족의 이야기로 이론화하면서, 초창기 인류학자들은 인간 사유의 유년기를 보여주는 불합리성의 예들(이를테면 신들과 동물들의 역할들, 근친상간과 식인 풍속의 일화들, 아리스토텔레스적 인과론에서 벗어난 경우들)로 신화의 특정한 양상들을 계속 채워갔다. 이러한 관점은 이교도인 피식민지 사람들을 구원하기 위한 선교라는 기존의 테마를 이와 유사하면서도 새롭게 갱신된, 원주민들이 갖고 있지 않던 서사로, 기독교 복음이 아닌 이성 그리고/또는 역사라는 서사로 대신함으로써 19세기 말에 폭발한 식민지 확장을 반영하고 정당화해주었다. 그들이 보기에 원주민들이란 신화의 수렁에 빠진 사람들이었다.

막스 뮐러와 앤드류 랭의 오랜 논쟁 끝에 두 가지 서로 다른 방법들, 증거 자료들 그리고 학문 분야의 방향들이 맞부딪혔고, 패러다임에 변화가 일어났다.[91] 하지만 이런 변화의 중요성을 과대평가해서는 안 된다. 우위를 차지하게 된 인류학적 모델은 온갖 차이점에도 불구하고 기존의 문헌학적 모델과 중요한 특징들을 공유하고 있었기 때문이다. 문헌학적 모델이 아리아 민족과 셈 민족을 언어에 기초하여 구별했다면, 인류학적 모델은 원시 문화와 현대 문화를 진화에 기초하여 구별했다. 그러나 두 담론 모두 두 부류의 사람들 사이에 첨예한 불연속성을 구축하기는 마찬가지였다. 즉 한쪽은 '우리' 유럽인과 관련되었고, 다른 쪽은 약소한 이방인인 '그들'과 관련되었다. 두 경우 모두에서, 신화의 존재 여부는 결정적인 변수였다. 비록 그에 대한 가치판단은 서로 달랐지만 말이다(표 3.1).

영국에서 문헌학에 근거한 비교신화학은 1900년에 막스 뮐러가 죽자 그 생명을 다했고, 민속학-인류학적 모델이 그 뒤를 이었다. 특히 원시 신화와 주술에 대한 진화론자의 매력적인 해설이 담긴 프레이저의 『황금가지』가 큰 영향을 미쳤다. 이 책에서 프레이저는 죽어가는 신들과 새롭게 부상하는 신들에 관한 광범위한 신화들에 주목했다. 그는 이 신화들을 공들여 수집하고, 생동감 넘치게 다시 이야기하면서, 이를 아득한 고대에 인류 발달의 매우 낮은 단계에 있던 야만인들 사이에서 행해진 주술-의례적 왕 살해의 잔재로 구성했다. 1890년 초판부터 1911~15년 3판에 이르기까지, 『황금가지』는 12권의 방대하고 훌륭한 전집으로 늘어났고, 대단한 인기를 얻었다. 이 책은 인류학자들뿐 아니라 제인 엘렌 해리슨Jane Ellen Harrison(1850~1928)과 프랜시스 콘포드Francis Cornford(1874~1943) 같은 고전학자들, 그리고 잘 보존되었지만 더 이상 이해되지 않는 의례들을 설명하기 위해 신화가 생겨났다고 주장한 '캠브리지 제의 학파'에게도 환영

표 3.1 신화에 대한 19세기 말의 문헌학적 접근과 인류학적 접근의 체계적 구조

문헌학적 모델	
아리아족	셈족
뮈토스 → 로고스	의례
다신교	유일신교
복합적임	단순함
사색적, 창조적	신앙적, 반복적
정복자	거부자, 저항자
인류학적 모델	
현대	원시
이성과 역사	신화와 의례
과학	미신
진보적	원시적
역동적	정적
정복자	피식민지

받았다. 제시 웨스턴Jessie Weston(1850~1928)과 T. S. 엘리엇T. S. Elliot(1888~1965) 같은 문학계의 거물들도 프레이저에게 흥미를 느꼈고, S. H. 훅S. H. Hooke(1874~1968), S. G. F. 브랜든S. G. F. Brandon(1907~71) 같은 동양학자들과 종교사학자들, 그리고 성서와 고대 근동의 자료에서 프레이저 식의 드라마를 발견한 '신화-의례 학파'의 다른 이들도 마찬가지였다.[92]

프레이저에게 강한 영향을 받았음을 인정한 중요한 인물들 중 브로니슬라프 말리노프스키Bronislaw Malinowski(1884~1942)는 한편으로는 프레이저의 관심과 가정의 일부를 받아들이면서도, 그의 방법

이나 진화론적 관점에 대해서는 반대하면서 비판적으로 다뤘다.[93] 에른스트 겔너Ernest Gellner(1925~1995)도 말리노프스키를 다룬 책에서 프레이저에 대해 이렇게 말했다. "인류학은 더 이상 잔재들을 연료로 삼는 과거로의 여행을 위한 타임머신이 되어서도, 지체된 것들에 관한 학문이 되어서도 안 되었다. 그것은 민족지적 현재를 조사하는 도구가 되어야 했다. 여기서 과거에 대한 믿음은 기능적으로 현재의 필요들에 대한 보조적 역할을 하는 것으로 생각된다."[94] 1925년에 저명한 노학자 프레이저가 참석한 가운데 그에게 경의를 표하며 이루어진 강연 「원시 심리의 신화」에서, 말리노프스키는 『황금가지』를 읽은 것이 자신에게 얼마나 큰 영감을 주었으며, 어떻게 그를 인류학의 길로 이끌었는지를 회상하는 것으로 시작했다.[95] 하지만 그는 결국 강연을 통해 이 선배 학자의 안락의자에서의 비교 방법[안락의자 인류학자]*을 향해, 그리고 텍스트와 선사시대에 대한 그의 집착을 향해 조종을 울렸다. 말리노프스키는 (민족지학적) 현재 내에서의 텍스트와 콘텍스트의 연관성을 강조하면서, 신화가 그 세부적 내용들로 문화의 가장 중요한 측면들을 확립하고 정당화하는 일종의 '사회적 헌장'이라는 이론을 제시했다.

말리노프스키는 이 혁명적 관점이 전적으로 트로브리안드 군도에서 이루어진 그의 선구적인 현지 조사에서 시작된 것으로 보이게 만들었고, 그 서사는 현대 인류학을 위한 일종의 창조 신화가 되었다. 하지만 최근의 연구들은 그의 현지 조사 시기에만 주목하지 않고, 말리노프스키의 생각들이 그의 학창 시절에 유행했던 유럽 철학으로부터 자라난 것임을 보여주고 있다.[96] 학창 시절 말리노프스키의 첫 논문은 「프리드리히 니체의 『비극의 탄생』에 대한 고찰」(1904)이었고, 이 글에서 그는 신화를 문화의 원천으로 보는 니체의 관점에 특별한 관심을 보였다.[97] 하지만 더 중요한 사실은 젊은 시절과 학창 시절 전반에 걸쳐 말리노프스키가 폴란드의 근대주의자들과 신낭만주의자들의 영향을 받았다는 점이다. 이들은 역사를 프로이센을 모델로 한 강력한 국가를 형성함으로써 정점에 이르는 변증법적 과정으로 보는 헤겔의 관점에 반대하고 있었다. 헤겔의 발상은 그들의 민족주의적 감정에 특히 거슬리는 것이었다. 프로이센, 오스트리아, 러시아에 의해 연이어 분할을 당해온 폴란드는 헤겔이 진보적이고 불가피하다고 외쳤던 그런 역사 과정의 희생양이었기 때문이다. 그 결과 그들은 국가에 맞서 민족—즉 그들이 전형적인 낭만주의적 방식으로 언어, 신화, 민속, 문화에 의해 구성된 집합체로 이해했던 민족—을 옹호했고, 또 한편으로 소문만 무성한 진보의 서사에 맞서 민족의 영원한 정신, 즉 초역사적인 정신을 옹호했다.[98] 이 모든 것은 말리노프스키가 프레이저 기념 강연에서 신화에 부여한 역할의 바탕이 되었다. 이 강연에서 신화는 한 민족의 정체성을 규정하는 양도할 수 없는 목소리로, 그들의 문화가 아로새겨지는 초역사적 모델로, 그리고 그들 사회의, 즉 국가를 필요로 하지 않는 사회의 구조를 틀 짓는 것으로 제시된다. 프레이저의 이면에서 신화를 '거짓되고 유치한 이야기'로 보는 플라톤적 관점을 감지할 수 있듯이, 말리노프스키의 이 모든 주장의 이면에서는 신화를 **민족정신**Völksgeist으로 보는 헤르더 식의 관점을 감지할 수 있을 것이다.

프랑스에서는 상황이 약간 다르게 전개되었다. 프랑스에서는 뷔르누프와 미셸 브레알Michel Bréal(1832~1915)이 꽃피웠던 비교신화학이 19세기 말에 이르러 잠잠해졌다. 이때 뒤르케임주의자들이 막스 뮐러에 반대하며 랭을 지지하기는 했지만, 그들은 신화라는 주제 자체에는 비교적 관심이 적었다.[99] 이 분야를 사라질 위기로부터 구해낸 최초의 진지한 시도는 조르주 뒤메질(1898~1986)에 의해 이루어졌다. 아직 어린 학생이었을 때 뒤메질은 노학자 브레알에게서 영감을 받았다. 박사 논문에 착수하면서(1924), 뒤메질은 지도 교수이자 소쉬르의 후임이었던 앙투안 메이예Antoine Meillet(1866~1936)에게서 배운 최신 문헌학을 프레이저에게서 발견한 인류학 이론과 융합함으로써 막스 뮐러의 오류를 바로잡고자 했다. 뒤메질이—다른 이들도 대개 그랬던 것처럼—자신의 어원학에 문제가 많고 프레이저에 의존한 것이 잘못이었다고 결론짓기 전까지, 이런 성격을 지닌 그의 저서가 몇 권 더 간행되었다.[100] 이후로, 어림잡아 1936년부터 1940년까지, 뒤메질은 자신의 기본 가정들을 재고하였고, 그 결과 신화학 분야를 부활시키고 거기에 새로운 정당성을 부여함으로써 자신의 야망을 이루게 되었다. 이 이야기는 잘 알려져 있고 초인적인 업적이라고 이야기되어왔지만, 종종 다른 방식으로 이야기되기도 했다. 그런 면들에 대해서는 이 책 6장과 7장에서 살필 것이다.

한편 북부와 중부 유럽의 상황은 영국이나 프랑스의 상황과는 매우 달랐다. 북부와 중부 유럽에서는 땅-신화-와-민족이라는 범주와 아리아족과 셈족에 대한 유형화된 대립이 계속해서 강력한 민족주의적 관심거리를 제공했고, 심각한 언어학적·인류학적 비판으로부터도 비교적 자유로웠다. 그 결과 강한 헤르더주의적 서브텍스트를 지닌 비교신화학은 다음과 같은 학자들의 저작을 통해 존속했다. 바로 오스트리아인인 레오폴트 폰 슈뢰더Leopold von Schroeder(1851~1920), 루돌프 무흐(1862~1936), 리하르트 볼프람Richard Wolfram(1901~?), 오토 회플러(1901~87), 독일인인 헤르만 귄테르트(1886~1948), 발터 뷔스트(1901~93), 야코프 빌헬름 하우어Jacob Wilhelm Hauer(1881~1962), 프란츠 알트하임(1898~1976), 한스 하인리히 섀더(1896~1957), 프란츠 롤프 슈뢰더Franz Rolf Schröder(1893~1979), 헤르만 롬멜(1885~1968), 발터 오토Walter Otto(1878~1941), 네덜란드인인 얀 데 브리스(1890~1964), 덴마크인인 빌헬름 그뢴베흐Vilhelm Grønbech(1873~1948), 스웨덴인인 H. S. 뉘베르크H. S. Nyberg (1889~1974), 스티그 비칸데르(1908~83), 게오 비덴그렌Geo Widengren(1907~96), 루마니아인인 미르체아 엘리아데(1907~86), 헝가리인인 카롤리 케레니Karolyi Kerenyi(1897~1973), 스위스인인 칼 모일리Karl Meuli(1891~ 1968), C. G. 융C. G. Jung (1875~1961) 등이다.[101]

XI

 이 장에서 나는 한 담론의 계보를 추적하고 거기에 관계된 것들의 (전부는 아니지만) 일부를 다루었다. 내가 이해하는 바로는, 그 담론은 다섯 가지 구성 요소를 포함한다. 그 출발점이자 주요 전제는 **민족**에 대한 헤르더의 이해, 즉 공통된 신화, 언어, 고향, 골상학으로 정의되는 통일체로서의 **민족** 관념이다. 둘째는 그 부차적인 전제로서 고대 '아리아어'나 '인도-유럽어'의 **공통기어**에 관한 존스의 가설인데, 산스크리트어, 페르시아어, 그리스어, 라틴어, 게르만어 같은 여러 언어의 조상이 되는 언어에 대한 입증되지 않은 가설이다. 셋째는 이 두 가지 전제의 상호작용에서 도출된, 논리적으로는 문제가 있지만 수사학적으로나 이데올로기적으로는 매력적인 결론으로서, **공통기어**가 필연적으로 **원민족**, **본향**, 일군의 **원신화**Urmythen, 그리고 이와 병행되는 **원생리학**Urphysiologie의 존재를 수반한다는 결론이다. (부분적이든 전반적이든) 이런 것들을 복구하는 일은 '재건'을 위한 연구의 과제를 구성한다. 넷째는 초창기 민족주의의 동기가 된 콘텍스트로서, 그 안에서 각 집단은 공통의 언어, 신화, 그리고 (대체로 신화적인) 선사시대 역사의 기초 위에서 그들 스스로를 어떻게 결집시킬 것인지, 그리고 그들의 (구성된) 집단 정체성에 부합하게끔 어떻게 영토권과 자율적 국가를 강력하게 주장할 것인지를 배웠다. 마지막으로 이 담론에서 자주 나타나지만 늘 그렇지는 않은 특징은 자기 민족의 신화, 언어, 신체를 다른 민족들의 신화, 언어, 신체와 대조하는 경향이다. 생각할 수 있는 만큼의 모든 '타자'가 스스로를 '아리아족'으로 여긴 이들에게 이용당했을 것이다. 그러나 어쨌든 가장 자주 선택된, 그래서 결국 칭송이라곤 거의 받을 수 없었던 민족은 바로 '셈족'이었다.

1783년은 헤르더의 『관념들』 첫 권이 나오기 바로 전 해로, 이때까지만 해도 아직 이 담론의 어떤 요소도 존재하지 않았으며, 따라서 '아리아족'이라는 것도 없었다. 이후 수십 년 동안 이 담론이 형태를 갖추어감에 따라, 그 초점이 된 대상은 화자나 청자로서 이 담론에 참여한 이들에게 현실성과 어마어마한 중요성을 갖게 되었다. 아리아족에 관한 이야기는 급속히 퍼졌는데, 이는 그것이 북유럽에서 집단의 훌륭한 과거 및 통합과 권력이라는 민족적 미래에 대한 깊고도 오랫동안 좌절되었던 욕망을 채워주고 (하지만 결코 완전히 만족시켜주지는 못한 채) 자극했기 때문이다. 이 담론은 목사이자 철학자였던 헤르더와 동양학자이자 법률가였던 존스의 이론들에서 기원한 후, 학문적 장과 대중적 장을 자유롭게 넘나들었다. 지식인 사회, 대학 그리고 서적은 그 첫 번째 사건 현장이자 운송 매체였고, 이는 대중 강연장, 오페라하우스, 소식지, 카페들 그리고 비의 종교 단체로 이어졌다.[102]

비록 몇몇 학자(예를 들어 셸링과 크로이처)가 신화라는 주제를 다른 방식으로 다루기는 했지만, 19세기 동안 거의 내내 신화에 관해 이야기하려 한 학자들의 대다수는 바로 이런 담론 안에 있었다. 물론 19세기 말로 갈수록 민족지학적 증거들이 논의에서 더 우세하게 되면서 다른 여지들이 생겨나게 되었다. 그러나 이때에도 '아리아 신화'에 관한 기존의 담론과 '아리아 신화'는 상당한 영향력을 계속 유지했으며, 특히 독일과 중부 및 북부 유럽에서 그 영향은 매우 컸다. 이후 1933년에 이르러—이 담론이 시작된 지 한 세기 반이 지난 후—다시 한 번 그 영향력이 증대되었다. 새로운 종류의 화자가 끔찍한 확신 속에서 그것을 끌어안았고, 그리하여 전례 없는 결과들이 초래되었던 것이다.

신화 연구가 학문적 배경 안에서 어떤 중요성을 가지건 간에, 그것은 나치당과 나치 국가가 옛날 신화들과 새로운 신화들을 중심으로 게르만 민족을 불러 모을 방법을 찾아냈을 때 터져 나온 힘 앞에서는 무색한 것이었다.[103] 나치 신화의 인기 있는 테마들은 바로 내가 이 장에서 다뤄온 담론으로부터 나왔다. 히틀러 치하의 제3제국의 중심 서사는 연설, 영화, 상징적 도상과 군중집회의 스펙터클, 선도적 인종론자 한스 F. K. 귄터Hans F. K. Günther(1891~1968)의 글 같은 학술 저작,[104] 또는 제국 지도자 알프레드 로젠베르크Alfred Rosenberg의 『20세기의 신화Mythus des 20. Jahrhunderts』[105]와 같은 과장스런 장광설 등의 다양한 장르로 끝없이 반복되었다. 하지만 그 각각이 어떠했건, 집단의 영웅은 언제나 피와 땅Blut und Boden으로 묶이는 아리아 민족이었다. 그들의 상대편 악역인 유대 민족은 기형의 신체에, 자신들의 언어와 땅—헤르더주의적 정체성의 근원—을 빼앗겼으며, 따라서 인종적 타자이기만 한 것이 아니라 하나의 **반대 유형**Gegentypus, 즉 합당한 **민족**이 갖춰야 할 것의 안티테제였다. 아리아족과 유대족의 대조는 본질적인 것으로 주제화되었다. 이는 태곳적부터 그들의 본성에 새겨져 있기에 세상의 종말인 아마겟돈Armageddon에서나, 아니 좀 더 낫게 말하자면, 라그나뢰크Ragnarök에서나 끝날지도 모르겠다.† 이런 식의 이야기는 그야말로 노골적인(그리고 효과적인) 선전이며, 또한 신화다. 그것은 신화, 언어, 선사시대를 연구하는 학자들에게서 비롯되고 다듬어진 신화였고, 그 연구는 끔찍하리만치 되풀이되고 또 되풀이되었다.

아리아족에 관한 나치식 담론의 결과들은 너무나도 무시무시했기에, 자칫 모든 경우의 아리아족 담론을 이 지극히 단순하고 축소된 렌즈를 통해 읽어내기 쉽다. 그러나 다음 세 개의 장에서 이와는 좀 다르게 나는 아리아족 담론의 또 다른 변이들을 살피고자 한다. 이를 위해, 가장 뛰어나고, 원칙이 분명하며, 이 담론에 큰 영향을 끼친 세 사람의 작업에 나타난 구체적 주제들에 초점을 맞출 것이다. 따라서 나는 18세기의 대표자로 윌리엄 존스 경을, 그리고 19세기와 20세기의 대표자로 각각 프리드리히 니체와 조르주 뒤메질을 선택했다. 이들은 교육, 국적, 정치적 성향, 직업적 위치, 종교적 감수성 등에서 유용한 차이들을 보여준다. 하지만 세 사람 모두 나치나 나치의 조상이 아니었고(종종 그런 비난을 사기는 한다), 당대의 기준으로 볼 때 딱히 반-셈족주의자들인 것도 아니었다. 그렇지만 그들이 열정적으로 펼쳐낸 담론은 그들 자신과 그들을 칭송하는 독자들의 기대에 어긋나는 것으로 판명되었다.

† 아마겟돈은 성서에 나오는 세상 최후의 전쟁이고, 라그나뢰크는 북유럽신화에 나오는 역시 세상 최후의 전쟁이다. 지은이는 게르만 민족주의자들이라면 어차피 유대인들이 멸절될 바에야 기왕이면 아마겟돈이 아닌 라그나뢰크에서 멸절되기를 바라지 않았을까 하며 비꼬고 있는 셈이다.

4장
존스 경의 기원 신화

앞 장에서 나는 윌리엄 존스 경과 그의 이론, 즉 우리가 오늘날 '인도-유럽어'라 부르는 모든 언어가 아득한 옛날의 입증되지 않은 하나의 조상언어에서 비롯된 공통의 기원을 지닌다는 이론에 대해 언급할 기회가 있었다. 거기서 나는 존스의 가설이 수용되는 과정에서 헤르더의 관점이 어떤 방식으로 영향을 미쳤는지 언급하는 데 만족했고, 이어서 19세기와 20세기에 그 가설이 어떻게 전개되었는지 설명하는 데 더 초점을 맞추었기 때문에 정작 존스가 어떻게 이런 가설을 세우게 되었는지에 대한 자세한 설명은 뒤로 미뤄두었다. 그러나 존스의 선배들, 그가 끼친 영향, 그리고 그의 목적에 대한 이야기는 사실 일반적으로 알려진 것보다 훨씬 더 길고, 더 복잡하며, 더 경악스럽다. 이제 이에 대해서 이야기할 차례다.

I

 1220년경에 쓴 『산문 에다Prose Edda』의 서문에서 스노리 스투를루손Snorri Sturluson*은 트로이아가 세계의 중심이라고 했다. 그는 트로이아가 남과 북, 더위와 추위 사이의 완벽한 중간 지점이고, 그곳에 사는 사람들은 다른 어디에 사는 그 누구보다도 크고, 강하며, 부유하고, 현명하다고 보았다.[1] 트로이아인들을 이처럼 이상적인 방식으로 상상하는 것은 아주 쉬운 일이었다. 스노리도 잘 알고 있던 고전 문헌에서 이미 트로이아인들에게 상당한 특권이 부여되어 있었기 때문이다.[2] 게다가 트로이아는 스노리에게서 시간적으로나 공간적으로 멀리 떨어져 있었다. 그렇기에 트로이아를 이런 식으로 상상하는 데 대한 거부감도 별로 없었다. 하지만 이 같은 거리감은 좋은 기회를 제공함과 동시에 문제점도 제공했다. 스노리가 좀 더 직접적으로 염두에 둔 것은 북유럽 민족들이었고, 바로 이들을 위해 트로이아인들의 위엄을 전유해 사용하려 했던 것인데, 트로이아인들이 머나먼 존재로 남아 있는 한 이 원-최초인들proto-Ürmenschen을 북유럽 민족들과 연결시키기란 쉽지 않은 일이었기 때문이다.

 그래서 스노리는 완벽한 중심에 관한 이야기에다가 아득한 옛 시절의 이주에 관한 이야기를 끼워 넣었다. 그는 트로이아인들이 북쪽으로 이동했다—따라서 북유럽인들이 곧 트로이아인들이다—는 것을 주장하기 위해, 언어학적 증거와 신화적 증거를 제시했다. 그는 당시 유행하던 유헤메리즘적euhemerist* 해석을 따라, 그의 이교 조상들이 섬겼던 신들은 사실 신이 아니라 영웅들이며, 에시르Æir 신족이 사실은 아시아Asia 사람들이었다는 가정 아래, 그들의 기원은 그 이름에서 찾을 수 있다고 주장했다.[3] 개별 신들의 이름도 결과는 마찬가지였다. 예를 들어 이런 식이다. 프리아모스Priam에게는 아마도 그의 도시 이름에서 따온 트로르Tror라는 이름의 손자가 있었던 것으로 추정되며, "우리는 이를 토르Thor라고 부른다."[4] 시프Sif라고 불리는 여신은 바로 시빌라였다.[5] 기타 등등. 이 같은 어원론은 상당히 억지이며 따라서 우리에게는 별 신빙성이 없어 보이지만, 그럼에도 불구하고 의의가 전혀 없는 것은 아니다. 스노리의 관점에서 보자면, 언어는—보다 정확히는, 서로 다른 언어권의 신들과 영웅들의 이름에서 나타나는 명백한 유사성은—선사시대에 일어난 전파의 결과물이자, 동시에 우리로 하여금 언어의 근원적 통일성과 그 전파 과정의 본질을 알게 해주는 핵심 수단이기 때문이다. 『산문 에다』의 서문은 스노리의 연구 결과와 그 방법에 대한 설명이 혼합된 다음과 같은 구절로 끝난다. "에시르 신족은 자신들을 위해 그 땅으로 아내들을 데려갔고, 그들의 몇몇 아들들도 그렇게 했으며, 그래서 이 가족들의 수가 많아졌다. 그 결과 그들은 작센[색슨] 지역에 두루 퍼져갔으며, 그곳으로부터 북부 지역에까지 이르렀다. 그리하여 그들의 언어— '아시아-마닉Asia-manic'—는 이 지역 모든 사람의 고유어가 되었다. 그리고 사람들은 그 조상들의 이름에 대한 기록으로부터 자신들이 이 언어에 속한다는 사실을 알 수 있으며, 에시르 신족이 이 언어를 여기에서 북쪽으로, 그리고 노르웨이, 스웨덴, 덴마크, 작센으로 가져갔다는 것을 알 수 있다고 여긴다."[6]

스노리와 비슷한 시기에 살았던 다른 중세 지식인들의 글에서도 트로이아는 비슷한 방식으로 그려졌다. 노르만 귀족과 웨일스 공주 사이에서 태어난 기랄두스 캄브렌시스Giraldus Cambrensis는 1194년에 쓴 책에서 "웨일스어의 거의 모든 단어는 그리스어 혹은 라틴어와 일치한다."는 놀랄만한 언어학적 결론을 끌어냈다.[7] 이를 뒷받침하기 위해 그는 열네 개의 어휘 비교를 제시했는데, 이중 일곱 개는 현대 학자들의 면밀한 연구 대상이 되기도 했다. 그는 이 같은 일이 우연의 일치일 수는 없을 것이라고 판단했다. 오히려 이는 이 언어들이 모두 같은 기원에서 비롯했음을 입증하는 것 같았다. 그는 웨일스와 로마의 기원을 트로이아에 두는 전설에 근거하여 트로이아어를 이 언어들의 기원으로 상정하는 결론에 이르렀고, 이어서 이 결론을 이러한 전설들을 확증하는 자료로 사용했다.

잉글랜드인들에 대한 기랄두스의 태도는 달랐다. 잉글랜드인들은 앵글로색슨족으로서, 켈트족이나 로마인들, 트로이아인들과는 아무런 상관없는 게르만족이었다.

> 색슨족과 게르만족은 그들의 차가운 성품을 그들이 속하여 살고 있는 추운 지역에서 얻는다. 잉글랜드인들 또한 그들의 본성에서 비롯된, 비록 이는 원래 먼 지역에서 비롯된 것이기는 하지만, 외적인 창백함과 내적인 차가움을 지니고 있다. 이는 그들의 신체적 기질이 차갑고 축축하기 때문이며, 그들 누구나 이러한 성질을 지니고 있다. 대조적으로 웨일스인들은 덥고 건조한 다르다니아Dardania 지역에서 왔다. 비록 그들이 온대성 지역에 들어오기는 했지만, "바다를 건너온 그들은 기후가 바뀌어도 그들의 영혼을 바꾸지는 않는다." 그들은 땅의 색깔과 상응하는 짙은 피부색을 지녔고, 건조한 기운에서 나오는 자연스런 내적 따뜻함을 지녔다......[8]

스노리의 설명은 당연하게도 그다지 진지하게 받아들여지지 않았다. 그것은 제대로 되지 않은 학자가 신화를 해석하고자 시도하면서 만들어낸 또 하나의 신화쯤으로 여겨졌다. 이와 대조적으로 기랄두스의 설명—비교언어학, 인종적 편견에 기운 관상학, 기원 전설, 상상의 이주, 남과 북 및 추위와 더위에 대한 편견에 기반을 둔 범주적 대립들을 결합한 설명—은 인도-유럽의 언어와 문화 그리고 선사시대에 대한 최초의 이론적 설명 틀로 인식되어왔다.

II

 후대의 학자들, 특히 르네상스 초기 학자들은 타키투스의 『게르마니아』 같은 새로운 텍스트들이 고대 게르만족에 대한 민족주의적 관심을 불러일으키자, 게르만 민족들에 대해 기랄두스보다는 좀 더 친절한 태도를 취하게 되었다.9 그리스어와 라틴어에 대한 지식이 교회를 벗어나 학자들 사이로 퍼져감에 따라, 북유럽의 저자들은 이 특별한 언어들과 자국어 사이의 관계를 제시하고, 이 관계를 자신들에게 가장 유리한 관점에서 설명하고자 노력했다. 기랄두스와 스노리처럼 그들도 공통 어휘의 목록들—때론 그럴싸하고 때론 그렇지 않은 목록들—을 만들었고, 해당 언어들과 민족들 사이의 발생론적인 관계를 주장했다.10 이 무리를 이끈 요하네스 고로피우스 베카누스Johannes Goropius Becanus(1518~72)는 이 모든 언어의 할아버지뻘 되는 본래의 조상언어가 바로 그의 모국어인 네덜란드어라고 주장했다. 비록 (북해 연안 저지대 밖에서는) 그의 이론을 지지하는 이가 거의 없었지만, 고로피우스주의Goropianism라는 대단한 오류에 자신의 이름을 남겼으니 그나마 위안은 얻은 셈이다. 고로피우스주의란 자신이 가장 잘 알고 좋아하는 언어와 민족이 가장 오래되고 가장 완벽하다고 착각하는 것을 의미한다.
 아드리안 슈리키우스Adrian Schriekius(1560~1621)는 네덜란드어에 대한 신념을 고수했지만, 다른 이들은 고로피우스의 선례를 따르면서도 그와 논쟁을 벌였다. 올로프 루드베크Olof Rudbeck(1630~1703)는 스웨덴어를 요란하게 지지했다. 디트리히 베스트호프

Dietrich Westhof(1509~1718), 요한 루트비히 프라쉬Johann Ludwig Prasch(1637~90), 게르하르트 마이어Gerhard Meyer(1655~1718) 같은 독일인들은 독일어를 선호했으며, 아브라함 밀리우스Abraham Mylius(1563~1637)—밀리우스Milus, 판더르 밀리우스Vander Milius, 판 데르 밀Van der Mijl/Van der Myl로도 알려진—는 벨기에어가 최고라고 생각했다. (여기서 벨기에어라고 하는 것은 플랑드르어, 혹은 좀 더 정확히는 프로테스탄트와 연관되지 않은 네덜란드어를 의미한다.) 1612년에 펴낸 굉장한 저작에서 밀리우스는 그의 모국어가 그 오랜 세월 동안 조금도 변하지 않았으며, 그러한 소위 영속성이 그 언어의 원초적 위상에 대한 증거라고 주장했다. 그는 다른 언어들은 벨기에어의 다소 퇴화한 방언이라고 생각했다. 왜 이렇게 되었는지 설명하기 위해서 그는 선사시대에 일어난 침략을 상상했는데, 즉 벨기에라는 이름의 시조가 되는 영웅 브렌누스Brennus와 벨구스Belgus가 힘없는 그리스인들과 로마인들에게 자기네 언어를 강요했기 때문이라는 것이다. 밀리우스는 혹시 이 위인들이 현대의 안트워프로 돌아온다면 바로 그 언어의 순수성 덕분에 자기가 그들과 자유롭게 대화를 나눌 수 있을 것이라며 기뻐했다.[11]

III

북유럽 기원설은 로마와 그 교회, 그리스와 고전, 트로이아와 영웅들뿐만 아니라 성서의 권위에도 도전했다. 성서의 정통 교리에서는 이스라엘을 언어들과 민족들의 요람으로 간주하기 때문이다. 게다가 성서 안에는 민족지적 관심과 언어학적 관심을 단일한 기원에서 시작되는 인류의 계보에 대한 설명과 혼합해놓은 중요한 텍스트가 있다. 이는 바로「창세기」10장으로, 여기서는 76개의 부계 후손을 따라가며 노아의 계보를 추적하는데, 이들 중의 대다수는 명백히 이방 민족들의 시조이다.

이 장은 구성 면에서 매우 명확하다. 먼저 노아의 세 아들의 출생 순서를 밝힌다. 그들은 셈, 함, 야벳으로, 모두 홍수 이전에 태어났다 (「창세기」 10.1; 5.31과 9.18-27 참조). 텍스트는 이 출생 순서의 역순으로 야벳(「창세기」 10.2-5), 함(「창세기」 10.6-20), 셈(「창세기」 10.6-20)의 남자 후손들을 자세히 나열한다. 일반적으로 야벳의 후예들은 이스라엘 북쪽과 동쪽의 민족들과 연관된다(메대로부터 메디아인들과 페르시아인들이 나오고, 야완으로부터 이오니아 그리스인들이 나오고 등등). 함의 경우는 그의 아들들인 구스, 이집트, 가나안을 통해 그 후손이 남쪽과 서쪽으로 퍼진다. 그리고 셈과 그의 후손들(엘람, 아쉬리아, 아람 등)은 텍스트의 확연한 자민족 중심적 지도에 따라 정중앙에 위치한다.

텍스트는 노아 후손들의 한 혈통에 관한 설명을 마칠 때마다 잠시 멈추고 그 결과를 정리해준다. 「창세기」 10장 5절은 다음과 같이 선언한다. "이들이 지방과 언어와 씨족과 부족을 따라 갈려 나간 야벳의 후손들이다."(강조 추가) 함과 셈의 혈통에 대해서도 「창세기」 10장 20절과 31절에서 비슷한 진술이 이루어진다. 바로 뒤이어 나오는 바벨탑 이야기와는 대조적으로, 「창세기」 10장은 언어의 분화를 인간의 교만과 신의 개입에 따른 결과가 아니라, 성장과 분화의 유기적 과정으로 제시한다.[12] 여기서 언어는 이를 사용하는 사람들 및 민족들과 마찬가지로, 그 구성원들이 지역적, 계보적, 문화적, 언어적으로 서로 분리됨에 따라 시간이 지나면서 분화되는 가족의 일부처럼 다뤄진다. 역사는 이러한 분화, 확산 그리고 개별화의 과정으로 이해된다. 여기서, 비록 성서 텍스트가 명시하고 있지는 않지만, 충분히 사변적인 기질의 사람이라면 생각의 차원에서 비교적인 탐구가 역사의 엔트로피 효과를 뒤바꿀 수도 있겠다는 생각을 하게 된다. 언어의 표면적 차이 밑에 놓인 깊은 유사성을 드러냄으로써 노아 시대에 사람들이 누렸을 통일성을 재구성해볼 수 있기 때문이다.

노아가 히브리어를 사용했다는 것과 그 히브리어가 맏아들 셈의 후손을 통해 전해져왔다는 것은 분명해 보인다. 그렇지만 「창세기」 10장이 노아의 세 아들에 대해 출생 순서와는 반대되는 순서로 설명해가기 때문에, 기민한 해석자들은 민족적 위계질서를 재조정해서 우선권을 셈과 중앙 지역이 아니라 야벳과 북부 지역으로 옮겨볼 수 있는 가능성을 감지했다. 이것이 아마도 고로피우스가 네덜란드어의 우월성을 주장하면서, 네덜란드어를 실질적으로 입증되지도 않은 킴브리족Cimbri* 및 킴메르족Cimmerian*의 언어와 동일시하는 억지스럽고 기발한 주장을 펼친 까닭이었을 것이다. 이것이 왜 그렇게 중요했을까? 만약 이 주장이 성공한다면 그는 그의 민족에 붙여진 이름들—전에는 더치Dutch라 불렸으나 이제 킴브리/킴메르/고메리Gomeri라 불리는 이름들—의 음운론적 특징을 고메르Gomer라는 성서의 인물과 연결시킬 수 있기 때문이다. 고메르가 성서에서 야벳의 첫째 아들이자 노아의 첫 번째 손자라는 사실을 환기해보면 이는 확실하다(「창세기」 10.2).¹³ 최소한 그는 북부의 가족 중 가장 나이가 많고 가장 지위가 높은 사람이다. 그리고 만약 야벳이 셈보다 서열이 높다고 한다면, 고메르는 당연히 그들 중 가장 높은 자로 등극하게 되는 것이다.

IV

학자들이 저마다 자기 민족과 언어의 우수성을 내세우는 한 그들 사이에는 갈등이 있을 수밖에 없었다. 하지만 몇몇 경쟁자를 묶어주는 범주와 용어를 이용해서 동맹체가 형성될 수도 있었다. 이것이 바로 마르쿠스 주에리우스 복손Marcus Zuerius Boxhorn(1612~53)이 추구했던 작업이다.

> 그는 게르만인들, 라틴인들, 그리스인들 그리고 유럽 전역의 다른 민족들이 공유하는 수많은 단어가 있다는 사실에 주목했다. 따라서 그는 이러한 유사성이 공통의 근원에서, 즉 이 모든 민족의 공통된 기원에서 시작되었을 것이라고 추측했다. 그에게는 요하네스 고로피우스 베카누스와 아드리안 슈리키우스의 시도도 별로 만족스럽지 못했고, 페니키아인들에게서 기원을 찾고자 한, 저 유명한 사무엘 보카르두스Samuel Bochardus의 음모도 마땅치 않았다. 그래서 그는 다른 길을 택해, 그리스어, 라틴어, 독일어, 페르시아어의 모어로서 그가 '스키타이어'라 이름 지은 일종의 공통언어를 상정했고, 이 스키타이어로부터 다른 언어들이 마치 방언처럼 분리되어 나왔다고 추측했다. 따라서 그는 모두가 공통적으로 지니고 있는 단어들을 라틴인들이 그리스인들에게서 가져왔다거나 그리스인들이 게르만인들에게서 가져왔다는 식으로 생각하지 않았고, 대신 이들이 [모두] 동일한 기원, 즉 스키타이어로부터 나왔다고 생각했다. 이 같은 시도가 사람들에게 알려지자, 많은 이가 그 참신함 자체에 경탄했다…….[14]

복손의 '스키타이인들'은 여러 가지 이유에서 매력적인 선택이었다. 첫째, 스카타이인들은 현재 유럽의 어떤 민족과도 직접 연관되지 않았기에 어느 누구에게도 특권을 주지 않고 모두를 감싸 안을 수 있었다. 둘째, 스키타이인들은 헤로도토스로부터 아리스토텔레스에 이르기까지 그리스를 북방 이민족들(스키타이인들)과 남방 이민족들

(리비아인들 그리고/또는 이집트인들)을 매개하는 이상적인 중심으로 상정해온 고대의 지리적 상상 속에서 중요한 위치를 차지하고 있었다.15 그리하여 훗날 북방의 모든 승리자가 스키타이인들과 연관되었다. 6세기 카시오도루스Cassiodorus와 요르다네스Jordanes는 이미 스키타이인들을 고트족 및 게르만족과 연결시켰고, 스노리는 '스키타이'와 '스웨덴'이 같은 어원에서 나왔다고 하면서, 후자는 '사람들의 집'을 뜻하는 반면 전자는 '신들의 집'을 뜻한다고 주장했다.16

복손은 자신이 쓰고자 했던 책, '유럽 민족과 언어의 스키타이적 기원'을 결코 출판하지 못했지만, 강의와 토론과 여러 글, 특히 1647년에 나온 긴 팸플릿을 통해 자신의 견해를 유포했다. 그후로 18세기까지 '스키타이 테제'는 북유럽의 기원과 특권에 대한 주장의 표준 형식이 되었다. 이 슬로건 아래 모인 이들 중에는 많은 네덜란드 학자들(게오르크 호른Georg Horn, 클로드 드 소미즈Claude de Saumise)이 있었으며, 이와 함께 스웨덴 학자들(안드레아스 애예르Andreas Jäger), 독일 학자들(게오르크 카스파르 키르히마이어Georg Caspar Kirchmayer, 라이프니츠G. W. Leibniz—그는 '스키타이'를 민족들의 질vagina populorum이라 불렀다), 그리고 몇몇 다른 나라 학자도 있었다.17 심지어 윌리엄 존스 경도 이후 수없이 논의된 그의 1779년 편지에서 언어학적 재구성에 관한 첫 질문을 제기했을 때 스키타이 테제에 매력을 느끼고 있었다.18

V

존스 경은 흔히 훗날 '인도-유럽' 테제라 알려지게 된 것을 처음 공식화한 사람이라고 여겨지곤 한다. 그러나 많은 언어사학자가 깨닫게 된 것처럼, 존스가 이 테제를 어떤 근본적인 방식으로 시작했던 것은 아니다. 오히려 그는 스노리와 기랄두스 캄브렌시스로부터 고로피우스, 밀리우스, 복손, 필리포 사세티Fillippo Sassetti(1540~88), 라이프니츠, 케르두 신부Father Cœurdoux(1691~1779), 몬보도 경Lord Monboddo(1714~99) 등 수많은 사람에게로 이어진 긴 논의에서 중요한 시점 하나를 기록했을 뿐이다.[19]

그러나 존스는 몇몇 사람이 주장하는 것처럼 스키타이 테제를 단지 재포장하기만 한 것은 아니었다.[20] 그는 이 테제를 잘 알고 있었는데, 딱 한 번 이에 대해 논하면서 그것을 주의 깊게 다루었다. 그가 이 주장을 잘 알고 있음을 보여준 1779년 편지에서 그는 이 분야의 연구가 "매우 모호하고 불확실"하다고 단언했다.[21] 내가 살펴본 바로는, 존스는 북방을 특별히 선호하지도 않았고 북유럽 기원 서사에 대해서도 별로 호의적이지 않았다. 그보다 그의 관심은 추운 곳보다 더운 곳이 우월하다는 점에 기울어져 있었으며, 그는 이 이분법을 남-북이 아닌 동-서 축에 놓았다. 1772년에 쓰인, 유럽의 시보다 아시아의 시가 더 우월하다는 그의 주장을 살펴보자. "과도한 열기가 동양 사람들에게 나태한 삶을 허락하고, 이것이 다시 그들에게 재능을 키울 충분한 여가를 허용하든, 혹은 태양이 상상력에 정말로 영향을 미치든 …… 그 이유가 무엇이든 간에, 아시아인들이 활기찬 상상력과 풍부한 창조성에서 우리 추운 지역 사람들을 능가한다는 것은 늘 언급되어온 바이다."[22]

아시아에 대한 존스의 낭만화는 상당히 중요한 역사적 의미를 갖는 또 다른 구절에서도 분명히 드러난다. 아시아학회The Asiatic Society의 회장으로서 그가 매년 행한 '연례 강연' 중 첫 번째 강연의 도입부에 주목해보자. 이 강연은 1784년 1월 15일, 캘커타에 위치한 벵갈 고등법원의 대배심원실에서 행해졌다. 아시아의 제반사에 대한 연구를 지원하고 진전시키고 유포할 기관을 설립하는 일에 그와 함께해

달라는 초대를 받고 29명의 남자들이 그곳에 모였다. 그는 강연을 시작했다. "신사 여러분",

> 작년 8월, 제가 오랫동안 방문하길 염원했던 이 나라로 오던 여행길 바다 위에서, 어느 날 저녁, 주간 관찰 기록들을 검토하다 문득 둘러보니, 인도가 우리 앞에 놓여 있고, 페르시아가 왼편에 있고, 뒤쪽에서는 아라비아로부터의 미풍이 우리 배의 선미로 불어오고 있었습니다. 이 자체로 기분 좋은, 그리고 제게는 참으로 새로운 상황을 앞에 두고, 제 마음속에서는 이미 예전부터 기쁘게 숙고하던 이 동방 세계의 파란만장한 역사와 유쾌한 허구적 이야기들이 꼬리에 꼬리를 물고 떠올랐습니다. 제가 아시아의 광대한 지역들에 둘러싸인 그토록 고귀한 원형극장 한가운데 서 있다는 사실은 제게 형언할 수 없는 기쁨을 주었습니다. 과학의 유모, 즐겁고 유익한 예술의 창조자, 영광스런 행위가 행해진 장소, 수많은 천재를 낳은 땅, 자연의 경이에 가득 찬 곳, 무수히 다양한 형태의 종교와 통치 체제, 법, 예절, 관습, 언어는 물론 다양한 특질과 얼굴빛을 지닌 사람들이 있는 곳으로 언제나 높이 평가되어 온 바로 그 아시아에 말입니다.[23]

아시아 대륙에 바치는 이 찬가 못지않게 흥미로운 것은 이 찬가 자체만큼이나 무아경에 빠진 도입부의 회상이다. 동쪽의 인도가 그의 앞에 있고, 서쪽의 아라비아가 뒤에 있으며 북쪽의 페르시아가 왼편에 있다. 존스 경은 자신이 세상의 중심에 서 있다고 상상하고 있었으며, 이러한 상황이 그에게 거의 말로 표현할 수 없는 기쁨을 안겨 준 것이다.

VI

윌리엄 존스 경은 보기 드문 업적을 이룬 사람이었다.[24] 그는 옥스퍼드대학의 학생 신분으로(1764~68) 이미 세계적인 언어학자의 대열에 올랐다. 그리스어, 라틴어, 히브리어, 터키어에 눈부신 재능을 보였고, 이와 더불어 페르시아어와 아라비아어에 관해서는 유럽에서 첫째가는 실력자였다. 그는 학자이자 시인, 번역가, 독창적인 정치사상가였고, 당대의 가장 자유주의적인 대의명분에 공감하면서, 사무엘 존슨Samuel Jonhnson, 벤자민 프랭클린Benjamin Franklin, 조슈아 레이놀즈 경Sir Joshua Raynolds, 에드먼드 버크Edmund Burke 등과 우정을 나누며 그들의 존경을 받았고, 동시에 영국과 덴마크의 왕들로부터 찬사를 받기도 했다. 런던왕립학회 및 예술가들과 지식인들의 배타적인 그룹에 받아들여졌음에도 불구하고 여전히 풍족한 생활을 누릴 수가 없자, 법률을 공부해서(1770~73) 일류 법률가가 되었으며, 그리고—그것만으로는 부족해서—법정 순회 중에 웨일스어를 습득했다. 결국 그는 벵골 대법원 판사로 임명되었으며, 그렇게 해서 1783년 8월 기쁨과 설렘에 가득 차서 인도로 가는 제국 군함 **크로커다일** 호에 몸을 싣게 되었다.

캘커타에 도착한 존스는 신이 보낸 선물처럼 환영받았다. 너대니얼 할헤드Nathaniel Halhed(1751~1830)와 찰스 윌킨스Charles Wilkins(1749~1836) 같은 재능 있고 정력적인 젊은 동료들이 이미 착수한 산발적인 연구들에 질서와 체계를 부여할 천재가 도착했다고 생각되었기 때문이다.[25] 존스가 런던의 학회를 모델로 삼은 학회를 창설하고자 하는 의도를 밝혔을 때 영국령 인도의 지식인들은 열광적으로 이에 화답했다. 그가 강연을 하면 그들은 경청하고 그의 말을 복음처럼 받아들였다. 그가 학회의 초기 회합들에서 발표된, 자신의 논문

11편을 포함한 27편의 논문들을 묶은 『아시아 연구Asiatick Researches』 (1788) 창간호를 유럽으로 보내자, 이 잡지는 곧 [유럽에서] 센세이션을 일으켰다.[26] 그중 가장 찬사를 받은 것은, 유럽 언어들과 산스크리트어 그리고 페르시아어의 관계와 공통 기원에 대한 그의 가설이었다. 이는 전적으로 새로운 아이디어는 아니었지만, 오래된 가설에 전에 없던 권위와 강력한 제도적 뒷받침을 첨가한, 좀 더 미묘한 차이를 지닌 것이었다. 윌리엄 존스 경은 적절한 때와 적절한 장소에 출현한 적절한 인물이었고, 따라서 그가 말한 것들은 아주 적절한 것들이었다—혹은 적절한 것들로 받아들여졌다.

존스는 그의 업적과 수많은 숭배자에도 불구하고 최근 들어서 명성이 좀 떨어졌다. 이는 특히 에드워드 사이드가 추적한 오리엔탈리즘—즉 서구 제국주의의 이익에 기여하는 탐욕적이고, 지배적이며, 분류적인, 그리고 왜곡적인 지식과 힘의 행사—의 계보가 바로 윌리엄 경에게로 직통으로 연결된 것과 관련 있다.[27] 이 같은 비판적인 관점에도 어느 정도 진실이 있지만, 또 다른 관점, 즉 존스에 대한 좀 더 이상화된 조망에도 어느 정도 진실이 있는 것 역시 사실이다. 즉 이 두 가지 관점 다 부분적이고 완전하지 못하다. 사이드의 편파적인 측면은 (그리고 우리가 기대치 않았던 결과를 드러내주는 측면은) 그의 잘못된 인용에서 명백히 드러난다. 사이드의 텍스트는 다음과 같이 말한다.

> 도착해서 동인도회사에 자리를 잡자마자 [존스는] 동양[오리엔트]을 한데 모으고 구획 짓고 길들여서 이를 유럽적 지식의 한 속주로 만들 개인적 연구에 착수했다. "아시아 체류 기간 동안의 연구 주제들"이라 이름 붙인 그의 연구 목록 가운데는 다음과 같은 것들, "힌두교도들과 마호메트교도들의 법률, 북인도의 근대 정

치와 지리, 벵갈을 통치하는 가장 바람직한 형태, 아시아의 산술과 기하학 그리고 혼합 과학들, 인도인들의 의학, 화학, 외과술과 해부학, 인도의 자연 산물들, 아시아의 시와 수사학과 도덕, 동양 민족들의 음악, 인도의 교역, 산업, 농업 그리고 상업" 등이 나열되어 있었다.[28]

인용 부호의 사용과 말줄임표의 부재는 마치 사이드가 연속적으로 이어진 한 구절을 그대로 인용한 것처럼 보이게 한다. 이는 사실 존스가 **크로커다일** 호 위에서 만든 목록이다. 게다가 원래 존스가 만든 16개 중 7개의 항목이 사이드의 인용에서 누락되어 있는데, 그중에는 존스의 원래 목록에서 두 번째, 세 번째, 네 번째 위치를 차지했던 것들도 포함되어 있다. 존스에게는 중요했지만 사이드에게는 별로 중요하지 않았던 그 항목들은 다음과 같다.

아시아 체류 기간 동안의 연구 주제들
1. 힌두교도들과 마호메트교도들의 법률.
2. 고대 세계의 역사.
3. 성서의 증거와 예증.
4. 대홍수에 관한 전승 등등.[29]

특이한 항목들이다. 도대체 이것들은 어디서 왔을까? 그리고 어떻게 이것들이 윌리엄 존스 경 같은 석학의 관심을 끌게 되었을까?

VII

1770년 9월 존스가 법학 공부를 시작했을 때 그는 다른 연구들은 모두 중지하고 이후 7년 동안 법률에 관한 책을 제외하고는 진지한 책들을 읽지 않았다. 그렇지만 이 규칙에서 벗어난 단 하나의 예외가 있었는데, 바로 제이콥 브라이언트Jacob Briant(1715~1804)의 세 권 짜리 책, 『고대 신화의 분석Analysis of Ancient Mythology』(1774~76)이다.[30] 지금은 사람들에게 잊혀진 이 책에 푹 빠진 존스는 서둘러 약속을 잡아 이틀 동안 책의 저자를 방문했고, 그 방문 후에 다음과 같이 찬사를 보냈다. "저는 이 사람이 정말 맘에 들고, 그의 책에 온통 빠져들었습니다."[31]

브라이언트는 박식가이자 딜레탕트이기도 한 복잡한 인물이었다. 그는 당대의 느슨한 기준에서 보더라도 엄정함보다는 열정을 갖고 언어들과 신화들을 비교했다. 그의 목적은 인류의 선사시대를 재구성하고 성서의 설명을 확증하는 것이었으며, 이러한 야심을 공유했던 동시대의 다른 이들처럼 그도 「창세기」 10장의 민족지를 출발점으로 삼았다. 정통적인 방식대로 그는 명목상의 우선권을 셈의 후예들에게 부여했는데, 이는 곧 이스라엘 민족을 포함해서, 이후 모든 진정한 유일신 종교를 책임지게 된 이들이다. 하지만 그의 진짜 관심은 함에 있었다. 그는 사실상 고대의 모든 이교 민족과 모든 다신교 신화의 기원을 함에게 두었다. 따라서 그는 함에게서 나온 수많은 부족과 민족이 어떻게 일부는 페니키아와 이집트를 거쳐 남쪽과 서쪽으로 이동하고, 또 다른 일부는 스키타이를 거쳐 북쪽과 동쪽으로 이동했는지 묘사했다. 시간이 지나면서 그들의 언어와 종교는 더욱 다양해지고 퇴화되었지만, 이베리아로부터 인도에 이르는 모든 곳에서 브라이언트는 이 민족들 본래의 정체성, 언어 그리고 종교를 확증해주는 세 가지 자료를 찾아낼 수 있었다. 이는 대홍수 이야기들, 노아와 비슷한 이름의 전설적인 왕들, 그리고 함과 비슷한 이름의 걸출한 태양신들이 포함된 신들의 세계였다.

이들은 모두 함의 후손이었고, 함은 그의 후손들로부터 최고의 공경을 받았다. 후손들은 함을 아몬Amon이라 불렀다. 그리고 시간이 지나자 그를 신적인 존재로 승격시켜서 그를 태양으로 숭배했다. 이 숭배 의식 때문에 그들은 아몬인들Amonians이라 불렸다……. 아몬인들이 널리 여러 지역으로 퍼져갔기 때문에, 우리는 그들이 정착했던 어느 곳에서도 똑같은 숭배와 의식, 그리고 그 조상들의 똑같은 역사를 발견하게 될 것이다. 또한 그들의 도시들과 신전들의 이름에서도 상당한 유사성이 나타날 것이다. 따라서 우리는 이 모든 것이 하나의 동일한 민족이 한 일이라고 확신할 수 있을 것이다.[32]

사실 브라이언트는 이전에 복손이 했던 것과 마찬가지로, 노아의 세 아들에 관한 친숙한 서사에 함축된 위계화된 민족지를 재정리하고자 시도했다(그림 4.1). 그의 책은 널리 읽혔고 상반된 반응을 불러일으켰다. 어떤 이들은 그의 폭넓은 지적 야심과 그가 신화적 증거들을 창조적으로 활용하는 방식에 감탄했다. 그러나 다른 이들은 어원학에 대한 그의 무능함에 아연실색했다.[33] 존스는 이 두 가지 반응을 모두 보였던 것 같다. 하지만 그는 브라이언트의 연구에 충분히 매혹되었고, 그 결과 크로커다일 호 선상에서 만든 연구 계획에 나타나 있듯이, 자신이 이 연구를 직접 해보기로 결심하게 되었다.

그림 4.1 노아의 세 아들에 관한 이야기에 함축된 성서 속 민족들의 순서를 재배치한 것

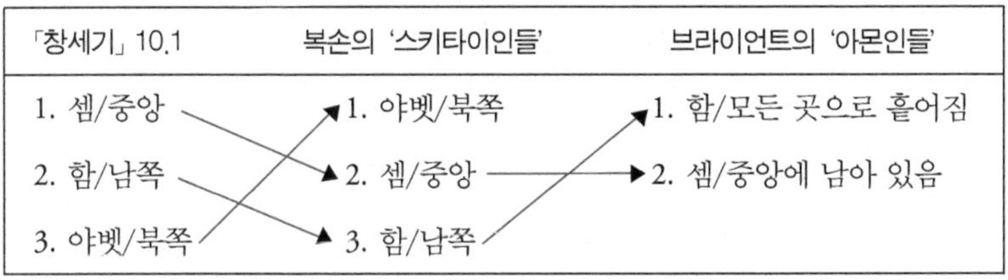

「창세기」 10.1	복손의 '스키타이인들'	브라이언트의 '아몬인들'
1. 셈/중앙	1. 야벳/북쪽	1. 함/모든 곳으로 흩어짐
2. 함/남쪽	2. 셈/중앙	2. 셈/중앙에 남아 있음
3. 야벳/북쪽	3. 함/남쪽	

4장 존스 경의 기원 신화

인도에 도착한 지 얼마 되지 않아(1783년 9월 25일), 존스는 이 연구에 착수했다. 그 첫 결과물은 「그리스, 이탈리아, 인도의 신들에 관하여」(1784)라는 글이었다. 이 글에서 존스는 힌두교 신들에 관해 새롭게 알게 된 지식을 활용해 22개의 비교를 제시했는데, 사실상 모두 근거가 빈약하다.[34] 존스는 매우 적절하게도 로마를 개창한 야누스Janus 신에서 비교를 시작하는데, 표면상의 음운론적·현상론적 유사성이 두드러진다는 데 근거해서 야누스를 산스크리트어의 가네샤 Ganeṣa와 동일시하고 있다. 이렇게 시론적인 가벼운 논증을 마친 그는 가장 중요한 예로 들어가서 가장 긴 논의를 펼친다. 여기서 존스는 브라이언트에 의존하는 동시에 자신의 복잡한 논증을 덧붙여서, 로마의 신들 중 가장 나이가 많은 사투르누스Saturn를 산스크리트어의 마누Manu와 동일시한다. 마누는 대홍수에서 살아남은 자로, 그의 별칭인 사티야-브라타Satya-vrāta가 이런 비교를 정당화해준다고 존스는 믿었다. 분명 존스는 '마누'라는 이름이 두 부분으로(Ma-nu) 되어 있다고 생각했으며, 여기서 뒷부분의 '누'를 노아Noah, 그리스의 미노스(Mi-no-s), 그리고 아라비아의 누Nuh와 연결시켰다. 사투르누스가 황금시대와 관련된다는 점도 비교의 대상이 되었는데, 인도의 네 시대구분 중 첫 번째 시대가 흔히 사티야 유가Satya Yuga로 알려져 있었기 때문이다. 나아가 심지어 성서에는 이런 시대구분 체계가 없음에도 불구하고, 존스는 나름대로 성서에서 이 네 시대구분 체계를 찾아냈다. 즉 첫 시대는 노아와 홍수 그리고 "바벨에서의 정신 나간 우상숭배의 도입"으로 끝나며, 둘째 시대는 셈과 함 그리고 민족의 분산으로 시작된다.[35] 그렇다면 이러한 사건들과 인물들에 관한 이야기 중 어떤 판본이 가장 오래되었고 정말 진짜인지 의심해볼 수도 있었을 텐데. 윌리엄 존스 경은 성서를 가장 우위에 놓음으로써 이러한 의심을 친절하게 잠재웠다.[36]

또한 존스는 태양신들이 굉장히 많다는 것을 발견하고는, 모든 이교 신의 특성은 서로 뒤섞이는 경향이 있다고 말하기까지 했다. 즉 로마에서와 마찬가지로 인도에서도 이러한 신들은 "단지 다양한 방식으로 그리고 다양하고 화려한 이름으로 표현된 자연의 힘, 특히 태양의 힘을 의미하기" 때문이라는 것이다.[37] 오늘날의 학자라면 이 결론에서 프리드리히 막스 뮐러의 이름을 떠올리지 않을 수 없는데, 막스 뮐러는 존스로부터 그 스스로가 인정한 것보다 훨씬 더 많은 영향을 받았다.[38] 한편 존스는 브라이언트에 의존했으며, 그는 자신의 글 전체를 마무리하는 결론에서 이를 직접적으로 밝혔다. "아마도 우리는 결국 브라이언트에게 동의하게 될 것이다. 이집트인들, 인도인들, 그리스인들 그리고 이탈리아인들이 원래 하나의 중심지로부터 나왔으며, 바로 이들이 그들의 종교와 과학을 중국과 일본에까지 전파했다는 것에 말이다. 아마도 여기에 멕시코와 페루까지도 덧붙일 수 있지 않을까?"[39]

존스가 출판한 글에서 고대의 종교들과 언어들 그리고 민족들의 "하나의 중심지"를 설정한 것은 이때가 처음이었다. 글의 마지막 부분에서 그는 친구인 몬보도 경의 견해를 반박하기 위해 총력을 기울였다. 몬보도 경은 1774년에 복손의 스키타이 테제에 대한 대안으로 남쪽 지역이 중심이라는 주장을 제시하면서, 이집트를 언어와 문명의 요람으로 간주한 바 있다.[40] 그러나 존스는 한동안 자신의 적극적인 테제를 제시하지 않았다. 그는 그리스, 인도, 로마의 신들이 서로 관련되어 있다는 사실은 이미 증명된 것으로 간주했다. "그러나 나는 어떤 것이 본래의 체계이고 어떤 것이 그것의 모방인지 결정된 것처럼 추정하지는 않을 것이다. 또한 내 생각에 결정을 내리기에 충분한 근거들은 그리 빠른 시간 내에 나오지 않을 것 같다."[41] 그의 입장은 신중하고 사려 깊은 동시에 좀 수줍어하는 면도 없잖아 있었다. 얼마

지나지 않아 그는 이 입장을 완전히 바꾸게 된다.

VIII

여기서 우리는 존스가 아시아학회 35명의 회원들 앞에서 '제3회 연례 강연'을 하면서 그의 생애에서 가장 기억될만한 글이자 인도-유럽 연구의 토대가 된 견해를 발표했던 역사적인 밤—1786년 2월 2일—으로 가게 된다. 이미 수없이 인용되기는 했지만, 여기서 다시금 이를 반복할만한 가치가 있다.

산스크리트어는 그것이 얼마나 오래되었든 간에 놀라운 구조를 갖고 있습니다. 그리스어보다 더 완벽하고, 라틴어보다 더 풍부하며, 이 두 언어보다 놀라우리만치 더 정교한 언어이면서도, 또한 동사의 어근과 문법 형태 모두에서 여전히 이 두 언어와 우연이라고는 도저히 보기 힘든 매우 강한 친화성을 지니고 있습니다. 그 친화성이 하도 강하기에, 어떤 문헌학자라도 이 세 언어를 살핀다면 이것들이 아마도 현재는 더 이상 존재하지 않는, 어떤 하나의 공통의 기원에서 나왔다고 생각하지 않을 수 없을 것입니다. 이렇게 강하게 설득력 있는 것은 아니지만, 고트어와 켈트어에 대해서도 같은 주장을 할 수 있을 것입니다. 비록 매우 다양한 방언과 혼합되기는 했지만, 이것들 역시 산스크리트어와 공통 기원을 갖는다고 추정할 수 있는 비슷한 이유들이 있기 때문입니다. 또한 만약 이 자리에서 고대 페르시아에 관해 논의할 수 있다면, 고대 페르시아어 역시 같은 어족에 추가될 수 있을 것입니다.[42]

언어학자들은 존스의 주장이 음운론과 어휘론뿐만 아니라 어형론적 쟁점들에도 주목했다는 점과 상정된 "공통의 기원"이 어디에 위치하는지에 관한 질문에 매달리지 않은 신중함을 높이 평가했다. 많은 사람이 이 문장을 전-과학적 추측으로부터 착실한 비교 및 역사적 방법을 지닌 하나의 학문 분과가 나뉜 분기점으로 본다. 이 학문 분과는 이후 라스무스 라스크Rasmus Rask(1787~1832), 야코프 그림, 프란츠 보프, 아달베르트 쿤, 아우구스트 슐라이허August Schleicher (1821~68), 앙투안 메이예, 에밀 방브니스트(1902~76) 등과 같이 윌리엄 경의 제안에 자극을 받은 다른 많은 이에 의해 발전하게 되었다.[43] 만약 이 문장이 그냥 그대로 남았고, 언어학 영역 바깥에서 아무런 암시도 지니지 못했다면, 모든 것이 좋았을 것이다. 그러나 신화, 역사, 지리, 인종, 진보, 문명화의 업적과 명성, 종교, 성서의 권위, 이 모든 문제가 자유롭게 혼합된 존스의 이론을 전체적으로 조망해보는 것 역시—좀 불편한 동시에—중요한 일이다. 이를 알아보기 위해 연례 강연들을 뒷받침하는 복잡한 구조에 대한 간략한 스케치에서 시작해보자.

존스는 학회가 창립된 1784년부터 그가 세상을 떠난 1794년까지 총 11회 연례 강연을 했다. 처음 두 번은 학회 조직과 프로그램에 관한 것이었고, 마지막 두 번은 그의 초기 계획을 훨씬 넘어선 것이었다. 따라서 이 연강의 중심은 중간의 일곱 개 강연으로, 존스는 이들을 명백히 하나의 세트로 구성했고, 커다란 하나의 문제를 해결하는 데 바쳤으며, 이들이 한꺼번에 받아들여지게끔 했다. 이들 중 다섯 개 강연은 아시아의 주요 민족들에 할애되었고, 여섯 번째는 주변 민족들, 그리고 마지막 강연은 종합과 결론에 할애되었다(그림 4.2).[44] 개별 민족들을 다룬 각각의 강연에서 논의는 일정한 패턴으로 진행되는데, 지리, 역사, 문화적 업적이 차례대로 논의되었다. 마지막 문화적 업적에 관해서 존스는 다음 네 분야에 특히 초점을 맞췄다. (a) 언어와 문자, (b) 철학과 종교, (c) 건축과 조각, (d) 과학과 예술.

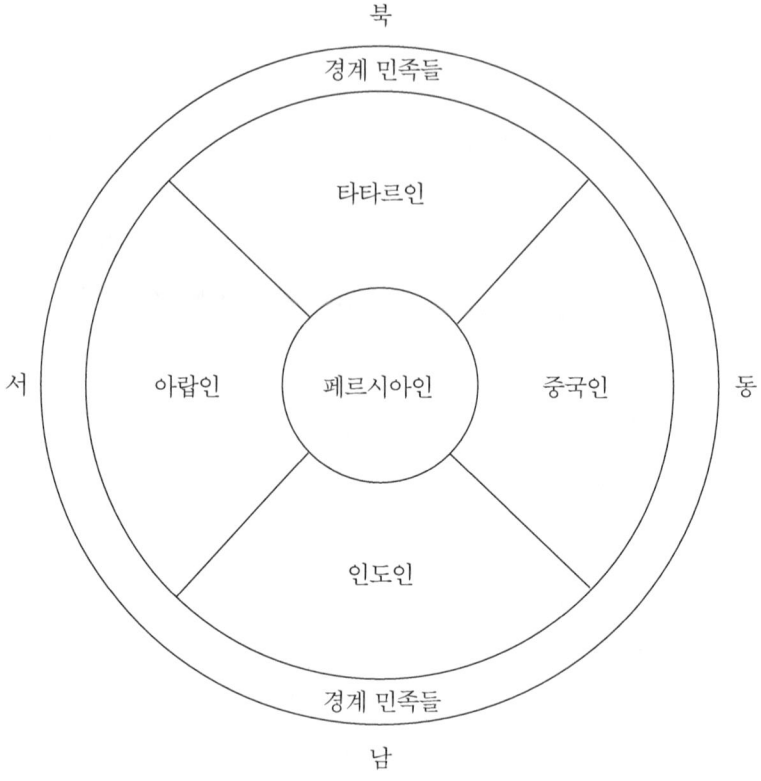

그림 4.2 존스의 제3회에서 제9회까지의 연례 강연(1786~92)에서 다뤄진 민족들

　문화를 논의하면서 윌리엄 경은 단지 서술만이 아니라 평가도 감행했는데, 그의 판단은 그가 생각하는 완성도, 그리고 다른 문명들과 영향을 주거나 받은 정도에 기반을 두고 있었다. 시종일관 그의 견해는 뚜렷하고, 확신에 차 있으며, 풍부하고 세밀한 정보로 뒷받침되어 있었는데, 이 정보의 대부분은 그저 허울만 그럴듯하거나, 부적절하거나 또는 둘 다인 경우가 많았다. 그의 자신감에도 불구하고, 그가

지닌 지식은 양과 질의 편차가 매우 심했으며, 그가 항상 자신이 가장 잘 아는 분야에 특권을 부여했다는 점은 명백하다. 따라서 발표 시에는 언어가 맨 처음에 오고 아주 면밀히 다뤄졌으며, 여기서 나온 결과가 다른 모든 영역에 대한 그의 판단에도 영향을 끼쳤다. 비슷한 방식으로 그는 여러 민족 가운데 인도를 가장 먼저 다뤘고 가장 호의적으로 평가했으며, 다른 민족들을 가늠하는 기준으로 삼았다. 그렇기에 산스크리트어의 완벽함 및 산스크리트어와 다른 많은 언어의 관계를 다룬 저 유명한 문장이 그의 첫 평가 작업으로 내세워지게 된다. 윌리엄 경의 초기 연구 주제이자 산스크리트어와 매우 밀접한 관계가 있는 언어를 가진 페르시아 역시 특별한 위치를 부여받았다. 반대로 그는 아랍인들은 언어를 제외하고는 모든 면에서 부족하다고 판단했다. 존스는 아랍어가 오래되었고 정확하지만 여러 면에서 산스크리트어보다 뒤떨어지며 다른 언어에 별 영향을 끼치지도 못했다고 보았다. 아랍인들은 그래도 타타르인들보다는 우위에 있었다. 타타르인들은 단지 그들의 고유 종교인 원시적 일신교에서만 높게 평가되었는데, 그나마 타타르인들은 이를 금방 포기해버렸다. 타타르인들보다 더 뒤에 있는 것이 중국인들인데, 존스는 중국인들에게서는 독창적이거나 존경할만한 그 무엇도 발견하지 못했다(표 4.1과 부록 표 4.A.1).

표 4.1 윌리엄 존스 경의 연례 강연들에 나타난 문명 성취도에 대한 평가와 순위

	언어와 문학	철학과 종교	조각과 건축	과학과 예술
힌두인들	+	+	+	+
페르시아인들	+	+	+	-
아랍인들	+	-	-	-
타타르인들	-	+	-	-
중국인들	-	-	-	-

존스는 자신의 비판적인 견해에 대해 큰 확신을 지니고 있었고 주저함이 거의 없었다. 예를 들어 그는 마호메트 이전의 아랍 종교는 "어리석은 우상숭배"로 특징지어지며,[45] 아랍인들의 풍속은 "예술의 육성에는 전혀 적합하지 않다."고 보았다.[46] 또 타타르의 문자는 "통탄스러울 정도로 텅 빈, 혹은 그들의 사막만큼이나 황량하고 황폐한 모습이다."라고도 했다.[47] 시의 경우, "그들에게서는 몇몇 끔찍한 전쟁 노래를 제외하고는 진짜 그들의 작품은 전혀 찾아볼 수 없다."는 것이다.[48] 가장 눈에 띄는 것은 중국인데, 그는 중국이 아무런 고대 유적도 갖고 있지 않고 종교나 과학 분야의 독창성도 전혀 없다고 평가했다. 중국인들의 시는 "아름다운 애수"를 지니고 있기는 하지만, 회화, 조각, 건축 그리고 예술적 상상력에서 "그들은 (다른 아시아인들과 마찬가지로) 아무것도 알지 못하는 것 같다."는 것이다.[49]

그러나 인도와 페르시아에 대한 존스의 태도는 아주 달랐다. 산스크리트어는 "놀라우리만치 정교하고", 인도의 예술은 "세계 어디서나 칭송되며", 그들의 시는 "최고로 장엄하고 웅장하다."[50] 그는 뉴턴을 인용하며 원시 페르시아 종교를 가장 오래되고 가장 고귀한 것으로 취급했다.[51] 인도와 이란을 다루면서, 존스는 전반적으로 아랍인들이나 타타르인들이나 중국인들의 빈곤함과는 대조적으로 인도와 이란에는 무한한 풍족함이 있다는 인상을 심어주었다.

IX

이러한 평가 작업을 넘어서 존스는 선사시대를 재구성하고자 했으며, 그 선상에서 그의 결론이 점차 드러나게 되었다. 그의 첫 번째 주장은 첫 강연의 저 유명한 문장과 함께 (첫 번째 주제로 다루어진 민족인) 인도에 대한 언어학적 분석에서 나왔다. 그다음 중요한 주장은 제6회 강연에서 나왔는데, 여기서 그는 인도인들과 이란인들을 그들의 언어적, 종교적, 예술적 유사성에 근거해서 하나로 연결시켰다. 그는 제7회 강연에서 여기에 중국을 추가했다. 그가 이런 견해에 도달할 수 있었던 것은, 불교를 통해 인도로 거슬러 올라갈 수 없는 중국의 모든 문화적 업적을 그가 사실상 부정해버렸기 때문이다. 그리하여 인도인들, 페르시아인들, 중국인들은 모두 '힌두 종족'의 일부가 되었다.

원래 다섯 개의 위대한 문명으로 구성되었던 그룹을 이렇게 셋으로 축소시킨 후, 존스는 제8회 강연에서 약소민족들—"변방 민족들, 산악 민족들, 그리고 섬나라 민족들"—에 대한 질문을 다뤘다. 이 강연에서 다뤄진 모든 주제(페니키아인들, 에티오피아인들, 이집트인들, 아프간인들, 집시들, 기타 등등)는 세 원형 민족에 관한 주제들에서 파생된 것이었다. 여기서 특별히 관심을 끄는 한 경우가 거론되었는데, 바로 이스라엘 민족에 대한 것이다. 그러나 이스라엘의 중요성을 살피는 일은 존스의 주장을 좀 더 검토해본 뒤에 하는 것이 더 용이할 것이다.

제6회 강연부터 존스는 산스크리트어, 페르시아어 등의 조상언어와 이 원형적 언어를 사용한 사람들에게 공간적 장소를 부여했다. 그는 중심의 중요성을 상기하며, 지리학과 기하학에 근거해서 다음과 같은 결론에 도달했다. "따라서 우리는 아마도 아주 일반적인 의미에서 이란 혹은 페르시아가 언어와 예술의 진정한 중심이라고 확실하게 주장할 수 있을 것입니다. 한때 학자들은 이들이 이곳으로부터 오직 서쪽으로만 이동했다고 비현실적으로 가정했고, 또 같은 이유에서 동쪽으로만 갔다고도 단언할 수 있었겠지만, 사실 이들은 이곳으로부터 세상 모든 방향의 모든 지역으로 퍼졌으며, 그리하여 힌두 종족들은 다양한 명칭으로 세상 곳곳에 정착했습니다."[52]

존스는 이란을 한 어족과 민족의 고향으로 상정하는 데 만족하지 않고, 나아가 다른 두 민족—아랍과 타타르—역시 일찍이 이란 지역에서 살았다고 주장했다. 이 모든 것은 그가 〈민족들의 기원과 친족들에 대하여On the Origin and Families of Nations〉라는 제목의 제9회 연례 강연에서 내린 대결론을 향해가는 단계였다(1792년 2월 23일). 여기서 존스는 린네와 뉴턴을 과학성의 모델로 삼고, 세 원형 인종을 재구성하는 데 특히 중점을 두어, 앞서 행한 강연들의 결과를 요약했다.[53] 그러나 이후 신속히 그는 이 결과들을 그가 권위 있게 여긴 두 텍스트, 즉 「창세기」 1장~11장 및 제이콥 브라이언트의 『고대 신화의 분석』과 연결시켰다. 「창세기」에 대한 존스의 태도는 부정직하다고는 할 수 없어도 모순적이었다. 처음에 그는 히브리성서가 모든 역사적 자료 가운데 가장 오래된 것이라 했지만, 그래도 다른 모든 자료와 마찬가지로 히브리성서 역시 똑같은 종류의 의심과 비판에 대해 열려 있다는 자세를 취했다.[54] 그러나 사실 어린 시절부터 그는 성서의 영감설과 무오류설을 확신해왔으며, 그의 강의들을 구성한 궁극적 목적도 「창세기」의 설명을 "과학적"으로 증명하는 데 있었다.[55] 제3회 강연의 도입 부분과 제9회 강연의 결론 부분에서 자랑스럽게 인정했듯이, 여기서 그는 브라이언트로부터 원동력을 얻었다. 그렇다 하더라도 브라이언트에 대해 그가 취한 입장은 복합적이었다. 그는 브라이언트의 견해를 다른 어떤 이들의 견해보다도 선호했지만, 안타깝게도 히브리어를 제외하고는 어떠한 아시아 언어도 몰랐던 브라이언트의 무지에 대해서는 인정하지 않을 수 없었다. 따라서 윌리엄 경은 그가 존경하는 선구자의 작업을 수정해서 완성시키는 것을 자신의 과업으로 삼았다.[56]

존스가 자신의 연구 과정에서 "독자적으로" 발견한 세 원형 인종을 노아의 세 아들과 일치시키고(표 4.2), 그들 중 하나를 브라이언트가 소중히 여기던 아몬인들과 동일시한 것은 바로 이 같은 정신에서였다.[57] 후대의 저자들 역시 이들을 이 책 3장에서 언급한 적이 있는 아리아어족, 셈어족, 우랄알타이어족의 체계와 등치시키게 된다.

표 4.2 윌리엄 존스 경의 〈제9회 연례 강연. 민족들의 기원과 친족들에 대하여〉에 나타난 세 원형 인종과 노아의 세 아들 간의 관계

		노아의 세 아들	
	함	셈	야벳
(확실한) 후예 민족들	인도인 페르시아인 로마인 그리스인 고트인 고대 이집트인 아프리카의 구스인 페니키아인 프리기아인 스칸디나비아인	유대인 아랍인 아시리아인 시리아어 사용자들 아비시니아인	타타르인 슬라브인 북유럽인과 아시아인
(짐작되는) 후예 민족들	중국인 일본인 고대 멕시코인과 페루인		
문화적 업적	문자의 발명 천문학 인도의 역법 신화	가장 오래된 역사서를 남김	교양 없음 문자 없음

비록 대부분의 결론이 언어학적 분석에 근거하고는 있었지만, 존스는 이 민족들 간의 차이가 언어적, 문화적인 것임과 동시에 생리적이거나 인종적인 것이며, 이 집단들이 "언어, 습성, 특징"에서 서로 전적으로 구분된다고 믿었던 듯하다.[58] 존스는, 비록 이들 모두가 기원전 1200년경 노아로부터 이어져오긴 했지만, 그들이 바벨에서, 즉 옥수스 강과 유프라테스 강 사이, 그리고 카프카스 산맥과 갠지스 강 사이의 (그 자체가 세상의 중심인) 이란 한복판에 있던 바벨에서 서로 흩어졌다고 생각했다.[59] 민족들의 이러한 분화는 영구적이었으며, 그 어떤 연구도 흩어진 통일성을 회복하거나 원래의 언어를 되찾는 데 성공할 수 없었다.[60]

X

존스는 제9회 강연에서 세 인종의 성격에 대해서는 그다지 많이 이야기하지 않았지만, 그가 이 세 인종이 서로 상당히 다르다고 생각했음을 짐작하게 해주는 짧은 언급을 남겼다. 바로 그가 아몬인들에 대한 브라이언트의 견해를 지지하고 있는 대목이다. 존스는 구스인Cushian, 카스데아인Casdean, 스키타이인과 같은 다른 선택지들을 열어놓으면서도 아몬인들을 "힌두 종족"이라 지칭하고자 했다.[61] 이들은 후대에 '아리아인'과 '인도-유럽인'이라 불리게 된다. "비록 브라이언트 씨와는 다른 길을 거쳤지만, 저는 이들 중 한 인종에 대해서는 같은 결론에 도달했습니다. 세 인종 중 가장 독창적이고 진취적이지만, 한편으론 거만하고 잔인한 이 이교도들에 대해 우리 둘 다 그들이 **함** 혹은 **아몬**의 계열에서 나온 다양한 분파라고 결론 내렸습니다. 저는 그가 살핀 심오하고 훌륭한 작업에 제 관찰을 그저 조금만 더 덧붙이고자 합니다. ……"[62]

이러한 성격 규정은 존스가 또 다른 집단, 즉 그가 여덟 번째 강연의 결론 부분에서 논의한 경계 지대 민족에 대한 성격 규정과 대조되는 것으로, 이 민족에 대한 입장은 인도인들이나 그가 최종 결론으로 나아가기 직전 마지막으로 다룬 민족에 대한 입장과도 정면으로 대치된다. 그 경계 지대 민족이란 바로 셈의 후손들로서 그들의 언어는 아랍어와 친화성을 보여준다. 비록 그들의 "풍속, 문화 그리고 역사는 나머지 인류와 놀라울 정도로 다르지만" 말이다.[63] 존스는 유대인들과 그들의 대척점에 있는 아몬인들이 (오만함에서는) 서로 비슷하지만, 두 가지 기준(유일신교 대 우상숭배, 그리고 역사 대 신화)에서 서로 근본적으로 구분된다고 본다. 존스는 그들의 독창성, 진취성, 잔인성에 대해 아무 언급도 하지 않았지만, 다른 면들에서 판단해볼 때 그의 묘사는 결코 중립적이지 않다. 윌리엄 경은 자신이 동시대의 가장 심오한 사상가 중 하나로 여긴 신학자이자 수학자, 아이작 배로우Isaac Barrow(1630~77)의 견해를 빌려 와서 다음과 같이 말한다.[64] "배로우는 그들에게 사악하고, 비사교적이고, 완고하며, 의심스럽고, 치사스럽고, 변덕이 심하고, 소란스럽다는 수식어를 붙였는데, 이는 좀 심한 말이기는 하지만 맞는 말입니다. 또 그는 그들이 자기 나라 사람들을 도와주는 데는 지나칠 만큼 열심이지만, 다른 나라에 대해서는 타협의 여지가 없을 정도로 적대적이라고 묘사했습니다. 그러나 주정뱅이처럼 비뚤어진 태도, 어리석은 거만함, 거친 잔혹함 등 이 모든 성격에도 불구하고, 그들은 하늘 아래 모든 인종 가운데 특별한 장점을 지니고 있습니다. 이는 조야한 다신론, 비인간적이거나 외설적인 의례들 그리고 무지에 의해 만들어지고 이익만 좇는 기만에 의해 유지되는 오류의 어두운 미로 한복판에서도, 그들이 합리적이고 순수한 신앙 체계를 간직하고 있다는 것입니다."[65]

XI

 지금까지의 논의가 칭송받을만한 한 개인의 명성을 공격하는 데 목적이 있었던 것은 아니다. 그보다 나는 인신공격성 문제들을 넘어선 다른 점들을 지적해보고자 했다. 첫째, 윌리엄 존스 경이 그 대표적인 주창자로 잘 알려진 가정에는 오래된 선례들이 있었으며, 이들은 언제나 논란거리였다. 존스는 세상의 모든 신화를 함에게로 소급시키고 모든 올바른 종교를 셈에게로 소급시킨 제이콥 브라이언트의 성서 중심적 시도에서 매우 직접적인 영향을 받았다. 브라이언트의 뒤에는 스노리와 기랄두스부터 밀리우스, 복손, 라이프니츠 등에 이르는 일련의 학자가 있었다. 이들은 신화, 언어, 지리, 그리고 고대의 이야기들, 특히 「창세기」 10-11장에 관한 담론에 참가하여, 이를 근거로 인류의 기원, 후손, 그리고 상호관계에 관한 설명을 구축했다. 대개 복잡하고 현란한 이들의 논의는 이러한 자료들과 먼 과거에 초점을 맞추고 있었지만, 그들의 실질적인 주요 관심은 명백히 다른 곳에 있었다. 그들이 남긴 숱한 문헌 속에서 우리는 현재의 발화 시점에서 종족들, 민족들, 인종들의 존엄성 및 위상의 비교 우위를 편견에 찬 시각에서 재조정하고자 하는—미묘함, 조야함, 창의성 그리고 터무니없음이 서로 엇갈리는—그들의 끊임없는 시도를 본다.

 윌리엄 존스 경은 이 담론의 역사에서 중요하면서도, 다루기 쉽고, 많은 교훈을 끌어낼 수 있는 인물이다. 자체의 고유한 신화적·서사시적 구조를 지닌 틀에 박힌 설명들은, 존스의 유명한 강연을 기존의 공상과 직관에서 벗어나 과학의 시작을 표시하고 가능케 한 엄밀한 정식화에 도달한 순간이라 평가한다. 이 담론의 계보를 좀 더 비판적으로 다룬다고 해서 꼭 존스의 재능을 얕보거나 그의 동기를 비난할 필요는 없다. 다만 윌리엄 경의 천재성, 위상, 그리고 조직적이며 진취적인 재능이 (인종주의, 민족주의, 반유대주의, 식민주의, 제국주의 같은) 다양한 형태의 쇼비니즘이 함축되어 있었던—그리고 지금도 그러한—작업을 정당화하는 결정적인 요소가 되었다는 점을 지적하면 된다. 레온 폴리아코프Leon Poliakov, 모리스 올렌더Maurice Olender, 조지 모스George Mosse, 클라우스 폰 제Klaus von See 같은 이들이 19세기와 20세기 담론들의 궤적을 따라, 브라이언트의 아몬인들과 존스의 '힌두 인종'이 '아리아'라는 이름을 획득하게 된 과정을 밝혀내면서 했던 것처럼, 이 이야기를 비극과 호러 장르로 재구성하는 것은 어려운 일이 아니다.[66]

제2차 세계대전에서 나치의 참혹성을 겪고 난 후, '아리아'라는 용어는 교양 있는 대화에서 사실상 사라졌다. 이 오래된 담론을 연구하고자 하는 학자들은 이제 이 불유쾌한 측면으로부터 거리를 유지하면서 역시 19세기에 만들어진 '(원-)인도-유럽(Proto-)Indo-European'이라는 용어를 사용한다. 많은 이들은 이렇게 함으로써 이 담론을 건전하게 만들고 그 문제점들을 해결했다고 정말로 믿고 있지만, 문제는 사실 그렇게 간단하지가 않다. 이렇게 완곡어법을 시도하는 것은 불완전하고 피상적인, 또 도피적이고 부정직한 기억상실증이다. 이 같은 시도가 철저하고 사려 깊게 행해진다 해도, 거기에는 여전히 인종차별적이고 민족주의적인 의제의 서브텍스트가 깔려 있다. 밀실과 선정적인 뉴스레터에서 여전히 존재하는 아리아 담론은 이 같은 인종차별적·민족주의적 의제를 분명하게 드러내는 것을 선호하며, 어떤 독자들은 저자들이 이를 은폐하려 하는 경우에도 쉽게 그것을 찾아내서 채워 넣는다.

산스크리트어, 라틴어, 그리스어를 비롯한 여러 언어 사이에서 두드러지는 체계적 유사성을 찾아낸 점에 있어서는 분명 존스를 비롯한 그 누구도 틀리지 않았다. 문제는 그들이 이러한 유사성을 가지고 만들어낸 것과, 분석이 언어학적 서술에서 역사적 지평으로 옮겨갈 때마다 미끄러운 경사면에서 내디뎠던 그 행보다. 좀 더 구체적으로 말해, '공통기어'를 재구축한다는 것은 이 공통기어를 사용했던 사람들을 상상하는 것이고, 그러한 사람들의 집단을 상상하는 것이며, 나아가 그들이 살았던 공간, 그들이 살았던 시대, 그들의 특징적인 성격, 다른 원언어를 사용한 다른 원집단들과의 일련의 대조적인 관계를 상상하는 일이다.[67] 이 모든 경우에, 이를 뒷받침하는 온전한 증거자료는 없다는 것을 지적할 필요가 있을 것이다.

게다가 존스가 이 담론에 들어서게 된 것은 언어학을 공부하는 학생으로서가 아니라 신화와 종교를 공부하는 학생으로서였다. 존스는 브라이언트의 저작에서 영감을 얻고 이를 모델로 삼았으며, 그 첫 번째 시도는 1784년의 글, 「그리스, 이탈리아, 인도의 신들에 관하여」였다. 존스는 연례 강연을 통해 스스로의 지평을 넓히긴 했지만, 여전히 브라이언트와 그 밖의 학문적 선배들로부터 취한 전제와 구조를 가지고 작업했다. 존스가 비록 엄격한 계몽주의 학풍의 비길 데 없이 박식한 학자의 입장과 목소리를 취하고는 있지만, 그가 말한 이야기들은 공공연히 신화적이라는 점도 지적할만하다.

연례 강연에서 존스는 언어의 기원과, 민족들의 발원지였던 고대 세계의 중심을 찾고자 하는 자신의 탐구를 이야기했다. 그러나 경험과 '과학적' 지식의 대상으로서 최초의 기원과 완벽한 중심이란 여전히 모호하기 짝이 없다. 이런 것들은 지식의 대상이 아니라 담론의 대상이며, 이는 한편으로 자신의 이데올로기적 작업을 하면서, 다른 한편으로 정보와 옛 서사들의 파편을 모아, 이를 가지고 다른 방법으로는 성취하기 어려운 자신의 욕망을 충족시키는 허구를 만들어낸 브리콜뢰르들bricoleurs에 의해 구성된 것이다. 신화를 공부하는 사람이—심지어 윌리엄 존스 경, 스노리 스투를루손, 프리드리히 막스 뮐러 같은 저 유명한 이들도 그랬던 것처럼—이러한 유혹에 굴복하여 기원과 중심에 관한 담론에 참여할 때, 그 결과는 특히나 아이러니하다. 그들은 타인들의 신화를 해석하고 있다고 정말로 믿지만, 사실 그들은 자신의 신화 주위를 뱅뱅 맴도는 순환의 소용돌이로 들어가는 것이며, 심지어 그 타인들이라는 존재마저도 그들 자신의 상상과 담론이 낳은 산물일 수 있다.

부록

표 4.A.1 윌리엄 존스 경이 규정한 아시아인들의 특성

	언어와 문자	철학과 종교	조각과 건축	과학과 예술
제3회 강연 인도인들에 관하여 (1786년 2월 2일)	산스크리트어는 그것이 얼마나 오래되었든 간에 놀라운 구조를 갖고 있습니다. 그리스어보다 더 완벽하고, 라틴어보다 더 풍부하며, 이 두 언어보다 놀랄 만치 더 정교한 언어이면서도 …… 우아하고 세련된 문자인 데바나가리 Dévanágari*가 자리 잡던 Jarasandha*의 왕궁에 있던 기념비적 문자들만큼 오래되지 않았음은 물론, 대부분이 히브리에 해돋이 평야에서 있는 지 비에 모든 길데아 문자와 본체 같은 것이었다가 죽은 것은 원행에서 지 기인한 것이라고 말지 않을 수 없습니다. …… 다양한 변화와 선도에 의해 향상된 그리스어로 마 일과뱅이 뿌리인 페니키아로 자도 비슷한 기원을 갖는다는 점 에도 의심의 여지가 없습니다.	인도의 종교와 철학에 대해서 여 기서는 이주 약간만 언급할 것 입니다. 왜냐하면 종교나 철학 각자의 주제에 대해 설명하자면 별도의 논문이 될 것이기 때 문입니다. 이 글에서는, 아마도 노생의 여지없이, 현재 우리가 고대 그리스와 이틀리아에서 다 른 이름으로 숭배되었던 바로 같은 신들을 경배하는 사람들과 더불어, 또 이오니아와 아티카의 작가들의 그들의 아름다운 선율 적 언어로 묘사된 제 철학의 신조들을 가르치는 교수들과 더불 어 살고 있다는 검을 지적하는 것으로 충분할 것입니다. …… 『베다』의 요약인 『우파니샤드』 의 내용으로 미뤄 보아 『베다』는 영아상화에 대한 숭고한 고윤 및 존재와 신의 수성에 대한 정교한 담론으로 가득합니다.	인도의 건축과 조각 유적들은 …… 이 나라와 아프리카의 옛 관계를 증명해주는 것 같습니다. 이 이집트의 피라미드, 과우사 니오스 같은 이들이 묘사한 거 대한 조각상들, 스핑크스 같은 것들을 보십시오. ……	인도의 직조술과 바느질은 세계 적인 명성을 지니고 있습니다. …… 그리스 작가들이 한 말에 따르면, 인도인들은 세상에서 가 장 현명한 민족입니다. 특히 도 덕적 지혜에 있어 뛰어납니다. 문법, 논리학, 수사학, 음악에 관한 원론에는 그들의 땅 에 저자가 널리 알려진 언어로 번역되었다면, 그들이 생산적이 고 창의적인 천재성이 바쳐진 찬사를 훨씬 능가하는 자부심을 지니고 있다는 점도 알려졌을 것입니다. 그들의 정제한 시는 생동감 있고 우아합니다. 그들 의 서사시는 최고로 장엄하고 웅장합니다.

172

| 제4회 강연 아랍인들에 관하여 (1787년 2월 15일) | 아랍어는 …… 이성할 바 없이 세상에서 가장 오래된 언어 중 하나이며, 단어의 수와 구문의 정확성에서 세상 그 어떤 언어에도 뒤지지 않습니다. 그러나 단어나 문장 구조 그 어디에서도 산스크리트어와, 죽은 인도 방언들의 조상언어와 조금도 비슷한 점이 없다는 것이 놀랍게도 사실입니다. | 이렇게 말해도 좋을 것입니다. 즉 마호메트 혁명 이전에 고 고 학식 있는 아랍인들은 신을 믿었으나, 저 여리석은 우상숭배도 뒤지지 않았습니다. 그러나 낮은 계층의 사람들 사이에서 팽배해지기 시작했습니다. 나는 그들의 이주 시기 이전까지는, 윤리학을 제외한 어떤 철학의 흔적도 찾아볼 수 없었습니다. 그들의 도덕 체계가 몇몇 저명한 족장들에게는 너그럽고 방대해 보였는지 몰라도, 그것조차도 최소한 마호메트 이전 한 세기 동안 전반적으로 부패해 있었습니다. | 아라비아에는 누소수의 고대 문화체제만이 보존되어 있고, 몇 안 되는 이 문화체에 관한 그나마 가장 낮다는 설명들조차도 아주 불확실합니다. …… | 우리가 알기에 솔로몬 시대부터 현재까지 이어져온 하자지 아랍인들Hajazi Arabs의 풍속은 예술이 유성에는 전혀 적합하지 않았습니다. 그들이 과학에 정통했다고 볼 수 있는 근거도 전혀 없습니다. |

(계속)

4장 존스 경의 기원 신화 173

	언어와 문자	철학과 종교	조각과 건축	과학과 예술
제5회 강연 타타르인들에 관하여 (1788년 2월 21일)	타타르인들의 언어와 문자에 관한 첫 조사 결과는 통탄스러울 정도로 텅 빈, 죽은 그들의 사막만큼이나 황량하고 황폐한 모습이 있습니다. 일반적으로 타타르인들에게는 문헌이 전혀 없습니다. (이 점에 대해서는 모든 전문가가 동의하고 있는 것 같습니다.) 투르크족은 문자가 없고, 프로피우스Procopius*에 따르면 훈족은 심지어 그런 것에 대해 들어본 적도 없다고 합니다.	아불가지Abu'lghāzi에 의하면, 야페트Yāfet(즉 야벳) 이후 첫 세대 동안 타타르인들 사이에서는 인류가 만든 원시종교, 즉 하나의 창조주에 대한 순수한 경배가 널리 퍼져 있었으나, 오구즈 Oghúz가 태어나기 전에 이미 사라졌다고 합니다. 오구즈는 자신의 통치 기간에 이를 부부활시켰다고 합니다. 몇 세대 후 투르크족은 우상숭배에 다시 빠졌습니다. ...... 자연 윤리 외에, 가장 무례한 사회에도 필요하고 경험이 가르쳐주는 철학의 경우는, 고대 아래에야는 물론 아시아의 스키타이에게서도 아무런 흔적도 찾아볼 수 없습니다.	고대 타타르인들이 남긴 유일한 유적은 카스피해 서쪽과 동쪽에 있는 석벽입니다. ...... 에이구르족Eighúris(*위구르족)이 ...... 조기에 문예에 기반을 갖춘 세련된 민족이었다는 것을 인정한다해도, 이것이 도, 훈족, 투르크족, 몽골족, 그리고 베이징 북쪽에 사는 여타 야만족들 중 누구에 대해서도 아무런 호의적인 사실도 말해주는 않을 것입니다. 그들은 마호메트 이전에는 모두 다 사남고 문맹이었던 것으로 보입니다.	따라서 우리는 고대 유적들로부터 타타르인들이 잘 교육받은 사람들이었다든가, 죽은 그들이 세상에 어떤 가르침을 주었다는 증거를 전혀 찾을 수 없습니다. 또한 그들의 일반적인 풍속과 습성으로부터 판단해볼 때, 그들이 일찍이 예술과 과학에 능했다고 집작조차 할 수 있는 어떤 증거도 찾아볼 수 없습니다. 심지어 가장 보편적이고 가장 자연스러운 예술인 시에 있어서조차도, 예조드의 알리Ali of Yead가 패르시아어로 지은 몇몇 곰덕한 전쟁 노래를 제외하고는 진짜 그들의 작품을 전혀 찾아볼 수 없습니다.

(계속)

174

제6회 강연 페르시아인들에 관하여 (1789년 2월 19일)	페르시아에서 발전된 가장 오래된 언어는 칼데아어와 산스크리트어입니다. …… 모두가 아마도 태트르와 혼합되었을 것입니다. …… 그리하여 우리가 앞서 논의들에서 그 개요를 살펴본 이 세 어족의 옛은 마하바드Mahabad 취를 남겼습니다. 태트르인들과 아랍인들이 그들의 사막으로부터 이 이곳으로 몰려들어오기 이미 오래전에, 그리고 아마도 그들이 자신들의 원래 고향땅으로 다시 들어가기 전에……	이란의 초기 종교는 …… 두틴이 모든 종교 중 가장 오래되었다고 말한(그리고 아마도 가장 과거하다고 할 수 있는) 종교였습니다. …… 이란 최초의자 세계 최초의 왕은 마하바드* 성인데, 이 많은 산스크리트어인 저술들을 남겼습니다. 이 외에 의해 사람들은 내 계급, 즉 종교, 군사, 상업, 노예로 나뉘었습니다. 고가 이 내 계급에 부여한 이름은, 오늘날 힌두인들이 네 계급에 작용하는 이름과 확실히 같은 기원을 갖습니다. 그들이 말하길, 그로부터 전해받은, 천상의 언어로 된 성스러운 책을 사람들에게 공표했습니다. …… 우리는 조로아스터가 태어한 것은 바로 인도 신화 체계라는 것을 거의 확신합니다. 그것은 브라만 계급에 의해 만들어져 인도바다 만연해 있고, 여기서는 마하바드 좋은 마누의 책이 모든 종교적, 도덕적 의무의 기준이 되고 있습니다.	페르시아 조각과 건축의 고대 작들에 대해서는 이미 우리 두 목적에 충분히 부합할 만큼 검토 했습니다. 따라서 명백히 힌두작 인 엘레판타Elephanta의 조각상들과 단지 사비교도적인Sabian 성향을 보여주는 페르세폴리스의 조각상 사이에서 보이는 다양성에 대해서도 별로 놀라지 않을 것입니다. 탁크티 잠시드Takhti Jemshid*가 카유메르Cayumers 시대 이후에, 그러니까 브라만들이 이란으로부터 이주해왔을 때, 그리고 그들의 부함한 신화가 식물과 불에 대한 단순한 숭배로 대치되었을 때 세워졌다는 것에 여러분이 동의한다면 말입니다.	고대 페르시아인들의 과학과 예술에 대해서는 별로 할 말이 없습니다. 이에 대한 완전한 증거도 남아 있지 않은 것 같습니다.

(계속)

	언어와 문자	철학과 종교	조각과 건축	과학과 예술
제7회 강연 중국인들에 관하여 (1790년 2월 15일)	그들의 구어는 일반적인 음절 소리 상징에 의해 보존되지 않은 채 오랫동안 지속적으로 변해온 것이 분명합니다. 그들의 문자는, 만약 우리가 그것을 문자라 부를 수 있다면, 단지 생각의 상징에 불과합니다. ……	…… 그들의 대중 종교는 비교적 근대에 인도로부터 수입되어 들어왔습니다. 그들의 철학은 아직 매우 조야한 단계라 그 어떤 명칭을 붙이기도 뭐한 것 같습니다. ……	…… 그 기원에 관해 가능한 어떤 추측이라도 해볼 만한 아무런 고매 유적도 갖고 있지 않습니다. ……	…… 그들의 과학은 전적으로 이국적입니다. 그들의 기술에는 특정한 계통에 속하는 특징이라곤 찾아볼 수 없습니다. 그처럼 자연의 총애를 받은 땅에서 아무것도 발견되거나 발전된 적은 없었던 것 같습니다. 물론 그들은 민족 고유의 음악과 시를 갖고 있으며, 둘 다 아름다운 예수에 차 있습니다. 그러나 상상력의 예술인 회화, 조각, 또는 건축에 대해서는 (다른 아시아인들과 마찬가지로) 아무것도 알지 못하는 것 같습니다.

5장
니체의 "금발의 야수"

I

  3장 끝 부분에서 나는 니체의 후기 저작들에 대해 좀 더 충분히 고찰하고, 그가 어떤 식으로 아리아족과 셈족의 대조 양상을 재편하여 유대교보다는 오히려 기독교가 더욱더 아리아족을 돋보이게 하는 역할을 하게 할 수 있었는지 검토하겠다고 했다. 그러기 위해 나는 니체의 모든 글에서 가장 악명 높은 말— "금발의 야수 the blond beast" —에 초점을 맞추고자 한다. 이 말은 총 다섯 번, 즉 『도덕의 계보』 (1886)에 네 번, 『우상의 황혼 [Götzen-Dämmerung]』(1888)에 한 번 등장한다.† 금발의 야수는 니체가 고대 전사 귀족의 유형을 서술하는

---

† 우리는 『도덕의 계보』와 『우상의 황혼』의 인용문은 원서의 영어 번역문에 준하되, 다음의 우리말 번역본을 참조했다. 『선악의 저편·도덕의 계보』(니체 전집

단락에서 처음 등장하는데, 여기서 고대 전사는 그들이(혹은 니체가) 더 열등하다고 간주한 민족들을 향한 행동에서,

> 고삐 풀린 맹수보다 더 나을 것이 없다. 거기서 그들은 모든 사회적 속박에서 벗어나 자유를 음미하며, 사회의 평화 속에 오랫동안 감금되고 폐쇄되어 생긴 긴장을 황야에서 풀며 보상받고자 한다. 그들은 소름 끼치는 일련의 살인, 방화, 강간, 고문으로 유쾌해지고 영혼의 평정을 찾는 의기양양한 괴물처럼 순전한 맹수의 심성으로 **되돌**아간다. 그것은 마치 학생들의 장난질처럼 저질러지며, 그들은 자신들이 시인들에게 훨씬 더 많은 노래와 칭송 거리를 선사했다고 확신한다. 이러한 모든 고귀한 종족의 밑바닥에서 맹수, 즉 먹잇감과 승리를 갈구하며 어슬렁대는 눈부신 **금발의 야수**[die prachtvolle...*blonde Bestie*]를 놓쳐서는 안 된다. 이런 숨겨진 본성은 때때로 분출될 필요가 있으며, 짐승은 다시 풀려나 황야로 되돌아가야 한다. 로마, 아라비아, 게르만, 일본의 귀족계급, 호메로스의 영웅들, 스칸디나비아의 바이킹들—그들은 모두 이런 욕구를 가지고 있다. 고귀한 종족[*die vornehmen Rassen*]이란 그들이 가는 곳마다 '야만인'이라는 개념을 자취로 남겨놓은 자들이다. ……1

여기서 니체는 "금발의 야수"의 여섯 가지 예를 드는데, 그의 문장 구조에서 그들은 대등하지 않은 두 부류로 나뉜다. 이를테면 모든 민족 명칭은 형용사형으로 나타나고, 그중 앞의 네 민족은 하나의 명사

---

14), 김정현 옮김, 2002, 책세상; 『바그너의 경우·우상의 황혼·안티크리스트·이사람을 보라·디오니소스 송가·니체 대 바그너』(니체 전집 15), 백승영 옮김, 2002, 책세상.

를 수식한다. 그들은 바로 "로마, 아라비아, 게르만, 일본의 **귀족계급**", 즉 이 다양한 민족의 지배층이다. 이와 달리 뒤의 두 민족의 명칭에는 그들 자신의 명목상의 명칭이 주어지는데, 곧 호메로스 작품 속의 영웅들과 스칸디나비아의 바이킹들이다. 그러고 나서 니체는 그리스인과 게르만족의 예를 들어 논의를 확장해간다.

> 페리클레스는 아테네 사람들의 **낙천성**rhathymia—안전, 육체, 생명, 쾌적함에 대한 그들의 무관심과 경시, 모든 파괴 속에서, 승리와 잔인함에 대한 모든 탐닉 속에서 나타나는 그들의 오싹할 정도의 명랑함과 즐거움의 깊이—을 특별히 칭찬했다. 이 모든 것은 그것 때문에 고통 받은 사람들에게는 '야만인'의, '사악한 적'의 이미지로, 아마도 '고트족', '반달족'과도 같은 이미지로 파악되었을 것이다. 오늘날도 마찬가지로, 독일[der Deutsche]이 권력을 장악할 때마다 일어나는 저 깊고도 얼음처럼 차가운 불신은 몇 세기 동안이나 금발의 게르만 야수의 광포함[dem Wüthen der blonden germanischen Bestie]을 보아왔던 유럽인들에게는 지울 수 없는 공포의 여운인 것이다. (비록 고대 게르만족과 우리 독일인 사이에는[zwischen alten Germanen und uns Deutschen] 혈연관계는 물론이고, 개념상의 친족성도 거의 없다고 할지라도 말이다.)[2]

이후 『도덕의 계보』에서 니체는 국가의 기원을 "수적으로는 어마어마하게 우세하겠지만 여전히 특정한 형태 없이 유랑하고 있는 사람들에게 주저 없이 무서운 발톱을 들이대는, 전투적으로 조직되었고 전투적 조직력이 있는 금발의 맹수 무리, 정복자이며 지배자인 종족[irgendein Rudel blonder Raubthiere, eine Eroberer- und Herren-Rasse]"[3]에서 찾는다. 하지만 모든 작용에는 반작용이 있게 마련이다. 전사 귀족들이 '나쁘다'(*böse*)고 여기던 약한/미천한 하층민들이 원한으로 가득 차면, 하층민들은 그들 자신과 그들 특유의 겸손하고 소심한 태도에 '선하다'는 말을 쓰고, 압제자들을 '사악하다'(*übel*)고 규정함으로써 형세를 역전시킨다. 도덕적 담론의 이러한 혁명을 통해 그들은 귀족 종족들을 깎아내리고 길들였다. 니체는 이런 식의 가치 재규정을 문화의 기초로 인정하면서도, 그것은 커다란 불행이었다고 비난했다.

이들 복수를 갈구하는 포악한 본능의 소유자들, 유럽이나 비유럽 모든 노예의 후예, 특히 모든 선-아리아 종족들의 후예[*aller vorarischen Bevölkerung in Sonderheit*]—그들은 인류의 **퇴보**를 나타낸다! 이러한 '문화의 도구'는 인류의 치욕이며, 오히려 '문화' 일반에 대한 비난이자 반론이다! 사람들이 고귀한 종족의 핵심에 있는 금발의 야수[*der blonden Bestie auf dem Grunde aller vornehmen Rassen*]에 대한 공포에서 벗어나지 못하고 경계하게 되는 것도 당연한 일이 될 수 있다. 하지만 두려워하지 **않는** 대신 영원히 불구에, 왜소하고, 쇠약하고, 중독된 자의 구역질 나는 모습에서 벗어날 수 없다면, 차라리 경탄하면서 두려움을 맛보는 것이 백 배 낫지 않을까? 그리고 그것이 우리의 운명 아닌가?⁴

이 폭언들에서 엄밀한 명제적 일관성을 기대하는 것은 너무 무리한 요구일지도 모른다. 니체의 폭언들은 적나라한 폭로라기보다는 논쟁적인 도발이며, 니체의 표현을 빌리자면 육중한 흉기, 또는 "망치 들고 철학하기"다. 그래도 몇 가지는 분명하다. 첫째, 금발의 야수라는 말은 하나의 특정한 종족이 아니라 각각의 다수의 고귀한 정복자 종족(*eine vornehme Rasse or eine Eroberer- und Herren Rasse*)을 포괄하는 범주로서 특권적인 인간 유형을 지칭한다. 둘째, 여기서 고대 아리아족이 특별히 중요하기는 하지만, 그들이 이러한 유형의 유일한 예인 것은 아니다. 3장에서 살펴본 바와 같이, 열거된 여섯 가지 예 중 넷(로마인, 게르만인, 그리스인, 바이킹)이 아리아족으로 분류되었고, 니체가 이미 초기 저작들부터 이 용어를 사용하기는 했지만, 그는 금발의 야수에 아랍인과 일본인도 포함되도록 이 범주를 신중하게 해석했으며, 따라서 그것은 순전한 인종적 실체보다는 범위가 넓고, 특정한 체형보다는 특징적인 기질과 행동 양태에 의해 정의된 범주였다. 하지만 그가 제시한 비-아리아족의 두 가지 예인 아랍인과 일본인은 이 정도 역할만 하고는 텍스트에서 자취를 감춘 채 더 이상 고려 대상이 되지 않는다. 대신 그는 그리스인과 게르만족, 특히 후자에 온통 집중하여 상세한 논의를 진행했다.[5] 셋째, 니체는 사나운 금발의 야수 민족들을 그들의 다소 애처로운 후손들로부터 분리시키는 역사적 단절을 가정했다. 이런 방침에 따라 그는 고대 게르만인과 현대 독일인을 각각 게르만족die Germane과 독일인die Deutschen으로 지칭함으로써 양자를 뚜렷이 구분했는데, 이 구분은 다른 언어로 번역되는 과정에서 종종 지워지고는 한다. 넷째, 국가는 금발의 야수들에 의해 폭력적인 과정을 거쳐 창조된 불안정한 실체다. 그럼에도 불구하고 알다시피 지금 국가는 문화보다는 더 나은 것으로 남았다. 마지막으로, 도덕을 교정하고 문화를 건설함으로써 정복자들에게 복수한 피정복 민족들은 셈족만이 아닌, 선-아리아 종족들로 규정된다.

II

금발의 야수에는 화려하고 유감스러우면서도 전적으로 무의미하고 수사적인 제스처 이상의 무엇이 있다. 오늘날 니체를 비판적 사고의 모범이자 아이콘으로 삼는 이들은 일반적으로 무시하지만, 금발의 야수는 니체의 후기 저작들에서 두드러지게 나타났고, 1945년까지 나치 이데올로기 신봉자들에게 상당한 호감을 샀다.⁶ 포스트모던의 유행에 따라 니체가 부각되면서 영어권에서 주로 월터 카우프만 Walter Kaufmann*이 짊어졌던 과제, 즉 전쟁 이후 니체의 명성을 구해내기 위해 그가 얼마나 많은 노력을 들였는지를 기억하는 이는 많지 않다.⁷ 카우프만은 고압적인 투로 이렇게 단언했다. "'금발의 야수'는 인종적 개념이 아니며, 나중에 나치가 지나치게 주장한 것처럼 '북유럽 인종'을 지칭하지도 않는다. 니체는 고대 튜턴 종족들에 대한 것 못지않게 아랍인과 일본인, 로마인과 그리스인에 대해 명확히 언급했으며, 이때 그는 이 악명 높은 용어를 처음으로 소개했다—여기서 '금발'이라는 것은 인간을 지칭한다기보다는 야수나 사자를 지칭하는 것으로 보인다."⁸

이후 개정판에서 카우프만은 금발의 야수라는 말이 무해하다고 확언하면서, "악명 높은"이라는 표현을 삭제했다.⁹ 만약 문제의 "금발"이라는 말이 단지 사자를 지칭하는 것이라면, 우리는 나치주의자들과 그 밖의 사람들이 인종이라는 말이 전혀 등장하지 않는 니체의 글을 함부로 해석한 것이라고—그것은 니체의 논점이 아니라 그들의 논점이었다고—결론지을 수도 있을 것이다. 하지만 금발이 사자를 의미한다는 주장은 설득력이 없다. 니체는 금발이 무엇을 의미하고, 누가 거기에 속하는지에 대해 상당히 명확했다. 일찍이 『도덕의 계보』에서 금발의 야수가 등장하는 대목의(I §11) 몇 단락 앞에서(I §5) 니체는 "금발의 아리아 정복 종족"(*der herrschend gewordnen blonden, nämlich arischen Eroberer-Rasse*)에 대해 언급하면서 몇 가지 어원학적 방식을 써서, 그것이 언어학적으로 모호하다는 점을 드러냈다.

라틴어 말루스malus〔'나쁜'〕(이 말 옆에 나는 멜라스melas〔'검은'〕라는 말을 두겠다)라는 말에서 평민은 피부색이 짙은, 특히 머리색이 검은 사람들("*hic niger ets*— ")로, 지배자가 된 금발의 아리아 정복민과는 피부색으로 아주 분명하게 구별되는 이탈리아 땅의 선-아리아 거주민으로 특징지을 수 있다. 어쨌든 게일어는 우리에게 이에 정확히 상응하는 경우를 제공한다—(예를 들어 핀-갈 Fin-Gal이라는 이름에서) 핀fin은 귀족을 나타내는 품위 있는 말로, 짙고 검은 머리의 원주민들과는 반대로, 선하고 고결하고 순수 혈통인 사람을, 원래 금발인 사람을 의미했다. 그런데 켈트족은 완전한 금발의 종족이었다. 그러므로 좀 더 정밀한 독일의 민족지 지도에서 나타나는 본래 검은 머리색을 지닌 사람들의 분포를, 비르코프Virchow*가 주장하듯, 켈트족이라는 연원이나 혈통의 혼합과 연관 짓는 것은 맞지 않다. 오히려 이 지역들에서 나타나는 검은 머리의 사람들은 독일의 선-아리아 민족이라고 할 수 있다. 이는 거의 유럽 전역에서도 마찬가지다. 피지배 종족이 점차 피부색과 짧은 두개골에 있어서, 또한 아마 지적으로나 사회적인 직관에 있어서도 다시금 우세한 지위를 회복하게 되었다. 그렇다면 그 누가 말할 수 있겠는가? 현대의 민주주의, 더 현대적인 아나키즘과 특히 현재 유럽의 모든 사회주의자들이 공감하는 '코뮌commune'에 대한, 가장 원시적 사회형태에 대한 지향이 엄청난 반격을 의미하는 것이 아니라고—또 정복자이며 **지배 종족인 아리아족**[*die Eroberer- und* Herren-Rasse, *die der Arier*]이 생리학적으로도 굴복하고 있는 것이 아니라고.[10]

이 단락에서 니체는 두 가지 빈약하고 오도된 '증거'—음운학적으로 불가능함에도 불구하고 라틴어 말루스('나쁜')를 그리스어 멜라스

('검은')와 결부시켰고, 아일랜드어 핀finn을 '깨끗한, 눈부신, 빛나는'이 아니라 편협하게 '금발'로 번역했다—를 아주 광범위한 몇몇 결론의 근거로 사용했다.[11] 외면상으로는 이 빈약한 근거 위에서 그가 금발 머리를 아리아족 정복자들 및 도덕적으로 선한 것에 등치시키고, 검은 머리를 그 반대의 것들, 즉 셈족이 아닌 불특정한 종류의 혐오스러운 선-아리아 종족들과 등치시킨 것으로 보인다. 위에 인용한 단락의 마지막 문장도 주목할 필요가 있다. 완곡하게 슬쩍 괄호가 쳐져 있기는 하지만, 이 문장은 니체가 혐오했던 민주주의, 아나키즘, 사회주의, 공산주의 등의 정치 운동들에 대한 그의 인종주의적 재해석을 담고 있다. 그는 이런 모든 정치 운동이 짧은 두개골에 검은 머리를 지닌 선-아리아 종족들의 복수라고 보았다.[12]

이 단락에는 또한 니체가 금발 머리의 의미에 관심을 갖게 된 배경에 관한 단서가 담겨 있다. 그 단서란 바로 니체가 동시대의 선도적인 인류학자, 생리학자, 병리학자였으며, 독일제국의회의 진보적 일원이자, 베를린 인류학·민족학·선사학협회의 설립자였던 루돌프 비르코프에 대해 짧게 언급한 내용이다. 그 언급이 얼마나 중요한지를 알려면, 프랑스 인류학계의 수장이었던 아르망 드 카트르파주Armand de Quatrefages(1810~92)가 1871년에 프로이센·프랑스전쟁에서 저질러진 잔학 행위들에(특히 그의 인류학박물관에 대한 폭격에) 격노하여 쓴 소책자로 거슬러 올라가야 한다. 이 문제의 소책자에서 아르망은 프로이센인들이 너무나 명백히 야만적이어서 도무지 아리아족으로 간주할 수 없으며, 오히려 그들은 '슬라브-핀 족', 즉 콩트 드 고비노가 유럽 본래의 선-아리아 거주민들 및 일부 '황인종'과 동일시한 집단임에 틀림없다고 주장했다. 당연하게도 카트르파주의 관점에서 보면, 게르만인과 아리아인은 남부 독일에 한정되는 것이었다.[13]

엄밀한 실증적 토대 위에서 이 주장을 논박하기 위해 비르코프는 독일 군대 전체의 '두개골 지수'(즉 머리의 폭과 길이의 비율)를 재는 골상학 조사를 시행하고자 했다. 골상학은 안데르스 레치우스Anders Retzius(1796~1860)가 아리아 인종을 검증하는 주요한 방법으로 확립한 분야였다. 하지만 군대에 대한 조사를 실행할 수 없게 되자, 그는 계획을 바꿔 좀 더 쉽게 측정할 수 있는 다른 그룹—즉 학교에 다니는 어린이들—을 대상으로 인종적 정체성의 목록을 만들기로 했다. 이를 위해 그는 장두형의(즉 머리가 길쭉한) 두개골뿐 아니라 금발 머리와 푸른 눈으로 아리아인을 식별할 수 있다고 처음 주장했던 칼 구스타프 카루스Carl Gustav Carus(1789~1869)의 의견을 받아들였다.[14]

1870년대와 1880년대에 걸쳐 비르코프는 독일 전역의 거의 700만 명에 달하는 어린이들과 오스트리아, 스위스, 벨기에의 어린이 800만 명에 대한 정보를 수집했다. 그의 연구는 인종에 관한 '과학적' 연구에서 머리색이 중요한 위치를 차지한 최초의 연구였으며, 그 결과는 차례차례 발표되다가 1885년 왕립 프로이센 과학아카데미에서 행한 마지막 보고에서 완성에 이르렀다. 이해는 니체가 금발의 야수에 대해 언급하기 바로 1년 전이다.[15] 비르코프의 자료는 빈틈없이 잘 짜여 있었고 상당한 논쟁을 불러일으켰다. 특히 그 자료는 금발 머리가 독일 남부와 서부보다는 북부에서 훨씬 빈번하게 나타남을 보여주었으며, 비르코프는 이것으로 카트르파주의 견해를 반박했다. 검은 머리를 가진 사람들의 비율이 모든 지역에서 예상보다 높게 나타났지만, 어쨌거나 비르코프는 검은 머리가 프랑스에서도 유사한 분포로 나타나는 것을 보고는, 검은 머리는 '켈트 혈통'에서 가장 많이 나타난다고 결론지었다.[16]

니체가 인종, 우생학, 선사시대, 1880년대의 형질인류학 같은 문제들에 특별한 관심을 보이며 비르코프를 끌어들이려 한 것은 바로 이 마지막 주장과 관련해서다.[17] 특히 니체의 관점은 테오도르 푀셰Theodor

Poesche의 『아리아인』(1878)의 영향을 받았는데, 이 책은 니체의 서재에 있던 책들 중 아리아족 문제를 다룬 유일한 책이었다.[18] 푀셰는 카루스를 따라 아리아족이 분명히 "금발 종족"(die blonde Race)이라고 규정했고, 아리아족의 정복 과정은 유럽의 식민지 개척 과정과 일치하는 역사법칙을 보여준다는 입장을 고수했다. 즉 피부색이 밝은 인종이 피부색이 짙은 형제들에게 언제나 승리한다는 것이다.

푀셰에서 시작해, 니체는 광적일 정도로 복잡하고 상반되는 주장을 고안해냈으며, 그것은 이런저런 점에서 그가 자신의 논의에 끌어들인 모두에 대한 도전이었다. 그리하여 그는 켈트족도 아리아족이기에 역시 금발이라고 했고, 비르코프에게 미안하게도(그리고 독일의 민족적 자부심에 미안하게도), 이는 바로 카트르파주의 주장처럼 검은 머리를 지닌 독일 사람들을 선-아리아인으로 봐야 한다는 것을 의미했다. 하지만 니체가 아리아인에 대해 경탄했다 해도, 그것은 카트르파주가 그랬듯이 그들의 높은 문명 수준 때문은 아니었다. 프랑스인들에게 미안하게도, 그것은 오히려 정확히 아리아인의 야만적인 특징들—선과 악에 제어되지 않는 힘에의 의지를 실행한다는 점—때문이었고, 니체는 그 점을 가장 높게 평가했다. 고대 게르만인들은 그런 자유와 에너지를 가지고 있었지만, 현대 독일인들은 그렇지 않아서 그 어느 때보다 아리아인답지 못하고 그 어느 때보다 야만스럽지 못하다고 그는 주장했다. 고비노처럼 그는 퇴락과 후회의 서사를 제공했고, 푀셰에게 미안하게도, 금발이 아닌 독일인들의 숫자가 증가하는 것은 검은 머리 민족들이 승리하고 있음을 보여주는 것이라고 보았다. 또 다른 곳에서 니체는—이번에는 고비노, 바그너, 바이로이트 파에게 미안하게도—인종적 혼합이 이로운 결과를 가져올 수 있다고 생각했다.[19] 어쨌거나 방금 살펴본 이 단락에서, 니체가 다시 부상하는 선-아리아인들에 대해 그들의 특유한 검은 머리, 원한에 찬 태도, 그리고 위험한 정치적 성향을 두고 경고하는 것을 보면, 그의 입장은 훨씬 더 노골적으로 적대적이었다고 할 수 있었다.

III

『도덕의 계보』을 탈고하고 나서 몇 달 후, 니체는 고대 인도의 윤리, 종교, 사회구조에 관한 『마누법전』(Manāva Dharmaśātra)*을 발견하고 대단히 흥미를 느꼈다.[20] 1888년 페터 가스트Peter Gast에게 쓴 편지를 보면 니체는 매우 열광하고 있다.

나는 요 몇 주 동안 아주 중요한 것을 배웠다네. 가장 탁월한 사제들과 학자들의 엄격한 감독 아래 인도에서 작성된 『마누법전』의 불어 번역본을 발견했지. 아리아인들의 것임이 분명한 이 책은 베다에 근거한 도덕성에 관한 성직자들의 사본으로, 카스트 관념과 아주 오래된 고대의 전통에 기반하고 있는데—매우 성직자풍이면서도 염세적이지 **않은**—가장 탁월한 방식으로 종교에 대한 나의 관점을 보충해준다네. 고백하건대 우리가 지닌 도덕적 입법이라고 하는 것 등의 모든 것이, 내게는 『마누법전』의 모방이나 캐리커처에 불과한 것으로 보인다네. 이집트학이 분명히 그렇지 않은가. 플라톤조차 내게는 모든 주요 요점에 있어서 단지 한 사람의 브라만에게 교육을 잘 받은 것에 불과해 보인다네. 그 책은 유대인들을, 한 명의 **사제 카스트**가 한 민족을 조직하는 지도자가 되게 해주는 원리들을 그 **지도자들**에게서 배우는 찬달라Chandala 무리처럼 보이게 만든다네.[21]

아나클레토 베레치아Anacleto Verrecchia와 크리스티아노 그로타넬리

Cristiano Grottanelli가 확인해주었듯이, 니체가 수중에 넣었던 프랑스어 번역본은 루이 자콜리오Louis Jacolliot의 1876년판이다.[22] 윌리엄 존스 경의 최초 번역본(1794)이나 이후의 모든 번역본과 대조적으로, 이 특이한 번역본은 산스크리트어 원전이 아닌 타밀어Tamil* 원전에 기초한 것이었다. 자콜리오는—그가 배운 인도 남부 지방 선생들을 따라—타밀어 원전이 가장 오래되고 믿을만하다고 오해했으며, 그의 풍부한 주석들도 여러 단계에 걸쳐 터무니없이 특이한 주장들을 만들어내고 있었다. 예를 들어 그는 인도 고유의 종교와 문화를 이상화하면서, 카스트제도는 부산물일 뿐이라고 보았다. 그가 보기에, 카스트를 구성하는 담론과 실천이란 브라만들에 의해 조장된 것이고, 브라만들이 시민 생활, 정치 그리고 종교 생활의 방향을 설정하는 수단이었다. 카스트제도의 희생양이 된 이들과 관련하여, 니체는 누구보다도 큰 고통을 받은 것은 산스크리트어로 찬달라Caṇḍālās라 불리던 최하층의 부랑자 천민들이었으며, 그들 중 많은 수가 북쪽이나 서쪽으로 이주함으로써 스스로를 그 억압적 상황에서 구출하고자 했다고 주장했다. 그리하여 다양한 찬달라 집단이 메소포타미아에 정착하게 되었고, 거기서 그들은 바빌로니아인들과 칼데아인들의, 그리고 칼데아에서 다시 이스라엘로 이주한 히브리인들을 포함해 '셈족'이라고 잘못 불린 모든 사람의 선조가 되었다는 것이다. "공인된 학문이 셈족이라 부르는 이들"과 관련해, 자콜리오는 이들을 곧잘 "인도-아시아" 민족으로 간주하고는 했다. 그는 전 세계 사람이 인도에서 유래했는데, 그중에서도 서쪽 사람들—이집트인들과 유럽인들—은 좀 더 높은 카스트 계급에서 유래했다고 보았으며, 그들에게 그는 "인도-유럽인들"이라는 호칭을 붙였다.[23] 자콜리오가 인도의 찬달라들에게 동정을 보이긴 했지만, 국외로 추방된 그들의 후손들에 대한 그의 태도는 훨씬 더 가식적인 겸손함을 띠었고, 심지어 종종 경멸적이기까지 했다. 이 점은 그들의 종교에 대한 자콜리오의 다음과 같은 표현에서 가장 확연히 드러난다. "이른바 셈족은 그들 스스로가 너무나도 이주민인 찬달라 노예들다워서 결코 모국에서 가져온 저급한 관념들 이상으로 성장할 수 없었다. 무지한 찬달라들은 평민에게도 개방되었던 힌두교식 숭배의 겉모습만 보아왔을 뿐이었다. 칼데아인들과 그 후손들에게는, 그들이 한때 브라만의 철학적이고 영적인 믿음 위에서 길러졌다는 사실을 보여줄 수 있는 것이 아무 것도 남아 있지 않았다."24

자콜리오의 견해에 근거하기는 했지만, 니체는 이를 상당 부분 수정하여, 격렬한 원한을 찬달라 계급과 그 후손들의 탓으로 돌린 후, 두 종류의 도덕적 구상을 구분해갔다. 그는 그 두 가지 모두를 카스트제도와 관련지었다. 그중 첫 번째 것을 그는 "양육"(*Züchtung*)이라 불렀으며, 이것을 『마누법전』에 의해 수행된 과업, 즉 네 계급으로 나뉜 카스트 및 찬달라 계급에게 강제되는 복종을 위한 인간 주체들의 교화라고 보았다. 그는 두 번째 것을 "길들이기"(*Zähmung*)라고 불렀고, 이것을 원한에 찬 찬달라 계급의 반응, 특히 그들이 스스로 만든 체제 속에서 사제가 되었을 때의 반응과 관련지었다. 인도의 자료들은 대체로 무시하고, 자료에 대한 인도인들의 입장에는 그다지 관심을 쏟지 않은 채, 니체는 이 자료들을 다른 예에 적용하기 위해 자콜리오의 기묘한 관점들을 전유했다. 그 예란 바로 (그가 상상한) 중세 사제들—칼데아인들의 후손인, 그래서 결국엔 찬달라 계급의 후손인 유대인들, 그 유대인들의 후손인 기독교인들—이 어떻게 고대 게르만인들의 정신을 파괴했는가 하는 점이었다.

어떤 짐승을 길들이는 것을 그 짐승의 '개선'이라고 부르는 것은 우리의 귀에는 거의 농담처럼 들린다. 동물원에서 무슨 일이 일어나고 있는지를 아는 사람이라면 그곳에서 야수들이 '개선되고 있다'고 믿지는 않을 것이다. 그 야수들은 유약하고 덜 위험스럽게 만들어지며, 침울한 공포감과 고통에, 상처와 배고픔에 병든 야수가 되어버린다.—성직자가 '개선시켜' 길들여진 인간의 경우에도 사정은 다르지 않다. 실제로 교회가 다름 아닌 동물원이었던 중세 초기에, 사람들은 어디서나 '금발의 야수'의 가장 그럴듯한 표본[die schönsten Exemplare der „blonden Bestie"]을 찾아 사냥을 했다—예를 들어 그들은 고귀한 튜턴족[고귀한 게르만인die vornehmen Germanen]을 '개선시켰다'. 그런데 그렇게 '개선되고', 수도원으로 유혹되었던 튜턴족의 나중 모습은 어떠했던가? 인간의 희화화이자 실패작과도 같았다. 그들은 '죄인'이 되어버렸고, 우리에 갇혔으며, 사람들은 그들을 완전히 끔찍한 개념들 속에 가두어버렸다.[25]

니체가 끔찍하다고 생각한 이 경우들과 비교하면, 『마누법전』의 '양육' 체계가 훨씬 낫다. "여기서 명백한 것은 우리가 더 이상 조련사들 사이에 있지 않다는 것이다. 그런 종류의 양육에 대한 계획을 구상하기 위해서는 백배나 더 온화하고 이성적인 종류의 인간이 전제되어야 한다. 기독교의 매캐한 지하 감옥 같은 대기에서 빠져나와 이런 더 건강하고, 더 높고, 더 넓은 세계로 진입하면서 우리는 안도의 숨을 쉬게 된다. 『마누법전』에 비하면 신약성서라는 것은 얼마나 보잘것없으며 얼마나 악취를 풍기는가!"[26] 이것으로도 성에 차지 않았는지, 니체는 자신의 관점을 좀 더 확실하게 표현한다. 즉 『마누법전』이 "아리아족의 너무나도 순수하고 너무나도 원초적인 인간성"[27]의 체계인 데 반해, "유대인의 뿌리에서 자랐으며 그런 토양의 산물로서만 이해할 수 있는 기독교는 양육의 도덕성, 종족의 도덕성,

특권의 도덕성에 맞서는 대응〔gegen jede Moral der Züchtung, der Rasse, des Privilegiums〕을 나타낸다. ―발군의 반-아리아적 종교〔die antiarische Religion par excellence〕인 기독교는, 모든 아리아적 가치의 평가절하이고, 찬달라적 가치의 승리이며, 가난하고 미천한 자들에게 설교되는 복음이자, 짓밟히고, 비천하고, 조잡하고, 특권 없는 모든 것들이 '아리아족'에 맞서는 집단 폭동으로서―사랑의 종교로서의 찬달라의 영원한 복수다."28 그리하여 금발의 야수에 관한 담론 속에서 기독교인과 아리아족의 대립으로 절정에 이르는, 구조화되고 편협한 대조 관계들로 이루어진 하나의 상징적 우주가 구성된다. 여기서 유대교는 불완전하고, 덜 강력하고, 덜 위험한 예비 단계의 기독교로 규정된다.

금발 머리 : 검은 머리
아리아족 : 선-아리아족
군사적 정복자 : 군사적 피정복자
높음 : 낮음
야수 : 먹잇감
조직자이며 창조자 : 오합지졸
귀족 : 찬달라
좋음Good1 : 나쁨
―――――――――――――――
도덕적 정복자 : 도덕적 피정복자
죄인들 : 성직자들
길들여진 짐승들 : 동물 조련사
본능적인 자들 : 원한 맺힌 자들
악 : 선Good2
『마누법전』 : 신약성서
양육 : 길들이기
아리아족 종교 : 기독교

비록 니체가 『비극의 탄생』에서 펼쳤던 분석의 구조와 많은 세부 사항을 내내 견지하기는 했지만, 어쨌든 그는 내가 3장에서 살펴보았던, 『비극의 탄생』 §9에서 보였던 태도를 이후 저작들의 다른 부분들에서는 수정한 것으로 보인다. 이런 변화는—니체의 다른 많은 것과 마찬가지로, 그다지 명확하지도 지속적이지도 않기에—많은 논란을 야기해왔다.[29] 개인적으로 나는 그가 반-셈족주의에 반대하는 입장, 하지만 전혀 관대하거나 평화적이지는 않은 입장에 이르렀다고 생각한다. 유대인과 유대교에 대한 반감은 다소 완화되었으며, 때로 마지못한 모습이 보이긴 해도, 존중하는 태도가 커지면서 균형이 잡혔다. 더욱 중요한 점은 그가 유대교에 대해서보다 기독교에 대해 한없이 더 비판적이게 되었다는 점이다. 그래서 그는 (바그너, 베르하르트 푀르스터Berhard Förster, 그리고 바이로이트 파 사람들처럼) 가장 편협한 의미의 반-셈족주의자이기만 했던 이들을 위해, 즉 유대교의 모든 나쁜 것이 기독교에서 더 확대되고 악화되었다는 점을 깨닫지 못하는 기독교인들을 위해 가장 가차 없는 경멸을 남겨두었다.

IV

설령 우리가 금발의 야수에 대한 니체의 언급들이 나치가 생각한 것만큼 (판에 박힌) 반-셈족주의를 보여준 것은 아니라고 결론지을 수 있다 해도, 이 덕분에 금발에 대한 그의 논의가 순수해지는 것은 결코 아니다. 한 중요한 글에서 데틀레프 브레네케Detlef Brennecke는 금발의 야수는 진짜로 사자를 지칭하는 것이며 따라서 니체는 잘못이 없다고 보는 카우프만의 생각을 왜 받아들일 수 없는지에 대해 몇 가지 적절한 이유를 제시했다.[30] 첫째, 19세기 용법으로 금발의blond 라는 독일어 형용사는 전형적으로 사람에게 쓰였지 동물에게는 거의 쓰이지 않았다.³¹ 둘째, 금발 머리에, 키가 크고, 야만스런 게르만인의 이미지는 고대부터 깊이 뿌리박혀 있던 통념이며, 니체와 그의 동시대인들에게도 그런 식으로 널리 인식되고 있었다. 예를 들어 푀셰는 "금발 종족"으로서 아리아인에 대한 묘사를 『게르마니아』의 유명한 4장을 인용하면서 시작한다. 타키투스는 다음과 같이 적고 있다.³²

나는 게르마니아 지역의 종족들이 다른 종족들과 결혼하지 않아 변종이 되지 않았고 또 독자적 성격을 지닌 순수한 단일 종족이라고 하는 사람들의 견해에 동조한다. 결과적으로 수많은 사람을 살펴보았을 때, 그들은 모두 공통적인 외모를 지니고 있다. 모두가 도전적인 푸른 눈을 가졌고, 붉은 금발이며, 체구는 물론 공격하기에 알맞게 건장하다. 그들은 노동이나 고된 일을 잘 견디지 못한다. 더구나 그들은 갈증과 더위를 참는 데 익숙하지 않다. 그러나 기후와 지형 덕분에 추위와 배고픔을 견뎌내는 데는 익숙하다.³³

3장에서 본 것처럼 북부의 민족주의자들과 원형 민족주의자들은 『게르마니아』가 발견되고 출간된 순간부터 이에 대해 열렬한 관심을 보였다. 위에 제시된 구절은 이후로 나치를 비롯하여 게르만족의 종족적 순수성과 아름다움에 관한 모델을 구축하려는 모든 시도에서 중심적인 역할을 했다.³⁴ 또 어떤 이는 이런 통념을 콘라드 켈티스 Conrad Celtis*가 1500년에 쓴 『게르마니아 개관 Germania generalis』에서부터 찾기도 한다.

이 종족은, 정복되지 않고, 전 세계에서 가장 유명한 종족으로 남아 있다……

그들의 고유성은 어떤 다른 종족보다도 더 원초적이다……
그들의 가슴은 넓고, 사지도 큼직하며,
경이로운 자연은 그들에게 우윳빛 목과
장대한 사지를 떠받치는 새하얀 몸을 주었다.
그들의 머리칼은 금발이고, 그들의 두 눈은 황금빛으로 빛난다.[35]

이런 식의 찬가들은 니체의 시대까지(그리고 그 이후에도) 계속 전해져 내려왔다. 하지만 후대의 저자들이 타키투스의 설명에 권위를 부여하기는 했어도, 로마의 역사가들은 게르만인들을 관찰할 기회가 별로 없었고, 따라서 이런 묘사들이 직접적인 관찰에 근거했을 리는 없었다. 더욱이 에드바르트 노르덴Eduard Norden이 처음 인식한 것처럼, 『게르마니아』 4장에 나오는 생리학적 묘사들은 그리스-로마의 민족지들에 나오는 다른 묘사들과 너무나 비슷해서 마치 상투적인 관용구들을 그대로 옮겨놓은 것처럼 보인다.[36] 예를 들어 부디노이족 Boudinoi에 대한 헤로도토스의 묘사를 살펴보자(4.108). "부디노이족은 위대하고 수가 많은 민족이다. 그들은 모두 불그스레하며 [눈이] 아주 푸르다."[37]

타키투스처럼 헤로도토스도 수, 단일성, 푸른 눈, 불그스레함을 강조했다. 하지만 헤로도토스의 텍스트에서 **불그스레하다**pyrrhos는 수식어는 지시 대상이 없어서, 부디노이족의 머리색이 붉은지 피부색이 붉은지는 명확하지 않다. 그래도 대체로 전자가 선호된다. 사실 우리는 부디노이족에 대해 아는 것이 너무나 적은데, 어쨌든 그들은 고대의 저자들도 잘 몰랐거나 별 관심이 없었던 먼 곳에 사는 정체불명의 종족이었다. 헤로도토스는 그들을 유럽과 아시아의 경계에 거주하는 가장 북쪽 사람들 중의 하나로 설정했고(4.21), 푀셰는 그들을 아리아족의 고향과 관련짓고자 했다.[38] 푀셰의 관심사는 게르만족이 금발 머리 아리아족(=부디노이족)의 순수한 후손들이며 그들이 북유럽에서 이주해왔음을 보여주는 데 있었다. 노르덴이 주장한 것처럼, 게르만족과 부디노이족은 둘 다 전형적인 북방 민족으로 여겨졌고, 저자들은 십중팔구 그들을 북부 지방과 관련된 일련의 판에 박힌 특성들로 설명했을 것이다. 실제로 타키투스는 『아그리콜라전Agricola』 11장에서 이와 비슷한 주장을 했는데, 여기서 그는 브리튼 거주민들의 체형을 두 가지 종류로 구분하고, 그 둘을 상이한 지리와 기후에 배속시킬 수 있는 선사시대를 고안해냈다. 그는 붉은 머리를 한 칼레도니아인들은 분명히 북쪽, 즉 독일 출신들이고, 반대로 짙은 색 얼굴에 곱슬머리를 한 실루리아인들Silures은 분명히 남쪽, 즉 스페인 출신들이라고 주장했다.³⁹

칼레도니아인 : 실루리아인
붉은(곧은) 머리 : 검은 곱슬머리
(흰 피부) : 짙은 색 피부
큰 사지 : (작은 키)
북쪽 : 남쪽
독일 : 스페인

이렇게 타키투스와 헤로도토스의 텍스트에서 밝은 색 머리와 피부는 북쪽 지방의 특징적인 표지로 규정되었고, 다른 자료들에서도 똑같은 특징들이 북유럽에 거주했던 많은 민족에게 부여되었다. 서쪽에서 동쪽으로 이동하면 여기에 칼레도니아인, 브리튼인, 갈리아인, 켈트족, 게르만족, 트라키아족, 게타이족, 스키타이족, 멜랑클라이노이족, 사우로마타이족, 부디노이족 등이 포함된다.⁴⁰

아니, 이것이 전부가 아니다. 이 경우들에서 밝은 색 머리는 다른 몇몇 신체적 특징에 따라 다양화되었다. 푸른색(또는 청-녹색) 눈이 그 큰 크기와 결부된다는 점은 이미 살펴본 바대로다. 여기에 우리는 모종의 호전성을 추가할 수 있다. 하지만 그것은 처음에는 활력적이었다가 급격히 무기력해지는 호전성이다. 리비우스Livy*(38.17.1-7)는 갈리아인의 공격을 코앞에 두고 로마 부대의 한 지휘관이 행한 연설을 통해 이런 경향에 대해 아주 길게 설명한 바 있다. 그는 사람들에게 갈리아인은 여러 민족 중에서 전쟁으로 명성이 드높다고 말하면서, 그들을 구별지어주는 특징으로, 그들이 적을 위협할 때 사용하는 군가, 춤, 무시무시한 무기들 등과 더불어 그들의 큰 몸집과 길고 붉은 머리(*procera corpora, promissae et rutilatae comae*)를 언급한다. 하지만 그는 부하들에게 로마인들은 경험으로 쌓은 노련함이 있으니 두려워하지 말라고 말한다. "그들이 너희들에게 성급한 성질과 앞뒤 못 가리는 충동으로 공격을 쏟아 부을 때, 만일 너희가 그들의 첫 번째 공격을 버텨낼 수 있다면, 그들의 사지는 땀과 피로로 지치고, 그들의 팔은 떨릴 것이다. 그들의 흥분 상태가 가라앉으면 태양과 먼지 그리고 갈증이 그들의 연약한 몸과 정신을 무력화시킬 것이고, 그러면 너희들은 그들에게 칼을 휘두를 필요도 없을 것이다."⁴¹

부드러운 몸과 정신(*mollia corpora, molles...animos*)에 내재한 유약함은 그런 신체가 땀 흘리며 달리기(*fluunt sudore*) 시작할 때 명백해진다. 그들을 쓰러뜨린 적은 로마 군대가 아니라, 그들을 과열시키고 말라죽게 한 자연의 작인, 즉 태양, 먼지, 갈증(*sol pulvis sitis*)이었다. 이 모든 것은 우리가 앞에서 인용한 타키투스의 글 마지막 부분에 제시된 요점을 상기시킨다. "(게르만족은) 갈증과 더위를 참는 데 익숙하지 않다. 그러나 기후와 지형 덕분에 추위와 배고픔을 견뎌내는 데는 익숙하다."⁴²

타키투스는 게르만의 기후가 "거칠고"(*asperam caelo*, 2장), 북쪽과 서쪽은 음습하며, 남쪽과 동쪽은 바람이 많다고(*humidior qua Gallias, ventosior qua Noricum ac Pannoniam*, 5장) 묘사한다. 언뜻 보기에는, 북쪽의 춥고 습한 환경이 그곳에 사는 사람들의 신체에 영향을 미쳐 그들을 덥고 건조한 정반대의 날씨에 약해지게 만드는 것 같기도 하다. 그래서 타키투스는 게르만인들의 성격이 굼뜨며 나태하다고 하고, 리비우스는 갈리아인들이 그렇다고 한다. 두 경우 모두에 똑같은 의학적 서브텍스트가 내재되어 있는데, 히포크라테스의 의술에 따르면 굼뜬 것은 차갑고-건조한 기질이고 무기력은 과식에서 비롯되기 때문이다.[43]

이와 대체로 비슷한 방식으로, 스트라보Strabo*는 브리튼인들이 대륙의 켈트인들보다 키가 더 크고 머리색의 금빛은 덜하지만 "신체는 더 흐늘흐늘하다."(*khaunoteroi de tois sômasi*)고 말한다.[44] 그가 사용한 어휘—카우노테로스khaunoteros, 즉 *khaunos*의 비교급 형태—는 상당히 전문적이며 의학 텍스트에 매우 자주 등장하는 용어로서, 의학 텍스트에서 그것은 습기를 잘 흡수하여 조직을 부드럽고 연약하며 활기 없게 만드는 조직의 해면체성이나 다공성多孔性을 가리킨다.[45] 디오도로스 시켈리오테스Diodorus Siculus*가 켈트인들은 키가 크고, 머리는 금발이며, 피부는 희지만 또한 "극도로 축축하다."(*kathugroi*)고 한 것을 보면, 켈트족에 대판 평판도 비슷했음을 알 수 있다.[46] 디오도로스는 이런 특징들이, 그가 지나치게 춥고 얼음장 같은 습기로 가득 차 있다고 묘사한 북쪽의 기후로 말미암은 것이라고 여겼다.[47] 마찬가지로 스키타이인의 신체도 "축축하고 기운 없다."(*hygrotētos kai atoniēs*)고 알려져 있었다.[48] 그리고 만약 습한 기후가 이런 상태를 만들어낸 것이라면, 마찬가지로 추위도 그들의 신체 색깔의 원인인 것이다. 그러므로 가짜 히포크라테스의 글인 『공기, 물, 장소에 관하여』는 "스키타이 민족은 작열하는 태양 때문이 아니라 추위로 인해 붉은 빛을 띤다. 추위의 순백색이 그들을 그슬리고 그들의 붉은 빛을 만들어냈기 때문이다."⁴⁹라고 적고 있다.

표 5.1에서 볼 수 있듯이, 이 자료들은 모두 똑같은 이론적 틀을 사용해 유사한 결론에 이르고 있다. 그들의 출발점은 지리, 기후, 생리적 특징이 더위/추위, 습함/건조함 등 기본적인 요인들의 존재 여부에 따라 달라진다는 발상이다. 밝은 색 머리, 그리고/또는 밝은 색 피부, 맑은 눈, 크고 연약한[흐늘흐늘한] 신체, 부족한 지적 능력, 처음엔 성급하지만 나중엔 굼떠지는 기질은 추위와 습기라는 기본적 요인으로 인한 신체상의 결과라고 이론화되고, 그것은 북北사분면을 특징짓게 된다. 우리가 이런 체계를 추론하는 데 만족할 필요는 없다. 비트루비우스Vitruvius*는 지구의 각기 다른 지역 사람들이 어째서 서로 다른 양식의 집을 짓는지를 설명하려 하면서 다음과 같이 분명히 말하기 때문이다.⁵⁰

이런 것들은 사물의 본성에 뿌리박은 것으로서 주목되고 고려되어야 하며, 또한 사람들의 신체 각 부분에서도 관찰될 수 있다. 태양이 그 열기를 적당히 내뿜는 그런 곳에서는 신체 온도도 적당하게 유지된다. 하지만 태양이 가까운 곳에서는 대지가 뜨겁게 활활 타올라 적당한 습기를 없애버린다. 반대로 한랭한 지역은 남쪽으로부터 멀리 떨어져 있기 때문에, 그곳에서는 사람들의 살갗에서 습기가 마르지 않는다. 오히려 이슬을 머금은 공기가 하늘에서 내려와 사람들의 신체를 더 크게 만들고 목소리를 더 굵게 만든다. 이런 식으로 북쪽 지역 사람들은 높은 습도와 공기의 찬 성질에서 양분을 얻기 때문에 거구와 흰 피부, 붉은색 직모, 옅은 푸른색 눈, 그리고 다량의 혈액으로 특징지어진다. 남쪽에 가깝고 태양의 경로에 많은 영향을 받는 사람들은 작열하는 태양으로 인해 상대적으로 키가 작고, 피부가 검으며, 곱슬머리와 검은 눈에 튼튼한 다리와 부족한 혈액으로 특징지어진다. 혈액이 부족하기 때문에 그들은 칼에 대한 두려움이 더 크다. 하지만 그들의 신체가 열에서 양분을 얻기 때문에 열기와 불에는 두려움 없이 잘 견딘다. 반대로 북쪽에서 태어난 사람들의 신체는 불을 두려워하며 열기에 약하다. 하지만 혈액이 충분하기 때문에 칼에는 두려움 없이 잘 맞선다.[51]

여기서 설정한 결합 관계는 우리에게 대단히 익숙하고 구조적으로도 이해하기 쉽다. 그것은 다음과 같이 정리할 수 있다.

북쪽	남쪽
-더위/+습기	+더위/-습기
-전투에서의 두려움/+열에 대한 두려움	+전투에서의 두려움/-열에 대한 두려움
큰 신체	작은 신체
굵은 목소리	높은 목소리
밝은 색의 피부/머리/눈	짙은 색의 피부/머리/눈
풍부한 피	부족한 피

이 대조되는 특징들은 그 매개가 되는 제3의 실체가 출현하여 상반되는 이 두 가지 범주를 뛰어넘는 우월성을 주장할 수 있도록 신중하게 구성되었다. 논의를 진전시키면서 비트루비우스는 북쪽 사람들이 대단한 힘을 소유했지만 전략적 계획을 세우는 데 있어서는 지력이 부족하다고 주장한다. 또 남쪽 사람들은 그 반대의 상황에 놓인다. 이런 사실을 전제로 비트루비우스는 이 분류 체계의 이미 정해진 결론으로 나아간다.

실로 전 세계의 공간과 땅의 여러 지역 중, 로마인들은 가장 한복판에 있는 영토를 소유하고 있다. 그래서 이탈리아 사람들이 신체 구성이나 정신적인 면 모두에서 활기와 의연함으로 균형이 가장 잘 잡혀 있는 것이다. 목성이 극도로 뜨거운 화성과 극도로 차가운 토성 사이에서 운행함으로써 조절되는 것과 같은 방식으로, 이탈리아도 북쪽과 남쪽 사이에서 양쪽의 혼합으로 조절되기 때문에 탁월한 장점을 지닌다. 그러므로 이탈리아인들은 자기들의 전략으로 [북쪽] 야만인들의 힘을 제압하고, 그 강인한 손으로 남쪽 사람들의 계획적인 지력을 저지한다. 그리하여 그 고귀한 정신은 로마인들의 도시를 두드러지게 조화로운 지역에 자리 잡게 하였고, 그렇게 그들은 세계 제국의 힘을 지닐 수 있었다.[52]

금발의 게르만인들은 이 옛이야기에서 영웅이나 수혜자가 아니라, 단지 로마인들이나 그 이전의 그리스인들 같은 여타의 민족들을 돋보이게 하는 역할을 했음이 드러난다.[53] 이런 이야기는 부분적으로만 경험적 관찰에 근거한 것으로, 그것은 대개 금발에, 창백하고, 몸집이 크고, 성급하며, 그리고/또는 노둔한 북방인들에 대해, 그리고 물론 이들과 반대되는 특징을 지닌 남방인들에 대해, 보고 듣고 말할 때마다 굳어진 산발적인 인식들을 누군가가 일관되고, 납득할만하며, 자기에게 유리한 틀로 정리함으로써 만들어낸 이론적 장치에 근거한 이야기였다. 그리고 이 극단적인 두 가지 상상과는 대조적으로, 로마인들과 그리스인들은 행복에 차서 스스로를 이상적인 기질을 지닌 사람들로 내세웠던 것이다.[54]

표 5.1 고대 민족지들에 나타난 북쪽 민족들의 기후, 생리적 특징, 성격

	민족	위치	기후	머리나 피부	눈	체격	신체적 특질	성격	지적 능력
타키투스, 『게르마니아』 4	게르만족	북서쪽	가혹한 날씨	붉은 모발	푸른색	크고 강함	차갑고 축축함, 열과 갈증을 못 견딤	일을 잘 견디지 못함	
스트라보 7.1.2	게르만족, 켈트족에 비견됨	북서쪽	추움	더 밝은 황금빛		더 큰 키		더 야성적임	
타키투스, 『아그리콜라전』 11	칼레도니아인=게르만 후손들의 브리튼인	북서쪽		붉은 모발		큰 사지			
스트라보 4.5.2	브리튼인, 켈트족에 비견됨	북서쪽		덜 밝은 황금빛		더 큰 키		기운이 넘침	지력이 부족함
아미아누스 마르셀리누스 15.12.1	갈리아인	북서쪽		밝고 붉음	무시무시하고 야성적임			싸움을 매우 좋아함	
리비우스 38.17.1-8	갈리아인	북서쪽		길고 붉은 모발		큰 키	부드럽고 땀을 많이 흘림, 태양, 먼지, 갈증에 약함	전쟁으로 유명함, 하지만 무기력에 빠지는 경향	지력이 떨어짐
디오도로스 시켈리오테스 5.28.1	켈트족 (갈라타이)	북쪽	겨울 날씨, 춥고 습함	흰 피부		큰 키			
크세노파네스, 단편 16	트라키아인	북쪽		붉은색	푸른색				
프로코피우스, 『반달전쟁』 1.2.2-4	고트족, 반달족, 서고트족, 게파이데스족, 사우로마타족, 멜랑클라이노이족, 게타이족	북쪽		흰 피부, 금발		큰 키			

(계속)

	민족	위치	기후	머리나 피부	눈	체격	신체적 특질	성격	지적 능력
비트루비우스 6.1.3과 6.1.10	야만족들	북쪽	시원하고 습기가 많음	밝은 피부, 붉은색 식모	엷은 푸른색	거대함	축축함	두려움이 없음	
가짜 히포크라테스, 『공기, 물, 장소에 관하여』 20	스키타이족	북동쪽	춥고, 북풍에 노출되어 있으며, 얼음과 눈과 많은 물로 냉랭함	붉은색				나약한 경향	
헤로도토스 4.108	부디노이족	북동쪽		붉은색	매우 푸른색				

중간 위도
＋열기/＋습기
＋지력/＋힘
－전투에서의 두려움/－열에 대한 두려움
피의 적절한 양과 질

V

    나치와 여타 인종주의자들에게 금발의 아리아인이 너무나 소중한 것과 마찬가지로, 니체의 잔인한 금발의 야수도 노골적인 고대적 통념들을 계승하고 있다. 그런 이미지의 계보를 복구하고 그 안에 원래부터 담겨 있던 상징적 구조를 이해하는 것은, 우리가 혐오와 분노만이 아니라 냉소 속에서 그것을 볼 수 있게 해준다. 더욱이 그것은 그런 구조들이 어떻게 형성되고, 어떻게 작동하며, 또 거기에서 떨어져 나온 조각들이 어떻게 생명과 감각과 그들 나름의 효과를 지니게 되었는지를 이해하게 해준다. 금발의 야수에 대한 글에서 니체는—비트루비우스나 타키투스를 비롯한 고대의 저자들과 마찬가지로—레비스트로스가 말한 브리콜뢰르 방식으로 논의를 이어갔다. 현존하는 상이한 자료들 위에 그림을 그리며, 그는 방대한 이항 대립 쌍들을 정렬시켰다. 뜨거운/차가운, 높은/낮은, 밝은/어두운, 약탈자/희생양 등등. 그러고 나서 그는 하나의 신화적 서사의 틀 안에서 그것을 중재하고 융합하고자 했다.[55] 레비스트로스는 그러한 서사들을 깊은 사유를 전달하는 훌륭한 매체—즉 천부적 사색가들이 뚜렷한 대립 항들을 취함으로써 눈부시게 섬세한 사고를 만들어내고, 그 대립을 극복하게 하는 도구들로 이해했다. 확실히 니체에게는 어느 정도 이런 점이 있다. 하지만 나는 레비스트로스가 신화와 구조에 관해 찾아낸 다른 관점을 더 지지하며, 이는 7장에서 다시 논의하도록 하겠다. 어쨌거나 필수 불가결한 이항 대립들은 인간 사고의 산물로서, 차별의 기본적인 도구가 되기도 한다. 인간 주체들에 적용되기만 하면 이항 대립들은 언제나—직접적이든 간접적이든, 추론에 의해서건 함축에 의해서건—위계적인 구분을 만들어낸다. 날것과 익힌 것의 대조는 높은 것과 낮은 것, 금발 머리와 검은 머리, 또는 아리아인과 비-아리아인의 대조와 마찬가지로 쓸데없는 범주 놀이가 아닌, 사회적이고 정치적인 개입이다. 이것은 부정적으로 정의된 '비-아리아인'이라는 범주를 채우는 셈족, 유대인, 기독교인, 슬라브-핀족, 프로이센인, 선-아리아인, 또는 어느 다른 민족이든, 그 특수성을 너무나 고려하지 않은 것이다.

 니체가 금발의 야수에 관해서 한 이야기는 두 부분으로 이루어져 있는데, 이들은 각각 서로 다른 장르의 플롯으로 만들어졌다. 첫 부분은 세련되지 않은 희극 기법의 서사시로 표현되었다. 이 부분에서는 어떻게 서로 다른 두 가지 유형의 사람이 태초의 시간에 서로 투쟁했는지, 그리고 어떻게 하여 한 사람이 다른 사람을 힘과 격렬함으로 제압하고, 무엇보다도 그 자신을 '선'으로 정의하는 권리를 획득하게 되었는지를 서술했다. 승리자들은 많은 방식으로 형상화될 수 있는데, 이 서사의 최종 목적은 이 차이들을 모두 희미하게 만드는 것이다. 그러므로 금발의 승리는, 그저 조금만 나열해보자면, 고귀한 자, 대담한 자, 아리아인, 남성, 전사, 장두인長頭人, 북방인, 쾌활한 신체와 영혼을 지닌 사람들의 승리와 한데 섞인다―또한 그런 의미를 지닌 것으로 이해될 수 있다. 어쨌든 우리는 이 모든 것을 야수의 이미지로 요약하고 다음과 같은 개요를 제시함으로써 단순화할 수 있다. 즉 세계 역사의 제1라운드는 야수의 승리로 돌아가고, 인간과 짐승의 범주를 중재하는 인간들은 오로지 인류로서만 정체성이 규정된 사람들을 정복한다는 것이다. 이를 도식화하자면 아래와 같다.

$$\frac{\text{짐승-인간}}{\text{인류}}$$

이 이야기의 두 번째 에피소드에서 패배자들은 다시 결집하고, 그들 중 일부는 신적인 범주들과 인간을 중재하는 것을 그들의 과업으로 삼는다. 산만한 도덕적 구문들로 이루어진 그들 특유의 무기를 이용하여, 성스러움의 이 전문가들은 앞선 투쟁의 결과를 역전시킨다. 세계 역사의 제2라운드에서 사제들은 야수를 굴복시킨다. 니체는 이것을 비극이자 스캔들로 보았지만, 우리는 그것을 간단한 전도로 간주할 수 있다.

$$\frac{\text{짐승-인간}}{\text{인류}} \begin{matrix} \searrow \\ \nearrow \end{matrix} \begin{matrix} \text{신-인간} \\ \text{짐승-인간} \end{matrix}$$

사제들에 대한 니체의 분노―분노한 자들에 관한 그의 분노―는 명백하다(모두-너무나-명백하다). 또한 투쟁의 세 번째 라운드를 향한 그의 열망도 너무나 명백하다. 아마도 차라투스트라의 초인은 로망스이자 예언으로 플롯화된 이 이야기의 마지막 부분에서 고대되는 영웅이자 승리자일 것이다. 나치와 같은 이들은 이 형상을 더욱 승화된 야수의 모습으로 상상했고, 거기에는 그들을 그렇게 상상하도록 만든 구절들이 있었다. 하지만 그들의 독법은 틀렸다. 일부 사람들이 생각하듯 그것이 사악하고, 악용되었거나, 전적으로 잘못되었기 때문이 아니다. 오히려 그것은 편협하고, 왜곡되고, 그와 상반되는 다른 부분을 무시했기 때문에 틀린 것이다. 이 점에서 그들의 독법은 근래에 니체의 인종적 의식은 무시한 채 그의 비판적 의식만 강조하여 그를 떠받드는 이들의 독법과 별반 다르지 않다.

이 장에서 나의 최종적인 요지는 단순히 기억상실자들에게 '아리아' 종족의 역사와 운명에 대한 니체의 관심이 나치에 의해 발명된 것이 아니라는 점을 상기시켜주거나, 그의 지나친 광신도들에게 니체를 반드시 비판적으로, 맥락을 살피며, 전체적으로 읽어야 한다고 경고하는 데 있지 않다. 물론 이런 점들은 나름대로 중요하다. 나는 폭을 좀 더 넓혀서, 니체가 어떻게 '아리아인들'과 그들의 신화에 관한 담론에 참여했는지를, 즉 바그너와 바이로이트 파 같은 사람들을 자신의 적으로 상정하고 그들에게 도전해가면서 그가 어떻게 이 담론을 새로운 목적들로 전환시키고자 했는지 보여주고자 했다. 동시에 니체는 그 담론의 다소 인습적인 구조들과 목적들에 여전히 사로잡혀 있었다. 그 구조들과 목적들은 적어도 그가 그것들을 이용한 만큼이나 그를 이용했다. 자신의 서사에서 유대인들보다 기독교인들을 더 심한 악당으로 만듦으로써 니체는 익숙한 악당 이야기를 전복시키고 비틀었다. 하지만 인위적으로 구성된 아리아인에게 영웅 역할을 남겨둠으로써, 그리고 그들을 위해 앞 시대 사람들이 상상했던 것보다 더욱 끔찍한 폭력을 상상함으로써—심지어 기념함으로써—그는 자신이 제기한 다른 변화들로 해낼 수도 있었던 그 어떤 좋은 역할도 하지 못한 채, 그 악당들을 어느 때보다도 더욱 자신만만하고 공격적으로 남게 했던 것이다.

6장
뒤메질의 게르만 전쟁 신

I

앞의 장들에서 밝히고자 한 것처럼, 19세기 동안 거의 내내 신화학은 '아리아족'에 대한 담론에 사로잡혀 있었고, 이런 공생 관계는 1930년대와 1940년대까지 지속되었다. 특히 독일에서 그 결과는 끔찍했다. 제2차 세계대전 이후로, 어떤 이들은 인도-유럽 신화 연구를 재구성하기 위해 힘썼고(덕분에 '아리아인'이라는 용어는 이제 대부분 자취를 감췄다), 때로는 중요한 성과를 거두기도 했다.[1] 하지만 여전히 물의를 일으킬만한 점이 남아 있다. 인도-유럽 신화에 관한 글들은 알랭 드 브누아Alain de Benoist*의 『누벨 에콜Nouvelle école』(1971~) 같은 천박한 인종주의자의 회보나 '신우파' 진영의 야바위

이 글의 초고는 *History of Religion* 37(1998): 187~208에 실렸다.

간행물들의 버팀목이다. 『누벨 에콜』은 위기감을 느끼던 유럽인들에게 그들의 우월성에 대한 설명으로서, 또 그들과 인종적·문화적 타자들 사이의 경계선을 견지하는 논거로서 '인도-유럽' 고유의 유산과 영광에 대한 서사를 제공하고 있다.[2] 그런데 이렇게 상투적으로— 비록 당혹스러울지라도—학문 담론을 전유하는 정도를 넘어, 인도-유럽 연구의 주도적인 전문 학술지들과 연구소들은 우리를 심각하게 주저하게 만든다.

예를 들어 『인도-유럽 연구Études indo-européennes』(1982~)는 창간호부터 1998년 10월호까지 리옹대학의 인도-유럽학 연구소Institut d'études indo-européennes에서 출간했는데, 연구소를 설립하고 학술지를 창간한 사람은 바로 장 오드리Jean Huadry(1934~)다. 뛰어난 언어학자인 오드리는 장-마리 르팽Jean-Marie LePen*의 국민전선 '과학 위원회'의 일원이기도 하다. 오드리는 다양한 글에서 인도-유럽인의 고향을 북극(즉 지구에서 가장 하얗고 유럽의 가장 북부에 해당하는 곳)에 위치시키는 옛날 나치의 주장을 지지해왔으며, 한편으로는 반혁명을 옹호하고 「인권선언」(1789년 8월 4일)을 근대 데카당스의 기원이라고 비난하기도 했다.[3] 오드리가 은퇴하자마자 리옹의 학생들은 국민전선과 관련된 수많은 인물이 소속되어 있던 그의 연구소가 "극우의 이데올로기 실험실"이었다고 비난했다. 프랑스 교육부는 이런 비난이 매우 심각하다고 판단하여 국제적 전문가들로 위원회를 구성해서 조사하게 했다. 하지만 위원회가 그 결과를 발표하기 직전에 오드리의 계승자인 장-폴 알라르Jean-Paul Allard(1940~)가 연구소를 해체하고 이를 다시 국가의 감독으로부터 자유로운 협회로 재구축함으로써 위원회의 작업을 무의미하게 만들어버렸다(1998년 10월 6일).[4]

이와 마찬가지로 『인도-유럽학회지Journal of Indo-European Studies』

(1973~)는 로저 피어슨Roger Pearson(1927~)이 주도했는데, 그는 범-북유럽인의 우정을 위한 북부연맹의 창립자이자 세계반공연맹의 전직 회장이었다(다소 놀랍게도 그는 극단주의적인 월권행위들 때문에 이 자리에서 쫓겨났다).[5] "세계에서 가장 끈질긴 네오-나치 중의 한 사람",[6] "미국에서 가장 뛰어난 나치 옹호자 중의 한 사람" 그리고 "세계에서 가장 조리 있는 인종주의자 중의 한 사람"[7]으로 불리는 피어슨은 인종, 지능, 우생학의 관계에 관한 글을 집중적으로 쓴다.[8] 그의 저작들 중에서 어떤 책은 "한스 F. K. 귄터Hans F. K. Günther(1891~1968) 교수의 『유럽 문명의 인종적 요소들』에 기초하였다."고 밝히고 있는데, 귄터는 제3제국의 가장 뛰어난 '인종학' 이론가였다.[9] 피어슨은 인도-유럽인의 종교에 관한 귄터의 저서를 영문판으로 옮기기도 했고,[10] 자신의 한 책에서는 스승과 마찬가지로 다음과 같은 무시무시한 결론을 주장하기도 했다. "더 발전하고, 더 전문화되거나, 어떤 식으로든 더 우수한 유전자를 가진 민족이 열등한 종족을 멸절하지 않고 그들과 섞인다면, 그것은 인종적 자살을 저지르는 짓이다."[11]

『인도-유럽학회지』에 관여하기 전에, 피어슨은 『북방 세계Northern World』, 『북방인The Northlander』, 『민족Folk』, 『새로운 애국자The New Patriot』, 『서구의 운명Western Destiny』 같은, 서로 밀접히 얽혀 있는 몇몇 극우 간행물을 책임지고 있었다. 이 간행물들의 편집 기조와 성격에 관해서는 초창기의 허풍스런 판촉 광고를 보면 알 수 있다. "『북방 세계』는 백인들로 하여금 그들이 잊은 인종적 유산을 자각하게 만듦으로써 우리의 기원에 깔려 있는 유대인의 거짓 안개를 걷어내서 우리 인종과 우리 서구 문화를 완성하는 것을 목적으로 한다."[12] 1974년에 피어슨은 우생학과 '인종 개량' 연구를 후원하던 파이어니어 기금에서 지원금을 받기 시작했다. 1990년대 말까지 피어슨이 받은 지원금은 75만 달러가 넘었다.[13] 그가 이 돈으로 한 첫 번째 일들 중 하나는 비교적 안정된 『인도-유럽학회지』의 출판을 책임질 주관 기관으로서 인류연구소를 세우는 것이었다. 그로부터 얼마 지나지 않아(1978), 피어슨과 이 연구소는 인간 다원 발생설과 "과학적 인종주의"라는 관념을 중심으로 하던 잡지 『계간 인류Mankind Quarterly』의 간행을 맡았다.[14] 『계간 인류』의 전반적인 목표가 맘에 들었음에도 불구하고, 피어슨은 재빨리 그 편집진과 내용을 바꿨다. 3년이 채 못 되어, 그는 창립자(게이어의 로버트 게이어Robert Gayre of Gayer [1907~1996])가 조직했던 45명의 편집 고문 중 40명을 교체했다. 그리고 게이어 아래서 2%(361건 중 7건)였던 '인도-유럽 연구' 관련 기사의 양은 피어슨이 담당한 처음 세 번의 간행에서 30%(66건 중 20건)까지 늘어났다. 이는 곧 흑인들이 열등하다고 주장하던 게이어식의 인종주의가 아리아족의 영광을 찬양하는 데까지 확대된 것이라고 할 수 있다. 현재 인도-유럽 신화에 관한 글들은 미국 흑인들의 지능이 열등하다고 단언하는 글들과 찰떡같이 붙어 다니고 있는데, 이런 글들은 리처드 헤른슈타인Richard Hernstein과 찰스 머레이Charles Murray가 『종형 곡선The Bell Curve』*에서 인종차별적인 분석을 날조해 내는 데 너무나 많은 그럴듯한 '증거'를 제공했다.[15]

II

인도-유럽의 신화, 종교, 문명에 대한 글을 쓰는 사람들이 무엇을 인용하는가를 보면 특권의 위계와 정당화 전략을 감지할 수 있을 것이다. 아주 조잡한 자료들을 가지고 책을 내는 사람들은 각주를 전혀 제공하지 못하거나 아무렇게나 각주를 붙인다. 그런데 『누벨 에콜』과 『계간 인류』에 글을 싣는 사람들은 자신의 학자적 성실성을 확고히 하기 위해 더 명성이 높은 『인도-유럽 연구』와 『인도-유럽학회지』의 논문들을 빼놓지 않고 인용한다. 뒤의 두 간행물과 이 분야 최고의 저술들에서, 저자들은 모든 것의 바탕이 되고 또 어떤 도전으로부터도 안전하게 지켜줄 든든한 버팀목으로 조르주 뒤메질의 저술에 기대는 경향이 있다.

뒤메질은 피어슨, 오드리, 드 브누아와 같은 이들과는 전혀 다른 종류의 사람이었다. 뒤메질은 저들보다 한없이 똑똑하고, 품위 있었으며, 유치함과는 거리가 한참 멀었다. 내가 알기로는, 뒤메질은 피어슨과는 전혀 교제가 없었으며, 자신과 친분을 쌓으려 무던히 애썼던 오드리나 드 브누아와도 수년간 신중하고 모호한 관계를 유지하였다.[16] 인도-유럽 신화 연구에 다시 활기를 불어넣고자 했던 뒤메질의 초창기 시도들에 대해서는 앞서 3장에서 간략히 언급한 바 있다. 하지만 뒤메질이 널리 찬사를 받게 된 것은 그의 후기 연구들 덕분이었다. 비범한 능력과 학식을 갖춘 학자였던 뒤메질은 프랑스로 돌아오기 전까지 터키, 폴란드, 스웨덴에서 가르쳤다(1925~31). 프랑스로 와서는 고등연구원École Pratique des Hautes Études에 자리를 잡았으며(1933~39, 1942~49), 이후 콜레주드프랑스Collège de France에 그를 위해 인도-유럽 문명 교수직이 만들어졌고(1949), 1979년에는 레비스트로스의 추천으로 아카데미프랑세즈의Académie Française 회원이 됨으로써 그의 길고 빛나는 경력이 완성되었다. 그는 다재다능했으며, 특히 수많은 언어에 능통했다. 그는 다소 애매한 언어들(아르메니아어나 오세트어)까지 포함한 모든 인도-유럽어족 언어는 물론 카프카스 언어들 대부분에 능통했으며, 소멸될 처지에 있던 언어(오비크어)를 살려냈다. 또 단지 재미 삼아 케추아어 같은 몇몇 언어를 배우기도 했다. 그는 60년 동안 50권이 넘는 책을 썼으며, 그 모든 책은 독보적인 명석함과 창의성, 엄밀함과 지성이 넘쳐난다. 그의 업적은 문헌학자, 종교사학자, 인류학자들 사이에서 널리 갈채를 받았다.[17] 뒤메질은 언제나 스스로를 '우파 사람 un homme de la droite'이라고 여겼지만, 자신의 저작을 엄격하게 비정치적으로 제시했다. 그의 저작은 온갖 이데올로기를 지닌 사람들에게 강한 영향을 미쳤는데, 그중에는 뒤메질을 평생지기요, 지지자요, 멘토라고 여겼던 미셸 푸코 Michel Foucault 같은 좌파 인물들도 있었다.[18] 그렇다고 해도 뒤메질에게 비판이 전혀 가해지지 않는 것은 아니다.

1930년대 후반부터 세상을 떠나기까지 뒤메질은 인도-유럽인들이 '3기능'을 위계 체계 내에 통합시키는 이상적인 사회질서를 상상했다고—간혹 그 실제 사례가 있다고—증명하려 애썼다. 첫 번째 기능은 통치권 및 성스러움과 관련된 것으로, 불안을 일으키는 주술사들과 안정을 가져다주는 법 전문가들을 포괄한다. 두 번째 기능은 물리적 힘과 관련되며, 두 가지 유형의 전사를 포함하는데, 하나는 고귀하고 기사도적이며, 다른 유형은 상스럽고 잔인하다. 세 번째 기능은 부, 번영, 다산과 관련되며, 몇 가지 양식으로 설명할 수 있다. 예를 들어 생산과 재생산, 생산과 소비, 농업과 목축, 또는 소의 목축과 말의 목축처럼 아주 구체적으로 구분할 수도 있다.[19]

비판자들은 처음에는 뒤메질이 고대의 자료들을 다루면서 보여준 세부적인 사항들, 비교 작업의 범위, 도식화 경향, 그리고 3기능 유형이 인도-유럽인들을 다른 모든 인종과 구분 짓는다는 그의 주장에 초점을 맞추곤 했다.[20] 하지만 1980년대 초부터 비판자들은 뒤메질의 텍스트와 서브텍스트들에서 감지되는 이데올로기적 입장들에 좀 더 관심을 기울이게 되었다. 그들은 다음과 같은 점들을 강조했다.

1. 인도-유럽인들과 그들의 3기능 체계에 대한 이상화.
2. 1938~42년에 펴낸 저서들에서 그가 3기능 체계 이론을 소개했을

당시, 프랑스에서는 다양한 형식의 파시즘이 당면한 관심사였다는 사실.
3. 3기능 체계가 무솔리니의 '조합 사회corporate society'*나 샤를 모라Charles Maurras의 '통합적 민족주의'와 비슷하다는 점.
4. 뒤메질이 모라의 악시옹 프랑세즈Action Française*와 관계가 밀접한 진영에 연루되어 있었다는 점.[21]

다섯 번째 점에 관해서는 의견들이 갈린다. 이는 파시즘, 특히 독일식 파시즘에 대한 뒤메질의 태도를 이해하는 방식의 차이 때문이다. 아르날도 모미글리아노Arnaldo Momigliano와 카를로 진즈부르그Carlo Ginzburg는 뒤메질의 『게르만의 신화와 신Mythes et dieux des Germains』(1939)에서 "나치 문화에 대한 공감"을 감지한 반면, 크리스티아노 그로타넬리와 나는 이런 방면의 분석이나 논의는 강조하지 않았다. 어쨌거나 뒤메질 옹호자들이 주목한 것은 이 마지막 측면이었으며, 파리의 저널리스트 디디에 에리봉Didier Eribon은 그 선두 주자다.[22]

에리봉은 뒤메질의 연구 성과를 평가할 능력은 없지만, 프랑스 학계를 속속들이 잘 알고 있었기 때문에 뒤메질이 포함되어 있던 학자들의 세계에 집중한다. "누군가 1920년대와 1930년대의 지적 환경을 재구성한다면, 서로 견해가 이질적이거나 상반되는 이들이 자신의 학문적 판단에 정치적인 면이 전혀 끼어들지 않도록 하면서 그토록 서로 잘 어울려 지내고 대화와 논쟁을 나눌 수 있었다는 점에 놀랄 것이다. 틀림없이 이것은 그들이 연구의 가치에 대한 깊은 헌신, 그리고 변덕스런 외부 세계로부터 학문을 지켜내겠다는 결심에 근거한 어떤 윤리를 공유하고 있었기 때문이다. 또 당시에는 대학의 자유로운 전통과 학문적 절차에 대한 믿음도 있었다."[23]

얼마나 호소력을 가질지는 몰라도, 이렇게 당시를 자유로운 학문 science dégagée의 시기로 묘사하는 것은 참 믿기 어렵다.[24] 정치적 관심은 인도-유럽인(달리 말하자면 '아리아족')의 종교와 사회에 대한 논의에서 자주 강력하게 나타났다. 이는 특히 1920년대, 1930년대, 1940년대 독일에서뿐만 아니라—이곳에서는 너무나 확연했다—다른 나라들에서도 사실이었는데, 뒤메질의 가장 가까운 동료들 중 일부는 그중에서도 가장 심한 경우에 속했다.[25] 예를 들어 오스트리아의 민속학자 오토 회플러를 생각해보자. 광포한 군대의 종교적 의미에 대해 고찰한 그의 『게르만의 제의적 비밀결사 Kultische Geheimbünde der Germanen』(1934)는 너무나 극단적이어서, 히틀러의 중요한 이론가였던 알프레드 로젠베르크(1893~1946)는 이 책이 나치즘을 우스꽝스러워 보이게 만든다고 생각할 정도였다.[26] 어쨌거나 로젠베르크의 적의 덕분에 회플러는 하인리히 힘러 Heinrich Himmler(1900~1945)의 지지를 얻게 되었다. 힘러는 회플러를 나치 친위대의 '아흐네네르베'SS 'Ahnenerbe'* 분과에 채용했고 그에게 뮌헨대학 독일철학 교수직을 주었다.

게르만주의자들 중에서 회플러만큼 뒤메질에게 많은 영향을 끼치고, 그의 경력 전체에 걸쳐 그렇게 밀접하게 연관된 사람은 없었다. 딱 한 사람 예외가 있다면, 네덜란드의 종교사학자 얀 데 브리스다. 그의 『고대 게르만 종교사 Altgermanische Religionsgeschichte』(1935~37)는 백과사전적 학문의 모델로 남아 있다.[27] 데 브리스의 다른 저작들은 좀 덜 치밀하다. 『게르만인의 세계 Welt der Germnen』(1934)는 표지에 스와스티카(卐)를 넣고 푸른 눈과 금발의 전사들 종족을 찬양한다. 그의 『우리의 선조 Onze Voorouders』(1942)는 나치 점령하의 네덜란드 취학 아동들에게 형제인 독일인들과의 공동 조상인 튜턴족에 대한 존경심을 기르게 하기 위해 의무적으로 읽혀졌다. 데 브리스의

214

지나친 게르만 사랑은 개인적이면서 전문적이었다. 그는 나치 치하에서 새로운 교구 책임자인 악명 높은 아르투르 자이스-잉크바르트 Artur Seyss-Inquart와 회합을 갖고, 새로운 체제 아래서 예술과 교육을 통제하고 검열할 네덜란드 문화부를 설립하자고 제안한 네 명의 대학 교수 중 하나였다. 이 기관은 일단 설립되고 나자 게르만 선전부에 의해 운영되었고, 그 마지막 장관은 바로 데 브리스였다. 전후에 데 브리스는 적국에 협조했다는 이유로 네덜란드 대학가에서 쫓겨났고, 뒤메질의 이론에 훨씬 더 강한 입지를 다져주기 위해『고대 게르만 종교사』(2판, 1957)를 수정하면서 시간을 보냈다.

스웨덴의 인도-유럽학자 스티그 비칸데르도 주목할 필요가 있다. 그는 반세기가 넘도록 뒤메질의 친한 친구였고, 뒤메질의 사고에 근본적인 영향을 미쳤다.[28] 두 사람은 웁살라대학에서 처음 만났는데, 당시 회플러와 뒤메질은 이곳에서 강의를 하고 있었고(회플러는 1928~31년에, 뒤메질은 1931~33년에), 비칸데르는 H. S. 뉘베르크H. S. Nyberg(1889~1974)의 지도 아래 박사 논문을 준비하고 있었다. 이들은 모두 아리아 민족들의 전사 집단에 관심을 갖고 있었으며, 1930년대에는 모두 우익 정치 운동에 빠져들었다. 예를 들어 비칸데르는 강렬한 민족주의적, 반-볼셰비키적 간행물이자, 종종 히틀러와 프랑코* 정부에 호의적이며 반-셈족주의와 가까운『자유 저항 Fri Opposition』의 창간을 도왔다.[29] 3장에서 언급했듯이 회플러는 나치 열성 당원이었던 반면, 뉘베르크는 스스로를 '극보수'로 규정했으며, 뒤메질은 악시옹 프랑세즈와 가까웠다. 비칸데르는「아리아족 남성 사회Der arische Männerbund」(1938)라는 으스스한 제목의 논문에서 그의 세 선배 동료의 영향을 대단히 높게 평가했으며, 이 글에서 회플러의 이론을 아리아족의(다시 말해 인도-이란인의) 자료들에 적절하게 적용했다.[30] 비칸데르의 시도에 상당한 논쟁의 여지가 있음이 드러나긴 했지만, 뉘베르크가 밀어붙인 덕에 논문은 통과되었다.[31] 그후에 비칸데르는 인도-유럽 사회형태의 역사에 관해, 특히 국가 탄생에서 아리아족의 역할에 대한 니체 철학의 테마를 가지고 함께 연구하자는 회플러의 초대에 응하여,[32] 스웨덴을 떠나 뮌헨에 머물면서 회플러의 '늑대 인간 세미나'를 참관했다.[33] 그는 나치 친위대의 아흐네네르베에서 펴내는 간행물에 그의 논문을 확장시킨 글을 실을 생각에 들떠 있었다.[34]

우익 사람들이나 프랑스 밖에 있던 사람들만 학문과 정치를 혼합한 것은 아니었다. 에리봉은 뒤르케임학파의 뛰어난 구성원이었던 앙리 위베르Henri Hubert(1872~1927)에 대해 이렇게 묻는다. "앙리 위베르는 이교 사상을 복원하고 싶었던 것일까? 아니면 단지 그것을 공부하고 싶었던 것일까?"[35] 그런데 이반 스트렌스키가 분명히 밝혔듯이, 이교도의 고대 문화에 대한 위베르의 관심은 상당히 단순했다.[36] 『희생 제의에 관한 시론Essai sur le sacrifice』(이 책에서 그와 마르셀 모스는 아리아족과 셈족의 예들을 학문적으로 공정하게 다루었다)[37]의 공동 저자로 잘 알려진 위베르는 『사회학연보L'Année sociologique』에서 인종에 관한 모든 책의 서평을 책임지고 있었다. 그는 이런 입지를 이용하여 사회주의자, 공화주의자, 드레퓌스 옹호파로서 자신의 관점을 개진하면서, 인종주의와 반-셈족주의를 제시하려는 모든 시도에 대하여 학문적인 기구, 언어, 합법성을 동원하여 체계적으로 맞섰다.

그의 전문 분야였던 유럽 선사시대와 관련하여, 위베르는 일련의 도발적인 논문들을 내놓았다. 첫째, 그는 지중해 북부 유럽에서는 켈트 문명이, 지중해 연안 유럽에서 그리스·로마 문명이 한 것과 비슷한 근본적인 역할을 했다고 보았다. 둘째, 이와 대조적으로 그는 고대 게르만족은 그들의 영토 확산과 문화적 영향력에서 상대적으로 한계가 있었다고 보았으며, 게르만 문화 자체는 켈트 문화로부터 깊은 영향을 받았다고 주장했다. 마지막으로, 위베르는 게르만족은 결코 인도-유럽인이 아니라고 주장했다. 오히려 그는 게르만어를 여타 인도-유럽어들과 구분시켜주는 특징으로 음운 변화와 어형론적 간소화를 들어 원-인도-유럽의 **공통기어**가 외부에서 게르만 지역으로 유입된 후 그것을 받아들인 비-아리아 토착민들에 의해 상당히 변형되었을 것이라고 보았다. 위베르는 제1차 세계대전 이후 프랑스의 권력과 자신감이 최고조에 달해 있던 당시에(1923~1925) 에콜 뒤 루브르École du Louvre에서 행한 일련의 강연을 통해 자신의 견해들을 발표했다. 이 강연들이 프랑스 문명에 대한 찬가이자 독일 **민족**의 민족주의에 대한 신랄한 비판이었음을 읽어내는 것은 그리 어렵지 않다.[38]

뒤메질은 위베르의 학문에 정통했고, 그것이 자신의 연구와도 연관된다는 것을 알고 있었지만, 어떻게든 그를 피했고 그의 과목을 수강하지도 않았다. 논문 지도 교수인 앙투안 메이예가 뒤메질에게 그의 논문 「불멸의 향연Le Festin d'immortalité」(1924)을 위베르에게 한 부 드리라고 했을 때만 마지못해 그렇게 했을 뿐이다. 그 결과는 쓰라렸다. 뒤메질은 위베르의 반대와 그를 든든히 받쳐주지 못하고 머뭇거리던 메이예의 태도 때문에 고국에서 일자리를 전혀 구하지 못한 채 결국 프랑스를 떠나야 했다.[39]

III

학문적 풍토라는 문제에 관해서는 허술했을지 몰라도, 에리봉은 다른 면에서 우리에게 큰 도움을 주었다. 진즈부르그와 모미글리아노를 열심히 논박하던 와중에, 에리봉은 우리의 기대 이상으로 뒤메질의 정치적 견해에 관해 좀 더 명확한 관점을 갖게 해주는 증거들을 제공했다. 그것은 바로 뒤메질이 『캉디드Candide』와 『르 주르Le Jour』라는 두 우익 신문에 익명으로 실었던 일련의 글인데, 그가 이 글들을 쓴 것은 터키와 스웨덴에서의 교편생활을 접고 이제 막 프랑스로 돌아온 직후였다(1933~35). '조르주 마르스네Georges Marcenay'라는 가명으로 뒤메질은 무솔리니의 이탈리아를 찬양하고 프랑스가 총통 무솔리니와 연합하여 독일의 세력이 커지는 것을 함께 저지해야 한다고 촉구했다.[40] 에리봉이 정확히 판단했듯이, 이 글들은 뒤메질이 당시에 "파시즘 지지자이자 나치 반대자"였음을 보여준다.[41] 문제는 그가 자기 이름을 걸고 쓴 저서들에서도 이런 견해를 제시했는지, 아니면—에리봉이 주장한 것처럼—"학술적 저작을 쓰고 있었기 때문에, 당시의 사건들과 관련된 자신의 정치적 판단을 중립화"했는지 하는 점이다.[42]

이 문제와 관련하여 나는 아주 구체적이고 대단히 논쟁적인 한 가지 자료에 주목하기를 제안한다. 바로 1940년 저작인 『미트라-바루나Mitra-Varuna』에서 뒤메질이 티르Tyr 신에 관해 제시한 기발한 해석이다.[43] 기존에 거의 모든 전문가는 티르가 전쟁의 신이라는 데 동의하고 있었다.[44] 티르를 고대 북유럽 신들 중에서 "가장 대담하고 용감한" 신으로 묘사한 기록도 있었고,[45] 티르의 별명이 "전투의 신"인 데다,[46] 로마인들은 티르를 전쟁의 신 마르스와 관련짓기도 했으며,[47] 그의 이름을 표기하는 창 모양의 고대 북유럽 룬 문자(↑)는 승리를 위한 부적이기도 했던 것이다.[48] 그런데 이와 대조적으로 뒤메질은 티르에 관한 신화들 중에서 유독 하나만 강조했는데, 바로 스노리 스투를루손이 두 가지 판본으로 보존했던 신화다. 그중 짧은 것은 다음과 같다.

티르라는 신이 있다. 그는 가장 대담하고 가장 용감하며, 전투에서 이기는 방법에 대해 많은 조언을 해준다. 용사라면 그에게 도움을 청하는 것이 좋다. '용맹한-티르'라고 불리는 사람은 다른 사람들보다 뛰어나며, 하릴없이 시간을 보내는 일이 없다. 티르는 매우 지혜롭기 때문에, 지혜로운 사람을 부를 때 '현명한-티르'라고 하기도 한다. 다음은 그의 담대함에 관한 이야기다. 신들이 늑대 펜리르Fenrir Wolf를 꾀어서 그에게 '글레이프니르Gleipnir'라는 족쇄를 채우려고 했다. 신들은 늑대에게 다시 풀어주겠다고 했지만, 늑대는 이를 믿지 않았다. 결국 티르가 담보로 한쪽 손을 늑대의 입에 집어넣고서야 늑대를 묶을 수 있었다. 그러고 나서 신들이 늑대를 풀어주지 않자 늑대가 티르의 손을 물어뜯었는데, 그 물어뜯긴 자리가 오늘날 말하는 '늑대-부위'[즉 손목]이다. 그리하여 티르는 손이 하나만 남았고, 평화로운 사람과 관련해서는 그 이름이 불리지 않는다.[49]

좀 더 긴 판본에는 몇 가지 중요한 내용이 더 있다. 우선 '글레이프니르'는 오딘의 지시에 따라 만든 것으로, 겉으로는 약해 보이지만 사실 어마어마하게 튼튼한 마법의 족쇄다. 이 점이 뒤메질의 관심을 끌었다. 뒤메질은 오딘이 마법의 주재자이며, 특히 속박하는 힘을 지니고 있다고 생각했다. 이와 대조적으로 그는 티르를 법의 주재자로 보고, 이 에피소드에서 티르가 무력을 쓰는 대신 계약의 정신은 회피한 채 순전히 문자적인 의미의 계약을 성사시킴으로써 신들이 성공하도록 기여했다는 점을 강조했다. 뒤메질은 오딘이 한쪽 눈을 잃은 것과 그의 마법 지식을 연관 지은 다른 신화들을 인용하면서, 오딘과 티르―외눈의 마법사와 외팔이 재판관―를 짝지어 인도-유럽적인 통치권의 두 측면으로 규정하고, 이를 로마, 아일랜드, 인도 신화 속의 신들에 대해서도 비슷하게 적용했다.

이런 식의 "외팔이와 애꾸눈le manchot et le borgne"이라는 재구성은 뒤메질의 이론에서 오랫동안 중심적인 테마로 남아 있었다. 비록 비교 작업을 해가면서 먼저 인도 신화를, 이어서 아일랜드 신화를 포기해야 했지만 말이다.[50] 누군가는 여기서 그가 비교 방법을 활용하는 방식에 대해 의문이 들 것이다. 실제로 몇몇 학자가 그런 의문을 제기했다.[51] 하지만 지금 여기서 나는 게르만족의 증거에 초점을 맞추고, 스노리의 텍스트에서 몇 가지 세부 사항을 강조하고자 한다. 첫째, 스노리는 분명히 이 이야기를 티르의 충실함이나 법적 통찰력이 아닌 티르의 용기를 보여주는 예로 삼았다.[52] 둘째, 긴 판본에서 그는 신들이 왜 늑대를 무서워하게 되었는지를 다음과 같이 자세히 설명한다. "신들은 그 늑대를 집에서 키웠는데, 티르만이 늑대에게 다가가 먹이를 줄 용기가 있었다. 그리고 신들은 늑대가 하루가 다르게 너무도 빨리 자라는 것을 보고, 또 모든 예언이 늑대가 그들에게 위협이 될 운명이라고 하는 것을 듣고, 결국 계책을 세우게 되었다."[53] 마지막으로, 늑대는 오딘과 티르가 겪은 상실을 보상해주기 위해 스스로 신체의 일부를 잃는다. "그러자 늑대가 이렇게 답했다. '내가 보기에 저 끈은, 설령 내가 갈가리 찢어버린다 해도, 내게 아무런 명성도 주지 못할 것 같소. 하지만 만약 저 끈이 훌륭한 솜씨로 만들어진 것이라면, 그것이 아무리 작아 보여도, 그것을 내 발에서 벗겨낼 수는 없을 것이오.'"[54]

뒤메질에게는 미안하지만 이 세부 사항들은 나로 하여금 이 신화를 익숙한 사회적 테마로 보게 만든다. 즉 여기서는 신체의 일부를 잃는 것에서 비롯된 3기능 각각이 그 기능에 관련된 사람들의 특징적 활동을 코드화하며, 그것을 수직적 위계 안에 자리매김하고 있다고 생각된다.[55] 따라서 한쪽 눈을 잃는 것은 오딘으로 대표되는 최상 계급의 통치권 기능을 연상시키며, 한쪽 손을 잃는 것은 티르로 대표되는 중간계급의 전사 기능을, 한쪽 발을 잃는 것은 늑대 펜리르로 대표되는 하층계급의 세 번째 기능을 연상시킨다. 여기서 신화는 늑대의 식욕과 성장 능력을 신들이 속임수, 마법, 무력 같은 그들 나름의 힘으로 저지해야 하는 위협으로 묘사함으로써 하층계급의 (생산적이기보다는) 소비적인 성향을 경멸하듯 강조하고 있는 것이다.

IV

세부 사항에서 차이가 좀 나기는 하지만, 게르만족의 몇몇 다른 이야기에서도 이와 비슷한 테마가 나타난다.[56] 한쪽 눈 대신에 머리와 연관된 다른 신체 부위를 잃기도 하고, 한쪽 손 대신에 팔을 잃기도 하며, 한쪽 발 대신에 다리나 하체의 다른 부위를 잃기도 한다. 하지만 어떤 등장인물이 팔이나 손을 잃을 경우 그런 상실을 겪는 것은 언제나 전사이다.

예를 들어 13세기 아이슬란드에서 생겨난 『외팔이 에길의 사가 Egilssaga einhenda』라는 전설을 살펴보자. 이야기는 거인이 주인공을 붙잡아 두 발에 족쇄를 채워 강제로 자신의 염소들을 지키게 하는 데서 시작된다.[57] 그런데 어느 날 저녁, 에길은 고양이 한 마리를 발견하고는 고양이를 옷 속에 감춘 채 거인의 동굴로 데리고 간다. 거기서 그는 거인에게 고양이의 두 눈을 보여주고는 이것이 밤에도 사물을 볼 수 있게 하는 "황금 눈"이라고 설명한다. 거인이 이 보물 눈을 갖고 싶어 하자, 에길은 발의 족쇄를 풀어주면 황금 눈을 박아주겠다고 말한다. 거인은 그의 족쇄를 풀어주고, 잔인한 수술에 자신을 맡긴다. "에길이 양쪽으로 날이 달린 창을 집어 들어 거인의 두 눈에 쑤셔 넣자, 거인의 두 눈이 뽑혀 광대뼈에 붙었다."[58] 에길이 한쪽 귀를 잃고 거인이 한쪽 손을 잃는 격전 끝에, 에길은 그곳을 무사히 탈출했다. 이어서 에길은 두 번째 거인과 싸워 거인의 한쪽 팔을 잘라내고, 그 과정에서 자신의 한쪽 손을 잃는다. 마지막 에피소드에서는 어떤 난쟁이가 에길의 상처를 치료해주고 그에게 검으로도 쓸 수 있는 의수를 달아주었다. 그 의수 덕분에 에길은 누구보다 강한 싸움의 기술을 지니게 되었다.[59] 아마도 이 이야기에 영향을 주었을 (오뒤세우스나 누아두Nuadu* 이야기 같은) 다른 전승들에 비해 신체 부위를 잃는 등장인물이 많아지기는 했지만, 아무튼 이 전설의 패턴은 매우 분명하다. 발에 입은 상처는 에길을 하인이자 목동으로 만들고, 손을 잃은 것은 그를 전사로 만들며, 마법의 힘을 갖고자 하는 거인의 욕망은 그로 하여금 두 눈을 잃게 만든다.[60]

다른 예로 앵글로색슨족의 위대한 서사시 『베오울프Beowulf』도 있다. 여기에 등장하는 세 마리의 괴물은 서로 다른 부상을 입는다. 그렌델은 팔이 어깨에서 떨어져 나가고, 그렌델의 어미는 목이 잘리며, 용은 하복부(nioðor hwēne)를 칼에 찔린다. 게다가 각각의 상처는 그 상처를 입힌 승자의 지위에 상응한다. 그렌델의 팔을 비틀어서 뽑아버린 베오울프는 최고의 전사이고, 그렌델의 어미의 머리를 자른 이는 왕의 양아들이다. 이와 대조적으로 위글라프Wiglaf는 많은 충성스런 부하 중 한 명이자 아직 첫 번째 모험을 통한 검증을 받지 못한 젊은이인데, (이제는 왕이 된) 베오울프가 용의 머리를 쳐도 아무런 소용이 없자, 위글라프가 용의 급소를 공격한다.[61]

이런 조합은 각각의 싸움을 촉발하는 첫 번째 공격들에서도 나타난다. 즉 그렌델이 한 병사의 "두 발과 두 손을"(fēt ond folma) 먹어치우고, 그렌델의 어미가 호로드가르Hrothgar의 가장 아끼는 한 신하(aldorþegn)의 머리를 잡아 뜯고, 용의 언덕에 침입하여 보물의 잔을 훔친 한 하인(þēow) 때문에 용의 공격이 시작된다.[62] 같은 패턴이 다시 한 번 각각의 전투에 대한 보상으로 받은 선물들에서도 나타난다.

호로드가르는 베오울프가 그렌델을 죽이고 나자 그에게 전사의 물건들—"말들과 무기들"(wicga ond wæpna)—을 선사한다. 여기에 더하여 그는 훌륭한 왕들처럼 되는 법에 관해, 그리고 그렌델의 어미를 죽인 후에 따르게 될 나쁜 일에 대해 조언을 해준다. 이와는 달리 위글라프는 용의 황금과 반지들, 보석들과 보물들을 얻는다.⁶³

마지막 사례로 『발타리우스Waltharius』를 보자. 이 서사시는 9세기나 10세기에 생겨난 별로 유명하지 않은 이야기로, 라틴어로 써졌지만 도날드 워드와 우도 스트루틴스키가 밝혔듯이 부르군트*의 좀 더 오래된 이야기들에 근거하고 있다.⁶⁴ 이 서사시에서는 패턴의 흥미로운 전도가 나타난다. 다리를 잃는 것은 왕 군타리우스Guntharius이며, 한쪽 눈과 입술 그리고 여섯 개의 치아를 잃는 것은 왕의 충신 하가노Hagano다. 그런데 이 텍스트는 이러한 전도를 군타리우스가 탐욕과 나약함으로 스스로를 가치 없게 만들었기에 그 지위를 잃을만했던 반면, 하가노의 용기와 정의로움이 그를 왕의 자리에 올려놓았다고 설명한다. 어쨌거나 우리에게 가장 흥미로운 것은 변함없이 남아 있는 세부 사항들이다. 다른 여느 작품들과 마찬가지로 여기서도 전사를 만드는 것은 한쪽 팔을 잃는 것이다. 즉 이 이야기에서 최후 승자는 바로 발타리우스다.⁶⁵

그 밖에 다른 차이들이 있기는 하지만, 이 모든 텍스트는 3기능 체계의 위계질서가 어떻게 세 가지 상처를 통해 신체에 새겨지는지 보여준다. 머리나 눈의 부상은 (왕권, 신성성, 지식, 마법, 그리고/또는 정의로움의 힘을 지닌) 통치권을 지닌 이들과 관련된다. 손이나 팔의 부상은 군사적 힘을 지닌 이들과 관련되며, 하체의 부상은 하층민들과 관련된다. 하층민의 식탐이나 물질적 탐욕은 천하거나 위험한 것으로 여겨지며, 그들은 지위가 격하되어 노예 상태의 포로가 된다(표 6.1).

표 6.1 다섯 편의 게르만 서사시에 나오는 신체 부위 상실

	눈이나 머리의 상실 ≈ 왕권이나 주술적 힘	손이나 팔의 상실 ≈ 군사적 힘	발이나 다리의 상실 또는 하반신 부상 ≈ 생산, 소비와 재생산
『길파기닝』 25, 34	외눈박이 오딘이 마법의 족쇄를 만들라고 지시한다.	가장 용감한 신인 티르가 늑대에게 물려 손을 잃는다.	엄청난 식욕과 성장 속도로 신들을 겁나게 만든 늑대 펜리스가 다리가 묶이고 입에 칼이 물려진다.
『외팔이 에길의 사가』	포악한 거인이 마법의 '황금 눈'을 얻으려 하지만, 대신 그의 두 눈을 잃는다. 에길과의 싸움에서 그는 에길의 귀를 자른다.	에길이 거인의 손을 잘라낸다. 또 다른 거인과 싸워서 이두근을 잘라내고 자신의 손을 잃는다. 그러고는 난쟁이에게서 검으로 된 의수를 얻어 가공할만한 전사가 된다.	에길의 두 발에 족쇄가 채워지고 강제로 거인의 염소들을 지킨다.
『베오울프』	(a) 왕의 최고 귀족이 그렌델의 어미에게 목을 잃는다. (b) 베오울프가 그렌델의 어미의 목을 벤다. (c) 베오울프가 보답으로 왕위에 대한 조언을 받는다.	(a) 한 전사가 그렌델에게 "두 발과 두 손을" 잡아먹힌다. (b) 베오울프가 그렌델의 팔을 뜯어낸다. (c) 베오울프가 보답으로 말들과 무기들을 받는다.	(a) 한 하인이 용의 굴로 들어가 보물컵을 훔친다. (b) 위글라프와 베오울프가 용의 급소에 상처를 입힌다. (c) 위글라프가 용의 황금, 보석, 보물들을 얻는다.
『발타리우스』	정의로운 조언자 하가노가 눈과 입술과 치아를 잃는다.	승리한 전사 발타리우스가 전투에서 손을 잃는다.	
『뵐룬다르크비다』	니다드 왕의 두 아들이 목을 잃는다. 그들의 머리는 컵이, 눈은 보석이, 치아는 목걸이가 된다.	비열하고 탐욕스런 왕 군타리우스가 다리를 잃는다.	뵐룬트가 무릎 힘줄이 끊어져 다리를 전다. 그가 사로잡혀서 강제로 왕을 위해 보물들을 만든다.

이 지점에서 호기심을 자아내는 의문이 생겨난다. 앞서 살핀 신화 속에서 늑대와 맞서는 티르의 위치는 그를 전쟁의 신으로 보는 기존의 해석과 완벽하게 맞아떨어진다. 게다가 이런 해석은 이 신화를 뒤메질이 말한 3기능 체계의 완벽한 사례로 만들어준다. 그런데 도대체 이 프랑스인 학자는 왜 이 신화를 굳이 다른 식으로 읽으려 했던 것일까? 그는 왜 티르를 무리하게 '법적 통치자'로 보았던 것일까?

V

다른 동기들을 찾아내는 것은 아무리 최상의 조건이 주어진다 해도 결코 쉬운 일은 아니다. 불확실한 생각이긴 하지만, 나는 뒤메질의 신념과 활동, 1930년대 후반의 세계 정치 상황, 그리고 그가 티르를 전쟁의 신이 아닌 다른 것으로 구축한 것 사이의 연관 관계 속에서 타당한 근거를 추출할 수 있다고 생각한다.

오딘에 관한 뒤메질의 관점부터 살펴보자. 오딘은 1930년대 중반에 알프레드 로젠베르크, 마틴 닝크Martin Ninck, 칼 융 등 여러 사람의 저작에서 게르만 민족과 나치 운동을 추동하는 힘으로서 다루어졌던 신이다.[66] 뒤메질은 1936년에 쓰고 1939년에 출판한 『게르만의 신화와 신』에서 이 주제를 처음 다뤘는데, 이때 프랑스는 히틀러의 라인란트 점령으로 고통 받고 있었다. 이 책이 나오자 마르크 블로크 Marc Bloch를 비롯한 프랑스 독자들은 그것을 독일 군사주의에 대한 계보학적 탐구로 받아들였다.[67] 뒤메질은 특히 이 책 마지막 장에서 이런 식의 독법을 유도했다. 거기서 그는 로마인, 켈트인, 인도-이란인들이 강력하고 보수적인 성직 제도를 가지고 있음을 살펴본 후에, 게르만족에게 그런 제도가 없다는 점이 그들의 신화에서 뚜렷한 "미끄러짐"(*glissement*)이 생기게 했으며, 바로 이 점이 게르만족을 다른

모든 인도-유럽인들과 달라지게 만들었다고 주장했다.[68]

그 신화와 이 신들은 군사적 방향으로 진화했다. 특히 군주 마법사 오딘은 그 인도-유럽적 원형prototype이 맹아적 형태로만 갖추고 있던 전사로서의 능력을 발전시켰다. …… 그에게 온당하게 돌려진 '열광'은 훨씬 더 전쟁 지향적이 되었다. 신들의 왕이자 왕의 신이며, 룬 문자의 대가이자 사제들의 보호자였던 오딘은 스스로를 왕(*rex*)과 사제(*sacerdos*)로부터 전쟁-지도자(*dux*)로 변형시킴으로써만, 그리고 '튜턴 기사단Teutonic Order'의 기치 아래 민족 전체가 동원될 수 있었던 모호한 종류의 집단을 위한 천상의 보증인이 됨으로써만 자신의 위신을 지키고 넓혀갈 수 있었던 것으로 보인다.[69]

여기서 뒤메질은 인도-유럽인들에게서 독일 군사주의에 대한 책임을 덜어내고, 비난의 화살을 인도-유럽인의 올바른 이상에서 벗어난 게르만인들에게 돌리려 하고 있다. 이를 위해 그는 게르만인들이 그들의 왕실 기구들과 사제 기구들을 약화시켰고(모라주의자들은 이런 기구들이 모든 질서 잡힌 사회의 필수적인 토대라고 생각했다), 그 결과 전사들의 폭력을 막을 수 없었다고 주장한다. 그 증거로 뒤메질은 게르만족 만신전의 우두머리, 즉 두려우리만치 군사화한 오딘을 가리키면서, 그를 좀 더 훌륭한 통치자였던 선조들의 돌연변이 후손으로 묘사한다.

더 나아가 뒤메질은 게르만 신화의 '군사화'가 게르만 신화의 독특한 운명을 확고히 해주었다고 주장했다. 그리스, 로마, 켈트의 신화들이—사제들에게 맡겨져 내려오다가—기독교로의 개종과 더불어 소멸한 것과는 대조적으로, 게르만의 이야기들은 낭만주의자들과 바

그녀 같은 이들에 의해 소생할 준비가 되어 있던 영웅 전설들을 숙주로 하여 살아남았다.70 그 결과 "제3제국은 근본 신화를 창조할 필요가 없었다. 오히려 사상 초유의 불행 덕분에 놀라울 정도로 유연한 대처 능력을 갖게 된 독일에 그 형식과 정신 그리고 제도를 부여해준 것은, 아마도 19세기에 부활한 게르만 신화였을 것이다. 또 오딘의 전설적인 치세 이후 그 어떤 게르만 지도자도 알지 못했던 통치를 아돌프 히틀러가 고안하고 다듬고 실행할 수 있었던 것은, 아마도 그가 지크프리트의 유령에 씐 참호에서 고통 받았기 때문일 것이다."71

『게르만의 신화와 신』 전반에 걸쳐 뒤메질은 독일인의 호전성에 대해 비판적으로 생각하고 말하기 위한 수단으로 오딘 신을 이용했다. 여기서 히틀러와 연관되는 "오딘의 전설적인 치세"라는 것은 그의 논의에서 별도의 분석이 필요한 표현이다. 이 표현은 뒤메질이 삭소 그라마티쿠스Saxo Grammaticus*의 『덴마크인의 사적Gesta Danorum』 제1권에 나오는 한 이야기를 다루면서 처음 등장한다(1.7). 이 책에서는 오딘은 추방되고 대신 미토틴Mithothyn이 등장한다. 미토틴은 그의 짧은 통치 기간 동안 오딘처럼 모든 신에게 공통으로 희생 제의를 바치지 않고 각각의 신에게 따로 희생 제의를 바쳤다. 하지만 오딘은 돌아왔고, 이 변화를 다시 원상 복구하여 백성들에게 큰 기쁨을 주었다. 『게르만의 신화와 신』에서 뒤메질은 오딘의 희생 제의와 미토틴의 희생 제의 사이의 대조가 둘 사이의 정치적 차이를 반영한다는 점을 다소 간결하고 애매하게 제시했다.72 하지만 그는 이 테마를 더 진척시키지 않았고, 그보다는 티르, 울르Ullr, 그리고 미토틴을 동일시할 수 있는 복합적인 연관 관계를 만들어내고자 했다.73

그런데 그는 『미트라-바루나』에서 당대의 정치 상황을 훨씬 더 명백하게 보여주는 몇 가지 자료를 끌어들이면서 다시 이 문제로 돌아왔다. 그의 논의의 결말에서, '오딘의 치세'는 혼란해진 평등주의, 전체주의적 경제의 활력, 대중에 영합하는 공산주의(국가사회주의의 사회주의적 측면), 영웅적 반자본주의자의 윤리 등과 같은 수많은 병폐를 아우르게 된다. 이와 반대로 '미토틴의 치세'는 사유재산, 정확히 책정된 보수, 직계 상속, 그리고 법치를 나타낸다.[74] 이런 환상적인 구조는 뒤메질로 하여금 당대의 상황에 대해 구조적 논리, 심오한 선사시대 역사, 그리고 명백한 교훈을 제공할 수 있게 했다. 다른 모든 인도-유럽 민족은(심지어 앵글로색슨족이나 스칸디나비아인들조차) 미토틴 유형의 사회경제 체계를 수립한 반면, 대륙의 게르만족과 슬라브족만이—즉 나치, 소비에트 그리고 그들의 선조들만이—오딘 유형을 시행하는 실수를 저질렀다는 것이다.[75]

1940년에 출간된 『미트라-바루나』는 군주 기능의 이원적 성격에 관한 뒤메질의 1938~39년 강연에 근거한 것인데, 여기서 명백히 그는 군주 기능이라는 개념을 자신을 둘러싼 세계의 병폐들을 진단하고 설명하기 위해 사용했다.[76] 이 책의 많은 부분에서 뒤메질은 『게르만의 신화와 신』에서 엉성하게 언급했던 로마와 인도의 사례들을 참작하면서 이전의 저서들에서 했던 주장을 합리화했다. 그리하여 티르는 뒤메질이 오딘의 대립자로 설정했던 미토틴을 비롯한 다른 신들을 능가하게 되었다. 즉 티르는, 위험한 군주에서-변화한-전사와 균형을 이루는, 안심을 주는 전사에서-변화한-군주가 된 것이다.[77]

그런 역할을 지닌 티르는 다른 경쟁자 신들에 비해 분명한 이점을 갖고 있다. 오직 그만이 신화에서 "외팔이이자 애꾸눈"으로 그려지기에 로마 신화를 비롯한 다른 신화의 신들과 비교하는 것이 가능하고, 따라서 이중적 통치권이 인도-유럽의 계보를 지닌다는 주장을 확고하게 만들어주기 때문이다. 하지만 티르는 심각한 약점도 갖고 있다. 그는 전쟁의 신으로, 즉 3기능 체계 중 첫 번째 기능이 아닌 두 번째 기능을 하는 신으로 널리 알려져 있었기 때문이다.[78] 뒤메질이 티르를 다른 인도-유럽 민족들의 안정적이고 평화로운 신들과 동일시하고자 한다면, 대대적인 수정이 가해져야 한다. 그는 『미트라-바루나』의 핵심적인 두 구절에서 이 작업을 수행했다. 우선 뒤메질은 로마의 지배 아래 있던 프리슬란트 군대가 마르스 팅크수스Mars Thincsus('입법의 마르스')에게 바친 별개의 비명碑銘을 떠올리고는, 이것을 가지고 대륙판 티르(티와즈*Tīwaz)가 전사 신이 아니라 "전쟁의 판관이자 일종의 외교관"이었다는 증거로 삼았다.[79] 이는 그의 전체 논의에 바탕이 되었다.

> [늑대를 묶는] 티르의 행동은 정확히 판관 신에게 기대되는 행동이다. 적과의 협정-겸-함정을 맺고 서약을 하는 것이 필요한데, 이는 처음부터 깨져버렸다. 모든 신 가운데 티르만이 이 서약을 한다. 늑대는 너무 어리석어서 신의 수족을 절단하는 것이 자신의 완전한 패배를 보상해줄 것이라 기대하고 위험한 교환 계약을 받아들인다. 법률적 책략의 영웅적 대가인 티르는 이 기회를 포착한다. …… 앞에서 우리는 대륙 게르만족의 티와즈(또는 마르스 팅크수스)가 전쟁법의 신, 즉 법적 문제로 간주된 전쟁의 신이라는 사실을 상기했다. 우리는 이 범위가 어디까지 확대되는지 따져보아야 할 것이다. …… 우리가 무언가를 신뢰할 때 어디까지 신뢰할 수 있는가? 복병처럼 그럴싸한 그 협정들에서 우리는 어떻게 적과 교전하는가? 사람들은 어떻게 맹세의 글자는 존중하면서 자신의 맹세에 담긴 정신은 저버리는가?[80]

이 부분은 [영국 총리] 체임벌린Chamberlain과 [프랑스 총리] 달라디에 Daladier가 "우리 시대의 평화"라는 히틀러의 약속을 믿고 체코슬로바키아를 내어주었던 뮌헨협정(1938) 직후에 쓴 것이다. 그 마지막 질문들은 허튼 것이 아니다. 티르를 법률적 책략의 대가(*procédurier héroïque*)로 주제화한 것은 분명 골동품 수집이나 순수 학문을 넘어서는 관심사들을 다루는 방법을 제공해주었다.

VI

티르는 여전히 전쟁의 신으로 가장 잘 알려져 있는 신이다. 하지만 티르를 지나치게 복잡하게 다루는 것은 뒤메질을 너무 단순하게 다루는 것과 마찬가지로 위험하다. 또 나는 내 작업이 모든 것을 다 망라했다고 주장하고 싶은 생각도 없다. 여기서도—다른 어디서나 마찬가지로—비범한 학식과 섬세함을 갖춘 이 학자가 받아들인 입장들은 분명 과잉 결정된 것이다. 하지만 뒤메질이 했던 모든 작업을 가려내는 일을 단념하더라도, 적어도 그의 연구가 철저하게 비정치적이라는 무지한 주장을 반박할 수는 있을 것이다. 티르와 여타 게르만 신들에 대한 그의 작업은 한 가지 정치적 서브텍스트에만 관련되는 것이 아니다. 거기에는 적어도 여섯 가지의 정치적 서브텍스트가 있는데, 이는 다음과 같이 요약할 수 있다.

1. 아리아주의자/독일 혐오자인 프랑스 민족주의자의 서브텍스트: 독일인들은 다른 모든 인도-유럽 민족들과 다르고, 더 위험하다(전쟁을 지향하는 왜곡된 군주로서의 오딘).
2. 평화주의자/패배주의자의 서브텍스트: 독일과 평화를 유지하는 것이 가능할지도 모른다. 사실 히틀러에 대해 그 최악의 측면만 생각하는 것은 주제넘고 도발적인 것이다(오딘의 대안인 합법적 군주로서의 티르).[81]
3. 외국인 혐오자의 서브텍스트: 평화조차 배신당할 수 있고, 게르만 민

족이나(예를 들어 소비에트 같은) 다른 민족들과의 협상은 함정일 수 있다(법적 책략의 전문가답게 늑대를 속인 티르).[82]
4. 반공주의자의 서브텍스트: 사유재산과 신분 격차는 안정된 질서의 토대다. 평등주의적이고 코뮌적인 실험이 얼마나 흥미롭고 인기 있건 간에, 그것은 혼란과 분열 그리고 위험을 야기한다(미토틴의 치세와 대조되는 '오딘의 치세').
5. 군주제 지지자/모라주의자의 서브텍스트: 통합된 계급제도는 이상적이다. 교회와 왕은 그런 질서를 유지하는 데 필수적이다(독일식의 '미끄러짐'과 3기능 체계).
6. 파시즘 지지자/나치 반대자의 서브텍스트: 교황 및 국왕과 좋은 관계를 유지함으로써, 그리고 그의 파시스트 당원들이 약간의 법적 기준을 도맡을 수 있다고 주장함으로써 무솔리니는 히틀러가 저지른 최악의 실수를 면할 수 있었다. 파시즘 치하의 이탈리아는 역동적이고 질서 잡힌 사회이며, 프랑스는 그들과 제휴하고 그들로부터 배울 수 있다. (물론 세부적인 것들을 이해하려면 긴 논의가 필요하겠지만, 이 서브텍스트는 뒤메질이 로마의 자료들, 예를 들어 로물루스와 누마Numa, 주피터와 디우스 피디우스Dius Fidius, 루페르치Luperci와 플라미네스Flamines, 기민함celeritas과 둔중함gravitas을 다루는 데서 뚜렷이 나타난다. 뒤메질은『게르만의 신화와 신』에서 독일을 인도-유럽적 사고가 가장 심각하게 변질된 사회로 보는 한편,『미트라-바루나』에서는 로마를 인도-유럽적 사고가 가장 충실하게 보존된 곳으로 보았다. 이런 양상들이 유효한 관념으로 남아 있는 한, 독일은—고대와 현대의—문젯거리가 된다. 반면 고대 로마와 오늘날 그 후예들은 그 해결책으로 간주된다.)[83]

이 서브텍스트들이 모두 똑같은 자각이나 명증성이나 확신 속에서 제시되는 것은 아니다. 또 이 서브텍스트들 사이에 어떤 체계적 관계가 작동하는 것도 아니다. 그래도 이 서브텍스트들에서는 1930년대 후반 프랑스 우익 진영의 상충되는 충동들을 반영하는 모종의 혼란을 감지할 수 있다. 그들의 민족주의는 그들이 독일을 적대시하게 만들었지만, 동시에 그들의 이데올로기는 그들이 히틀러의 많은 입장에 공감하게 만들었다.[84] 당시에 뒤메질이 교분을 나누었던 사람들의 면면을 살펴보고, 또 그가 익명으로 쓴 글들을 살펴보면, 뒤메질이 그런 관점을 견지했다는 사실은 그리 놀라운 일도 아니다. 뒤메질이 그와 비슷한 관점을 가지고 있던 다른 이들과 구별되는 점은 그가 난해한 학문적 코드를 개발했다는 데 있다. 그것을 통해 그는 인도-유럽 신화의 불가해한 자료들을 자신의 관점을 전달하는 매개체로 만들었고, 덕분에 그의 연구는 어디서나 학자들의 주목을 받았다. 그의 저작들은 너무나 도전적이고, 치밀하고, 영향력이 크기에 계속 주목을 받는 것도 당연하다. 하지만 우리는 비판적 다양성을 지녀야 한다. 결국 알랭 드 브누아, 장 오드리, 로저 피어슨 같은 신우파 진영의 사람들이 그들의 입장—위계질서와 권위에 대한 그들의 선호, 예를 들어 평등주의 및 계몽주의의 이상에 대한 그들의 반감이나 '인도-유럽인'이 다른 모든 민족보다 우수하다고 보는 그들의 의기양양한 관점—을 뒷받침하기 위해 뒤메질의 글을 인용할 때, 우리는 그들이 처음에는 고대의 지혜로, 이어서 학문적 담론으로 교묘하게 재코드화되고 오인된 '구舊우파'의 입장을 전유하는 것에 불과한 것은 아닌지 의심해볼 수 있을 것이다.[85]

제3부 새로운 방향들

7장
제2차 세계대전에서 현재까지
(아마도 조금 더)

I

　제2차 세계대전이 끝난 후, 신화 연구 활동의 중심지는 독일에서 프랑스로 옮겨갔다. 좀 더 구체적으로 말하자면 [프랑스 파리의] 고등연구원 제5분과('종교학sciences religieuses' 분과)로 중심지가 옮겨졌는데, 이 분과는 전쟁 이전에 마르셀 모스가 학과장을 지냈던 곳이기도 하다. 1946년에서 1949년까지 이곳에서는 지금까지의 신화 연구 중 가장 중요한 이론적 영향을 끼치고 또 가장 인상적인 구체적 업적을 남긴 세 사람의 거장이 교편을 잡고 있었다. 바로 조르주 뒤메질(1898~1986),[1] 클로드 레비스트로스(1908~),[2] 그리고 미르체아

\# 나는 이 글의 초고를 1998년 7월 노르웨이 트롬쇠대학의 그리스-라틴 연구소가 〈신화와 상징〉이라는 주제로 개최한 심포지움에서 발표하였다.

엘리아데(1907~86)³다. 이중 최고 연장자는 뒤메질인데, 나이는 물론이고, 고등연구원에서 가장 먼저 가르치기 시작했다는 점에서도 그렇다. 더욱이 그는 다른 두 사람이 고등연구원에 자리를 잡는 데 결정적인 역할을 했다. 1946년에 뒤메질은 고등연구원에 엘리아데를 위한 자리를 마련해주었다. 당시 엘리아데는 이름 없는 가난한 망명객이었다. 그는 전쟁 중에 루마니아 파시스트 정권을 위해 외교관으로 일했고, 전쟁이 끝난 후 루마니아로 돌아가지 않기로 결심했다. 2년 후 레비스트로스가 미국에서 프랑스로 돌아와 명성을 날리기 시작했고, 뒤메질이 그가 연구원에 자리 잡을 수 있도록 도와주었다. 그후 세 사람은 각자의 길을 갔다. 뒤메질과 레비스트로스는 각각 1949년과 1959년에 콜레주드프랑스로 자리를 옮겼다. 엘리아데는 1956년에 미국으로 건너가 시카고대학에 자리를 잡았고, 다른 두 사람과 마찬가지로 국제적인 명성을 쌓아갔다.

엘리아데와 레비스트로스 사이에는 별다른 긴밀한 관계가 없었지만, 뒤메질은 두 사람 모두와 평생 교분을 쌓았으며, 두 사람은 언제나 뒤메질과 그의 저작을 높이 평가했다. 일반적으로 뒤메질이 두 사람으로부터 영향을 받기보다는, 두 사람이 뒤메질로부터 훨씬 더 많은 영향을 받았다. 그런데 두 사람에게서 그 영향은 전혀 다르게 나타났다. 중부 유럽 출신으로 인도에서 여러 해를 보내기도 한 엘리아데는 특정 부류의 사람들은 우주의 신성성과 특히 잘 조화를 이루며, 자연과의 관계 속에서 이를 느끼고, 또 신화와 의례를 통해 이를 표현한다고 여겼다. 그의 저작에서 그 집단은 '시원적archaic'이라는 (아주 문제 많은) 범주를 구성하는데, 고대 인도인과 루마니아 농부, 그리고 독일 민족학자들이 자연민족Naturvölker이라 부른 '원시' 부족들이 그 대표적인 경우다. 엘리아데는 뒤메질에게서 자신이 행한 것보다 훨씬 더 엄격한 비교 작업 스타일을 발견했는데, 그는 이를 근거로 베다 사제들과 루마니아 농부들이 많은 공통점을 지니며, 둘 다 '인도-유럽'의 공통된 유산을 물려받았다는 자신의 생각을 확증하고 정당화했다.

뒤메질은 그가 생각하는 인도-유럽인이 세계사 속에서 특별한 위상을 차지한다는 확고한 신념을 갖고 있었다. 오직 그들만이 자연의 고유한 질서를 반영하는, 3기능 구조로 이루어진 조직화된 사고와 (때로) 사회의 비밀을 알고 있었다는 것이다.[4] 뒤메질의 텍스트에 승리주의적인 서브텍스트가 그저 이따금씩만 끼어드는 것과는 달리, 엘리아데는 좀 더 멀리 나아갔다. 그는 자신이 인도-유럽인과 관련지은 우주적 종교성에 대립되는 **반대 유형**을 구분해냈다. 그는 이를 역사의식에서 찾았고, 바로 이것 때문에 인류가 성스러움에 대한 감각을 잃어버리는 파국이 초래되었다고 여겼다. 더욱이 그는 이러한 역사의식을 최초로 도입한 장본인이 바로 히브리인들이라고 여겼으며, 그것은 훗날 헤겔과 맑스에 의해 좀 더 치명적인 형태를 띠게 되었다고 여겼다.[5] 우리는 여기서 한 가지 친숙한 구조를 보게 된다. 바로 아리아족과 셈족을 명확히 구분하고 양자를 차별적으로 대립시키는 구조, 혹은—좀 더 정확히 말해서—두 개의 집단 또는 스타일, 즉 오늘날 '인도-유럽인'이라 불리는 사람들로 주로 (전적으로는 아니다) 대변되는 집단과 '히브리인'으로 대변되는 집단을 대립시키는 구조다.

뒤메질의 저작들 중에서, 엘리아데는 언제나 『불멸의 향연』(1924)과 『우라노스-바루나Ouranos-Varuna』(1934), 그리고 특히 『켄타우로스족의 문제Le Problème des Centaures』(1929)와 같은 초기 저작들에만 관심을 두었다. 여기서 뒤메질은 프레이저와 만하르트Mannhardt*가 소개한 민담 전승에 크게 의존하고 있었으며, 신화적 이야기들이 유혈 낭자한 희생 제의, 흥청망청하는 연회, 숭배 집단의 축제 행렬 같은 의례 속에서 되풀이되는 세계를, 의례를 통해 기원의 시간으로 되돌아감으로써 사람들이 자기 자신과 세계를 갱신하는 세계를 재구성했다(아니, 그보다는 상상했다고 하는 것이 낫겠다). 훗날 뒤메질은 이 책들을 자기가 젊어서 무얼 잘 모를 때 쓴 형편없는 공상의 산물이라 여기며 내팽개쳤다. 하지만 엘리아데는 이 책들이 간간이 안겨주는 선정적인 흥분에 공감하는 한편, 뒤메질의 후기 저작들은 다소 활기 없고 지루하다고 여겼다.[6]

이와 반대로 레비스트로스는 이 원로 학자가 1939년 이후에 쓴 저작들, 즉 3기능 체계에 관한 이론이 개진된 저작들에서 특히 깊은 인상을 받았다. 하지만 레비스트로스에게 그 이론 자체나 그것이 분석하는 인도-유럽인은 그다지 관심거리가 되지 못했다. 오히려 그가 큰 관심을 가졌던 것은, 체계에 대한 뒤메질의 감각과 방법, 특히 신화의 구성 부분들은 서로의 관계 속에서만 이해될 수 있으며, 올바른 비교란 (이를테면 서로 다른 두 문화나 텍스트에서 보이는 신의 이름이나 특성 같은) 고립된 자료 항목들 간의 피상적인 유사성이 아니라 (조금 전의 사례를 이어가자면, 두 개의 만신전이 지닌 조직화 논리처럼) 이 자료들이 담긴 전체를 구조화하는 정형화된 대립 관계들에 근거해야 한다고 한 뒤메질의 주장이었다.

신화에 대한 이 세 학자의 접근 방법을 앞서 3장에서 검토한 좀 더 예전의 접근 방법들과 관련지은 계보를 통해 살펴보면(그림 7.1), 왜 엘리아데보다는 레비스트로스가 뒤메질을 더 잘 활용할 수 있었는지가 확연히 드러난다.[7] 여기서 나는 융을 거치고, 르네 게농 René Guénon (1886~1951)*과 율리우스 에볼라 Julius Evola (1898~1974)*와 같은 주요한 비의주의자들을 거쳐 엘리아데에게까지 미친 낭만주의, 민속학 그리고 동양학의 영향을 강조하고자 한다. 엘리아데는 1920년대에서 1930년대까지 이들과 오랜 교분을 맺었다.[8] 이러한 영향 때문에 엘리아데는 초기의 뒤메질이 신화와 의례에서 초월적 엑스터시의 계기들을 찾으려 했던 데 공감했던 것이다. 뒤메질의 이 주제는 또한 그의 첫 박사 제자인 로제 카유아Roger Caillois(1913~78)*를 통해 사회학파에도 영향을 끼쳤다.⁹ 이와 대조적으로 뒤르케임과 모스의 프랑스 전통을 알고 있던 레비스트로스는 민담 연구나 비교신화학보다는 사회학을 더 강조한 뒤메질의 후기 저작들에 관심을 가졌다.¹⁰ 레비스트로스는 또한 역사언어학보다 구조언어학에 더 관심을 가졌기 때문에 방법과 이론의 문제에도 익숙했다. 반면 엘리아데가 물려받은 동양학의 유산은 그가 인도-유럽인에 관한 담론에 더욱 심취하게 만들었다.

사실 언어에 대한 레비스트로스의 관심은 그와 뒤메질을 이어주기도 하고 떼어놓기도 했다. 두 사람이 언어학에 접근한 방식은 각기 소쉬르가 남긴 유산의 서로 다른 측면에 의존하고 있었기 때문이다. 뒤메질의 경우는 인도-유럽 영역을 역사적으로 재구성하는 과업에 전념했는데, 이는 소쉬르가 보프와 아우구스트 슐라이허*에게서 건네받아 메이예에게 넘겨주었던 것이다. 이와 달리 레비스트로스는 구조언어학의 공시적 측면에 흥미를 가졌는데, 이는 소쉬르의 가장 독창적인 공헌이자, 특히 니콜라이 S. 트루베츠코이Nikolai S. Trubetzkoy (1890~1938)와 로만 야콥슨Roman Jakobson(1896~1982)의 '프라하학파Prague School'*가 한층 더 발전시킨 분야였다. 이 학자들은 언어란 그 과거 역사나 심지어 그 언어 사용자들의 역사와 상관없이 그 자체로 분석할 수 있는—분석해야 하는—논리적 관계들의 체계라는 이론을 확립했다. 이러한 견해는 인도-유럽어를 재구성하려는 기획이 언어학 내에서 차지하고 있던 특권적 위상을 단번에 무너뜨렸는데, 이는 1930년대 체코에서 이 견해가 왜 유행했는지를 부분적으로나마 설명해준다.¹¹ 비록 레비스트로스가 뒤메질이—그리고 에밀 방브니스트*가—구조주의적 방법을 예견했다는 점을 높이 사기는 했지만, 그가 창안한 구조주의는 '인도-유럽'과 아무런 관련이 없었다.¹²

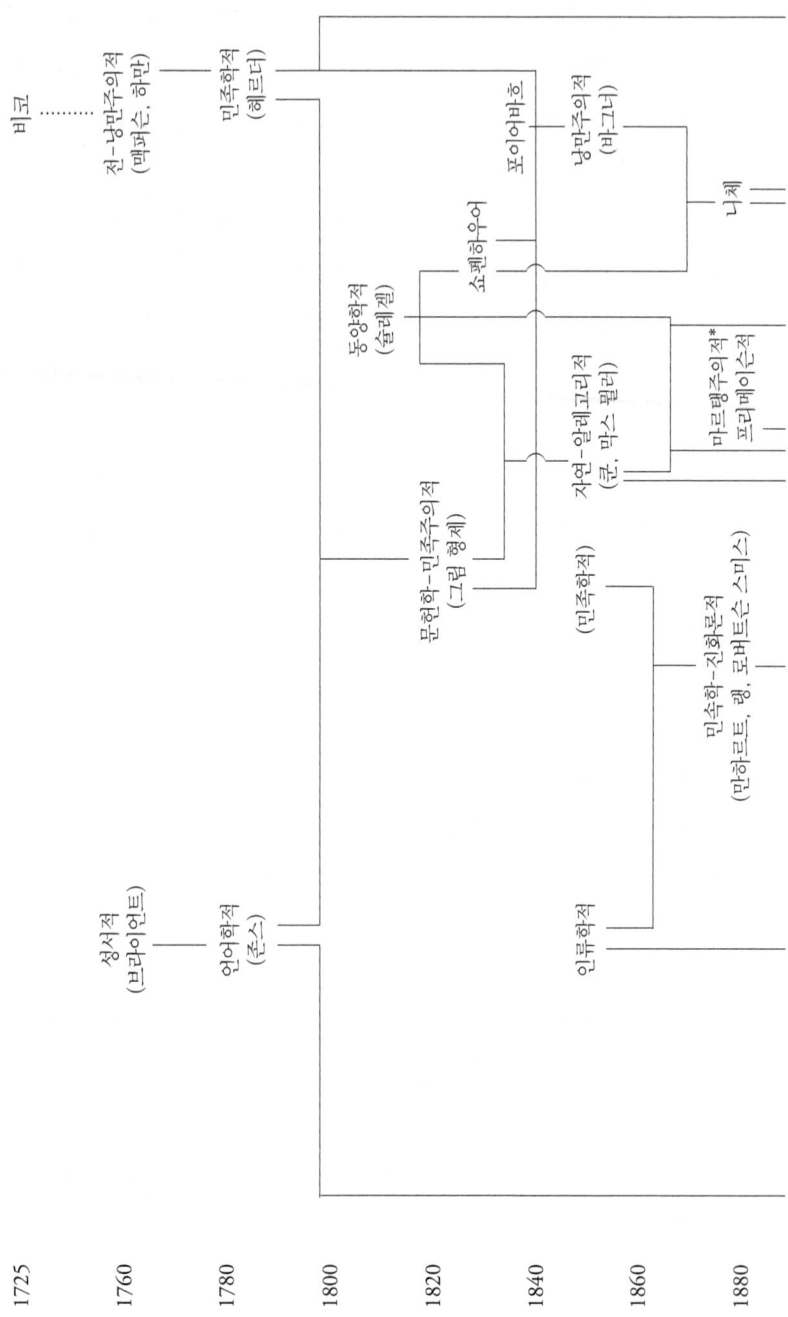

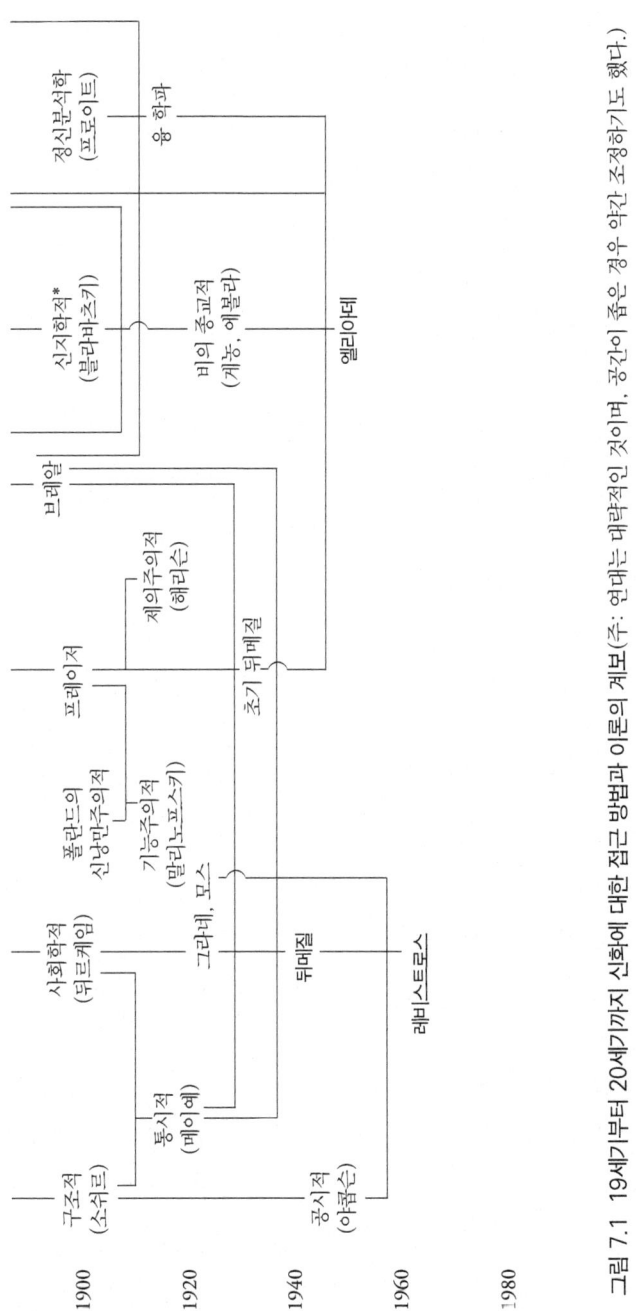

그림 7.1 19세기부터 20세기까지 신화에 대한 접근 방법과 이론의 계보(주: 연대는 대략적인 것이며, 공간이 좁은 경우 약간 조정하기도 했다.)

7장 제2차 세계대전에서 현재까지(아마도 조금 더) 241

II

레비스트로스와 엘리아데는 1950년대와 1960년대의 저작들을 통해 뒤메질과 더불어 신화라는 주제에 관한 세계 최고의 권위자가 되었다. 그들의 저작에 대해서는 이미 많은 연구가 이루어졌기 때문에, 앞의 장들에서처럼 여기서 상세히 다룰 필요는 없을 것이다. 단지 그들이 상당히 박식했고, 우아한 문장을 구사했으며, 엄청난 양의 책을 썼고, 합리주의보다는 낭만주의에 좀 더 기울어진 방식으로 신화를 다루었다는 것 정도만 언급해두도록 하겠다. 물론 레비스트로스와 뒤메질은 신화 담론이 본질적으로 합리성을 지닌다고 보았다는 점에서 기존의 낭만주의적 학자들과 결별했다고도 할 수 있다. 어쨌든 이들 세 사람은 철저하게 낭만주의적인 방식으로 신화를 현대 서구인이 거기서 헤아릴 수 없는 가치를 지닌 무엇인가를 재발견할 수 있는 고대적·이국적 장르로 여겼다. 하지만 그 가치가 무엇인지에 관해서는 세 사람의 생각이 완전히 달랐다. 엘리아데에게 그것은 성스러움에 대한 시원적 감각이었다. 레비스트로스에게 그것은 인간 정신의 기본 구조였다. 그리고 뒤메질에게 그것은 인도-유럽인을 다른 민족과 구분 지어주는 3기능 이데올로기였다.

긴 시간 동안 수많은 저작을 쏟아낸 이들 세 학자는 학계 안팎에서 수많은 열렬한 독자를 매료시켰다. 하지만 지난 10년 사이에 이들 중 두 사람에 대한 비판적 평가가 이루어졌고, 비판자들은 그야말로 가차 없었다. 엘리아데에게는, 그가 자신의 특유한 신학을 개진하고 또 1930~40년대 루마니아 아이언 가드Iron Guard* 활동에 연루되었던 데서 비롯한 정치적 견해들을 개진하기 위해 무분별하고도 편향된 방식으로 비교 방법을 사용했다는 점에 대한 비난이 가해졌다.[13] 마찬가지로 뒤메질에 대해서도, 그가 젊은 시절에 악시옹 프랑세즈에 가담하고, 후에 또 신우파에 관여했으며, 그가 재구성한 인도-유럽 신화에는 파시즘 이데올로기가 뒤섞여 있다는 비난이 가해졌다.[14] 레비스트로스의 경우, 그의 삶이나 신화 관련 저술에 대해 이런 식의 뜨거운 논의가 이루어진 적은 없지만, 그의 저작 대부분에 대해서는 실존주의, 맑스주의, 포스트구조주의 진영이 잇달아 신랄한 비판을 가했다. 그 비판들은 모두―나름의 독특한 어조로―레비스트로스의 공허한 형식주의와 공시적 성향이 신화적 이야기(와 문화의 여타 측면들)로부터 역사적 맥락과 정치적 작인을 지워버린다고 지적한다.[15] 이러한 비판은 1968년 파리혁명 이후 더욱 거세졌는데, 레비스트로스 열풍은 "구조는 거리로 나서지 않는다."는 비아냥거리는 문구와 더불어 삽시간에 사그라졌다.[16]

이러한 비판들이 지닌 비중을 감안하면, 1945년 이후 지배적이었던 모델이나 방법 중 그 어느 것도 그냥 그대로 받아들일 수는 없어 보인다. 또 오늘날의 지적 활동도 이미 다른 방향으로 돌아섰다. 이러한 상황을 고려할 때(나는 막막하기보다는 차라리 속 편하다), 엘리아데의 학문을 특징짓는 결점들이 실제적이며 심각하다고 결론을 내리지 않을 수 없다. 이러한 자각은 내게 쓰라린 아픔을 주었다. 그래서 나는, 순전히 개인적인 차원에서, 1971년부터 1976년까지 나의 스승이었고 또 1986년에 돌아가시기까지 나의 친구이기도 했던 분의 됨됨이에 대해 증언하고 싶다. 나는 지금도 그분의 폭넓은 학식과 드넓은 상상력, 그 대담함과 겸허함, 그 기발함과 고결한 정신을 존경한다. 그분에게 가해지던 비판에 비추어 보면, 그분이 내게 보여준 친절과 우정은 특히나 두드러진 것이었다. 비록 우리가 직접 화제로 삼은 적은 없었지만, 그분은 내가 유대인이며 맑스주의적 입장을 갖고 있다는 사실을 매우 잘 알고 계셨다. 이 두 가지는―그분을 비판하는 이들의 눈으로 보자면―나를 그분이 혐오하는 대상으로 만들었어야 마땅하다. 나는 1930년대와 1940년대에 그분이 무얼 하셨는지에 대해서는 아는 바가 없었고, 적어도 내가 겪은 바로는, 원숙기에 접어든 그분이 반-셈족주의적 증오를 마음에 품고 있었으리라고는 상상조차 하기 힘들다. 이제 할 말은 다 했고, 어쨌든 나는 그분이 추구했던 그런 종류의 연구에는 별다른 미래가 없다고 생각한다.

반대로 비록 내가 뒤메질에 대해 혹독한 비판을 가하고, 또 인도-유럽에 관한 담론을 지속하는 그의 저작들 중 일부를 거부하기는 했지만, 나는 그의 저작들에는 그래도 가치 있는 부분이 많이 있다고 생각한다. 특히 나는 그의 엄밀함, 체계와 구조에 대한 감각, 자신이 연구하는 자료가 지닌 합리성에 대한 존중 그리고 신화적 이야기들 속에 숨겨진 복잡한 분류 체계 논리에 대한 그의 설명을 강조하고자 한다. 이 모든 점을 감안할 때, 뒤메질의 작업은 내가 이 세 명의 학자 중 가장 포괄적이고, 심오하며, 도전적이라고 여기고 있고, 또 지금까지 신화에 관해 제시된 이론적 논의들 중 가장 훌륭하다고 평가받는 레비스트로스의 작업과 매우 가깝다. 이 두 사람의 저작에서 보이는 유사성 때문에 나는 그들의 학문적 관계, 그들이 거닐었던 비슷한 파리의 분위기, 그들의 기질과 지적 편력에서 보이는—차이점뿐만 아니라—유사성에 대해 살피게 되었다. 이를 숙고한 결과 나는 뒤메질이나 레비스트로스에게 특히 큰 영향을 끼쳤을 것으로 여겨지는 뒤르케임과 모스의 비범한 문장을 새삼 다시 보게 되었다. 그 문장은 그들의 『원시 분류 체계』 끝부분에 나오는 것으로, 그들이 제시하기는 했지만 미처 발전시키지는 못한 생각, 즉 신화란 서사 형식으로 된 분류 체계로 여겨질 수 있다는 생각이다.[17]

물론 나는 이 정식화가 모든 신화에 대해서나 신화의 모든 측면에 대해 완벽한 설명을 제공한다고는 생각하지 않는다. 하지만 거기에는 시사점이 매우 많으며, 그 함의를 좇아가다보면 뒤메질과 레비스트로스에게서 똑같이 최선의 것을 끌어낼 수도 있을 것이라고 생각한다. 나아가 나는 이 정식화가 우리를 더 멀리 데려가줄 것이라고 생각한다. 다른 모든 뒤르케임 식 정식화와 마찬가지로, 신화에 대한 이 정식화는 정치나 역사의 문제와는 그다지 조응하지 않는다. 거기에 좀 더 비판적인 날을 부여한다면, 안토니오 그람시Antonio Gramsc에서부터 롤랑 바르트Roland Barthes와 피에르 부르디외Pierre Bourdieu에 이르는 문화 이론가들과 관련되는 방향을 제시할 수 있을 것이다.[18] 이를 위해 나는 우선 분류란 결코 중립적인 과정이 아니라는 점을 지적하고자 한다. 분류된 것들 사이에서 확립되는 질서는 (여기에는 암시나 함축에 의해서만 다루어지는 항목들은 물론, 무엇보다도 인간이 행하는 모든 그룹 짓기가 포함된다) 범주적일 뿐만 아니라 위계적이기도 하기 때문이다. 레비스트로스는 이 점을 특히 염두에 두었어야만 했다. 왜냐하면 그는 이항 대립이라는 주제에 관한 야콥슨의 생각에서 많은 영향을 받았기 때문이다. 프라하학파의 다른 언어학자들과 마찬가지로, 야콥슨은 이러한 이항 대립들이 표시된 범주와 표시되지 않은 범주 사이의 구분에 의존하며, 그 구분은 필연적으로 위계적이기 마련이라고 보았다.[19] 뒤르케임에게서도 비슷한 점을 취할 수 있다. 그도 역시 모든 분류 체계에는 위계가 내포되어 있다고 보았으며, 다만 분류 체계가 언어적으로가 아니라 사회적으로 결정된다고 본 점에서만 야콥슨과 달랐다. "분류 체계란 그 부분들이 위계질서에 따라 정렬되는 체계이기도 하다. 어떤 것들은 지배적인 특성을 이루고, 다른 것들은 거기에 종속된다. …… 분류 체계의 목적은 종속과 조화의 관계를 확립하는 데 있다. 또한 만일 어떤 사람이 위계가 무엇인지 이미 알고 있지 않다면, 그는 그런 식으로 자신의 지식을 조직화할 생각을 아예 하지도 못했을 것이다. 물리적인 자연경관이나 정신적 연상 활동의 기제 그 어느 것도 우리가 분류 체계에 대한 생각을 하게끔 만들지는 못한다. 위계란 전적으로 사회적인 것이다."[20]

이러한 견해를 받아들여, 나는 분류 체계가 신화라는 틀 속에 담겨질 때 그 이야기는 아주 매력적이고 인상적인 모습으로 온갖 특정한 차별 체계를 그럴듯하게 포장한다고 주장하고자 한다. 더욱이 분류 체계는 차별을 자연화하고 정당화한다. 그러므로 신화란 단순한 분류 체계가 아니라, 서사 형식으로 된 이데올로기다.

III

한 가지 사례로, 고대 아일랜드의 서사시 『쿨리의 황소 공격 Táin Bó Cúalnge』(이하 『황소 공격』이라고 함)에서 젠더 관계가 어떤 방식으로 주제화되는지 살펴보자.[21] 이야기는 코나흐트Conacht의 왕 아일릴Ailill 과 왕비 메드브Medb가 서로 누가 더 신분이 높고, 더 부유한지를 놓고 말다툼을 벌이는 데서 시작된다. 장난삼아 시작된 그들의 경쟁은 이 텍스트의 본래 청중이라면 누구나 다 알만한 사실, 즉 메드브는 아일랜드 문헌에 등장하는 가장 강력한 여왕인 반면, 아일릴은 메드브가 혼인했던 여러 남편 중 한 명에 불과하다는 사실로 옮겨간다. 그들은 침대에 누워 서로의 혈통을 비교하는데, 이는 문제를 더 복잡하게 만든다. 메드브는 아일랜드의 강력한 왕에게서 태어난 여섯 명의 딸 중 첫째이자 가장 뛰어난 딸이다. 반면 아일릴은 이웃 나라 왕의 세 아들 중 막내다. 그의 아버지는 왕국을 둘로 나누어 맏아들인 라인스터Leinster와 둘째 아들인 타라Tara에게 물려주고, 아일릴에게는 메드브와 혼인하여 왕족 신분을 유지하게 했다. 아일릴이 장인에게서 코나흐트를 물려받을 수 있었던 것도 이 덕분이었다. 이와 같이 이 이야기는 통치권을 (예를 들어 부계 혈통, 장자의 권리, 개인적 능력에 기반을 둔) '남성적인' 방식으로 주장하는 여왕과 (예를 들어 혼인을 통한 중재에 기반을 둔) '여성적인' 방식으로 주장하는 왕을 대조시킨다. 일단 이런 식의 대조가 설정된 후에, 메드브와 아일릴은 각자의 소유 목록을 경쟁적으로 늘어놓는다. 그 목록은 (바구니, 욕조, 항아리, 들통같이) 아주 하찮은 것들에서 시작해 (보석, 황금, 가축같이) 더 가치 있는 것들로 점점 옮겨간다. 하지만 아무리 하나하나 따져도 왕과 왕비의 재산은 막상막하로 별 차이가 없다. 그러다가 마침내 아일릴이 남성의 특권을 되살리고 거듭 확인해줄 강력한 장점을 끄집어낸다. "하지만 나 아일릴의 축사에는 세상에서 가장 훌륭한 황소가 있소. 그 황소는 송아지 시절 당신 메드브의 축사에서 길러졌고, 그 이름은 핀드벤나흐Findbennach요. 하지만 그 황소가 여자의 소유물이 되는 것은 수치스러운 일이기 때문에, 그 황소는 이제 왕인 나의 축사에 머물고 있소."22

메드브는 속이 상했지만 이에 굴하지 않는다. 그녀는 남편의 황소에 필적하거나 그보다 더 훌륭한 황소를 구하러 나선다. 그 황소가 바로 위풍당당한 돈 쿨리Donn Cúalnge(쿨리의 검은 황소)이며, 서사시는 이제 이 황소를 차지하려는 메드브의 행적을 뒤좇는다. 『황소 공격』은 메드브의 군대가 울스터Ulste의 쿠 쿨레인Cú Chulainn 장수가 이끄는 군대에게서 황소를 빼앗기 위해 벌이는 숱한 전투와 영웅적인 행적으로 채워진다. 마침내 수천 명의 전사가 형언할 수 없이 잔인한 전투에서 팽팽히 맞붙어 싸운다. 그리고 메드브가 빼앗은 황소를 데리고 도망치려 하고 이에 격노한 쿠 쿨레인이 그녀를 제압하려 하는 순간 이야기의 긴장은 최고조에 달한다. 이 결정적인 순간에 텍스트는 이렇게 말한다. "메드브에게서 더러운 피가 흘러내린 것은 바로 그 순간이었다."23 그녀는 월경을 하는 바람에 전투에서 패하고, 쿠 쿨레인에게 항복하며(그는 그녀를 죽이려다가 "여자나 죽이는 자"가 되지 않기 위해 그만둔다), 황소를 잃는다. 그러자 메드브의 정부이자 그녀의 군대를 이끌던 장수 페르구스Fergus가 이 파국에 대해 일침을 날리는 한마디를 한다. "오늘의 일은 여자를 뒤따르던 자들이나 당해 마땅한 일이로구나."[24]

이와 같이 메드브의 월경은 이야기의 출발점이었던 말다툼을 종식시키고, 메드브 여왕이 아일릴 왕과 대등하지 않으며, 여자는 남자와 대등하지 않다는 점을―단번에 확실히―확립한다. 프로이트가 과학의 권위를 주장하는 담론을 빌려 "타고나는 것이 곧 운명"이라고 주장했다면, 『황소 공격』은 서사 양식을 빌려 똑같은 주장을 하고 있는 것이다. 그 이야기는 하도 주도면밀해서, 처음에는 메드브가 대등함을 주장하는 것이 그럴듯하게 보이게 하다가, 결국에 가서 그녀의 몸이 지닌 젠더적 속성을 빌미로 그 대등함을 철저하게 무너뜨린다. 이것으로 논쟁은 끝났다. 증명 끝.

이런 목적을 이루기 위해, 『황소 공격』은 단지 남성과 여성의 범주를 나누거나, (울스터와 코나흐트, 돈 쿨리와 핀드벤나흐처럼) 남성적이거나 여성적인 것과 관련된 것들을 구분하기만 하지는 않는다. 이 서사시는 또한 이런 것들에 서열을 부여하고, 그 서열이 텍스트의 주인공으로 등장하는 인물들의 우연한 인간적 취향이 아닌 자연과 운명의 산물이라는 식으로 잘못 재현하기도 한다. 문화를 자연으로 잘못 재현하는 것은 신화를 특징짓는 이데올로기적 수단으로, 여기서 화자는 사물의 존재와 질서의 규범을 확립했다고 여겨지는 허구적인 옛 역사에다가 자신의 이상, 욕망, 선호하는 범주 순위를 투사한다. 신화에서 흔히 나타나는 또 다른 이데올로기적 수단은 부분이 곧 전체인 양 잘못 재현하는 것(예를 들어 메드브는 곧 여성 전체를 대변한다고 말해진다), 서로 무관한 범주들을 동질화하는 것(울스터가 코나흐트를 능가하고, 돈 쿨리가 핀드벤나흐를 능가하듯이, 남성은 여성을 능가한다), 그리고 실제 경험 속에서는 결코 해소되지 않

는 대립과 갈등을 허구적으로 해결하는 것이다.²⁵

IV

『황소 공격』의 이런 판본을 지어낸 이가 울스터 지방의 남자들이었을지도 모른다고 추측하는 것이 그럴듯해 보이기는 하지만, 현재 남아 있는 그 어떤 문헌도 저자의 이름을 말해주지는 않는다. 이 점에서 『황소 공격』은 다른 대부분의 신화와 비슷하다. 사실 신화는 흔히 익명의 집단적 산물로 여겨지며, 저자가 누구인가 하는 것은 그리 중요한 문제가 아니다. 레비스트로스는 이 점을 아주 꼼꼼하고 매력적인 방식으로 보여주었다. 그는 신화란 본질적으로 스스로를 쓰는 논리 구조로서, 이본들이란 실현될법한 가능성들이 다 소진될 때까지 구조가 그 자체의 변수들을 탐색하는 비인격적 과정의 산물이라고 보았다. 이러한 견해는 신화 텍스트의 저자나 '원본'을 찾아내려는 사람들을 깊은 좌절에 빠뜨린다. 하지만 레비스트로스의 견해가 지닌 가치는 비할 데 없이 높다. 그 견해는 이야기하는 행위에서 행위자를 지워버리기 때문이다. 하지만 만일 신화를 단순한 분류 체계 담론이 아닌 이데올로기로 다루고자 한다면, 좀 더 변증법적이고, 현저하게 정치적인 서사 이론이 필요하다. 다시 말해 우리에게 필요한 것은, 자신의 주관적 위치를 반영하고 자신의 이익을 증진시키는 방식으로 이야기 속의 분류 체계 질서를 바꿈으로써 자기가 들은 이야기의 세부 사항을 고치는 화자의 능력을 인식하는 이론이다.

기능주의자들이 생각하는 것과 달리, 신화는 고정된 분류와 위계를 스냅사진처럼 재현하지는 않는다. 오히려 사회질서와 그것에 관한 이야기 사이의 관계는 훨씬 더 느슨하며—따라서—훨씬 더 역동적이다. 왜냐하면 이 느슨함 덕택에 경쟁하는 화자들이 이전 판본들에서 묘사된 기존 질서의 일부 측면을 수정할 여지를 갖게 되기 때문이다. 그리고 청중이 이 혁신적인 재현을 실제적인 것으로 받아들인다면, 그 효과는 더욱 커진다.[26] 능숙한 화자는 모든 것의 중간에 서서 섬세하거나 투박스럽게, 또 장난스럽거나 아주 진지하게 이런 일을 할 수 있다. 이때 그들은 사회적 분류 체계 질서를 재조정하기 위해 그 질서를 재생산하는 데 도움이 되는 수단들을 활용하며, 이를 위해 새로운 범주들을 도입하거나, 낡은 범주들을 제거하고, 이러한 범주들과 위계질서들을 교정한다.

이러한 재조정 작업에서 화자만이 유일한 행위자인 것은 아니다. 우리는 수용에 대해서도 생각해야 한다. 청중은(청중의 일부는) 이야기와 분류 체계에서 벌어지는 혁신에 저항할 수 있다. 더욱이 그들은 선택적으로 듣고 재해석함으로써 그들 나름의 혁신을 도입할 수도 있다. 또한 화자는 청중의 반발이 예상될 경우 이야기를 수정하기를 꺼리게 될 수도 있다. 결국 표준적이고, 타당하며, 지배적인 것으로 받아들여지는 신화 판본이란 화자와 청중 사이에서 지속적으로 이루어지는 타협의 집단적 산물이다. 이는 또한 차후에 또 다른 화자가 이야기에 개입하고 또 다른 청중이 이를 판단하는 배경이 된다.

이상적으로 보자면 우리는 각각의 판본을 다른 모든 판본과 관련지어서만 연구하고, 또 각각의 판본이 생성되고 수용되는 사회적·역사적 상황에 주목함으로써 화자와 청중 간의 상호작용이 어떻게 이야기의 혁신, 분류 체계의 수정, 그리고 이에 따라 시간의 흐름 속에서 나타나는 이익 분배의 변화를 야기하는지를 제대로 알고 싶어 할 수도 있다. 달리 말해 우리의 과제는 우리가 텍스트들texts, 컨텍스트들contexts, 상호텍스트들intertexts, 전텍스트들pretexts, 서브텍스트들subtexts 그리고 그 효과들을 고려하기 전까지는 끝나지 않는다. 기나긴 절차가, 그것도 아주 직접적인 규약을 통해 작동되는 그런 절차가 신화학자들 앞에 놓여 있다. 증거 자료를 얻을 수 있는 정도가 천차만별이라는 점을 감안하면, 이런 절차가 모든 신화 텍스트에 적합하지는 않을 수도 있겠다. 하지만 그래도 그것은 충분히 많은 경우에 유용하며 무언가를 발견하게 해준다. 따라서 그 절차를 자세히 적어 볼 필요도 있을 것 같다.

1. 신화 텍스트에서 논점이 되는 문제의 범주들을 확립한다. 또한 이 범주들 간의 관계를(그리고 범주의 다양한 단위들과 하위 단위들이 조정되는 방식을) 살피고, 아울러 이들 상호 간의 서열과 이를 정당화하는 데 사용되는 논리를 살핀다.
2. 이야기의 시작과 결론에서 범주들의 서열에 어떤 변화가 생겼는지 살핀다. 변화가 있다면 이를 정당화하는 데 사용된 논리를 확인한다.
3. 해당 문화권 내의 관련 자료들, 이를테면 같은 이야기의 다른 판본들, (등장인물, 행위, 주제 등이) 밀접히 관련되는 다른 이야기들, 동일한 범주가 논점이 되는 다른 텍스트들을 모은다. 본래의 텍스트와 이렇게 모은 다른 자료들 사이에 범주와 서열의 차이가 있는지 확인한다.
4. 이 텍스트들에서 나타나는 범주들과 이 텍스트들이 유통되는 사회집단들의 관계를 조건 짓는 범주들 사이의 관계를 확인한다.
5. 분석 중인 모든 텍스트의 시기와 저자, 그리고 그것이 생겨나고, 유포되며, 수용된 환경을 확인한다.
6. 각각의 이야기 행위를 통해 어떤 이익이 증진되거나, 방어되거나, 타협되는지에 대한 적절한 추론을 이끌어낸다. 사회질서를 구성하는 범주들이 재규정되고 재조정된 결과 기존의 위계질서 안에서 특정 집단이 추켜올려지거나 깎아내려지는 방식에 특히 주목한다.
7. 심지어 핵심적인 문제들이 극히 교묘한 형태를 띤 경우에도, 이를

다루기 위해서는 이 문제들을 인정해야 하며, 또한 자신의 이익을 위해 다른 해석과 주제를 개진하려 하는 또 다른 사람들이 있을 수도 있다는 가능성을 열어두어야 한다는 점을 유념한다. 어떤 신화적 변이든 그것을 진술하는 행위는 다른 신화 판본을 만들어내거나 그 판본에 대해 다른 해석을 제시하는 사람들이 추구할 수도 있는 투쟁과 조작의 여지를 열어준다.

V

이런 식으로 신화를 다루었을 때 얻을 수 있는 것이 무엇인지 보여주는 사례로『파이드로스』(246a~249d, 이하 257d까지의 일부)에서 플라톤이 영혼의 상승에 대해 설명한 부분을 살펴보도록 하자.[27] 이 텍스트는 우리에게 제법 친숙하고 또 서구 사상사에서 벌어진 근본적인 몇몇 변화와 관련된다는 장점을 지닌다. 이뿐만 아니라 그것은 내가 신화 장르의 특징으로 간주하는 그런 종류의 과정에 대한 명확하고 확실한 사례를 제공해준다. 일반적으로 이 텍스트는 기원전 370년 즈음, 그러니까『티마이오스』보다는 먼저, 그리고『국가』보다는 나중에 작성된 것으로 여겨진다. 왜냐하면 이 텍스트는『국가』가 제기하는 몇몇 문제를 추구하고 또 거기서 제시되는 몇몇 구성물을 사용하고 있기 때문이다. 종말론적 측면이나 세 부분으로 이루어진 영혼 모델이 그것이다.[28] 이제 곧 알게 될 것과 같이, 이 텍스트는 또한『국가』의 핵심 기획, 즉 철학자-왕의 통치에 대한 요구를 지속하고 있다.

이 구절에서 플라톤은 영혼을 날개 달린 마차로 보는 유사-알레고리적 설명을 제시한다. 여기서 마부는 영혼의 비합리적인 측면들을 통제하려 애쓰는 합리적인 부분을 나타낸다. 플라톤이 묘사한 바에 따르면 마차를 끄는 것은 한 쌍의 말이다. 한 마리는 강인하고, 고결하며, 억척스럽고, "활달"하다. 다른 한 마리는 위험하고, 제멋대로이며, 성욕 따위의 온갖 욕구대로 행동한다.[29] 모든 것이 제대로 되었을 경우, 영혼-마차의 날개는 마차를 높디높은 하늘로 데려갈 수 있다. 반대로 합리적인 통제가 조금이라도 어그러지면, 날개가 망가져 마차는 상승을 하지 못하게 된다. 그러므로 마차가 얼마나 높이 상승하느냐 하는 정도는 곧 영혼의 완전성을 나타내는 지표가 된다. 여기서 신들은 가장 높은 하늘에 이르는 길을 몸소 보여주는데, 그들은 제우스를 선두로 군대처럼 서열화된 질서에 따라 마차를 몬다.[30]

하지만 천정이 여정의 끝은 아니다. 그것은 단지 중요한 전환점일 뿐이다. 신들은 꼭대기를 지나 그보다 더 바깥에 있는, 천공 너머의 영역에 이르게 된다. 이곳에는 진리의 평원(*alēthias...pedion*, 248b)이라 불리는 푸른 초원(*leimōn*, 248b)이 있는데, 여기서 신들은 플라톤 철학의 핵심에 있는 이상적인 형상들을 보게 된다. 신적 영혼들의 합리적인 부분은 이곳으로부터—좀 더 직접적으로 말하자면 이 광경으로부터—마치 목초지에서 풀을 뜯듯 영양을 공급받는다. 반면 그 비합리적인 부분은 그냥 으레 그래왔듯이 신주와 신찬을 섭취한다.[31]

인간들도 역시 천공 너머의 영역에 이르기를 열망하지만, 그들에게 그 길은 훨씬 더 험난하다.

이것이 바로 신들의 삶이다. 다른 영혼들에 관해 말하자면, 자신의 신을 가장 잘 따르고 그 신을 많이 닮은 영혼은 마부의 머리를 들어 저 높은 곳을 향한다. 그 영혼은 이리저리 빙빙 돌고 말들의 요란한 소리에 혼란스러워하다가 실제적인 것들을 거의 제대로 보지 못한다. 그 영혼은 오르락내리락하고, 말들의 힘에 눌려 어떤 것은 보고 어떤 것은 보지 못한다. 그 뒤를 따르던 온갖 다른 영혼들은 저 높은 곳에 무엇이 있는지 알고 싶어 하지만, 거기에 이르지는 못한 채 그 아래서만 빙빙 돌고, 저마다 목적지에 이르려고 애쓰는 통에 서로 부딪히고 밀쳐댄다. 큰 소란이 벌어지고, 고달픈 아귀다툼이 이어진다. 못된 마부 때문에 많은 영혼이 불구가 되고, 많은 날개가 부러진다. …… 하지만 이는 인과응보의 법칙이다[*thesmos...Adrasteias*]. 자신의 신을 잘 따르고 일말의 진리를 본 영혼은 아무런 슬픔 없이 다른 세계로 들어가게 된다. 또 그럴 수만 있으면, 그 영혼은 영원히 아픔을 겪지 않게 된다. 하지만 [신에 의해] 인도되지 못하고 [아무런 형상도] 보지 못하는 일이 벌어지게 되면, 그 영혼은 망각과 악을 겪게 된다. 그 영혼은 점점 더 무거워지고, 날개가 녹아내려, 땅으로 추락하게 된다.[32†]

이렇게 날개를 잃고 땅으로 추락한 결과 영혼은 인간의 몸으로 환생하게 된다. 온갖 종류의 영혼이 온갖 종류의 인간으로 환생하는데, 이는 영혼이 천공 너머의 영역에 얼마나 오래 머물렀고, 얼마나 많은 것을 보았으며, 얼마나 많은 것을 기억하는지에 따라 좌우된다. 그리고 이 모든 것이 환생할 인간의 지적·도덕적 특질을 좌우한다. 익히 알려져 있듯이, 『파이드로스』 신화에는 우주의 구조, 삶과 죽음의 관계, 지식을 획득하는 영혼의 능력을 설명하기 위한 우주론, 종말론, 인식론, 심리학이 한데 녹아들어 있다. 하지만 이 지점에서 플라톤의 설명이 지닌 차별적 성격을 인식할 필요가 있다. 이에 따르면 사람들은 저마다 다른 지적 능력을 갖고 있으며, 이는 타고나는 것으로, 영혼이 환생하기 이전에 천공 너머 영역에서 겪은 경험에 좌우된다. 이에 근거하여 영혼들과 환생한 인간들의 위계 서열이 생기는데, 플라

† 우리는 『파이드로스』의 번역문은 원서의 영어 번역문과 더불어 조대호가 번역한 『파이드로스』(문예출판사, 2008)를 참조했다.

톤은 아주 흔쾌히 그 위계를 그린다.

> [천공 너머의 영역에서] 가장 많은 것을 본 영혼은 철학적인 [문자 그대로, '지혜를 사랑하는'] 인간이나 아름다움을 사랑하는 [philokalos] 인간, 또는 음악적이고 에로틱한 인간으로 태어나게 된다. 두 번째는 의로운 왕이나 호전적인 통치자로 태어나게 된다. 세 번째는 연설가나 재력가 또는 사업가로 태어나게 된다. 네 번째는 고된 일을 좋아하는 운동선수나 몸을 고치는 사람으로 태어나게 된다. 다섯 번째는 예언자의 삶을 살거나 비의 종교의 제의에 정통한 사람으로 태어나게 된다. 여섯 번째는 모방이나 하는 시인 같은 엉터리 장인으로 태어나게 된다. 일곱 번째는 장인이나 농부로 태어나게 된다. 여덟 번째는 소피스트나 민주주의자로 태어나게 된다. 아홉 번째는 폭군으로 태어나게 된다.[33]

여기에는 몇 가지 주목할만한 점이 있다. 우선 아주 명백하게, 가장 높은 자리에는 철학자가 자리 잡고 있으며, 그는 사랑, 아름다움, 음악을 제대로 아는 사람으로 간주된다. 다음으로, (여섯 번째 자리를 차지하는) 시인은 혹독한 취급을 당하는데, 이는 플라톤이 『국가』 2권과 10권에서 시를 공격한 것과 일맥상통한다. 셋째, (다섯 번째 자리를 차지하는) 종교적 권위가 취급되는 방식을 보면 사제는 배제되고, 다만 예언자와 비의 종교 입문식을 주관하는 사람만 포함된다. 마지막으로, 민주주의자의 위상이 형편없이 낮아져서 여덟 번째 자리가 부여된다. 이는 폭군보다 겨우 한 단계 높은 자리다. 대부분의 아테네인들이 민주주의와 폭정이 상극이라고 알고 있었던(그들은 특히 기원전 370년대에 폭정이 얼마나 위협적인지를 경험했다) 데 반해, 플라톤은 폭정 및 민주주의와 상극을 이루는 역할을 철학자에게 부여한다.

영혼의 운명이라는 주제로 돌아가자면, 일단 인간의 몸으로 추락한 영혼에게는 날개를 다시 얻어야 하는 과제가 주어진다. 여기에는 일련의 환생이 수반되는데, 환생을 거듭하는 동안 인간은 의롭게(*daikaiōs*, 248a) 살아야 하고, 또 필요하다면 지하 세계의 형벌을 통해 대가를 치러야 한다. 이는 모두에게 길고도 괴로운 과정이지만, 누구에게나 똑같지는 않다. "정직한 철학자나 철학을 사랑하는 자"의 삶을 계속 선택한 영혼들은 다른 영혼들이 1만 년이나 걸려야 이룰 수 있는 일을 단 3000년 만에 이룰 수 있다.³⁴ 이는 날개가 자라는 속도가 영혼이 천공 너머의 영역에서 본 이상적 형상들을 얼마나 많이 기억(*anamnēsis*, 249c)하고 있느냐에 따라 달라지기 때문이다. 철학자는 그런 기억을 많이 갖고 있는 반면(*mnēmēs*, 249c), 다른 이들은 망각에 좀 더 쉽게 빠진다(*lēthē*, 248c).³⁵ 플라톤의 기발한 신화적 이야기에 내재한 다양한 논의는 다음과 같은 일련의 연관과 대립을 구성한다.

철학자들 : 철학자가 아닌 사람들
이상적 형태 : 단순한 외양
진리(*alētheia*, 249b) : 견해(*trophē doxatē*, 248b)
기억 : 망각
천상에 더 가까움 : 지상에 더 가까움
신들에 더 가까움 : 짐승에 더 가까움
3000년 주기 : 1만 년 주기
소수의 엘리트(*oligai*, 250a) : 나머지 사람들

플라톤은 온갖 종류의 영혼을 그들이 따르는 신들과 관련지음으로써 또 다른 일련의 연관을 추가한다. 그는 사람들이 자기가 좋아하는 신을 본받고 또 자기와 비슷한 대상을 좋아한다고 설명한다(252d).

하지만 그는 이 논의를 마무리하지 않고, 단지 세 명의 신만 다룬다. 물론 세 명의 신만으로도 이 체계의 한계를 설정하고 그가 아주 선호하는 요점을 확립하기에 충분하다.[36] 이를테면 제우스—"천상의 위대한 주권자"(*megas hēgemōn en ouranōi*, 246e)—를 따르는 영혼들은 "철학적이고 위엄 있는"(*philosophos te kai hēgemonikos*, 252e) 대상을 사랑하고, 헤라를 따르는 영혼들은 왕 같은 유형(*basilikon*, 253b)의 대상을 선호한다는 식이다. 그리하여 제우스가 헤라를, 또 남편이 아내를 능가하는 것과 마찬가지로, 철학자도 그 위엄에서 왕을 능가하게 된다. 아레스—폭군과 연관된다고 여겨지는 잔인한 전쟁 신—를 따르는 영혼들은 자신이 좋아하는 대상들에 으레 따르는 온갖 불행 속에서 질투에 사로잡히고, 폭력적이 되며, 심지어 자멸적이 된다(252c). 그리하여 영혼들과 신들의 위계는 표 7.1에서 보는 것과 같이 정렬된다.

표 7.1 『파이드로스』 248de에 나타난 영혼의 서열과 각 영혼이 천공 너머의 영역으로 따라 들어가는 신의 상호 관계(252c-253b)

서열	영혼	신격
1	철학자	제우스
2	왕	헤라
3	업무에 능한 사람 (정치가와 사업가)	
4	몸 전문가 (운동선수와 치료사)	
5	종교 전문가 (예언가와 비의 종교 창시자)	
6	시인	
7	생산자 (장인과 농부)	
8	소피스트와 민주주의자	
9	폭군	아레스

철학자가 정점을 차지하는 사회적 위계 모델을 철학자 자신이 묘사할 때 그가 어떤 자기-이익을 추구하고 있는지를 알아채기란 너무도 쉬운 일이다. 더욱이 우리는 플라톤이 살아 있는 동안에는 "철학자"라는 말이 잘 확립된 학문이나 직업을 행하는 사람을 가리키는 용어로 받아들여지지 않았다는 사실을 상기할 필요가 있다. 그것은 그저 새롭고 특이한 용어로서, 플라톤이 자신과 그를 따르던 무리를 수많은 경쟁자와 구분하기 위해 사용한 신조어나 다름없었다.³⁷ 이에 대한 마이클 모건Michael Morgan의 지적은 아주 적절하다.

> 플라톤의 대화편들은 그 자체로 기원전 4세기에 언어의 장인(*tekhnai*)을 지칭하는 용어가 아직 확고히 정착하지 못했다는 점을 잘 보여준다. 혼동은 물론 전유도 가능했다. 소피스트들, 음유시인들rapsodes, 연설가들, 시인들, 웅변가들, 철학자들—이들 모두는 물론 그 밖에도 많은 이들이 나름의 영유권을 주장했지만, 경계는 들쭉날쭉했다. 사람들은 이 영역에서 저 영역으로 옮겨 다녔고, 보기에 잘 맞는다 싶으면 명칭을 고수하기도 하고 바꾸기도 했다. …… 기원전 380년대와 370년대 사이에 지어진 플라톤의 대화편들은 이러한 움직임의 일부를 담고 있으며, 이러한 갈등의 일부를 드러내고 있다. 그리고 그것은 언제나 플라톤이 철학적 물음에 대한 개념을 발전시켜가는 과정과 그가 특정한 영역, 전략, 과업을 그 명칭이 가리키는 것에 맞게 만들어야겠다고 느꼈던 필요성을 반영하고 있다.³⁸

좀 더 나아갈 수도 있다. 플라톤의 대화편들은 단지 움직임을 "담거나" 갈등을 "드러내기"만 하지 않았다. 그것은 그러한 싸움을 수행하기 위한 가장 강력한 무기이기도 했다. 플라톤이 이제 "철학자"로 불리게 될 실체를 구성하기 위해 사용한 담론은 방법을 위한 처방이자, 최고의 특권에 대한 요구였으며, 동시에 과거와 현재의 수많은 경쟁자를 겨냥한 논쟁이었던 것이다.

VI

이제 플라톤의 설명을 플라톤이나 그의 청중이 아주 잘 알고 있던 기존의 두 텍스트와 비교해보자. 하나는 핀다로스의 텍스트로서, 플라톤 자신도 일찍이 영혼의 윤회를 설명하기 위한 출발점으로 이 텍스트를 인용한 바 있다.[39] 핀다로스의 시는 기원전 476년 즈음에 지어진 것으로 여겨지며, 시칠리아의 분위기를 반영하고 있다.[40]

> 그들에게서 [지하 세계의 여왕] 페르세포네가 옛적 슬픔에 대한 보상을 얻도다.
> 그녀가 그들의 영혼에 태양을 돌려주도다.
> 그 아홉째 해에, 그들로부터 고결한 왕들이 태어나도다,
> 날렵한 힘과 위대한 지혜를 지닌 사람들이,
> 또한 남은 나날 동안 그들은 인간 세상 속의 순전한 영웅들이라고 불리도다.[41]

여기서 핀다로스는 특히 선호할만한 방식으로 환생하는 세 가지 유형의 인간을 구별하면서, 그들을 가리켜 나머지 인류보다 뛰어난 "순전한 영웅들"(heroes hagnoi)이라고 부른다. 이들의 목록은 서열처럼 보이도록 나열된다. 맨 위에는 왕이 놓이고, 다음에는 힘센 자들이 놓인다(핀다로스는 운동선수를 예찬하는 시를 짓기도 했다). 그리고 마지막에는 지혜로운 자들이 오는데, 여기에는 아마도 시인과

현자가 포함될 것이다. 하지만 이 목록은 뒤집어서 볼 수도 있다. 지혜로운 자가 맨 위에 오고, 왕이 맨 아래 오는 식으로 말이다. 그리고 무엇보다 흥미로운 가능성은 이 텍스트가 의도적인 모호성을 담고 있다는 점이다. 그 모호성 덕분에 시인은 자기를 후원하는 왕족이 자기네가 영예로운 자리를 차지하고 있다고 맘대로 상상하도록 내버려 둠으로써 그들의 비위를 건드리지 않으면서 얼마든지 시인 자신과 그 형제들의 탁월성을 주장할 수도 있었다.

아크라가스의 엠페도클레스가(그는 기원전 477년에서 432년 사이에 활동했다) 제시한 체계는 이와는 좀 달랐다. 그는 자기 자신을, 영혼이 원초적인 죄의 행위로부터 스스로를 정화하기 위해 기나긴 윤회의 순환을 견디는 과정의 본보기로 제시했다.[42] 이 삶들은 약 "3만 계절"(=1만 년)이 넘는 세월에 걸쳐 펼쳐지며,[43] 그동안 그들은 우주의 영역들을 통과하면서 땅, 물, 공기라는 요소와 각각 관련되는 식물, 물고기, 새로 환생한다.[44] 각각의 범주 안에서는 다양한 삶이 그 위엄과 순수의 정도에 따라 서열이 매겨진다. 여기서 식물 중에는 (아폴론에게 바쳐진 식물인) 월계수로서의 삶이, 동물 중에는 사자로서의 삶이 최고의 삶으로 여겨진다.[45]

인간은 연이은 환생을 통해 이 과정을 완성해야만 비로소 마지막으로 신으로 환생하게 된다. 그때 영혼은 작열하는 가장 높은 하늘로 돌아가게 된다. 엠페도클레스는 그가 가장 고귀하다고 여기는 인간으로서 삶들을 완수했기에, 자신이 그러한 신격화의 경지에 이르는 초입에 들어섰다고 주장했다.

친애하는 친구들이여―도시의 언덕 위 커다란 마을에,
 황금빛 아크라가스 위에 사는 그대들이여, 선한 행실에 귀 기울이고,

나그네를 정중히 대접하며, 악을 모르는 그대들이여—
안녕들 하신가! 나는 불멸의 신으로서 그대들과 함께하오,
더 이상 필멸하지 않고, 모두에게 존경 받으며,
머리띠를 두르고 축제의 화관을 쓴 신으로서 말이오.
내가 번성한 마을에 들어서면,
남자나 여자나 만나는 모든 이로부터 숭배를 받소. 그들은 나를
 따른다오.
수많은 사람이 내게 이로운 길이 어디에 있느냐고 묻소.
어떤 이들은 예언술을 요구하고, 또 어떤 이들은 온갖 질병을 잘
 낫게 해줄 말을 듣기를 원한다오,
그들이 쓰라린 고통에 너무 오래 시달렸기 때문이라오.[46]

엠페도클레스가 신이 되는 경지의 초입에 이르렀다고 여겨지기에, 사람들은 여전히 그에게서 치유와 예언을 찾으며, 또한 그도 서사시를 씀으로써 은연중에 스스로를 시인으로 제시한다. 이와 밀접한 한 구절이 단번에 요점을 찌른다.

〔순환하는 윤회의〕 마지막에 이르면, 영혼들은 예언자, 시인, 치유
 자가 되고,
또한 지상에 사는 사람들을 다스리는 제후가 되며,
또한 이 상태에서 더 나아가 가장 존경 받는 신이 되도다.[47]

여기서 특히 흥미로운 것은 엠페도클레스가 왕을 깎아내린다는 점이다. 그는 왕을 네 번째 서열에 놓으며, 여기서 그는 그리 흔하지 않은 단어를('왕'을 뜻하는 바실레우스basileus가 아니라 '우두머리'나 '제후'를 뜻하는 프로모이promoi를) 사용한다. 더욱이 제후는 엠페도

클레스 자신이 거친 적이 없는 유일한 환생 형태다. 그의 생애에 관한 고대 전승에 따르면, 그는 제후가 되어 아크라가스를 다스려달라는 부탁을 받았지만 이를 거절했다고 한다.[48] 이 점에서 인간 삶에 관한 그의 서열화는 매우 독특하다. 곧 그는 자신을 신적 존재로 보는 전례 없는 견해를 제시하는 한편, 자신들의 말이 영감에 의한 것이라고 주장하는 사람들의 위상과 권위가 기록술과 민주적 도시국가에 의해 아직 격하되지 않았던 당시에 "고대 그리스에서 진리의 소유주들"이라고 여겨지던 사람들에 관한 극히 인습적인 목록을 그냥 그대로 제시하고 있다.[49] 그러므로 플라톤이 자신이 지배 엘리트로 구축하고자 했던 철학자라는 새로운 범주를 맨 꼭대기에 올려놓을 수 있는 여지를 만들기 위해 그의 선배들이 최고로 여겼던 모든 범주를 몇 단계씩 깎아내렸다는 점이 분명히 드러난다(그림 7.2).

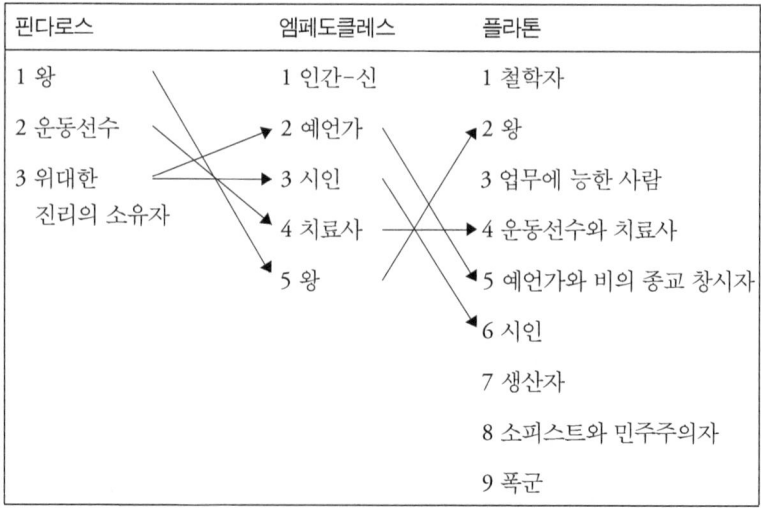

그림 7.2 핀다로스(기원전 476년 경), 엠페도클레스(기원전 432년 경), 플라톤(기원전 370년 경)에 따른 환생의 위계. 뒤로 갈수록 체계가 조정되면서 목록이 더 길어지고, 새로운 범주가 가장 높은 자리에 도입되며, 다른 범주들은 이에 자리를 내어주면서 위상이 낮아진다.

핀다로스나 엠페도클레스 같은 이들과 마찬가지로, 플라톤은 영혼의 윤회라는 주제에 관한 신화적 변이를 제시했으며, 인간의 탁월성에 관한 유효한 분류 체계를 재조정함으로써 사회질서를 재조직하기를 원했다. 아주 대담무쌍한 계기들에서, 그의 신화는 필요에 따라 예전의 엘리트들과 새로운 경쟁자들—소피스트와 민주주의자—을 서열의 바닥으로 깎아내림으로써 새로운 엘리트를 확립하고자 했다. 하지만 다른 부분, 특히 플라톤이 자신의 이야기 곳곳에 흩뿌려놓은 지엽적인 이미지 속에서 플라톤의 대담성은 훨씬 덜해 보인다. 비록 그가 각각의 항목을 혁신적으로 약간 비틀어놓기는 했지만, 날개 달린 마차,[50] 천상의 초원,[51] 3000년 주기와 1만 년 주기,[52] "인과응보의 법칙",[53] 기억과 망각의 대조[54]는 저세상에 대한 기존의 설명들에서도 이미 친숙했던 부분이다. 플라톤은 이런 것들을 포함시킴으로써 청중의 전통적인 기대에 비위를 맞추는 한편, 그 전통에 전략적 가능성과 이익이 있는지 탐색하고 있었던 것이다.

비록 철학자가 최고의 정치권력을 차지하길 바라던 플라톤의 커다란 야망이 이루어지지는 않았지만, 그래도 플라톤이 살아 있는 동안에, 그리고 그가 끼친 영향의 주된 결과로 인해, 철학자는 지성과 말의 위계 서열 안에서 시인과 예언가를 비롯한 다른 이들을 밀어냈다. 플라톤의 저작을 꼼꼼히 살핀다면, 우리는 신화의 도구성에 대해 조금이나마 이해하고, 기원전 4세기 그리스에서 무슨 일이 벌어졌는지를 좀 더 예리하게 파악할 수 있게 될 것이다.

8장
플루타르코스의 시빌라

I

쿠마이의 시빌라the Cumaean Sibyl*에 관한 비통한 이야기는 T. S. 엘리엇을 통해 잘 알려져 있다.† 엄청난 장수의 축복과 저주를 동시에

이 글은 처음 이탈리아어로 "La sibilla e linque sibilline"라는 제목으로 한 학회에서 발표되었다(Macerta, Italy, 1994년 9월). 이후 모르텐 와스민드Morten Wasmind에 의해 "Sibyllens død"라는 제목의 덴마크어로 번역되어 *Chaos* 30(1998년 10월), 27~42쪽에 실렸다. 잡지 편집자들의 허락으로 여기 이 글을 다시 싣는다.

† 엘리엇의 시 「황무지」 도입부에 인용되어 있는 페트로니우스의 『사튀리콘』 48장 「트리말키오의 향연」의 한 대목을 지칭하는 말이다. "분명 나는 쿠마이에서 내 두 눈으로 직접/ 시빌라가 병 속에 들어가 매달려 있는 것을 보았답니다. 그때 그 아이들이 말했지요. 시빌라, 너는 뭘 원하니?/ 그녀가 대답했어요. 나는 죽고 싶어." 쿠마이의 무녀 시빌라는 무슨 소원이든 들어주겠다는 아폴론에게 자기 손에 쥔 모래알(1,000개쯤 되었다고 한다) 수만큼의 시간 동안 살 수 있게 해달라고 부탁했다. 그러나 늙지 않게 해달라고 부탁하는 것을 잊어버린 탓에,

264

받은 시빌라는 몸과 생명이 고통스럽게 서서히 시들어감에 따라 한 없이 늙고 쇠약해지고 작아졌다. 페트로니우스—엘리엇이 그를 인용했다—는 시빌라가 어떻게 자신의 운명을 한탄하며 죽음만을 간절히 바라고 있었는지, 또 어떻게 그녀의 몸이 한없이 쪼그라들어 병 속에 들어가 매달려 있었는지 묘사하고 있다.[1] 또한 그녀의 소망이 이루어졌다고 믿는 사람들도 있었는데, 파우사니아스Pausanias*는 쿠마이에서 여행 안내자가 방문자들에게 이 쿠마이의 예언자의 마지막 잔해가 남아 있는 병을 보여주었다고 이야기하기 때문이다.[2] 다른 도시들에서도 시빌라의 유해를 소장하고 있다는 말이 있었고, 시빌라의 것이라고 주장되는 무덤들은 고대 지중해 전역에 걸쳐 흩어져 있었다.[3] 또한 시빌라는 죽은 것이 아니라, 자신의 예언서를 로마의 마지막 왕들에게 팔아버린 후 단지 사라진 것이라는 이야기도 널리 퍼져 있었다.[4]

그러나 시빌라의 최후에 대한 또 하나의 이야기가 있는데, 이것이 아마도 가장 호기심을 끄는 이야기일 것이다. 이 전승은 플루타르코스Plutarch의 『퓌티아 신탁에 관하여De Pythiae oraculis』에서 찾아볼 수 있다. 『퓌티아 신탁에 관하여』는 기원후 95년 이후에 써진 대화록으로, 등장인물들이 델포이Delphi의 뜰을 거닐며 펼치는 이야기다.[5] 어느 대목에 이르러 일행은 신전 경내의 남쪽으로 가는 성스러운 길Via Sacra 위에 있는 커다란 바위 앞에 서게 된다. 플루타르코스가 살았던 시절 이곳은 아폴론이 퓌톤Python을 물리치고 승리를 거두기 이전의 그 전설적인 시대까지 거슬러 올라가서 신탁이 행해진 최초의 장소라 여기지고 있었다.[6] 플루타르코스에 따르자면, "헬리콘 산에서 무

후에 그녀는 아폴론의 구애를 거절한 뒤 점차 늙어가 마침내 병 속에 들어갈 만큼 쪼그라들게 되었다.

8장 플루타르코스의 시빌라 265

사 여신들에 의해 키워진 최초의 시빌라가 여기 앉아 있었고", 이 자리에서 예언을 말했다고 한다.[7] 그러나 이는 오래전 일이고, 한때는 성스러웠으나 이제는 폐허가 된 이 장소에서 일행 중 한 사람이 잠시 멈춰 다음과 같이 회상한다.

> 사라피온Sarapion은 시빌라가 그녀 자신에 대해 읊은 노래를 기억해냈다.[8] 이와 같이 그녀는 죽은 후에도 예언의 재능을 버리지 않을 것이며, 달에서 맴돌다가 달의 얼굴이라 불리는 것이 될 것이고, 그녀의 숨은 공기와 섞이어 영원히 예언의 말로 태어나게 될 것이다. 땅 속에서 변화된 그녀의 몸으로부터 약초와 풀이 돋아날 것이고, 그 위에서 희생 제물로 쓰이는 동물들이 뛰놀 것이다. 그리하여 그 동물들의 기관은 사람들에게 미래를 예언해주는 온갖 색깔, 형태, 특징을 지니게 될 것이다.[9]

다른 많은 자료에서처럼 여기서도 죽음은 한데 어우러지고 결합되어 살아 있는 존재를 이루던 요소들을 분리시키고 흐트러뜨리는 순간이자 과정으로 간주된다. 그런데 이 과정을 그린 구체적인 묘사는 상당히 복잡하고 매우 흥미롭다. 이를 이해하기 위해서는 이 텍스트와 그 내용을 서로 연관된 다음 세 가지 맥락에 위치시켜보는 것이 유익하다고 생각한다. 세 가지 맥락이란, 지나친 단순화를 무릅쓰고 말하자면 유라시아, 시빌라, 플루타르코스의 맥락이며, 다르게 표현하자면 우주 창생론적, 분류학적, 지역-선전적 맥락이다.

II

첫 번째 맥락과 관련하여 나는 유럽과 아시아 전역에서 널리 발견되는 신화들, 즉 어떤 원초적 존재가 죽고 난 후 그 흩어진 몸을 물질적 재료로 해서 우주가 만들어지는 이야기에 주목하고자 한다. 스칸디나비아의 한 신화를 예로 들자면 "이미르Ymir의 살에서 땅이 만들어지고 그의 피에서 바다가 만들어졌다."고 하듯이 말이다. 다른 신화들도 비슷한 패턴을 따르지만, 세부적인 묘사에서는 크게 차이가 난다.¹⁰ 예를 들어 어떤 경우에는 희생자가 신이지만, 다른 경우에는 악마 혹은 인간이며, 때로는 동물이 그 역할을 하기도 한다. 그중에서도 가장 유명한 것은 (『자드 스프람 선집Zad Spram』*과 『대大분다히쉰Greater Bundahiśn』*에서 발견되는) 바로 이란 신화다. 여기서 창조는 최초의 인간의 몸과 최초의 황소의 몸으로부터 시작된다. 그러나 이 두 존재가 다루어지는 방식은 상당히 다른데, 우리가 여기서 관심 갖는 부분은 후자, 황소 이야기다. 황소의 사후 운명이 시빌라의 사후 운명과 유사한 점이 있기 때문이다. 즉 최초의 황소 에바그다드Evagdād는 죽어서 두 부분으로 나누어졌는데, 그중 한 부분은 달로 옮겨졌고,¹¹ 다른 부분인 그 몸은 땅에 떨어져 계속되는 변화의 과정을 거치게 된다. "황소 에바그다드가 죽었을 때, 그는 식물의 본성과 형태를 지니고 있었기에, 쉰일곱 종류의 곡식과 열두 종류의 약초가 만들어지게 되었다. 몸의 모든 부분에서 식물들이 자라났다. …… 그리고 〔*황소의〕 몸의 어느 한 부분에서 자라난 모든 식물은 〔*사람의〕 몸의 바로 그 부분을 성장시켜준다."¹²

몸에서 땅으로 그리고 식물로 그리고 다시 몸으로. 비슷한 과정이 아일랜드의 미아흐Miach 신화에서도 발견된다. 비록 여기서는 식물의 근원이 황소가 아니라 인간이지만 말이다. 게다가 문제의 이 인간은 치료 전문가로서, 그 전문 분야의 성격이 그의 몸이 겪는 변화에 반영된다. (『마그 투레드의 두 번째 전투Cath Maige Tuiredh』*와 『아일랜드 정복기Lebor Gabála Érenn』*에 실려 있는) 미아흐 이야기는 직업상의 라이벌이자 동시에 오이디푸스적 라이벌인 관계를 묘사한다. 미아흐는 신들의 의사인 디안 케흐트Dian Cecht의 아들인데, 그가 아버지가 고치지 못한 환자들을 고쳐주자 아버지는 몹시 화가 나서 칼로 자기 아들을 잔혹하게 네 번 내리쳐 살해한다. 그러나 미아흐가 땅에 묻히고 난 후 그의 시신으로부터 온갖 약초가 자라났다. 그의 몸의 각 부분에서 자라난 약초들은 환자의 몸에서 그에 상응하는 부분을 치유하는 힘을 지니고 있었다.[13]

아일랜드와 이란의 신화 모두 몸과 식물 사이의 상동적 유사 관계뿐만 아니라 동체성을 상정하며, 물질이 어느 한 영역에서 다른 영역으로 옮겨질 수 있다는 것을 제시한다. 이는 어떤 식물이 몸의 어떤 부분에 상응하는지에 대한 상세한 지식을 바탕으로, 치료와 영양의 '과학'(즉 엄격한 체계적 담론과 실천)의 기초가 된다.[14] 두 신화는 원초적 희생물(황소 혹은 인간)에 부여한 정체성에서 차이를 보이며, 미아흐의 전문가로서의 지위는 다음과 같은 몇몇 흥미로운 점을 제시한다. 첫째, 치유의 힘이 바로 그의 몸 안에 들어 있고, 둘째, 약초가 효과 있는 것은 그것이 치료자의 몸에서 생겨났고 그 몸과 동체성을 지니고 있기 때문이다.

비슷한 방식으로, 플루타르코스의 이야기는 시빌라의 예언의 힘(*matikē*)—혹은 최소한 그 힘의 일부—이 본래 그녀의 몸 자체에 깃들어 있는 것으로 묘사하고, 이어서 그녀의 몸이 땅 속에서 분해된 후에 어떻게 똑같은 예언의 힘이 그 몸에서 자라난 약초와 풀에게로 전이되었는지 설명한다. 이 약초를 섭취한 자가 얻을 수 있는 효능을 논하는 부분에서, 이 이야기는 그것에 상응하는 이란이나 켈트 지역의 신화와 (물론 몇몇 부분에서는 차이가 나지만 그럼에도 불구하고) 상당히 비슷하다. 다른 두 신화가 막연하지만 암묵적으로 인간이 이 약초를 섭취한다고 상정하는 것과 달리, 플루타르코스는 이 약초가 초식동물에 의해 섭취되었을 때 무슨 일이 일어나는지, 나아가 희생 제물로 쓰이게 될 동물(*hiera thremmata*)에 의해 섭취되었을 때 무슨 일이 일어나는지에 초점을 맞춘다. 그러고는 이 선택된 섭취자의 몸 전체를 재구성하는 대신, 그 몸의 기관들(*splangkhna*) 속 식물 농축액이 결과적으로 시빌라가 전에 지니고 있던 예언의 능력을 지니게 된다고 설명한다. 이와 같이 이 텍스트는 이 기관들이 바로 시빌라의 몸과 힘의 소우주적 화신이라고 말하며, 이에 근거해서 고대의 점술인 장복臟卜extispicy(동물의 기관을 보고 점치는 것)과 간신점肝神占 hepatoscopy(동물의 간을 보고 점치는 것)의 중요성을 설명한다.[15]

III

플루타르코스의 이야기에 등장하는 사라피온은 자신의 권위로 이야기를 하는 것이 아니라, 시빌라가 직접 말했다고 하는 어떤 시구(*tōn epōn*)를 "환기시킨다"—또는 "인용한다".[16] 그런데 그가 끌어오는 구절은 운문이 아니라 산문으로 되어 있다. 관대한 독자라면 후대의 작가들 역시 같은 구절을 바꿔 쓸 것이라는 점을 지적하며, 이를 옛 시빌라 텍스트를 플루타르코스가 바꿔 쓴 것으로 받아들일 것이다.[17] 좀 더 회의적인 성향의 독자라면 단순히 플루타르코스가 이 이야기를 만들어낸 것은 아닌지 하고 고민할 것이다. 이 딜레마에서 우리를 구해줄 구절이 그다지 잘 알려져 있지 않은 한 작품, 즉 트랄레스의 플레곤Phlegon of Tralles*이 쓴 『장수에 관하여peri makrob on』 속에 들어 있다. 플레곤—플루타르코스와 엇비슷한 시기에 살았고 진기한 이야기를 모으길 좋아했다—은 백 살 이상 살았던 사람들의 명단을 여기 모아놓았다.[18] 플레곤은 대부분의 예를 인구조사 자료에서 가져왔지만,[19] 가장 오래 산 사람의 예로는 천 살까지 살았던(살았다고 얘기되는) 에뤼트라이Erythrae의 시빌라를 제시한다.[20] 그리고 그 자료로서 플레곤은 죽음이 가까워졌을 때 시빌라가 자신의 죽음을 예언한 시를 인용한다.

> 너무도 비참한 내가, 왜 다른 이들의 고통을 위해,
> 신들의 말을 예언해야만 하는가? 나 자신이 날뛰는 광기의 운명
>   을 지니고 있는데.
> 왜 내가 이 고통스러운 아픔을 맛보아야 하는가?
> 열 번째의 백 년이라는 끔찍이도 많은 나이에 이르러,
> 인간들 사이에서 지껄이고, 믿을 수 없는 일들을 말하고,
> 환시 속에서 모든 사람의 끔찍한 비애를 예견하며 말이다.
> 나의 예언의 힘을 시기하는, 레토의 저 유명한 아들(아폴론)이,
> 그의 파괴적인 마음을 다 채우고 나면,
> 그의 번쩍이는 투창으로 나를 쏘아,
> 이 비참한 몸에 족쇄 채워진 영혼을 풀어줄 것이다.
> 그리고 나서야 나의 영혼은, 공기 속을 날아
> 숨과 섞이어, 예언의 말들을 전해줄 것이니,
> 이 말들은 인간의 귀에는 복잡한 수수께끼로 뒤엉켜 있는 것처럼
>   들릴 것이다.
> 나의 몸은 부끄럽게도 매장되지 못한 채
> 어머니 대지 위에 뉘일 것이니, 어떤 인간도 그 위에 흙을 뿌리지
>   않을 것이요,
> 나의 몸을 무덤 안에 숨겨주지도 않을 것이다. 대지의 넓은 길을
>   따라
> 나의 검은 피가 흐를 것이며, 세월이 흐르면서 마를 것이다.
> 그곳에서 여러 종류의 싹이 돋아날 것이며,

풀을 뜯는 동물들이 이를 먹으면, 이는 그들의 간 속에 가라앉아
예언 속에서 신들의 계획을 보여줄 것이다.
또한 날개 달린 새들이 나의 살을 먹으면,
진실한 예언을 인간들에게 전해줄 것이다.[21]

이 운문의 내용은 앞에서 인용한 플루타르코스의 텍스트에 인용된 이야기와 놀라울 정도로 흡사하다. 파크는 언어와 스타일 그리고 내용에 대한 분석에 근거해서, 이 구절이 지금은 전해지지 않는, 시빌라의 시 결말 부분일 것이라고 주장한다. 그는 이 시의 기원이 아마도 기원전 3세기 초반까지 거슬러 올라가며, 플레곤과 플루타르코스 모두 이 시를 알고 있었을 것이라고 말한다.[22] 그러나 플루타르코스가 그의 작중인물 사라피온에게 '회상'하게끔 만든 구절이 바로 이 구절들이라면, 플루타르코스는 이를 선택적으로 사용했고, 몇몇 특정한 부분에서 그 내용을 약간 수정했다고 할 수 있다.

IV

플루타르코스와 플레곤의 텍스트에서는, 단지 시빌라의 운명을 추적해보고자 하는 시도만이 아니라, 그렇게 함으로써 점술 행위의 통일장 이론과 같은 것을 구축해보려는 시도를 읽어낼 수 있다. 비록 신화적 서사로 제시되기는 했지만, 이 이론은 구조상으로는 분류학적이며 성향 면에서는 유물론적이다. 근본적으로 이는 특정한 형식의 점술들(클레도노만시cledonomancy(우연히 말해진 어떤 단어를 통해 미래를 점치는 것), 간신점, 조점鳥占ornithomancy(새들의 행동을 보고 점을 치는 것))의 정당성을 시빌라의 몸이라는 그 기원에서 찾는다. 이렇게 함으로써 정확한 관찰과 이성적 추론에 기반을 둔 점술 행위를, 이와

는 성격이 전혀 다른, 시빌라의 영감에서 비롯된 황홀경의 행위에 종속된 것으로서 조망한다.[23] 게다가 이는 이성적-추론적 점술 행위들 사이의 차이를 이 행위들이 나오게 된 시빌라의 몸의 각 부분과 연관시키고, 나아가 생명의 다양한 형태 및 우주의 다양한 차원과 결부시킨다.

따라서 플레곤이 인용한 시구에서는 첫 번째 분석으로 죽은 시빌라를 영혼(프시케psykhē), 숨(프네우마pneuma), 몸(소마sōma), 이렇게 세 부분으로 나눈다(9~12행). 두 번째 단계의 분석에서는 이를 약간 수정한다. 영혼과 숨이 모두 공기 속으로 들어가 서로 뒤섞이고(11~12행), 이 혼합체로부터 예언의 말(클레도나스klēdonas, 단수형은 클레돈klēdōn)이 나오는데, 이는 그냥 듣는 사람에게는 마치 우연한 말처럼 들리지만, 이를 들을 줄 아는 사람에게는 신들의 뜻을 알려주는 말이다.[24] 이러한 목소리들은 예언의 힘을 갖고 있는데—텍스트가 그렇다고 주장하는데—, 이는 바로 그 목소리들이 시빌라의 몸에서 가장 정제된 요소들을 보존하고 있고 또 그 요소들로 구성되어 있기 때문이다. 이러한 이유에서, 또한 훈련과 기술적 솜씨보다 영감에 좀 더 의존하고 있다는 점 때문에, 클레도노만시(클레도나스를 해석하는 일)는 전문가들이 시빌라의 몸의 실제 잔해에서 비롯된 예언적 물질을 읽어내는 다른 점술들보다 월등한, 점술의 최고 형태로 평가된다. 시빌라의 몸과 관련해 텍스트는, 그녀의 몸이 어떻게 땅 위에 떨어져 살(사르크스sarx)과 피(하이마haima)의 두 부분으로 나뉘었는지, 그리고 이 두 부분이 어떻게 서로 다른 운명을 갖게 되었는지 설명한다(14~21행). 그녀의 살은 새들에게 먹히고 나서 새들의 비행과 습성을 조건 지으며, 조점관鳥占官들은 이러한 새들을 관찰해 미래를 읽는다.[25] 그녀의 피는, 이제 우리도 잘 아는 방식대로, 땅에 스며들어가 식물의 양분이 되고, 이 식물들은 초식동물의 먹이가 되며, 그리하여 초식동물의 간에 가라앉아 간신점의 기반을 제공하게 된다(17~20행). 표 8.1에서 보듯이, 이 텍스트는 표면적인 서사 아래 네 가지 분류 단위 사이의 관계—인간 몸의 구성 요소, 우주의 차원, 생명체의 다양성 그리고 점술의 형태—를 설정한다.

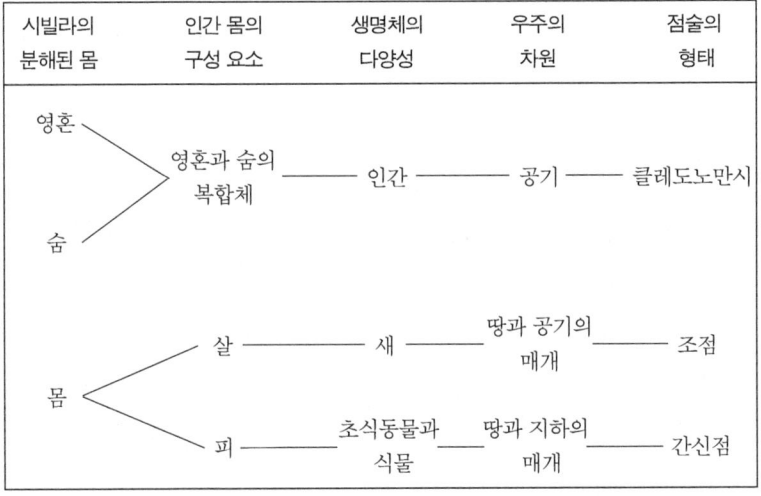

표 8.1 플레곤이 인용한 시구에 나타난, 시빌라의 몸과 그로부터 비롯된 점술들의 상응 관계.

플루타르코스는 많은 부분에서 플레곤이 인용한 시구와 거의 동일한 용어를 사용하며 비슷한 방식으로 설명을 전개한다. 플루타르코스의 이야기에서도 플레곤의 이야기에서처럼 시빌라의 숨(*pneuma*)은 공기로 들어가서 예언의 말들의(*phēmais...kai klēdosin*) 근거가 된다. 반면 그녀의 몸(*sōma*)은 땅, 식물들 그리고 희생 제물들의 몸속 기관으로 들어가서 장복술의 근거를 제공한다. 그러나 플레곤이 인용한 시구와는 대조적으로, 플루타르코스의 텍스트에는 살과 피 그리고 새들이 언급되지 않으며, 반면 플레곤의 텍스트에는 없는 상당

8장 플루타르코스의 시빌라 273

히 다른 무엇인가가 포함되어 있다. 그것은 바로 "그녀는 달에서 맴돌다가 달의 얼굴이라 불리는 것이 될 것이다."[26]라는 시빌라의 단언이다. 우리는 여기서 이렇게 묻지 않을 수 없다. 만약 시빌라의 숨과 몸에 다른 사후 운명이 주어졌다면, 도대체 달로 가게끔 운명 지어진 것은 그녀의 어떤 부분이란 말인가?

여기에 대해서 직관적으로 '영혼'(*psykhē*)이라는 대답을 던져볼 수 있다. 플루타르코스의 텍스트에는 '영혼'이라는 용어가 등장하지 않지만, 그 안에 함축되어 있을 수도 있다. 이는 어느 정도는 충분히 맞는 말이다. 그러나 우리는 플루타르코스가 몇몇 다른 텍스트에서 플라톤을 따라, 이런 공식이 허용하는 것보다 좀 더 미묘하고 좀 더 복잡한 일련의 내세론을 전개한 적이 있다는 점에도 주목해야만 한다.[27] 게다가 로베르 플라슬리에르Robert Flacelière와 이본느 베르니에르Yvonne Vernière를 비롯한 여러 사람이 지적했듯이, 플루타르코스의 내세론에서 가장 독창적인 딱 한 가지 부분은 그가 달에게 부여한 역할이다. 이 주제에 관해서는 전문적으로 분석한 글들이 이미 여러 편 나와 있기에, 이에 대해 더 상세히 논의하지는 않겠다.[28] 현재로서는 플루타르코스의 내세론에서 죽고 난 후에 달로 올라가는 실체는 다이몬daimōn이며, 이는 일정 준비 기간을 거친 후 영혼(*psykhē*)과 지성(*nous*)의 두 부분으로 나누어져, 영혼은 달 표면에 남고 지성은 태양으로 올라간다는 것을 언급하는 것만으로 충분할 것이다. 그리하여 마침내 플루타르코스는 아폴론 신을 태양과 연결시키고, 퓌티아를 달과 연관시키며, 달에 반사된 빛의 근원이 태양인 것과 같이, 아폴론을 델포이 신탁을 통해 전수되는 지식의 근원으로 상정한다.[29] 이 관계를 도표로 그려보면 다음과 같다(표 8.2).

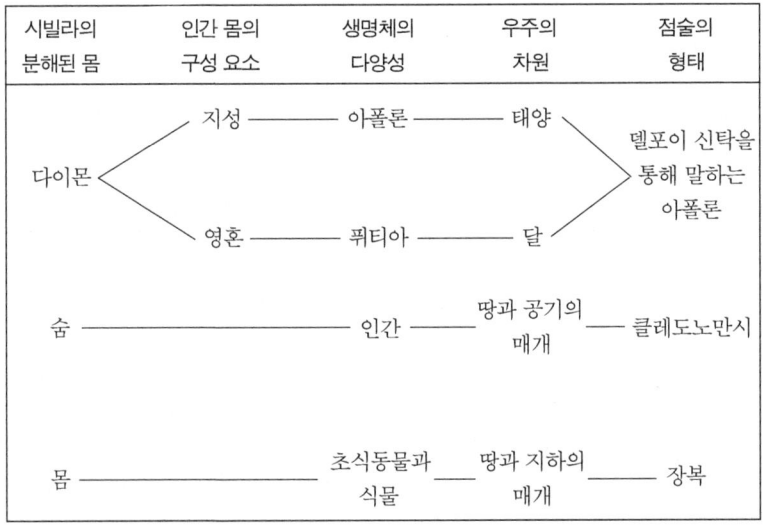

표 8.2 플루타르코스의 『퓌티아 신탁에 관하여』 398cd에 나타난, 시빌라의 몸과 그로부터 비롯된 점술의 상관관계.

V

지금까지의 논의를 통해, 시빌라의 죽음과 관련된 신화는 그 표면적 서사 아래 복합적인 분류 단위들을 연관시키는 분류 체계를 내포하고 있다는 점이 분명해졌길 바란다. 더욱이 여기에는 위계질서가 교묘하게 새겨져 있고, 이것이 바로 핵심이다.[30] 왜냐하면 이러한 텍스트들은, 마치 하늘이 땅 위에 있고, 영혼이 몸보다 더 심오하고, 신이 동물보다 더 고귀하고 그리고 동물이 식물보다 더 고귀한 것처럼, 어떤 점술들이 다른 점술들보다 더 우월하다고 은연중에 주장하기 때문이다. 물론 점술의 위계를 매기는 방식에서는 두 텍스트가 차이를 보이지만 말이다. 플레곤이 인용한 판본의 점술 체계에서는 영혼과 공기 그리고 미래를 알려주는 말들을 해석하는 점술인 클레도노만시로 이어지는 상동 관계가 가장 위에 있다. 반면 플루타르코스는 이 세 가지 단위 위에 하나를 더 첨가해, 영혼 위에 지성을, 공기 위에 태양과 달을, 클레도노만시 위에 아폴론과 델포이의 신탁을 놓는다 (표 8.3).

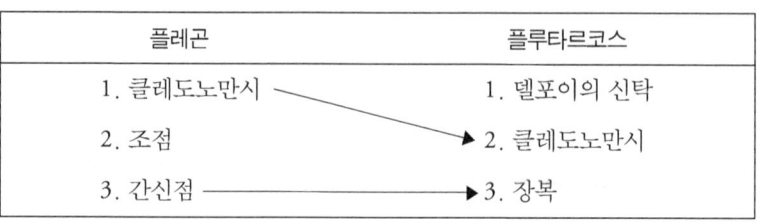

표 8.3 플레곤의 이야기 속 체계를 개정한 플루타르코스의 글에서, 점술 형태들의 위계에 관해 이루어진 재조정.

여기서 『퓌티아 신탁에 관하여』를 쓰던 당시 플루타르코스는 델포이의 사제였으며, 이미 그 영광을 잃은 지 오래인 이 유명한 장소의 위엄을 지키고 새로운 전망을 제시하고자 하는 동기에서 이 글을 썼다는 점을 기억할 필요가 있다.[31] 델포이의 시빌라는—설령 존재했다 하더라도—사라진 지 오래되었고, 퓌티아는 더 이상 시를 노래하지 않으며, 상업은 극심하게 위축되었다고 한다. 그러나 플루타르코스는 자신의 시대에 델포이 재건 사업이 시작되었으며, 그 스스로 이 사업에 관여하고 있었다고 말하고 있다.[32]

이런 배경을 상기해보는 것은 왜 플루타르코스가 시빌라의 죽음에 관한 이야기에 관심을 갖는지, 왜 시빌라의 이야기를 이러한 방식으로 들려주는지, 그가 입수 가능한 자료들을 어떻게 사용했는지를 이해하는 데 도움이 된다. 나는 지금까지의 논의를 통해 플루타르코스의 텍스트가 결국 시빌라에 관한 이야기들 중 하나를 재구성한 것일 뿐이며, 이 시빌라 이야기 역시 오래되고 널리 퍼진 우주 창생 이야기 전승들 중의 하나를 재구성한 것일 뿐이라는 점이 분명해졌길 바란다. 플루타르코스가 델포이의 위상을 내세우기 위해 현존하는 신화적 분류 체계 담론의 어떤 세부 사항을 수정했다는 것은, 그의 이야기가 플레곤이 전하는 이야기와 다른 다음 두 가지 점에서도 감지된다. 첫째, 고대에는 수많은 시빌라가 있었기에 이 신화 속에서 묘사된 시빌라가 과연 어느 시빌라인가 하는 문제가 있다.[33] 플루타르코스는 영리하게도 이 문제를 직접 다루지는 않지만, 그의 작중인물 사라피온으로 하여금 델포이에 있는 "시빌라의 바위"에 서서 시를 회상하게 함으로써 독자들로 하여금 플루타르코스가 델포이의 시빌라를 염두에 두고 있다고 추정하게끔 만든다. 이와 대조적으로 플레곤은 직접적이고 분명하게 그가 어느 시빌라를 말하고 있는지, 어느 전승에 의존하고 있는지 밝힌다. "에뤼트라이의 시빌라는 그녀 자신이 이 신탁의 시에서 말하듯이, 천 년이 조금 못 되게 살았다."[34] (강조 추가)

둘째, 시빌라가 어떻게—좀 더 구체적으로 누구의 손에—죽게 되었는지에 관한 문제다. 플레곤이 인용한 것처럼 시빌라는 자신의 예언의 힘을 질투한 아폴론에 의해 자신이 죽게 될 것이라고 예견했다(7~10행). 이 위험한 신은 다른 여성들과도 비슷한 관계를 맺었는데, 즉 아폴론은 성적인 관계를 기대하며 그들에게 신탁의 말을 하는 힘을 주고 나서는, 그들로부터 자신이 원하는 것을 얻지 못하면 그들을 아주 추한 모습으로 바꿔버리곤 했던 것이다. 대표적인 경우가 카산드라Cassandra다. 아폴론은 그녀를 원했고, 그녀에게 영감을 주었다. 그리고 그녀가 그와 잠자리를 같이하기로 한 약속을 지키지 않자 그녀에게 심한 벌을 내렸다. 우선 아폴론은 그녀가 아무리 정확히 진실을 말해도 그녀의 말은 언제나 오해를 사거나 믿어지지 않게끔 만들었다.[35] 그러고 나서 그는 그녀를, 그녀가 미리 보았지만 피할 수는 없는 죽음으로 몰아넣었고, 이 죽음은 살인과 희생 사이에 있는 중간의 무엇으로 보인다. 즉 카산드라가 이를 아폴론의 책임으로 돌렸기 때문에 이는 범죄이자 동시에 신성한 폭력이다.[36]

쿠마이의 시빌라와 아폴론의 관계도 비슷하다. 오비디우스는 아폴론이 그녀를 유혹하는 계획의 일부로 그녀의 소원을 하나 들어주겠다는 제안을 먼저 던졌다고 말한다. 순진하게도 시빌라는 자기 손에 쥐고 있던 모래알의 수만큼, 즉—나중에 밝혀진 바와 같이—합쳐서 천 년 동안 살기를 바란다고 말한다. 그러자 아폴론은 그녀와 잠자리를 같이하는 것을 대가로 영원한 젊음을 주겠다고 한다. 하지만 시빌라가 이를 거부하자, 아폴론은 그녀가 말할 수 없이 기나긴 노화의 과정을 겪게끔 만든다. 700년이 지나고 나서 온몸에 주름이 지고 여전히 처녀인 시빌라는 자신이 쪼그라들어 마침내 무無로 돌아갈 날을 기다린다. 아니, 그보다는 거의 무에 가까운 상태라는 말이 더 정확할 것이다. 그녀의 일부는 영원히 살 것이기 때문이다.

> 그때가 올 것이다, 내가 살아야만 했던 날들이
> 나의 몸을 아주 가볍게 만들어
> 노년으로 사그라진 나의 사지가 최소의 무게로 줄어들 그때가.
> 나는 한 번도 사랑받지 못한 것처럼 보일 것이고,
> 신을 기쁘게 하지도 못한 것처럼 보일 것이다. 아마도 아폴론 그
>   자신마저도
> 나를 알아보지 못하거나, 그가 한때 나를 숭모했다는 것을 부인
>   할 것이다.
> 변해버린 나는 심지어 이렇게 될 것이다. 나는 아마도 어딘가로
>   옮겨질 것이나, 누구도 이를 보지 못할 것이다.
> 그러나 여전히 나의 목소리에 의해서 나는 알려질 것이다. 운명

의 여신들은 나에게 나의 목소리를 남겨주실 것이다.37

델포이 전통에서도 아폴론과 델포이의 시빌라 사이의 비슷한 긴장을 찾아볼 수 있다. 폰투스의 헤라클레이데스Heraclides of Pontus의 사라진 작품 『신탁의 중심지에 대하여Peri Khrēstēriōn』에 실린 한 단편은 시빌라를 오르페우스보다 오래 산 유일한 인간이라 묘사하면서 그녀가 델포이를 방문하여 다음과 같이 노래했다고 전한다.

> 오, 델포이인들이여, 활을 멀리 쏘는 아폴론의 신하들이여,
> 나는 방패를 든 제우스의 뜻을 예언하기 위해 이곳에 왔다.
> 나의 형제, 아폴론에게 화가 나서.38

여기서 시빌라는 그녀의 예언이 아폴론의 개입 없이 제우스로부터 직접 내려온다는 점을 강조하면서, 그녀가 아폴론에게 화가 나 있다고 말하고, 아폴론을 자신의 형제라고 부름으로써 아폴론과 자신이 동등하다고 주장한다. 또한 헤라클레이데스는 그녀가 "아르테미스"라는 이름을 지니고 있다고 말하는데,39 파우사니아스 역시 같은 이야기를 하면서, 그녀가 때로는 아폴론의 부인으로 때로는 그의 누이나 딸로 간주되기도 했다고 덧붙였다.40 여기서 우리는 아폴론에게 시빌라가 성적으로 아주 쉽게 접근할 수 있는 여성이었는지, 아니면 결코 쉽게 범접할 수 없는 여성이었는지에 관련된 깊은 혼란을, 아니좀 다른 말로 하자면 그런 핵심적인 역설에 대한 언명을 감지한다. 플루타르코스는 이 대부분을 알고 있었던 것으로 보이지만, 아폴론의 욕망, 이중성, 적대감, 시빌라의 고통과 죽음에 대한 책임 등 아폴론과 퓌티아 그리고 시빌라, 이 모두의 위상을 드높이고자 하는 자신의 계획을 위협하는 그 어떤 주제에 대해서도 전혀 언급하지 않는다.41

VI

이미 살펴본 바와 같이, 플루타르코스의 개입은 이야기의 표면적 세부 사항만이 아니라 이야기 밑에 깔린 구조와 의미까지도 재구성한다. 즉 플루타르코스는 아폴론과 델포이를 모든 형식의 점술 중 가장 최고의 지위로 끌어올리기 위해, 플레곤이 인용한 신화 및 다른 관련 서사들에 등장하는, 문젯거리가 될만한 일화들은 모두 무시한다. 근본적으로 이 일화들은 다음 두 가지 질문을 집요하게 파고드는 생각의 실험을 하게 만든다. 첫째, 강력한 신탁의 목소리가 여성에게 모든 성적 관계로부터 스스로를 해방시킬 수 있을 만큼 충분한 자율권을 주는가? 둘째, 만약 그렇다면 그녀의 조건은 신들의 조건과 동등한가? 첫 번째 물음의 답은 긍정적이지만, 두 번째 물음의 답은 부정적이다. 오직 그녀의 목소리만이 불멸성을 갖게 되었다고 주장되기 때문이다. 이와 달리 그녀의 몸은 질적인 차원에서가 아니라 양적인 차원에서 불멸의 조건에 근접했을 뿐이다. 더욱이 그녀의 몸과 신들 사이의 그 차이의 정도는, 끔찍이도 길게 그러나 명백히 유한하게 주어진 시간이 다할 때까지 하루하루 고통스럽게 겪어야 하는 부패, 쇠약, 우울의 진행 속에서 극적으로 강조된다.

마지막에 이르러 서사는 이 질문을 더 파고 들어가서 비록 시빌라의 몸이 철저하게 무성적無性的이기는 했지만, 그럼에도 불구하고 그녀의 몸은 놀라우리만치 생산적이었다고 말해준다. 이는 그녀가 죽고 나서, 부패 과정이 그녀의 몸의 (일부는 영적인[다이몬, 지성, 영혼, 숨], 일부는 육체적인[소마, 살, 피]) 구성 부분들을 우주의 다양한 차원으로 흩어뜨릴 때 드러난다. 거기서 그녀의 몸의 구성 부분들은 다양한—그리고 서열화한—점술 형식으로 나타나게 되고, 그녀의 예언적 목소리와 힘은 그 점술들을 통해 영원히 살아남게 된다.

어떤 이야기의 특정한 판본들을 말하거나 듣는 것은 이와 관련된 많은 쟁점을 살피는 수단이기도 하다. 그 쟁점들 중에는 여성들이 독립적인 목소리와 독립적인 몸을 원해야만 하는지, 혹은 그때 치러야 하는 대가가 너무 큰 것은 아닌지 하는 질문도 포함된다. 시빌라 신화를 통해 제시된 주장에 근거해서 볼 때, 이런 모험을 하고 싶어 할 여성은 거의 없지 않을까 하는 생각이 든다. 그러나 몇몇 여성은 이를 감행했으며, 그중 델포이의 퓌티아 여사제로 일했던 처녀들의 예는 특히 매우 중요하다.[42] 플루타르코스가 시빌라 이야기를 개작하며 의도한 여러 목적 중에는, 이 처녀들을 남신 아폴론에 대적해 맹렬히 독립적인 목소리를 내세웠던 시빌라의 최고의 후예들로 치켜세우는 동시에, 이들을 시빌라가 대적한 바로 그 신 아래 복속시키는 상충된 목적을 달성하려는 의도가 있었던 것이다.

9장
『가우트렉의 사가』와 선물 여우

I

'배라는 상징'에 관해 글을 써온 사람들 중에 어떤 이들은 상징을 주로 종교적 의미와 관련된 것으로 다룬다. 그렇기에 그들은 배가 평범한 실용적 맥락을 벗어나서 등장할 때, 이를 상징적인 것으로 이해한다. (시신을 배에 담아 매장하는 관습은 특히 흥미로운 소재로 여겨진다.) 하지만 나는 이 주제를 조금은 더 폭넓은 방식으로 다루고자 한다. 내 생각에, 상징이란 종교만의 문제가 아니라 여러 방향으

\# 이 글은 〈선사시대와 중세 스칸디나비아의 배 상징〉이라는 주제로 열린 학술회의에서 처음 발표되었으며(1994년 5월, 코펜하겐), 학술회의 자료집에 수록되었다. Ole Crumlin-Pedersen and Brigitte Munch-Thye, eds., *The Ship as Symbol in Prehistoric and Medieval Scandinavia*(Copenhagen: Danish National Museum, 1995), pp. 25~33. 편집자의 허락 아래 여기 싣는다.

로 움직이는 담론적 기획이다. 그렇기에 의례나 신화에서든, 아니면 여행, 전쟁, 교역 같은 좀 더 일상적인 일들에서든, 배는 얼마든지 상징적 담론의 항목이 될 수 있다. 특히 나는 고대 스칸디나비아의 텍스트 세 편에서 배가 어떻게 다양한 상징적 역할을 하는지를 보여주고자 한다. 그중 둘은 요약된 형태로 다룰 것이고, 하나는 좀 더 상세히 다룰 것이다.

첫 번째 텍스트는 니요르드Njorð와 스카디Skaði의 잘못된 결혼에 대한 스노리의 설명이다.

에시르 신족의 세 번째 신은 니요르드다. 그는 천상에서 노아툰 Nóatún[배의 도시]이라 불리는 곳에 산다. 그는 바람이 언제 불어야 할지를 정해주며 또 바다와 불을 다스린다. 바다에서 고기를 잡거나 항해를 하려는 자는 그에게 기도한다. …… 니요르드에게는 스카디라는 아내가 있는데, 그녀는 거인 티야지Thjazi의 딸이다. 스카디는 아버지의 농장인 트림헤임Thrymheim에서 살고 싶어 했지만, 니요르드는 바다 가까이서 살고 싶어 했다. 그들은 아홉 밤은 트림헤임에서, 또 다른 아홉 밤은 노아툰에서 살기로 합의했다. 하지만 니요르드가 산에서 내려와 노아툰으로 돌아왔을 때, 그는 이렇게 말했다.

지겹구나, 산이란.
무려 아홉 밤이나
나는 산에 머물렀다.
늑대 울음소리도
듣기 싫고
백조의 노래도

9장 『가우트렉의 사가』와 선물 여우 283

듣기 싫다.

그러자 스카디가 이렇게 말했다.

잠을 잘 수 없었다오, 나는
바다의 침대 위에서는.
새의 울음소리가
아침마다 나를 깨웠다오.
게다가 갑판에서 날아드는
갈매기하고는.

그리하여 스카디는 다시 산으로 올라가 트림헤임에서 살았다. 그녀는 스키를 타고 돌아다니면서 활로 사냥을 했다. 그녀는 '눈신발의 여신' 또는 '눈 신발의 신'으로 불린다.[1]

분명히 알 수 있듯이, 이 텍스트는 니요르드와 스카디 외에도 바다와 땅, 항구와 산, 배와 눈 신발, 바닷새와 숲 속의 맹수, 고기잡이와 사냥, 새의 노래와 짐승의 포효 등을 대조하는 일련의 이원적 대립을 확립하고 있다. 또한 남성과 여성 사이의 대조도 드러나는데, 거기에는 남녀의 차이란 결혼 제도를 통해 해소될 수 있다는 암시가 담겨 있다. 하지만 이러한 해결은 결국 '어디서 살 것인가?' 하는 또 다른 문제를 야기할 뿐이다. 그리고 이야기가 펼쳐지면서 결혼 후 처가에서 살 것인지 시댁에서 살 것인지 하는 문제를 해결하려던 시도는 실패한다. 바다와 산에서 각각 9일을 살고 난 후, 모든 대립은 다시 제자리로 돌아가고, 니요르드와 스카디는 그들이 배와 스키, 여름과 겨울, 갈매기와 늑대만큼이나 서로 어울리지 않는다는 사실을 깨닫게 된다.

II

이와 비슷한 대립이 『오르크네이 영주들의 사가Orkneyingasaga』*에서도 나타난다.

포른요트르Fornjotr라는 왕이 있었다. 그는 단트비크Dantvik를 향한 만의 동쪽에 있는 핀란드Finland와 크벤란드Kvenland라는 곳을 다스렸다. 그곳은 헬싱가Helsinga라고 불렸다. 포른요트르에게는 세 명의 아들이 있었다. 한 명의 이름은 '대양'[Hlerr]이었는데, 우리는 그를 '바다'[Ægir]라고 부른다. 다른 한 명의 이름은 '불꽃'[Logi]이었고, 나머지 한 명은 카리[Kari]였다. 카리는 '서리Frost'[Frosti]를 낳았고, '서리'는 '옛날 눈발Snow of the Old'[Snaer]을 낳았다. 그의 아들의 이름은 '1월'[Thorri]이었다. '1월'에게는 노르Nór와 고르Gór라는 두 아들이 있었다. 그에게는 또 '2월'[Goi]이라는 딸이 있었다. '1월'은 위대한 제사장이었다. 그는 매년 한겨울에 희생 제의를 지냈는데, 사람들은 이를 '1월 희생 제의'[Thorrablót]라 불렀다. 1월과 2월의 명칭은 이들에게서 나온 것이다. 어느 겨울날 1월 희생 제의를 지내던 중에 '2월'이 사라지는 일이 생겼다. 많은 이가 그녀를 찾아 나섰지만, 찾지 못했다. 한 달이 지나갔고, '1월'은 이 일을 위해 희생 제의를 지냈다. '2월'이 어디 있는지 알 수 있을까 해서였다. 사람들은 이를 '2월 희생 제의'라 불렀다. 하지만 그들은 여전히 그녀가 있는 곳을 알아내지 못했다. 겨울이 세 번 지난 후, 오빠들은 여동생을 꼭 찾겠다는 맹세를 하고, 수색할 곳을 나누었다. 노르는 땅 위를 수색하고, 고르는 암초들과 섬들을 수색하기로 했다. 고르는 배를 타고 여정에 올랐다.[2]

이 구절과 이에 근거한 가계도(그림 9.1)에는 많은 대립 쌍이 나온다. 이를테면 불과 물, 남성과 여성, 현존과 부재, 1월과 2월, 땅과 바다, 그리고 각자 다른 방식으로 여동생을 찾아 나서는 노르와 고르 형제 등이다. 이어지는 구절들에는 여동생을 찾아다니는 두 형제에 관한 이야기가 자세히 서술된다. 노르는 스키를 타고 새와 짐승을 잡아먹으며 북쪽으로 갔다가 서쪽으로, 다시 또 남쪽으로 간 반면, 고

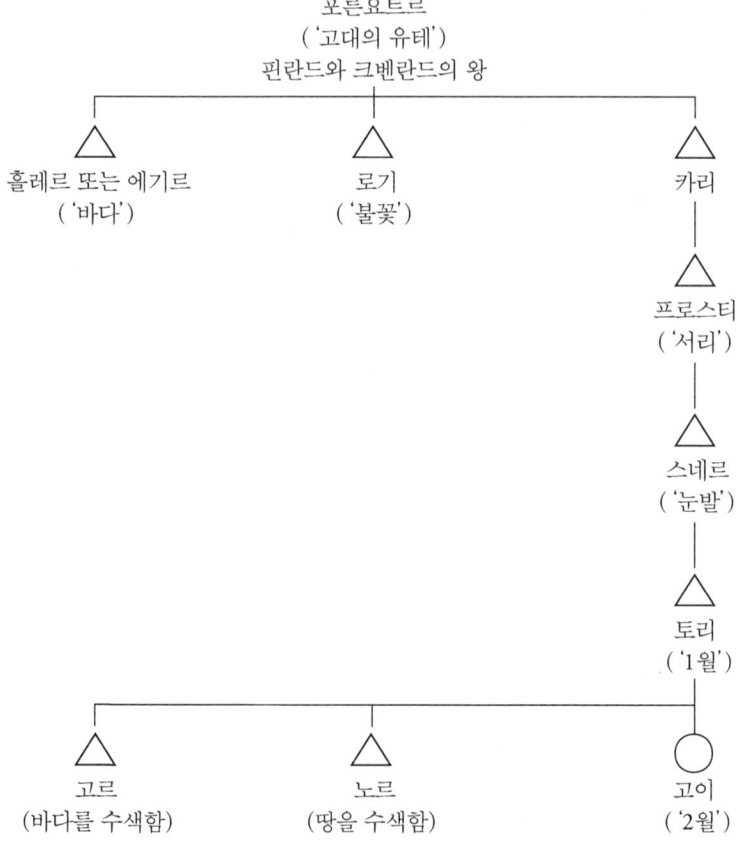

그림 9.1 『오르크네이 영주들의 사가』 2권에 따른 가계도.

르는 물고기를 잡아먹으며 남쪽을 거쳐 서쪽으로 항해를 하면서 발트 해와 덴마크 해협의 섬들을 들렀다. 마침내 소원Sogn 근방에서 다시 만난 두 형제는 영역을 둘로 나누었다. 노르는 그가 여행한 스칸디나비아 본토를 차지했고, 고르는 섬들과 바다들을 차지했다.[3]

이야기의 결론에는 이러한 정형화된 대립 쌍들—바다와 땅, 배와 스키, 섬과 본토, 어로와 수렵, 남쪽과 북쪽—의 체계에 더하여 또 다른 일단의 요소들이 덧붙여진다. 수색을 재개한 후에 노르는 고원지대를 다니다가 잃어버린 여동생을 발견한다. 그녀는 비야르크의 왕 흐롤프King Hrolf of Bjarg에게 납치를 당했던 것이다. 노르와 흐롤프는 결투를 벌이지만, 싸움은 좀처럼 끝나지 않는다. 그래서 그들은 화해를 하고 각자 서로 상대방의 여동생과 혼인을 한다(그림 9.2).[4] 이와

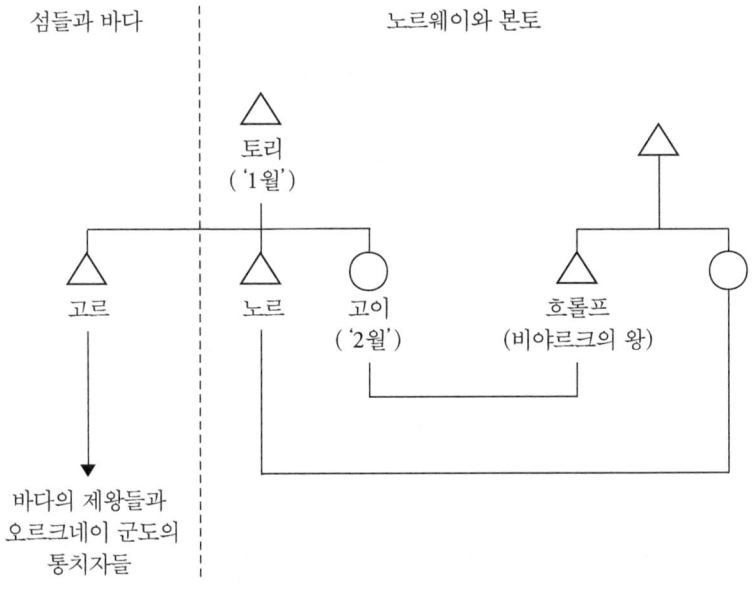

그림 9.2 『오르크네이 영주들의 사가』 2권에 나오는 바다와 땅의 대립.

같이 이 이야기는—이제 노르의 이름을 따서 '노르-웨이'(Nor-way, Nór-verg)라 불리게 된—본토를 평화로운 이성애적 공간으로 구축한다. 거기서는 혼인을 통한 교환에 의해 가족과 가문이 형성된다. 이와 반대로 고르에게는 아내가 없다. 그는 '바다의 왕'(sakonungr)으로, 난폭하고, 호전적이며, 언뜻 선상 생활 중의 동성애 경험과도 연관되는 듯이 보이는 남성들만의 영역을 다스린다. 그런데 이 텍스트는 결국에 가서 노르가 사는 방식이 고르가 사는 방식보다 덜 바람직한 것으로 취급한다. 노르의 영역을 지배하는 평화와 섹슈얼리티가 인구를 과도하게 증가시켜 쇠락이 초래되는 것이다. 텍스트는 이렇게 말한다. "노르는 평생 이 영토를 다스렸으며, 그의 아들들이 그 뒤를 이었다. 그들은 영토를 서로 나누어 가졌다. 왕들의 숫자가 늘어날수록 그들의 영토는 점점 더 작아졌다."[5] 그리하여 머지않아 노르의 자손들과 그들의 작디작은 영토들은 이야기에서 완전히 사라져버린다. 반대로 고르는 비록 아내는 없었지만 어쨌든 두 명의 아들을 얻는다. 그들은 난폭하고 거친 바다의 제왕들이었는데, 이들의 후손이 바로—이 사가의 주인공들인—오르크네이 군도의 통치자들이다.

III

바다와 땅의 체계적인 대립에서 배가 상징으로 기능하는 또 다른 텍스트는 『가우트렉의 사가Gautrek's Saga』*다. 이 이야기는 13세기에서 14세기 사이에 기록된 전설적인 사가들(Fornaldarsögur)* 중 하나다.[6] 이 사가의 첫 번째 에피소드는 흔히 「가우티 이야기」(Gauta þáttr)라고 불리는, 8세기를 배경으로 한 이야기다. 이야기는 땅에서, 그것도 아주 극단적인 형태의 땅에서 펼쳐진다. 그곳은 바로 스칸디나비아 남부의 서예탈란드West Götaland에 있는 내륙 접경지대(merkr)다.

그 당시에는 넓고 커다란 숲이 있었는데, 많은 사람이 인적 드문 머나먼 접경지대를 개척하여 거기에 터를 잡고 살았다. 그들 중에는 모종의 잘못을 저질러 다른 사람들이 사는 세상으로부터 도망쳐 온 이들도 있었다. 또 성격이 하도 특이해서 도망쳐 온 이들도 있었고, 모험 삼아 찾아온 이들도 있었다. 그들은 다른 사람들로부터 멀리 떨어져 살면 수모와 조롱을 당하지는 않을 거라고 생각했다. 그래서 오랫동안 외진 곳에 살면서 아무도 만나지 않은 채 자기들끼리만 알고 지냈다. 많은 이가 세상에서 멀리 떨어진 곳에 살았고, 그들을 방문하는 사람은 아무도 없었다. 이따금 접경지대에서 길을 잃은 사람들이 우연히 그들의 집에 찾아드는 게 고작이었다. 하지만 누구도 제 발로 그곳을 찾아가는 사람은 없었다.[7]

이 묘사에서 잘 드러나듯이, 접경지대는 비사회적인 공간으로 여겨졌다. 거기에는 심지어 가장 기본적인 형태의 인간관계나 교역도 없었다. 예측할 수 있듯이, 이야기는 한 이방인―사냥을 하다가 길을 잃은 가우티 왕―이 한 집에 찾아가 도움을 청하는 데서 시작된다. 그런데 스카프나르퉁그르Skafnartúngr('구두쇠', '수전노')라는 이름의 집주인은 이제껏 손님을 접대해본 적이 없는 사람이었기 때문에, 재산이 조금이라도 축날까봐 전전긍긍했다.[8] 그래서 그는 왕을 슬슬 피했다. 하지만 왕은 이에 아랑곳하지 않고 집 안으로 쑥 들어가서는 탁자에 털썩 앉아 음식을 먹었다. 그리고 그날 밤 그는 구두쇠의 세 딸 중 가장 똑똑한 막내딸 스노트라Snotra의 침대에서 함께 잠을 잤다.

다음날 이른 아침, 가우티는 스노트라에게 아들을 낳으면 자기에게 찾아오라는 약속을 남기고 집을 떠났다. 하지만 그녀의 아버지는―그는 왕에게 내내 단 한마디도 하지 않았다―이를 그리 달가워하지 않았다.⁹ "스노트라가 집에 돌아왔을 때, 그녀의 아버지가 집 안 물건들 위에 올라앉은 채 말했다. '엄청난 일이 벌어졌구나. 왕이 우리 집에 와서는, 우리가 보는 앞에서 우리 재산을 축내고, 결코 잃어버릴 수 없는 것을 가져가버렸구나. 이렇게 가난해지게 되었으니, 우리 재산을 어떻게 간수해야 할지 모르겠다. 그래서 내 재산을 다 모았고, 내 땅을 아들들에게 나누어 주기로 했다. 이제 나는 네 어머니와 하인들을 데리고 발할라*로 떠나련다.'"¹⁰

텍스트에 따르면, 이곳 사람들에게 자살은 오래된 관습이다. 식구가 너무 늘거나 재산이 너무 적어지면, 노인들은 마을 뒤에 있는 가파른 절벽인 '가족 바위'(ætternisstapi)에서 스스로 뛰어내린다.¹¹ 그리하여 구두쇠와 그 아내도 재산을 자식들에게 나누어 주고는 절벽에서 뛰어내린다. 하지만 자식들에게도 나쁜 일들이 닥친다. 맏딸 부부는 그들의 황금 덩어리에서 얼룩을 발견하고는 이를 황금이 줄어든 것으로 착각해 부모의 뒤를 따라 자살을 한다. 둘째 딸 부부는 새가 그들의 곡식 낱알 몇 개를 쪼아 먹자 역시 자살을 한다. 결국 막내딸 부부인 스노트라와 길링Gilling만 남게 되는데, 그들은 식솔이 생기지 않게 하려고 부부 관계조차 갖지 않으며 지낸다. 그런데 스노트라가 임신한 것을 알게 되자, 길링은 이에 너무 당황하여 낙담한 채 가족 바위로 가서 뛰어내린다.

이 이야기는 『가우트렉의 사가』 맨 앞부분에 나오는 것으로, 이어지는 에피소드들의 토대가 된다.¹² 서사적 차원에서, 이야기는 스노트라의 아기가 태어나는 데서 끝난다. 그가 바로 가우트렉이다. 다른 자료들에 따르면 가우트렉은 8세기에 예타Geatish 지방을 다스렸던 왕이다. 그는 이 이야기를 다른 에피소드들과 이어주는 존재로서, 이 사가의 제목도 그의 이름에 따라 붙여진 것이다.¹³ 주제적 차원에서, 이 이야기는 극도로 내륙적인hyperterrestrial 존재 방식을 서술하고 있으며, 이는 『가우트렉의 사가』 마지막 부분에서 보이는 극도로 해양적인hypermaritime 존재 방식과 대조를 이룬다.

IV

「가우티 이야기」의 초점이 가족 바위라면―이는 구두쇠의 비사회적인 내륙 세계에서 가장 견고하고 확고한 초점이다―, 이와 반대로 「선물-레프의 사가Gift-Ref's Saga」로 불리는 『가우트렉의 사가』 마지막 부분에서 초점은 배다. 이야기는 노르웨이 해안에서 멀리 떨어진 레니세이Rennisey 섬에서 시작된다. 섬에는 부유한 농부와 그의 아내 그리고 아들이 살고 있다. 아들 레프―이 이름의 문자적 의미는 '여우'다―는 하릴없이 빈둥거리는 게으름뱅이의 전형이다. "어린 시절 레프가 한 일이라고는 화롯가에 누운 채 불쏘시개로 나무껍질이나 뒤적이는 것이 전부였다. 그는 장성해서 엄청난 덩치를 갖게 되었지만, 생전 때를 밀어본 적도 없었고, 손을 내밀어 누굴 도와준 적도 없었다. 그의 아버지는 아주 부자였지만, 자기 아들이 근면하거나 성실하지 않다는 점 때문에 골치를 썩고 있었다. 레프는 유명했는데, 물론 지혜나 용기 때문은 아니고, 그가 잘난 친척들에게 웃음거리가 되곤 했기 때문이었다. 레프의 아버지는 레프가 당시 웬만한 젊은이라면 당연히 해내야 할 일을 아무것도 하지 못할 것이라고 생각했다."[14]

구두쇠와 마찬가지로, 레프도 처음에는 비사회적이고 비생산적인 영역에서 산다. 그런데 레프가 사는 곳은 정적인 곳인 만큼 또한 안락한 곳이기도 하다. 어떤 면에서 그의 공간적 위치―섬과 화롯가―는 바다와 대조를 이룬다. 하지만 그곳은 바다와 아주 밀접한 곳이기도 하다. 그리고 구두쇠와 달리 레프는 이 제한된 영역 안에 머물지 못한다. 더 이상 참을 수 없게 된 아버지가 아들을 집 밖으로 쫓아내기 때문이다. 집을 떠나기 전에 레프는 아버지에게 뿔에 금박이 새겨진 귀중한 황소를 한 마리 달라고 한다. 이제 그가 바다로 나가면서 그의 모험이 시작된다. "그는 귀중한 황소를 데리고 해변으로 갔다. 그는 배를 띄워 육지로 나아갔다."¹⁵

바로 이 순간에 레프는 이제까지 그에게 없었던 이동성을 얻게 된다. 그는 이를 기반으로 어떤 면에서 구두쇠와 비슷하지만 다른 면에서는 크게 다른 한 인물을 만나게 된다. 바로 가장 지혜롭고 가장 인색하기로 유명한 네리 백작Earl Neri이다. 그에게는 누구로부터도 선물을 받지 않는 습관이 있었다. 그러나 레프는 백작에게 자신의 황소를 선물로 준다.

> 백작이 대답했다. "내가 선물을 받지 않는다는 소문 못 들었소? 나는 답례 같은 건 하고 싶지 않다오."
> 레프가 대답했다. "백작님이 인색하시다는 건 익히 들었습니다. 백작님께 선물을 드렸다 해도 답례를 바라서는 안 된다는 점에 대해서도 잘 압니다. 설령 그러시더라도 이 귀한 선물을 받아주셨으면 합니다. 대신 돈보다는 백작님의 말씀으로 저에게 도움을 주십시오. 제게는 그게 답례가 될 것입니다."
> 백작이 말했다. "그렇게까지 말하니, 황소를 안 받을 수가 없겠네 그려. 자, 오늘 밤은 여기서 묵으시게!"¹⁶

레프는 (유료 상담이라 할 수 있는) 지극히 현대적인 형태의 교환을 제안하고, 백작은 이를 받아들인다. 이 교환에서는 물질적인 것이 비물질적인 것, 즉 백작의 좋은 충고와 교환된다. 언뜻 생각하면 이 거래에서 이득을 보는 쪽은 네리 백작인 것처럼 보인다. 그는 답례라는 귀찮은 의무를 피할 수 있었으니 말이다. 하지만 거래를 통해 더 좋은 것을 얻는 쪽은 사실 레프다. 백작이 이내 (말은 물질적인 것과 달리 양을 잴 수 없다는 것을) 깨닫게 된 것과 같이, 그는 레프에게 하나씩 하나씩 계속 조언을 해주어야만 하기 때문이다. 덕분에 레프의 재산은 빠르게 늘어간다. 그리고 레프가 돌아와 그의 굉장한 성공담을 들려줄 때마다, 백작은 마치 후렴구처럼 거듭 이렇게 말한다. "황소에 비하면 그것도 아직 너무 작은 답례구려."[17]

불균등한 교환이라는 주제는 네리 백작이 주는 조언에서도 현저하게 나타난다. 그는 그의 친구이자 왕인 가우트렉에 대해 설명하기 시작한다(우리가 앞에서 그 탄생을 보았던 가우트렉은 이제 어른이 되었고, 아버지를 이어 왕이 되었다). 그는 왕비가 죽어 낙심하고 있다. 그의 낙이라곤 날마다 왕비의 무덤가에 앉아 자기가 기르는 매나 날리는 일이다. 백작은 설명을 계속 이어, 하지만 오후가 되면 매도 지치기 마련이니, 레프에게 숫돌을 가지고 무덤가로 가라고 일러준다.[18] 일단 무덤가에 가면 왕이 지친 매를 다시 날게 하려고 무언가 던질 것을 찾을 때까지 기다려야 한다. 바로 그때 가우트렉에게 숫돌을 건네주면 된다.

계획은 성공한다. 인심이 후한 가우트렉은 레프에게 황금 팔찌를 주고, 레프는 다시 네리 백작을 찾아간다. 백작은 레프에게 호의를 베풀어 겨울 동안 더 머물게 한다. 봄이 되자 그는 레프에게 이제 무엇을 할 작정이냐고 묻는다. 레프가 대답한다. "팔찌를 팔아 돈을 벌겠습니다." 하지만 네리는 레프에게 배를 타고 영국으로 건너가서 영국 왕 엘라Ælla와 다시 또 비슷한 거래를 하라고 일러준다. 레프는 마냥 신이 나서 시키는 대로 한다.

왕이 그에게 누구냐고 묻자 그가 답했다. "소인은 레프라고 하옵니다. 이 황금 팔찌를 받아주시옵소서." 그는 팔찌를 왕 앞에 있는 탁자 위에 올려놓았다.

왕이 그것을 보더니 말했다. "굉장한 보물이로구나. 누가 그걸 자네에게 주었는고?"

레프가 답했다. "가우트렉 왕께서 그 팔찌를 주셨나이다."

왕이 물었다. "자네는 그에게 무얼 주었는고?"

레프가 답했다. "작은 숫돌을 드렸나이다."

왕이 말했다. "가우트렉 왕은 인심이 아주 후한 사람인 게로구나. 돌을 받고 금을 주는 걸 보니."[19]

잠시 생각하던 엘라 왕은 레프의 선물을 받고, 그에게 여름 동안 궁전에 머물도록 허락한다. 레프가 떠날 날이 다가오자, 왕은 그에게 황금 목걸이에 황금 줄을 한 아주 멋진 개 두 마리를 준다. 이것이 전부가 아니다. "왕은 배를 준비시켜놓고는, 어느 날 레프에게 함께 가서 보자고 권한다. 왕이 말했다. '여기 짐이 자네에게 주고 싶은 배가 있네. 자네에게 가장 어울릴만한 온갖 화물과 자네에게 필요한 선원들도 함께 주도록 하겠네. 짐은 자네가 더 이상 남의 배나 얻어 타고 다니지 않았으면 한다네. 또 자네가 가고픈 곳이라면 어디든 갈 수 있게 해주고 싶다네. 그래도 가우트렉 왕이 숫돌을 받고 자네에게 주었던 답례에 비하면, 이것도 너무 작은 게 아닌가 싶네.'"[20]

이듬해 봄에도 이런 일이 반복된다. 레프는 상인이나 바이킹이 되어 항해를 떠나려 한다. 그러나 그는 네리 백작의 조언을 따라 덴마크로 배를 돌린다. 이번에는 그가 도착하기도 전에 벌써 그의 명성이 자자하게 퍼져 있었다. 덴마크 왕 흐롤프 크라키Hrolf Kraki가 물었다. "선물-레프[Gjafa-Refr: 문자대로 옮기자면 선물-여우다]라 불리는 자가 자네인가?" 레프가 답했다. "소인은 사람들에게 선물을 받고 또 이따금 선물을 주기도 했나이다. 폐하께 이 작은 개들과 그 장신구들을 드리고 싶사옵니다." 이어 익히 짐작할만한 대화가 오고간다.

"누가 자네에게 그걸 주었는고?"
"엘라 왕께서 주셨나이다."
"자네는 그에게 무얼 주었는고?"
"황금 팔찌를 드렸나이다."
"그건 또 누가 자네에게 주었는고?"
"가우트렉 왕께서 주셨나이다."
"자네는 그에게 무얼 주었는고?"
"숫돌이옵니다."
"가우트렉 왕은 인심이 아주 후한 사람인 게로구나. 돌을 받고 금을 주는 걸 보니."[21]

그러고는 짐작할만한 결말이 이어진다. "가을이 되자, 레프는 배를 띄워 떠날 준비를 했다. 그러자 왕이 말했다. '자네에게 어떻게 보답을 해야 할지 생각했네. 영국 왕처럼 짐도 자네에게 배와 최고의 화물들 그리고 선원들을 주고 싶구나.'"[22] 흐롤프는 여기서 그치지 않고 붉은 황금으로 장식된 투구와 갑옷까지 준다. 네리 백작의 성에서 다시 또 겨울을 난 레프는 이듬해 봄이 되자 바다의 강력한 제왕인 올라프 왕King Olaf을 찾아가 투구와 갑옷을 선물한다. 그러자 올라프는 그에게 답례 선물을 고르도록 허락한다. 모든 것이 네리가 예견한 대로였다. 레프는 네리에게 들은 조언대로 올라프에게 그의 함대를 두 주간만 빌려달라고 부탁한다. 레프가 여덟 척의 전함을 이끌고 예타 앞바다에 나타나자, 네리는 가우트렉 왕에게 달려가 곧 공격이 시작될 것이라고 경고한다. 가우트렉으로 하여금 레프와 평화조약을 맺도록 설득하는 데 성공한 네리는, 이어서 가우트렉과 근사한 가짜 협정을 체결하여 레프에게 자신의 영지뿐만 아니라 가우트렉의 외동딸도 준다.

V

「가우티 이야기」와 「선물-레프의 사가」를 비교해보면, 아주 확연한 대조가—또한 의미 체계가—드러난다. 전자의 사건은 내륙에서, 고립된 숲과 위험한 바위로 이루어진 지대에서 벌어진다. 그곳은 비사회적이고, 인심 사나우며, 소통이 부재하는 공간이다. 거기서 경제적 행위와 가치는 축적을 지향하며, 등장인물들의 최대 관심은 아무것도 잃지 않는 데 있다. 이렇듯 그곳은 정적인 세계이다. 그러나 이 정체 상태는 깨지기도 쉽다. 원칙에 따르다 보면, 단 한 명의 손님만 와도 재앙이 닥칠 수 있기 때문이다. 두 번째 이야기는 이와 전혀 다르다. 이야기는 섬에서 시작되어 바다를 따라 예탈란드, 영국, 덴마크, 노르웨이 해안을 무대로 펼쳐진다. 여기서는 이동성과 사회성이 지속적으로 공존하며, 계절마다 방문과 환대, 그리고 예를 갖춘 환영과 작별이 반복된다. 또 후한 선물들이 오고 간다. 경제활동의 초점은 교환에 있으며, 이는 위험을 수반하기도 하지만 굉장한 소득에 대한 기대를 제공하기도 한다.

이러한 일련의 대조를 통해 구축되는 것은 의미뿐만이 아니다. 가치도 구축된다. 거기에는 일정한 선호들이 내포되어 있기 때문이다. 그러나 이 선호들은 절대적인 것이 아니다. 어떤 면에서 레프의 배들—그리고 그 배들이 지닌 극도의 이동성—은 가족 바위가 지닌 극도의 안정성 못지않게 불안하기 때문이다. 가우트렉의 관점에서(또는 여러 왕의 관점에서) 행위를 살피고, 또 레프의 거래를 자세히 살펴보면, 이 점은 선명해진다. 우선 가우트렉이 숫돌에 대한 답례로 황금을 준 데서 확립된 패턴, 즉 각각의 거래를 시작하는 선물과 이를 마치는 답례 사이의 현저한 비대칭성에 주목할 수 있다. 이렇게 누가 봐도 이상해 보일만한 거래가 이루어지게 된 것은, 약삭빠른 네리 백작이 왕비를 잃어 낙담하고 있는 왕의 모습에서 돈을 벌 수 있을만한 가능성을 감지하고는 이를 이용해 엄청난 이득을 끌어낼 수 있는 상황을 꾸몄기 때문이다. 더욱이 네리는 이러한 기발함 덕분에―사실 이는 이 텍스트 자체의 기발함이자 텍스트가 언급하는 활동들을 펼친 사람들의 기발함이라고 해야 할 것이다―좀 더 나아가 뒤이은 모든 거래에서도 똑같은 경제적 이득이 재생산되는 체계를 구축할 수 있었다.

  네리와 레프가 이를 성취하는 방식들 중 일부는 아주 노골적이며, 그 방식들은 매우 커다란 사회적·역사적 변화들을 보여준다. 바로 교환경제에서 상업자본주의로의 변화다.[23] 예를 들어 그들은 교환을 인간관계를 유지하는 수단이 아니라 경제적 이익을 끌어내는 수단으로 삼는다. 그렇기에 그들은 거래 상대자를, 더불어 균형과 상호성을 내내 유지해야 하는 사람이 아니라, 일단 이익을 얻어내고 나면 치워버릴 수 있는 그런 사람쯤으로만 취급한다. 더욱이 그들은 그렇게 얻은 이익을 쌓아두거나 다 써버리지 않고 이를 자본으로 삼아 또 다른 모험에 착수한다.[24]

  여기서 더 나아가 우리는 맨 처음에 이루어진 가우트렉 왕과의 교환이 레프에게 황금뿐만 아니라 그 황금에 대한 이야기도 제공해주었다는 점에 주목해야 한다. 레프는 이 이야기를 새로운 거래 상대자들에게 들려줌으로써 가우트렉의 후한 인심이 그들의 인심을 측정하는 기준이 되게 만든다. 그리하여 상황은 레프가 그의 거래 상대자와 직접 거래하는 것이 아니라, 그들을 다음과 같은 규칙에 따라 사실상 서로 경쟁하지 않을 수 없게 하는 상황에 빠뜨리는 식으로 꾸려진다.

레프가 부의 경제에서 얻은 이익이 크면 클수록(즉 그가 주는 선물과 그가 받은 답례 사이의 불균형이 심하면 심할수록), 그와 거래하는 왕들은 체면의 경제에서 더 적게 잃는다(즉 그들은 가우트렉이나 다른 왕들보다 더 인심이 후하다는 소리를 듣게 된다).[25]

일련의 거래는 레프가 올라프의 배들을 사용할 수 있게 되는 데서 절정에 이른다. 레프는 이 배들을 이용해 부를 권력으로 전환시키는 데 성공한다. 좀 더 정확히 말해 이는 단지 기만적인 가짜 권력일 뿐이지만, 그것은 실제 권력과 똑같은 힘을 발휘한다. 레프의 함대는—그것은 레프의 것이기도 하고 아니기도 하며, 위협이자 동시에 허풍과 농담이기도 하다—가족 바위와 극명한 대조를 이룬다. 레프의 함대는 이동성의 극단적인 표상으로서 게으름뱅이가 백작으로 또 왕의 후계자로 변모해가는 핵심적인 수단이기 때문이다.

보잘것없던 사람이 부자가 되는 이 동화 같은 이야기에 용기를 얻고 심지어 푹 빠져들 사람들도 있기는 하겠지만, 이동성이 주는 약속을 자신의 이익에 대한 위협과 도전으로 받아들이는 사람들이라면 이 이야기에서 당혹스러움을 느낄 수도 있다. 그렇기에 이야기를 하는 내내 깊은 불안을 야기할 수도 있는 자본주의적 맹아의 가능성들을 잔뜩 늘어놓았던 이 텍스트는 이제 마지막으로 이야기를 마치면서 그동안 늘어놓았던 것을 다시 주워 담으려는 엉성한 노력을 기울인다. 이는 두 가지 방식으로 이루어진다. 우선 텍스트는 레프에게 고귀한 혈통을 부여하여, 그가 맨땅에서 시작한 것이 아니라는 식으로 그의 성공을 정당화한다. 네리 백작은 레프에게 이렇게 말한다. "자네는 내 영지를 물려받을 자격이 있네. 왜냐하면—놀라시라!—자네 할아버지도 백작이셨으니 말일세."[26] 이어서 텍스트는 레프가 다시 또 이동성을 발휘하여 떠나지 못하도록(아들이 없던 왕의 사위가 된 이상, 아마도 그가 다시 떠나거나 하지는 않았겠지만) 서둘러 그가 죽어버리게 만든다. "가우트렉 왕은 연회를 열었고, 레프는 가우트렉 왕의 딸 헬가와 결혼식을 올렸다. 가우트렉 왕은 레프에게 딸뿐 아니라 백작 작위도 주었다. 레프의 용맹에 필적할 이는 아무도 없어 보였다. 그의 집안은 지체 높은 가문이었고, 그의 아버지는 위대한 바이킹 전사였다. 레프는 이 영지를 다스렸고, 이른 나이에 죽었다."[27]

이와 같이 『가우트렉의 사가』는 그 속에 담긴 「가우티 이야기」와 「선물-레프의 사가」라는 두 이야기를 극명하게 대조시킴으로써 의미 체계를 구축한다. 전반적으로 이는 땅과 바다 사이의, 그리고 구두쇠 가족이 사는 내륙 접경지대와 레프가 찾아다니는 섬들 및 해안 도시 사이의 대조로 이루어진다. 전자의 영역이 지닌 비사회적이고 인색한 분위기는 후자의 영역이 지닌 사회성과 대조된다. 이와 마찬가지로 고집스레 축적만 하는 구두쇠의 행동은 교환을 행하는 레프의 행동과 대조된다. 또한 극도의 안정성을 보여주는 핵심 이미지인 가족 바위는 레프의 배들이 구현하는 극도의 이동성과 극명하게 대조된다.

이뿐 아니라, 나는 이 텍스트가 과거와 비과거(즉 현재와 미래)를 체계적으로 대조시킨다고 주장하고자 한다.[28] 텍스트는 500년 전의 일들로 거슬러 올라가—가우티와 가우트렉은 물론 엘라를 비롯한 여러 등장인물은 모두 8세기의 유명한 왕들이다—상업의 시대 이전의 경제 질서를 구두쇠 이야기와 관련지으며 이에 대해 경멸과 조롱에 찬 묘사를 한다. 그 경제 질서의 조직 원리는 하도 제한적이고 어리석어서 결국 제풀에 무너졌다는 것이다. 이와 달리 텍스트는 레프와 네리 백작의 모험에 관한 이야기를 통해 무언가 새롭고 역동적인 일이 생기게 된 순간을 묘사한다. 그것은 (1) 해상 여행을 통해 공간적 이동성이 드넓게 확장됨으로써, 또한 (2) 기존의 경제적 거래가 인간적 목적에 따라 이루어졌던 것과 달리, 인간적 거래가 경제적 목적의 수단으로 다루어질 수 있게 됨으로써 폭넓은 기회들이 열리게 된 세계다. 그 귀결은 바로 상업자본주의의 세계다. 그후로 지금까지 약삭빠른 거래자들이 온 세상을 휩쓸고 다니면서 교묘한 술책으로 상대방으로부터 자신의 이익을 취해온 세계, 이 텍스트가 외경과 불안이 뒤섞인 눈으로 제대로 보고 있는 그런 세계 말이다.

10장
황소의 탄식 다시 읽기
요안 쿨리아누를 기억하며

I

9세기 팔라비어 텍스트인 『대분다히쉰』의 한 구절을 인용하면서 시작해보자. 이 구절은 천상의 영역들을 통과하는 매혹적인 사후 여행을 묘사하고 있다. 무엇보다 흥미로운 것은 이 여행의 주인공이 사람이나 신적인 행위자가 아닌 동물로 설정되어 있다는 점이다. 바로 원초적 황소의 영혼이다. 텍스트 내용은 다음과 같다.

〔아베스타에는〕 또한 이렇게 씌어 있다. "원초적 황소는 죽은 후에

이 글은 요안 쿨리아누Ioan Culianu* 기념 학술 대회인 〈사이카도니아 콜로퀴엄 Colloque Psychadonia〉(1993년 파리)에서 처음 발표했으며, 아라 시스마니안Ara Sismanian이 편집한 이 학술 대회 자료집에 실릴 예정이다.

그 오른편으로 떨어졌다. 같은 때에 가요마르드Gayōmard(원초적 인간)도 죽었는데, 그는 그 왼편으로 떨어졌다."

원초적 황소의 영혼(ruwān)이 그 몸에서 나와 황소 앞에 섰다. 그리고 마치 수많은 사람이 한 목소리로 말하는 것과도 같이, 그는 지혜의 주(오흐르마즈드Ohrmazd)를 향해 탄식을 했다. "땅이 흔들리고, 식물이 말라버리고, 물이 신음하는 이때에, 만물을 영도할 자는 누구이옵니까? 당신께서 '내가 그를 창조해 그로 하여금 보호를 선포하게 하겠다.'고 하셨던 그 사람은 어디 있나이까?"

그러자 오흐르마즈드가 황소에게 말했다. "네가 아프구나. 황소-영혼이여. 너는 악한 영(아흐리만Ahriman)의 질병과 악마들의 악의를 짊어졌구나. 이런 때에 그 사람을 창조할 수 있었다면, 지금과 같은 아흐리만의 압제가 없었겠구나."

황소-영혼은 별들이 있는 곳으로 나아갔다. 그는 똑같은 식으로 탄식을 했다. 그는 달이 있는 곳으로 나아갔고, 똑같은 식으로 탄식을 했다. 그는 해 앞에서도 똑같은 식으로 탄식을 했다.

이에 오흐르마즈드가 그들에게(원문대로임) 차라투스트라의 선재하는 영혼(frawahr)을 보여주면서 말했다. "내가 그에게 물질적 존재를 부여해, 그로 하여금 보호를 선포하게 하겠노라."

그러자 황소-영혼은 이를 만족스럽게 받아들이며 말했다. "제가 만물이 번성하게 하겠습니다." 그리고 그는 가축(의 모습)이라는 물질적 존재로 되돌아가는 것을 받아들였다.[1]

일반적으로 알려져 있듯이, 이 구절은 소들을 대표하는 한 황소가 가축들이 당하는 폭력에 저항하며 울부짖는 내용이 담긴 고대 인도-이란 신화의 일부다.[2] 지금까지 전해지는 또 다른 이란 신화 판본에는 가축들이 매 맞고, 도둑질당하며, 도살당하고, 잡아먹히는 것에 대해 불평하는 내용이 나온다.³ 그리고 또 다른 판본은 "격노, 급습, 잔혹, 오만, 완력"에 대해 말한다.⁴ 하지만 이 판본들은 이런 행위를 우주적 드라마와 관련짓지도 않으며, 황소가 불만을 토로하기 위해 천상으로 올라가게 하지도 않는다.⁵

물론『분다히쉰』의 다른 장들에 나오는 창조 이야기에도 모두 원초적 황소가 죽은 후에 천상으로 올라갔다고 되어 있다. 하지만 여기서 조차도 중요한 몇몇 차이에 주목할 필요가 있다.⁶ 우선, 거기에는 탄식에 대한 언급이 없다. 다음으로, 거기서는 여행을 하는 주인공이 황소의 영혼이 아니라 그 몸(*tan*)이며, 또는 다른 대부분의 판본에 따르면, 그 몸의 중요한 일부, 특히 정액(*šusar* 또는 *tōhmag*)이다. 이 이야기에 따르면, 오흐르마즈드가 황소의 몸의 이 정수를 구해주었으며, 그것을 잘 지켜주려고 달에다 두었다고 되어 있다. 그리하여 그것은 "이로운 가축"(*gō-spand*)이라 불리는 착하고 부지런한 동물들을 창조하는 데 사용된다. 세 번째로, 황소는 천상의 여러 영역을 지나는 것이 아니라, 달에, 오직 달까지만 간다.

이 이야기는 사실 오흐르마즈드가 최초의 여섯 존재들을 창조하는 데서 시작되는 좀 더 광대한 이야기의 일부다. 그 존재들이란, 창조 순서대로 보면, 곧 하늘, 물, 땅, 식물, 원초적 황소 그리고 원초적 인간으로, 이들 각각은 창조된 순서에 따라 아흐리만의 공격을 받는다. 대부분의 자료는 이 공격이 불순과 타락을 초래했다고 묘사한다. 본래 순수하고 온전했던 이 존재들이 악으로 오염되었으며, 따라서 예를 들어 세상의 물 중 일부가 짠물이 되고, 땅의 일부가 산과 사막이 되었다는 것이다.⁷ 그런데『대분다히쉰』7장은 내용이 좀 다르다. 텍스트를 살펴보자.

경전에는 이렇게 씌어 있다. 아흐리만이 달려들었을 때, 그의 공격은 단 일 년도, 한 달도, 하루도 채 걸리지 않았다. 그가 하도 빨랐기 때문이다. 먼저 그는 이 땅의 삼분의 일에 달려들었고, 이어서 다른 삼분의 일에, 그리고 다시 나머지 삼분의 일에 달려들었다. 그러고 나서 그는 오흐르마즈드가 창조한 식물들에게 달려들었다. 그는 식물들의 줄기를 움켜쥐어 별들에게 가져다주었다. 별들이 세상을 비추는 빛은 바로 이 식물들의 빛이다.

[아베스타가] 말하듯이, "별들 중에는 본질적으로 물의 속성을 지닌 별, 본질적으로 땅의 속성을 지닌 별, 본질적으로 식물의 속성을 지닌 별이 있다." 본질적으로 물의 속성을 지닌 별[또는 물의 씨앗을 지닌 별]은 티슈타르Tištar[시리우스성], 타라하그Tarahag, 파데와르Padēwar, 페슈파르웨즈Pēšparwēz, 그리고 파르웨즈Parwēz[플레이아데스 성좌]라 불리는 여섯 개의 별이다. 이들은 물의 별들이다. 본질적으로 땅의 속성을 지닌 별[또는 땅의 씨앗을 지닌 별]은 북두칠성과 북극성이다. 이들은 땅의 별들이다. 나머지 다른 별들은 본질상 식물 같은[또는 식물의 씨앗을 지닌] 별들이다.

다음으로 아흐리만은 황소에게 갔다. 황소는 남쪽을 향해 오른쪽으로 누워 자고 있었다. 가장 먼저 그 오른쪽 다리가 붙들렸다.

지혜의 주가 황소의 몸과 형상을 구해냈다. 그는 황소를 달에게 맡겼는데, 이는 달이 세상을 되비추는 광명이기 때문이다.

[아베스타가] 말하듯이, "달은 가축의 씨앗이다."[māhāi gōspand tōhmag] 다시 말해 소들과 가축의 형상은 달 영역에 있다.

다음으로 아흐리만은 가요마르드[원초적 인간]에게 갔다. 가요마르드는 남쪽을 향해 왼쪽으로 누워 자고 있었다. 이번에도 역시 가장 먼저 그의 왼쪽 다리가 붙들렸다.

지혜의 주가 그의 몸을 구해냈다. 그는 그것을 해에게 맡겼는데, 이는 해의 빛이 세상을 비추기 때문이다. 황소가 달처럼 된 것과

같이, 가요마르드는 해처럼 되었다.[8]

이 상세한 묘사는 얼핏 혼란스러워 보이지만, 사실 그것은 틀이 꽤 잘 짜여 있다. 예를 들어 우리는 이 텍스트에서 최초의 존재들이 창조된 순서와 천상적 영역들 또는 "장소들"(pāyag)의 수직적 질서 사이에 일정한 상응 관계, 즉 그림 10.1에서 볼 수 있는 것처럼 아흐리만에게 공격당한 후에는 먼저 창조된 존재들일수록 그 몸이 더 낮은 영역에 속하게 된다는 원칙에 따른 관계를 확립하려는 야심찬 시도를 읽어낼 수 있다.

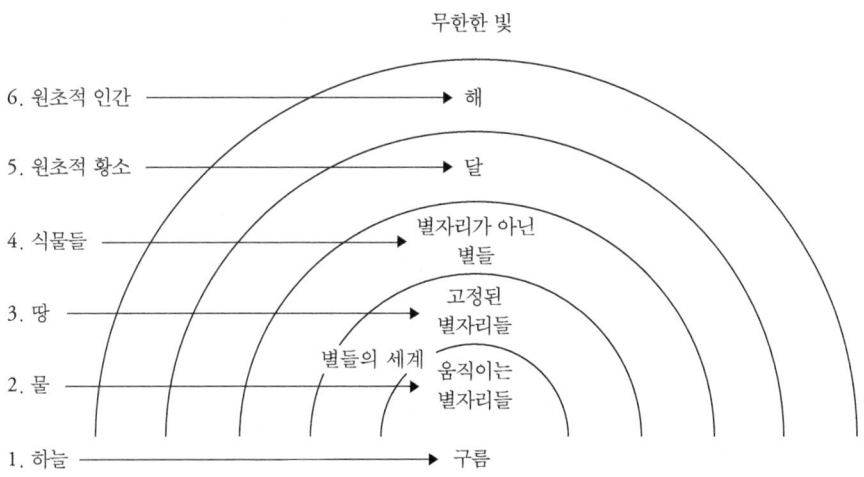

그림 10.1 『대분다히쉰』에 나타난 최초의 여섯 피조물과 천상의 차원들 간의 상호 관계.

이 체계에서(이에 대한 상세한 묘사는 『분다히쉰』의 다른 장들에도 나온다), 가장 높은 "무한한 빛"의 영역은 창조주 고유의 영역이다. 그리고 그 아래 영역들은 창조주의 창조 순서에 따라 나뉘어 있다.[9] 가장 늦게 창조되었기에 가장 가치 있는 피조물인 원초적 인간은 이 영역들 중에서 가장 높은 해의 영역에 귀속되고, 그의 동반자인(다섯 번째로 창조된) 황소는 그다음으로 높은 달의 영역에 귀속된다. 황소 바로 직전에 창조된 식물들은 달 아래 있는 별들의 영역에 귀속된다. 그런데 그 위의 영역들과 달리, 별들의 영역은 다시 세 개의 하위 영역으로 나뉜다. 그중에서 가장 높은 곳은 별자리를 이루지 않는 별들의 영역이다. 그다음은 고정된 별들의 영역이다. 일 년 내내 볼 수 있고 따라서 결속 및 안정성과 연관되는 북두칠성과 북극성이 여기에 속한다. (세 번째로 창조된) 땅이 자리 잡는 곳도 여기다. 가장 낮은 곳은 움직이는 별자리들의 영역으로 — 이 별들은 동쪽으로 뻗은 황도 위에 위치하며 — 우기가 시작될 때 모습을 드러낸다. 물이 바로 여기에 놓여진다. 그리고 마지막으로 가장 먼저 창조된 하늘은 가장 낮은 데 있는 구름의 영역에 귀속된다.

이 체계 — 대부분이 아베스타에서도 확증되고 있다 — 에서 우리는 원초적 황소가 죽어서 천상으로 올라가는 전승에 대한 최상의 증거를 볼 수 있다.[10] 그러나 여기서 황소는 달이라는 고정된 특정 영역에 귀속된다.[11] 더욱이 그 영역은 황소와 다른 피조물들 간의 관계를 보여준다. 황소는 그보다 먼저 창조된 네 가지 존재(구름이나 별들과 관련되는 하늘, 물, 땅, 식물들)보다는 높지만, 유일하게 해의 차원에 속하는 원초적 인간보다는 현저하게 낮다. 이와 같이 우주의 공간적 질서와 우주 창생의 시간적 질서는 서로 상응 관계를 이룬다. 게다가 그 질서들은 각각의 존재가 자기보다 먼저 창조되어 그 아래에 있게 된 존재들을 능가함과 동시에 그들에게 의존하고, 또 자기보다 늦게 창조되어 그 위에 있게 된 존재들에게 종속됨과 동시에 그들에게 착취당하는 방식으로 위계가 설정되게끔 조직화된다. 예를 들어 식물은 땅, 물, 하늘을 능가함과 동시에 이들에게 의존하고, 또 소는 식물, 땅, 물, 하늘을 능가함과 동시에 이들에게 의존한다.

이 체계에서 인간은 오흐르마즈드가 지은 최고의 피조물이 되며, 따라서 최상의 위치인 해의 영역을 허락받는다. 그리고 다른 모든 피조물은 그 아래 놓인다. 이런 식으로 이 체계는 모든 피조물에 대한 인간의 지배와 착취를 자연화하고 정당화한다. 여기에는 또한 먹이사슬 관념도 내포되어 있다(표 10.1). 식물은 물을 먹고, 소들은 식물도 먹고 물도 먹으며, 인간은 소와 식물 그리고 물을 모두 먹는다. 그리고 먹는 쪽은 자기보다 낮은 먹히는 쪽을 파괴하고도 아무런 탈이 없다―없어 보인다.

표 10.1 조로아스터교의 최초의 피조물들 사이에서 먹는 쪽과 먹히는 쪽의 관계

먹는 쪽	먹히는 쪽				
	인간	소	식물	땅	물
인간	-	+	+	+	+
소	-	-	+	+	+
식물	-	-	-	+	+
땅	-	-	-	-	+
물	-	-	-	-	-

그런데 이 체계에는 반론이 제기될 수 있는 틈새가 있다. 예를 들어 인간과 동물 사이의 관계는 동물과 식물 사이의 관계와 완전히 똑같지는 않다. 소가 식물을 해칠 때, 이는 지각을 지닌 존재가 지각이 없는 존재를 침해하는 것이다. 반면에 사람들이 소를 해칠 때, 이는

지각을 지닌 존재가 지각을 지닌 또 다른 존재를 침해하는 것이다. 황소의 탄식에 관한 또 다른 판본에서, 황소는 이렇게 탄원한다. "저를 창조하셔야만 한다면, 적어도 저를 생명력이 없게 만들어서, 고통을 느끼지 못하게 해주십시오."[12] 또한 소는 의식과 지각만 가진 것이 아니라, 움직일 수도 있고, 무엇보다도 목소리를 갖고 있다.

이제 우리는 중요한 한 가지 문제를 제기하기에—또한 대답하기에—충분한 정보를 모았다. 조로아스터교의 우주론에서 원초적 황소는 달의 영역에 귀속되기 마련인데, 우리가 맨 처음에 보았던 「황소의 탄식」 판본에서는 왜 황소-영혼이 달의 영역을 넘어 해의 영역까지 올라가는 걸까? 황소-영혼이 제자리를 벗어난 게 아닐까? 맞는 사실이다. 그리고 나는 이것이 바로 중요한 점이라고 생각한다. 이제 우리가 알게 되었듯이, 이 체계—그것은 우주론적인 만큼이나 이데올로기적이기도 하다—는 가장 높은 영역을 인간에게 할당하는 방식으로 조직되어 있다. 그 체계 안에서 인간은 황소를 비롯한 다른 모든 피조물보다 우월하다고 간주되며, 그 결과 인간은 자신의 이익을 위해 다른 피조물들을 희생시키는 행동을 할 수도 있다. 즉 인간은 다른 피조물들을 먹고 살며, 이로써 모든 피조물의 죽음 및 지각을 지닌 뭇 존재의 고통을 야기한다.

그렇기에 황소가 입을 열어, 폭력을 조장하는 위계 체계의 실질적 결과를 비난하는 것이다. 황소는 먼저 창조된 피조물일수록 더 낮다고 규정하는 체계 아래서 고통당하는 모든 피조물을 대신해 외치고 있는 것이다. 지혜로운 주이자 창조주인 오흐르마즈드에게 직접 말함으로써 황소는 '더 높은' 존재들을 비난하면서 이 '더 낮은' 존재들의 안전과 보호를 요청한다. "땅이 흔들리고, 식물이 말라버리고, 물이 신음하는 이때에, 만물을 영도할 자는 누구이옵니까? 당신께서 '내가 그를 창조해 그로 하여금 보호를 선포하게 하겠다.'고 하셨던 그 사람은 어디 있나이까?"(강조 추가)¹³ 결국 황소는 다른 종류의 인간을 소리 높여 요청하고 있는 것이다. 피조물들을 파괴하지 않고 보호하는 인간, 피조물들을 지배하거나 착취하기보다는 돌볼 책임이 자기에게 주어졌음을 아는 인간을 말이다. 더욱이 황소는 해의 영역에 들어섬으로써(이는 흔히 인간의 영역으로 간주되는 곳이다) 이 체계를 조직하는 원칙을 위반한다. 결국 황소는 그의 적인 인간들이 우주 자체에 새겨져 있다고 주장하는 위계질서에 맞서 외치고 있을 뿐 아니라, 그 위계질서와 적극적으로 경쟁하고 있는 것이다.

II

얼마 전에 나는 데이비드 시크David Sick의 연구를 접할 기회가 있었다. 그는 「황소의 탄식」에 나타난 주제를 『오뒤세이아』에서 오뒤세우스의 부하들이—모양새만 희생 제의를 지낸다 하면서 아주 난폭하게—헬리오스의 소들을 포획하고, 죽이고, 도살하고, 잡아먹었다가 이 때문에 신들의 노여움을 사는 장면과 비교했다.¹⁴ 시크의 분석은 두 전승에서 해가 차지하는 역할에 초점을 맞춘다. 그런데 시크가 논의하지는 않았지만, 호메로스의 텍스트에는 상세한 묘사가 담겨 있다. 바로 소들이 죽음을 당한 뒤의 일을 묘사하는 부분으로, 나는 이를 짚어볼만한 가치가 있다고 생각한다.

    그러자 신들은 지체 없이 그들에게 전조를 보여주셨소.
    소가죽들이 땅 위를 기어 다니는가 하면, 꼬챙이에 꿰인 고깃덩
      이들이—
    구워진 것과 날것이—음매 하고 울었소[memukei].
    소가 우는 소리를 내듯이 말이오.¹⁵

이란 텍스트에서와 마찬가지로, 여기서도 우리는 인간의 손에 난폭하게 죽음을 당한 소들의 울부짖는 목소리를 듣는다. 위 인용문에서, 나는 무카오마이mūkāomai라는 동사를 좀 익살스럽게 번역했다. 이는 아티카 지방 그리스어에서의 그 어원과 용법을 살리기 위한 것이다. 이에 따르면 이 동사는 '소가 울부짖다, 음매 하고 울다, 음매 하다'라는 뜻이다.¹⁶ 그러나 호메로스의 서사시들 전반에서 이 단어가 어떻게 쓰였는지를 감안하면, 나의 번역이 좀 더 정확할 수도 있다. 위에서 인용한 구절 외에도, 이 단어는 일곱 번 더 등장한다. 그중 네 번은 무생물들이 동사의 주어다. 그런데 여기서조차 무카오마이는 폭력적 행동에 대한 반응에서 나오는 소리로 묘사된다. 예를 들어 이 단어는 가장 강한 방패가 가장 강한 창에 찔려서 쪼개졌을 때 한 번—『일리아스』의 모든 전투 장면을 통틀어 딱 한 번—쓰인다. 방패는 헤파이스토스가 아킬레우스를 위해 만들어준 것이고, 창은 아이네이아스를 위해 만들어준 것으로, 창이 하도 강하게 찔렀기에, 아킬레우스는 그것이 갑옷을 쉽게 뚫고 들어올 것이라 생각하며 두려움에 떨었다. 방패가 이를 막기는 했지만, "방패는 창의 뾰족한 끝 언저리에서 크게 신음했다[mega...mūke]."¹⁷

다른 곳을 보면, 아테나의 전차가 지나가도록 천상의 문들이 급히 요동치며 열리는 장면에서 돌쩌귀가 내는—날카로운 비명 소리 같은—소리를 묘사기 위해 이 동사가 두 번 사용된다.¹⁸ 또 다른 곳에서는, 헥토르가 그리스의 방어 성벽 앞에 서서 다른 어떤 인간도 움직이지 못할 정도로 무거운 커다란 돌을 들어 올리는 장면에서 이 동사가 사용된다.

그는 바싹 다가가서, 던지는 힘이 약해지지 않도록 두 다리를 넓게 벌린 채 버티고 서서 한가운데를 향해 던졌소.

양쪽 돌쩌귀가 부서지고, 돌덩이가 무겁게 떨어지자,
문들이 크게 신음했으며〔*mega...mūkon*〕, 빗장들도
버티지 못했고, 문짝들도 날아오는 돌덩이의 힘에 박살나
사방으로 흩어졌소.[19]

무카오마이가 사용된 다른 세 번의 경우에서는, 생물들이 이 동사의 주어다. 그중의 하나는 황소다. 자신을 공격하는 포식자들로부터 구해달라고 도움을 구하지만 아무런 소용이 없자, 황소는 삶과 죽음을 가르는 극심한 고통 속에서 울부짖는다.

무시무시한 사자 두 마리가 소떼에게 덤벼들어
크게 울부짖는 황소 한 마리를 붙잡았고, 황소는 ―크게 신음하
　면서〔*makra memūkōs*〕―
끌려갔소. 개들과 젊은이들이 황소를 뒤쫓았소.
사자들은 황소의 가죽을 찢고는 내장과
검은 피를 삼키고 있었소. 한편 목동들은 그들의 날랜 개들을
부추겨 덤벼들게 해보았으나 아무런 소용이 없었소.
개들은 감히 사자들을 물지 못하고
가까이 다가가 짖다가는 도로 물러서곤 했소.[20]

마지막으로 이 동사는 다른 존재들과 관련해서 두 번 사용되는데, 그들의 괴로워하는 목소리는 명백하게 소의 목소리에 견주어진다. 예를 들어 오뒤세우스의 부하들은 돼지에서 다시 사람으로 돌아온 뒤 오뒤세우스를 다시 만나자마자 흐느끼는데, 이때 ―그들이 동물로 변했을 때 어떤 고통을 당했고, 그 상태에서 해방된 것이 얼마나 다행인지를 회상하면서― 그들은 마치 어미와 너무 오래 떨어져 있

던 송아지처럼 **무카오마이**했다고 되어 있다.[21] 마찬가지로 강의 신 스카만데르도 아킬레우스가 저지른 학살에 대해 다음과 같은 반응을 보인다.

> 그러자 강물이 솟구치며 그에게 덤벼들었소.
> 강은 모든 물줄기를 치솟게 하여 아킬레우스의 손에
> 죽어 무더기로 쌓여 있던 시신들을 밀어냈소.
> 강은 황소처럼 울부짖으며〔memūkōs eute tauros〕 시신들을 뭍으로 내던졌고
> 아직 살아 있는 자들은 깊고 큰 소용돌이들로 감싸서
> 자신의 아름다운 물줄기들 아래에 안전하게 감추었소.[22]

방금 든 세 가지 사례에서 공통적인 점은 신들이나 사람들이 **무카오마이**할 때, 그들이 인간의 말이나 경험을 넘어서는 고통을 표현하기 위해 그리 명확하지 않은 목소리를 사용한다는 식의 생각이다. 실제로 그들은 동물처럼 말한다. 고통당하거나 도살당하기 직전의 동물처럼 말이다. 물론 사물들도 **무카오마이**할 수 있다. 그러나 이는 단지 사물들이 중압감을 느낄 때—즉 사물들이 신들이나 인간들이나 소들처럼 자신에게 가해지는 극도의 폭력적 행위에 반응할 때뿐이다. 때로 그들은 살아남는데, 오뒤세우스의 부하들과 아킬레우스의 방패가 그 경우다. 하지만 꼬챙이에 꿰인 고깃덩이나, 사자들에게 쫓기던 황소나, 그리스 성벽의 문들과 같이, 그들은 자신을 파괴해오는 행위들에 맞서 저항의 목소리를 외치기도 한다.

III

요안 쿨리아누와 내가 잘 알고 지내고—우리는 1970년대 중반에 잠시 동안 같이 공부할 기회가 있었다—1980년대 즈음까지 소식을 주고받던 시절에, 나는 「황소의 탄식」이라는 이란 텍스트와 헬리오스의 소에 관한 호메로스의 설명이 기원 면에서 서로 관계가 있다고 주장하고, 이들이 모종의 '원-인도-유럽적' 뿌리에서 공통적으로 파생되었다고 간주하고픈 유혹을 느끼곤 했다.[23] 하지만 최근에는 관심사가 달라져서, 원신화나 원문명 따위를 재구축하려는 시도는 더 이상 딱히 흥미롭거나 가치 있는 일로 여기지 않게 되었다.[24]

이제 나는 이 신화 자료들 사이에 어떤 역사적 관련이 있건 없건, 이 자료들이 공통된 한 가지 주제에 관해 말하는 그 강력한 방식에 비하면 역사적 관련 같은 것은 별로 중요하지 않다고 생각하게 되었다. 그 공통된 주제란 바로 이 이야기들을 말하고 들은 사람들이 공유하고 있던 사회 현실에 뿌리박고 있는 문제다. 또한 그 문제는 그리스와 이란에 살았던 옛날 사람들에게만 국한되지도 않는다. 사실 그 문제는 다른 많은 사회에서도 공통적이기 때문에, 그것을 아는 사람들은 이 이야기들을 민감하게 이해하면서 들을 수 있다. 이 이야기들이 지속적인 관심을 끌고 변치 않는 호소력을 지니는 것은 바로 이 때문이다.

내가 말하고 있는 문제란, 아주 분명하게 말해서, 바로 폭력의 문제다. 피조물들 중에 좀 더 약하고, 온화하며, 평화로운 존재들에게 가해지는 폭력, 때로 치명적이기까지 한 폭력 말이다. 동물들에 대한 인간의 폭력, 자신이 우월하다고 생각하는 자들이 자신보다 열등하다고 규정하는 데 성공한 이들에게 가하는 폭력 말이다. 이 신화들이 말해주는 바와 같이, 이러한 폭력은 실제적이며, 고통 속에서 저항하며 부르짖는 희생물들의 반응도 똑같이 실제적이다. 그들은 자신들의 고유한 자리에서 외치고, 또 흔히 압제자들의 몫으로 떼어놓았던 자리에서도 외친다. 천상의 영혼들처럼(「황소의 탄식」), 땅 위의 죽은 고깃덩이처럼(헬리오스의 소), 또 그저 우리가 알았던 이들에 대한 기억들처럼, 그들은 사건이 벌어지기 전부터, 벌어지는 동안, 그리고 벌어진 후까지도 외친다. 그렇기에 우리에게는 이 목소리들에 귀 기울이고 관심을 가질 의무가 있다. 나아가 우리는 그들의 목소리에 우리의 목소리를 더하여 그들과 함께 탄식과 저항의 목소리를 외쳐야만 한다.

11장
산스크리트 학자와 존스 경

I

윌리엄 존스 경은 1783년에 인도에 도착한 후에 세 가지 일에 전념했다. 곧 그의 직업인 벵골 대법원 판사직을 수행하는 일, 야심찬 연구 프로그램을 추진하는 일(이에 대해서는 4장에서 다루었다), 그리고 영국으로 돌아가 편안한 노후를 보내는 데 필요한 만큼의 돈을 모으는 일이었다. 그는 이내 여기에 한 가지 일을 더 추가했다. 왕립아시아학회The Royal Asiatic Society를 설립하고 그 회장직을 맡은 것이다. 하지만 당대 최고의 동양학자라는 위상에도 불구하고, 그는 산스크리트어를 배우는 일에는 별 관심이 없었다. 그는 자기가 페르시아어, 아랍어, 히브리어를 비롯한 20여 개의 언어를 알고 있는 것만으로 충분하다고 생각했다. 그는 산스크리트어에 관해서는 다른 사람들에게 맡겨둘 작정이었다.[1]

하지만 존스는 판사 활동을 하면서 겪은 어려움 때문에 금세 생각을 바꾸게 되었다. 다른 대부분의 판사들이 그랬듯이, 그에게도 증인의 신빙성이 걱정거리였다. 하지만 그는 인도 땅에서 자신이 이 끝없는 난제를 해결할 수 있기를 원했다. 이에 그는 산스크리트 문헌을 연구하던 동료들에게 편지를 써서 그들이나 그 스승들이 혹시 인도인 증인에게 속죄할 길 없는 죄에 대한 벌을 내세워 진실한 증언을 하게 만들 수 있는 맹세를 알고 있는지 물어보았다.² 짐작컨대 그는 아마도 자신의 법정에서 일하던 인도인 산스크리트 학자들에게 이런 질문을 던졌던 것 같다. 그리고 그들은 인도인이 연루된 민사사건을 인도 고유의 원칙에 따라 해결하도록 한 영국의 정책에 따라 다르마dharma*와 다르마샤스트라Dharmaśāstra*에 의거해서 존스의 질문에 대해 조언을 해주었을 것이다. 하지만 불행하게도 존스는 그들까지도 불신했다. 그는 한 편지에서 이렇게 적고 있다. "인도인 산스크리트 학자들에게서는 순전한 정직성을 좀처럼 찾아보기 힘듭니다. 당파들이 그들과 접촉할 수 있기 때문에, 그들 중 잘못된 편향에 빠지지 않은 견해를 제시하는 이는 거의 없지요. 그래서 저는 언제나 그들에게 원전 텍스트를 함께 제출하게 해서, 그들이 자기네 책을 제대로 따랐는지 확인하고는 한답니다."³

사람들이 틀릴 수도 있다는 것이 문제라면, 텍스트가 해결책을 제공해줄 것이라고 존스는 생각했다. 그가 속한 문화가 추구하던 가치와 그의 직업이 그로 하여금 텍스트야말로 법적 행동의 유일하게 안정적이고 공평무사한 토대라고 (잘못) 생각하게 만들었기 때문이다. 그렇기에 그는 법정에서 일하는 브라만 계급 조언자들을 불한당으로 보았으며, "그들은 힌두 법을 제멋대로 다루고, 기존의 법에서 해답을 찾지 못하면 대개 자기들 맘대로 온갖 법을 만들어"낸다고 여겼다.⁴ 우리는 산스크리트 학자가 영국 법정의 이익을 거슬러 안이한 자세로 재판에 임하거나 자기 동포를 변호하는 광경을 충분히 상상해볼 수 있다. 분명 이는 존스가 불신을 갖게 되는 데 일정한 역할을 했다. 하지만 그것은 원인적이기보다는 촉매적인 역할이었다. 존스의 불신은 개인적 성향이나 그가 처한 직접적인 환경 때문에 생긴 것은 아니었다. 그것은 문자를 중시하는 사회가 구술 행위에 근거한 사회를 바라볼 때 갖는 좀 더 철저하고 근본적인 불신이었다. 이런 시각은 구술에 근거한 사회에서 특권적 행위자란 텍스트가 아니라 전승 전달자와 주석가로서의 인간이라는 점과, 그가 기억을 통해 법에 관한 전승을 전달하고, 각각의 새로운 상황이 지닌 복잡성에 대해 말해주는 부분을 선택하고 해석한다는 점을 이해하지 못한다.

하지만 존스는 텍스트를 원했다. 다른 사람의 개입 없이 자기가 직접 참조할 수 있는 텍스트를 말이다. 그는 한숨 섞인 말로 이렇게 편지를 끝맺는다. "브라만 계급 변호사들의 악랄함 때문에 저는 산스크리트어를 직접 배워야겠다는 생각을 하게 되었습니다."[5] 1785년 3월, 그는 인도의 가장 권위 있는 법률 문헌인 『마누법전』의 사본 하나를 입수했다. 하지만 그가 접촉한 브라만들이 그에게 자신들의 신성한 언어를 가르쳐주려 하지 않았기 때문에, 스승을 구하기까지는 여러 달이 걸렸다.[6] 마침내 그해 9월, 그는 나디아대학(Nabadvipa)에서 "의사 계급의 친절한 노인"—산스크리트 학자 라말로카나Rāmalocana—을 만났다. "그는 저에게 자기가 아는 문법을 모두 가르쳐주었습니다."[7]

라말로카나에게 열심히 배운 존스는 산스크리트어에 능통해져서 다양한 장르의 텍스트를 읽고, 힌두 철학과 신화도 논할 수 있게 되었다. 그는 점차 이 나이 많은 스승과 나디아대학 동료들에게 존경을 받게 되었는데, 그들은 (아첨으로? 진담 반 농담 반으로?) 이 영국인 판사를 산스크리트 학자로 추켜세웠고, 그를 "브라만 계급에 버금가는 힌두 전사 계급의 일원"으로 받아들였다.[8] 두 해가 막 지났을 때,

존스는 이제 산스크리트어도 할 줄 알고, 서사시와 푸라나* 텍스트도 잘 알게 되었으니, 자기가 인도의 과거를 좀 더 정확하게 재구성할 수 있을 것이라고 여기게 되었다.

II

1788년에 왕립아시아학회에서 발표한 「힌두인의 연대기에 관하여 On the Chronology of the Hindus」라는 글에서, 존스는 이 과제를 수행했다. 이 글에는 글쓴이의 대담성과 천재성 그리고 심각한 모순이 드러나 있다.9 존스는 힌두 텍스트들이 많은 고대 전승을 고스란히 보존하고 있지만, 그 시대를 잘못 파악하고 있다고 생각했다. 진실과 공상이 그토록 자유자재로 뒤섞여 있는 텍스트들을 접하면서, 그는 스스로 과학과 이성의 도구가 되기를 자처했다. 그렇게만 된다면 박식하지만 고집스럽고, 심지어 부정직하기까지 한 증인에게서도 얼마든지 신빙성 있는 증언을 이끌어낼 수 있으리라고 여겼던 것이다. 첫 번째 문장에서―이는 한 개의 문장으로 되어 있으며, 단어 수가 무려 111개나 된다. 또 계몽주의가 가장 선호하던 흔해 빠진 온갖 상투적 표현이 담겨 있다―존스는 자신의 이러한 목적을 거창하게 선언한다.

힌두인들의 고대가 찬란하다는 사실은 힌두인들 자신이 굳게 믿고 있는 바이고, 유럽인들 사이에서도 아주 많이 논의된 주제였지만, 이는 힌두인의 연대기 체계를 잘 몰라서 그런 것으로, 그 체계는 권위 있는 그 누구에 의해서도 아직 밝혀진 바가 없으며, 기존의 견해에 치우치지 않고 또 자신의 탐구가 가져올지도 모를 결과에 아랑곳하지 않으면서 진실을 알고자 하는 사람들만이 알아낼 수 있는 것인 바, 실로 진실의 결과는 바람직하지 않을 수 없으며,

합리적인 사람이라면 그 누구도 진실의 빛이 퍼진다고 해서 사회에 어떤 해가 되리라고 여기지는 않을 것이기에, 우리는 거짓된 광채에 스스로 현혹되어서는 안 되며, 수수께끼와 알레고리를 역사적 진실로 오해해서도 안 된다.[10]

일단 고상한 원칙을 확립한 후에, 그는 (여전히 장황한) 두 번째 문장에서 방금 말한 과제와 그리 썩 잘 어울리지 않는 또 다른 과제를 제기한다.

나는 아무런 체계에도 기대지 않고, 기존에 믿어오던, 모세가 쓴 역사가 잘못된 것임이 드러난다면 이를 최대한 거부할 것이며, 의심할 나위 없는 증거에 근거한 건전한 추론이 확증해준다면, 여러분 앞에 **산스크리트** 책에서 뽑아내고 **산스크리트 학자**와의 대화를 통해 수집한 인도 연대기에 관한 간략한 설명을 제시하려 하는 바, 답을 확정하지 않은 채, "그것은 과연 우리 자신의 연대기와 다른가? 아니면 그 시인들의 공상과 그 점술가들의 수수께끼로 미화되고 모호해지지는 않았는가?" 하는 물음에서 감히 시작해보려 한다.[11]

물론 "우리 자신의" 연대기란 히브리성서의 연대기, 좀 더 정확히 말하면 천지창조가 기원전 4004년에 이루어졌다고 보던 당시 성서 주석학의 연대기*이다.[12] 이렇게 해서 이제 게임이 시작되었다. 합리적인 학자이자 공정한 판사였던 존스가, 아시아에 열광해서 산스크리트 학자가 되어가던 존스가, 푸라나들의 연대기와 성서의 연대기를 끼워 맞추고, 이들이 모두 똑같이 참된 역사적 이야기를 말해준다는 생각을 굳혀가기 시작한 바로 그때, 결과의 성격이 미리 정해져 있기에 경기가 아주 이상해져버리는 그런 게임이 시작된 것이다.

그는 별개의 두 국면에서 이 과제를 수행했다. 첫 번째 국면에서는 태초의 일들에 관한 서사들을 다루는데, 여기서 존스는 자신의 문헌학적 기술을 활용하는 한편, 혹시 제기될지도 모를 비판을 무마하기 위해 부정직하리만치 겸손을 떤다. 그는 겸손하게 이렇게 말한다. "나는 물음을 제기하기는 하지만, 아무것도 확정하지는 않을 것이며, 다른 이들도 얼마든지 나름의 견해를 제시할 수 있을 것이다." 이어서 그는 아담은 브라마 신의 아들인 마누와 동일 인물이며, 아담의 이름은 '첫째'를 뜻하는 산스크리트어 아딤adi-m에서 유래했다는 견해를 제시한다.[13] 그는 쉬지도 않고 바로 이어서, 해의 아들이자 대홍수의 생존자인 두 번째 마누를 노아와 관련지으면서, 이 두 번째 마누의 이름은 ('족장의 진정한 이름'을 뜻하는) 히브리어 누Nuh에서 유래했다고 주장한다.[14] 똑같이 억지스럽고 모양만 그럴듯한 논증을 토대로, 또 똑같이 부정직하게 겸손을 떨면서, 그는 라마Rāma와 나라싱하Narasiṃha를 각각 구스의 두 아들인 라마Ramah 및 니므롯Nimrod과 관련짓는다(「창세기」 10:7-9).[15]

일단 여기까지 진행한 후에, 존스는 논증의 두 번째 국면으로 옮겨 간다. 그는 푸라나들에서 추출한 왕들의 자세한 명단을 분석한다. 여기서 그의 과제는 인물들을 등치시키는 것이 아니라, 지나치게 긴 통치 연대를 압축해서 그가 자신의 논증에 적합하고 유용하다고 여기던 연대에 들어맞게 하는 일이었다. 그는 인도인들이 말하는 세계의 역사에서 현재 세상에 앞선 세 번의 유가Yuga*에 대한 설명이 "대개 신화적"이라는 이유로 이를 치워버리고는, 네 번째 유가에 속하는 왕들의 연대를 과감하게 수정한다. 이를 통해 그는 인도 제국이 성립된 것은 기원전 2000년 즈음이라는 견해를 제시한다.[16] 그리고 마누/아담이 창조된 것은 이보다 약 2000년 전의 일로 여겨지기 때문에, 이

제 힌두 연대기는 공인된 성서 연대기와 거의 정확히 일치하게 된다.[17] 이제 다 됐다! 윌리엄 경과 그 동료들의 눈에는 이것이 박식함과 독창성 그리고 대담성을 통해 힘겹게 얻은 승리로 보였다. 과학, 종교, 인류의 일치성, 그리고 무엇보다 성서와 『마누법전』의 권위가 그 승리의 내정된 수혜자였다.

III

그런데 존스의 글에는 존스 자신이나 서구의 독자들이 그 중요성을 알아채지 못한 구절이 하나 있다. 존스의 작업이 행해지게 된 전반적인 콘텍스트는, 비바스바트의 아들이자 대홍수의 생존자이고, 또 존스가 노아와 동일시했던 두 번째 마누의 후손인—해 혈통과 달 혈통이라 불리는—두 왕족의 혈통을 추적해서 그 연대를 밝히려는 시도다.

달 혈통에서 우리는 힌두 연대 체계를 신뢰하지 못하게 만드는 똑같이 치명적인 또 하나의 모순을 보게 된다. 달의 자손들 전부가 장자는 아니었다는 점만 제외하면, 해 혈통과 달 혈통의 연대적 일치는 그런대로 규칙적인데, 이는 어디까지나 마누의 스물두 번째 후손 때까지일 뿐이다. 왜냐하면 야야티 왕이 다섯 아들 중 막내에게 인도를 물려주고, 자기를 화나게 한 다른 네 아들에게는 이보다 못한 왕국들을 물려주었기 때문이다. 남쪽의 일부는 크리슈나의 조상인 야두에게 돌아갔고, 북쪽은 아누에게, 동쪽은 드루히유에게 돌아갔다. 그리고 서쪽은, 우리 민족을 칭송하는 인도인 산스크리트 학자들이 우리의 조상이라고 믿거나 믿는 척하는 투르바수에게 돌아갔다. 하지만 그들은 달 혈통의 이후 계보에 대해 아는 바가 거의 없기 때문에, 바라타와 그의 아들이자 계승자라 불리는 비타타 사이의 아주 긴 간극에 대해 아무런 설명도 제시하지 못한다. 그래서 그들은 부득불 유디슈티라의 이 위대한 조상이 실제로 2만 7,000년 동안 통치했다고 주장할 수밖에 없는 것이다.[18]

글 전체를 통틀어, 존스는 2만 7,000년을 통치했다는 바라타 같은 인물을 "터무니없다"며 치워버린다. 그는 약간 신이 난 정도를 넘어서 떵떵거리며 이런 판단을 공표한다.[19] 그러나 이 구절에는 옆으로 새고 또 새는 부분이 있다. 거기서는 나지막하고 훨씬 더 미묘하게 말하는 다른 목소리들이 들린다. 그 목소리들은 간결하지만 조밀하게 코드화된 신화적 암시를 제공하는데, 이는 그냥 지나치기에는 아주 흥미로운 부분이다.

존스의 텍스트에서 옆으로 새는 첫 번째 경우는 그가 합법적인 왕권 계승의 변칙에 주목하기 위해 연대기를 구축하던 노력을 중단하는 부분이다. 존스와 그의 독자는 영국에서와 마찬가지로(또한 아마도 생각이 똑바로 박힌 모든 나라에서와 마찬가지로) 인도에서도 왕권은 장자 승계가 정상적인 법칙이고, 따라서 왕좌는 맏아들이 물려받는 게 당연한 일이라고 여기고 있었다. 하지만 인도의 전승을 보면, 달 왕가에는 잘 알려진 예외가 있다. 바로 야야티 왕의 경우다. 그는 다소 특이한 상황 때문에 자신의 나라를 다섯 아들 중 장남이 아닌 막내에게 물려주었다. 존스는 이 점을 그냥 지나치듯이 언급하고 마는데, 사실 이는 인도의 여러 문헌에서 거듭 장황하게 언급되곤 하는 이야기다. 그중에서도 가장 잘 알려져 있는 것은 『마하바라타 Māhabhārata』* 1.76-80에 나오는 이야기다.[20] 비슷한 종류의 이야기들 대부분과 마찬가지로, 이 이야기도 풍부하고 미묘하고 복잡하며, 여러 세대를 종횡무진 넘나드는 에피소드들과 함의들을 담고 있다.

이야기는 두 명의 젊은 여자가 서로 다투는 데서 시작된다. 한 사람은 사제이자 구루이고 또 아수라 신들의 주술사이기도 한 슈크라 카비야의 딸 데바야니이고, 다른 한 사람은 이 나라의 왕인 브르샤파르반의 딸 샤르미슈타이다. 다툼은 샤르미슈타가 어쩌다가 데바야니의 치마를 줍게 된 데서 시작되는데, 이들의 다툼은 처음에는 그리 심하지 않았다. 그런데 데바야니가 고집을 부리면서 다소 거만하게 자신의 신분이 더 높다고 주장한다. 그녀의 아버지는 브라만이지만, 샤르미슈타의 아버지는 그보다 못한 **크샤트리아**('전사') 카스트 사람이기 때문이라는 것이다. 그러자 샤르미슈타는 **크샤트리아**의 전형적인 특기를 살려 이를 되받아치면서, 대개 사제들이란—특히 데바야니의 아버지는—강력한 왕들의 하인일 뿐이라고 주장한다. 그러면서 샤르미슈타는 자신의 맞수인 데바야니를 마른 우물 속으로 밀어서 떨어뜨리고는 자리를 떠버린다. 이 고귀한 신분과 고매한 풍모의 여자는 말 그대로 비천한 위치로 깎아내려진 것이다.

바로 이때, 한 왕이 이야기에 끼어든다. 바로 달 혈통의 계승자로서 마누의 후손이자 나후샤의 아들인 야야티다. 서사시가 목하의 관심사에 따라 이야기 줄거리를 펼쳐가는 가운데, 야야티는 사냥을 마치고 돌아가던 길에 데바야니를 발견하고는 그녀를 우물에서 꺼내주고 떠난다. 화가 난 데바야니가 아버지에게 자기가 무슨 일을 당했는지 말하자, 슈크라 카비야는 자기 딸이 당한 일 때문에 속상해하며 화를 낸다. 그는 또한 자신의 신분이 높다고 하면서 조심스레 항변한다. 그는 누가 누구보다 더 우월하고, 누가 누구에게 의존하는지 증명해 보이기 위해 브르샤파르반 왕을 찾아간다. 거기서 그는 왕을 위해 제사를 지내고 주술을 행해주는 일을 그만두고, 나라를 떠나겠다고 엄포를 놓는다. 브르샤파르반은 이 파국을 모면하기 위해 슈크라

카비야에게 전 재산을 주겠다는 제안을 한다. 하지만 이 사제는 왕이 자신의 딸을 위해 무언가를 해주기 전에는 화를 풀지 않겠다고 말한다. 그러자 브르샤파르반은 이제 데바야니를 향해 그녀가 원하는 것은 무엇이든 들어주겠노라고 약속을 한다. 이에 그녀는—자기를 화나게 만든, 왕의 딸—샤르미슈타를 자신의 종으로 삼게 해달라고 요구한다. 브르샤파르반은 조금도 망설이지 않고 이에 수긍한다. 또 샤르미슈타도 자신의 새 여주인을 받아들인 후, 데바야니를 따라 그 남편의 집까지 따라가겠노라고 맹세를 한다.

여기서 잠시 멈춘 후, 야야티 이야기가 다시 이어진다. 사냥에서 돌아온 야야티는 우연히, 물론 이야기의 플롯이 정해놓은 대로, 데바야니와 샤르미슈타를 만나게 된다. 두 여인의 아름다움에 반한 그는 그들의 이름과 신분을 묻는다. 데바야니가 샤르미슈타는 왕의 딸이자 자신의 종이라고 말하자, 야야티는 그 까닭을 설명해달라고 한다. 하지만 데바야니는 그의 물음을 회피한 채 자신의 관심사에 대해서만 말한다. 야야티와 마찬가지로 그녀도 혹시 그와 혼인을 할 수 있지 않을까 하고 탐색하고 있었던 것이다. 이를 위해서 그녀는 야야티에게 신분이 어떻게 되느냐고 묻는다. 그의 차림새는 크샤트리아처럼 보이는데—그녀가 보기에—그 말투는 꼭 브라만처럼 보였기 때문이었다. 이에 야야티는 비록 베다를 열심히 공부하기는 했지만 자기는 브라만은 아니라고 말한다. 그는 왕의 아들이자 그 자신 또한 왕인 야야티인 것이다. 하지만 데바야니는 단념하지 않고 집요하게 매달린다. 제 남편이 되어주시겠어요?

그러자 야야티는 주춤한다. 그녀의 뻔뻔한 청혼은 카스트제도의 가장 기본적인 의무를 위반하는 것이었기 때문이다. 다르마에 관한 모든 문헌은 남자가 자신과 같은 카스트의 여자와 결합하는 것을 최선의 혼인으로 규정한다. 하지만 일반적인 관습상 남편이 아내보다 카스트가 더 높은 경우 카스트를 초월한 혼인이 허용되기도 한다. 이 경우에는 카스트 위계와 젠더 위계가 서로 조화를 이루기 때문이다. 이러한 혼인은 '결실이 있다'는 뜻의 아눌로마anuloma라고 불린다. 반대로 아내의 카스트가 더 높아서 이 때문에 남편의 가부장적 권위와 부딪히고 그 권위를 깎아내리게 되는 혼인은 프라틸로마pratiloma로 비난을 받는다. 이는 '결실이 없다'는 뜻이다. 법과 관련된 텍스트들은 하나같이 이러한 혼인을 괘씸한 일로 취급하는데, 이 잘못된 결합에서 태어난 자손들에게 부여하는 위상은 텍스트마다 다르다. 모든 텍스트가 이러한 자손들을 비천한 존재로 취급하며, 그들이 부모의 재산과 특권 그리고 카스트를 물려받는 것을 금한다. 그런데 어떤 텍스트는 그들을 사생아로 취급하기도 하고, 어떤 텍스트는 그들에게 부모의 카스트보다 낮은 카스트를 부여하기도 하며, 또 어떤 텍스트는 그들에게 노예 신분의 수드라는 최하층 카스트를 부여하기도 한다.[21]

야야티는 다르마가 요구하는 바를 잘 알고 있었기에 데바야니의 청혼을 거절한다. 그러자 그녀는 그의 거절을 하나하나 맞받아치며 저돌적으로 논변을 펼친다. 그녀는 크샤트리아와 브라만은 언제나 동맹을 맺어왔다고 말한다. 게다가 그의 가문에도 점술사가 있지 않느냐고 말한다. 그리고 마지막으로 그녀는 우물에서 있었던 일을 상기시키며, 이를 아주 기발하게 해석해서, 당시에 그가 그녀의 손을 잡아주었을 때 이미 속내를 말했던 게 아니었느냐고 단도직입적으로 강변한다. 그녀의 완강함(과 기발함!) 덕분에, 왕은 결국 입장을 수정한다. 조금 전처럼 무작정 거절하는 대신, 그는 이제 그녀의 아버지가 허락하지 않으면 혼인하지 않겠다고 말한다. 하지만 그런 허락이 떨어질 리가 없다고 여긴 그의 명백한 확신은 완전히 빗나가고 만다.

야야티가 말했다.

"제가 다르마를 이토록 크게 위반하게 하지 말아주십시오.
카스트를 뒤섞는 잘못을 범하지 않게 해주십시오. 간청합니다.
오, 브라만이여!"
슈크라가 말했다.
"당신에게 다르마를 범하는 일을 면하게 해주겠습니다. 원하는
대로 선택하세요!
이 혼인을 거부하지 마세요. 내가 당신의 흠을 지워드리겠습니다.
법에 따라, 가녀린 허리를 가진 데바야니를 아내로 맞으세요.
그 애와 함께라면 헤아릴 수 없는 기쁨을 얻으시게 될 겁니다.
이 아이는 당신에게 언제나 존중받아야만 합니다. 오, 왕이여,
브르샤파르반의 딸 샤르미슈타를, 그 아이를 당신의 침대로 불러
들이지는 마십시오."22

이미 복선이 잔뜩 깔려 있었듯이, 이야기는 으레 그렇고 그런 방향으로 펼쳐진다. 여러 해 동안 행복한 혼인 생활을 한 후에, 야야티와 데바야니는 두 명의 아들을 얻는다. 첫째는 야두이고, 둘째는 투르바수다. 그런데 그만 문제가 생긴다. 샤르미슈타가—그녀는 비록 카스트 정체성 때문에 부당하게 여주인의 종이 되었지만, 다른 한편으로 카스트 면에서 볼 때 여주인의 남편과 좀 더 잘 어울리는 짝은 여주인이 아니라 바로 그녀 자신이다—이 귀여운 아이들을 보고는 자기도 아이를 갖고 싶다는 생각을 하게 된 것이다. 이 소망을 이루기 위해, 그녀는 야야티 왕에게 접근한다. 하지만 그는 데바야니에게 청혼을 받던 때와 거의 비슷하게 다시금 다르마에 대한 지식을 내세워 샤르미슈타의 유혹을 거절한다. "저는 데바야니의 종이고, 그녀는 당신 휘하에 있습니다." 샤르미슈타는 이렇게 말하면서 다짜고짜 달려든다. "그녀나 저나 모두 당신께 속해 있으니, 당신께서 돌보아주셔야

합니다. 저를 가지세요. 오, 왕이시여!"²³ 예상대로 야야티는 더 이상 거절하지 못한다. 그리고 이 불장난을 통해 다시 또 세 명의 아들이 태어난다. 바로 드루히유와 아누, 그리고 막내인 푸루다(그림 11.1).

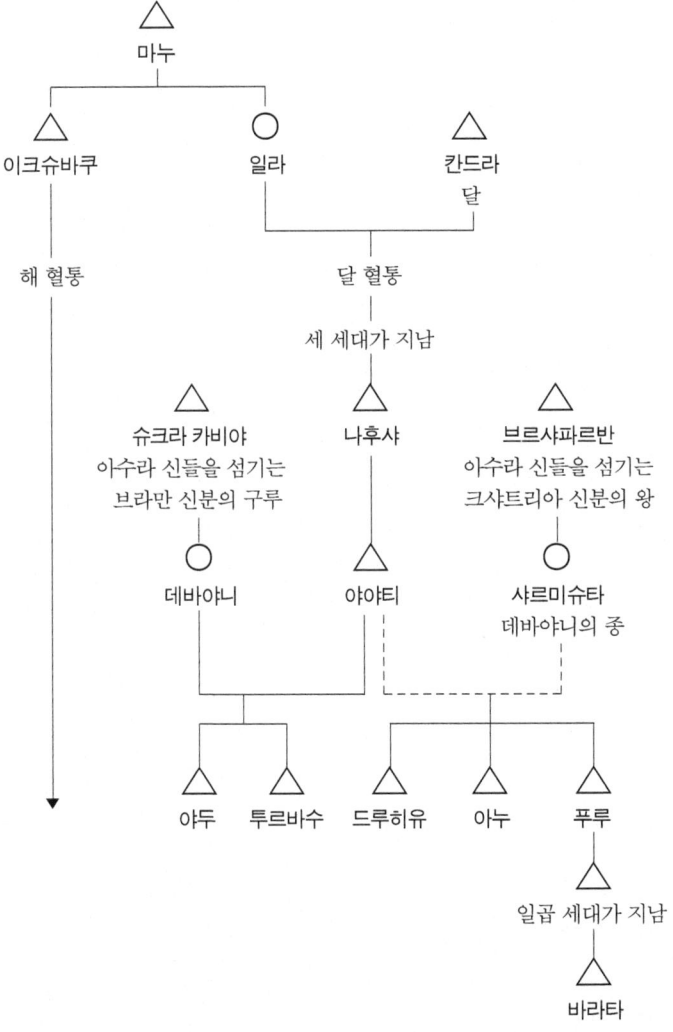

그림 11.1 야야티 이야기에 따른 계보. 『마하바라타』 1.76-80(cf 1.90).

데바야니는 남편이 바람피운 것을 알게 되고, 자신이 입은 상처에 괴로워하며 친정으로 돌아간다. 그러자 야야티의 잘못에 화가 난 슈크라 카비야는 그를 쇠약한 노인으로 만들어버린다. 야야티는 자비를 베풀어달라고 호소한다. 하지만 브라만이 내린 저주의 효력은 결코 다시 거두어들일 수 없는 법이다. 브라만의 말은 현실을 창조하는 힘을 갖기 때문이다. 할 수 있는 일이란 기껏해야 그 힘을 다른 데로 돌리는 것뿐이다. 야야티는 누군가가—즉 아들들 중 한 명이—기꺼이 받아만 준다면 자신의 연로한 나이를 그에게 넘겨줄 수도 있지 않겠느냐고 부탁한다. 그리고 주술사 슈크라 카비야는 이를 받아들인다.

그리하여 야야티는 맏아들 야두를 찾아가 일찍 늙어버린 자신의 고통을 대신 짊어져서 이 아버지를 불편하고 힘겨운 노쇠함으로부터 구해주지 않겠느냐고 부탁한다. 그는 그 보답으로 왕좌를 물려주고 재산과 명예를 나누어주겠다고 제안한다. 게다가 야야티는 야두에게 천 년이 지나서 젊음으로 누릴 수 있는 즐거움을 다 누리고 선행으로 모든 업보를 다 씻은 후에는 반드시 젊음을 돌려주겠노라고 약속한다. 하지만 탐나는 이 모든 제안에도 불구하고, 야두는 아버지의 부탁을 거절한다. 이어서 둘째 아들 투르바수도 역시 이를 거절한다. 그래서 야야티는 여종 샤르미슈타에게서 낳은 아들들을 찾아가 부탁을 한다. 하지만 첫째인 드루히유도, 또 둘째인 아누도 모두 아버지의 부탁을 거절한다. 그러다가 마침내 막내인 푸루에게 갔을 때, 그가 고맙게도 아버지의 부탁을 들어준다. 이 덕분에 푸루는 왕국을 물려받게 되고, 그가 왕위를 계승한 것이 특이한 일이기는 하지만, 어쨌든 그를 통해 달 왕가의 혈통이 이어진다.

이런 식으로 이 텍스트는 일단 부적절한 **프라틸로마** 혼인이라는 문제를 제기하고, 이를 통해 태어난 자손들이 왜 아무런 자격도 없는지를 제시한다. 이에 덧붙여 이 텍스트는 자식으로서의 복종보다는 장자권에 더 무게를 둔다. 이는 야두와 푸루가 서로 왕국을 계승할 권리를 주장하는 데서 잘 나타난다. 이 문제는 야야티가 푸루를 후계자로 옹립하려 하자 브라만들이 이끌고 나온 신하들이 그럴 수는 없는 일이라며 반대하고 나서면서 적나라하게 불거진다. 그들은 이렇게 말한다. "야두가 장남이옵니다. 어떻게 막내가 형들을 제치고 왕국을 물려받을 수 있단 말씀이시옵니까?"²⁴ 이에 대해서는 여러 가지 대답이 가능하다. 짐작컨대, 이 늙은 왕은 **다르마샤스트라**를 인용해가며 부적절한 **프라틸로마** 혼인을 통해 태어난 자식은 애초에 아버지의 왕국을 물려받을 자격이 없다는 점을 강조할 수도 있었다. 또는 그는 지금까지의 이런저런 사정을 들어, 태어난 순서보다 나이가 더 중요하다며 쐐기를 박을 수도 있었다. 사실 푸루는 자신의 젊음을 아버지의 비정상적으로 많은 나이와 맞바꾸었고, 따라서 야두를 비롯한 형들은 물론, 심지어 아버지인 야야티보다도 나이가 더 많아지게 되었던 것이다. 그렇기에 비록 야두가 여전히 장남이기는 해도 푸루보다는 나이가 더 적어지게 된 것이고, 반대로 푸루는 비록 여전히 막내지만 갑자기 그리고 놀라운 방식으로 가장 나이가 많아지게 된 것이다.

하지만 이런 대답들 대신에, 야야티는 다른 방식의 반론을 제기한다. 이는 다른 많은 이가 자식에게 상속권을 물려주지 않으려 할 때 흔히 사용하는 논변이다. 논변은 부모-자식 관계란 단지 출생을 통해서만이 아니라 행동을 통해서도 결정된다는 점에 대한 이해에서 출발한다. 그리고 이어서 이런저런 특정한 잘못을 부각시킨다.

야야티가 말했다.
"브라만들과 이하 모든 카스트여, 내 말을 들어보시오!
나는 장남에게 절대 왕국을 물려줄 수 없소.
장남인 야두는 내 분부를 존중하지 않았소.

현자라면 아버지를 거역한 아들은 아들이 아니라고 여길 것이오. 합당한 자식이란 그 어머니와 아버지의 말을 잘 따르는 자식이오. 그런 사람이야말로 그 아버지와 어머니에 대한 관계에서 진정한 아들인 법이오."[25]

야야티의 논변은 명확하다. 그가 필요로 할 때 부탁을 거절한 아들들은 아들로서 합당한 처신을 하지 못했다는 것이다. 야두를 비롯한 다른 아들들은 본인의 선택에 따라 자신을 아버지와 이어주던 충절과 복종의 끈을 끊어버렸으며, 따라서 아버지의 왕좌를 요구할 모든 권리를 잃어버린 셈이다.

신하들이 말했다.
"훌륭한 성품을 지닌 아들은 언제나 그 어머니와 아버지를 기쁘게 하는 법입니다.
그는 모든 좋은 것을 얻을 자격이 있습니다. 오, 왕이시여, 설령 그가 아무리 막내라도 말입니다.
푸루는 당신의 은인입니다―그는 왕국을 물려받을 자격이 있습니다.
그러니 저 슈크라는 당신이 바라던 일을 허락하겠습니다. 누구도 더 이상 아무 말도 하지 못할 것입니다."[26]

이제 야야티에게는 한때는 아들이었지만 이제 더 이상 아들이 아니게 된 이 못된 자식들을 처리할 일만 남았다. 야야티는 이들이 저지른 잘못을 지적해가며 일일이 저주를 내린 후, 이들 각각을 동서남북으로 나누어 낯선 땅으로 추방해버린다. 거기서 그들은 무능하고, 단점만 가득하며, 비열하고, 굴욕적인 점에서 자신들을 쏙 빼닮은 종족과 민족을 창시한다. 반대로 의롭고 기품 있는 푸루는 중앙에 그대로 남아 나라를 다스린다. 이곳이 바로 북인도 땅이다(그림 11.2).[27]

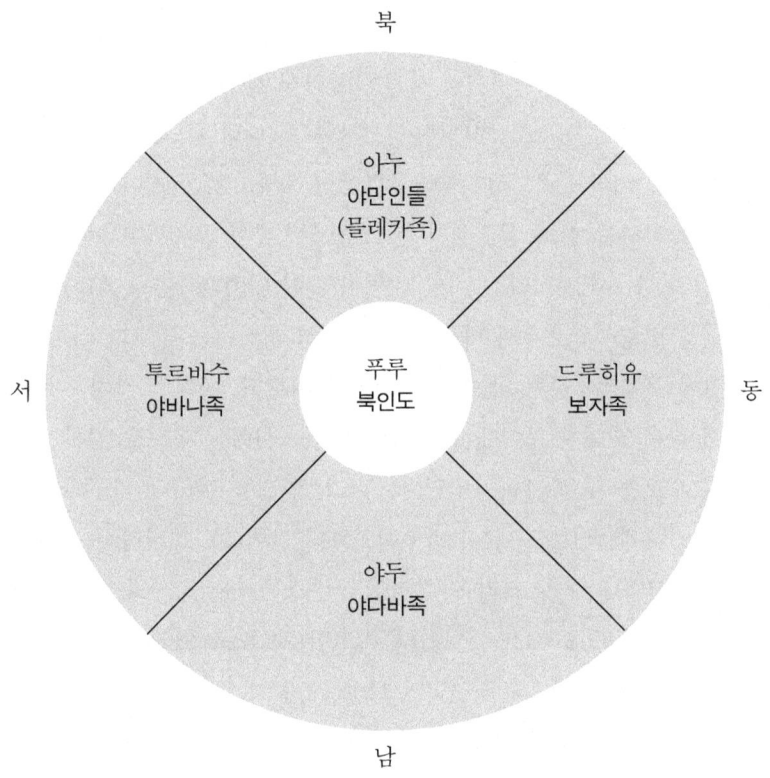

그림 11.2 사방으로 흩어진 야야티의 아들들. 『마하바라타』 1.80-26-27.

 존스의 글에는 옆으로 새는 부분이 너무나 많다. 옆으로 새는 이야기에서 다시 또 옆으로 새는 경우는 존스가 야야티의 둘째 아들인 투르바수에 관해 다루면서, 산스크리트 학자들이 자기와 모든 영국 사람을 이 허구적인 인물의 후손이라 믿는다고("또는 믿는 척한다고")

지적하는 데서 볼 수 있다. 또한 존스는 서구인이 투르바수—야바나족—에게서 이어받았다고 말해지는 명칭이 사실 이오니아 지방의 그리스어에서 유래되어 사용된 것임을 알고 있었음에도 불구하고, 이러한 연관이 "우리 민족을 칭송"하기 위한 것이라고 여겼다.[28]

존스가 연구를 수행했던 시기는 플라시 전투(1757)*에서 승리함으로써 영국이 인도를 지배하기 시작한 후 대략 한 세대 정도 지났을 때이다. 비록 존스가 다른 대부분의 동료에 비해 아시아에 대해 훨씬 더 공감하는 편이기는 했지만, 그들이 똑같이 공유했던 인식 속에는 '동양'과 '서양'이라는 이항 대립이 놓여 있었다. 물론 존스는 이 모델을 변형시킴으로써 다른 이들이 흔히 생각하는 것보다 더 많이 동양에 문화적, 지적, 예술적 품위를 부여했다. 하지만 정치, 전쟁, 경제 같은 중대한 분야에 관한 한, 이제는 서양이 우위를 점하게 되었다고 보는 것은 매한가지였다(존스가 인도를 관리와 연구의 대상으로 만나게 된 것도 다 이 덕분이었으니 말이다). 그러나 존스의 글에서 거명되는 산스크리트 학자들—존스는 라말로카나, 고바르다나 카울Govardhana Kaul, 라다칸타 샤르만Rādhākānta Śarman의 학식과 고결한 성품을 깊이 존경했고, 그들에게서 자료와 정보를 얻었다[29]—은 문제를 다른 식으로 정식화하려 했다. 그들은 다양한 민족의 관계에 관한 이론이 담긴 전통적인 서사들을 이용해서, 애초에 그 도덕적·존재론적 위상이 근본적으로 다른 두 실체를 구분했다. 곧 동양과 서양이 아닌, 서양과 중앙의 구분이다. 설령 서양의 저들이 이제나 저제나 제아무리 무슨 이권을 누리고 있다 해도 그들은 여전히 야만인들일 뿐이다. 그리하여 본래 알렉산더의 그리스를 지칭하던 '야바나족'이라는 용어는 이후에 무슬림들에게도 적용되고, 더 이후에는 유럽인들에게까지 적용되기에 이른 것이다. 더욱이 어떤 논자에 따르면, 이 용어는 **크샤트리아 카스트**의 아버지와 **바이샤 카스트**의 어머니의 **아눌로마** 혼인을 통해 태어난 다소 낮은 지위의 카스트의 사람들을 지칭하는 데 쓰일 수도 있었다.[30] 이런 미묘한 차이를 까맣게 몰랐기에, 존스는 산스크리트 학자들의 노고를 악의 없고, 심지어 호의적이며, 다소 기발하다고 생각했고, 따라서 이에 대해 멍하게 겸손을 떠는 식으로 반응했던 듯하다. 그러나 이 점에서 존스는 그의 인도인 조언자들이 지닌 의도들을, 그리고 그 미묘함을 오해했던 것으로 보인다.

무엇보다도 그는 야야티의 아들들에 관한 신화 속에 숨겨진 복잡한 분류 체계를 보지 못했기에, 그 분류 체계에 따라 지리적, 인종적, 혈통적 단위들이 서로 관련지어진다는 사실을 파악하지 못했다. 더욱이 그 분류 체계는 이 단위들을 위계질서 안에 배열함으로써 내가 앞에서 지적한 세 가지 범주에 근거한 도덕적 정당화를 제공한다. 우선 가장 중요한 것은 자식으로서의 복종으로, 이는 아들이 아버지의 요구에 따라 자신의 젊음을 얼마나 기꺼이 희생하느냐에 따라 가늠된다. 두 번째는 장자권이고, 세 번째는 그 부모의 결합이 지닌 성격인데, 이에 따라 설령 **프라틸로마** 혼인이 적법한 혼인이고 카스트 내 혼인이 그렇지 못한 경우라 하더라도, 결국에는 후자가 전자보다 낫다는 사실이 확증된다. 표 11.1에서 보는 것과 같이, 다섯 아들 사이의 서열은 이러한 요소들에 따라 차등화된다.

이 위계를 공간적 지도로 그려보자면, 서열이 가장 높은 푸루는 중앙에, 그리고 그다음 서열인 야두는 남쪽에 배치된다. 이들이 바로 인도 민족들의 조상이다(각기 파우라바족과 야다바족의 조상이다). 이어서 그림은 시계 반대 방향을 따라 인도 바깥의 야만족들로 옮겨간다. 보자족은 세 번째 서열인 드루히유의 후손으로 동쪽에 배치된다. 아나바족(믈레카족)은 네 번째 서열인 아누의 후손으로 북쪽에 배치된다. 마지막으로 투르바수의 후손인 야바나족이 서쪽에 배치된

표 11.1 야야티의 아들들과 관련된 분류 체계와 위계

	야두	투르바수	드루히유	아누	푸루
출생 순서	1	2	3	4	5
방향	남	서	동	북	중앙
자식으로서의 복종	-	-	-	-	+
장자권	+	-	(+)[a]	-	-
카스트 내 혼인	-	-	+	+	+
후손 민족	야다바족 (인도인들)	야바나족 (야만인들)	보자족 (야만인들)	플레카족 (야만인들)	파우라바족 (인도인들)
서열	2	5	3	4	1

a 엄밀히 말하자면 야두와 투르바수 다음에 태어난 드루히유에게는 장자권이 없다. 하지만 그는 야야티가 샤르미슈타에게서 얻은 장남이며, 따라서 다소 제한적이기는 하지만 아누나 푸루는 가질 수 없는 장자권을 갖는다.

다. 이와 똑같은 상대적 평가가 야야티가 아들들에게 요구를 거절당하자 그들에게 내렸던 저주에서도 나타난다. 네 가지 저주가 모두 동일한 형식으로 시작된다는 점에서 이들은 하나의 세트를 이룬다. 하지만 각각의 저주에 내포된 결말의 심각성은 크게 다르다. 가장 경미한 것은 야두에게 내려진 저주다.

    야야티가 말했다.
    "너는 내 심장에서 태어났음에도, 내게 네 젊음을 주려 하지 않는구나.
    그러니, 아들아, 내 왕국에는 네 후손들이 함께할 곳이 없을 것이다."[31]

야두가 받은 저주란 기껏 왕좌에서 쫓겨나는 정도다. 그나마 이것조차도 훗날 그의 혈통에서 비슈누 신의 화신인 크리슈나가 태어나게 된다는 사실 덕분에 만회가 된다. 크리슈나는 마하바라타 전쟁에서 푸루의 후손들에게 결정적인 도움을 준다. 드루히유에게는 이보다 살짝 더 처량한 저주가 내려진다. 그의 후손은 왕좌를 차지하지 못할 뿐만 아니라 물 위에서 살게 된다.

야야티가 말했다.
"너는 내 심장에서 태어났음에도, 내게 네 젊음을 주려 하지 않는구나.
그러니, 드루히유야, 네가 바라는 그 어떤 일도 이루어지지 않을 것이다.
너는 왕이 되지 못하고, 네 후손들과 함께 '보자'라는 이름을 얻게 될 것이며,
그들은 물만 가득 흐르는 땅에서 뗏목과 배를 타고 다닐 것이다."[32]

아누의 후손들에게 내려진 저주는 아주 비참하다. 그들은 종교적인 죄악을 저지를뿐더러 일찍 죽기까지 한다.

야야티가 말했다.
"너는 내 심장에서 태어났음에도, 내게 네 젊음을 주려 하지 않는구나.
나이가 많다는 것에 대해 네가 나쁘게 말했으니, 네게도 그런 일이 닥칠 것이다.
네 후손들은, 아누야, 성년이 되자마자 죽을 것이다.

또 너는 신성한 불에 대해 아주 공격적이게 될 것이다."[33]

하지만 이상의 저주들은 비참한 투르바수에게 선포된 저주에 비하면 아무것도 아니다. 그가 저지른 잘못이라고 해봐야 그의 친형이나 배다른 동생들이 저지른 잘못과 딱히 다를 바 없지만, 그는 야야티의 모든 아들 중에서 유독 만사가 잘못된 아들이라는 불행한 운명을 갖고 있다. 즉 그는 크샤트리아와 브라만 사이의 잘못된 결합에서 태어난 데다, 둘째 아들이기까지 한 주제에, 감히 아버지의 요구를 거절했던 것이다.

야야티가 말했다.
"너는 내 심장에서 태어났음에도, 내게 네 젊음을 주려 하지 않는구나.
그러니, 투르바수야, 네 자식들은 다 죽게 될 것이다.
어리석은 놈! 너는 다르마가 혼란스러워진 나라를 다스리는 왕이 될 것이다.
프라틸로마 혼인을 하는 자들, 더러운 고기를 먹는 자들,
스승의 부인을 유혹하는 자들, 짐승과 음란한 짓을 하는 자들의 나라를 말이다.
너는 짐승의 다르마밖에 모르는 사악한 야만족들을 다스리게 될 것이다."[34]

이것이 산스크리트 학자들이 존스 경과 대영제국의 지배를 향해 보낸 "찬사"의 실체다. 그들은, 심지어 그토록 박식함을 자랑하던 18세기 서양인들조차 오해할만한 아주 미묘한 신화적 암시를 통해, 영국인들이란 가장 비천한 조상들의 후손이라는, 즉 아득한 옛날 아득한

곳에서 온갖 잘못을 저질렀기에 스스로도 놀랄 온갖 악행을 저지르도록 저주 받았던 조상들의 뒤를 이은, 저열하고 비도덕적인 민족이라는 생각을 펼쳤던 것이다. 물론 그런 민족이 그들이 쫓겨났던 더 정의로운 공간과 더 합법적인 왕국으로 돌아와 그 한심한 처지를 뒤집어보려 하는 것도 이해해줄만한 일이기는 하다. 하지만 그것은 잘못된 일이다. 그들이 아무리 애써도 모든 것의 발단이 된 옛날 일을 되돌릴 수는 없기 때문이다. 또 그들은 이미 그들의 본성이 되어버린 것에서 벗어날 수도 없다. 이 마지막 때를 사는 야바나족이 중앙으로—즉 자기희생적이고 책임감이 강한 푸루의 후손들이 올바르게 다스려온 인도로—되돌아왔다고 해서 그들이 정화되는 것은 아니다. 오히려 그들의 귀환은 이 땅의 순결함과 온전함을 망가뜨릴 뿐이다. 이 상황은 영국인들이 인도의 서쪽 너머에 있는 그들 본래의 작은 영역으로 돌아가야만 바로잡힐 수 있다.

IV

지금까지 살핀 야야티 이야기의 사례는 신화보다는 신화에 대한 암시를 내포하고 있다. 다시 말해 그것은 지속적인 논의 속에 슬쩍 끼워진 참조 사항으로, 그 이야기를 듣는 사람보다는 하는 사람이 훨씬 더 잘 이해할 수 있는 그런 신화다. 세계가 이런 대화의 계기들을 촉발하는 것은 아니지만, 거기에 흥미롭거나 중요한 점이 없는 것은 아니다. 산스크리트 학자가 야야티 이야기를 활용하는 방식에서, 우리는, 비록 규모가 작기는 하지만, 유쾌한 전복의 정치와 놀라우리만치 능숙한 문화적 저항을 감지할 수 있다. 이는 바로 서사시적 의미에서의 **로고스**의 사례다.

야야티와 푸루 그리고 투르바수에 대한 산스크리트 학자들의 이야기는 아마도 영국인들이 그들의 제국이 지닌 우월성을 기념하기 위해 했던 무수한 이야기와 나란히 살펴볼 필요가 있을 것이다. 몇 가지만 꼽자면 마그나 카르타, 플라시 전투, 과학적 진보, '백인의 사명'에 관한 이야기를 들 수 있다. 물론 야야티의 이야기도 이런 이야기들 못지않게 이데올로기적이다. 하지만 그것을 제공한 것은 다른 이데올로기였다. 특히 그것이 제시하고 정당화한 민족들 간의 위계는 서양인들의 이야기에서 그려진 위계를 고스란히 뒤집어버리고 있었다(그림 11.3). 저명한 영국인 판사가 자신들의 이야기에 행복하게 고개를 끄덕이게 만듦으로써 산스크리트 학자들은 농담을 즐기며 자그마한 승리를 이루어냈을 뿐만 아니라, 지배자들이 강요하려 했던 이야기들과 관계들을 거절하는 데 성공하기도 했던 것이다. 그들은 과거에 대한 또 다른 설명을 기억함으로써 현재를 다른 방식으로 이해하는 길을 열고, 다른 미래를 상상할 수 있게 했던 것이다.

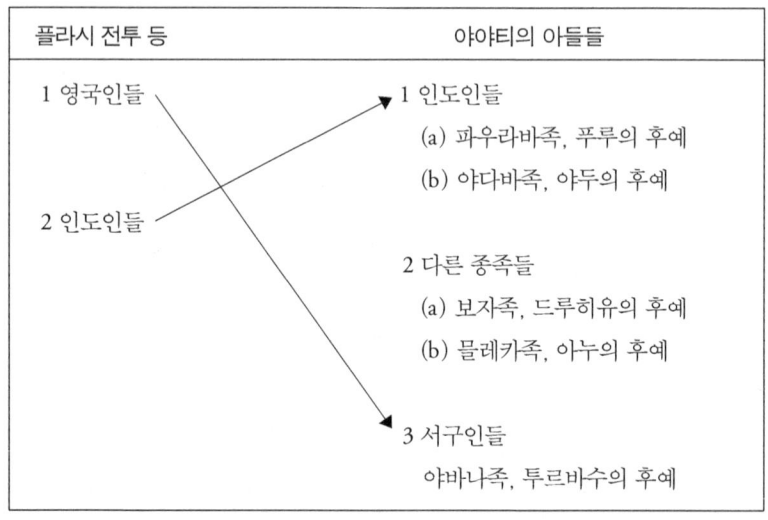

그림 11.3 산스크리트 학자들이 야야티 신화를 이용해 영국인들이 선호하는(또 그들의 비위에 맞는) 이야기를 뒤집은 방식.

후기: 신화로서의 학문

I

지난 여러 해 동안 나는 이 책을 집필하는 데 토대가 된 몇 편의 글을 발표했는데, 그때마다 한 가지 문제가 계속 제기되고는 했다. 그것은 대개 내가 신화를 '서사 형식의 이데올로기'라고 특징짓는 데 대한 반응이었다. 도전장을 내미는 이는 대개 학생인데, 이를테면 내 강연은 물론 대학이라는 곳 자체로부터도 멀찌감치 떨어진 분위기를 풍기면서 강연장 맨 뒷자리에 앉아 있던 학부 여학생이 질문을 던지고는 한다. 학생은 거들먹거리는 듯 보이면서도 비장한 자세로 내 강연이 재밌고 중요해 보인다는 인상을 심어주려 무던히 애쓰면서 이렇게 묻는다. "하지만 그런 얘기는 학문에서도 마찬가지 아닌가요? 학문이라는 것도 단지 서사 형식으로 된 이데올로기의 또 다른 사례일 뿐이지 않은가요? 학자들도 자기 자신이랑, 자기가 좋아하는 이론이랑, 자기가 좋아하는 사람을 맨 위에 올려놓는 식으로 서열을 재조정하려고 이야기를 하고 있는 거 아닌가요?" 윽, 찔렸다.

한번은 아주 장난기 가득한 한 여학생이 좀 다르게 이렇게 물었다. "로고스란 단지 재포장된 뮈토스에 불과하지 않나요?" 온갖 아이러니가 머리를 짓눌렀다. 그 학생의 질문은 그 자체로 하나의 로고스, 그러나 서사시적인 의미의 로고스였다. 다시 말해 그것은 구조적 약자가 (역시 서사시적인 의미의) 뮈토스를 빙자해서 말하는 특권을 가진 자들과 이 구조적 강자의 오만하고 으스대는 담론을 무너뜨리는 예리하고, 영악하며, 탁월하게 전략적인 담론이었다. 그 학생은 로고스와 뮈토스를 같은 것으로 뭉뚱그리면서 유효적절하게 이렇게 말했다. "선생님이 쓰시는 언어나 제가 쓰는 언어나, 딱 하나만 빼고 똑같아요. 선생님의 언어가 제 언어보다 좀 더 아는 척하는 언어라는 점이죠." 윽, 또 찔렸다.

처음에 나는 이런 질문들에 위축되기도 했지만, 점차 그 도전을 받아들이고, 깊이 생각하고, 흥미를 느끼게 되었다. 나름대로 최선을 다해 답하기는 했지만, 그 학생들에게 내가 정말 제대로 된 답을 하기나 했는지 잘 모르겠다. 어쩔 수 없이, 내 대답은 서툰 공식의 변형이다. "글쎄요, 뭐, 그렇기도 하겠고, 아니기도 하겠고……." 특히 제이콥 브라이언트, 윌리엄 존스 경, 니체, 뒤메질, 막스 뮐러, 한스 귄터, 장 오드리 같은 학자들을 건드린 글을 발표하고 난 뒤라면, 한 발 물러서서 얼마든지 쉽게 '그렇다'는 대답이 나온다. 반면에 '아니다'는 대답을 하기는 좀 더 어려웠다. 하지만 나는 만신창이가 된 나의 개인적 자존심을 회복하기 위해서는 물론, 더 중요하게는 정직성과 목적성에 대한 우리의 집단적 감각을 지탱하기 위해서도, '아니다'는 대답이 핵심적이라고 생각하게 되었다. 나는 학문이—인간의 말 일반과 마찬가지로—이해관계와 관점에 따라 좌우되는 편파적인 면을 지닌다는 점과 우리가 학문의 이데올로기적 측면들을 인정하고, 필요할 경우 이를 찾아내 비판적으로 교차 검토해야 한다는 점을 인정한다. 인정할뿐더러 그렇게 주장하고 싶은 것이 내 입장이다. 나는 그 이상으로 더 멀리 나아갈 각오는 되어 있지 않다. 대신에 나는 학문이 (다시금 다른 모든 형태의 말과 마찬가지로) 반드시 그 이데올로기적 계기에 제약을 받는 것은 아니라고 주장하고자 한다. 이데올로기가 학문의 일부이기는 하지만, 그것이 학문의 전부는 아니다. 학문에는 우리의 관심을 끌만한 다른 측면들도 있다.

  이를 보여주기 위해, 다른 이들과 마찬가지로, 나는 학문이 지닌 비판적이고 성찰적인 계기들을 강조해왔으며, 또한 학문적 텍스트에서 서사적 성격이 가장 적고, 아마도 그렇기에 이데올로기적 측면도 가장 적은 부분에 주목해왔다. 내가 말하고 있는 것은 학문적인 글을 다른 장르의 글과 확연히 구분시켜주는 문장들, 즉 주석들이다. 책장 밑바닥 저 아래에 있는 각주들이나 책 맨 뒤에 모여 있는 미주들은 과연 무슨 일을 하고 있는 걸까? 주석이란 그저 비겁하고 저열한 뒷궁리일까, 아니면 나머지 모든 부분이 딛고 있는 토대이자 뿌리내리고 있는 토양일까? 주석을 다는 행위는 어떤 식으로 학문적 작업을 틀 짓고, 그것을 다른 작업들과 달라지게 만드는 걸까?

  이상적으로 보자면, 주석은 학문적 텍스트가 이데올로기적 관심들에 대한 통제가 전혀 불가능한 자유로운 창작에서 나온 담론은 아니라는 사실을 보여준다. 오히려 주석은 학문적 텍스트란 일정한 관심을 지닌 탐구자, 일단의 증거들, 그리고 과거, 현재, 미래의 유능한 관련 연구자 공동체 사이에서 이루어지는 변증법적 만남의 산물이라는 점을 가시적으로 환기시켜주는 역할을 한다. 학문에 참여하는 모든 사람은 자료는 물론 다른 연구자들과 지속적인 관계를 맺는 데 전념한다. 그 관계는 공유된 이론과 방법의 원칙들을 통해 매개되며,

그 원칙들은 (증거나 이에 대한 해석과 마찬가지로) 학문적 텍스트와 대화의 공간에서 벌어지는 재협상에 대해 열려 있다. 학문은 토론을 수반하며, 토론에 의존한다. 토론 속에서 우리는 자료를 지적해주고 확립된 방법론적 원칙을 환기시켜주는 다른 이들의 면밀한 검토와 비판을 경험하게 된다. 그렇게 함으로써 그들은 우리가 혹시 이데올로기적 조작을 벌이지는 않는지 점검해주는 역할을 한다. 이 점검은 중요한데, 이는 설령 그것이 전적으로 유효하지 않을 경우에조차도 그렇다. 왜냐하면 비판자들 역시 그들 나름의 이데올로기적 관심을 갖고 있기 마련이고, 따라서 그들 또한 면밀한 검토와 비판의 대상이 되어야 하기 때문이다.

깊이 숙고하고 여러모로 생각한 끝에, 나는 주석이 초등학교 선생님들이 산수 시험에서 제시하는 것 같은 그런 종류의 요구에 대한 응답이라고 여기게 되었다. 그 요구란 다음과 같은 것이다. "풀이 과정을 보이세요." 이 문구를 보면 온갖 복잡한 생각이 떠오른다. 이 문구를 생각하면 지금도 얼굴에 미소가 지어지지만, 동시에 등골이 오싹해지기도 한다. 나는 내가 모든 것을 풀어헤쳐 보일 수 있다거나, 모든 것이 딱딱 들어맞는다고 확신하지는 못하겠다. 하지만 그중에서도 특히 세 가지 생각이 떠오른다. 첫째, 엄밀하고 잘 다듬어진 탐구로 이루어진 학문 분야에 들어서는 사람은 선한 신념을 갖고 그렇게 한다. 그들은 자신의 노력이 정직하다고 맹세하며, 그 징표로 '자신의 풀이 과정을 보여주거나', '자기가 사용한 자료에 인용 표시를 한다.' 둘째, 그들은 자신의 연구 결과를 귀담아 들어줄 청중에게로 나아간다. 또한 그들은 장차 비판자가 될 수도 있는 청중에게, 즉 해당 학문 분야를 구성하는 지식과 원칙을 다루는 능력에서 자신과 비슷하거나 자신보다 낫다고 인정되는 사람들에게, 자기가 어떻게 특정한 결론에 이르게 되었는지 그 과정을 보여준다. 셋째, 그들은 자신의 자료, 방법, 결과에 대해 어떤 도전이 제기된다면, 이를 철저하게 숙고한 후 필요할 경우 자신의 입장을 방어하거나 수정하고, 이 과정을 통해 배우고/배우거나 가르치겠다는 데 동의한다.

 분명 이것이 학문의 전부는 아니며, 또 일이 항상 이상적인 방식으로만 흘러가는 것도 아니다. 하지만 주석은—그리고 주석이 함축한 모든 것은—학문적 노력의 일부이며, 거기에는 이 모든 가치가 아주 확고하게 담겨 있다. 내 생각에, 주석은 학문이 지닌 모종의 최선의 것을 보여준다. 바로 고된 작업과 정직성, 그리고 동료들에 대한 책임감이다. 물론 다른 한편으로 주석은 잘못된 해석, 신비화, 아첨, 개성 말살, 교묘한 속임수, 노골적인 사기가 벌어지는 기회를 제공하기도 한다. 하지만 설령 그렇다 해도, 어쨌든 주석은 내게 저 뒷자리에서 날아온 도발적인 질문들에 대한 대답을 갖게 해주었다. 그 질문들에 대해 나는 이제 이렇게 답한다. "신화가 서사 형식으로 된 이데올로기라면, 학문은 주석 달린 신화겠죠."

II

 신화 연구자들은 신화적인, 즉 이데올로기적인 서사를 만들어내는 남다른 경향이 있는 것 같다. 아마도 이는 이야기하기에 관해 말하는 그들의 이야기가 이야기꾼으로서 그들 자신에게 다시 반사되기 때문일 것이다. 또 그들의 연구 대상이 본질적으로 심한 모호성을 지니고 있기 때문일 것이다. 2장과 3장에서 나는 신화라는 장르에 대한 서술과 평가에서 벌어진 두 번의 전도를 찾아내고자 했다. 첫 번째 전도는 플라톤이 신화라는 범주에 낙인을 찍으면서, 그것을 유치함과 비합리성의 표시로 간주했을 때 벌어졌다. 두 번째 전도는 헤르더가 신화를 회복시키면서, 그것을 원초적이고 권위 있는 것으로 특징지었을 때 벌어졌다. 두 입장은 서로 긴장을 유지하며 지금까지 지속되고 있다. 그리고 두 입장은 각기 다양한 이데올로기적 교의를 내포한 서사들과 메타 서사들, 그리고 자기-지시적 메타 서사들의 토대를 제공해왔다.

그리하여 신화에 대한 플라톤의 경멸적 태도는 계몽주의 시대를 지배했고, 이로부터 스스로를 '서양 문명'이라고 부르는 실체의 지배 담론이 산출되었다. 이는 모든 좋은 것이 그리스에서 유래했다고 여겨지게 만들고, '뮈토스에서 로고스로' 옮겨간 전이를 그 이후로 내내 유럽을 특징짓고 구별해줄 역동성, 진보, 과학, 합리성이라는 패러다임의 주제가 되게 만드는 창조 신화다. 아주 흥미롭게도(그리고 시대착오적이게도), 이런 이야기가 아테네까지 거슬러 올라가 찾는 그 이상들이란, 또한 통념적으로 자본주의의 가장 호소력 있고 문제도 가장 적다고 여겨지는 측면들로 이해될 수도 있다.

플라톤 식의 태도는 신화를 '원시적 심성'의 주요 요소로 여긴 초기 인류학자들의 작업에도 만연해 있었다. 앤드류 랭, 제임스 조지 프레이저 경, 뤼시앙 레비브륄Lucien Lévy-Bruhl* 같은 이들은 뮈토스에서 로고스로 옮겨가는 진보에 관한 서사를 지어냈고, 이는 식민지 개척자들이 피식민지 백성들보다 우월하다는 것을 증명하는 데 일조했다. 이런 견해들은 탈식민화 시대에 들어 클로드 레비스트로스에 의해 논박되었다. 신화에 관한 레비스트로스의 저작들은 앞선 학자들의 저작들보다 훨씬 더 풍성하고, 섬세하며, 관점이 분명하고, 지적이며, 존중할만하고, 인간적이었지만, 그럼에도 역시 이데올로기적이었다. 그래도 그가 한 이야기는 기존의 서사에 담긴 분류 범주들을 그대로 받아들이면서 동시에 그 범주들의 위계를 뒤집음으로써 기존의 서사에 도전했다. 예를 들어 프레이저와 마찬가지로 레비스트로스는 신화가 '야생의 사고'의 특징적인 산물이라는 점을 인정했다. 하지만 그는 자신이 신화에서 찾아낸 우아한 논리 구조를 가지고 야생의 사고가 비록 근대 서양의 기술적 합리성과 다르기는 하지만 결코 그것보다 열등하지는 않다는 자신의 주장에 대한 명백한 증거로 삼았다.

낭만주의의 주요 주자들은 헤르더와 더불어 시작된 궤적을 따라 기꺼이 신화를 끌어안았다. 이는 부분적으로 그들이 계몽주의적 가치들을 거부하고 있었기 때문이기도 하지만, 또한 새롭게 떠오른 이 신화라는 범주를 **민족** 및 민족주의의 과업과 얽어매는 것이 유용하다는 것을 발견했기 때문이기도 하다. 이후로 학자들과 열성분자들 사이에서는 신화를 인종과 언어에 의해 규정되는 특정 지역의 거주민들과 동일시하여, '그리스신화'니, '북유럽신화'니, '나바호족신화'니 하는 것들에 대해 말하는 일이 흔해지게 되었다. 이러한 경향에서는 (말하는 사람의 담론에 따라 제각각으로 불리는) 국민, '문화', 그리고/또는 **민족**이 원초적이고, 확연하며, 자명한 실체라는 점과 신화가 그 집단의 똑같이 원초적인 목소리이자, 본질이며, 유산이라는 점이 당연하게 받아들여진다. 집단과 신화는 서로를 재생산하는 공생 관계로 묶여 있으며, 어느 하나가 다른 하나의 생산자이자 동시에 생산물이라고 여겨진다.

이러한 이론들 덕분에 바그너와 그림 형제 같은 이들은 자기 나라 사람들을 선동해 민족-국가를 창건하게 만들어줄 서사를 모색하던 그들의 관심을 구체화하고 발전시킬 수 있었다. 그러나 그들은 담론적 구축과 정치적 행동으로 이루어진 이 현저하게 근대적인 기획을 자신들의 이론, 즉 그들이 바라던 신흥 민족-국가들을 고대적이고 영원하며 진정한 무엇인가의 부활로 보는 이론으로 포장했고, 이로써 그 기획을 오인하고 잘못되게 표현했다. 그들은 자신들이 만들어 마구 사용한 수단을—즉 회복되고 낭만화된 신화 범주를—근본적이고 원초적인 것으로 잘못 인식했다. 그들의 신화 이론은 맥퍼슨의 '오시안' 같은 사기극을 추종했고, 뢴로트Lönnrot의 『칼레발라』 같은 인위적 가공물들을 만들어냈으며, 『니벨룽의 노래』 같은 텍스트들을 맹목적으로 숭배했다.

  비록 맥퍼슨이 앞으로도 늘 사기꾼으로 기억되기는 하겠지만, 그가 유동적인 두 가지 진리 체제 사이에서 오락가락했다고 보는 것이 좀 더 정확할지도 모르겠다—그렇게 보는 것이 분명 좀 더 유익하다. 그 두 가지란 곧 학문의 진리 체제와 신화의 진리 체제다. 맥퍼슨은 음유시인 전통과 영감 어린 시에 근거한 권위를 지닌 오시안이라는 가공의 인물을 날조해내고는, 자기가 지어낸 이야기를 오시안의 것이라고 속였다. 그러나 맥퍼슨은 또 다른 종류의 권위를 갈망했다. 그래서 그는 이야기 속의 이야기를 지어내, 오시안만큼이나 허무맹랑한 자신의 페르소나를 끼워 넣었는데, 이야기 속에 등장하는 학자가 바로 그것이다. 신화의 진리 체제 안에서 반론을 제기하는 사람이라면, 그저 음유시인의 이야기를 다시 읊거나, 재해석하거나, 또는 아예 무시하면 그만이다. 그러나 이와 달리 학문의 진리 체제 안에서 반론을 제기하는 사람은 저자가 인용을 제대로 했는지를 지적하고 증거에 대한 검증을 요구한다. 맥퍼슨은 사본을 만들어낼 능력도, 반론에 대응하는 주석을 달 능력도 없었으며, 결국 이 때문에 몰락했다. 이는 주석이 신화에 대해 승리를 거둔 사례다.

  헤르더는 **민족정신**에 근거한 신화 이론을 구축했는데, 이는 그가 맥퍼슨의 '오시안'에게서, 즉 날조된 신화 사례에 근거하여 펼친 신화에 관한 신화에서 배운 것이다. 헤르더의 생각은 낭만주의와 민족주의 진영 너머까지 강력한 영향을 끼쳐왔으며, 신화와 민족이—당연히—서로를 구성한다고 여겨질 때마다 되살아나고는 한다. 그러나 신화가 반드시 자신에 대해 효과적으로 말해주는 이야기들을 이야기하는 어떤 민족의 산물이거나 반영물인 것은 아니다. 신화는 때로는 어떤 사람들이 다른 사람들에 대해 이야기하는 이야기이도 하며, 또 때로는 그러한 이야기의 존재 자체가 신화적 담론의 산물이기도 하다.

III

이데올로기적 관심은 학문이 특권적인 서사를 구축하고 이를 똑같이 특권적인 민족(nation 또는 Volk)과 결부시킬 때 명백히 드러난다. 그 이데올로기의 작용은 그런 민족에 대한 역사적 증거가 없어서 학자가 백지나 다름없는 바탕 위에 자신의 두려움과 욕망을 투사할 때 더욱 분명해진다. 바로 이것이 '인도-유럽인'이라고 불리기도 하는 '아리아인'이 발견된, 아니 더 정확히 말하면 담론 속에서 구성된 데서 벌어졌던 일이다. 윌리엄 존스 경 이후 지금까지, 학자들은 이 집단이 그들의 가장 오래된 조상이라고 여겼으며, 그 집단의 기원에 관한 온갖 종류의 설명을 지어냈다. 그리고 그 설명에는 성서, 민족주의, 식민주의, 인종차별, 오리엔탈리즘, 반-셈족주의, 반-기독교주의, 군사주의의 요소가 시시때때로 수반되었다.

물론 그 신화는 탄탄한 언어학적 연구에 근거하고 있었고, 1786년[†] 이후 지금까지 언어학은 요행이나 바라는 기획에서 벗어나 수학만큼은 아니어도 어쨌든 나름의 엄밀한 과학으로 자리 잡아왔다. 오늘날의 인도-유럽어 관련 음운론과 어형론 연구 그리고 사전 편찬 작업을 감안할 때, 지각 있는 사람이라면 누구도 인도-유럽어족에 속하는 언어들 사이에 강하고 체계적인 관계가 존재한다는 사실을 부정

[†] 윌리엄 존스가 인도를 주제로 제3회 연례 강연을 행했던 해를 말하다.

할 이는 없을 것이다.¹ 문제는 그 관계를 어떻게 설명하고, 그것을 이 언어 사용자들의 실제 경험과 어떻게 관련지을 것인가 하는 점이다. 지금까지 가장 널리 받아들진 것은 발생학적 모델 또는 **계통수**系統樹 Stammbaum 모델이었다. 이는 산스크리트어, 게르만어, 그리스어 등의 언어들이 선사시대에 사용되었음직한 하나의 단일한 조상언어에서, 즉 문자로 기록되지 않았기에 현존하는 아무런 증거도 없는 그런 언어에서 파생되었을 것이라고 보는 가설이다. 이 가설은 함축적으로나 명시적으로 우리가 로망스어*에 속하는 언어들 사이의 관계를 설명할 때 사용하는 모델을 따르고 있는데, 이 모델에 따르면 로망스어의 공통점은 이들이 똑같이 라틴어에서 파생되었고, 로마 군대의 정복을 따라 지리적으로 확산된 결과로 설명된다.²

생각해보면 **계통수** 이론은 정확하다. 하지만 그 논리에는 의문의 여지가 많은 비약이 있다. 우선, 그것은 인도-유럽어들 간의 밀접한 관계가 이들이 가설적인 **공통기어**에서 파생된 결과라고 설명한다. 하지만 트루베츠코이가 제2차 세계대전 직전에 발표한 유명한 논문에서 주장했던 것처럼, 이론적으로 그 관계는 파생 과정이 아닌 수렴 과정의 결과로 설명할 수도 있다.³ **계통수** 가설과 달리, 트루베츠코이는 파도 모델wave model을 제시했다. 이에 따르면 인접한 민족들 속의 각 집단은 각자 고유의 언어를 갖고 있었으며, 이웃 집단들과 사회적으로나 언어적으로 상호작용을 했다. 여러 세대가 지나면서, A언어가 B언어에, 다시 B언어가 C언어에 영향을 끼쳤다. A언어가 B언어를 매개로 C언어에 영향을 끼친 셈이다. 그리하여 결국 A언어와 n언어—이를테면 켈트어나 인도어 같은 언어—가 서로 영향을 끼치게 되었고, 그 결과 두 언어는 다르면서도 아주 비슷해 보이게 되었다. **계통수** 이론만큼 그럴듯해 보이지도 않고, 또 실제로 그만큼 널리 받아들여지지도 않았지만, 이런 식의 설명이 전혀 불가능한 것은 아니다. 게다가—나는 이 점을 주장하고 싶다—그것은 계통수 이론보다 훨씬 덜 신화적이고 덜 이데올로기적이다. 나치가 좋아하던 아리아인의 이주와 정복에 관한 서사와는 반대로, 트루베츠코이는 현재 속에서 자신의 목적에 맞추어 아득한 과거를 다시 상상함으로써 똑같은 증거를 가지고 아주 평화적인 설명을 제시했던 것이다.

다른 학자들도 다른 근거를 토대로 **계통수** 모델에 도전장을 던져왔다. 그들은 설령 역사적으로 검증된 인도-유럽어들이 하나의 단일한 공통기어에서 파생되었다 하더라도, 이러한 조상언어가 존재한다는 사실이 곧 그 언어를 사용했던 단일하고 인종적으로 동질적인 하나의 민족이 존재했음을 말해주는 것은 아니라고 주장한다. 예를 들어 프랑코 크레바틴Franco Crevatin은 원-인도-유럽어에 관한 이론을 정립하고자 한다면 라틴어 모델보다는 차라리 스와힐리어—인위적으로 만들어진 상업용 공용어로, 아프리카 전역에서 원거리 무역을 촉진시키는 수단으로 사용되어왔다—모델이 더 걸맞을 수도 있다고 주장했다.[4] 트루베츠코이와 마찬가지로, 크레바틴의 목적도 인종차별과 호전성을 내포한 학문적 서사들을 거부하기 위해 좀 더 평화롭고 좀 더 다양한 과거를 상상하는 데 있었던 듯하다. 크레바틴의 견해에 따르면, 원-인도-유럽어가 있었고, 또 일정한 목적에서 그 언어를 사용한 사람들이 있었기는 하지만, 원-인도-유럽인 공동체 같은 것은 없었다. 슈테판 침머Stefan Zimmer의 입장도 비슷하다. 그는 인종차별적 이론들을 논박하기 위해 인종적으로 순수한 하나의 **원민족**이 아니라 "여러 민족이 잡다하게 융합된" 유목 **민족들의 집단**이 사용한 공통기어가 있었을 것이라는 가설을 제시했다.[5]

침머의 견해는 프로코피우스가 『반달 전쟁』 1.2.2-5에서 묘사했던 6세기 중반 도나우 강 북방의 상황을 모델로 삼고 있다. 이 구절은 특히 흥미로운데, 그것이 이제는 선사시대 속으로 사라져버린 **원민족**

을 재구성하기 위해—다시 말해 가정하거나 또는 단순히 상상하기 위해—언어학을 비롯한 다양한 증거를 활용한 최초의 사례 중 하나이기 때문이다.

예전에도 지금과 같이 고트족과 그 밖에 많은 여러 민족이 있었다. 그중에서도 가장 크고 두드러진 민족은 고트족, 반달족, 서고트족 그리고 게파이데스족이다. 그러나 고대에 그들은 사우로마타족이나 멜랑클라이노이족이라 불렸고, 때로는 게타이족이라 불렸다. 방금 말한 것처럼 이들은 이름만 다를 뿐, 나머지는 전혀 다르지 않다. 왜냐하면 그들은 모두 살갗이 희고, 금발이며, 키가 크고, 고상하게 생겼으며, 똑같은 관습을 행하고, 똑같은 방식으로 신을 섬기기 때문이다. 또 그들은 모두 아리우스파 신앙을 갖고 있고, 고트어라 불리는 하나의 언어를 사용한다. 내가 보기에 그들 모두는 본래 하나의 민족이었던 것 같다. 그러다가 각각의 집단을 이끌던 사람의 이름에 따라 불리게 되면서 서로 구분되기에 이르렀을 것이다. 이들은 이스테르 강 위쪽에 살았다.[6]

여기서 프로코피우스는 복잡성, 상호 혼합, 이동, 폭력이 지배하는 현재 상황으로부터 과거의 한때를 지배했던 안정성, 단순성, 통일성의 이미지로 옮겨간다. 우선 그는 고트족, 반달족, 서고트족, 게파이데스족을 게타이족, 사우로마타족, 멜랑클라이노이족과 결부시킨다(뒤의 두 민족은 스키타이족 바로 북쪽에 살았다). 이어서 그는 이들이 갈라지게 된 것은 최근의 일이라고 단언한다. 그들 모두는 본래 단일한 부족, 인종, 민족이었기 때문이라는 것이다(*ex henos...einai hapantes to palaion ethnous*). 왜 그럴까? 그 대답은 인도-유럽 연구의 역사에서 내내 제기된 대답과 똑같다. 그들은 동일한 언어를 쓰며(*phōnē te autois esti mia*), 동일한 문화를 갖고 있고(*nomois men tois autois khrontāi*), 또 동일한 종교를 갖고 있다(*es ton theon autois ēskētai*). 아, 물론, 그들은 모두 키가 크고(*eumēkeis*), 금발이며(*komas xanthoi*), 피부가 하얗고(*leukoi...sōmata*), 고상하게 생겼다(*agathoi tas opseis*). 이 모든 게 그들이 (아주 빼어난!) 한 혈통에서 나왔음을 보여준다. 비록 그들이 역사적 우연 때문에 갈라지고 이름이 달라지긴 했지만(*onomasi de hysteron tōn hekatois hēgēsamenōn diakekristhai*), 그들 모두가 본래 한 곳에서 왔다는 것은 명백하다. 그게 어디였을까? 글쎄, 아마도 예부터 이스테르 강(즉 다뉴브 강)이 남부 유럽과 북부 유럽을 나누는 경계였으니, 이 강 너머의 북방이 아니었을까?⁷ 이런 식으로 고트족, 게타이족, 사우로마타족을 비롯한 온갖 민족이 하나의 **북방 야만 원민족**으로 뭉뚱그려진다.

좀 떨어져서 보면, 프로코피우스의 추론은 놀라울 정도로 어리석다는 것을 알 수 있다. 그가 이 집단들이─이들은 그가 자기 관점에서 보고, 자신의 관심에 따라 뭉뚱그린 집단들이다─공유한다고 했던 그 단일한 종교란 아리우스파 이단(*Areiou doxēs eisin hapantes*)*으로, 그들이 이 교파로 개종한 것은 아득한 조상 때의 일이 아니라, 고작 4세기 때의 일이다. 더욱이 금발을 비롯한 신체적 특징들은 인종의 정확한 지표가 아니라, 5장에서 살핀 바와 같이, 춥고 습한 기후 때문에 그런 특성이 생긴다고 보는 이론을 따라 북방 사람들에게 흔히 부과되던 고대적 통념이다. 끝으로 이들이 사용한 언어들 간의 관계 유형은 다양했다. 형태와 어휘가 비슷한 언어들도 있었지만(고트어와 서고트어), 서로 완전히 다른 언어들도 있었고(사르마티아어와 게타이어), 심지어 프로코피우스만 알고 우리에게는 전혀 알려진 바가 없는 언어들도 있었다(게파이데스어와 멜랑클라이노이어).

프로코피우스는 당혹스러울 정도의 다양성이 지배하던 유동적 상황을 인식적으로 통제할 방안을 찾고자 했으며, 단일한 '원-고트어'와 단일한 고향, 종교, 문화, 민족을 상정함으로써('재구성함으로써') 이 목적을 이루고자 했던 것이다. 인도-유럽의 **본향**을 찾아내려는 끝나지 않을 시도를 하고 있는 고고학자들과 그 밖의 학자들도 이와 비슷한 문제와 씨름한다. 4장에서 보았듯이, 윌리엄 존스 경은 그곳이 이란이라고 보았고, 프리드리히 슐레겔은 인도라고 보았다. 19세기의 다른 많은 사람이 이들의 뒤를 따라 아시아를 고향으로 여겼으며, **동양에서 오는 빛**lux ex oriente에 관한 서사를 대중화시켰다. 이는 마치 유럽 열강들이 아시아가 지녔을 것이라 여겨지던 부를 더 많이 빼내올 새로운 방법을 물색하고 있었던 것과도 비슷했다. 1880년부터는 태도가 좀 바뀌어서, 칼 펜카Karl Penka(1847~1912), 구스타프 코시나Gustav Kosina(1865~1931), 마태우스 무흐Mathäus Much(1832~1909), 헤르만 히르트Hermann Hirt(1865~1936) 같은 이들은 세계를 정복한 아리아인의 발원지가 자기네 고향인 독일 북부 지방이라고 주장했다. 그리고 1920년대와 30년대에 아리아인을 북유럽인과 너무 동일시하는 데 대한 경각심이 일자, 지그문트 파이스트Sigmund Feist (1865~1943), 고든 차일드V. Gordon Childe(1891~1957), 빌헬름 코퍼스Wilhelm Koppers(1886~1961) 같이 나치에 반대할 명분을 지녔던 학자들은 그 고향이 러시아 초원 지대라고 주장했다.[8] 나치주의자들과 그들의 견해가 패퇴한 뒤에는, 마리아 짐부타스Marija Gimbutas 가 1956년부터 발표하기 시작한 일련의 글을 통해 똑같은 논제를 제기하여 상당한 지지를 얻었다. 그러나 그후 수십 년 동안 자신의 생각을 구체화해가면서, 짐부타스가 좀 더 복잡한 이야기를 하고 싶어 한다는 점이 분명해졌다. 기존의 서사를 뒤집은 그의 서사는 초원 지대의 '쿠르간 문화권Kurgan culture'에서 이주해온 공격적이고, 가부장적이며, 유목민적이고, 예술적으로 무능한 인도-유럽인 침략자들을 이들보다 훨씬 더 오래되고 뛰어난 중부 유럽 사람들, 즉 어머니 중심적이고, 농경적이며, 섬세한 미적 감각을 지닌 구유럽인들과 첨예하게 대립시켰다. 여기에는 명백한 서브텍스트가 깔려 있었는데, 그것은 바로 소련이 그녀의 고향인 리투아니아를 점령한 사건이다.[9]

짐부타스의 견해가 거의 주도권을 장악해가던 즈음, 콜린 렌프류 Colin Renfrew가 이에 도전을 제기하며 다른 이들이 생각하던 것보다 훨씬 더 앞선 시기의 아나톨리아가 고향이라고 주장했다.[10] 이런 입장이었기에, 그는 인도-유럽인이 확산된 것은 군사력의 급속한 팽창 때문이 아니라 농경의 점진적이고 평화로운 확산 덕분이라고 보게 되었다. 최근 들어 또 다른 이론들이 대거 쏟아져 나오고 있는데, 그 대부분은 편협한 민족주의에서 동력을 얻고 있다. 그레고리안 수사들은 카프카스 지방이, 인도인들은 힌두 쿠쉬 지방이, 아르메니아인들은 아르메니아가 본향이라고 주장하고 있고, 또 어떤 이들은 단순히 자기 민족의 토착성을 주장하면서 확산이나 침략에 관한 모든 이론을 거부하고 있다.[11]

이러한 학문적 작업들(=신화+주석)에는 모두 공통의 문제점이 있다. 이들은 물음을 적절히 유지시켜줄 문헌 자료는 하나도 없이 다만 고고학적 자료만 가득한 선사시대로 너무 멀리 거슬러 올라간다. 실제로 유라시아 곳곳에서 발견되는 수천 년 전의 유물들은 정교한 최종 결론을 고안해내기 위한 증거로 사용될 수도 있다. 하지만 어떤 원칙에 따라 선택할 것인지는 대개 연구자의 의향에 따라 결정된다.[12] 연구자가 자기 맘대로 날조하려는 것을 자료나 동료 연구자들이 막지 못할 경우, 신화로서의 학문이 넘쳐나는 상황이 무르익게 된다. 여기서 선사시대는 말 그대로 '이전pre-'이 된다. 이 실패와 가능성의 영역에서, 역사학자들과 신화학자들은 손을 맞잡고—영웅, 모험, 위대한 항해, 잃어버린 원초적 낙원을 두루 갖춘—기원에 대한 설명들을, 자신들의 이익을 반영하며 이를 증진시키는 온갖 설명들을 제시할 수도 있다. 이것이야말로 신화, 즉 서사 형식의 이데올로기다.

마음은 굴뚝같지만, 나는 이런 논의들을 비웃거나 이치에 어긋난 것으로 치부해버리지는 않겠다. 북방의 **본향**을 옹호하는 이들이 그저 잉크나 낭비했다고 생각할 필요가 꼭 있겠는가? 역사에다가 편협한 목적론을 소급 적용하여 읽는 것은 분명 잘못된 일이다. 그렇기에 우리는 아리아인의 기치 아래 저질러진 모든 극악무도한 짓에 대한 책임이 윌리엄 존스 경과 그 동료들에게 있다고 주장하는 바이다. 하지만 일단 아리아인 담론과 나치의 범죄 사이의 관계에 대해 알게 된 이상—또한 이제는 명백히 밝혀진 그 담론의 허점과 오류를 알게 된 이상—우리는 그보다는 더 잘해야겠다고 결심해야 한다. 기억과 품위 그리고 학문적 분별력은 우리에게 만일 우리가 이제 '인도-유럽'이라는 점잖은 표현으로 불리는 것들에 관한 이론을 정립하고자 한다면 극도의 주의를 기울여야 한다고 요구한다.

내가 주장하고자 하는 입장은 다음과 같다. 첫째, 우리는 토카라어, 인도어, 이란어, 아르메니아어, 아나톨리아어, 그리스어, 이탈리아어, 프리지아어, 트라키아어, 발트어, 슬라브어, 게르만어, 켈트어를 포괄하는 하나의 어족이 존재한다는 것은 확실한 사실이라는 데 동의한다. 둘째, 우리는 이 언어들 간의 관계가 여러 방식으로 기술될 수 있다는 것을 인정한다. 쓸모 있는 가설들 중에서 **계통수** 모델이 가장 널리 받아들여지고는 있지만, 그것이 유일한 모델인 것은 결코 아니다. 다른 모델들이 존재하는 한, 계통수 모델을 유일한 것으로 받아들여서는 안 되며, 확실한 이유가 없는 한 다른 모델들을 내던져버려서도 안 된다. 그럴만한 확실한 이유가 없는 한, 우리는 다양한 가설의 존재를 의식하고, 인종차별적인 역사와 서브텍스트로 점철된 가설들에 대해 특히 회의적인 태도를 견지하면서 불가지론에 머물 수 있다. 셋째, 우리는 하나의 어족이 존재한다고 해서 이것이 반드시 하나의 공통기어가 존재함을 의미하는 것은 아니라는 점을 인정한다. 더욱이 설령 공통기어가 존재한다고 해도, 이것이 곧 원민족, 원신화, 원이데올로기, 본향의 존재를 상정하거나 수반하는 것은 아니다.

어떤 측면에서, 나는 내가 다시금 **본향**을 찾아내기 위한 논의를 하고 있다고 생각한다. 그러나 내가 찾는 곳은 지구상의 특정 지역이 아니라, 특정 담론이다. 그 안에서 이러한 담론이 형성되고 계속 무성해져온 텍스트들을 파헤치고자 할 때, 우리는 텍스트들을 적절한 맥락 안에 위치시키고, 텍스트들 간의 관계를 확립하며, 드러나거나 숨겨진 그 이데올로기적 측면과 그 밖의 측면들을 탐색함으로써 그 텍스트들의 내용을 해명할 수 있다. 이 모든 작업은 때로 감탄 속에 행해질 수도 있고, 때로 전율 속에 행해질 수도 있다. 또 거기에는 비판적 엄밀성, 비판적 관점, 비판적 거리가 요구될 수도 있고, 상당한 후회가 따를 수도 있다. 신화학도로서 우리는 우리 학문 분야와 여타 학문 분야의 선학들이 수행했던 신화 만들기에 관심을 돌릴 수도 있으며, 우리의 후학들이 언젠가 우리에게 고마워하게 될 지식을 확보할 수도 있다. 한마디로 내가 하려는 이야기는—다른 모든 이야기와 마찬가지로, 그것은 저자의 관심과 욕망에 따라 좌우되는 이데올로기적 차원을 지닌 이야기다—범주들을 재조정하고, 특권을 재분배하는 이야기, '재구성'이라는 기획에서 벗어나 비판이라는 기획으로 나아가는 움직임을 독려하는 이야기다.

주석

머리말과 감사의 말

1. Ivan Strenski, *Four Theories of Myth in Twentieth-Century: Cassirer, Eliade, Lévi-Strauss, and Malinowski*(Iowa City: University of Iowa Press, 1987)[이반 스트렌스키, 『20세기 신화 이론: 카시러, 말리노프스키, 엘리아데, 레비스트로스』, 이용주 옮김, 이학사, 2008. 이후 간혹 소개되는 여러 원서의 한국어 번역본은 참조 사항일 뿐이며, 모든 인용 쪽수는 영어 원서의 것이다]; Daniel Dubuisson, *Mythologies du XXe siècle*(Lille: Presses universitaires de Lille, 1993)[*Twentieth Century Mythologies: Dumézil, Lévi-Strauss, Eliade*, trans. by Martha Cunningham, London: Equinox, 2006].

2. Emile Durkheim and Marcel Mauss, *Primitive Classification*, trans. Rodney Needham(Chicago: University of Chicago Press, 1963; French Original[*De Quelques Formes Primitives de Classification*], 1901~2), pp. 77~78.

3. 내가 이런 문제를 어떻게 처음으로 조금이나마 깨닫기 시작했는지에 대해서는 Bruce Lincoln, *Myth, Cosmos, and Society: Indo-European Themes of Creation and Destruction*(Cambridge, MA: Harvard University Press, 1986), p. 173 n. 2에 나타나 있다. 좀 더 철저한 불만은 *Death, War, and Sacrifice: Studies in Ideology and Practice*(Chicago: University of Chicago Press, 1991), pp. xv~xix, 119~27에 드러나 있다.
4. Georges Dumézil, *Mythe et épopée*, Vol. 2: *Types épiques indo-européens: un héros, un sorcier, un roi*(Paris: Gallimard, 1971).
5. 이런 식의 이야기는 여러 요약적 논의에서 볼 수 있다. 예를 들어 C. Scott Littleton, *The New Comparative Mythology*, 3d ed., rev.(Berkeley: University of California Press, 1966, 1982) 참조.

1장

1. 이 주제에 관한 옛 논의로는 특히 다음 책들을 볼 것. F. M. Conford, *From Religion to Philology*(New York: Longmans Green, 1912); Wilhelm Nestle, *Vom Mythos zu Logos: Die Selbstentfaltung des griechischen Denkens von Homer bis auf die Sophistik und Sokrates*(Stuttgart: Alfred Kröner, 1940); 그리고 Bruno Snell, *The Discovery of the Mind*(London: Blackwell, 1963). 좀 더 근래의 연구로는 W. K. C. Guthrie, *A History of Greek Philosophy*, Vol. 1: *The Earlier Presocratics and the Phythagoreans*(Cambridge: Cambridge University Press, 1962), pp. 1~3, 140~42; G. S. Kirk, J. E. Raven and M. Schofield, *The Presocratic Philosophers*(Cambridge: Cambridge University Press, 1983), pp. 72~74; 그리고 Peter Schmitter, "Vom 'Mythos' zum 'Logos': Erkenntniskritik und Sprachreflexionbei den Vorsokratikern", in *Geschichte der Sprachtheorie* (Tübingen: Narr, 1991), 2: 57~86. 에릭 해블록은 쓰기의 도입이 얼마나 중요한 역할을 했는지 강조함으로써 이 논의에 중요한 차원을 첨가했으나,

그의 논의는 다른 많은 부분에서 기존 연구자들의 논의와 크게 다르지 않다. 예를 들어 그의 "Preliteracy and the Presocratics", in Eric, A. Havelock, *The Literate Revolution in Greece and Its Cultural Consequences*(Princeton, NJ: Princeton University Press, 1982), pp. 220~60, 그리고 "The Linguistic Task of the Presocratics", in Kevin Robb, *Language and Thought in Early Greek Philosophy*(LaSalle, IL: Monist Library of Philosophy, 1983), pp. 7~81을 볼 것.

2. 예를 들어 M. L. West, ed., *Hesiod: Theogony*(Oxford: Oxford University Press, 1966)(27~28행)에는 다음과 같이 되어 있다. "ἴδμεν ψεύδεα πολλὰ λέγειν ἐτύμοισιν ὁμοῖα, / ἴδμεν δ', εὖτ' ἐθέλωμεν, ἀληθέα γηρύσασθαι." 또한 다음 책들을 볼 것. Paul Mazon, ed., *Hésiod: Théogonie, Les Travaux et les Jours, Le Bouclier*(Paris: Les Belles Lettre, 1928); Felix Jacoby, ed., *Hesiodi carmina*(Berlin, Weidmann, 1930); Friedrich Solmsen, ed. *Hesiodi Theogonia, Opera et Dies, Scutum*(Oxford: Clarendon Press, 1970); Graziano Arrighetti, ed., *Esiodo, Teogonia*(Milan: Rizzoli, 1984). 근래에 이 구절을 두고 많은 논의와 주석이 나왔다. 그중에서도 특히 다음을 볼 것. Pietro Pucci, *Hesiod and the Language of Poetry*(Baltimore, Johns Hopkins University Press, 1976), pp. 8~33; Wilfred Stroh, "Hesiod lügende Muse", *Beiträge zur klassishen Philologie* 72(1976): 85~112; Heinz Neitzel, "Hesiod und die lügenden Musen", *Hermes* 108(1980): 387~401; Elizabeth Belfiore, "Lies unlike the Truth: Plato on Hesiod, *Theogony* 27", *Transactions of the American Philological Association*(1985): 47~57; Angelo Buongiovanni, "La verità e il suo doppio(Hes. Theog. 27~28)", in *Interpretazioni antiche e moderne di testi greaci*(Pisa: Giardini, 1987), pp. 9~24; Giovanni Ferrari, "Hesiod's Mimetic Muses and the Strategies of Deconstruction", in Andrew Benjamin, ed., *Post-structuralist Classics*(London: Routledge, 1988), pp. 45~78; Louise Pratt, *Lying and Poetry from Homer to Pindar*(Ann Arbor: University of Michigan Press, 1993), pp. 108~12; Marie-Christine Leclerc, *La Parole*

chez Hésiode(Paris: Les Belles Lettre, 1993), pp. 204~22.

3. *Odyssey* 19.203: "῏Ισκε ψεύδεα πολλὰ λέγων ἐτύμοισιν ὁμοῖα·." 이 구절은 변장한 오뒤세우스가 부인에게 자신의 정체를 숨기고, 그녀를 감동시켜 눈물을 흘리게 만드는 이야기에 나온다. 여기서 그럴듯한 거짓말을 꾸며내는 오뒤세우스의 능력은 진실에 대한 이해, 이를 감추거나 오해하게끔 만들고자 하는 바람, 그리고 언어적·개념적 기술에 달려 있다. 따라서 (이 구절과 *Theogony* 27에만 등장하는) *pseudea...etymoisin homoia*라는 문구는 순수한 잘못이 아니라, 속이려는 교묘한 의도에서 나온 행동이다.

4. *Works and Days* 260: "γηρύετ' ἀνθρώπων ἄδικον νόον." "뇌물을 받아먹는 왕들(βασιλῆς...δωροφάγοι)"이라는 표현은 263~64행에 나오며, 은연중에 35~39행과 비교가 된다. γηρύομαι는 호메로스에게서는 나타나지 않고, *Homeric Hymn to Hermes*[『헤르메스에게 바치는 호메로스풍의 찬가』] 426과 Delphic Oracle[『델피 신탁』] 473.4(H. W. Parke and D. E. W. Wormell, *The Delphic Oracle*[Oxford: Blackwell, 1956], p. 192)에 진실에 대한 신성한 선포와 관련해서 등장한다. José A. Fernández Delgado, *Los Oráculos y Hesíodo: Poesía oral mántica y gnómica griegas*(Slalamanca: Universidad de Extremadura, 1986), pp. 40 그리고 48~99에서 참조한 내용이다.

5. West, p. 60에 있는 재구성된 계통도를 보면, B, a(이는 다시 n과 v로 나뉜다), b, 그리고 k(이는 다시 K와 u로 나뉜다), 이렇게 4개의 주요한 필사본 계가 있다. B와 u는 단편만이 보존되어 있고 따라서 28행이 들어 있지 않다. (두 개의 필사본이 존재하는) n을 제외한 모든 판본은 μυθήσασθαι 라고 읽었다. 초기 편집자들은 더 어려운 단어를 선택한다는 렉티오 디피킬리오르lectio difficilior의 원칙에 따라 γηρύσασθαι를 선호했다. 후에 발견된 2세기와 3세기의 두 파피루스(West가 말하는 P^1과 P^2)에 의해 이 선택은 확정되었다.

6. *Works and Days* 8~10:

   Ζεὺς ὑψιβρεμέτης, ὃς ὑπέρτατα δώματα ναίει,

κλῦθι ἰδὼν ἀιών τε, δίκῃ δ' ἴθυνε θέμιστας
τύνη· ἐγὼ δέ κε, Πέρσῃ, ἐτήτυμα μυθησαίμην.

7. 무사 여신들이 서로 다른 두 종류의 말을 하는 두 부류의 인간들에게 영감을 준다는 점에도 또한 주목하자. 즉 이들은 회의에서 연설하고 법적인 판결을 전달하는 왕들(Theogony 81~93), 그리고 신들과 영웅들의 행위를 노래함으로써 인간의 슬픔을 잠시 잊게 해주는 시인들이다(Theogony 94~104). Homeric Hymn to the Muses and Apollo[『무사 여신들과 아폴론에게 바치는 호메로스풍의 찬가』] 2~4행 참조.

8. 로고스의 초기 용법에 대해 추적할 수 있는 가장 철저한 논의는, Herbert Boeder, "Der frühgriechische Wortgebrauch von Logos und Aletheia", Archive für Begriffsgeschichte 4(1959): 82~112이다. 그는 다음과 같은 것에 주목하기 시작했다. "Im Epos ist dieses Wort[logos] noch wenig gebräuchlich. Die spärlichen Belege nennen es nur im Zusammenhang von Bezauberung, Ablenkung und Irreführung."(p. 82) 또한 Henri Fournier, Les Verbes "dire" en grec ancien(Paris: Klincksieck, 1946); 그리고 Claude Calame, "'Mythe' et 'rite' en Grèce: Des Catégories indigènes?", Kernos 4(1991): 179~204 도 흥미롭다.

9. Works and Days 106: "ἕτερόν τοι ἐγὼ λόγον ἐκκορυφώσω." Leclerc, La Parole chex Hésiode, p. 34는 이 구절의 문맥에 맞게 logos를 "récit fictif"라 옮겼다. 세상의 시대들에 대한 헤시오도스의 설명(Works and Days 106~201)에 관해서는 Jean-Pierre Vernant, Mythe et pensée chez les Grecs(Paris: Maspero, 1974), 1: 13~79; K. Matthiessen, "Form und Funktion des Weltaltermythos bei Hesiod", in G. W. Bowersock et al., eds., Arktouros: Hellenic Studies Presented to Bernard Knox(Berlin: Walter de Gruyter, 1979), pp. 25~32를 볼 것.

10. 짐작할 수 있듯이, 이는 무궁무진하게 만들어질 수 있는 언어적 창조물의 성격에 대해 무사 여신들이 문법적인 형태의 암시를 던져주고 있는 것이다. "우리는 진실처럼 들리는 많은 거짓을 말할 줄 안다."(ἴδμεν ψεύδεα

πολλὰ λέγειν ἐτύμοισιν ὁμοῖα, Theogony 27) 비슷한 의미에서 라파엘 페타초니는, 코요테가 자신의 거짓 이야기가 신들의 한정된 진실보다 수없이 더 많다는 것을 보여주며 이야기 경연 대회에서 신들을 무찌르는 북미의 전설을 즐겨 인용했다. R. Pettazzoni, "The Truth of Myth", in *Essays in the History of Religions*(Leiden: E. J. Brill, 1967), p. 12.

11. *Theogony* 226~29:

Αὐτὰρ Ἔρις στυγερὴ τέκε μὲν Πόνον ἀλγινόεντα
Λήθην τε Λιμὸν καὶ Ἄλγεα δακρυόεντα
Ὑσμίνας τε Μάχας τε Φόνους τ' Ἀνδροκτασίας τε
Νείκεά τε Ψεύδεά τε Λόγους τ' Ἀμφιλλογίας τε

12. *Works and Days* 78: "ψεύδεά θ' αἱμυλίους τε λόγους καὶ ἐπίκλοπον ἦθος."

13. *Phaedrus*[『파이드로스』] 237b 참조. 소크라테스가 '사랑하지 않는 자'를 찬양하는 연설을 하는 장면. 이 연설의 화자로 설정된 이는 사실 이 연설을 듣는 젊은이의 연인이지만, 상대방을 유혹하기 위해서 아주 미묘하고, 교묘하게 그리고 유혹적으로(*haimulos*) 자신을 사랑하지 않는 자로 가장하게끔 설정되어 있다.

14. *Works and Days* 373~75:

μηδὲ γυνή σε νόον πυγοστόλος ἐξαπατάτω
αἱμύλα κωτίλλουσα, τεὴν διφῶσα καλιήν·
ὃς δὲ γυναικὶ πέποιθε, πέποιθ' ὅ γε φηλήτῃσιν'

이 구절에 대해서는 Folco Martinazzoli, "Un epiteto esiodeo della donna", *Parola del Passato*(1960): 203~31을 볼 것.

15. 헤시오도스와 그의 동시대인들의 여성관에 대해서는 G. Arrighetti, "Il

misoginismo di Esiodo", in *Misoginia e maschilismo in Grecia e in Roma* (Genoa: Istituto di filologia classica e medievale, Università di Genova, 1981), pp. 27~48; Patricia A. Marquardt, "Hesiod's Ambiguous View of Women", *Classical Philology* 77(1982): 283~91; Marilyn Arthur, "The Dream of a World without women: Poetics and the Circles of Order in the *Theogony* Proemium", *Arethusa* 16(1983): 63~82; Jean Rudhardt, "Pandora, Hésiode et les femmes", *Museum Helveticum* 43(1986): 232~46 을 볼 것. Ann Bergren의 광범위한 논의 "Language and the Female in Early Greek Thought", *Arethusa* 16(1983): 69~95도 참조할 것.

16. *Works and Days* 782~89:

ἕκτη δ' ἡ μέσση μάλ' ἀσύμφορός ἐστι φυτοῖσιν,
ἀνδρογόνος δ' ἀγαθή· κούρῃ δ' οὐ σύμφορός ἐστιν
οὔτε γενέσθαι πρῶτ' οὔτ' ἄρ' γάμου ἀντιβολῆσαι.
οὐδὲ μὲν ἡ πρώτη ἕκτη κούρῃ γε γενέσθαι
ἄρμενος, ἀλλ' ἐρίφους τάμνειν καὶ πώεα μήλων,
σηκόν τ' ἀμφιβαλεῖν ποιμνήιον ἤπιον ἦμαρ·
ἐσθλὴ δ' ἀνδρογόνος· φιλέοι δέ κε κέρτομα βάζειν
ψεύδεά θ' αἱμυλίους τε λόγους κρυφίους τ' ὀαρισμούς.

이 구절에 대해서는 Jesper Svenbro, "Naître le sixième jour du mois ou le vingtième", *Annuaire de l'École pratique des hautes études, V^e section* 101(1992/93): 244~45을 볼 것.

17. *Works and Days* 782: "μάλ' ἀσύμφορός ἐστι φυτοῖσιν."
18. *Works and Days* 786: "ἄρμενος, ἀλλ' ἐρίφους τάμνειν καὶ πώεα μήλων."
19. *Works and Days* 788~89: "ἐσθλὴ δ' ἀνδρογόνος· φιλέοι δέ κε κέρτομα βάζειν / ψεύδεά θ' αἱμυλίους τε λόγους κρυφίους τ' ὀαρισμούς."

20. Marcel Detienne and Jean-Pierre Vernant, *Cunning Intelligence in Greek Culture and Society*, trans. Janet Lloyd(Chicago: University of Chicago Press, 1991). 간편하게 요약된 논의는 13쪽을 볼 것.
21. 이 이야기는 *Theogony* 886~900행에 자세히 나온다. 더 자세한 논의는 Detienne and Vernant, pp. 107~12를 볼 것. 그 밖에 Annie Bonnafé, *Eros et Eris: Mariages divins et mythe de succession chez Hésiode*(Lyon: Presses Universitaires de Lyon, 1985), pp. 81~87; Clémence Ramnoux, "Les Femmes de Zeus: Hésiode, Théogonie vers 885~955", in Marcel Detienne and Nicole Loraux, eds., *Poikilia: Etudes offerts à Jean-Pierre Vernant*(Paris: Editions de l'école des hautes études en sciences sociales, 1987), pp. 155~64도 참조.
22. *Theogony* 890, 899. "자궁"이라는 의미와 관련된 네두스에 대해서는 *Theogony* 460과 *Iliad* 24.496을 볼 것. 아테네가 제우스를 남성 어머니로 갖고, 똑같은 애매모호한 공간에서 임신 기간을 끝내고 태어나는 것에 주목할 것.
23. *Theogony* 887: "πλεῖστα θεῶν εἰδυῖαν ἰδὲ θνητῶν ἀνθρώπων."
24. *Theogony* 889~90: "δόλῳ φρένας ἐξαπατήσας / αἱμυλίοισι λόγοισιν ἑὴν ἐσκάτθετο νηδὺν."
25. *Odyssey* 1.55~57:

   τοῦ θυγάτηρ δύστηνον ὀδυρόμενον κατερύκει,
   αἰεὶ δὲ μαλακοῖσι καὶ αἱμυλίοισι λόγοισιν
   θέλγει, ὅπως Ἰθάκης ἐπιλήσεται·

26. *Homeric Hymn to Hermes* 316: "οὐκ ἀδίκως ἐπὶ βουσὶν ἐλάζυτο κύδιμον Ἑρμῆν."
27. 헤르메스는 *mētis, haimulos, dolos*('속임수', '교활함') 같은 어휘를 활용한 온갖 용어로 묘사되며―*haimulomētis*(13행), *poikilomētis*(155, 514행), *dolophrades*(282행), *polymētis*(318행), *dolomētis*(405행)―, 그가 *doloi*를 사용하는 것 역시 66,

76 그리고 86행에 언급된다. 헤르메스와 찬가에 묘사된 그의 성격에 관해 서는 Norman O. Brown, *Hermes the Thief*(New York: Vintage Books, [1947]1969)가 여전히 가치 있는 책이다. 그 밖에 Giancarlo Croci, "Mito e poetica nell' inno a Ermes", *Bolletino dell' Istituto di Filologia greca, Università di Padova* 4(1977/78): 175~84; Laurence Kahn, *Hermès passe, ou les ambiguïtés de la communication*(Paris: Maspero, 1978); H. Herter, "L'Inno a Hermes alla luce della poesia oracle", in C. Brillante et al., eds., *I poemi epici rapsodici non omerici e la tradizione orale*(Padua: Antenore, 1981), pp. 183~201을 볼 것.

28. *Homeric Hymn to Hermes* 317~18: "αὐτὰρ ὁ τέχνῃσίν τε καὶ αἱμυλίοισι λόγοισιν / ἤθελεν ἐξαπατᾶν Κυλλήνιος Ἀργυρότοξον."

29. *Iliad* 4.339~40: "καὶ σὺ κακοῖσι δόλοισι κεκασμένε κερδαλεόφρον, / τίπτε καταπτώσσοντες ἀφέστατε, μίμνετε δ' ἄλλους."

30. 이는 기원전 3세기로 거슬러 올라가는 영국박물관 파피루스 136에 근거해 읽은 것이다.

31. *Iliad* 2.734~36. 에우뤼퓔로스는 전투에 종종 등장하며(5.76~79, 6.36, 8.265), 헥토르와 대결할 상대를 뽑기 위한 제비뽑기에 도전한 사람 중 하나다(7.167). 그는 중요한 영웅으로 다뤄지며, 그의 부상은 그리스 군에게 특히 불행의 전조가 된다. 11.660~62 그리고 16.25~27.

32. *Iliad* 15.390~400:

Πάτροκλος δ' ἧος μὲν Ἀχαιοί τε Τρῶές τε
τείχεος ἀμφεμάχοντο θοάων ἔκτοθι νηῶν,
τόφρ' ὅ γ' ἐνὶ κλισίῃ ἀγαπήνορος Εὐρυπύλοιο
ἧστό τε καὶ τὸν ἔτερπε λόγοις, ἐπὶ δ' ἕλκεϊ λυγρῷ
φάρμακ' ἀκέσματ' ἔπασσε μελαινάων ὀδυνάων.
αὐτὰρ ἐπεὶ δὴ τεῖχος ἐπεσσυμένους ἐνόησε
Τρῶας, ἀτὰρ Δαναῶν γένετο ἰαχή τε φόβος τε,

ᾤμωξέν τ᾽ ἄρ᾽ ἔπειτα καὶ ὣ πεπλήγετο μηρὼ
χερσὶ καταπρηνέσσ᾽, ὀλοφυρόμενος δ᾽ ἔπος ηὔδα·
Εὐρύπυλ᾽, οὐκέτι τοι δύναμαι χατέοντί περ᾽ ἔμπης
ἐνθάδε παρμενέμεν· δὴ γὰρ μέγα νεῖκος ὄρωρεν·

33. *Iliad* 15.329에서 '즐겁게 해주는'이라는 의미로 사용된 동사는 *terpein*이다. 헤시오도스는 이 동사를 무사 여신들의 노래가 제우스에게 미치는 효과를 나타내기 위해 사용했다(*Theogony* 38, 51). 또한 이 단어의 어근은 두 무사 여신의 이름 속에 나타나며(Eu-terpē 와 Terpsi-chorē), 헤시오도스가 무사 여신들과 아프로디테에게 부여한, 미적 관능적 즐거움을 가져다주는 능력을 나타내는 말(*terpsis*, 각각 *Theogony* 917, 206)에도 나타난다. 호메로스에게 있어서 이 단어는 자주 시(*Iliad* 1.474, 9.186, 189; *Odyssey* 1.347, 8.45, 17.385), 음악(*Iliad* 18.526), 노래와 춤(*Odyssey* 1.422=18.305) 등과 연관된다.

34. 이 구절의 두 부분은 다음과 같이 대조시켜 볼 수 있다.

	전투의 장소와 성격	파트로클로스의 행동	파트로클로스의 말
휴식 (15.390~93)	성벽 둘레	"어두운 고통을 치료해줄 약을 뿌렸다."	"말로 그를 즐겁게 해주었고" (*eterpe logois*)
행동 (15.394~400)	트로이아인들이 성벽을 뚫고 들어옴. "비명과 공포"	"슬픔에 잠겨 소리치며 손바닥으로 허벅지를 때리고."	"울부짖으며 다음과 같이 연설을 했다." (*olophuromenos d'epos ēuda*)

35. *Theogony* 646~50:

벌써 꽤 오랫동안 승리와 권력을 위하여
날마다 서로 싸우고 있소,

티탄 신족과 크로노스에게서 태어난 우리들은.
이제 그대들의 강력한 힘과 무적의 손을 보여주시오,
무시무시한 전투에서 티탄족에 맞서.
ἤδη γὰρ μάλα δηρὸν ἐναντίοι ἀλλήλοισι
νίκης καὶ κάρτευς πέρι μαρνάμεθ' ἤματα πάντα,
Τιτῆνές τε θεοὶ καὶ ὅσοι Κρόνου ἐκγενόμεσθα.
ὑμεῖς δὲ μεγάλην τε βίην καὶ χεῖρας ἀάπτους
φαίνετε Τιτήνεσσιν ἐναντίοι ἐν δαῒ λυγρῇ.

36. *Theogony* 664~67:

그가 이렇게 말하자 복을 가져다주는 신들은 동의했다,
그의 뮈토스를 듣고 나서. 그들의 기개는 전보다 더
전쟁을 열망했다. 그날 그들은 남신도 여신도
모두 더 바랄 것이 없는 전투를 일으켰다.
ὣς φάτ'· ἐπήνησαν δὲ θεοί δωτῆρες ἐάων
μῦθον ἀκούσαντες· πολέμου δ' ἐλιλαίετο θυμὸς
μᾶλλον ἔτ' ἢ τὸ πάροιθε· μάχην δ' ἀμέγαρτον ἔγειραν
πάντες, θήλειαί τε καὶ ἄρσενες, ἤματι κείνῳ....

37. *Theogony* 168~72:

θαρσήσας δὲ μέγας Κρόνος ἀγκυλομήτης
αἶψ' αὖτις μύθοισι προσηύδα μητέρα κεδνήν.
"μῆτερ, ἐγὼ κεν τοῦτό γ' ὑποσχόμενος τελέσαιμι
ἔργον, ἐπεὶ πατρός γε δυσωνύμου οὐκ ἀλεγίζω
ἡμετέρου· πρότερος γὰρ ἀεικέα μήσατο ἔργα."

38. *Works and Days* 202~12:

Νῦν δ' αἶνον βασιλεῦσιν ἐρέω φρονέουσι καὶ αὐτοῖς·
ὧδ' ἴρηξ προσέειπεν ἀηδόνα ποικιλόδειρον,
ὕψι μάλ' ἐν νεφέσσι φέρων ὀνύχεσσι μεμαρπώς·
ἡ δ' ἐλεόν, γναμπτοῖσι πεπαρμένη ἀμφ' ὀνύχεσσιν,
μύρετο· τὴν ὅ γ' ἐπικρατέως πρὸς μῦθον ἔειπεν·
"δαιμονίη, τί λέληκας; ἔχει νύ σε πολλὸν ἀρείων·
τῇ δ' εἶς, ᾗ σ' ἂν ἐγώ περ ἄγω καὶ ἀοιδὸν ἐοῦσαν·
δεῖπνον δ', αἴ κ' ἐθέλω, ποιήσομαι ἠὲ μεθήσω.
ἄφρων δ', ὅς κ' ἐθέλῃ πρὸς κρείσσονας ἀντιφερίζειν·
νίκης τε στέρεται πρός τ' αἴσχεσιν ἄλγεα πάσχει."
ὣς ἔφατ' ὠκυπέτης ἴρηξ, τανυσίπτερος ὄρνις.

이 우화에 대해서는 Annie Bonnafé, "Le Rossignol et la justice en pleurs", *Bulletin de l'association Georges Budé*(1983): 260~64; Jens Uwe Schmidt, "Hesiods *Ainos* von Habicht und Nachtigall", *Wort und Dienst* 17(1983): 55~76; Steven Lonsdale, "Hesiod's Hawk and Nightingale(*Op.* 202~12), Fable or Omen?", *Hermes* 117(1989): 403~12; Marie Chrisine Leclerc, "Le Rossignol et l'épervier d'Hésiode: Une fable a double sens", *Revue des études grecques* 105(1992): 37~44를 볼 것.
39. *Odyssey* 19.518~22 참조.
40. *Iliad* 18.508; *Theogony* 86; *Works and Days* 7, 9, 36, 224, 226, 263.
41. *Works and Days* 263: "ταῦτα φυλασσόμενοι, βασιλῆς, ἰθύνετε μύθους." 헤시오도스와 페르세스의 논쟁은 *Works and Days* 35~39, 274~85에 나와 있다.
42. *Works and Days* 190~94:

οὐδὲ τις εὐόρκου χάρις ἔσσεται οὐδὲ δικαίου
οὐδ' ἀγαθοῦ, μᾶλλον δὲ κακῶν ῥεκτῆρα καὶ ὕβριν
ἀνέρα τιμήσουσι· δίκη δ' ἐν χερσι· καὶ αἰδὼς
οὐκ ἔσται, βλάψει δ' ὁ κακὸς τὸν ἀρείονα φῶτα
μύθοισι σκολιοῖς ἐνέπων, ἐπὶ δ' ὅρκον ὀμεῖται.

43. *Works and Days* 184: "οὐδὲ κασίγνητος φίλος ἔσσεται, ὡς τὸ πάρος περ." 더 자세한 것은 *Works and Days* 176~201을 볼 것.

44. *Theogony* 24~28:

τόνδε δέ με πρώτιστα θεαὶ πρὸς μῦθον ἔειπον,
Μοῦσαι Ὀλυμπιάδες, κοῦραι Διὸς αἰγιόχοιο·
"ποιμένες ἄγραυλοι, κάκ' ἐλέγχεα, γαστέρες οἶον,
ἴδμεν ψεύδεα πολλὰ λέγειν ἐτύμοισιν ὁμοῖα,
ἴδμεν δ' εὖτ' ἐθέλωμεν ἀληθέα γηρύσασθαι."

45. 물론 절대적인 확실성은 결코 확보되지 않는다. 거짓말쟁이 무사 여신들의 영감을 받은 거짓말쟁이 시인이 거짓말을 하고 있을 추잡한 가능성이 있다. 그가 무사 여신들이 진실을 말한다고 할 때, 사실상 무사 여신들이 진실을 말하는 자신들의 능력에 대해 거짓말을 하고 있을 때 말이다. 이렇게 되면 무한한 역행으로 들어서게 되고, 이는 헤시오도스와 서사시 일반이 주장하는 권위에 대해 함의하는 바가 크다. 그러나 현재로서 우리의 직접적인 관심과 관련해서는 충분히 살펴보았다. 즉 *Theogony* 24에서 시인이 어휘소 뮈토스를 사용한 것은 무사 여신들의 말을 믿을만하고 진실한 것으로 만들기 위해서였다.

46. 아래에 인용된 구절 외에 다른 곳들도 볼 것. *Iliad* 1.273. 1.388. 1.565, 2.282, 2.335, 3.76, 3.87, 4.357, 4.412, 5.715, 7.404, 9.62, 11.839, 14.127, 16.83, 16.199, 19.85, 19.107, 19.220, 20.369, 22.281, 24.571; *Odyssey* 1.273,

1.361=21.355, 2.77, 2.83, 5.98, 8.302, 10.189, 10.561, 23.62; *Hymn to Hermes* 29, 154, 253, 261, 300.

47. *Iliad* 2.198~202:

Ὃν δ' αὖ δήμου τ' ἄνδρα ἴδοι βοόωντά τ' ἐφεύροι,
τὸν σκήπτρῳ ἐλάσασκεν ὁμοκλήσασκέ τε μύθῳ·
δαιμόνι', ἀτρέμας ἧσο καὶ ἄλλων μῦθον ἄκουε,
οἳ σέο φέρτεροί εἰσι, σὺ δ' ἀπτόλεμος καὶ ἄναλκις,
οὔτε ποτ' ἐν πολέμῳ ἐναρίθμιος οὔτ' ἐνὶ βουλῇ.

48. *Odyssey* 1.356~61:

ἀλλ' εἰς οἶκον ἰοῦσα τὰ σ' αὐτῆς ἔργα κόμιζε,
ἱστόν τ' ἠλακάτην τε, καὶ ἀμφιπόλοισι κέλευε
ἔργον ἐποίχεσθαι· μῦθος δ' ἄνδρεσσι μελήσει
πᾶσι, μάλιστα δ' ἐμοί· τοῦ γὰρ κράτος ἔστ' ἐνὶ οἴκῳ."
Ἡ μὲν θαμβήσασα πάλιν οἰκόνδε βεβήκει·
παιδὸς γὰρ μῦθον πεπνυμένον ἔνθετο θυμῷ.

이 구절은 *Odyssey* 21.350~55에 단지 한 단어만 바꾸어서 되풀이된다. 그런데 이 바뀐 한 단어가 중요하다. 여기 1.358의 *mythos* 대신에 *Odyssey* 21.352에서는 *toxon*('활')이 사용되었기 때문이다. 이렇게 해서 뮈토스라는 말은 이 서사시에서 정의로운 성인 남성의 힘을 증명하는 데 사용되는 무기인 활과 동등한 기능을 하게 된다.

49. Richard P. Martin, *The Language of Heroes: Speech and Performance in the Iliad* (Ithaca, NY: Cornell University Press, 1989). 이 통계는 22쪽에 나와 있다.

50. 마틴은 『오뒤세이아』를 상세히 다루고 있지는 않지만, 호메로스풍의 시들과 『오뒤세이아』에서도 뮈토스가 역시 같은 방식으로 사용된다고 지적한다.

51. Charles H. Kahn, *The Art and Thought of Heraclitus*(Cambridge: Cambridge University Press, 1979), p. 102.
52. 이 주제에 대한 최고의 논의는 여전히 Eric Havelock, *Preface to Plato* (Cambridge, MA: Belknap Press, 1963)이다. 이 주제에 대한 다른 접근들을 보려면, Stanley Rosen, *The Quarrel between Philosophy and Poetry*(New York: Routledge, 1988); Thomas Gould, *The Ancient Quarrel between Poetry and Philosophy*(Princeton, NJ: Princeton University Press, 1990); 그리고 Bruce Lincoln, "Socrates' Prosecutors, Philosophy's Rivals, and the Politics of Discursive Forms", *Arethusa* 26(1993): 233~46. 다음 책들의 논의도 적절하고 중요하다. Marcel Detienne, *The Creation of Mythology*, trans. Margaret Cook(Chicago: University of Chicago Press, 1986)[마르셀 데티엔, 『신화학의 창조: 누가 신화를 창조했는가?』, 남수인 옮김, 이끌리오, 2001]; Paul Veyne, *Did the Greeks Believe in Their Myths?* trans. Paula Wissing(Chicago: University of Chicago Press, 1988)[폴 벤느, 『그리스인들은 신화를 믿었는가?: 구성적 상상력에 관한 논고』, 김운비 옮김, 이학사, 2002]; Luc Brisson, *Platon, les mots et les mythes*(Paris: Maspero, 1982).

2장

1. 2장의 배경 지식을 위해 읽어볼만한 글로는 다음이 있다. Marcel Detienne, *The Masters of Truth in Archaic Greece*, trans. Janet Lloyd(New York: Zone, 1996); *The Creation of Mythology*, trans. Margaret Cook(Chicago: University of Chicago Press, 1986); Claude Calame, *The Craft of Poetic Speech in Ancient Greece*, trans. Janice Orion(Ithaca, NY: Cornell University Press, 1995), "'Myth' et 'rite' en Grèce: Des Catégories indigènes", *Kernos* 4(1991): 179~204; Richard Buxton, *Imaginary Greece: The Contexts of Mythology*(Cambridge: Cambridge University Press, 1994); Fritz Graf, *Greek Mythology: An*

Introduction, trans. Thomas Marier(Baltimore: Johns Hopkins University Press, 1993); Giuseppe Cambiano, Luciano Canfora, and Diego Lanza, eds., *Lo spazio letterario della Grecia antica*(Rome: Salerno, 1992); Peter Rose, *Sons of the Gods, Children of Earth: Ideology and Literary From in Ancient Greece*(Ithaca, NY: Cornell University Press, 1992); Christiane Sourvinou-Inwood, *Reading Greek Culture: Texts and Images, Rituals and Myths*(Oxford: Clarendon Press, 1991); Wolfgang von Kullmann and Michael Reichel, eds., *Der Übergang von der Mündlichkeit zur Literartur bei den Griechen*(Tübingen: Narr, 1990); Gregory Nagy, *Greek Mythology and Poetics*(Ithaca, NY: Cornell University Press, 1990); Paul Veyne, *Did the Greeks Believe in Their Myths?* trans. Paula Wissing(Chicago: University of Chicago Press. 1988); Bruno Gentil, *Poetry and Its Public in Ancient Greece*(Baltimore: Johns Hopkins University Press, 1988); Bruno Gentili and Giuseppe Paioni, eds., *Oralità: Cultura, letteratura, discorso*(Rome: Edizioni dell'Ateneo, 1985); Jean-Pierre Vernant, *Myths and Thought among the Greeks*, trnas. Janet Lloyd(London: Routledge and Kegan Paul, 1983); *Myth and Society in Ancient Greece*, trans. Janet Lloyd(London: Harvester Press, 1980); *The Origins of Greek Thought*(Ithaca, NY: Cornell University Press, 1982); Dario Sabbatucci, "Aspetti del rapporto *mythos-logos* nella cultura greca", in B. Gentili and G. Paioni, eds. *Il mito greco*(Rome: Ateneo, 1977), pp. 57~62; Jasper Svenbro, *La Parole et le marbre: Aux origines de la poétique grecque*(Lund: Studentenlitteratur, 1976); Eric A. Havelock, *Preface to Plato*(Cambridge, MA: Belknap Press, 1963); E. R. Dodds, *The Greeks and the Irrational* (Berkeley: University of California Press, 1951). 특별히 호메로스에 관해서는 다음을 찾아볼 것. Carles Segal, *Singers, Heroes, and Gods in the Odyssey* (Ithaca, NY: Cornell University Press, 1994); Carlo Brillante, "Il cantore e la Musa nell' epica greca arcaica", *Rudiae: Ricerche sul mondo classico* 4(1993): 7~37; Walter Pötscher, "Das Selbstverständnis des Dichter in der homerischen Poesie", *Literaturwissenschaftliches Jahrbuch* 27(1986): 9～22; Colin Macleod, "Homer on Poetry and the Poetry of Homer", in *Collected Essays*(Oxford: Clarendon Press, 1983), pp. 1～15; F. Bertolini, "Dall' aedo omerico al vate Esiodo", *Quaderni di storia* 6(1980): 127～42; Wolfgang Schadewalt, "Die Gestalt des homerischen Sängers", in *Von Homers Welt und Werk,* 4th ed.(Stuttgart: Köhler, 1965), pp. 54～87.

2. *Odyssey* 8.479～81:

πᾶσι γὰρ ἀνθρώποισιν ἐπιχθονίοισιν ἀοιδοὶ
τιμῆς ἔμμοροί εἰσι καὶ αἰδοῦς, οὕνεκ' ἄρα σφέας
οἴμας μοῦσ' ἐδίδαξε, φίλησε δὲ φῦλον ἀοιδῶν.

3. *Odyssey* 8.492～98:

ἀλλ' ἄγε δὴ μετάβηθι καὶ ἵππου κόσμον ἄεισον
δουρατέου, τὸν Ἐπειὸς ἐποίησεν σὺν Ἀθήνῃ,
ὅν ποτ' ἐς ἀκρόπολιν δόλον ἤγαγε δῖος Ὀδυσσεὺς
ἀνδρῶν ἐμπλήσας οἵ ῥ' Ἴλιον ἐξαλάπαξαν.
αἰ κεν δή μοι ταῦτα κατὰ μοῖραν καταλέξῃς,
αὐτίκ' ἐγὼ πᾶσιν μυθήσομαι ἀνθρώποισιν,
ὡς ἄρα τοι πρόφρων θεὸς ὤπασε θέσπιν ἀοιδήν.

4. *Odyssey* 8.577～80:

εἰπὲ δ' ὅ τι κλαίεις καὶ ὀδύρεαι ἔνδοθι θυμῷ
Ἀργείων Δαναῶν ἠδ' Ἰλίου οἶτον ἀκούων.
τὸν δὲ θεοὶ μὲν τεῦξαν, ἐπεκλώσαντο δ' ὄλεθρον
ἀνθρώποις, ἵνα ᾖσι καὶ ἐσσομένοισιν ἀοιδή.

5. *Odyssey* 9.3~11:

ἦ τοι μὲν τόδε καλὸν ἀκουέμεν ἐστὶν ἀοιδοῦ
τοιοῦδ' οἷος ὅδ' ἐστί, θεοῖς ἐναλίγκιος αὐδήν.
οὐ γὰρ ἐγώ γέ τί φημι τέλος χαριέστερον εἶναι
ἢ ὅτ' ἐυφροσύνη μὲν ἔχῃ κάτα δῆμον ἅπαντα,
δαιτυμόνες δ' ἀνὰ δώματ' ἀκουάζωνται ἀοιδοῦ
ἥμενοι ἑξείης, παρὰ δὲ πλήθωσι τράπεζαι
σίτου καὶ κρειῶν, μέθυ δ' ἐκ κρητῆρος ἀφύσσων
οἰνοχόος φορέῃσι καὶ ἐγχείῃ δεπάεσσι·
τοῦτό τί μοι κάλλιστον ἐνὶ φρεσὶν εἴδεται εἶναι.

6. 헤시오도스에 대해 도움이 될만한 2차 문헌으로는 다음과 같은 것들이 있다. Cristiano Grottanelli "La parola rivelata", in Giuseppe Cambiano et al., *Lo spazio Letterario della Grecia antica*, pp. 219~64; Jenny Strauss Clay, "What the Muses Sang: *Theogony* 1~115", *Greek, Roman, and Byzantine Studies* 29(1988): 323~33; Giovanni Ferrari, "Hesiod's Mimetic Muses and the Strategies of Deconstruction", in Andrew Benjamin, ed., *Post-structuralist Classics*(London: Routledge, 1988), pp. 45~78; Angelo Buongiovanni, "La verità e il suo doppio(Hes. Theog. 27~28)", in *Interpretazioni antiche e moderne di testi greci*(Pisa: Giardini, 1987), pp. 9~24; Renate Schlesier, "Les Muses dans le prologue de la 'Théogonie' d'Hésiode", *Revue de l'histoire des religions* 199(1982): 131~67; Pietro Pucci, *Hesiod and the Languages of Poetry* (Baltimore: John Hopkins University Press, 1976).

7. *Theogony* 22~32:

αἵ νύ ποθ' Ἡσίοδον καλὴν ἐδίδαξαν ἀοιδήν,
ἄρνας ποιμαίνονθ' Ἑλικῶνος ὕπο ζαθέοιο.

τόνδε δέ με πρώτιστα θεαὶ πρὸς μῦθον ἔειπον,
Μοῦσαι Ὀλυμπιάδες, κοῦραι Διὸς αἰγιόχοιο·
"ποιμένες ἄγραυλοι, κάκ' ἐλέγχεα, γαστέρες οἶον,
ἴδμεν ψεύδεα πολλὰ λέγειν ἐτύμοισιν ὁμοῖα,
ἴδμεν δ', εὖτ' ἐθέλωμεν ἀληθέα γηρύσασθαι."
ὣς ἔφασαν κοῦραι μεγάλου Διὸς ἀρτιέπειαι,
καί μοι σκῆπτρον ἔδον δάφνης ἐριθηλέος ὄζον
δρέψασαι, θηητόν· ἐνέπνευσαν δέ μοι αὐδὴν
θέσπιν, ἵνα κλείοιμι τά τ' ἐσσόμενα πρό τ' ἐόντα.

8. Epimenides of Crete, Fragment B1: "Κρῆτες ἀεὶ ψεῦσται, κακὰ θηρία, γαστέρες ἀργγαί"
9. *Theogony* 81~93.
10. 소크라테스 이전 학자들에 대한 2차 문헌의 대부분은 순전히 철학적 문제에만 집중되어 있는 경향이 있지만, 다음 글들은 참조해볼 만하다. Jaume Pórtulas, "Heraclito y los maîtres à penser de su tiempo", *Emerita* 61 (1993): 159~76; Holger Thesleff, "Presocratic Publicity", in Sven-Tage Teodorsson, ed., *Greek and Latin Studies in Memory of Cajus Fabricus* (Göteborg: Acta Universitatis Gothoburgensis, 1990), pp. 110~21; Kevin Robb, ed., *Language and Thought in Early Greek Philosophy*(LaSalle, IL: Monist Library of Philosophy, 1983); Eric A. Havelock, *The Literature Revolution in Greece and Its Cultural Consequences*(Princeton, NJ: Princeton University Press, 1982); Daniel Babut, "Xénophane critique des poètes", *Antiquité classique* 43(1974): 83~117; "Héraclite critique des poètes et des savants", *Antiquité classique* 45(1976): 464~96; J. Defradas, "Le Banquet de Xénophane", *Revue des études grecques* 75(1962): 344~65.
11. Xenophanes, Fragment B11:

πάντα θεοῖσ' ἀνέθηκαν Ὅμηρός θ' Ἡσίοδός τε,
ὅσσα παρ' ἀνθρώποισιν ὀνείδεα καὶ ψόγος ἐστίν,
κλέπτειν μοιχεύειν τε καὶ ἀλλήλους ἀπατεύειν.

12. Heraclitus, Fragment B56: "ἐξηπάτηνται, φησίν, οἱ ἄνθρωποι πρὸς τὴν γνῶσιν τῶν φανερῶν παραπλησίως Ὁμήρῳ, ὃς ἐγένετο τῶν Ἑλλήνων σοφώτερος πάντων. ἐκεῖνόν τε γὰρ παῖδες φθεῖρας κατακτείνοντες ἐξηπάτησαν εἰπόντες· ὅσα δὲ εἴδομεν καὶ ἐλάβομεν, ταῦτα ἀπολείπομεν, ὅσα δὲ οὔτε εἴδομεν οὔτ' ἐλάβομεν, ταῦτα φέρομεν."

13. Heraclitus, Fragment B40, 42, 57.

14. Heraclitus, Fragment B5, 14, 81a, 92, 93, 129.

15. Heraclitus, Fragment B39, 104: "τίς γὰρ αὐτῶν νόος ἢ φρήν· δήμων ἀοιδοῖσι πείθονται καὶ διδασκάλῳ χρείωνται ὁμίλῳ οὐκ εἰδότες ὅτι 'οἱ πολλοὶ κακοί, ὀλίγοι δὲ ἀγαθοί." 프리에네스의 비아스의 경우에 대해서는 Herman Diels and Walther Kranz, *Die Fragmente der Vorsokratiker*(Zurich: Weidmann, 1974~75), 1: 65, no. 1을 볼 것.

16. 핀다로스에게서 나타나는 세 번의 뮈토스는 모두 거짓말, 속임수, 배반과 관련된다. Olympian[『올림피아 찬가』] 1. 28, Nemean[『네메아 찬가』] 7. 23과 8. 33. 헤라클레이토스 또한 뮈토스를 부정적으로 사용하는 것에 반해 로고스를 긍정적으로 사용하는 예를 보여주지만, 그와 거의 동시대 사람인 헤카타이오스에게서는 상황이 상당히 다르다. 따라서 헤카타이오스는 그의 역사를 다음과 같은 주장으로 시작한다. "나는 내게 진실인 것처럼 보이는 일들을 기록한다. 내가 보기에 그리스인들의 로고이는 여러 개이고 우스꽝스럽기 때문이다."[Ἑκαταῖος Μιλήσιος ὧδε μυθεῖται· τάδε γράφω, ὥς μοι δοκεῖ ἀληθέα εἶναι· οἱ γὰρ Ἑλλήνων λόγοι πολλοί τε καὶ γελοῖοι, ὡς ἐμοὶ φαίνονται, εἰσιν — Fragment 1, Jacoby.]

17. Xenophanes, Fragment B1.12~24:

μολπὴ δ' ἀμφὶς ἔχει δώματα καὶ θαλίη.
χρὴ δὲ πρῶτον μὲν θεὸν ὑμνεῖν εὔφρονας ἄνδρας
εὐφήμοις μύθοις καὶ καθαροῖσι λόγοις·
σπείσαντας δὲ καὶ εὐξαμένους τὰ δίκαια δύνασθαι
πρήσσειν—ταῦτα γὰρ ὦν ἐστι προχειρότερον—
οὐχ ὕβρις πίνειν ὁπόσον κεν ἔχων ἀφίκοιο
οἴκαδ' ἄνευ προπόλου μὴ πάνυ γηραλέος.
ἀνδρῶν δ' αἰνεῖν τοῦτον ὃς ἐσθλὰ πιὼν ἀναφαίνηι,
ὥς οἱ μνημοσύνη καὶ τόνος ἀμφ' ἀρετῆς,
οὔτι μάχας διέπων Τιτήνων οὐδὲ Γιγάντων
οὐδέ <τε> Κενταύρων, πλάσματα τῶν προτέρων,
ἢ στάσιας σφεδανάς, τοῖσ' οὐδὲν χρηστὸν ἔνεστι·
θεῶν <δὲ> προμηθείην αἰὲν ἔχειν ἀγαθόν.

18. 심포지움에 대해서는 Oswyn Murray, ed., *Sympotica: A Symposium on the Symposium*(Oxford: Clarendon Press, 1990); Massimo Vetta, ed., *Poesia e simposio nella Grecia antica*(Rome: Laterza, 1982)를 볼 것.

19. Xenophanes, Fragment B1.22.

20. Democritus, Fragment B297: "일부 사람들은 죽어야만 하는 존재의 사멸에 대해 알지 못한 채, 사는 동안의 악행에 대한 일반적인 지식을 갖고 평생 동안 불안과 두려움으로 고통 받으며, 신화의 형태를 한 거짓들을 꾸며낸다[pseudea...mythoplasteontes]."[ἔνιοι θνητῆς φύσεως διάλυσιν οὐκ εἰδότες ἄνθρωποι, συνειδήσει δὲ τῆς ἐν τῶι βίωι κακοπραγμοσύνης, τὸν τῆς βιοτῆς χρόνον ἐν ταραχαῖς καὶ φόβοις ταλαιπωρέουσι, ψεύδεα περὶ τοῦ μετὰ τὴν τελευτὴν μυθοπλαστέοντες χρόνου.]

21. Xenophanes, Fragment B1.22.

22. Democritus, Fragment B18: "ποιητὴς δὲ ἅσσα μὲν ἂν γράφηι μετ' ἐνθουσιασμοῦ καὶ ἱεροῦ πνεύματος, καλὰ κάρτα ἐστίν." Cf.

Fragment B21, 44.

23. Democritus, Fragment B225: "ἀληθομυθέειν χρεών, οὐ πολυλογέειν."
24. 파르메니데스에 관한 유용한 문헌으로는 다음과 같은 것들이 있다. Lambros Couloubaritsis, *Mythe et philosophie chez Parmenide*(Brussels: Ousia, 1990); Giovanni Pugliese Carratelli, "La Thea di Parmenide", *La parola del passato* 43(1988): 337~46; Robert Böhme, *Die verkannte Muse: Dichtersprache und geistige Tradition des Parmenides*(Bern: Francke, 1986).
25. Parmenides, Fragment B2.1: "εἰ δ' ἄγ' ἐγὼν ἐρέω, κόμισαι δὲ σὺ μῦθον ἀκούσας."
26. Parmenides, Fragment B8.1~2: "μόνος δ' ἔτι μῦθος ὁδοῖο / λείπεται ὡς ἔστιν."
27. 엠페도클레스에 관해서는 Antonio Capizzi, "Thrasposizione del lessico omerico in Parmenide ed Empedocle", *Quaderni urbinati di cultura classica* 54(1987): 107~18; S. panagiotou, "Empedocles on His Own Divinity", *Mnemosyne* 36(1983): 276~85; K. E. Staugarrd, "Empedockles, «physiologos» eller poet?", *Museum Tusculanum*(1980): 23~38을 볼 것.
28. Empedocles, Fragment B62.1~3:

νῦν δ' ἄγ', ὅπως ἀνδρῶν τε πολυκλαύτων τε γυναικῶν
ἐννυχίους ὄρπηκας ἀνήγαγε κρινόμενον πῦρ,
τῶνδε κλύ'· οὐ γὰρ μῦθος ἀπόσκοπος οὐδ' ἀδαήμων.

29. Empedocles, Fragment B114:

ὦ φίλοι, οἶδα μὲν οὕνεκ' ἀληθείη πάρα μύθοις,
οὓς ἐγὼ ἐξερέω· μάλα δ' ἀργαλέη γε τέτυκται
ἀνδράσι καὶ δύσζηλος ἐπὶ φρένα πίστιος ὁρμή.

30. Heraclitus, Testimonium A1.
31. Empedocles, Fragment B3.1~5:

ἀλλὰ θεοὶ τῶν μὲν μανίην ἀποτρέψατε γλώσσης,
ἐκ δ' ὁσίων στομάτων καθαρὴν ὀχετεύσατε πηγήν
καὶ σέ, πολυμνήστη λευκώλενε παρθένε Μοῦσα,
ἄντομαι, ὧν θέμις ἐστὶν ἐφημερίοισιν ἀκούειν,
πέμπε παρ' Εὐσεβίης ἐλάουσ' εὐήνιον ἅρμα.

Cf. Fragment B4, 131.
32. Empedocles, Fragment B117:

ἤδε γάρ ποτ' ἐγὼ γενόμην κοῦρός τε κόρη τε
θάμνος τ' οἰωνός τε καὶ ἔξαλος ἔλλοπος ἰχθύς.

33. Empedocles, Fragment B146:

εἰς δὲ τέλος μάντεις τε καὶ ὑμνοπόλοι καὶ ἰητροί
καὶ πρόμοι ἀνθρώποισιν ἐπιχθονίοισι πέλονται,
ἔνθεν ἀναβλαστοῦσι θεοὶ τιμῆισι φέριστοι.

34. Empedocles, Fragment B23.9~11:

οὕτω μή σ' ἀπάτη φρένα καινύτω ἄλλοθεν εἶναι
θνητῶν, ὅσσα γε δῆλα γεγάκασιν ἄσπετα, πηγήν,
ἀλλὰ τορῶς ταῦτ' ἴσθι, θεοῦ πάρα μῦθον ἀκούσας.

35. Protagoras, Fragment B4: "περὶ μὲν θεῶν οὐκ ἔχω εἰδέναι, οὔθ᾿ ὡς εἰσὶν οὔθ᾿ ὡς οὐκ εἰσίν οὔθ᾿ ὁποῖοί τινες ἰδέαν· πολλὰ γὰρ τὰ κωλύοντα εἰδέναι ἥ τ᾿ ἀδηλότης καὶ βραχὺς ὢν ὁ βίος τοῦ ἀνθρώπου."
36. 소피스트 일반에 관해서는 다음을 볼 것. Jacqueline de Romilly, *The Great Sophists in Periclean Athens*(Oxford: Clarendon Press, 1991); G. B. Kerferd, *The Sophistic Movement*(Cambridge: Cambridge University Press, 1981); W. K. C. Guthrie, *The Sophists*(Cambridge: Cambridge University Press, 1971).
37. Ion Banu, "La Philosophie de Gorgias: Une ontologie du logos", *Philologus* 131(1987): 231~44, 134(1990): 195~212; Marie-Pierre Noël, "La Persuasion et la sacré chez Gorgias", *Bulletin de l'association Guillaume Budé* (1989): 139~51: and the special issue of *Siculorum Gymnasium* 38(1985).
38. Gorgias, Fragment B23: "ἤνθησε δ᾿ ἡ τραγῳδία καὶ διεβοήθη, θαυμαστὸν ἀκρόασμα καὶ θέαμα τῶν τότ᾿ ἀνθρώπων γενομένη καὶ παρασχοῦσα τοῖς μύθοις καὶ τοῖς πάθεσιν ἀπάτην, ὡς Γ. φησίν, ἥν ὅ τ᾿ ἀπατήσας δικαιότερος τοῦ μὴ ἀπατήσαντος καὶ ὁ ἀπατηθεὶς σοφώτερος τοῦ μὴ ἀπατηθέντος. ὁ μὲν γὰρ ἀπατήσας δικαιότερος ὅτι τοῦθ᾿ ὑποσχόμενος πεποίηκεν, ὁ δ᾿ ἀπατηθεὶς σοφώτερος· εὐάλωτον γὰρ ὑφ᾿ ἡδονῆς λόγων τὸ μὴ ἀναίσθητον."
39. Critias, Fragment B25:

ἦν χρόνος, ὅτ᾿ ἦν ἄτακτος ἀνθρώπων βίος
καὶ θηριώδης ἰσχύος θ᾿ ὑπηρέτης,
ὅτ᾿ οὐδὲν ἆθλον οὔτε τοῖς ἐσθλοῖσιν ἦν
οὔτ᾿ αὖ κόλασμα τοῖς κακοῖς ἐγίγνετο.
κἄπειτά μοι δοκοῦσιν ἄνθρωποι νόμους
θέσθαι κολαστάς, ἵνα δίκη τύραννος ἦι
<ὁμῶς ἁπάντων> τήν θ᾿ ὕβριν δούλην ἔχηι

ἐζημιοῦτο δ' εἴ τις ἐξαμαρτάνοι.
ἔπειτ' ἐπειδὴ τἀμφανῆ μὲν οἱ νόμοι
ἀπεῖργον αὐτοὺς ἔργα μὴ πράσσειν βίαι,
λάθραι δ' ἔπρασσον, τηνικαῦτά μοι δοκεῖ
<πρῶτον> πυκνός τις καὶ σοφὸς γνώμην ἀνήρ[γνῶναι]
<θεῶν> δέος θνητοῖσιν ἐξευρεῖν, ὅπως
εἴη τι δεῖμα τοῖς κακοῖσι, κἂν λάθραι
πράσσωσιν ἢ λέγωσιν ἢ φρονῶσί <τι>.
ἐντεῦθεν οὖν τὸ θεῖον εἰσηγήσατο,
ὡς ἔστι δαίμων ἀφθίτωι θάλλων βίωι,
νόωι τ' ἀκούων καὶ βλέπων, φρονῶν τ' ἄγαν
προσέχων τε ταῦτα, καὶ φύσιν θείαν φορῶν,
ὃς πᾶν τὸ λεχθὲν ἐν βροτοῖς ἀκούσεται,
<τὸ> δρώμενον δὲ παν ἰδεῖν δυνήσεται,
ἐὰν δὲ σὺν σιγῆι τι βουλεύηις κακόν,
τοῦτ' οὐχὶ λήσει τοὺς θεούς· τὸ γὰρ φρονοῦν
<ἄγαν> ἔνεστι. τούσδε τοὺς λόγους λέγων
διδαγμάτων ἥδιστον εἰσηγήσατο
ψευδεῖ καλύψας τὴν ἀλήθειαν λόγωι.
ναίειν δ' ἔφασκε τοὺς θεοὺς ἐνταῦθ', ἵνα
μάλιστ' ἂν ἐξέπληξεν ἀνθρώπους λέγων,
ὅθεν περ ἔγνω τοὺς φόβους ὄντας βροτοῖς
καὶ τὰς ὀνήσεις τῶι ταλαιπώρωι βίωι,
ἐκ τῆς ὕπερθε περιφορᾶς, ἵν' ἀστραπάς
κατεῖδεν οὔσας, δεινὰ δὲ κτυπήματα
βροντῆς, τό τ' ἀστερωπὸν οὐρανοῦ δέμας,
Χρόνου καλὸν ποίκιλμα τέκτονος σοφοῦ,
ὅθεν τε λαμπρὸς ἀστέρος στείχει μύδρος

ὅ θ' ὑγρὸς εἰς γῆν ὄμβρος ἐκπορεύεται.
τοίους δὲ περιέστησεν ἀνθρώποις φόβους,
δι' οὓς καλῶς τε τῶι λόγωι κατώικισεν
τὸν δαίμον<α> οὗ<τος> κἀν πρέποντι χωρίωι,
τὴν ἀνομίαν τε τοῖς νόμοις κατέσβεσεν.
οὕτω δὲ πρῶτον οἴομαι πεῖσαί τινα
θνητοὺς νομίζειν δαιμόνων εἶναι γένος.

40. 『시시포스Sysyphus』의 저자에 대한 다양한 견해에 관해서는 다음을 볼 것. Marek Winiarczyk, "Nochmal das Satyrspiel 'Sisyphos'", *Wiener Studien* 100(1987): 35~47; D. V. Panchenko, "Evripid ili Kritij?", *Vestnik Drevnej Istoria* 151(1980): 144~62; Albrecht Dihle, "Das Satyrspiel 'Sisyphos'", *Hermes* 105(1977): 28~42; Dana Sutton, "Critias and Atheism", *Classical Quarterly* 31(1981): 33~38, "The Nature of Critias' *Sisyphus*", *Rivista di studi classici* 22(1974): 10~14. 크리티아스에 관해서는 다음을 볼 것. Fracesca Angio, "Etica aristocratica ed azione politica in Crizia", *Quaderni de storia* 15(1989): 141~48; Luciano Canfora, "Crizia, prima dei Trenta", in G. Casertano, ed., *I filosofi e il potere nella società e nella cultura antica* (Naples: Guida, 1988), pp. 29~41; P. Barié, "Die Religion, eine Erfindung der Herrschenden?", *Der altsprachliche Unterrecht* 28(1984): 20~34.

41. 플라톤에 관한 문헌은 셀 수 없이 많다. 그렇지만 최근에 나온 책들 중 신화에 관한 플라톤의 태도를 다룬 가장 중요한 책은 Luc Brisson, *Platon, les mots et les mythes*(Paris: Maspero, 1982)이다. 또한 다음 글들도 참조할만 하다. Theo Kobusch, "Die Wiederkehr des Mythos: Zur Funktion des Mythos in Platons Denken und in der Philosophie der Gegenwart", in Gerhard Binder, ed. *Mythos*(Trier: Wissenschaftliche Verlag, 1990), pp. 13~32; Richard Bodeüs, "'Je suis devin'(*Phèdre*, 242c): Remarques sur la philosophie selon Platon", *Kernos* 3(1990): 45~52; Bruce Lincoln,

"Socarates' Prosecutors, Philosophy's Rivals, and the Politics of Discursive Forms", *Arethusa* 26(1993): 233~46; Gerald F. Else, *Plato and Aristotle on Poetry*(Chapel Hill: University of North Carolina Press, 1986), *The Structure and Date of Book 10 of Plato's "Republic"*(Heidelberg: Carl Winter Universitätsverlag, 1972); François Lasserre, "Platon, Homère et la cité", in T. Hackens et al., *Stemmata: Mélanges de philologie, d'histoire et d'archéologie grecques offerts à Jules Labarbe*(Liège: L'Antiquité classique, 1987), pp. 3~14; Julius M. Moravscsik, "On Correcting the Poets", *Oxford Studies in Ancient Philosophy* 4(1986): 35~47; Marcello Massenzio, "Il poeta che vola (Conoscenza estatica, comunicazione orale e linguaggio dei sentimenti nello *Ione* di Platone)", in B. Gentili and G. Paioni, eds., *Oralità*(Rome: Ateneo, 1985), pp. 161~77; Nicole Loraux, "Socrate, Platon, Héraklès: Sur un paradigme héroique du philosophe", in J. Brunschwig, ed., *Histoire et structure: A la mémoire de Victor Goldschmidt*(Paris: Vrin, 1985), pp. 93~105; Julius Elias, *Plato's Defense of Poetry*(Albany: State Universtiy of New York Press, 1984); G. Casertano, "Pazzia, poesia e politica in Platone", *Annali dell' istituto universitario orientale di Napoli, sezione filologica-letteraria* 6 (1984): 19~35; Charles Segal, "The Myth was Saved Reflections on Homer and the Mythologiy of Plato's *Republic*", *Hermes* 106(1978): 315~56; Ellen Meiksins Wood and Neal Wood, *Class Ideology and Ancient Political Theory: Socrates, Plato, and Aristotle in Social Context*(New York: Oxford University Press, 1978).

42. *Republic*[『국가』] 378c, 386bc.
43. *Gorgias*[『고르기아스』] 502c.
44. *Phaedrus* 265ab, *Ion*[『이온』] 533d~534e, *Laws*[『법률』] 719c.
45. *Republic* 377a: "μύθους λέγομεν, τοῦτο δέ που ὡς τὸ ὅλον εἰπεῖν ψεῦδος, ἔνι δὲ καὶ ἀληθῆ."
46. *Phaedo*[『파이돈』] 61b: "ἐννοήσας ὅτι τὸν ποιητὴν δέοι, εἴπερ μέλλοι

ποιητὴς εἶναι, ποιεῖν μύθους, ἀλλ' οὐ λόγους."
47. *Sophist*[「소피스트」] 242cd, *Gorgias* 493a.
48. *Phaedrus* 237a: "Ἄγετε δή, ὦ Μοῦσαι...λάβεσθε τοῦ μύθου, ὅν με ἀναγκάζει ὁ βέλτιστος οὑτοσὶ λέγειν."
49. *Phaedrus* 247c: "Τὸν δὲ ὑπερουράνιον τόπον οὔτε τις ὕμνησέ πω τῶν τῇδε ποιητὴς οὔτε ποτὲ ὑμνήσει κατ' ἀξίαν, ἔχει δὲ ὧδε. τολμητέον γὰρ οὖν τό γε ἀληθὲς εἰπεῖν, ἄλλως τε καὶ περὶ ἀληθείας λέγοντα."
50. *Critias*[「크리티아스」] 107ab, *Gorgias* 523a~527a, *Phaedo* 110b, *Republic* 382d, *Timaeus*[「티마이오스」] 29cd.
51. *Republic* 603b, *Laws* 664a, *Statesman*[「정치가」] 304d.
52. *Republic* 376e~377c: "Τίς οὖν ἡ παιδεία; ἢ χαλεπὸν εὑρεῖν βελτίω τῆς ὑπὸ τοῦ πολλοῦ χρόνου εὑρημένης; ἔστιν δέ που ἡ μὲν ἐπὶ σώμασι γυμναστική, ἡ δ' ἐπὶ ψυχῇ μουσική. Ἔστι γάρ. Ἆρ' οὖν οὐ μουσικῇ πρότερον ἀρξόμεθα παιδεύοντες ἢ γυμναστικῇ; Πῶς δ' οὔ; Μουσικῆς δ' εἰπών, τίθης λόγους, ἢ οὔ· Ἔγωγε. Λόγων δὲ διττὸν εἶδος, τὸ μὲν ἀληθές, ψεῦδος δ' ἕτερον; Ναί. Παιδευτέον δ' ἐν ἀμφοτέροις, πρότερον δ' ἐν τοῖς ψευδέσιν; Οὐ μανθάνω, ἔφη, πῶς λέγεις. Οὐ μανθάνεις, ἦν δ' ἐγώ, ὅτι πρῶτον τοῖς παιδίοις μύθους λέγομεν, τοῦτο δέ που ὡς τὸ ὅλον εἰπεῖν ψεῦδος, ἔνι δὲ καὶ ἀληθῆ; πρότερον δὲ μύθοις πρὸς τὰ παιδία ἢ γυμνασίοις χρώμεθα. Ἔστι ταῦτα. Τοῦτο δὴ ἔλεγον, ὅτι μουσικῆς πρότερον ἁπτέον ἢ γυμναστικῆς. Ὀρθῶς, ἔφη. Οὐκοῦν οἶσθ' ὅτι ἀρχὴ παντὸς ἔργου μέγιστον, ἄλλως τε δὴ καὶ νέῳ καὶ ἁπαλῷ ὁτῳοῦν; μάλιστα γὰρ δὴ τότε πλάττεται καὶ ἐνδύεται τύπος ὃν ἄν τις βούληται ἐνσημήνασθαι ἑκάστῳ. Κομιδῇ μὲν οὖν. Ἆρ' οὖν ῥᾳδίως οὕτω παρήσομεν τοὺς ἐπιτυχόντας ὑπὸ τῶν ἐπιτυχόντων μύθους πλασθέντας ἀκούειν τοὺς παῖδας καὶ λαμβάνειν ἐν ταῖς ψυχαῖς ὡς ἐπὶ τὸ πολὺ ἐναντίας δόξας ἐκείναις ἅς, ἐπειδὰν τελεωθῶσιν,

ἔχειν οἰησόμεθα δεῖν αὐτους; Οὐδ' ὁπωστιοῦν παρήσομεν. Πρῶτον δὴ ἡμῖν, ὡς ἔοικεν, ἐπιστατητέον τοῖς μυθοποιοῖς, καὶ ὃν μὲν ἂν καλὸν ποιήσωσιν, ἐγκριτέον, ὃν δ' ἂν μή, ἀποκριτέον· τοὺς δ' ἐγκριθέντας πείσομεν τὰς τροφούς τε καὶ μητέρας λέγειν τοῖς παισὶ καὶ πλάττειν τὰς ψυχὰς αὐτῶν τοῖς μύθοις πολὺ μᾶλλον ἢ τὰ σώματα ταῖς χερσίν, ὧν δὲ νῦν λέγουσι τοὺς πολλοὺς ἐκβλητέον."

53. *Republic* 378c, 380c, 391e, 392b, *Laws* 941b.
54. *Republic* 378e, *Laws* 660a, 840b.
55. *Republic* 379a, 392b, *Laws* 660a.

3장

1. 이 과정에 대한 권위 있는 연구로는 Jean Seznec, *The Survival of the Pagan Gods: The Mythical Tradition and Its Place in Renaissance Humanism and Art* (Princeton, NJ: Princeton University Press, 1972)가 있다. 좀 더 최근에 이루어진 더 유용한 연구로는 Peter Bietenholz, *"Historia" and "Fabula": Myths and Legends in Historical Thought from Antiquity to the Modern Age* (Leiden: E. J. Brill, 1994)가 있다.

2. 피콜로미니의 글 제목은 *De ritu, situ, moribus et condicione Germaniae descriptio* 였는데, 이것은 마인츠 교구 대주교의 종교법 고문이었던 마틴 메이어 Martin Mair가 제출한 진정서에 대한 답변이었다. 『게르마니아』에 대한 초기의 반응에 대해서는 다음을 볼 것. J. Ridé, "La Germania d'Enea Silvio Piccolomini et la 'Réception' de Tacite en Allemagne", *Etudes germaniques* 19(1964): 274~82; Kenneth C. Schellhase, *Tacitus in Renaissance Political Thought*(Chicago: University of Chicago Press, 1976), pp. 31~65; Ulrich Muhlack, "Die Germania im deutschen Nationalbewusstsein vor dem 19.

Jahrhundert", in Herbert Jankuhn and Dieter Timpe, ed., *Beiträge zum Verständnis der Germania des Tacitus*(Göttingen: Vandenhoeck and Ruprecht, 1989), 1: 128~54; Klaus von See, *Barbar, Germane, Arier: Die Suche nach der Identität Deutschen*(Heidelberg: Carl Winter, 1994), pp. 31~82; Martin Thom, *Republics, Nations, and Tribes*(London: Verso, 1995), pp. 212~21.
3. Ridé, "La Germania", p. 279에서 재인용. 훔볼트는 『게르마니아』뿐만 아니라 *Annals*[『연대기』] 2.10, 15~17, 88(cf. Dio Cassius 56.18.5~22.2)에 대해서도 언급하고 있었다. 1509년에 재발견된 이 텍스트는 토이토부르거 발트 Teutoburger Wald에서 아르미니우스Arminius[기원전 약 18년에서 기원후 19년까지 살았던 게르만족 지도자로, 독일식 본래 이름은 헤르만Hermann이다]가 세 부대의 로마 군단을 물리친 사건을 서술하고 있다. 게르만 민족주의자들은 이 사건을 건국 신화의 위치로까지 격상시켰다. 더 자세한 사항은 Andreas Dörner, *Politischer Mythos und symbolische Politik: Sinnstiftung durch symbolische Formen*(Opladen: Westdeutscher Verlag, 1995)을 참조할 것.
4. Annius of Viterbo(Giovanni Nanni), *Berosi chaldaei sacerdotis Reliquorumque consimilis argumenti autorum: De antiquitate Italiae, ac totius orbis, cum F. Ioan. Annij Viterbensis theologi commentation*(Lugduni: Ioannem Temporalem, 1554). 이 책에 관해서는 Friedrich Gotthelf, *Das deutsche Altertum in den Anschauungen des sechzehnten und siebzehnten Jahrhunderts*(Berlin, 1900), pp. 6 이하; Leo Wiener, *Contributions toward a History of Arabico-Gothic Culture*, Vol. 3: *Tacitus' Germania and Other Forgeries*(New York: Neale, 1920), pp. 174 이하; Ludwig Krapf, *Germanenmythos und Reichsideologie: Frühhumanistische Rezeptionsweisen der taciteischen "Germania"*(Tübingen: Max Niemeyer, 1979), pp. 61 이하; 그리고 U. Muhlack "Die Germania in deutschen Nationalbewußtsein vor dem 19. Jahrhundert", in Herbert Jankuhn and Dieter Timpe, eds., *Beiträge zum Versändnis der Germania des Tacitus*(Göttingen: Vandenhoeck and Ruprecht, 1989), 1: 128~54, esp. 138. 베로수스에 대해서는 Hubert Cauncik and Helmuth Schneider, eds., *Der neue Pauly: Enzyklopädie der Autike*

(Stuttgart: J. B. Metzler, 1996~), 2: 579~80의 논의를 볼 것.
5. *Germania* 2: "Celebrant carminibus antiquis(quod unum apud illos memoriae et annalium genus est) Tuisconem deum terra editum, et filium Mannum, originem gentis conditoresque."(강조 추가)
6. "Initium ergo Philosophiae a Barbaris non a Graecis fuerit."
7. 『운문 에다Poetic Edda』의 첫 번째 사본은 1643년 아이슬란드에서 발견되었다. 20년 후 그것은 코펜하겐의 왕실이 소장하게 되면서 더 널리 알려지게 되었다. 한편 30년전쟁 때, 스웨덴 군대는 1648년에 프라하에서 『코덱스 아르겐테우스Codex Argenteus』를 약탈했으며, 그것을 다시 웁살라로 가져왔다. 『코덱스 아르겐테우스』는 '은 성서Silver Bible'라는 뜻으로, 4세기에 울필라가 고트어로 번역한 신약성서의 6세기 사본을 말한다. 지은이는 대강 썼지만, 이 문헌의 이동 경로를 좀 더 정확히 쓰자면 이렇다. 1648년에 스웨덴 군대가 약탈해온 이 책은 스톡홀름의 크리스티나 여왕 도서관에 보관되었으나, 여왕이 가톨릭으로 개종하고 퇴위하자 1654년에 네덜란드로 옮겨졌다. 그후 1660년대에 한 백작이 이를 구입해 스웨덴으로 되가져왔고, 웁살라대학 도서관에 기증했다. 또한 1664년에는 삭소 그라마티쿠스의 『덴마크인의 사적History of Denmark』이 발견되었고, 이듬해에는 스노리 스투를루손의 『산문 에다Prose Edda』 초판이 발견되었다.
8. Burton Feldman and Robert D. Richardson, eds., *The Rise of Modern Mythology, 1680~1860*(Bloomington: Indiana University Press, 1972)라는 훌륭한 책에 실린 논의와 자료들을 참조할 것.
9. 비코에 관해서는 Isaiah Berlin, *Vico and Herder: Two Studies in the History of Ideas*(New York: Viking Press, 1976)과 Joseph Mali, *The Rehabilitation of Myth: Vico's "New Science"*(Cambridge: Cambridge University Press, 1992)를 참조할 것.
10. 말레의 책 1권에는 *Où l'on traite de la religion, des loix des moeurs et des usages des anciens Danois*라는 부제가 달렸는데, 이는 신화에 대한 적지 않은 관심을 보여준다. 2권의 부제 *Monuments de la mythologie et de la poésie des Celtes, et particulièrement des anciens Scandinaves*는 신화라는 주제를 명확히

드러내고 있다.
11. 말레에 대해서는 von See, *Barbar, Germane, Arier*, pp. 73~75와 Feldman and Richardson, *Rise of Modern Mythology*, pp. 199~201을 볼 것. 오래되긴 했지만 Paul van Tieghem, *Le Préromantisme: Études d'histoire littéraire européenne*(Paris: SFELT, 1947), pp. 109~30도 참조할만하다.
12. James Macpherson, *Fragments of Antient Poetry collected in the Highlands of Scotland and translated from the Gaelic or Erse Language*(1760); *Fingal: an Ancient Epic Poem in Six Books; Together with Several other poems, composed by Ossian the son of Fingal*(1762), 그리고 *Temora*(1763). Feldman and Richardson, *Rise of Modern Mythology*, pp. 201~2; van Tieghem, *Le Préromantisme*, pp. 197~287과 Howard Gaskill, ed., *Ossian Revisited*(Edinburgh: Edinburgh University Press, 1991)를 참조할 것. 더 많이 알기 위해서는 Katie Trumpener, *Bardic Nationalism: The Romantic Novel and the British Empire* (Princeton, NJ: Princeton University Press, 1997)를 참조할 것.
13. 하만에 대해서는 Isaiah Berlin, *The Magus of the North: J. G. Hamann and the Origins of Modern Irrationalism*(New York: Farrar, Straus, and Giroux, 1993); Larry Vaughan, *Johann Georg Hamann: Metaphysics of Language and Vision of History*(New York: Peter Lang, 1989); Terence German, *Hamann on Language and Religion*(Oxford: Oxford University Press, 1981)과 Stephen Dunning, *The Tongus of Men: Hegel and Hamann on Religions Language and History*(Missoula, MT: Scholars Press, 1979)를 참조할 것.
14. 헤르더에 대해서는 좀 오래된 것도 있지만 상당히 많은 양의 훌륭한 참고 도서가 있다. 그중에서도 나에게 유용했던 자료는 다음과 같다. Regine Otto, ed., *Nationen und Kulturen: Zum 250. Geburtstag Johann Gottfried Herders* (Würzburg: Königshausen and Neumann, 1996); Thomas de Zengotita, "Speakers of Being: Romantic Refusion and Cultural Anthropology", in George Stocking, ed., *Romantic Motives: Essays on Anthropological Sensibility* (Madison: University of Wisconsin Press, 1989), pp. 74~123, esp. pp.

86~94; Heinz Gockel, "Herder und die Mythologie", in Gerhard Sauder, ed., *Johann Gottfried Herder, 1744~1803*(Hamburg: Felix Meiner, 1987), pp. 409~18; Wulf Koepke, "*Kulturnation* and Its Authorization through Herder", in W. Koepke, ed., *Johann Gottfried Herder: Academic Disciplines and the Pursuit of Knowledge*(New York: Camden House, 1996), pp. 177~98; Berlin, *Vico and Herder*; Valerio Verra, *Mito, Rivelazione e Filosofia in J. G. Herder e nel suo tempo*(Milan: Marzorati, 1966); F. M. Barnard, *Herder's Social and Political Thought: From Enlightenment to Nationalism*(Oxford: 1965); Robert T. Clark, *Herder: His Life and Thought*(Berkeley: University of California Press, 1955); 그리고 Alexander Gillies, *Herder und Ossian*(Berlin: Juncker and Dünnhaupt, 1933). 말레에 대한 헤르더의 관심은 말레의 1765년 저작에 대한 그의 서평에 잘 드러나 있다. 맥퍼슨에 대한 관심은 "Extract from a Correspondence about Ossian and the Songs of Ancient Peoples"(1773), "Homer and Ossian"(1795) 등의 글에서 드러난다.

15. 초기 저작들 가운데 "Über deu Ursprung der Sprache"(1770), "Auszug aus einem Briefwechsel über Ossian und die Lieder alter Völker"(1773), "Auch eine Philosophie der Geschichte zur Bildung der Menschheit" (1774), "Stimmen der Völker in Liedern(Volkslieder)"(1774~78) 그리고 "Über die Wirkung der Dichtkunst auf die Sitten der Völker in alten und neuen Zeiten"(1778)에 주목할 것.

16. 나는 Martin Bollacher, ed., *Johann Gottfried Herder, Werke*(Frankfurt am Main: Deutscher Klassiker Verlag, 1989)의 제6권을 사용했다. 아쉽게도 가장 쉽게 읽을 수 있는 영어판 Johann Gottfried von Herder, *Reflections on the Philosophy of the HIstory of Mankind,* ed. Frank Manuel(Chicago: University of Chicago Press, 1968)은 너무 많이 요약되어 있고, 1800년 이후의 번역만 담겨 있다.

17. 이것은 칸트가 그의 에세이 "Von den verschiedenen Racen der Menschen" (*Schriften* [1775]1910), 2: 427~44과 "Bestimmung des Begriffs einer

Menschenrace"(*Schriften* [1785]1910), 8: 89~106에서 제시한 관점들에 대한 헤르더의 은근한 비평이었다. 칸트는 자신의 논평(8: 60)에서 한때 그의 제자였던 헤르더에게 답변하면서, 피부색과 인종이 인간의 범주를 나누는 데 생물학적으로 중요한 기준들이라는 자신의 관점을 재차 언급했다. 칸트와 헤르더는 인류의 단일성에 대해 근본적으로 의견이 같았다. 그들은 다만 인류의 하위 범주가 인종이 되어야 하는지(뷔퐁Buffon의 의견을 따른 칸트) 아니면 민족이 되어야 하는지(헤르더)에 대해서만 의견을 달리했다. 그들은 둘 다 생리학과 환경의 중요성을 인식했고, 여기에 헤르더는 언어와 집단 기억과 선사시대의 경험을 덧붙였다. 더 자세한 사항은 Eric Voegelin, *The History of the Race Idea from Ray to Carus*(Barton Rouge: Louisiana State University Press, 1998), pp. 66~79와 137~41; 그리고 Ivan Hannaford, *Race: The History of an Idea in the West*(Baltimore: Johns Hopkins University Press, 1996), pp. 187~33, 특히 pp. 218~24와 229~32를 참조할 것.

18. 헤르더 이론의 성서적 틀은 아마 1768년 하만에게 보낸 헤르더의 편지에서부터 감지할 수 있을 것이다. 여기서 헤르더는 「창세기」의 성서 해석학을 개발하는 데 관심을 드러내면서 그것이 "우리[즉 인류]가 어떻게 신의 피조물에서 지금의 우리와 같은 인간으로 발전하게 되었는지"를 보여주는 데 쓰일 수 있으리라고 썼다(Clark, *Herder*, p. 163에서 재인용). 편지의 전문은 Otto Hoffmann, ed., *Herders Briefe an Joh. Georg Hamann*(Berlin: R. Gaertner, 1889), pp. 39~46에 실려 있다.

19. 헤르더는 (가짜) 히포크라테스의 논문 『공기, 물, 장소에 관하여On Airs, Waters, and Places』를 인용하면서 그것이 2.6.3과 2.7.3에서 가장 기본적인 영감을 주었다고 하였다. 더 비근한 자료는 몽테스키외의 *Essay on the Laws*의 14번째 책인데, 헤르더는 이 책에 대해 아주 잘 알고 있었다.

20. 이 마지막 주제에 관한 치밀하고 독창적인 주장에서, 헤르더는 인간의 단일성과 다양성에 관한 양가적인 관점을 담고자 했다. 요약하자면 그는 기후(특히 더위와 추위의 정도)가 인체의 가장 표면적인 단계인 머리카락

과 피부를 바꾸는 첫 번째 요인이라는 입장을 견지했다. 아주 오랜 세월 동안 그런 효과들은 더 깊숙이 골격 구조를 형성하는 데까지(예를 들어 두개골과 코의 모양처럼) 스며들었다. 하지만 인류의 본질적인 단일성은 신체의 가장 깊은 단계에서 유지된다. 인체 내 기관은 이런 요소들에 덜 노출되어 있으며, 따라서 민족에 따라 달라지거나 하지 않기 때문이다 (*Werke*[『전집』] 중 *Ideen*[『관념들』] 2.7.1~5, 2.8.1, 특히 2.7.4를 참조할 것). 세계 민족들의 신화와 언어는 아마 동일한 패턴으로 표면적 차이와 심층의 공통점들을 보여줄 것이다.

21. 유전에 관해서는 *Ideen* 2.7.4.를 참조할 것. 가장 극적인 것은 다음과 같은 주장이다. "그러므로 심지어 검둥이의 형상도 유전적으로 전해지고 유전학적으로만 다시 바뀔 수 있다. 무어인을 유럽에 살게 해도, 그는 원래 그대로 남아 있게 된다. 만약 그가 백인 여성과 결혼하면 한 세대만 지나도 변화가 생겨난다. 하지만 기후로 인한 탈색 효과는 몇 세기가 지나도 완성되지 않는다. 민족들의 형성도 바로 그렇다. 지역은 그들을 매우 천천히 변화시킨다. 하지만 다른 민족과 뒤섞이면, 몽골인, 중국인, 아메리카인의 특징적인 생김새는 몇 세대가 지나면 모두 사라진다."[Eben daher gehet die Negergestalt auch erblich über und kann nur genetisch zurückverändert werden. Setzet den Mohren nach Europa; er bleibt, was er ist: verheiratet ihn aber mit einer Weißen und eine Generation wird verändern, was Jahrhunderte hindurch das bleichende Klima nicht würde getan haben. So ists mit den Bildungen aller Völker; die Weltgegend verändert sie äußerst langsam: durch die Vermischung mit fremden Nationen verschwinden in wenigen Geschlechterm alle Mongolischen, Chinesischen, Amerikanischen Züge.](p. 276)

22. *Ideen* 2.8.2: "Man halte die Grönlandische mit der Indischen, die Lappländische mit der Japanischen, die Peruanische mit der Negermythologie zusammen; eine völlige Geographie der dichtenden Seele. Der Bramine würde sich kaum ein Bild denken können, wenn man ihm die Voluspa der Isländer vorläse und erklärte; der Isländer fände beim Wedam sich eben so

fremde. Jeder Nation ist ihre Vorstellungsart um so tiefer eigenprägt, weil sie ihr eigen, mit ihrem Himmel und ihre Erde verwandt, aus ihrer Lebensart entsprossen, von Vätern und Urvätern auf sie vererbt ist. Wobei ein Fremder am meisten staunt, glauben sie am deutlichsten zu begreifen: wobei er lacht, sind sie höchst ernsthaft. Die Indier sagen, daß das Schicksal des Menschen in sein Gehirn geschrieben sei, dessen feine Striche die unlesbaren Lettern aus dem Buch des Verhängnisses darstellten; oft sind die willkürlichsten National-Begriffe und Meinungen solche Hirngemälde, eingewebte Züge der Phantasie vom festesten Zusammenhange mit Leib und Seele.

"Woher dieses? Hat jeder Einzelne dieser Menschenherden sich seine Mythologie erfunden, daß er sie etwa sie sein Eigentum liebe? Mit nichten, Er hat nichts in ihr erfunden, *er hat sie geerbt*. Hätte er sie durch eignes Nachdenken zuwegebracht: so könnte er auch durch eignes Nachdenken vom Schlechterm zum Bessern geführt werden; das ist aber hier der Fall nicht."(p. 298)

23. *Ideen* 2.7.5는 이 어마어마한 노력을 선언한다. "만약 이 연구 프로그램이 잘 입증된 몇 세기를 거쳐 추진되었다면, 우리는 아마 더 이른 시기의 민족 이동과 관련된 결론들을 도출할 수 있었을 것인데, 우리는 이와 관련하여 오직 고대 저자들의 전설이나, 언어와 신화에서 발견되는 일치점들로부터 지식을 얻을 뿐이다. 사실 지구상의 모든—적어도 대부분의—민족은 먼저건 나중이건 이동을 했다. 그러므로 약간의 지도를 참조하면 우리는 서로 다른 기후와 시대에 따른 인류의 유전과 분화의 신체적-지리적 역사를 알 수 있을 것이다. 그것은 모든 단계에서 우리에게 가장 중요한 결과를 제공해줄 것임에 틀림없다."[Würde dieser untersuchende Calcul durch die gewissern Jahrhunderte fortgesetzt: so ließen sich vielleicht auch Schlüsse auf jene ältern Völkerzüge machen, die wir nur aus Sagen alter Schriftsteller oder aus Übereinstimmungen der Mythologie und Sprache kennen: denn im Grunde

sind alle oder doch die meisten Nationen der Erde früher oder später gewandert. Und so bekämen wir, mit einigen Charten zur Anschauung, *eine physischgeographische Geschichte der Abstammung und Verartung unsres Geschelechts* nach Klimaten und Zeiten, die Schritt vor Schritt die wichtigsten Resultate gewähren müßte.](p. 281)

24. 인종 범주들에 대한 헤르더의 반대, 인류의 단일성에 대한 그의 생각, 그리고 민족에 대한 그의 이해와 관련해서는 *Ideen* 2.7.1을, 기후에 대해서는 2.7.2~5를, 민족 형성과 전통에 관해서는 2.8.1~3을, 언어에 관해서는 1.4.3과 2.9.2를, 신화와 민족들의 다양성에 관해서는 2.8.2와 2.9.5를, 신화, 언어, 본래적 단일성에 관해서는 2.7.5와 2.9.2를, 인류의 본향으로서 중앙 아시아에 관해서는 2.10.2~7을 참조할 것.

25. 예나Jena와 아우어슈타트Auerstadt에서 프랑스가 프로이센에게 승리한 사건(1806)[나폴레옹의 승리]은, **총동원***levée en masse*을 통해 국민을 전시체제에 동원할 수 있는 역량이, 분열된 독일 정치체들의 가장 규모가 크고 가장 잘 훈련된 군대보다도 더 큰 우위를 프랑스에 주었음을 입증했다. 독일이 전장에서 맞서 싸우기 위해서는 문화, 정치, 군사 제도와 함께 더 높은 수준의 사회 통합이 필수적임이 명백해진 것이다. 피히테Fichte는 『독일 국민에게 고함*Addresses to the German Nation*』(1807~8)에서 이 점을 분명히 했고, 많은 이들이 해방전쟁(1813~15) 시기에 그의 입장을 따랐다.

26. 그렇긴 해도 어떤 분열적 방향들도 남아 있었다. 독일인들은 종종 자신들을 (정치적으로는 분열적이지만, 철학적이고 문학적인 재능을 타고난) 그리스인들과 연관 짓는 경향이 있었고, 반면 그들의 경쟁자인 프랑스인들을 (군사적, 정치적으로 잠재력이 있지만 문화적으로나 지적으로는 뒤쳐진) 로마인들과 동렬에 두곤 했다. Eliza Butler의 고전, *The Tyranny of Greece over Germany*(Cambridge: Cambridge University Press, 1935)를 참조할 것.

27. Friedrich Schlegel, *Über die sprache und Weisheit der Indier: Ein Beitrag zur Begründung der Alterthumskunde*(Heidelberg: Mohr and Zimmer, 1808). 프리드리히 슐레겔(1772~1829)은 산스크리트어를 배운 첫 번째 독일인으로 유명했으며, 그의 동생 아우구스트 슐레겔(1767~1845)도 형을 따라 산스

크리트어를 배워 대학에서 첫 산스크리트어 교수가 되었다. 그들은 인도와 아리아족에 대한 열정을 1800년대 초의 선구적 낭만주의자들에게 전달해주는 역할을 함께했다. 독일인들의 인도 열풍에 관해서는 Dietmar Rothermund, *The German Intellectual Quest for India*(New Delhi: Manohar, 1986); Jean W. Sedlar, *India in the Mind of Germany: Schelling, Schopenhauer and Their Times*(Washington, DC: University Press of America, 1982); René Gerard, *L'Orient et la pensée romantique allemande*(Paris: M, Didier, 1963); Raymond Schwab, *La Renaissance orientale*(Paris: Payot, 1950), 그리고 Suzanne Sommerfeld, *Indienschau und Indiendeutung romantischer Philosophen* (Glarus: Tschudi, 1943)을 참조할 것. Pranabendra Nath Ghosh, *Johann Gottfried Herder's Image of India*(Santiniketan: Visva-Bharati Research Publications, 1990), 그리고 독일의 인도 열풍에 비해 상대적으로 인도 문명에 관심이 적었던 영국을 대조한 Thomas Trautmann, *Aryans and British India*(Berkeley: University of California Press, 1997)도 유용하다.

28. 유대인을 이방 민족으로 보는 독일인들의 감각에 더하여, 유대인이 게토에서 해방된 것은 나폴레옹 군대의 중재를 통해서였다는 사실이 덧붙여진다. 그 결과, 독일인들은 유대인을 그들이 증오하고 두려워하는 다른 외국의 요소들, 즉 프랑스 및 프랑스 계몽운동의 가치 등과 결합시키게 되었다.

29. *Ideen* 3.12.3: "Das Volk Gottes, dem einst der Himmel selbst sein Vaterland schenkte, ist Jahrtausende her, ja fast seit seiner Entstehung eine parasitische Pflanze auf den Stämmen andrer Nationen; ein Geschlecht schlauer Unterhändler beinah auf der ganzen Erde, das trotz aller unterdrückung nirgend sich nach eigner Ehre und Wohnung, nirgend nach einem Vaterlande sehnet."(pp. 491~92) 비록 헤르더가 반-셈족주의의 많은 상투적 표현들을 자유롭게 사용했지만, 그의 이론적 장치는 그로 하여금 유대인들이 자신들의 땅으로부터 오랫동안 떠나 있었다는 점을 그들의 문제점 및 골치 아픈 특징들의 주요 원인으로 보게 만들었다. 그래서 그는 고국 땅을 '유대인 문제'의 해결책이라고 주장했고, 이런 관점은 일부

의 사람들이 그를 셈족-애호가philo-Semitic로 읽게 만들었다. 다른 관점을 보고 싶으면 Ernest Menze, "Herder and the 'Jewish Nation'—Continuity and Supersession", in Otto, *Nationen und Kulturen*, pp. 471~86과 Lawrence Rose, *Revolutionary Antisemitism in Germany from Kant to Wagner*(Princeton, NJ: Princeton University Press, 1990), pp. 97~109를 참조할 것.

30. 방대한 저술들 중에서 다음 것들이 나에게는 특별히 중요하게 다가왔다. Klaus von See, *Barbar, Germane, Arier*; Maurice Olender, *The Languages of Paradise: Race, Religion, and Philology in the Nineteenth Century*, trans. Arthur Goldhammer(Cambridge, MA: Harvard University Press, 1992); George Mosse, *Toward the Final Solution: A History of European Racism*(Madison: University of Wisconsin Press, 1985); Ruth Römer, *Sprachwissenschaft und Rassenideologie in Deutschland*(Munich: W. Fink, 1985); M.-L. Rostaert, "Etymologie et idéologie: Des reflets du nationalisme sur la lexicologie allemande, 1830~1914", *Historiographia linguistica* 6(1979); 그리고 Léon Poliakov, *The Aryan Myth: A History of Racist and Nationalist Ideas in Europe*, trans. Edmund Howard(New York: Basic, 1974). 논쟁적이고 좀 과장된 것으로 Martin Bernal, *Black Athena: The Afroasiatic Roots of Classical Civilization*. Vol. 1: *The Fabrication of Ancient Greece, 1785~1985*(New Brunswick, NJ: Rutgers University Press, 1987)도 유용하다. Stefan Arvidsson이 펴낸 다음 두 편의 논문도 중요하다. "Ariska gudinnor och män i extas: Den indoeuropeiska mytologin mellan modernitet och reaktion"(Ph.D. diss., Lund University, Institute for the History of Religions), 그리고 "Arian Mythology as Science and Ideology", *Journal of the American Academy of Religion* 67(1999): 327~54.

31. 19세기의 신화 연구에 대한 가장 훌륭한 연구로는 Maria Patrizia Bologna, *Ricerca etimologica e ricostruzione culturale: Alle origini della mitologia comparata* (Pisa: Giardini, 1988); Feldman and Richardson, *Rise of Modern Mythology* 가 있다.

32. 그림 형제의 동화 모음집에 대한 민족주의자들의 관심에 대해 다룬 연구로는 Christa Kamenetsky, *The Brothers Grimm and Their Critics: Folktales and the Quest for Meaning*(Athens: Ohio University Press, 1992); Jack Zipes, *The Brothers Grimm: From Enchanted Forest to the Modern World*(New York: Routledge, 1988)이 있다. 아주 공격적인 글로는 John Ellis, *One Fairy Story Too Many: The Brothers Grimm and Their Tales*(Chicago: University of Chicago Press, 1985)가 있다. Lothar Bluhm, *Die Brüder Grimm und der Beginn der Deutschen Philologie: Eine Studie zu Kommunikation und Wissenschaftsbildung im frühen 19. Jahrhundert*(Hildesheim: Weidmann, 1997); Roland Feldmann, *Jacob Grimm und die Politik*(Clausthal-Zellerfeld: Bonecke-Druck, 1969); 그리고 Klaus von See, "Sprachgeschichte als Geschichte des Volksgeistes: Jacob Grimm", in *Barbar, Germane, Arier*, pp. 137~40도 참조할 것.

33. Jacob Grimm, *Deutsche Mythologie*, 4vols.(Berlin: F. Dümmler, 1835; 4th ed., 1875~78), James Stallybrass의 영어 번역본 제목은 *Teutonic Mythology* (London: George Bell, 1883~88)다.

34. 처음에는 대체로 서브텍스트 차원에 머물러 있던 이 논의는, 야코프 그림이 두 번째 판(1844)에 덧붙인 서문에서 강하고 명확하게 드러났다. 영어 번역본의 pp. 1~12를 참조할 것.

35. 바그너에 관해 나는 다음 책들을 참조했다. Marc Weiner, *Richard Wagner and the Anti-Semitic Imagination*(Lincoln: University of Nebraska Press, 1995); Barry Millington, *The Wagner Compendium: A Guide to Wagner's Life and Music*(New York: Schirmer, 1992); Lawrence Rose, *Wagner: Race and Revolution*(New Haven: Yale University Press, 1992); *Revolutionary Antisemitism in Germany*; Robert Gutman, *Richard Wagner: The Man, His Mind, and His Music*(New York: Harcourt, Brace, Javanovich, 1990); Martin van Amerongen, *Wagner: A Case History*(New York: George Braziller, 1984); David Large and William Weber, eds., *Wagnerism in European Culture and Politics*(Ithaca, NY: Cornell University Press, 1984); Theodor Adorno,

In Search of Wagner, trans. Rodney Livingstone(London: Verso, 1981); Jacques Barzun, *Darwin, Marx, Wagner*(New York: Doubleday, 1958); 그리고 George Bernard Shaw, *The Perfect Wagnerite: A Commentary on the Niblung's Ring*(London: Constable, 1923). 아래 인용한 논고들과 더불어, 바그너의 「예술과 혁명」(1849), 「예술과 기후」(1849), 「오페라와 드라마」(1850~51)도 참조할 것. 바그너는 그림 형제의 작품이 그에게 미친 영향에 대해 *My Life*, authorized trans.(New York: Tudor, 1936), p. 314에서 열광적으로 이야기했다. Cf. *Cosima Wagner's Diaries*, trans. Geoffrey Skelton (New York: Harcourt Brace Jovanovich, 1978~80), 1: 321.

36. "The Artwork of the Future", in *The Art-Work of the Future and Other Works*, trans. W. Ashton Ellis(Lincoln: University of Nebraska Press, 1993), pp. 69~213.

37. Ibid., p. 75. 바그너에게 미친 포이어바흐의 영향에 대해서는 Rose, *Wagner: Race and Revolution*, pp. 58~60을 참조할 것.

38. Ludwig Feuerbach, *The Essence of Christianity*, trans. George Eliot(Amherst, NY: Prometheus, 1989)[『기독교의 본질』, 강대석 옮김, 한길그레이트북스, 2008], pp. 112~19.

39. Ibid., pp. 114~15. 그가 이기주의를 바로 유대교의 바탕에 깔린 원리로 보고, 야훼를 "단지 이스라엘 민족의 이기심의 현신"으로 본 점을 참조할 것.

40. "Judaism in Music", in Richard Wagner, *On Music and Drama*, trans. W. Ashton Ellis(Lincoln: University of Nebraska Press, 1992), pp. 51~59.

41. 이 에세이와 관련하여 바그너가 프란츠 리스트에게 보낸 편지(1851년 4월 18일)를 참조할 것. "나는 유대인의 이 사업에 오랫동안 억눌린 원한을 품었고, 이 원한은 쓸개가 피에 필요하듯이 나의 본성에 필요한 것이오. 내 강한 불쾌함의 직접적인 원인은 저들의 빌어먹게 갈겨쓴 문장들이었소. 그래서 난 결국 폭언을 하는 거요. 나는 끔찍한 완력으로 치명타를 먹인 것 같은데, 그것은 정확히 내가 그들에게 주고 싶었던 종류의 충격인

이상, 내 목적과 훌륭하게 들어맞소. 그들은 언제나 우리의 상전이 되려 하는데, 이는 지금 우리의 상전이 왕이 아니라 은행가들과 속물들이라는 사실만큼 확실하오."(*Selected Letters of Richard Wagner*, trans. Stewart Spencer and Barry Millington[New York: W.W. Norton, 1887], pp. 221~22) 30년 뒤 (1991년 11월 22일), 바그너는 바이에른 왕국의 루트비히 2세에게 비슷한 성격의 편지를 썼다. "저는 유대 종족이 순수한 인간성과 사람에게 있어 고귀한 모든 것에 대한 태생적인 적들이라고 생각합니다. 그들에 의해 특히 우리 독일인이 무너질 것이라는 데에는 의심의 여지가 없으며, 저는 아마 예술가로서, 오늘날 모든 면에서 강력해진 유대교를 마주하며 어떻게 자신의 바탕을 지켜야 하는지를 아는 마지막 독일인이 될 것입니다."(p. 918)

42. 바그너는 1840년대 초에 헤르더의 책들을 구입했지만, 그가 실제로 그것을 읽었는지는 확실치 않다(Millington, *Wagner Compendium*, p. 150). 하지만 설령 읽지 않았다고 해도, 이 시기 헤르더는 지식계나 대중에게 너무나 널리 알려져 있었기 때문에, 바그너는 다른 방식을 통해 얼마든지 헤르더의 사고를 흡수할 수 있었을 것이다.

43. Wagner, "Artwork of the Future", pp. 164~166.

44. Ibid., p. 207.

45. Ibid., pp. 209~13.

46. Wagner, "The Wibelungen: World-History as Told in Saga", in Richard Wagner, *Pilgrimage to Beethoven and Other Essays*, trans. W. Ashton Ellis (Lincoln: University of Nebraska Press, 1994), pp. 257~98.

47. 언어학적 분석의 겉치레는 신화적-언어학적 재구성이라는 게임이 일반 문화 속으로 얼마나 깊이 파고들었는지를 보여준다. 예를 들어 바그너는 독일의 『니벨룽의 노래』와 이탈리아의 『기벨리니』의 기원을 *Wibelingen*이라는 어원에서 찾으며, 이탈리아어의 *Guelfi*에서 독일어 *Welfen*('새끼')이 유래했다고 본다. 그런 다음 그는 독일어에서 애초의 n-이 *w-로 변환된 것은 그것이 *Stabreim*이라는 단어를 경유해 *Welfen*의 w-로 동화되었기 때문이라고 설명한다. 그는 이 상상적 형태들 중 그 어느 것도 증명된 것이

없는 까닭은, 그것들이 살아남아 있고 오직 (아마도 구두 전통이겠지만, 사실 그의 환상에 지나지 않는) 민족적 근원으로만 설명될 수 있기 때문이라고 주장한다. Ibid, pp. 267~68.
48. Ibid., pp. 259~60, 277~84를 참조할 것. 첫 번째 정식화에서 그는 인도에 대한 요구와 카프카스에 대한 요구를 중재하고자 하였다. 전자, 즉 '아시아'에 대한 요구는 윌리엄 존스 경과 프리드리히 슐레겔을 향한 것이었고, '카프카스'에 대한 요구는 아라랏 산의 노아 방주라는 성서 전통을 향한 것이었다. 민족의 기원을 디아스포라 트로이아인들에게서 찾는 로마와 프랑크와 스칸디나비아의 전설 덕분에 트로이아 역시 이 그림 속에 포함된다. 더 자세한 사항은 4장을 참조할 것.
49. 바그너는 "신의 아들 그리스도 역시 죽고, 애도되며, 원수를 갚게 되었고,— 우리도 여전히 오늘날의 유대인들에게 그리스도를 위해 복수하고 있는" 이러한 패턴의 "놀라운 유사성"에 주목했다(ibid., p. 287).
50. Artur, Comte de Gobineau, *Essai sur l'inégalité des races humaines*, 2 vols., 2nd ed.(Paris: Firmin-Didot, 1884). 바그너와 고비노의 교우에 관해서는 Gutman, *Richard Wagner*, pp. 418~20; Rose, *Wagner: Race and Revolution*, pp. 138~41을 참조할 것.
51. Houston Stewart Chamberlain, *Die grundlagen des neunzehnten jahrhunderts* (Munich: F. Bruckmann, 1899); Ludwig Schemann, *Die Gobineau-sammlung der Kaiserlichen Universitäts- und Landes-Bibliothek zu Strassburg*(Strassburg: K. J. Trübner, 1907). 체임벌린에 관해서는 Geoffrey G. Field, *Evangelist of Race: The Germanic Vision of Houston Stewart Chamberlain*(New York: Columbia University Press, 1981)을, 그리고 나치당에 미친 그의 영향에 관해서는 Alfred Rosenberg, *Houston Steward Chamberlain als verkünder und begründer einer deutschen zukunft*(München: Bruckmann, 1927)를 참조할 것. 일반적으로 바이로이트 파에 관해서는 David Large, "Wagner's Bayreuth Disciples", in David Large and William Weber, eds., *Wagnerism in European Culture and Politics*(Ithaca, NY: Cornell University Press, 1984), pp. 72~

133; 그리고 Winfred Schüler, *Der Bayreuther Kreis von seiner Entstehung bis zum Ausgang der Wilhelminischen Era: Wagnerkult und Kulturreform im Geiste völkischer Weltanschauung*(Münster: Aschendorff, 1971)을 참조할 것.

52. Spencer and Millington, *Selected Letters of Richard Wagner*, p. 914.
53. 바그너와 니체의 관계에 대한 기록은 Dieter Borchmeyer and Jörg Salaquarda, eds., *Nietzsche und Wagner: Stationen einer epochalen Begegnung*, 2 vols.(Frankfurt am Main: Insel Verlag, 1994)에 편리하게 잘 정리되었다. 더 자세한 사항은 Joachim Köhler, *Nietzsche and Wagner: A Lesson in Subjugation*, trans. Ronald Taylor(New Haven, CT: Yale University Press, 1998); Martin Vogel, *Nietzsche und Wagner: Ein deutsches Lesebuch* (Bonn: Verlag für systematische Musikwissenschaft, 1984); 그리고 Roger Hollinrake, *Nietzsche, Wagner, and the Philosophy of Pessimism*(London: George Allen and Unwin, 1982)을 참조할 것.
54. 신화라는 주제에 관한 니체의 사고를 가장 잘 다룬 것으로는 Cristiano Grottanelli, "Nietzsche and Myth", *History of Religions* 37(1997): 3∼20이 있다. Eugen Biser, "Nietzsche als Mythenzerstörer und Mythenschöpfer", *Nietzsche Studien* 14(1985): 96∼109; Peter Pütz, "Der Mythos bei Nietsche", in H. Koopman, ed., *Mythos und Mythologie in der Literatur der 19. Jahrhunderts*(Frankfurt: Klosterman, 1979), pp. 251∼56; 그리고 Jörg Salaquarda, "Mythos bei Nietzsche", in Hans Poser, ed., *Philosophie und Mythos*(Berlin: Walter de Gruyter, 1972), pp. 174∼91이다. 니체에 관한 일반적인 논고들은 너무나 많고 기하급수적으로 늘고 있으므로, 이를 요약하려는 어떤 시도도 피상적이고 주제넘는 일일 수 있다.
55. 니체는 이 책에서 바그너적인 분위기를 줄이기 위해 다른 변화들도 가했다. 예컨대 제목을 바꿔서 음악에 대한 언급을 완전히 없애버린 것이나, 바그너를 새로운 프로메테우스로 상징적으로 비유한 표지 그림을 삭제한 것 등이다. 그 이미지와 이 텍스트의 서문 및 3, 4, 9, 10장에 대해서는 Reinhard Brandt, "Die Titelvignette von Nietzsches *Geburt der Tragödie aus*

dem Geiste der Musik", *Nietzsche Studien* 20(1991): 314~28을 참조할 것.
56. 니체는 이런 대립을 다양한 방식으로 특징화했지만, 그중 가장 두드러진 것은 *The Birth of Tragedy*[『비극의 탄생』], trans. Walter Kaufmann(New York: Vintage Books, 1967), 21에 보인다. 여기서 그는 자신의 동기를 분명히 하기 위해 상당히 억지스럽고 기계적인 논지로 아폴론적인 것을 로마의 정치적 기풍과, 디오뉘소스적인 것을 인도의 황홀경적 무아의 경지와 각각 병치시켰다. 그리스의 고전적 정수는 이 둘을 결합하고 있지만, 그리스인들은 그런 통합을 지속할 수 없었다. 이 대목의 바로 앞부분과 뒷부분에서(§§ 20, 23~24) 니체는 그의 시대 독일인들이야말로 그리스인들이 발견했다가 잃어버린 이 이상적인 통합을 되찾기에 가장 좋은 위치에 있다고 확언한다. 반면에 예컨대 프랑스인들은 로마 전통을 너무 많이 이어받아서 그런 노력을 계속해갈 수 없다고 말한다.
57. 이 범주들은 *Birth of Tragedy* §§10, 16, 17, 20, 21, 23, 24, 25에서 다루어졌다.
58. 이런 요약정리는 *Birth of Tragedy* §§10, 16, 17, 18, 21, 23의 요점을 한데 추린 것이다.
59. *Birth of Tragedy* §21: "비극이 그토록 멋지게 갑자기 깨어난 것이 한 민족의 가장 깊은 삶의 토대에 있어서 무엇을 의미하는 것인지는 오로지 그리스인에게만 배울 수 있다. 페르시아전쟁에서 이긴 쪽은 비극이라는 비의秘儀를 지녔던 민족이다. 또한 그 전쟁을 수행했던 민족은 필요 불가결한 치유의 음료로서 비극을 필요로 했다."[Nur von den Griechen gelernt werden kann, wie ein solches wundergleiches plötzliches Aufwachen der Tragödie für den innersten Lebensgrund eines Volkes zu bedeuten hat. Es ist da Volk der tragischen Mysterien, das die Perserschlachten schlägt: und wiederum braucht das Volk, das jene Kriege geführt hat, die Tragödie als notwendigen Genesungstrank.]
60. §19와 그 밖의 부분에서 "로마적인" 문화들이란 로마를 계승하고 있고 또 로망스어를 사용하는 문화들을 가리킨다. 거기에는 이탈리아와 무엇보다도 프랑스가 포함되며, 이들은 어떤 중요한 상동성을 산출하면서 독일과 대조된다.

그리스 : 로마 :: 독일 : 프랑스
그리스 : 독일 :: 로마 : 프랑스

61. *Birth of Tragedy* §23(pp. 138~39): "So viel von dem reinen und kräftigen Kerne des deutschen Wesens, dass wir gerade von ihm jene Ausscheidung gewaltsam eingepflanzter fremder Elemente zu erwarten wagen und es für möglich erachten, dass der deutsche Geist sich auf sich selbst zurückbesinnt. Vielleicht wird mancher meinen, jener Geist müsse seinen Kampf mit der Ausscheidung des Romanischen beginnen: wozu er eine äusserliche Vorbereitung und Ermutigung in der siegreichen Tapferkeit und blutigen Glorie des letzten Krieges erkennen dürfte, die innerliche Nötigung aber in dem Wetteifer suchen muss, der erhabenen Vorkämpfer auf dieser Bahn, Luthers ebensowohl als unserer grossen Künstler und Dichter, stets wert zu sein. Aber nie möge er glauben, ähnliche Kämpfe ohne seine Hausgötter, ohne seine mythische Heimat, ohne ein »Wiederbringen« aller deutschen Dinge, kämpfen zu können!" 니체는 『자기 비판의 시도Attempt at a Self-Criticism』 §1에서 이 맥락에 대해 회상하며 언급했지만, 독일의 민족주의와 빌헬름 라이히에 대한 입장이 바뀌었기에 그 언급을 모호하게 제시했다.

62. Ibid., §17(p. 106): "이와 같이 대조함으로써 나는 과학 정신이란 소크라테스라는 인물에서 비로소 명백해진 신념이며, 자연의 설명 가능성 및 지식의 보편적 치유력에 대한 신념이라고 생각하는 것이다. 이 끊임없이 매진하는 과학 정신의 가장 비근한 결과를 상기해보면, 어떻게 하여 이 정신에 의해 신화가 파괴되었는지, 그리고 이 파괴에 의해 시가 어떻게 마치 그 자연적이고 이상적인 지반에서 쫓겨나 고향을 갖지 못하게 된 존재처럼 쫓겨났던 것인지를 즉시 상상할 수 있을 것이다. 신화를 다시 자기 안에서 산출할 수 있는 힘을 음악에 부여한 것이 잘된 일이라면, 마찬가지로 우리는 과학 정신이 음악의 이 신화 창조력에 대하여 적의를 갖고 대항하는 길 위에서

과학 정신을 찾지 않으면 안 될 것이다."[Bei dieser Gegenüberstellung verstehe ich unter dem Geiste der Wissenschaft jenen zuerst in der Person des Socrates ans Licht gekommenen Glauben an die Ergründlichkeit der Natur und an die Universalheikraft des Wissens. Wer sich an die nächsten Folgen dieses ratlos vorwärtsdringenden Geistes der Wissenschaft erinnert, wird sich sofort vergegenwärtigen, wie durch ihn der *Mythus* vernichtet wurde und wie durch diese Vernichtung die Poesie aus ihrem natürlichen idealen Boden, als eine nunmehr heimatlose, verdrängt war. Haben wir mit Recht der Musik die Kraft zugesprochen, den Mythus wieder aus sich gebären zu können, so werden wir den Geist der Wissenschaft auch auf der Bahn zu suchen haben, wo er dieser mythenschaffenden Kraft der Musik feindlich entgegentritt.]

63. Ernst Behler, "Sokrates und die griechische Tragödie: Nietsche und die Brüder Schlegel über den Ursprung der Moderne", *Nietzsche Studien* 18(1989): 141~57.

64. 바젤 강연은 Köhler, *Nietzsche and Wagner*, pp. 88~89에서 논의되었다.

65. 바그너가 니체에게 보낸 1870년 2월 4일자 편지를 볼 것. Spencer and Millington, *Selected Letters of Richard Wagner*, pp. 770~71.

66. 쿤에 관해서는 Bologna, *Ricerca etimologica e ricostruzione culturale*, pp. 15~29 를 볼 것.

67. Adalbert Kuhn, *Mythologische Studien*: 1. *Die Herabkunft des Feuers und des Göttertranks*(Gütersloh: C. Bertelsmann, 1859; 2d, rev. ed., 1886).

68. 쿤은 그리스어 *Promētheus*를 산스크리트 명사 *pramantha*-에 결부시켰는데, 이것은 단 하나의 특별한 의례용 경전(the *Katyāyana Śrauta Sūtra*)에서만 쓰이는 단어로, 사제들이 함께 비벼서(*pra-manth-*) 희생 제의용 불을 만드는 막대들을 뜻한다. 하지만 모음의 길이와 어근 파생 같은 문제들 때문에 사실 이런 비교는 성립되지 않는다.

69. Nietzsche, *Philosophy in the Tragic Age of the Greeks*, trans. Marianne Cowan (Washington, DC: Regnery, 1962), p. 30: "더 '원조'이고 여하튼 간에 더

오래되었다는 근거로, 그리스철학보다 이집트와 페르시아 철학에 더 시간을 쏟는 사람들은, 눈부시고 심오한 그리스신화를 다룰 줄 몰라 그것을 생각나는 대로 태양, 번개, 폭풍, 안개 같은 물질적 현상들로 축소시키는 사람들과 마찬가지로 무분별한 사람들이다. 그들은 또한 선하고 오래된 아리아족이 하늘 숭배 하나에 매달리는 것을 발견하고는 그리스의 다신교보다 더 순수한 종교적 형태를 찾았다고 상상하는 사람들이다. 어디서나 처음을 향하는 길은 미개함에 이르게 된다."

70. Barbara von Reibnitz, *Ein Kommentra zu Friedrich Nietzsche, »Die Geburt der Tragödie aus dem Geiste der Musik«(Kap. 1~12)*(Weimar: J. B. Metzler, 1992), p. 238에 따르면 니체의 관심은 그의 학창 시절부터 시작되었다. 열네 살 때, 니체는 「프로메테우스」라는 일인극을 썼는데, 이 희곡은 죄와 정화, 그리고 죽음에 대한 그리스 종교와 기독교의 서로 다른 접근법에 초점을 맞춘 것이었다. 프로메테우스를 창조적인 천재이자 신에게 대항하는 반항자로 그린 괴테의 시는 그 당시 독일 지성계 전체에 영향을 미쳤고, 니체에게도 영향을 미쳤음이 분명하다. *Birth of Tragedy* §9에는 괴테의 시가 인용되어 있다.

71. *Nietzsches Bibliothek: Vierzehnte Jahresgabe der Gesellschaft der Freunde des Nietzsche-Archivs*(Weimar: R. Wagner Sohn, 1942), p. 46. 니체는 쿤과 벨커의 책 외에도 다음 책들을 대출했다. Theodor Benfey, *Geschichte der Sprachwissenschaft und orientalischen Philologie in Deutschland seit dem Anfange des 19. Jahrhunderts mit einem Rückblick auf die früheren Zeiten*(Munich: J. G. Cotta, 1869); August Schleicher, *Compendium der vergleichende Grammatik der indogermanischen Sprachen*(Weimar: Böhlau, 1861; 2d ed., 1866); Ludwig Preller, *Griechische Mythologie*(Berlin: Weidmann, 1860~61); Christian August Lobeck, *Aglaophamus*(Regimonti: Borntraeger, 1829); Konrad Maurer, *Isländische Volkssagen der Gegenwart*(Leipzig: J. C. Hiurichs, 1860); Wilhelm Mannhardt, *Germanische Mythen: Forschungen*(Berlin: F. Schneider, 1858); 그리고 Friedrich Max Müller, *Wissenschaft der Sprache*(Leipzig: W.

Engelmann, 1861~63). 더 자세한 사항은 von Reibnitz, *Kommentar*, pp. 246~48의 논의를 보라. 폰 라이프니츠는 니체가 바이로이트 파의 주요 멤버였던 한스 폰 볼초겐Hans von Wolzogen(1848~1938)과 루트비히 셰만 Ludwig Schemann(1852~1938)에 의해서 이런 책들과 고비노의 책들을 접하게 되었을 것이라고 추정한다.

72. *Birth of Tragedy* §9(p. 70, 번역은 약간 수정함): "Die Prometheussage ist ein ursprüngliches Eigentum der gesamten arischen Völkergemeinde und ein Dokument für deren Begabung zum Tiefsinnig-Tragischen, ja es möchte nicht ohne Wahrscheinlichkeit sein, dass diesem Mythus für das arische Wesen eben dieselbe charakteristische Bedeutung innewohnt, die der Sündenfallmythus für das semitische hat, und dass zwischen beiden Mythen ein Verwandtschaftsgrad existiert, wie zwischen Bruder und Schwester."

73. Ibid., p. 71: "Das Beste und Höchste, dessen die Menschheit teilhaftig werden kann, erringt sie durch einen Frevel und muss nun wieder seine Folgen dahinnehmen, nämlich die ganze Flut von Leiden und von Kümmernissen, mit denen die beleidigten Himmlischen das edel emporstrebende Menschengeschlecht heimsuchen—müssen: ein herber Gedanke, der durch die *Würde*, die er dem Frevel erteilt, seltsam gegen den semitischen Sündenfallmythus absticht, in welchem die Neugierde, die lügnerische Vorspiegelung, die Verführbarkeit, die Lüsternheit, kurz eine Reihe vornehmlich weiblicher Affektionen als der Ursprung des Übels angesehen wurde."

74. Friedrich Nietzsche, *Nachgelassene Fragmente, 1887~1889*, ed. Giorgio Colli and Mazzino Montinari, vol. 13 of *Kritische Studienausgabe*(Berlin: de Gruyter, 1988), pp. 380~81, 386. 변화가 완전히 전반적으로 일어나는 것은 아니다. 따라서 니체는 아리아족의 종교가 피억압 민족의 종교일 가능성을 모순 논리로 간주한다. 아리아족은 지배 종족이기 때문이다. "Es ist

vollkommen in Ordnung, daß wir keine Religion unterdrückter arischer Rassen haben: denn das ist ein Widerspruch: eine Herrenrasse ist obenauf oder geht zu Grunde."(p. 381)

75. 막스 뮐러에 대해서는 다음을 볼 것. Trautmann, *Aryans and British India*, pp. 172~81, 194~98; Olender, *Languages of Paradise*, pp. 82~92; Lourens van den Bosch, "Friedrich Max Müller and his Contribution to the Science of Religion", in Eric Reenberg Sand and Jørgen Podemann Sørensen, eds., *Comparative Studies in the History of Religions*(Copenhagen: Museum Tusculanum Press, 1999), 11~39; Joan Leopold, "Friedrich Max Müller and the Question of Early Indo-Europeans(1847~1851)", *Etudes inter-ethniques* 7(1984): 21~32; "Ethnic Stereotypes in Linguistics: The Case of Friedrich Max Müller", in Hans Arasleff, Louis Kelly, and Hans-Josef Niederehe, eds., *Papers in the History of Linguistics*(Amsterdam: John Benjamins, 1987), pp. 501~12; 그리고 Gary Trompf, *Friedrich Max Müller as a Theorist of Comparative Religion*(Bombay: Shakuntala, 1978). 막스 뮐러에 대한 인도인들의 태도는 서로 상충된다. Nirad Chauduri, *Scholar Extraordinary: The Life of Professor the Rt. Hon. Friedrich Max Müller, P.C.* (New York: Oxford University Press, 1974)와 Brahm Bharti, *Max Müller: A Lifelong Masquerade*(New Delhi: Erabooks, 1992)를 비교해볼 것. 막스 뮐러의 가장 중요한 글들은 *Chips from a German Workshop*, 5 vols.(New York: Charles Scribners, 1869~76)에 실려 있고, 또한 다음과 같은 것들이 있다. "Comparative Mythology"(1856); "Christ and Other Masters" (1858); "Semitic Monotheism"(1860); "Lecture on the Vedas"(1865); "On the Stratification of Languages"(1868); "On the Philosophy of Mythology" (1871). 그의 *Lectures on the Science of Language*(London: Longmans, Green, 1864); *Introduction to the Science of Religion*(London: Longmans, Green, 1873)[『종교학입문』, 김구산 역, 동문선, 1995]; *Lectures on the Origin and Growth of Religion*(London: Longmans, Green, 1878); *Natural Religion*(London:

Longmans, Green, 1889), 그리고 *Contributions to the Science of Mythology* (London: Longmans, Green, 1897)도 참조할 것.

76. 막스 뮐러는 나중에 셸링의 강연이 그에게 영감을 불러일으켰다고 서술했다. "셸링은 …… 무엇이 민족을 만드는가? 무엇이 한 민족의 진정한 기원인가? 어떻게 인간 존재들은 민족이 되었는가? 하는 질문을 처음 던진 사람이다. 그리고 그의 답변은 1845년 베를린에서 그 노철학자의 강연들을 들었던 나에게는 깜짝 놀랄만한 것이었지만, 언어와 종교의 역사를 계속 연구해가면서 점점 더 확신하게 되는 것들이었다." *Introduction to a Science of Religion*(1882), p. 84; Trompf, *Friedrich Max Müller*, p. 15에서 재인용. 신화에 대한 셸링의 해석에 대해서는 Edward Allen Beach, *The Potencies of God(s): Schelling's Philosophy of Mythology*(Albany: State University of New York Press, 1994)를 참조할 것.

77. 분젠이 죽었을 때 막스 뮐러는 감동적인 조사弔詞를 썼는데, 그 글은 *Chips from a German Workshop*, 3: 243~389에 실려 있다. 막스 뮐러에게 보낸 분젠의 편지는 같은 책 pp. 391~492에 실려 있다. 그들의 관계에 대한 더 자세한 사항은 Trompf, *Friedrich Max Müller*, pp. 36~46을 참조할 것.

78. 분젠의 관점은 그의 책 *God in History*, 3 vols.(London: Longmans, Green, 1868~70)에서 분명히 드러난다. 여기서 그는 기독교가 아시아의 아리아족 종교들과 긴밀한 연관이 있다고 주장했다. 따라서 "가장 위대한 우리의 사업은 기독교에서 순수하게 셈족적인 것들을 제거하고 그것을 인도-게르만적인 것으로 만드는 것이었다." 이것이 성취되었기에, 튜턴족의 기독교는 자유로이 독일과 영국의 개신교가 될 수 있었다는 것이다.

79. T. Mommsen, D. F. Strauss, F. Max Müller, and T. carlyle, *Letters on the War between Germany and France*(London: Trübner, 1871), pp. 58~114.

80. 비교신화학의 선구자들(막스 뮐러, 아달베르트 쿤, 미셸 브레알Michel Bréal, 조지 콕스George Cox, 레오폴트 폰 슈뢰더Leopold von Schroeder, 안젤로 데 구베르나이티스Angelo de Gubernaitis 등)은 신화에서 묘사되는 자연현상이 무엇인지를 놓고 끊임없이 논쟁을 벌이면서도(막스 뮐러는 대개 일

출을 옹호했고, 쿤은 비를 옹호했다) 신화가 자연현상을 묘사한다는 생각을 공유한다는 점 때문에 종종 비웃음을 사곤 한다. 부분적으로 그들이 솔직하게 이런 견해에 도달한 것은, 그들의 신화관이 가장 오래된 산스크리트 경전—『리그베다』의 찬가들—에 근거하고 있었고 또 그 의미를 알아내기 위해 그들이 인도인들의 주석들을 참조했기 때문이다. 이 주석들, 특히 (14세기(?)에 쓰였지만 그 권위를 인정받아 막스 뮐러의 비평적『베다』 선집에 포함된) 사야나의 주석에서, 그들은 신화가 반복적으로 일출과 계절풍 몬순의 알레고리로 다뤄지고 있음을 발견했다. 그들은 이런 해석을 받아들여, 그것을 가지고 신화는 한 민족의 고유한 기후와 환경에 대한 기억을 보존하고 있다는 헤르더의 견해를 확증하는 토대로 삼았다. 그들의 이론적 집착은 바로 여기서 생긴 것이다.

81. 세 인종—아리아족, 셈족, 우랄알타이족—을 구분하는 체계는 「창세기」 10장의 혼성물인데, 여기서는 세계 인류의 기원을 노아의 세 아들(셈, 함, 야벳)에게로 거슬러 올라간다. 한편 페르도우시Ferdowsi의 『샤나메 Shahnameh』에 담긴 서사에서는 페리둔Feridûn의 아들들(살름Salm, 투르 Tūr, 에라지Eraj)이 같은 역할을 한다. 이를테면 아리아족은 에라지에서 나왔고, 우랄알타이족은 투르에서 나왔으며, 셈족은 일부 저자들이 살름과 동일시하고자 했던 셈에게서 나왔다는 식이다. 존스는 이 체계의 타당성을 확립하는 방식으로 자신의 연례 강연들을 구성했다. 이에 대해서는 4장에서 다룰 것이다. 하지만 이에 대한 그의 첫 진술은 이 강연들 이전의 글인 "A Short History of Persia from the Earliest Times to the Present Century"(1773), *The Works of Sir William Jones*, 12: 403~4에 나온다. 이 목적을 위한 존스의 조작은 교묘했다. 그는 페르도우시가 자리 잡았던 비잔티움으로부터 시리아까지(페르시아어 샴Sām은 아마 살름Salm뿐 아니라 히브리어 셈Sem과도 연관될 것이다) 살름이 다스린 영토의 중심을 페르도우시가 말한 비잔티움으로부터 시리아로 옮겨버렸다. 더 대담한 것은 "살름이 아마도 유대인들이 말하는 살만에셀Salmanasser이었을 것"이라는 주장이다[살만에셀은 기원전 726년에서 721년까지 아시리아를 다스린 왕

으로, 북이스라엘 10개 부족을 포로로 잡아갔다. 『열왕기하』 17: 3 참조. 페리둔의 아들들에 관한 신화는 다음에서 찾아볼 수 있다. Reuben Levy, *The Epic of the Kings: Shâh-nâma, the National Epic of Persia by Ferdowsi*(Chicago: University of Chicago Press, 1968), pp. 26~27.

82. 르낭과 막스 뮐러의 관계에 대해서는 Olender, *Languages of Paradise*, pp. 51~81을 참조할 것. 이 둘은 파리에서 외젠 뷔르누프 밑에서 함께 수학했고, 뷔르누프의 조카였던 에밀 뷔르누프Emile Burnouf(1821~1907)도 함께 공부했다. 르낭과 에밀 뷔르누프는 셈어를 유대인 및 유대교와 관련지어 정의했기 때문에 셈어에 대해 강한 반감을 갖고 있었다. 반면 막스 뮐러는 셈어가 기독교와 유대교를 아우르며 둘 중 기독교가 더 중요하다고 보았으며, 따라서 그는 셈어에 대해 호의적이었다.

83. (이 교수직을 차지한) 모니에 모니에-윌리엄스Sir Monier Monier-Williams의 "Preface to the New Edition", *Sanskrit-English Dictionary*(Oxford: Clarendon Press, 1899), pp. ix~xi를 참조할 것. 그가 아리아족과 셈족 언어의 대조에 관해 논한 글, pp. xii~xiv도 주목할 것. Correspondence relating to competition for the Boden chair is held at the Bodleian Library in Oxford, MS. Eng. c. 2807.

84. 풍문에 따르면, 독일 고전학계의 거두였던 울리히 폰 빌라모비츠-묄렌도르프Ulrich von Wilamovitz-Moellendorf가 그의 영국인 동료들에게 막스 뮐러와 관련해 이렇게 물었다고 한다. "당신들은 그것들을 다 우리에게서 수입해가야만 하는데, 당신들 스스로를 기만하는 것이 아니오?"[막스 뮐러가 독일 출신으로 영국에서 활동했다는 점, 그리고 그에 대한 논의가 영국보다는 독일에서 더 많이 이루어지고 있었다는 점을 두고 영국인 학자들에게 비꼬는 투로 던진 말로 보인다.]

85. 루소도 같은 주제로 글을 써서 논문 대회에 응모했는데, 루소와 헤르더가 투고한 글은 편리하게도 다음 책에 나란히 실려 있다. John Moran and Alexander Gode, eds., *Herder and Rousseau on the Origin of Language* (Chicago: University of Chicago Press, 1986). 베를린 논문 대회에 참가한

다른 사람들의 글에 대해서는 Paul Salmon, "Also Ran: Some Rivals of Herder in the Berlin Academy's 1770 Essay Competition on the Origin of Language", *Historiographia Linguistica* 16(1989): 25~48을 참조할 것.

86. *Bulletin de la Société de linguistique de Paris* 1(1871): iii; Olender, *Languages of Paradise*, p. 177 n. 22에서 재인용.

87. Ferdinand de Saussure, *Course in General Linguistics*, trans. Wade Baskin(LaSalle, IL: Open Court Publishing, 1983)[『일반언어학 강의』, 최승언 옮김, 민음사, 2006]은 1907~11년 강의를 바탕으로 한 것으로, 그의 사후에 제자들에 의해 출간되었다. "Linguistic Evidence in Anthropology and Prehistory"(pp. 221~26)라는 계고적인 장을 참조할 것. 이 장은 다음과 같이 시작한다. "그렇다면 언어학자는 재구성의 방법을 써서 시간을 거슬러 올라가 역사가 기록되기 훨씬 이전의 특정 공동체가 사용하던 언어를 복원해낼 수 있을 것이다. 그런데 이렇게 복원한들, 그것이 우리에게 그 사람들 자체, 그들의 혈통, 사회구조, 관습, 제도 등을 말해줄 수 있을까? 다시 말해서 언어는 인류학, 민족지학, 선사시대에 관한 연구에 빛을 비춰줄 수 있을까? 일반적으로 그럴 수 있다고들 한다. 하지만 우리의 관점으로 볼 때 그것은 대개 환상이다." 223쪽에서 소쉬르는 신화와 종교를 재구성하려는 쿤 같은 이들의 시도를 단번에 걷어치워버린다. 이런 그의 태도는 어떻게 보면 1894년에 쿤과 막스 뮐러 식으로 인도-유럽 신화를 연구하고자 했던 그 자신의 경험에서 형성되었을지도 모르겠다. 하지만 어쨌든 분명히 그는 이 작업을 그만두었고, 그의 강의 노트에 있는 많은 삭제, 말소, 생략, 주저의 흔적은 그가 이런 노력이 좌절감만 줄 뿐이라고 생각하고 있었음을 보여준다. 이 강의 노트는 최근에 출판되었는데, 다음에 실려 있다. Claude Lévi-Strauss, *The View from Afar*, trans. J. Neugroeschel and P. Hoss(Chicago: University of Chicago Press, 1992), pp. 148~50.

88. Mosse, *Toward the Final Solution*; Poliakov, *Aryan Myth*, pp. 255~72; Sergent, *Les Indo-européens*(Paris: Payof, 1995), pp. 37~41; Robert Proctor, "From

'Anthropologie' to 'Rassenideologie,'" in George Stocking, ed., *Bones, Bodies, Behavior: Essays on Biological Anthropology*(Madison: University of Wisconsin Press, 1988), pp. 138~79의 논의를 참조할 것. 오래전부터 신빙성을 잃긴 했지만, 이런 식의 인류학은 19세기 후반 내내 영국을 제외한 모든 나라에서 대세였다. 그중에는 파울 브로카Paul Broca(1824~80), 구스타프 레치우스Gustaf Retzius(1842~1919), 칼 펜카Karl Penka(1847~1912), 조르주 바셰 드 라푸주Georges Vacher de Lapouge(1854~1936), 구스타프 코시나Gustav Kossinna(1858~1931), 그리고 에우겐 피셔Eugen Fischer(1874~1967) 등이 있었다.

89. 이 인물들과 그들의 학문에 대해 가장 잘 다룬 연구로는 George W. Stocking, *After Tylor: British Social Anthropology, 1888~1951*(Madison: University of Wisconsin Press, 1995); *Victorian Anthropology*(New York: Free Press, 1987); Richard Dorson, *The British Folklorists; A History* (Chicago: University of Chicago Press, 1968)를 볼 것. 이들의 글을 모은 선집으로는 Richard Dorson, ed., *Peasant Customs and Savage Myths: Selections from the British Folklorists*(Chicago: University of Chicago Press, 1968)가 있다.

90. Johannes Fabian, *Time and the Other: How Anthropology Makes its Object* (NewYork: Columbia University Press, 1983); Adam Kuper, *The Invention of Primitive Society: Transformations of an Illusion*(London: New York: Routledge, 1988)도 참조할 것.

91. 막스 뮐러와 랭의 논쟁을 가장 잘 요약해놓은 글은 Richard Dorson, "The Decline of Solar Mythology", *Journal of American Folklore* 68(1955): 393~416이다.

92. Sir James George Frazer, *The Golden Bough*, 2 vols.(London: Macmillan, 1890)[『황금가지』 1·2권, 박규태 옮김, 을유문화사, 2005]; 2d ed., 3 vols. (London: Macmillan, 1900); 3d ed., 12 vols.(London: Macmillan, 1911~15). 프레이저의 사유와 영향에 대해서는 다음을 참조할 것. Robert A.

Segal, ed., *Ritual and Myth: Robertson Smith, Frazer, Hooke, and Harrison*(New York: Garland, 1996); Marc Manganaro, *Myth, Rhetoric, and the Voice of Authority: A Critique of Frazer, Eliot, Frye, and Campbell*(New Haven, CT: Yale University Pres, 1992); Robert Frazer, *The Making of the Golden Bough*(New York: St. Martin's, 1990); Robert Ackerman, *The Myth and Ritual School: J. G. Frazer and the Cambridge Ritualists*(New York: Garland, 1991); *J. G. Frazer: His Life and Work*(Cambridge: Cambridge University Press, 1987); "Frazer on Myth and Ritual", *Journal of the History of Ideas* 36(1975): 115~34; Robert Alun Jones, "Robertson Smith and James Frazer on Religion: Two Traditions in British Social Anthropology", in George Stocking, ed., *Functionalism Historicized: Essays on British Social Anthropology* (Madison: University of Wisconsin Press, 1984), pp. 31~58; Ludwig Wittgenstein, *Remarks on Frazer's "Golden Bough"*(Atlantic Highlands, NJ: Humanities Press, 1979); Jonathan Z. Smith, "When the Bough Breaks", *History of Religions* 12(1973): 342~71; John Vickery, *The Literary Impact of the "Golden Bough"*(Princeton, NJ: Princeton University Press, 1973); and Robert Downie, *Frazer and the "Golden Bough"*(London: Gollancz, 1970).

93. 신화에 관한 말리노프스키의 글들은 Ivan Strenski, *Malinowski and the Work of Myth*(Princeton, NJ: Princeton University Press, 1992)에 잘 수록해놓았다. 이 외에도 Strenski의 *Four Theories of Myth*, pp. 42~69와 다음을 참조할 것. George Stocking, "The Ethnographer's Magic: Fieldwork in British Anthropology from Tylor to Malinowski", in *Observers Observed: Essays on Ethnographic Fieldwork*(Madison: University of Wisconsin Press, 1983), pp. 70~120; Raymond Firth, "Bronislaw Malinowski", in Sydel Siverman, ed., *Totems and Teachers: Perspectives on the History of Anthropology*(New York: Columbia University Press, 1981), pp. 103~37; 그리고 S. F. Nadel, "Malinowski on Magic and Religion", in Raymond Firth, ed., *Man and Culture: An Evaluation of the Work of Bronislaw Malinowski*(London:

Routledge and Kegan Paul, 1957), pp. 189~208.

94. Ernest Gellner, "'Zeno of Cracow' or 'Revolution at Nemi' or 'The Polish Revenge: A Drama in Three Acts'", in Roy Ellen, Ernest Geller, Grazyna Kubica, and Janusz Mucha, eds., *Malinowski between Two Worlds: The Polish Roots of an Anthropological Tradition*(Cambridge: Cambridge University Press, 1988), p. 182.

95. Ivan Strenski, *Malinowski and the Work of Myth*, pp. 77~116.

96. 말리노프스키의 *Diary in the Strict Sense of the Term*(New York: Harcourt, Brace and World, 1967)의 출간은 그때까지 아직 해결되지 않았던 도덕심의 위기 문제를 드러냄으로써 근대 민족지학의 기원 신화를 종결지었다. 이와 관련하여 제기된 주제에 관한 논의로는 다음을 참조할 것. James Clifford, *The Predicament of Culture*(Cambridge, MA: Harvard University Press, 1988), pp. 21~54 and 92~113; Clifford Geertz, *Works and Lives: The Anthropologist as Author*(Stanford, CA: Stanford University Press, 1988), pp. 73~101; Murray Wax, "Tenting with Malinowski", *American Sociological Review* 37(1972): 1~13; 그리고 George Stocking, "Empathy and Antipathy in the Heart of Darkness: An Essay Review of Malinowski's Field Diaries", *Journal for the History of the Behavioral Sciences* 4(1968): 189~94.

97. 원문은 다음에 실려 있다. Robert Thornton and Peter Skalnik, eds., *The Early Writings of Bronislaw Malinowski*(Cambridge: Cambridge University Press, 1993). 그 중요성에 대해서는 "The Nietzsche Essay: A Charter for a Theory of Myth"(pp. 16~26)라는 표제로 논의되었다. 프레이저에 관한 미발표 원고들도 이 책 pp. 117~99에 수록되었는데, 여기서는 pp. 3~8, pp. 38~49에서 논의된 내용을 더 진전시키고 있다.

98. 말리노프스키의 삶에서 폴란드 시기 및 그 시기가 그의 후기 사상에 미친 영향에 대해서는 다음을 참조할 것. Thornton and Skalnik, *Early Writings*; Ellen et al., *Malinowski between Two Worlds*, 특히 Jan Jerschina의 글(pp. 128~48)과 Ernest Gellner의 글(pp. 164~94); 그리고 Ivan Strenski,

"Malinowski: Second Positivism, Second Romanticism", *Man* 17(1982): 766~71.

99. 에밀 뒤르케임은 *The Elementary Forms of the Religions Life*, trans. Karen Fields(New York: Free Press, 1995)[『종교생활의 원초적 형태』, 노치준·민혜숙 옮김, 민영사, 1992], pp. 70~76의 3절에서 막스 뮐러를 다뤘다. 또한 마르셀 모스가 막스 뮐러와 랭의 책들에 대해 쓴 1899년 서평도 흥미롭다. Marcel Mauss, *Oeuveres*, Vol. 2: *Représentations collectives et diversité des civilisations*(Paris: Editions de Minuit, 1974), pp. 273~78.

100. 이 저작들은 다음과 같다. *Le Festin d'immortalité: Étude de mythologie comparée indo-européenne*(Paris: Musée Guimet, 1924), *Le Crime des Lemniennes: Rites et légends du monde égéen*(Paris: Paul Geuthner, 1924), *Le Problème des Centaures: Étude de mythologie comparée indo-européenne*(Paris: Musée Guimet, 1929), *Ouranos-Varuna: Étude de mythologie comparée indo-européenne*(Paris: Adrian Maisonneuve, 1934), *Flamen-Brahman*(Paris: Musée Guimet, 1935). 뒤메질의 전체 저작에서 이 저작들이 차지하는 위치에 대해서는 다음을 참조할 것. C. Scott Littleton, *The New Comparative Mythology: An Anthropological Assessment of the Theories of Georges Dumézil*, 3d ed.(Berkeley: University of California Press, [1966]1982), pp. 32~57. *Le Festin d'immortalité*(Oeuvres, 2: 315~16)에 대한 모스의 서평은 이 책에 대한 가장 호의적인 것 중 하나였지만, 그것은 오히려 다른 이들의 훨씬 심한 적대감을 불러일으키는 결과를 가져왔다.

101. 지면의 제한으로 이런 사람들의 상세한 면면에 대해 다 말할 수는 없지만, 이들 각각에게는 학문적·정치-문화적 관심과 활동이 긴밀하게 교직되어 있는 매혹적인 삶의 여정이 있다. 그 세 가지 예는 이 책 6장에서 논했다 [지은이는 뒤메질에 관해 다룬 6장에서 그에게 영향을 준 오토 회플러, 얀 데 브리스, 스티그 비칸데르에 대해 자세히 다루고 있다]. 다른 이들에 대한 최근의 연구들은 다음과 같다. Richard Noll, *The Jung Cult*(Princeton, NJ: Princeton University Press, 1994)와 *The Aryan Christ*(New York:

Random House, 1997); Daniel Dubuisson, *Mythologies du XXième siècle* (Lille: Presses universitaires de Lille, 1993); Steven Wasserstrom, *Religion after Religion*(Princeton, NJ: Princeton University Press, 1999); 그리고 Shaul Baumann, *The German Faith Movement and Its Founder, Jakob Wilhelm Hauer(1881~1962)*(Ph.D. diss., Hebrew University of Jerusalem, 1998; in Hebrew, with English summary). 단지 담론이 학계에서 정부와 군사 단체로 옮겨간 것 이상의 사실에 대해 말해보자면, 알프레드 로젠베르크 Alfred Rosenberg는 신화 연구자들을 징집하여 나치 이데올로기를 위한 활동을 하게 했고('로젠베르크 사단'), 하인리히 힘러Heinrich Himmler도 많은 사람을 나치 친위대(SS)나 마찬가지인 아흐네네르베Ahnenerbe('조상들의 유산)로 징집했다. 위에서 언급한 사람들 중 몇몇(뷔스트, 알트하임, 하우어, 회플러, 볼프람)도 이런 일에 복무하였고, 비할 데 없이 명석했던 헤르만 귄데르트는 안타깝게도 총장으로서 그의 경력을 하이델베르크대학의 나치화를 돕는 것으로 마쳐야 했다. 가장 심한 건 율리우스 에볼라 Julius Evola의 경우다. 신화와 비의 종교 연구자였던 그는 이탈리아 파시스트 이데올로기의 지도자였다. 전쟁 동안 나치는 그에게 온갖 종류의 비의 종교 자료들을 제공했고, 그는 그 자료들로 독일제국의 은밀한 적들에 맞서 제의적 싸움을 수행했다. 에볼라에 관해서는 Steven Wasserstrom, "The Lives of Baron Evola", *Alphabet City* 4~5(1995): 84~90; Franco Ferraresi, "Julius Evola: Tradition, Reaction and the Radical Right", *Archives européennes de sociologie* 28(1987): 107~51; Thomas Sheehan, "*Diventare dio*: Julius Evola and the Metaphysics of Fascism", *Stanford Italian Review* 6(1986): 279~92, 그리고 "Myth and Violence: The Fascism of Julius Evola and Alain de Benoist", *Social Research* 48(1981): 45~73; 그리고 Phillippe Baillet, "Les Rapports de Julius Evola avec le fascisme et le national-socialisme", *Politica Hermetica* 1(1987): 49~71을 참조할 것.

102. 이런 대중적 현상에 대해서는 다음을 참조할 것. Annette Hein, "*Es ist viel Hitler in Wagner*": *Rassismus und antisemitische Deutschtumsideologie in den*

Bayreuther Blättern(Tübingen: Max Niemeyer, 1996); Rainer Flasche, "Vom deutschen Kaiserreich zum Dritten Reich: Nationalreligiöse Bewegungen in der ersten Hälfte des 20. Jahrhunderts in Deutschland", *Zeitschrift für Religionswissenschaft* 1(1993): 28~49; Nicholas Goodrick-Clarke, *The Occult Roots of Nazism: The Ariosophists of Austria and Germany, 1890~1935*(New York: New York University Press, 1985); 그리고 기발 하면서 매력적인 Joscelyn Godwin, *Arktos: The Polar Myth in Science, Symbolism, and Nazi Survival*(Kempton, IL: Adventures Unlimited Press, 1996).

103. 나치가 신화, 의례, 상징적 스펙터클을 어떻게 이용했는지에 대해서는 다음을 참조할 것. Yvonne Karow, "Zur Konstruktion und Funktion nationalsozialistischer Mythenbildung", *Zeitschrift für Religions-wissenschaft* 2(1994): 145~60; Philippe Lacoue-Labarthe and Jean-Luc Nancy, "The Nazi Myth", *Critical Inquiry* 16(1990): 291~312; George Mosse, *The Nationalization of the Masses: Political Symbolism and Mass Movements in Germany from the Napoleonic Wars through the Third Reich*(Ithaca, NY: Cornell University Press, 1975)와 ed., *Nazi Culture: Interllectual, Cultural, and Social Life in the Third Reich*(New York: Grosset and Dunlap, 1966); Jacques Ridé, "La Fortuen singulière du mythe germanique en Allemagne", *Etudes Germanique* 21(1966): 489~505.

104. 귄터에 관해서는 Edouard Conte and Cornelia Essner, *La Quête de la race: Une anthropologie du nazisme*(Paris: Hachette, 1995), pp. 65~67, 74~101과 곳곳의 언급을 참조할 것. 그의 저술들 중 *Rassenkunde des deutschen Volkes*(Munich: J. F. Lehmann, 1922)에 주목하자. 이 책은 1933년까지 16판이 나왔고, 이후 *Adel und Rasse*(Munich: J. F. Lehmann, 1926), *Rassengeschichte des hellenischen und des römischen Volks, mit einem Anhang: Hellenische und römische Köpfe nordischer Rasse*(Munich: J. F. Lehmann, 1929), *Rassenkund Europas*(Munich: J. F. Lehmann, 1929), *Rassenkunde*

des Jüdischen Volks(Munich: J. F. Lehmann, 1930), Frömmigkeit nordischer Artung(Jena: Eugen Diedrichs, 1934; 5th ed., Leipzig: B. G. Teubner, 1943), Herkunft und Rassengeschichte der Germanen(Munich: J. F. Lehmann, 1935) 등 수많은 판본이 이어졌다.

105. Alfred Rosenberg, Mythus des 20. Jahrhunderts: Eine Wertung der seelischgeistigen Gestaltenkämpfe unserer zeit(Munich: Hoheneichen Verlag, 1930). 이 책은 1944년까지 247판이 나와서 나치 이데올로기와 관련하여 히틀러의 『나의 투쟁Mein Kampf』 다음으로 가장 많이 읽힌 책이 되었다. Robert Cecil 의 논저, The Myth of the Master Race: Alfred Rosenberg and Nazi Ideology (London: B. T. Batsford, 1972)도 참조할만하다.

4장

1. Snorri Sturluson, Prose Edda, 서언, 2~3장.
2. 스노리의 『산문 에다』 서문에서 드러나는 박식한 학문적 배경에 대해서는 다음 글들이 잘 다루고 있다. Anthony Faulkes, "The Sources of Skáldskaparmál: Snorri's Intellectual Background", in Alois Wolf, ed., Snorri Sturluson: Kolloquium anlässlich der 750. Wiederkehr seines Todestages (Tübingen: Gnnter Narr, 1993), pp. 59~76, 그리고 "Pagan Sympathy: Attitudes to Heathendom in the Prologue to Snorra Edda", in R. J. Glendinning and H. Bessason, eds., Edda: A Collection of Essays(Winnipeg: University of Manitoba Press, 1983), pp. 283~314; Kurt Schier, "Zur Mythologie der Snorra Edda: Einige Quelenprobleme", in Ursula Dronke et al. eds., Speculum Norroenum: Norse Studies in Memory of Gabriel Turville-Petre(Odense: Odense University Press, 1981), pp. 405~20.
3. Snorri Sturluson, Prose Edda, 서언, 5장: "Asiamanna, er æsir voro kallaðir."
4. Ibid., chap. 3: "Einn konungr, ar þar ar var, er nefndr Múnón eða Menńon:

hann átti dóttur hofuðkonungsins Príámí sú hét Tróán; þau áttu son, hann hét Trór, er vér kǫllum þór."

5. Ibid., "Í norðrhálfu heims fann hann spákonu þá, er Síbíl hét, er vér kǫllum Sif."

6. Ibid., chap. 6: "þer æsir toku wer kvanfáng þar inan landz, en sumir sonum sinum, ok urþu þesar ættir fiolmennar, at umb Saxland ok allt þaðan um norðrhalfor dreifþiz sva, at þeira tunga, Asiamanna, var eigin tunga um all þesi lánd, ok þat þikkiaz menn skynja mega af þvi, at rituð eru langfeðga nafn þeira, at þá nafn hafa fylgt þesi tungu ok þeir æsir hafa haft tunguna norðr hingat i heim, i Noreg ok i Sviþjoð, i Danmǫrk ok i Saxlandð."

7. Ibid.: "Verba linguage Britannicæ omnia fere vel Græco conveniunt vel Latino."

8. Giraldus Cambrensis, *Itinerarium Cambriae* 1.15: "Saxones igitur et Germani a gelida poli regione cui subjacent, hanc contrahunt et naturæ gelidatem. Angli quoque, quanquam olim a regione remoti, originali tamen natura tam exteriorem in candore qualitatem, quam etiam interiorem illam geliditatis, eadem ex causa, liquida scilicet et gelida complexionis natura, proprietatem inseparabiliter tenent. Britones autem e diverso ex calida et adusta Dardaniæ plaga, quanquam in fines hos temperatos advecti, quia 'Cœlum, non animum mutant, qui trans mare currunt,' tam exterius fuscum illum cognatumque terræ colorem, quam etiam naturalem interius ex adusto humore calorem...."

9. 『게르마니아』에 대한 초기 반응에 대해서는, Martin Thom, *Republics, Nations and Tribes*(London: Verso, 1995), pp. 212~21과 이 책 3장의 주석 2에 언급한 문헌들을 볼 것.

10. 초기의 이런 시도에 관해서는 Giuliano Bonfante, "Ideas on the Kinship of the European Languages from 1200 to 1800", *Cahiers d'histoire mondiale* 1(1953/54): 679~99, 특히 680을 볼 것. 언어학적 비교의 전사前史에 관한

다른 훌륭한 연구들에는 다음과 같은 것들이 있다. Jean-Claude Muller, "Early Stages of Language Comparison from Sassetti to Sir William Jones (1786)", *Kratylos* 31(1986): 1~31; Daniel Droixhe, *De l'origine du langage aux langues du monde: Etudes sur les XVIIe et XVIIIe siècles*(Tübingen: Gunter Narr, 1987); *La Linguistique et l'appel de l'histoire(1600~1800): Rationalisme et révolutions positivistes*(Geneva: Droz, 1978); and George Metcalf, "The Indo-European Hypothesis in the Sixteenth and Seventeenth Centuries", in Dell Hymes, ed., *Studies in the History of Linguistics: Traditions and Paradigms* (Bloomington: Indiana University Press, 1974), pp. 233~57.

11. Abraham Mylius, *Lingua Belgica*(Leiden, 1612), pp. 146~47; Metcalf, "The Indo-European Hypothesis", p. 237에서 재인용.

12. 「창세기」 11장은 분명 성서의 다른 편집 전통에 속하며, 특히 11장의 첫 구절은 10장 5, 20, 31절과 분명히 모순된다. "온 세상이 같은 말을 하고 같은 낱말들을 쓰고 있었다."(11장 6절 참조: "보라, 저들은 한 겨레이고 모두 같은 말을 쓰고 있다…….") 신이 말을 뒤섞어버리고 사람들을 흩어버리는 순간 결단이 내려진다(10: 7-9)[이 내용은 10장이 아니라 11장에 나온다. 오타로 보인다]. 11장은 아브라함에까지 이르는 셈의 족보를 따라가지만, 함과 야벳 및 그들의 족보는 등장하지 않는다. 이 지점에서 오히려 그들은 이야기에서 삭제되어 있다.

13. 고메르에 대한 고로피우스의 견해에 관해서는 Metcalf, "The Indo-European Hypothesis", pp. 241~42을 볼 것.

14. Bonfante, "Ideas on the Kinship of the European Languages", p. 691에서 재인용.

15. François Hartog, *The Mirror of Herodotus*(Berkeley: University of California Press, 1988)의 뛰어난 논의를 볼 것. 또한 Maria Michaela Sassi, *La scienza dell'uomo nella Grecia antica*(Turin: Boringhieri, 1988), pp. 96~127을 볼 것. 다음 글들도 적합하다. James Romm, "Herodotus and Mythic Geography: The Case of the Hyperboreans", *Transactions of the American Philological*

Association 119(1989): 97~113; Gian Franco Gianotti, "Ordine e simmetria nella rappresentazione del mondo: Erodoto e il paradosso del Nilo", *Quaderni di Storia* 27(1988): 51~92; Claude Calame, "Environnement et nature humaine: Le Racisme bien tempéré d'Hippocrate", in *Sciences et racisme*(Lausanne: Payot, 1986), pp. 75~99; David Lateiner, "Polarità: Il principio della differenza complementare", *Quaderni di storia* 11(1985): 7 9~103; W. Backhaus, "Der Hellenen-Barbaren-Gegensatz und die hippokratische Schrift *Peri aerōn hydatōn topōn*", *Historia* 25(1976): 170~85.

16. *Ynglingasaga* 8: "þessa Svíþjóð kǫlluðu þeir Mannheima, en ina miklu Svíþjóð kǫlluðu þeir Goðheima."

17. '스키타이 테제'에 관해서는 Muller, "Early Stages of Language Comparison", pp. 9~12; Metalf, "The Indo-European Hypothesis", pp. 234~40을 볼 것. 라이프니츠의 개입에 대해서는 J. T. Waterman, "The Languages of the World: A Classification by G. W. Leibniz", in E. Hofacker and L. Dielkman, eds., *Studies in Germanic Languages and Literatures in Memory of Fred Nolte*(St. Louis: Washington University Press, 1963), pp. 27~34을 볼 것.

18. Garland Cannon, ed., *The Letters of Sir William Jones*, 2 vols.(Oxford: Clarendon Press, 1970), 1: 285~86(1779년 2월 19일, 아담 차르토리스키 Adam Czartoryski 왕자에게 쓴 편지): "어떻게 이처럼 많은 유럽어 단어가 페르시아어에 스며들어가게 되었는지 확실히는 모르겠습니다. 제 생각에 프로코피우스Procopius는 페르시아인들과, 북부 유럽과 아시아—고대인들이 스키타이인들이라는 일반적 이름으로 알고 있던—민족들 간의 전쟁 및 평화적 교섭에 대해 언급했습니다. 많은 고대의 석학이 이 무척 오래되고 거의 태초의 언어에 가까운 언어가 북방 민족들 사이에서 사용되었으며, 이로부터 켈트어 방언뿐만 아니라 그리스어와 라틴어도 나왔다고 생각했습니다. 사실 우리는 *pater*와 *mater*를 페르시아어에서도 발견할 수 있고, *dugater*는 daughter와 그리 멀리 떨어져 있지 않으며, 심지어 *onoma*

와 *nomen*도 *nām*과 그리 다르지 않기에, 이 모든 단어가 한 뿌리에서 나왔다고 가정할 수도 있을 겁니다. 우리는 이러한 연구가 매우 불명확하고 불확실하다는 것을 고백해야만 합니다. 또 여러분은 그런 연구가 하페즈 Hafez의 송시, 혹은 암르알케이스Amr'alkeis의 비가처럼 그리 유쾌하지는 않다는 것을 인정하게 될 것입니다."

19. 존스의 중요성에 대해서는, R. H. Robins, "Jones as a General Linguist in the Eighteenth-Century Context", in Garland Cannon and Kevin Brine, eds., *Objects of Enquiry: The Life, Contributions, and Influences of Sir William Jones, 1746~1794*(New York: New York University Press, 1995), pp. 83~91; Garland Cannon, "Sir William Jones, Language Families, and Indo-European", *Word* 43(1992): 43~59, "Jones's 'Sprung from Some Common Source': 1796~1986", in Sydney M. Lamb and E. Douglas Mitchell, eds. *Sprung from Some Common Source: Investigations into the Prehistory of Languages*(Stanford: Stanford University Press, 1991), pp. 23~47을 볼 것. 존스의 선행 연구자들에 대해서는 앞의 주석 10번의 문헌들을 볼 것.

20. Jack Fellman, "On Sir William Jones and the Scythian Language", *Language Sciences* 34(1975): 37~38.

21. Cannon, *Letters of Sir William Jones,* 1: 285.

22. Sir William Jones, "An Essay on the Poetry of the Eastern Nations", *Works of Sir William Jones*(London: J. Stockdale and J. Walker, 1807), 10: 327~38. 그가 높게 평가한 시는 기본적으로 페르시아어 작품들이지만, 아랍어 시들 역시 포함된다.

23. Sir William Jones, "A Discourse on the Institution of a Society for Inquiring into the History, Civil and Natural, the Antiquities, Arts, Sciences, and Literature, of Asia", *Works of Sir William Jones*, 3: 1~2.

24. 존스의 생애에 대한 기본적인 전기로는 Garland Cannon, *The Life and Mind of Oriental Jones*(Cambridge: Cambridge University Press, 1990)가 있다. 다음의 글들도 또한 유용하다. R. H. Robins, "The Life and Work

of Sir William Jones", *Transactions of the Philological Society*(1987): 1~23; S. N. Mukherjee, *Sir William Jones: A Study in Eighteenth Century British Attitudes to India*(Cambridge: Cambridge University Press, 1968); Janardan Prasad Singh, *Sir William Jones: His Mind and Art*(New Delhi: S. Chand, 1982); Cannon and Brine, *Objects of Enquiry*; and Bernard Cohn, *Colonialism and Its Forms of Knowledge: The British in India*(Princeton, NJ: Princeton University Press, 1996), pp. 16~75.

25. 이 그룹에 대해 더 자세히 알기 위해서는 Rosane Rocher, "British Orientalism in the Eighteenth Century: The Dialectics of Knowledge and Government", in Carol Breckenridge and Peter van der Veer, eds., *Orientalism and the Postcolonial Predicament*(Philadelphia: University of Pennsylvania Press, 1993), pp. 215~49; 그리고 *Orientalism, Poetry, and the Millennium: The Checkered Life of Nathaniel Brassey Halhed, 1751~1830* (Delhi: Motilal Banarsidass, 1983)을 볼 것.

26. 잘 만들어진 이 잡지에는 존스의 초반 연례 강연 세 편이 포함되어 있었다. 국왕 조지 3세에게 헌정된 특별본과 함께 700부가 유럽으로 운송되었으며, 조지 3세는 이를 받고 찬사와 감사를 표했다. 1794년과 1805년 각각 독일어와 불어로 번역본이 나왔다. 윌리엄 존스의 가설이 퍼져감에 따라, 이는 특히 낭만주의 운동과 연관된 젊은 학자들과 시인들 사이에 인도, 산스크리트어, 비교언어학 열풍이 부는 데 큰 기여를 했다.

27. Edward Said, *Orientalism*(New York: Vintage, 1978)[『오리엔탈리즘』, 박홍규 옮김, 교보문고, 2007], pp. 77~80과 다른 여러 곳. 비슷한 견해는 Cohn, *Colonialism and Its Forms of Knowledge*; Mukhergee, *Sir William Jones*; Peter Marshall, *The British Discovery of Hinduism in the Eighteenth Century* (Cambridge: Cambridge University Press, 1970), 그 밖에도 다른 많은 글에서 찾아볼 수 있다. Thomas Trautmann, *Aryans and British India* (Berkeley: University of California Press, 1997)에서의 논의도 참조할 것.

28. Said, *Orientalism*, pp. 77~78.

29. *Works of Sir William Jones*, 2: 3~4. 1783년 7월 12일 인도로 가는 배 크로커다일 호 선상에서.

30. Cannon, *Letters of Sir William Jones*, 1: 239~40(1777년 8월 29일, 알토르프 Althorp 자작에게 쓴 편지). "저는 제 친구 브라이언트의 고대 신화론을 제 여가용 책들 가운에 포함시켰는데, 그가 이를 안다면 저를 용서해주었으면 좋겠습니다. 지금까지 고대 신화론의 첫 두 권을 거의 다 읽었고, 비록 완벽히 만족한 것은 아니지만, 매우 흡족하게 생각합니다. 그의 책에는 한없이 무한한 지식이 담겨 있지만, 그럼에도 불구하고 그의 체계가 매우 불확실하다는 생각을 하지 않을 수 없습니다. …… 이 책은 제가 법률 공부를 시작한 이후 법률과 관계된 책을 제외하고 처음 읽은 긴 저작입니다." 여기서 언급된 브라이언트의 책은 Jacob Bryant, *A New System: or an Analysis of Ancient Mythology, Wherin an Attempt is made to divest Tradition of Fable; and to reduce the Truth to its Original Purity. In this Work is given an History of the Babylonians, Chaldaeans, Egyptians, Canaanites, Helladians, Ionians, Leleges, Dorians, Pelasgi; also of the Scythae, Indoscythae, Ethiopians, Phoenecians, The Whole contains an Account of the principal Events in the first Ages, from the Deluge to the Dispersion: Also of the various Migrations, which ensued, and the Settlements made afterwards in different Parts; Circumstances of great Consequence, which were subsequent to the Gentile History of Moses* (London: T. Payne, 1774; 2nd ed., 1775~76; 3rd ed., 6 vols., 1807)이다. 브라이언트의 저작에 대한 요약 및 그 일부는 Burton Feldman and Robert D. Richardson, eds., *The Rise of Modern Mythology, 1680~1860*(Bloomington: Indiana University Press, 1972), pp. 241~48에서 찾을 수 있다.

31. Cannon, *Letters of Sir William Jones*, 1: 242(1777년 9월 23일, 알토르프 자작에게 쓴 편지). 브라이언트와 그가 옹호한 "모세의 민족지학"의 중요성은 Trautmann, *Aryans and British India*, pp. 28~61에서 제대로 강조되었다.

32. Bryant, *A New System*, 1st ed., pp. vii, xiv.

33. 가장 중요한 비판 중 하나는, John Richardson, *A Dissertation on the*

Languages, Literature, and Manners of Eastern nations. Originally prefixed to a Dictionary of Persian, Arabic, and English, 2d ed. *To which is added Part II containing additional observations. Together with further remarks on A new analysis of ancient mythology*(Oxford: Clarendon Press, 1778). 존스는 리처드슨이 이 비판이 첨가된 사전을 편찬하는 것을 도왔고, 따라서 그 내용을 잘 알고 있었다. 브라이언트의 숭배자들 중에는 윌리엄 블레이크William Blake[1757~1827]가 있었다. 그는 수습 조판공으로서 책을 찍어내는 판을 만드는 데 기여했고, 후에 자신의 신화적인 글들을 쓰는 데 브라이언트의 책을 기본 자료로 이용했다. 리처드슨과 블레이크의 대조적인 반응은 알려주는 바가 많으며, 도식적으로 정리될 수 있다. 브라이언트는 계몽주의적 감수성을 지닌 사람들에게는 반감을 샀지만, 초기 낭만주의 운동의 선구자들에게는 매력적이었다. 존스는 두 가지에 모두 걸쳐 있었지만, 지금 이 경우에는 후자에 좀 더 기울어져 있었다.

34. "On the Gods of Greece, Italy, and India", *Works of Sir William Jones*, 3: 319~97.

35. Ibid., 3: 329~47.

36. Ibid., 3: 343~45: "이 같은 주장이 인도의 고대를 따뜻하게 옹호하는 이들을 얼마나 불쾌하게 할지 나는 잘 알고 있다. 그러나 불쾌감을 주는 것에 대한 기본적인 두려움 때문에 진실을 희생해서는 안 된다. 나는 『베다』가 사실 대홍수 이전에 쓰였다고는 절대 믿지 못하겠다 …… 이 여담을 끝내자면, 『마나바 샤스트라Manava Sástra』는 그 운율이 매우 통일되어 있고 선율적이며, 그 스타일은 완벽하게 산스크리트적이거나, 혹은 잘 다듬어져 있기에, 모세의 경전들보다 분명 더 후대의 것임이 틀림없다. 이에 반해 모세의 경전들이 보여주는 히브리어 방언, 운율 그리고 스타일의 그 단순성 혹은 차라리 벌거벗은 그 솔직성은 편견 없는 모든 사람으로 하여금 이것이 더 오래된 문헌임을 확신하게 해준다."

37. Ibid., 3: 386.

38. 막스 뮐러는 비교신화학에 대한 존스의 선구자적 작업을 인정했고, 그가

이를 면밀히 읽었다는 것도 밝혔지만, 다음 글에서 점잔 빼며 이를 좀 얕잡아 보는 태도를 취했다. "On False Analogies on Comparative Theology", *Chips from a German Workshop*(New York: Charles Scribners, 1876), 5: 98~132.

39. "On the Gods of Greece, Italy, and India", ibid., 3: 387.
40. Ibid., 3: 387~92. 이는 분명히 제임스 버넷 몬보도 경에 대한 반박으로 의도되었다. Lord Monboddo, *Of the Origin and Progress of Language*, 6 vols.(Edinburgh: J. Balfour, and London: T. Cabell, 1774~92), 1: 580~665. 존스와 몬보도의 관계에 대해서는 Cannon, *Life and Mind of Oriental Jones*, pp. 224, 324; Rosane Rocher, "Lord Monboddo, Sanskrit and Comparative Linguistics", *Journal of the American Oriental Society* 100(1980): 173~80, 그리고 여기에 인용된 다른 문헌들을 참조할 것. 존스와 몬보도는 1788년 서신을 교환한 적이 있다. 이때 몬보도는 존스의 '제3회 연례 강연'의 언어학적 분석에 대해 칭찬을 표했다. 산스크리트어가 모든 언어 중 가장 오래된 언어라는 것을 믿게 된 몬보도는 이제 이것이 이집트인들에 의해 인도와 그리스로 들어온 것이라는 점을 존스에게 설득시키고자 했으나 실패했다.
41. *Works of Sir William Jones*, 3: 386.
42. "The Third Anniversary Discourse, on the Hindus, delivered 2n of February, 1786", *Works of Sir William Jones*, 3: 34~35.
43. 예를 들어 다음 책들을 볼 것. Hans Aarsleff, *The Study of Language in England, 1780~1860*(Princeton, NJ: Princeton University Press, 1967), pp. 123~36; Winfred Lehman, *A Reader in Nineteenth Century Historical Indo-European Linguistics*(Bloomington: Indiana University Press, 1967), pp. 10~20.
44. 이 연례 강연은 *Works of Sir William Jones*, 3: 1~252에서 볼 수 있다.
45. "The Fourth Anniversary Discourse, on the Arabs, delivered 15th of February 1787", ibid., 3: 59.

46. Ibid., 3: 65~66.
47. "The Fifth Anniversary Discourse, on the Tartars, delivered 21st of February 1788", ibid., 3: 81.
48. Ibid., 3: 97.
49. "The Seventh Anniversary Discourse, on the Chinese, delivered 25th of February 1790", ibid., 3: 148.
50. "The Third Anniversary Discourse", ibid., pp. 34, 42, 44.
51. "The Sixth Anniversary Discourse, on the Persians, delivered 19th of February 1789", ibid., 3: 125.
52. "Sixth Anniversary Discourse", ibid., 3: 135. Cf. "Ninth Anniversary Discourse, on the Origin and Families of Nations, delivered 23rd of February 1792", ibid., 3: 189~90: "이 세 인종은 현재 아무리 다양하게 퍼져 있고 혼합되어 있다 하더라도, (만약 앞선 결론이 정당하게 끝내어진 것이라면) 원래 하나의 중심 국가에서 이주해온 것임에 틀림없습니다. 이 하나의 중심 국가를 찾는 것이 문제입니다. 이 문제가 해결되었다고 칩시다. 그리고 일단 아무런 이름이나 임의적으로 이 중심에 붙여줍시다. 여러분이 좋아하신다면 이를 이란이라고 가정해보겠습니다. …… 만약 이주 국가들의 위치를 하나의 점들로 표시한다면, 이란으로부터 나온 여러 개의 선이 서로 겹치지 않고 이들 점 하나하나로 이어지는 것을 보시게 될 것입니다. 그러나 만약 이 중심을 아라비아나 이집트, 타타르 혹은 중국으로 설정한다면 이런 그림은 나오지 않을 것입니다. 따라서 이란 혹은 페르시아(내가 주장하는 것은 그 이름이 아니라 의미입니다)가 우리가 찾던 바로 그 중심 국가라는 것을 말해줍니다."
53. 존스는 '인종race'이라는 용어를 '가족family', '민족nation', '분파branch'와 번갈아가면서 사용했다. 제9회 강연에서 이는 3: 185, 186, 189, 194, 195에 나타난다.
54. "The Ninth Anniversary Discourse", in *Works of Sir William Jones,* 3: 191.
55. "Ninth Anniversary Discourse", 3: 191~97의 논의를 볼 것. 존스의 종교

적 관점에 대해 가장 잘 다룬 글은 Mukherjee, *Sir William Jones*, pp. 97~104다. 그리고 Cannon, *Life and Mind of Oriental Jones*, pp. 268~69도 볼 것. 또한 성서에 대한 존스의 칭송이 드러난 여섯 번째 강연, 3: 183~84와, 그가 해로우Harrow에서 학생이었던 당시 종교적 의심을 해결한 일련의 명제도 참조할 것. *Works of Sir William Jones*, 1: 115~17.

56. 존스는 '제3회 연례 강연' 도입부에서 "존경과 애정을 갖고" 브라이언트를 상기하는 한편, 그 책의 한계에 대해서도 논했다. "Third Anniversary Discourse", 3: 25~27. 제9회 강연 말미, 3: 197~201에서도 비슷한 언급을 하고 있다. 여기서 그는 "계속 증가되는 관심과 즐거움을 갖고" 브라이언트의 책을 세 번 읽었다고 말한다. 브라이언트의 입장에서는 존스의 칭찬에 우쭐해하기보다는 그의 비판을 더 성가셔 했다. 윌리엄 경이 죽은 지 얼마 되지 않은 1794년 7월 브라이언트가 쓴 편지에서 드러나듯이 말이다. "윌리엄 존스 경에 대해서 말하자면, 그는 여러 가지 사고에서 상당히 이중성을 보여주며, 그의 주장은 매우 부당합니다. …… 그는 일관성이 없으며 따라서 종종 자기 자신과도 모순된 주장을 펼치는 저자입니다." Cannon, *Life and Mind of Oriental Jones*, p. 339에서 재인용.

57. "Ninth Anniversary Discourse", *Works of Sir William Jones*, 3: 197.

58. Ibid., 3: 186.

59. Ibid., 3: 194~96.

60. Ibid., 3: 199.

61. 따라서 예를 들자면 "Sixth Anniversary Discourse", ibid., 3: 133~35.

62. "Ninth Anniversary Discourse", ibid., 3: 197.

63. "Eighth Anniversary Discourse, on the Borderers, Mountaineers, and Islanders of Asia, delivered 24th February 1791", ibid., 3: 182.

64. Cannon, *Life and Mind of Oriental Jones*, p. 269는 존스가 배로우를 높게 평가했으며, "만약 그의 종교적 성향이 그를 당대의 가장 심오한 신학자로 만들지 않았더라면 그는 최고의 수학자가 되었을 것"이라 말했다고 인용하고 있다.

65. "Eighth Anniversary Discourse", *Works of Sir William Jones*, 3: 182.

66. Olender, *Languages of Paradise*; Leon Poliakov, *The Aryan Myth: A History of Racist and Nationalist Ideas in Europe*(New York: Basic, 1974); George Mosse, *Toward the Final Solution: A History of European Racism*(Madison: University of Wisconsin Press, 1985); Klaus von See, *Barbar, Germane, Arier: Die Suche nach der identität der Deutschen*(Heidelberg: Carl Winter, 1994).

67. '인도-유럽'을 좀 덜 문제가 될만한 방식으로 이론화하려 한 시도들에 대해서는 Mario Alinei, *Origini delle lingue d'Europa*, Vol. 1: *La teoria della continuità*(Bologna: Il Mullino, 1996); Franco Crevatin, *Ricerche sull' antichità indoeuropea*(Trieste: Edizioni LINT, 1979); 그리고 N. S. Trubetzkoy, "Gedanken über das Indogermanenproblem", *Acta Linguistica* 1(1939): 81~89를 볼 것. 좀 더 근본적인 의미에서의 재성찰을 다룬 글로는 다음과 같은 것들이 있다. Alexander Häusler, "Archäologie un Ursprung der Indogermanen", *Das Altertum* 38(1992): 3~16; Jean-Paul DeMoule, "Réalité des indoeuropéens: Les Diverses Apories du modèle arborescent", *Revue de l'histoire des religions* 208(1991): 169~202; Bernfried Schlerath, "Ist ein Rum/Zeit Modell für eine rekonstruierte Sprach möglich?", *Zeitshrift für vergleichende Sprachwissenschaft* 95(1981): 175~202; Ulf Drobin, "Indogermnische Religion und Kultur? Eine Analyse des Begriffes Indogermanische", *Temenos* 16(1980): 26~38; "Indoeuropeerna i myt och forskning", in Gro Steinsland, ed., *Nordisk Hedendom*(Odense: Odense Universitetsforlag, 1996), pp. 65~85; Paolo Ramat, "Linguistic Reconstruction and Typology", *Journal of Indo-European Studies* 4(1976): 189~206.

5장

1. Friedrich Nietzsche, *On the Genealogy of Morals*, trans. Walter Kaufmann

and R. J. Hollingdale(New York: Vintage, 1969)[『도덕의 계보』], pp. 40~41. 다음 니체의 독일어 원문 텍스트(Ⅰ§11)에 따라 단락을 조금 수정하였다. "nicht viel besser als losgelassene Raubtiere. Sie geniessen da die Freiheit von allem sozialen Zwang, sie halten sich in der Wildnis schadlos für die Spannung, welche eine lange Einschliessung und Einfriedigung in den Frieden der Gemeinschaft giebt, sie treten in die Unschuld des Raubthier-Gewissens *zurück*, als frohlockende Ungeheuer, welche vielleicht von einer scheusslichen Abfolge von Mord, Niederbrennung, Schändung, Folterung mit einem Übermuthe und seelischen Gleichgewichte davongehen, wie als ob nur ein Studentenstreich vollbracht sei, überzeugt davon, dass die Dichter für lange nun wieder Etwas zu singen und zu rühmen haben. Auf dem Grunde aller dieser vornehmen Rassen ist das Raubthier, die prachtvolle nach Beute und Seig lüstern schweifende *blonde Bestie* nicht zu erkennen; es bedarf für diesen verborgenen Grund von Zeit zu Zeit der Entladung, das Thier muss wieder heraus, muss wieder in die Wildnis zurück:―römischer, arabischer, germanischer, japanesischer Adel, homerische Helden, skandinavische Wikinger―in diesem Bedürfnis sind sie sich alle gleich. Die vornehmen Rassen sind es, welche den Begriff „Barbar" auf all den Spuren hinterlassen haben...." 모든 독일어 원문은 *Nietzsche Werke: Kritische Gesamtausgabe*, Giorgio Colli and Mazzino Montinari, eds.(Berlin: Walter de Gruyter, 1967~)에서 가져왔다.

2. *Genealogy*, pp. 41~42(Ⅰ§11): "Perikles hebt die ῥαθυμία der Athener mit Auszeichnung hervor―ihre Gleichgültigkeit und Verachtung gegen Sicherheit, Leib, Leben, Behagen, ihre entsetzliche Heiterkeit und Tiefe der Lust in allem Zerstören, in allen Wollüsten des Siegs und der Grausamkeit―Alles fasste sich für Die, welche daran litten, in das Bild des „Barbaren", des „bösen Feindes", etwa des „Gothen", des „Vandalen"

zusammen. Das tiefe, eisige Misstrauen, das der Deutsche erregt, sobald er zur Macht kommt, auch jetzt wieder—ist immer noch ein Nachschlag jenes unauslöschlichen Entsetzens, mit dem jahrhuderte lang Europa dem Wüthen der blonden germanischen Bestie zugesehn hat(obwohl zwischen alten Germanen und uns Deutschen kaum eine Begriffs-, geschweige eine Blutsverwandtschaft besteht)."

3. *Genealogy*, p. 86(II §17). 전체 문단의 독일어 원문은 다음과 같다. "die Einfügung einer bisher ungehemmten und ungestalteten Bevölkerung in eine feste Form, wie sie mit einem Gewaltakt ihren Angang nahm, nur mit lauter Gewaltakten zu Ende geführt wurde,—dass der älteste „Staat" demgemäss als eine furchtbare Tyrannei, als eine zerdrückende und rücksichtslose Maschinerie auftrat und fortarbeitete, bis ein solcher Rohstoff von Volk und Halbthier endlich nicht nur durchgeknetet und gefügig sondern, auch *geformt* war. Ich gebrauchte das Wort „Staat": es versteht sich von selbst, wer damit gemeint ist—irgendein Rudel blonder Raubthiere, eine Eroberer- und Herren-Rasse, welche, kriegerisch organisiert und mit der Kraft, zu organisieren, unbedenklich ihre furchtbaren Tatzen auf eine der Zahl nach vielleicht ungeheuer überlegene, aber noch gestaltlose, noch schweifende Bevölkerung legt." Cf. *Beyond Good and Evil*[『선악의 저편』] §257.

4. *Genealogy*, p. 43(I §11): "Diese Träger der niederdrückenden und vergeltungslüsternen Instinkte, die Nachkommen alles europäischen und nichteuropäischen Sklaventhums, aller vorarischen Bevölkerung in Sonderheit—sie stellen den *Rückgang* der Menschheit dar! Diese „Werkzeuge der Cultur" sind eine Schande des Menschen, und eher ein Verdacht, ein Gegenargument gegen „Cultur" überhaupt! Man mag im besten Rechte sein, wenn man vor der blonden Bestie auf dem Grunde aller vornehmen Rassen die Furcht nicht los wird und auf der Hut ist: aber wer möchte nicht hundertmal lieber

sich fürchten, wenn er zugleich bewundern darf, als sich *nicht* fürchten, aber dabei den ekelhaften Anblick des Missrathenen, Verkleinerten, Verkümmerten, Vergifteten nicht mehr los werden können? Und ist das nicht *unser* Verhängniss?"

5. "금발의 게르만 야수"(*der blonden germanischen Bestie*)라는 구절에서 '게르만'이라는 수식어가 나타난 것도 중요할 것이다. 어떤 다른 집단도 같은 방식으로 특화되지 않기 때문이다.

6. 일반적으로 니체에 대한 나치의 해석과 전유에 관해서는 다음을 참조할 것. Steven Aschheim, *The Nietzsche Legacy in Germany, 1890~1990*(Berkeley: University of California Press, 1992), pp. 232~307, 315~30.

7. 카우프만의 중요성에 대한 간단한 논의와 그의 위치에 대한 비평에 관해서는 다음을 참조할 것. Walter H. Sokel, "Political Uses and Abuses of Nietzsche in Walter Kaufmann's Image of Nietzsche", *Nietzsche Studien* 12(1983): 436~42. 이 글은 Rudolf E. Kuenzli, "The Nazi Appropriation of Nietzsche", pp. 428~35와 연이어 출판되었다.

8. Walter Kaufmann, *Nietzsche: Philosopher, Psychologist, Antichrist*(Princeton, NJ: Princeton University Press, 1950), p. 196. 카우프만은 *Genealogy of Morals* (I §11, p. 40 n. 3)의 이 중요한 구절의 번역문에 주석을 달아 다시 이런 주장을 반복한다. 그리고 '사자'라는 자신의 해석에 대해 다음과 같이 매우 억지스런 주장을 한다. "사자의 이미지가 없으면, 우리는 니체의 시들만 잃는 것이 아니라 그의 가장 잘 알려진 작품 중 하나를 이해할 기회를 잃게 된다. 즉 우리는『차라투스트라』의 중요한 첫 장의 메아리도 놓치게 되는 것이다."

9. 초판(1950)의 pp. 196, 260과 4판(1974)의 pp. 225와 296~97을 참조할 것. 또한 애초에 금발의 야수 이미지가 "명백히 잘못 선택된"(초판, p. 260) 것이었음을 인정했던 부분이 삭제되었다.

10. *Genealogy of Morals*, pp. 30~31(I §5). 니체의 원문에서 카우프만이 생략한 마지막 삽입구를 보충하였다. "Im lateinischen *malus*(dem ich μέλας zur

Seite stelle) Könnte der gemeine Mann als der Dunkelfarbige, vor allem als der Schwarzhaarige(„*hic niger est*—") gekennzeichnet sein, als der vorarische Insasse des italischen Bodens, der sich von der herrschend gewordnen blonden, nämlich arischen Eroberer-Rasse durch die Farbe am deutlichsten abhob; wenigstens bot mir das Gälische den genau entsprechenden Fall—*fin*(zum Beispiel im Namen *Fin-Gal*) das abzeichnende Wort des Adels, zuletzt der Gute, Edle, Reine, ursprünglich der Blondkopf, im Gegensatz zu den dunklen schwarzhaarigen Ureinwohnern. Die Kelten, Beiläufig gesagt, waren durchaus eine blonde Rasse; man tut Unrecht, wenn man jene Streifen einer wesentlich dunkelhaarigen Bevölkerung, die sich auf sorgfältigeren ethnographischen Karten Deutschlands bemerkbar machen, mit irgendwelcher keltischen Herkunft und Blutmischung in Zusammenhang bringt, wie dies noch Virchow tut: vielmehr schlägt an diesen Stellen die *vorarische* Bevölkerung Deutschlands vor. (Das gleiche gilt beinahe für ganz Europa: im wesentlichen hat die unterworfne Rasse schliesslich daselbst wieder die Oberhand bekommen, in Farbe, Kürze des Schädels, vielleicht sogar in den intellektuellen und sozialen Instinkten: wer steht uns dafür, ob nicht die moderne Demokratie, der noch modernere Anarchismus und namentlich jener Hang zur „*commune*", zur primitivsten Gesellschafts-Form, der allen Sozialisten Europas jetzt gemeinsam ist, in der Hauptsache einen ungeheuren *Nachschlag* zu bedeuten hat—und dass die Eroberer- und *Herren-Rasse*, die der Arier, auch physiologisch im Unterliegen ist?)"

11. 니체가 환기시킨 핑갈Fingal이라는 이름 역시 문제가 있다. 표면상으로 그것은 '금발의 게일인'이나 '빛나는 켈트인'이라는 뜻이지만, 그 이름은 진짜 켈트 문학에서는 입증되지 않았다. 오히려 핑갈은 3장에서 논한 제임스 맥퍼슨의 위작 『오시안』의 전쟁 영웅이다.

12. 바그너와 마찬가지로 니체도 인종적 범주와 정치적 범주를 상응시켰지만

그 방식은 상당히 달랐다. 둘 다 아리아족을 이야기의 영웅으로 만들었지만, 바그너는 그들을 유대인-부르주아지와 대조되는 피착취 노동자나 혁명가들과 연관시켰다. 니체는 그의 책에서 선-아리아족을 좌파 대중들과 결합시키는 반면 아리아족을 귀족과 융합시켰다. 게오르크 루카치Georg Lukács는 자신의 유명한 저작, *The Destruction of Reason*, trans. Peter Palmer (London: Merlin Press, 1980)[『이성의 파괴』]에서 니체의 전체 저작에 숨겨져 있는 주요 테마는 사회주의에 대한 반대라고 주장했지만, 이것은 니체의 집착보다 루카치의 집착이 더 심했음을 보여준다. 어쨌거나 니체를 도저히 "정치적이지 않은 마지막 독일인"이라고 할 수는 없다. 오히려 그 스스로도 알고 있었던 것처럼 그의 위치는 게오르크 브란데스Georg Brandes가 말한 "귀족적 급진주의aristocratic radicalism"라는 말로 가장 표현할 수 있다. 더 자세한 것은 Bruce Detwiler, *Nietzsche and the Politics of Aristocratic Radicalism*(Chicago: University of Chicago Press, 1990)을 참조할 것. Fredrick Appel, *Nietzsche contra Democracy*(Ithaca, NY: Cornell University Press, 1999)와 Luc Ferry and Alain Renault, eds., *Why We Are Not Nietzscheans*, trans. Robert de Loaiza(Chicago: University of Chicago Press, 1997)에 실린 논문들도 관련이 있다.

13. Armand de Quatrefages, *La Race prussienne*(Paris: Hachette, 1871); English trans., *The Prussian Race Ethnologically Considered, to which is appended some accounts of the bombardment of the Museum of Natural History, etc.*(London: Virtus, 1872).

14. Carl Gustav Carus, *Symbolik der menschlichen Gestalt: Ein Handbuch zur Menschenkenntnis*(Leipzig: F. A. Brockhaus, 1853). 더 극단적인 경우 카루스는 금발을 태양 빛과, 푸른 눈을 대양의 색과 연관 지어 아리아족을 상대적으로 피부가 검은 소수 종족들과 대조하여 "낮의 민족"이라고 규정하기도 했다.

15. Rudolf Virchow, "Über die Methode der wissenschaftlichen Anthropologie: Eine Antwort an Herrn de Quatrefages", *Zeitschrift für Ethnologie* 4(1872):

300~319; "Die Deutschen und die Germanen", *Verhandlungen der Berliner Gesellschaft für Anthropologie, Ethnologie und Urgeschchte*(1881): 68~75; "Die Verbreitung des blonden und des brünetten Typus in Mitteleuropa", *Sitzungsberichte der königlich preussischen Akademie der Wissenschaften* 1(1885): 39~47; "Gesammtbericht über die von der deutschen anthropologischen Gesellschaft veranlassten Erhebungen über die Farbe der Haut, der Haare, und der Augen der Schuhlkinder in Deutschland", *Archiv für Anthropologie* 16(1886): 275~475.

16. 예컨대 Virchow, "Die Deutschen und die Germanen", pp. 69~70을 참조할 것. 더 충분한 논의를 보려면 다음을 참조할 것. Benoit Massin, "From Virchow to Fischer: Physical Anthropology and 'Modern Race Theories' in Wilhelmine Germany", in George Stocking, ed., *"Volksgeist" as Method and Ethic*(Madison: University of Wisconsin Press, 1996), pp. 79~154; Andrea Orsucci, *Orient—Okzident: Nietzsche Versuch einer Loslösung vom europäischen Weltbild*(Berlin: Walter de Gruyter, 1996), pp. 341~46; George Mosse, *Toward the Final Solution: A History of European Racism* (Madison: University of Wisconsin Press, 1978), pp. 90~93; 그리고 Léon Poliakov, *The Aryan Myth: A History of Racist and Nationalist Ideas in Europe*(New York: Basic, 1974), pp. 261~66.

17. 아래 주석 18번에서 인용한 저작들 외에도, 니체의 개인 서재에는 다음과 같은 저작들이 있었다. Alexander Bain, *Geist und Körper: Die Theorien über ihre gegenseitigen Beziehungen*(Leipzig: F. A. Brockhaus, 1874); Eugen Dreher, *Der Darwinismus und seine Konsequenzen in wissenschaftlicher und sozialer Beziehung*(Halle: C. E. M. Pfeffer, 1882); Francis Galton, *Inquiries into Human Faculty and Its Development*(London: Macmillan, 1883); Ludimar Hermann, *Grundriß der Physiologie*, 5th ed.(Berlin: A. Hirschwald, 1874); Wihelm His, *Unsere Körperform und das physiologische Problem ihrer Entstehung* (Leipzig: Vogel, 1874); Friedrich Ratzel, *Anthropo-Geographie*(Stuttgart: J.

Engelhorn, 1882); 그리고 Oscar Schmidt, *Descendenzlehre und Darwinismus* (Leipzig: F. A. Brockhaus, 1873). 나는 니체가 이런 방면에 관심이 있었다는 점을 나에게 지적해준 샌더 길먼Sander Gilman에게 감사한다.

18. Theodor Poesche, *Die Arier: Ein Beitrag zur historischen Anthropologie*(Jena: Hermann Costenoble, 1878). 아리아족 본향의 위치를 피부의 색소결핍증이 높게 나타나는 곳에서 찾고자 한 이 책은 *Nietzsches Bibliothek*(Weimar: R. Wagner Sohn, 1942), p. 29에 나와 있다. 니체가 소장한, 아리아족에 대한 더 광범위한 담론과 관련된 책으로는 다음과 같은 것들이 있다. Friedrich Max Müller, *Essays*, Band II: *Beiträge zur vergleichenden Mythologie und Ethologie*(Leipzig: W. Engelmann, 1869); Paul de Legarde, *Über die gegenwärtige Lage des deutschen Reichs*(Göttingen: Dietrich, 1876); Ernest Renan, *Philosophische Dialoge und Fragmente*(Leipzig: Z. Koschny, 1877); 그리고 Hans von Wolzogen이 번역한 *Die Edda: Götterlieder und Heldenlieder* (Leipzig: P. Reclan, n.d. [1876?]).

19. Cf. *Beyond Good and Evil*, §§200, 208, 224, 242, 261.

20. 이 텍스트에 대한 니체의 반응과 사용에 대한 충분한 논의에 관해서는 Annenmarie Etter, "Nietzsche und das Gesetzbuch des Manu", *Nietzsche Studien* 16(1987): 340~52를 볼 것.

21. Christopher Middleton, ed. and trans. *Selected Letters of Friedrich Nietzsche* (Indianapolis: Hackett, 1996), pp. 297~98: "Eine wesentliche Belehrung verdanke ich diesen letzten Wochen: ich fand das Gesetzbuch des Manu in einer französischen Übersetzung, die in Indien, unter genauer Controle der hochgestelltesten Priester und Gelehrten daselbst, gemacht worden ist. Dies absolut arische Erzeugniß, ein Priestercodex der Moral auf Grundlage der Veden, der Kasten-Vorstellung und uralten Herkommens—nicht pessimistisch, wie sehr auch immer priesterhaft—ergänzt meine Vorstellungen über Religion in der merkwürdigsten Weise. Ich bekenne den Eindruck, daß mir Alles andere, was wir von großen Moral-

Gesetzgebungen haben, als Nachahmung und selbst Carakatur davon erscheint: voran der Aegypticismus; aber selbst Plato scheint mir in allen Hauptpunkten einfach bloß gut belehrt durch einen Brahmanen. Die Juden erscheinen dabei wei eine Tschandala-Rasse, welche von ihren *Herren* die Principien lernt, auf die hin eine *Priesterschaft* Herr wird und ein Volk organisirt."

22. Louis Jacolliot, *Les Législateurs religieux: Manou—Moise—Mahomet*(Paris: A. Lacroix, 1876). 니체가 이 번역본을 빌려서 사용했다는 사실(*Nietzsches Bibliothek*, p. 22를 볼 것)은 Anacleto Verrecchia, *Zarathustras Ende: Die Katastrophe Nietzsches in Turin*(Vienna: Hermann Böhlaus, 1986), p. 79에 언급되어 있다. 이 사실의 중요성은 Cristiano Grottanelli의 "Caste e funzioni ariane: Jacolliot, Nietzsche, Gobineau"(근간)에서 더 깊이 있게 다루어졌다.

23. Jacolliot, *Les Législateurs religieux*. 찬달라Caṇḍālās에 대한 가장 중요한 그의 논의는 pp. 98~120에 보인다. Jacolliot, *La Bible dans l'Inde: Vie de Iezeus Christna*(Paris: A. Lacroix, 1859, English trans., *The Bible in India: Hindoo Origin of Hebrew and Christian Revelation*[New York: G. W. Dillingham, 1887]); *Christna et le Christ*(Paris: A. Lacroix, 1874) 그리고 *Les Traditions indo-européennes*(Paris: A. Lacroix, 1878)도 참조할 것.

24. Jacolliot, *Les Législateurs religieux*, p. 114: "Les prétendu Sémites, eux-memes, furent si bien des esclaves tchandalas émigrés qu'ils ne purent jamais s'élever au-dessus des conceptions vulgaires qu'ils avaient emportées de la mère-patrie. Les tchandalas ignorants n'avaient guère vu dans le culte indou que les manifestations extérieures abandonnées à la plèbe, rien dans ce que nous ont laissé les Chaldéens, leurs descendants, ne prouve que sur le terrain religieux ils se soient élevés aux croyances philosophiques et spirituelles des brahmes."

25. Friedrich Nietzche, *Twilight of the Idols*, "The 'Improvers' of Mankind"[「인

류의 '개선자'」], §2, trans. R. J. Hollingdale(Baltimore: Penguin, 1990), pp. 66~67: "Die Zähmung eines Thieres seine „Besserung" nennen ist in unsren Ohren beinahe ein Scherz. Wer weiss, was in Menagerien geschieht, zweifelt daran, dass die Bestie daselbst „verbessert" wird. Sie wird geschwächt, sie wird weniger schädlich gemacht, sie wird durch den depressiven Affekt der Furcht, durch Schmerz, durch Wunden, durch Hunger zur *krankhaften* Bestie.―Nicht anders steht es mit dem gezähmten Menschen, den der Priester „verbessert" hat. Im frühen Mittelalter, wo in der That die Kirche vor allem eine Menagerie war, machte man allerwärts auf die schönsten Exemplare der „blonden Bestie" Jagd—man „verbesserte" zum Beispiel die vornehmen Germanen. Aber wie sah hinterdrein ein solcher „verbesserte", in's Kloster verführter Germane aus? Wie eine Caricatur des Menschen, wie eine Missgeburt: er war zum „Sünder" geworden, er stak im Käfig, man hatte ihn zwischen lauter schreckliche Begriffe eingesperrt." Cf. *The Anti-Christ*[『안티-크리스트』] §22.

26. *Twilight of the Idols*, "The 'Improvers' of Mankind", §3: "Ersichtlich sind wir hier nicht mehr unter Thierbändigern: eine hundert Mal mildere und vernünftigere Art Mensch ist die Voraussetzung, um auch nur den Plan einer solchen Züchtung zu concipiren. Man athmet auf, aus der christlichen Kranken- und Kerkerluft in diese gesündere, höhere, *weitere* Welt einzutreten. Wie armselig ist das „Neue Testament" gegen Manu, wie schlecht riecht es!" 후각적 용어로 표현된 모욕은 반-셈족주의적 통념들을 야기한다. *The Anti-Christ* §46의 다음 구절을 참조할 것. "누군가는 '첫 번째 기독교도들'을 연상할 것인데, 이것은 누군가가 폴란드의 유대인을 연상하는 것과 다르지 않다. 이를 증명하는 데에 이들에 관한 딱 한 가지 점 말고 더 들 것도 없다. …… 둘 다 별로 좋은 냄새가 나지 않는 다."(p. 173, 생략은 원전을 따름)[Wir würden uns „erste Christen" so wenig wie polnische Juden zum Umgang wählen: nicht dass man gegen sie auch nur einen

Einwand nöthig hatte.... Sie riechen beide nicht gut.] 『마누법전』이 신약성서보다 훨씬 훌륭하다고 보는 니체의 평가와 히브리성서에 대한 자콜리오의 다음과 같은 평가를 비교해보는 것도 재미있다. "우리는 우리 앞에서 『마누법전』을 성서와 함께 읽는 것보다 더 재미있는 일을 알지 못한다. 약탈과 방탕의 기호인 성서는 영혼의 불멸에 대해 무지했기에, 인도의 고대 법전과는 아예 비교가 안 된다."[Nous ne savons rien de plus intéressant que de lire Manou avec la Bible sous les yeux. Ce dernier livre, code du pillage et de la débauche, qui n'a point connu l'immortalité de l'âme, ne peut soutenir la plus petite comparaison avec le vieux livre de la loi des Indous.] *Les Législateurs religieux*, p. 54.

27. *Twilight of the Idols*, "The 'Improvers' of Mankind", §4.
28. Ibid.: "Das Christenthum, aus jüdischer Wurzel und nur verständlich als Gewächs dieses Bodens, stellt die Gegenbewegung gegen jede Moral der Züchtung, der Rasse, des Privilegiums dar:—es ist die *antiarische* Religion par excellence: das Christenthum die Umwerthung aller arischen Werthe, der Sieg der Tschandala-Werthe, das Evangelium den Armen, den Niedrigen gepredigt, der Gesammt-Aufstand alles Niedergetretenen, Elenden, Missrathenen, Schlechtweggekommenen gegen die ‚Rasse'—die unsterbliche Tschandala Rache als *Religion der Liebe*." Cf. *The Anti-Christ* §§55~57.
29. 훌륭한 논의들을 보려면 Orsucci, *Orient—Okzident*, pp. 279~340; 그리고 Jacob Golomb, ed., *Nietsche and Jewish Culture*(London: Routledge, 1997), 그중에서도 Steven Aschheim(pp. 3~20), Hubert Cancik(55~75) 그리고 Sander Gilman(76~100)을 참조할 것. 이 글들은 Weaver Santaniello의 *Nietzsche, God, and the Jews*(Albany: State University of New York Press, 1994)나 Sarah Kofman의 *Le Mépris des juifs: Nietzsche, les juifs, l'antisémitisme*(Paris: Galilée, 1994)처럼 제법 길지만 핵심을 잘 짚어내지는 못하고 있는 책들보다 더 낫다.

30. Detlef Brennecke, "Die blonde Bestie: Vom Missverständnis eines Schlagworts", *Nietzsche Studien* 5(1976): 111~45. Klaus von See, "Die Anfänge des rassistischen Germanenkultes:(a) Nietzsche—Herrenrasse und „blonde Bestie""", in *Deutsche Germanen-Ideologie*(Frankfurt am Main: Athenäum, 1970), pp. 53~56, repr.도 볼 것. 이 글은(약간 수정을 가해서) *Barbar, Germane, Arier: Die Suche nach der Identität der Deutschen*(Heidelberg: Carl Winter, 1994), pp. 287~89에도 실렸다.
31. 예를 들어 니체는, 그림 형제의 독일어 사전 *Wörterbuch*(1860)에서 "auch gilt *blond* nur vom haar der menschen, nicht der thiere, das pferd, der löwe heiszen nie *blond*."라는 구절에 주목했다. 브레네케는 이 규칙의 몇 가지 예외를 발견했지만, 그것들은 일반적 용법의 은유적 확장들이다.
32. Poesche, *Die Arier*, p. 12.
33. Tacitus, *Germania* 4: "Ipse eorum opinionibus accedo, qui Germaniae populos nullis aliis aliarum nationum conubiis infectos propriam et sinceram et tantum sui similem gentem extitisse arbitrantur. unde habitus quoque corporum, tamquam[ms. variant: quamquam] in tanto hominum numero, idem omnibus: truces et caerulei oculi, rutilae comae, magna corpora et tantum ad impetum valida. laboris atque operum non eadem patientia, minimeque sitim aestumque tolerare, frigora atque inediam caelo solove assueverunt."
34. 나치의 물신화에 관해서는 Allan Lund, *Germanenideologie im Nationalsozialismus: Zur Rezeption der 'Germania' des Tacitus im 'Dritten Reich'*(Heidelberg: Carl Winter, 1995)를 볼 것. 금발의 야수에 대한 문제는 pp. 34~35, 73~74에서 다루었다. 그 시기에 대한 일례로는 Wilhelm Sieglin, *Die blonden Haare der indogermanischen Völker des Altertums—Eine Sammlung der antiken Zeugnisse als Beitrag zur Indogermanenfrage*(Munich: J. F. Lehmann, 1935)를 볼 것.
35. *Germania generalis* 2.5~14:

Gens invicta manet toto notissima mundo...
Indigena, haud alia ducens primordia gente...
Pectoribus similes ingentes corporis artus,
Prodiga cui natura dedit per lactea colla
Candida proceris tollentes corpora membris.
Flava come est, flavent oculi flavoque colore.

켈티스의 중요성에 대해서는 Kenneth C. Schellhase, *Tacitus in Renaissance Political Thought*(Chicago: University of Chicago Press, 1976), pp. 31~39 를 볼 것. 더 넓게는, Ulrich Muhlack, "Die Germania im deutschen Nationalbewusstsein vor dem 19. Jahrhundert", in Herbert Jankuhn and Dieter Timpe, eds., *Beiträge zum Verständnis der Germania des Tacitus* (Göttingen: Vandenhoeck and Ruprecht, 1989), 1: 128~54; 그리고 Luciano Canfora, "Tacito e la „riscoperta degli antichi Germani": dal II al III Reich", in *Le vie del classicismo*(Rome Laterza, 1989), pp. 30~62를 볼 것.

36. Eduard Norden, *Die germanische Urgeschichte in Tacitus Germania*(Leipzig: B. G. Teubner, 1920), esp. pp. 42~84. 노르덴은 독일인으로서는 뛰어난 유대 고전 연구자로서, 타키투스에 대한 그의 연구는 분명히 이 책에 대한 맹목적인 숭배와 승리주의적인 독해에 의해 촉진되었다는 점을 언급해둘 필요가 있겠다. 그의 이런 점이 문제가 되어 그는 국가 사회주의 체제 속에서 가르칠 권리를 박탈당했다. 그의 분석은 Klaus von See, "Der Germane als Barbar", *Jahrbuch für internationale Germanistik* 13(1981): 42~72; Allan Lund, *Zum Germanenbild der Römer: Eine Einführung in die antike Ethnographie*(Heidelberg: Carl Winter, 1990); 그리고 Klaus Bringmann, "Topoi in der taciteischen Germania", in *Jankuhn and Timpe, Beiträge zum Verständnis der Germania*, pp. 59~78 등에서 계속되고 확장되었다.

37. "Βουδῖνοι δὲ ἔθνος ἐὸν μέγα καὶ πολλὸν γλαυκόν τε πᾶν ἰσχυρῶς

ἐστι καὶ πυρρόν."

38. Poesche, *Die Arier*, pp. 68~69.
39. *Agricola*[『아그리콜라전』] 11: "그들의 신체 조건은 다양하고, 따라서 논란이 있다. 칼레도니아 거주민의 붉은 머리와 커다란 사지가 게르만에서 기원한다고 한다면, 실루리아인의 얼굴색이 짙고 곱슬머리가 많고, 그들의 맞은편에 스페인이 위치한다는 점은 이베리아의 조상들이 다른 곳에서 이주해 와서 그곳에 정착하여 거주하게 되었다는 것의 증거가 된다. 갈리아족 가까이 사는 사람들도 그들과 비슷한데, 이것은 그들의 뿌리로부터의 지속성 때문이거나, 영토가 서로 붙어 있을 때 환경이나 기후가 사람들의 신체에 그 특유의 기질을 부여하였다는 사실 때문일 것이다. 그럼에도 불구하고 대체적으로 갈리아족이 이 이웃 섬들을 차지했다는 생각은 믿을 만하다. 당신은 그곳에서 그들의 의례와 그들의 미신 그리고 언어가 크게 다르지 않음을 발견할 것이다. 둘 다 위험을 추구하는 데에서도 같은 대담함을 보이고—막상 위험이 닥치면—그것을 피하는 데에도 똑같은 두려움을 보인다."[habitus corporum varii atque ex eo argumenta. namque rutilae Caledoniam habitantium comae, magni artus Germnicam originem adseverant; Silurum colorati vultus, torti plerumque crines et posita contra Hispania Hiberos verteres traiecisse easque sedes occupasse fidem faciunt; proximi Gallis et similes sunt, seu durante originis vi, seu procurrentibus in diversa terris positio caeli corporibus habitum dedit. in universum tamen aestimnti Gallos vicinam insulam occupasse credible est. eorum sacra deprehendas, superstitionum persuasiones; sermo haud multum diversus, in deposcendis periculis eadem audacia et, ubi advenere, in detrectandis eadem formido.]
40. 칼레도니아인에 대해서는 Tacitus, *Agricola* 11, 브리튼인에 대해서는 Strabo[스트라보] 4.5.2, 갈리아족에 대해서는 Livy[리비우스] 38.17.3과 Ammianus Marcellinus[아미아누스 마르첼리누스] 15.12.1, 켈트족(갈라타이족)에 대해서는 Diodorus Siculus[디오도로스 시켈리오테스] 5.28.1과 Strabo 4.5.2, 게르만족에 대해서는 Tacitus, *Germania* 4; *Agricola* 11; Strabo 7.1.2; Procopius,

Vandalic War[『반달 전쟁』] 1.2.2, 트라키아족에 대해서는 Xenophanes, Fragment 16, 게타이족에 대해서는 Procopius, *Vandalic War* 1.2.2, 스키타이족에 대해서는 Pseudo-Hippocrates, *On Airs, Waters, and Places* 20, 멜랑클라이노이족과 사우로마타족에 대해서는 Procopius, *Vandalic War* 1.2.2, 그리고 부디노이족에 대해서는 Herodotus 4.108을 볼 것. Vitruvius 6.3에서는 일반적인 북방 민족들에 대해 이야기하는데, "외국인과 붉은(-머리)"(*xenois kai pyrrhiais, Frogs* 730)에 대한 아리스토파네스의 언급은, 많은 논자가 트라키아인을 연상하긴 했지만, 아마도 [북방 민족과] 같은 방식으로 이해해야 할 것이다.

41. Livy 38.17.7: "si primum impetum quem, fervido ingenio et caeca ira effundunt, sustinueris, fluunt sudore et lassitudine membra, labant arma; mollia corpora, molles ubi ira consedit, animos sol pulvis sitis ut ferrum non admoveas prosternunt."

42. *Germania* 4: "minimeque sitim aestumque tolerare, frigora atque inediam caelo solove assueverunt." 여기서 굶주림(*inediam*)과 갈증(*sitim*)이 습기와 건조함을 대신한다는 것을 주목하자. 이 논리에 따르자면 다음과 같다. (a) 갈증=건조, (b) 습기=건조의 반대, (c) 굶주림=갈증의 반대, 그러므로 (d) 굶주림=습기.

43. 이것은 분명히 가짜 히포크라테스의 *On Airs, Waters, and Places* 17~24장의 남아 있는 부분들에서 스키타이족, 사우로마타족 그리고 아마존 부족들에 대해 논의를 진척시킨 것이다. 내가 *Death, War, and Sacrifice*(Chicago: University of Chicago Press, 1991), pp. 198~208에서 개진한 논의를 참조할 것. 이 책의 없어진 부분에서는 스키타이인과 정반대로 구성된, 즉 덥고 건조한 남쪽에 살며 체액이 거의 검은 담즙으로 이루어져 있는 리비아인에 대해 다루었다.

44. Strabo 4.5.2: "οἱ δὲ ἄνδρες εὐμηκέστεροι τῶν Κελτῶν εἰσι καὶ ἧσσον ξανθότριχες, χαυνότεροι δὲ τοῖς σώμασι."

45. Liddell-Scott, p. 1981에 열거된 경우들을 참조할 것. 그러므로 관련 동사

*khaunoō*는 '흐늘거리고, 풀어지고, 연약하게 만들다'는 뜻이다. Henry George Liddell and Robert Scott, *A Greek-English Lexicon*(Oxford: Oxford University Press, 1968).

46. Diodorus Siculus 5.28.1: "Οἱ δὲ Γαλάται τοῖς μὲν σώμασίν εἰσιν εὐμήχεις, ταῖς δὲ σαρξὶ κάθυγροι καὶ λευκοί. ταῖς δὲ κόμαις οὐ μόνον ἐκ φύσεως ξανθοί, ἀλλὰ καὶ διὰ τῆς κατασκευῆς ἐπιτηδεύουσιν αὔξειν τὴν φυσικὴν τῆς χρόας ἰδιότητα." 올드파더C. H. Oldfather는 하버드 로엡Loeb 고전 총서에 포함된 그의 번역서에서 *sarxi kathugroi*를 "우락부락한 근육질의"라고 번역함으로써 그 의미와 중요성을 완전히 오해했다. 그의 오역은 Liddell-Scott, p. 856에서도 거듭되었는데, 다른 모든 경우와 반대로 여기서 *kathugros*는 그 명확한 의미인 "매우 습한"이라는 의미를 지닌다. 관련 동사인 *kathugrainō*는 "잘 적시다"와 (수동태로) "액화하다"라는 뜻이다.

47. Diodorus Siculus 5.25.2: "[켈트족의 영토는] 대부분 북쪽에 펼쳐져 있어서, 겨울 날씨이고 극도로 춥다. 겨울철에는 흐린 날마다 눈이 내려 얼음같이 찬 습기가 심하고, 맑은 날에는 얼음과 끔찍한 서리로 가득해서 강이 얼고 그 자체의 특성 때문에 둑처럼 되어버린다."[κειμένη δὲ κατὰ τὸ πλεῖστον ὑπὸ τὰς ἄρκτους χειμέριός ἐστι καὶ ψυχρὰ διαφερόντως. κατὰ γὰρ τὴν χειμερινὴν ὥραν ἐν ταῖς συννεφέσιν ἡμέραις ἀντὶ μὲν τῶν ὄμβρων χιόνι πολλῇ νίφεται, κατὰ δὲ τὰς αἰθρίας κρυστάλλῳ καὶ πάγοις ἐξαισίοις πλήθει, δι' ὧν οἱ ποταμοὶ πηγνύμενοι διὰ τῆς ἰδίας φύσεως γεφυροῦνται.]

48. Pseudo-Hippocrates, *On Airs, Waters, and Places* 20.

49. Ibid.: "πυρρὸν δὲ τὸ γένος ἐστὶ τὸ Σκυθικὸν διὰ τὸ ψῦχος, οὐκ ἐπιγινομένου ὀξέος τοῦ ἡλίου. ὑπὸ δὲ τοῦ ψύχεος ἡ λευκότης ἐπικαίεται καὶ γίνεται πυρρή."

50. 그러므로 북방의 집들은 당연히 열을 보존하도록 설계되고, 남방의 집들은 통풍이 잘 되도록 설계된다. 충분한 논의를 보려면 Vitruvius 6.1.1~12를

참조할 것.

51. Vitruvius 6.1.3~4. "Haec autem ex natura rerum sunt animadvertenda et consideranda atque etiam ex membris corporibusque gentium observanda. namque sol quibus locis mediocriter profundit vapores, in his consevat corpora temperata; quaeque proxime currendo deflagrant, eripit exurendo temperaturam umoris; contra vero refrigeratis regionibus, quod absunt a meridie longe, non exhauritur a coloribus umor, sed ex caelo roscidus aer in corpora fundens umorem efficit ampliores corporaturas vocisque sonitus graviores. ex eo quoque, <quae> sub septentrionibus nutriuntur gentes, inmanibus corporibus, candidis coloribus, derecto capillo et rufo, oculis caesis, sanguine multo ab umoris plenitate caelique refrigerationibus sunt conformati; qui autem sunt proximi ad axem meridianum subiectique solis cursui, brevioribus corporibus, colore fusco, crispo capillo, oculis nigris, cruribus validis, sanguine exiguo solis impetu perficiuntur. itaque etiam propter sanguinis exiguitatem timidiores sunt ferro resistere, sed ardores ac febres subferunt sine timore, quod nutrita sunt eorum membra cum fervore; itaque corpora, quae nascuntur sub septentrione, a febri sunt timidiora et invecilla, sanguinis autem abundantia ferro resistunt sine timore."

52. Ibid., 6.1.10~11: "vero inter spatium totius orbis terrarum regionisque medio mundi populus Romanus possidet fines. namque temperatissimae ad utramque partem et corporum membris animorumque vigoribus pro fortitudine sunt in Italia gentes. quemadmodum enim Iovis stella inter Martis ferventissimam et Saturni frigidissimam media currens temperatur, eadem ratione Italia inter septentrionalem meridianamque ab utraque parte mixtionibus temperatas et invictas habet laudes. itaque consiliis refringit barbarorum virtutes, forti manu meridianorum cogitationes. ita divina mens civitatem populi Romani egregiam temperatamque regionem

conlocavit, uti orbis terrarum imperii."
53. 예를 들어 Aristotle, *Politics*[『정치』] 1327b20을 볼 것.
54. 이 단락에서 논의한 논점들과 자료들에 관해서 다룬 뛰어난 저작으로 Maria Michaela Sassi, *La scienza dell' uomo nella Grecia antica*(Turin: Boringhieri, 1988)를 참조할 것. 이 책의 영어 번역본은 University of Chicago Press에서 곧 나올 예정이다.
55. 니체가 이 구조들의 일부를 알았다는 것은 *The Case of Wagner*(1888)의 §§1~2에서 확인된다. 여기서 니체는 비제의 카르멘이 "한 개인이 아닌 한 종족의 정수를 지녔다."(*sie hat das Raffinement einer Rasse, nicht eines Einzelnen*)고 지적하면서 바그너의 악곡들보다 더 우월하게 평가한다. 이 점을 그는 다음과 같은 대조를 통해 진전시켰다.

바그너 : 비제
북쪽 : 남쪽
추위 : 더위
습함 : 건조함

Cf. *Beyond Good and Evil* §§254~56.

6장

1. 특히 다음을 참조할 것. Émile Benveniste, *Le vocabulaire des institutions indo-européennes*, vol. 2: *Pouvoir, droit, religion*(Paris: Éditions de minuit, 1969); Jarich G. Oosten, *The War of the Gods: The Social Code in Indo-European Mythology*(London: Routledge & Kegan Paul, 1985); Françoise Bader, *La langue des dieux, ou l'hermétisme des poètes indo-européens*(Pisa: Giardini, 1989); Gregory Nagy, *Greek Mythology and Poetics*(Ithaca, NY: Cornell University

Press, 1990); Calvert Watkins, *How to Kill a Dragon: Aspects of Indo-European Poetics*(New York: Oxford University Press, 1995); 그리고 Peter Jackson, *The Extended Voice: Instances of Myth in the Indo-European Corpus*(Uppsala University: Dept. of Theology, 1999).

2. 드 브누아에 대해서는 다음을 참조할 것. Pierre-André Taguieff, *Sur la Nouvelle droite: Jalons d'une analyse critique*(Paris: Descartes, 1994), pp. 173~80; Geoffrey Harris, *The Dark Side of Europe: The Extreme Right Today* (Edinburgh: Edinburgh University Press, 1990), pp. 85~88; Thomas Sheehan, "Myth and Violence: The Fascism of Julius Evola and Alain de Benoist", *Social Research* 48(1981): 45~73; Alain Schnapp and Jesper Svenbro, "Du Nazisme à «Nouvelle École»: Repères sur la prétendue Nouvelle droite", *Quaderni di storia* 6(1980): 107~20. 드 브누아의 저작집 중 *Vu de droite: Anthologie critique des idées contemporaines*(Paris: Copernic, 1977)에서 사회생물학, 유전학, 인종과 지능에 관한 글들과 더불어 "Le Monde des Indo-Européens", pp. 32~37; "Carthage contre Rome", pp. 53~55; "La Civilisation Celtique", pp. 56~61 그리고 "Structures de la mythologie nordique", pp. 65~67 등을 찾아볼 수 있다.

3. 오드리에 대해서는 베르나르 세르장Bernard Sergent의 냉혹한 논평, "Penser— et mal penser—les indo-européens", *Annales, économies, sociétés, civilisations* 37(1982): 669~81, 그리고 Anne-Marie Duranton-Crabol, *Visages de la Nouvelle droite*(Paris: Presses de la fondation nationale des sciences politiques, 1988), pp. 201~2, 230~31을 참조할 것. 또한 오드리와 베르나르 드모Bernard Demotz가 함께 편집한 *Révolution contre révolution: Tradition et modernité—Actes du Colloque, Lyon, 1989*(Paris: Les éditions du Porte-Glaive, 1990), pp. 9~11에 실린 오드리의 머리말avant propos도 참조할 것. 아리아인의 고향으로서의 북극에 관해서는 장 오드리의 "L'Origine des indo-européens", *Nouvelle école* 42(July 1985): 123~28; *Les Indo-européens* (Paris: Gallimard, 1981), pp. 112~24, 그리고 Joscelyn Godwin, *Arktos: The*

Polar Myth in Science, Symbolism, and Nazi Survival(Grand Rapids, MI: Phanes Press, 1993)을 참조할 것.
4. Le Monde(8 Oct. 1998), p. 38. 1998년 11월 9일에 나눈 사적인 대화를 통해, 알라르의 행동들을 명확히 알 수 있도록 부가 정보를 주었던 에스퍼 스벤브로Jesper Svenbro[1944~ , 스웨덴의 시인, 고전학자]에게 감사한다.
5. 1959년에 설립된 북부연맹에 대해서는 다음을 참조할 것. "Northern League", in *Patterns of Prejudice* 1(July-Aug. 1967): 21; Martin van Amerongen, "De Activiteiten van 'The Northern League,'" *Vrij Nederland*, 17 June 1967; Kurt Tauber, *Beyond Eagle and Swastika: German Nationalism since 1945* (Middletown, CT: Wesleyan University Press, 1967), pp. 1105~6. 이 연맹의 '목표와 원칙'에 관한 진술에서 가져온 이 인용문들의 마지막 부분은 다음과 같다. "유전: 생물학적 계승의 법칙을 동물이나 식물의 왕국뿐만 아니라 인간 존재들에게까지 적용하는 것. 북유럽인들의 친족 관계: 북유럽인들의 후손들 중 켈트족, 튜턴족, 스칸디나비아족, 슬라브족은 오늘날 인도-유럽 대가족의 대표들이며, 고대 전통 문명뿐만 아니라 현대의 기술적 이기들의 창조자들이기도 하다. 인류의 진보: 향후 인류의 진보는 생물학적 유전이 보존되어야만 지탱될 수 있으며, 모든 생물학적 유전의 부패나 속屬의 질적 저하에는 불가피하게 문화적 쇠퇴가 따른다."(p. 1105) 피어슨의 세계반공연맹 활동에 대해서는 다음을 참조할 것. Harris, *The Dark Side of Europe*, pp. 51~55; Scott Anderson and Jon Lee Anderson, *Inside the League: The Shocking Exposé of How Terrorists, Nazis, and Latin American Death Squads Have Infiltrated the World Anti-Communist League*(New York: Dodd, Mead, 1986), pp. 92~103; Russ Bellant, *Old Nazis, the New Right, and the Republican Party: Domestic Fascist Networks and Their Effect on U.S. Cold War Politics*(Boston: South End Press, 1991), pp. 61~67.
6. Anderson and Anderson, *Inside the League*, p. 93.
7. Bellant, *Old Nazis*, p. 64.
8. 피어슨의 초기 저작들로는 *Blood Groups and Race; Eugenics and Race; Race*

and Civilization; Early Civilisations of the Nordic Peoples 등이 있다(모두 London: Clair Press, 1966; 얼마 후 이 책은 미국의 나치당 기관인 The Thunderbolt Inc.에 의해 배포되었다). 가장 최근의 저작은 *Race, Intelligence and Bias in Academe*, with an introduction by Hans Eysenck(Washington, DC: Scott-Townsend, 1991)으로, 스테판 퀼이 "1945년 이후 미국에서 과학적 인종주의에 대한 가장 포괄적인 변호"라고 평한 책이다. Stefan Kühl, *The Nazi Connection: Eugenics, American Racism, and German National Socialism*(New York: Oxford University Press, 1994). p. 3. 피어슨의 인종주의적 관점 및 신·구 우파와 그의 관계는 여러 곳에서 논의되어왔다. 위의 주 4번에서 인용한 저작들 외에도 다음을 참조할 것. Schnapp and Svenbro, "Du Nazisme", pp. 111~12; Kühl, pp. 3~9; Charles Lane, "The Tainted Sources of 'The Bell Curve,'" *New York Review of Books* 41(1 December 1994): 14~19; Michael Shermer, *Why People Believe Weird Things: Pseudoscience, Superstition, and Other Confusions of Our Time*(New York: W. H. Freeman, 1997)[마이클 셔머, 『사람들은 왜 이상한 것을 믿는가?』, 류운 옮김, 바다출판사, 2007], pp. 242~46.

9. Pearson, *Race and Civilization*, 앞표지. 귄터에 대해서는 Shermer, pp. 75, 244 n. 104를 참조할 것.

10. Hans F. K. Günther, *The Religious Attitudes of the Indo-Europeans*, trans. Vivian Bird, in collaboration with Roger Pearson(London: Clair Press, 1967). 나는 또한 귄터의 또 다른 저작이 *The Racial Elements of European History*, condesed, rev., and abr. by Edward Langford(London: Northern World Journals, n.d.)로 번역 간행되는 데 피어슨이 익명으로 관여했다고 생각하는 편이다.

11. Pearson, *Eugenics and Race*. p. 26.

12. Harris, *The Dark Side of Europe*, p. 51에서 재인용.

13. Shermer, *Why People Believe*, p. 243. 피어슨의 저작과 파이어니어 기금의 인종주의에 관한 더 자세한 사항은 pp. 242~46과 Charles Lane, "The

Tainted Sources of 'The Bell Curve'", *New York Review of Books* 41(1 December 1994): 14~19를 참조할 것.

14. 피어슨이 그 책임을 맡기 전에 이 출판물을 어떻게 비난했는지에 대해서는 다음을 참조할 것. G. Ainsworth Harrison, "The Mankind Quarterly", *Man*(September 1961): 163; Juan Comas, "'Scientific' Racism Again?", *Current Anthropology* 2(1961): 303~40.

15. Lane, "The Tainted Sources of 'The Bell Curve'", Richard Herrnstein and Charles Murray, *The Bell Curve: Intelligence and Class Structure in American Life*(New York: Free Press, 1994)에 관련됨.

16. 드 브누아와 뒤메질의 관계에 대해서는 다음을 참조할 것. Maurice Olender, "Georges Dumézil et les usages «politiques» de la préhistoire indo-européenne", in Roger-Pol Droit, ed., *Les Grecs, les Romains, et nous: L'Antiquité, est-elle moderne?*(Paris: Le Monde, 1991), pp. 191~228. 또한 Taguieff, *Sur la Nouvelle droite*, pp. 173~80; Didier Eribon, *Faut-il brûler Dumézil? Mythologie, science, et politique*(Paris: Flammarion, 1992), pp. 283~88; Sergent, "Penser—et mal penser—les indo-européens", pp. 678~81에도 관련 내용이 있다. 이 글들 대부분은 뒤메질을 방어하고, 뒤메질의 견해가 자기들 목적에 맞추어 전유하려 한 사람들에게 악용되었다는 식으로 설명하려고 애쓰고 있다. 이 글들은 흔히, 뒤메질이 드 브누아에게 『누벨 에콜』 후원위원회에 자신을 포함시키도록 허용했다가 즉시 자신의 이름이 표면에 드러나는 특별호의 출판을 그만두게 했는데도, 드 브누아 멋대로 뒤메질의 이름을 기리며("Georges Dumézil et les études indo-européennes", *Nouvelle école* 21~22[Winter 1972~73]) 특별호를 출판했다는 사실을 강조한다. 이런 해석이 가능하기는 하다. 그러나 드 브누아는 *Nouvelle école* 45(February 1989), pp. 138~39에서 이 일을 다른 식으로 표현한 바 있다. 바로—불화가 생기고 나서 6년 후인—1978년에 뒤메질이 드 브누아의 인터뷰에 매우 친절하게 응해주었다는 사실도 주목할 필요가 있다. Jean Varenne and Alain de Benoist, "Georges Dumézil:

L'Explorateur de nos origines", *Le Figaro Dimanche*, 29~30 April 1978, p. 19. 오드리는 뒤메질과 함께 공부했으며, 자신의 책 *Les Indo-européens*, p. 3 n. 1에서 뒤메질의 명성을 부각시키는 방식으로 그를 인용했다. 거장 뒤메질과의 관계가 더 돈독했던 베르나르 세르장은 "Penser—et mal penser—les indo-européens"에서 이를 극렬하게 비난했다. 세르장의 비평이 발표되기 전에 뒤메질은 엘리아데가 편집하고 있던 『종교대백과사전Encyclopedia of Religion』(New York: Macmillan, 1987)에 "인도-유럽 종교들" 항목을 집필하도록 오드리를 소개해주었는데, 그 뒤 그는 다시 한 번 개입하여 그 요청을 철회했다고 한다(1984년 즈음에 엘리아데와 사적인 대화를 나누면서 들은 내용임).

17. C. Scott Littleton은 *The New Comparative Mythology: An Anthropological Assessment of the Theories of Georges Dumézil*(Berkeley: University of California Press, 1966; 3d ed., 1982)에서 거의 성인 전기에 가까운 방식으로 뒤메질 저작의 인기에 대해 서술했다. 인도-유럽어 연구 이외의 분야에서 뒤메질의 연구에 찬성한 이들로는 클로드 레비스트로스, 미르체아 엘리아데, 마샬 살린스Marshall Sahlins, 로드니 니덤Rodney Needham, 장-피에르 베르낭, 조르주 뒤비George Duby, 자크 르고프Jacques LeGoff 등이 있다.

18. 다음을 참조할 것. Georges Dumézil, *Entretiens avec Didier Eribon*(Paris: Gallimard, 1987)[조르주 뒤메질, 『대담: 디디에 에리봉과의 자전적 인터뷰』, 송대영 옮김, 동문선, 2006], pp. 214~218; Didier Eribon, *Michel Foucault et son contemporains*(Paris: Fayard, 1994)[디디에 에리봉, 『미셸 푸코』 상·하, 박정자 옮김, 시각과 언어, 1995], pp. 35~37, 105~83, 여러 곳. 그 밖에 좌파 인물들 중에서 자신의 연구에 뒤메질의 영향을 받은 이들은 다음과 같다. 로제 카유아Roger Caillois, 조르주 바타유Georges Bataille, 베르나르 세르장, 존 샤이드John Scheid, 다니엘 뒤비송, 도미니크 브리켈Dominique Briquel 등.

19. 뒤메질의 연구에 대한 최고의 요약본은 뒤메질의 *L'Idéologie tripartie des indo-européens*(Brussels: Collection Latomus, 1958)이다. 영어로 쓴 것 중 가장 잘 알려진 것은 Littleton, *The New Comparative Mythology*인데, 이 책의

오류들은 Robert Goldman, *Journal of the American Oriental Society* 89(1969): 205~13에서 논의되었다. 그 밖에도 Jaan Puhvel, *Comparative Mythology* (Baltimore: Johns Hopkins University Press, 1987); Wouter W. Belier, *Decayed Gods: Origin and Developement of Georges Dumézil's "Idéologie Tripartite"* (Leiden: Brill, 1991) 등이 있다.

20. 초기의 가장 중요한 비평들로는 다음과 같은 것들이 있다. Karl Helm, "Mythologie auf alten und neuen Wegen", *Beiträge zur Geschichte der duetschen Sprache und Literatur* 77(1955): 335~65; John Brough, "The Tripartite Ideology of the Indo-Europeans: An Experiment in Method", *Bulletin of the School of Oriental and African Studies* 22(1959): 69~85; Paul Thieme, *Mitra and Aryaman*(New Haven, CT: Yale University Press, 1957), "The 'Aryan' Gods of the Mitanni Treaties", *Journal of the American Oriental Society* 80(1960): 301~17; Jan Gonda, "Dumézil's Tripartite Ideology: Some Critical Observations", *Journal of Asian Studies* 34(1974): 139~49.

21. 다음을 참조할 것. Arnaldo Momigliano, "Premesse per una discussione su Georges Dumézil", *Opus* 2(1983): 329~42(English trans. in G. W. Bowersock and T. J. Cornell, eds., *A. D. Momigliano: Studies on Modern Scholarship*[Berkeley: University of California Press, 1994], pp. 286~301), "Georges Dumézil and the Trifunctional Approach to Roman Civilization", *History and Theory* 23(1984): 312~30; Carlo Ginzburg, "Mitologia Germanica e Nazismo: Su un vecchio libro di Georges Dumézil", *Quaderni storici* 19(1984): 857~82(English trans., *Clues, Myths, and the Historical Method*[Baltimore: Johns Hopkins University Press, 1989], pp. 126~45); Bruce Lincoln, *Death, War, and Sacrifice: Studies in Ideology and Practice*(Chicago: University of Chicago Press, 1991), pp. 231~68; Cristiano Grottanelli, *Ideologie miti massacri: Indoeuropei di Georges Dumézil* (Palermo: Sellerio, 1993). 또한 Charles Malamoud, "Histoire des religions et comparatisme: La Question indo-européenne", *Revue de l'histoire de*

religions 208(1991): 115~21도 주목할만하다. 뒤메질은 *L'Oubli de l'homme et l'honneur des dieux*(Paris: Gallimard, 1985), pp. 329~41에서 모미글리아노에게, 그리고 "Science et politique", *Annales, Économies, Sociétés, Civilisations* 40(1985): 985~89에서 진즈부르그에게 답변을 했다. 모라와 뒤메질의 교분은 뒤메질의 평생지기였던 피에르 각소트Pierre Gaxotte를 통해 이루어졌는데, 뒤메질은 자신의 첫 저서를 그에게 바치기도 했다. 1920년대와 1930년대에 걸쳐 우파 학문과 정치에 미친 각소트의 결정적인 역할에 대해서는 다음을 참조할 것. Diane Rubenstein, *What's Left? The École Normale Supérieure and the Right*(Madison: University of Wisconsin Press, 1990), pp. 106~17, 130~36, 여러 곳.

22. Didier Eribon, *Faut-il brûler Dumézil?* 에리봉에 대한 카를로 진즈부르그의 답변은 "Dumézil et les mythes nazis", *Le Monde des débats*(September 1993), pp. 22~23; 에리봉을 향한 답변 재촉은 *Le Monde des débats*(October 1993), p. 13. 그 밖에도 다음과 같은 답변들이 있었다. Daniel Dubuisson, *Mythologies du XXième siècle*(Lille: Presses Universitaire de Lille, 1993); C. Scott Littleton, D. A. Miller, Jaan Puhvel, and Udo Strutynski, "Georges Dumézil", *Times Literary Supplement*, 5 Dec. 1986, p. 1375(TLS, 19 Dec. 1986, p. 1425에 실린 나의 대답도 참조할 것); Marco V. García Quintela, "Nouvelles contributions à l'affaire Dumézil", *Dialogues d'histoire ancienne* 20(1994): 21~39; Andrea Zambrini, "Georges Dumézil: Una polemica", *Revista di storia della storiografia* 15(1994): 317~89(pp. 391~404에 실린 그로타넬리의 대답도 참조할 것).

23. Eribon, *Faut-il brûler Dumézil?* p. 298.

24. 그로타넬리도 에리봉에 대한 서평, *Quaderni di storia* 37(1993): 181~89에서 나와 같은 생각을 적은 바 있다.

25. 특히 다음을 참조할 것. Leon Poliakov, *The Aryan Myth*, trans. Edmund Howard(New York: Basic Books, 1974); Hans-Jürgen Lutzhöft, *Der nordische Gedanke in Deutschland*(Stuttgart: E. Klett, 1971); Klaus von See,

Barbar, Germane, Arier(Heidelberg: Carl Winter, 1994); Volker Losemann, *Nationalsozialismus und Antike: Studien zur Entwicklung des Faches alte Geschichte* (Hamburg: Hoffman and Campe, 1977); Ruth Römer, *Sprachwissenschaft und Rassenideologie in Deutschland*(Munich: Fink, 1985); George Mosse, *Toward the Final Solution: A History of European Racism*(Madison: University of Wisconsin Press, 1985); Jost Hermand, *Old Dreams of a New Reich: Volkish Utopias and National Socialism*(Bloomington: Indiana University Press, 1992); Sheldon Pollock, "Deep Orientalism: Sanskrit and Power beyond the Raj", in Peter van der Veer and Carol Breckingridge, eds., *Orientalism and the Post-Colonial Predicament*(Philadelphia: University of Pennsylvania Press, 1993), pp. 76~133; Maurice Olender, *The Languages of Paradise: Race, Religion, and Philology in the Nineteenth Century*(Cambridge, MA: Harvard University Press, 1992); "Europe, or How to Escape Babel", *History and Theory* 33(1994): 5~25; James Dow and Hannjost Lixfeld, eds., *The Nazification of an Academic Discipline: Folklore in the Third Reich* (Bloomington: Indiana University Press, 1994). 여기서 누군가는 뒤메질의 사고가 로제 카유아 및 사회학과Collège de sociologie에 관련된 다른 이들에게 미친 영향을 감지할 것이다. 이 점은 Denis Hollier, "January 21st", *Stanford French Review* 12(1988): 31~48에서 논의된 바 있다.

26. Otto Höfler, *Kultische Geheimbünde der Germanen*(Frankfurt am Main: Diesterweg, 1934); *Das germanische Koninuitätsproblem*(Hamburg: Hanseatische Verlag, 1937). 회플러와 그의 사상 및 동료들에 관해서는 다음을 참조할 것. Allan Lund, *Germanenideologie im Nationalsozialismus*(Heidelberg: Carl Winter, 1995), pp. 54~56; Esther Gajek, "Germanenkunde und Nationalsozialismus―Zur Verflechtung von Wissenschaft und Politik am Beispiel Otto Höflers", in Walter Schmitz, ed., *Konservative Revolution* (Tübingen: Philologica, forthcoming); von See, *Barbar, Germane, Arier*, pp. 319~342, *Kontinuitätstheorie und Sakraltheorie in der Germanenforschung:*

Antwort an Otto Höfler(Frankfurt am Main: Athenaeum, 1972); 그리고 Olaf Bockhorn, "The Battle for the 'Ostmark': Nazi Folklore in Austria", in Dow and Lixfeld, Nazification of an Academic Discipline, pp. 135~55. 히플러의 나치 친위대(SS) 가담에 관해서는 다음 글들에서 논의되었다. Helmut Heiber, *Walter Frank und sein Reichsinstitut für Geschichte des neuen Deutschlands* (Stuttgart: Deutsche Verlags-Anstalt, 1966), pp. 551~53, 그리고 여러 곳; Michael Kater, *Das "Ahnenerbe" der SS 1935~1945: Ein Beitrag zur Kulturpolitik des Dritten Reiches*(Stuttgart: Deutsche Verlags-Anstalt, 1974), pp. 83, 138, 307, 343. 히플러는 전후에 쓴 *Verwandlungskulte, Volkssagen, und Mythen*(Vienna: H. Bohlau, 1973) 같은 저술들에서도 고집을 꺾지 않고 있었다. 하지만 뒤메질은 비밀결사Männerbünde 문제가 떠오를 때마다 언제나 히플러의 저작을 인용했으며, 뒤메질의 저작을 처음 독일어로 번역하기로 결정한 것도 히플러였다. 히플러는 아주 적절하게도 뒤메질의 *Heur et malheur du guerrier*(Paris: Presses universitaires de France, 1969)를 선택했다.

27. Jan de Vries, *Altgermanische Religionsgeschichte*, 2 vols.(Berlin: de Gruyter, 1935~37; rev. ed., 1957), 하지만 다음을 참조할 것. *Die Welt der Germanen* (Leiden: Quelle and Meyer, 1934); *Onze voorouders*(The Hague: De Schouw, 1942). 데 브리스가 전시에 쓴 다른 글들도 비슷한 경향을 보여준다. *De Germanen*(Haarlem: Zoon, 1941); *Die geistige Welt der Germanen* (Halle: Niemeyer, 1943); *De goden der Germanen*(Amsterdam: Hanner, 1944). 문화부에서 데 브리스의 역할에 관해서는 다음을 참조할 것. L. de Jong, *Het Koninkrijk der Nederlanden in de Tweede Wereldoorlog*, 14 vols. (The Hague: Staatsuitgeverij, 1969~91), 4: 389~91, 5: 260~64, 327, 6: 449~50; Lund, *Germanenideologie im Nationalsozialismus*, pp. 50~51. 데 브리스와 뒤메질의 관계에 대해서는 다음을 참조할 것. Georges Dumézil, *Gods of the Ancient Northmen*, ed. Einar Haugen(Berkeley: University of California Press, 1973)에 실린 Udo Strutynski의 서문, pp. xxxiii~xxxv;

Georges Dumézil의 저자 서문, ibid., pp. xlv~xlvi; Littleton, *New Comparative Mythology*, pp. 168~71.

28. 비칸데르와 뒤메질의 관계에 대해서는 Entretiens avec Didier Eribon, pp. 76, 157~58; Littleton, *New Comparative Mythology*, pp. 156~61을 참조할 것.

29. *Fri Opposition: Kritisk Veckorevy*("Free Opposition: A Critical Weekly Review"의 첫 호는 1936년 12월 13일에 나왔다). 비칸데르는 초기 발행판들에서 공동 발행인으로 이름이 실렸지만, 발행인란이 간소화되면서 그의 이름도 사라졌다. 그는 1937년 1월 22일과 1937년 3월 5일 판에 기고했다. 이 자료들을 발견하고 내가 거기에 주목하게 해준 스테판 아르비드손Stefan Arvidsson에게 감사한다.

30. Stig Wikander, *Der arische Männerbund*(Lund: C. W. K. Gleerup, 1938).

31. 비칸데르의 박사 논문에 대한 최종 심사 때 많은 반대가 있었다. 그리고 나는 전에 이를 정치적 분노로 해석한 바 있다. 하지만 울프 드로빈Ulf Drobin은 나에게 이런 것들이 1930년대 웁살라에서 있었던 복잡한 개인적 관계들과 경력상의 경쟁을 반영할 뿐이라고 지적해주었다. 그는 또한 비칸데르의 박사 논문에 대한 1938년 5월 28일자 심사 평가서의 사본까지 제공해주었는데, 이것은 주로 뉘베르크에 의해 작성되었지만, 의견상의 큰 차이들을 반영하고 있었다. 이란 부분은 우수하다고 평가되었으나, 부심을 맡은 스미스 교수는 인도 부분을 낮게 평가했다. 그 결과 비칸데르는 산스크리트어나 인도-유럽어 언어학 강사로 일할 자격을 얻지 못했다. 이는 사실상 이후 몇 년 동안 스웨덴에서 그가 대학 강단을 통해 생계를 유지하지 못하게 만들었다.

32. 비칸데르가 주고받은 편지들 중 일부는 웁살라의 카롤리나 레데비바Carolina Rediviva 도서관 고문서 서고에 보관되어 있으며, 스테판 아르비드손은 친절하게도 나에게 그 일부를 보여주었다. 회플러가 비칸데르에게 보낸 1937년 5월 27일자 편지를 읽어보자. "'전문가들의 공동 연구'를 통해 인도-게르만 사회형태의 역사를 알 수 있는 순간은 오지 않을까요?

인도-게르만어가 어떻게 세계에서 가장 널리 퍼진 언어가 될 수 있었을까요? 결국 그것은 국가-형성 과정에 있어서의 인도-게르만인들의 독특한 능력으로부터 비롯되었음이 분명합니다. 국가-형성 본능에는 불변성과 지속성이 있기 때문에, 우리는 인도-게르만인들에게서도 이에 상응하는 국가-형성 제도를 발견할 수 있습니다."[Sollte nun nicht bald der Augenblick kommen, wo man durch eine "Kollaboration der Künste" zu einer Geschichte der indogermanischen Gemeinschaftsformen kommen kann? Wie kommt es, dass idg. Sprachen die verbreitetsten der Erde sind? Doch letzlich von der einzigartigen staatenbildenden Kraft der Indogermanen. Ich vermute, man wird über ausser der Konstanz und Kontinuität der staatenbildenden *Instinkte* auch eine solche der staatenbildenden *Institutionen* der Idg. feststellen können....]

33. 비칸데르는 뉘베르크에게 보낸 편지에서 회플러의 이 아이러니한 제목의 세미나에 대해 언급했는데, 이는 Sigrid Kahle, *H. S. Nyberg: En vetenskapsmans biografi*(Stockholm: Norstedts, 1991), p. 264에 인용되어 있다.

34. 회플러가 비칸데르에게 보낸 1938년 6월 20일자 편지. 회플러의 제안에 대한 비칸데르의 응답은 지켜지지 않은 것으로 보이며, 그 기획은 결코 결실을 맺지 못했다. 어쨌거나 비칸데르가 회플러의 편지에서 재정적 계획을 다룬 단락에 밑줄을 그은 것으로 보아 적어도 그가 초기에는 관심이 있었음을 알 수 있다.

35. Eribon, *Faut-il brûler Dumézil?* p. 290

36. Ivan Strenski, "Henri Hubert, Racial Science and Political Myth", in his *Religion in Relations: Method, Application and Moral Location*(Columbia: University of South Carolina Press, 1993), pp. 180~201. Marcel Fournier 의 *Marcel Mauss*(Paris: Fayard, 1994), pp. 711~13도 참조할 것.

37. Henri Hubert and Marcel Mauss, *Sacrifice: Its Nature and Function*, trans. W. D. Halls(Chicaco: University of Chicago Press, 1964). 불어 원본은 *L'Année sociologique*의 1898년판에 실렸다. 위베르와 모스가—한 명은 유대인이고 한 명은 가톨릭 신자였지만, 그들은 자기들을 학문적 쌍둥이jumeaux

de travaille로 여겼다―고대 인도와 이스라엘의 자료들을 서로 대등하게 다룬 것은 전혀 우연이 아니다. 왜냐하면 이런 식으로 그들은 은연중에 셈족을 의례와(그리고 볼품없는 의례주의와), 아리아족을 신화와(따라서 시, 철학, 상상력 넘치는 삶과) 연관 짓던 19세기 사람들의 전형적인 생각에 반대했기 때문이다.

38. Henri Hubert, *Les Celtes et l'expansion celtique jusqu'à l'époque de la Tène*, *Les Celtes depuis l'époque de la Tène*(Paris: Corbeil, 1932)와 *Les Germains* (Paris: Albin Michel, 1952). 이 책들 모두 1923~25년에 행한 위베르의 강연 원고와 녹취록을 토대로 하고 있으며, 그가 죽은 후에 출판되었다.
39. 뒤메질이 위베르를 다룬 방식에 대한 간략하고 신중한 안내로는 Dumézil, *Entretiens avec Didier Eribon*, pp. 47~52와 Jacques Bonnet and Didier Eribon, eds., *Georges Dumézil: Cahiers pour un temps*(Paris: Centre Pompidou, 1981), pp. 18~19의 인터뷰를 참조할 것. 이 인터뷰를 읽고 나면 위베르 측의 반응이 매우 궁금해질지도 모르겠다.
40. Eribon, *Faut-il brûler Dumézil?* pp. 119~44.
41. Ibid., p. 140: "한 가지는 분명하다. 1933년에서 1935년 사이에, 뒤메질이 확실한 나치 반대자였다는 점. 그는 파시즘 지지자이자 나치 반대자였다."
42. Ibid., p. 189. 여기에는 뒤메질의 *Mythes et dieux des Germains*(Paris: E. LeRoux, 1939)에 대해 가장 구체적인 언급이 담겨 있다. "Dumézil neutralise le jugement politique qu'il porte sur les événements contemporains parce qu'il écrit un livre de science, où il s'agit de comprendre et non de juger, d'expliquer et non de s'indigner. Tous les historiens de l'époque ne cessent de proclamer cette règle professionnelle."
43. Georges Dumézil, *Mitra-Varunna: Essai sur deux représentations indo-européennes de la souveraineté*(Paris: Presses universitaires de France, 1940), pp. 111~28; 2d ed.(Paris: Gallimard, 1948), pp. 133~47. Derek Coltman의 영어 번역본(New York: Zone Books, 1988)에서 미트라-바루나 관련 부분이 번역된 방식에 대해 Ron Inden은 *Journal of Asian Studies*(Aug. 1990): 671~74

에 예리한 서평을 썼다. 이 판본들 사이의 차이점은 나의 논의에는 별로 중요하지 않다. 뒤에 이어질 논의에서 나는 프랑스어 재판본을 인용할 것이다.

44. 뒤메질 이전의 해석들 대부분은 Jacob Grimm, *Deutsche Mythologie*, 4 vols. (Göttingen: Dieterich, 1835), 1: 131~34; Karl Müllenhoff, *Deutsche Altertumskunde*, 5 vols.(Berlin: Weidmann, 1887~1900), 4: 519~28 등의 선구적인 저작에 근거하고 있다. 가장 오래도록 지지받은 논의는 다음과 같다. Rudolf Much, "Der germanische Himmelsgott", in F. Detter et al., eds., *Abhandlungen zur germanischen Philologie: Festgabe für Richard Heinzel* (Halle: Max Niemeyer, 1898), pp. 189~278; Wolfgang Krause, "Ziu", *Nachrichten der Göttingen Gesellschaft der Wissenschaften*(1940): 155~72. 다음도 참조할 것. Paul Herrmann, *Nordische Mythologie*(Leipzig: Wilhelm Engelmann, 1903), pp. 235~42; Richard M. Meyer, *Germanische Mythologie* (Leipzig: Quelle and Meyer, 1910), pp. 178~89; J. von Negelein, *Germanische Mythologie*(Leipzig: B. G. Teubner, 1912), pp. 57~58; Alexander Haggerty Krappe, *Études de mythologie et de folklore germaniques*(Paris: E. LeRoux, 1928), pp. 11~27; Walter Baetke, *Art und Glaube der Germanen*(Hamburg: Hanseatische Verlag, 1934), p. 34; Carl Clemen, *Altgermanische Religionsgeschichte*(Bonn: Ludwig Röhrscheid, 1934), pp. 48~50; Jan de Vries, *Altgermanische Religionsgeschichte*, 1st ed., 2: 283~88; Alois Closs, "Neue Problemstellungen in der germanischen Religionsgeschichte", *Anthropos* 29(1934): 477~96, 485~89; "Die Religion des Semnonenstammes", in Wilhelm Koppers, ed., *Die Indogermanen- und Germanenfrage*(Salzburg: Pustet, 1936), pp. 549~674; J. H. Schleuder, *Germanische Mythologie*(Leipzig: Stubenrauch, 1937), pp. 80~87; Hermann Güntert, *Altgermanischer Glaube nach Wesen und Grundlage*(Heidelberg: Carl Winter, 1937), pp. 50~52; Martin Ninck, *Götter und Jenseitsglauben der Germanen*(Jena: Eugen Diederichs Verlag, 1937). pp. 134~38; 그리고 Friedrich van der Leyen,

Die Götter der Germanen(Munich: C. H. Beck, 1938), pp. 67, 86, 198. 몇몇 저자는 티르(<게르만 공통의 티와즈*Teiwaz<원-인도-유럽의 데이워-스 *Deiwo-s), 베다의 디아우스Dyaus, 그리스의 제우스Zeus 등 사이의 어원학적 연관성을 이용해, 티르가 원래 하늘 신이었다고 주장했다. 하지만 그들도 현존하는 자료들이 티르를 전쟁의 신으로 묘사하고 있다는 점에 동의한다.

45. Snorri Sturluson, *Gylfaginning*[『길파기닝』] 25: diarfaztr ok bezt hugaðr.
46. Snorri Sturluson, *Skaldskaparmál*[『스칼드스카파르말』] 9: vígaguð.
47. 예를 들어 Tacitus, *Germania* 9. 로마와의 등치는 요일 명칭에서 뚜렷하게 드러난다. *Tys-dagr*('티르의 날', 영어로 *Tuesday*) = *dies Martis*(마르스의 날, 불어로 *mardi*, 이탈리아어로 *martedi*).
48. *Sigrdrifumal*[『지그르드리푸말』](『고에다Elder Edda』에 나오는 시), 6권:

> 그대는 승리의 룬 문자들을 알 것이다,   승리를 거두길 원한다면,
> 그대의 검 손잡이에 그 글자들을 새겨 넣어라,
> 또한 그대가 칼날로 베고,   칼끝으로 찌를 때는,
> 티르의 이름을 두 번 불러라.
>
> [Sigrúnar þú scalt kunna,   ef þú vilt sigr hafa,
>   oc rísta á hialti hiǫrs,
> sumar á véttrimom,   sumar á valbǫstom,
>   oc nefna tysvar Tý.]

49. *Gylfaginning* 25: "sa er enn áss er Týr heitir; hann er diarfaztr ok bezt hugaðr, ok hann rædr miǫk sigri í orrostum. Á hann er gott at heita hreystimǫnnum. þat er orðtak at sá er týhraustre er um fram er aðra menn ok ekki sétz firir. Hann var vitr svá at þat er mælt at sá er týspakr er vitr er. þat er eitt mark um diarfleik hans, þá er æsir lokkuðu Fenrisúlf til þess at leggia fiǫrturinn á hann, Gleipni, þá trúði hann þeim eigi at þeir myndu leysa hann, fyrr en þeir lǫgðu honum at veði hǫnd Týs

주석 459

í munn úlfsins. En þá er æsir vildu eigi leysa hann, þá beit hann hǫndina af þar er nú heitir úlfliðr, ok er hann einhendr ok ekki kallaðr sættir manna."

50. "Mythes romains", *Revue de Paris*(Dec. 1951): 105~15에서 뒤메질은 인도와 아일랜드 자료들의 중요성을 경시했고, "La Transposition des dieux souverains mineurs en héros dans le *Mahābhārata*", *Indo Iranian Journal* 3(1959): 1~16에서는 인도와의 비교를 완전히 포기했다. Georges Dumézil, *Loki*(Paris: Maissoneuvre, 1948), pp. 91~97, 2d ed.(Paris: Flammarion, 1986), pp. 69~74; *L'Héritage indo-européen à Rome*(Paris: Gallimard, 1949), pp. 149~59; *Les Dieux des germains*(Paris: Presses universitaires de France, 1959), pp. 40~77(English trans., *Gods of the ancient Northmen*, ed. Einar Haugen[Berkeley: University of California Press, 1973], pp. 26~48); *Mythe et epopée*, 3 vols.(Paris: Gallimard, 1968~73), 1: 423~28, 3: 267~86; "'Le Borgne' et 'Le Manchot': The State of the Problem", in Gerald Larson, ed., *Myth in Indo-European Antiquity* (Berkeley: University of California Press, 1974), pp. 17~28; *Les Dieux souverains des Indo-Européens*(Paris, Gallimard, 1977), pp. 198~200; *L'Oubli de l'homme et l'honneur des dieux*(Paris: Gallimard, 1985), pp. 261~65.

51. R. I. Page, "Dumézil Revisited", *Saga-Book of the Viking Society* 20(1978~81): 49~69(이 글에 대한 뒤메질의 답변은, *L'Oubli de l'homme*, pp. 259~77); Bruce Lincoln, "Kings, Rebels, and the Left Hand", in *Death, War and Sacrifice*, pp. 244~58; Klaus von See, *Mythos und Theologie im skandinavischen Hochmittelater*(Heidelberg: Carl Winter, 1988), pp. 56~68; 그리고 Cristiano Grottanelli의 세 편의 글, "The Enemy King Is a Monster: A Biblical Equation", *Studi storico religiosi* 3(1979): 5~36, "Temi Dumeziliani fuori dal mondo indo-europea", *Opus* 2(1983): 365~89, esp. 381~84, 그리고 "Evento e modello nella storia antica: Due eroi cesariani", in Diego Poli, ed., *La cultura in Cesare*(Rome: Il Calamo, 1993),

pp. 427~44.

52. 합의를 제안한 쪽은 늑대이고 신들은 그것을 받아들이는 쪽이었다는 점에 주목하자. 티르는 그 협상에 관여하지 않았다. 대신에 그의 역할은 그의 용기에 의해 규정되고, 아무도 감히 하지 못하는 일, 그의 손을 야수의 입에 넣는 일에만 국한된다. Page, "Dumézil Revisited", pp. 52~58; 그리고 von See, *Kontinuitätstheorie*, pp. 14~18도 참조할 것.

53. *Gylfaginning* 34: "Úlfinn fæddu æsir heima, ok hafði Týr einn diarfleik til at ganga at úlfnum ok gefa homum mat. En er guðin sá hversu mikit hann óx hvern dag, ok allar spár sǫgðu at hann myndi vera lagðr til skaða þeim, þá fengu æsir þat ráð."

54. *Gylfaginning* 34: "þá svarar úlfrinn: ,Svá lítz mér á þenna dregil sem ønga frægð munak af hlióta þótt ek slita í sundr svá miótt band. En ef þat er gǫrt með list ok væl þótt þat sýniz lítit, þá kemr þat band eigi á mína fœtr." 강조 추가.

55. 더 자세한 논의는 Bruce Lincoln, *Myth, Cosmos, and Society: Indo-European Themes of Creation and Destruction*(Cambridge, MA: Harvard University Press, 1986)을 참조할 것.

56. 아래에서 논한 자료들 외에도, *Völundarkviða*와 Jörmunrekk의 죽음에 관한 이야기에서도 같은 양상이 명백히 드러난다(*Hamdismál* 13, 24, 28; *Skaldskaparmál* 42; *Völsungasaga* 44).

57. *Egilssaga einhenda* 9.9~10: "Síðan tók hann II steina, ok vágu hálfvætt báðir; þar váru fastar við járnhespur. Hann læsti þær at fótum Egli, ok sagði, at hann skyldi þetta draga." 원문은 다음을 참조할 것. Åke Lagerholm, ed., *Drei Lygisögur*(Halle: Niemeyer, 1927), vol. 17 in the Altnordische Saga-Bibliothek, pp. 43~52. 영어 번역본은 Hermann Palsson and Paul Edwards, trans., *Gautrek's Saga and Other Medieval Tales*(New York: New York University Press, 1968), pp. 103~8이 있다.

58. *Egilssaga einhenda* 10.6: "Egill...tók einn tvíangaðan flein, ok rekr í bæði

augun á jǫtninum, svá þau liggja út á kinnarbeinunum."
59. *Egilssaga einhenda* 11.8: "Tók dvergrinn þá at smíða honum eitt sverð; en upp frá hjǫltunum gerði hann fal svá[langan], at upp tók yfir ǫlbogann, ok mátti þar spenna at, ok var Egli svá hœgt at hǫggva með því sverði, sem heil væri hǫndin."
60. 거인이 한쪽 눈(오딘의 눈과 비슷하게 생산적인 희생)이 아닌 양쪽 눈 모두(불구가 되는 파국)를 잃도록 스스로를 방치함으로써 패배한다는 사실에 주목하자.
61. 그렌델에게 입힌 상처에 대해서는 *Beowulf*, 813~21행을, 그렌델의 어미에게 입힌 상처에 대해서는 1563~68행을, 용에게 입힌 상처에 대해서는 2697~2705행을 볼 것. 베오울프가 용의 머리를 공격한 것에 대해서는—그의 손이 "너무 강해서"(wæs sīo hond tō strong) 실패한다—2677~87행에 묘사되어 있다.
62. 이 도발적인 사건들은 739~45행(그렌델이 무명의 전사를 먹는다), 1417~21행(그렌델의 어미가 왕이 총애하던 에셰레/Æschere의 목을 벤다), 그리고 2214~26행(부하 한 명이 용의 굴을 침범하여 보물 잔을 훔친다)에 보인다. 에셰레의 위상에 대해서는 1296~99행과 1306~9행을 참조할 것. 에셰레 외에 어느 누구도 왕에게 "가장 아끼는 신하"(aldorþegn)라고 불리거나 "가장 사랑하는 이"(dēorestan)라고 불리지 않았음에 주목하자.
63. 그렌델을 이긴 데 대한 선물에 대해서는 1020~24행, 1035~38행, 1045행에, 그렌델의 어미를 이긴 데 대한 선물은 1709~57행, 용을 이긴 데 대한 선물은 2742~71행에 묘사되어 있다.
64. Donald Ward, *The Divine Twins: An Indo-European Myth in Germanic Tradition* (Berkeley: University of California Press, 1968), p. 101n; Udo Strutynski, introduction to Dumézil, *Gods of the Ancient Northmen*, p. xli n.
65. 특히 *Waltharius* 1401~15를 참조할 것. 원문과 주석은 Gernot Wieland, *Waltharius*(Bryn Mawr, PA: Bryn Mawr Latin Commentaries, 1989)에서 찾을 수 있다.

66. Alfred Rosenberg, *Der Mythus des 20. Jahrhunderts: Eine Wertung der seelisch-geistigen Gestaltenkampfe unserer Zeit*(Munich: Hoheneichen Verlag, 1935); Martin Ninck, *Wodan und germanische Schicksalsglaube*(Jena: Eugen Diederich, 1935); C. G. Jung, "Wotan", 원래 1936년에 발표했으나, 지금은 융의 *Collected Works*(Princeton: Princeton University Press, 1964), 10: 179~93에서 볼 수 있다.

67. 블로크의 서평은 *Revue historique* 188(1940): 274~76에 실려 있다. 뒤메질은 진즈부르그에게 응답하면서 이 서평을 중시했다.

68. 여기서 뒤메질은 이 분석을 확대시키고 있는데, 그것은 제1차 세계대전의 마지막 해에 소개되었고, 독일보다는 프랑스 학자들에게 훨씬 더 큰 영향을 끼쳤다(여기엔 분명한 이유가 있었다). Joseph Vendryes, "Les Correspondences de vocabulaire entre l'indo-iranien et l'italo-celtique", *Mémoires de la Société de linguistique de Paris* 20(1918): 265~86.

69. Dumézil, *Mythes et dieux des Germains*, pp. 153~54. 라틴어 단어 *rex*와 *dux*의 사용은 Tacitus, *Germania* 7장에 언급된 것에서 뽑은 것이다.

70. Dumézil, *Mythes et dieux des Germains*, p. 155.

71. Ibid., p. 156.

72. Ibid., p. 36.

73. Ibid., pp. 37~42. 그의 복잡한 논지는 다음과 같이 요약할 수 있을 것이다. (1) 삭소 그라마티쿠스가 미토틴과 올레루스Ollerus에 대해 들려주는 이야기(각각 1.7 과 3.4)는 기본적으로 같다. (2) 올레루스는 고대 북유럽의 울르Ullr가 라틴어화한 형태다. (3) 울르는 유럽 대륙의 게르만인들 사이에서는 거의 알려지지 않았다. (4) 남부에서 울르의 위치는 티와즈Tīwaz가 대신했다. (5) 티르는 티와즈의 고대 북유럽식 형태다. (6) 로마인들은 티와즈와 마르스를 동일시했다. (7) 3세기의 비문에는 마르스 팅크수스Mars Thincsus가 언급된다. (8) 팅크수스는 게르만적인 것, 즉 대중 집회와 논쟁의 장소를 말한다. (9) 미토틴이라는 이름은 '판관'을 뜻한다. 이중 몇 가지는 예외 없이 분명하고(2, 3, 5, 6), 몇 가지는 논란의 여지가 있다(1, 8).

나머지는 그럴듯하지 않거나(4, 9) 적절치 못하게 의미가 부여됐다(7).
74. Dumézil, *Mitra-Varuna*, pp. 152~59. 내가 앞선 서술에서 사용한 구절들은 이 텍스트에서 직접 인용한 것이다. 그러므로 오딘의 체계는 다음과 같이 묘사된다. *"un «confusionisme», un «unanisme» permanente"*(p. 157), *"«l'économie mouvante et totalitaire» patronnée par *Wōðnaz"*(p. 157), *"le régime communisant...apte à satisfaire et à contenir la plèbe"*(p. 155), *"une morale héroïque et anticapitaliste"*(p. 157). 미토틴의 체계는 다음과 같이 묘사된다. *"propriété morcélée, stable, héréditaire"*(p. 157), *"propriété avec compensation précise"*(p. 157), *"une repartition aussi rigoureuse et aussi claire que possible des biens"*(p. 157), *"«l'économie stable et libérale» patronnée par *Tīwaz"*(p. 156), *"la propriété héréditaire, le bien familial"*(p. 158). *Les Dieux souverains des Indo-Européens* (1977)에서는 이 대조의 체계가 사적 소유와 공산주의의 대립을 그 중심에 위치시키도록 재조정되었다(pp. 200~202).
75. Ibid., pp. 157~59. 슬라브족에 대한 뒤메질의 언급은 조심스럽지만 은근히 전면적이다. "Or chez les Slaves, jusqu'en pleine époque historique, ont existé des formes de propriété collective avec redistribution périodique; la mythologie de la souveraineté devait se modeler sur ces pratiques, et il eût été d'autant plus intéressant de la connaître que les dépositaires humains de la souveraineté paraissent avoir été, chez les Slaves, particulièrement instables. Mais tout cela est irrémédiablement perdu."(p. 159)
76. 이 과정 및 그것과 『미트라-바루나』의 관계에 대한 논의는 Dumézil, *Entretiens avec Didier Eribon*, pp. 67~68을 참조할 것.
77. 더 이전에는, 미토틴뿐만 아니라 울르도 이 역할을 맡았는데, 뒤메질은 상상력을 발휘하여 울르를 영국과 스칸디나비아의 "선량한 게르만인들" 사이에서 의회 제도가 출현한 것과 관련지었다. "L'opposition de ces deux conceptions du pouvoir souverain semble fondamentale dans la vie des peuples germaniques: si les sociétés scandinaves et anglo-saxonnes ont,

très tôt, assuré la suprématie d'Ullr, et du *thing*, et du parlement, et du droit précis, les Germains continentaux, ont gardé la nostalgie du pur Wotan."(*Mythes et dieux des Germains*, p. 42)

78. 주 44번에서 열거한 문헌들을 참조할 것.

79. Dumézil, *Mitra-Varuna*, pp. 149~50: "Quel genre de rapports *Tīwaz-Mars soutient-il avec la guerre? D'abord des rapports qui ne sont pas exclusifs, car il a d'autres activités: il est qualifié sur plusieurs inscriptions de *Thincsus*; il est donc sûrement, en dépit d'interminables discussions, protecteur du *thing*(allemand *Ding*), du peuple assemblé en corps pur juger et décider. Mais en dehors de cette importante fonction civile, dans la guerre même, *Tīwaz-Mars reste juriste.... Il y a bien des manières d'être dieu de la guerre, et *Tīwaz* en définit une qui serait très mal exprimée par les étiquettes «dieu guerrier», «dieu combattant»; le légitime patron du combat en tant que coups assénés, c'est *Thunraz*, le champion (cf. *Mythes et dieux des Germains*, chap. VII), le modèle de la force physique, celui que les Romains ont traduit en *Hercules*. *Tīwaz* est autre chose: le juriste de la guerre, et en même temps une manière de diplomate...." 여기서 몇몇 책 제목들을 언급했지만, 225~35년 사이 노섬벌랜드의 하우스스테즈에서 발견된 것은 단 한 권뿐이다. R. G. Collingwood and R. P. Wright, *The Roman Inscriptions of Britain*, vol. 1(Oxford: Clarendon Press, 1965), no. 1593. 뒤메질은 이 점에 대해 비판을 받고는, 이후 저술들에서 이를 스스로 바로잡았다.

80. Dumézil, *Mitra-Varuna*, pp. 166~67.

81. 프라이어Freyr에 대한 뒤메질의 관점도 적절하다. 그에 대해 뒤메질은 다음과 같이 열광했다. "Il y a une mystique, une mythologie de la «paix», d'une paix incomparable, véritable âge d'or, qui correspond sûrement a l'une des plus sincéres aspirations de l'âme germanique."(*Mythes et dieux des Germains*, p. 128)

82. 히틀러가 1936년 2월의 프랑스-소비에트 협약을 로카르노조약 불이행과 라인란트 재무장의 구실로 삼았고, 그렇게 함으로써 그가 프랑스의 도발에 맞서 평화를 위한 새로운 기반을 추구했다고 주장했음에 주목하자. 이 말도 안 되는 주장의 주요 청자는 소비에트와의 협약에 완강하게 반대했던 프랑스 우파였다.

83. 더 자세한 사항은 Cristiano Grottanelli, "Ancora Dumézil: Addenda a Corrigenda", *Quaderni di storia* 39(1994): 195~207, 특히 pp. 198~200; 그리고 Hollier, "January 21st", pp. 33~41을 참조할 것. 올리에의 논의 중 일부는 이론의 여지가 있지만, 그는 통치권에 대한 뒤메질의 관점이 무솔리니와 바티칸 사이의 협약과 마찬가지로, 교회-국가의 화해에 관한 이론이라고 올바르게 특징지었다(p. 33). 목적은 전혀 다르지만, Alain de Benoist, *L'Éclipse du sacré*(Paris: La Table Ronde, 1986), p. 107에서도 똑같은 주장이 제기되었다..

84. 이 시기의 독일에 대한 반감의 가장 좋은 예는 모라이며, 병적인 독일 애호증의 가장 좋은 예는 로베르트 브라질라흐Robert Brasillach다. 뒤메질의 친한 친구 피에르 각소트는 고등사범학교Ecole normale supérieure 출신의 또 다른 동료인 피에르 드리외 라 로셸르Pierre Drieu la Rochelle가 그랬듯이, 1930년대를 거치면서 전자의 입장에서 후자의 입장으로 전환했다. 프랑스가 패한 이듬해 드리외가 *Jupiter, Mars, Quirinus*(Paris: Gallimard, 1941)의 초록을 출판했는데, 그건 아무런 가치가 없는 일이었다. 이 책에서 뒤메질은 인도-유럽인의 긴 정복 역사를 극찬하고 프랑스인들과 독일인들에게 동족상잔의 싸움을 그만둘 것을 촉구했다. Georges Dumézil 'L'Etude comparée des religions indo-européennes", *Nouvelle Revue Française* 29(1941), pp. 385~99. 이 시기와 이런 입장을 통한 드리외의 나치즘 포용에 대해서는 Lionel Richard, "Drieu la Rochelle et la *Nouvelle Revue Française* des années noires", *Revue d'histoire de la deuxième guerre mondiale* 25(1975): 67~84를 참조할 것. 그 일은 Eirbon, *Faut-il brûler Dumézil*, pp. 218~31; 그리고 Cristiano Grottanelli, "Dumézil's *aryens* in 1941", *Zeitschrift*

für Religionswissenschaft 97(1999)에서 논의되었다.

85. 적어도 몇몇 사람은 이에 대해 상당히 열려 있었다. 예를 들어 장 부아셀 Jean Boissel은 뒤메질의 *Jupiter, Mars, Quirinus*와 고비노의 *Histoire des Perses* (Paris: Henri Plon, 1869; repr. Tehran, 1976, Ashraf Pahlavi 공주 전하의 후원을 받음)에 대해 언급한 *Gobineau, l'orient et l'Iran*(Paris: Klincksieck, 1973), 1: 166 n. 170에서—뒤메질이 아니라—고비노를 인도-유럽 3기능 체계 이론에 대해 서술한 최초의 인물로 간주했다.

7장

1. 뒤메질에 관한 연구는 6장에 요약되어 있다. 그의 원숙기 저작들 중 가장 중요한 것은 다음과 같다. *Mitra-Varuna: Essai sur deux représentations indo-européennes de la souvernaiteté*(Paris: Presses universitaires de France, 1940; English trans., *Mitra Varuna*, Zone, 1988); *Jupiter, Mars, Quirinus: Essai sur la conception indo-européenne de la société et sur les origines de Rome*(Paris: Gallimard, 1941); *Les Dieux des indo-européennes*(Paris: Presses universitaires de France, 1952); *Heur et malheur du guerrier: Aspects de la fonction guerrière chez les Indo-Européens*(Paris: Presses universitaires de France, 1956; English trans., *The Destiny of Warrior*[University of Chicago Press, 1969]); *L'idéologie tripartie des Indo-Européens*(Brussels: Collection Latomus, 1958); *Mythe et épopée*, 3 vols.(Paris: Gallimard, 1968~73). 이 책의 일부가 영어로 번역되어 있다. *The Destiny of a King*(Chicago: University of Chicago Press, 1973); *Camillus: A Study of Indo-European Religion as History*(Berkeley: University of California Press, 1980); *The Stakes of the Warrior*(Berkeley: University of California Press, 1983); *The Plight of a Sorcerer*(Los Angeles: University of California Press, 1986).

2. 레비스트로스에 관한 연구는 다음을 참조할 것. Edmund Leach, ed., *The*

Structural Study of Myth and Totemism(London: Tavistock, 1967); *Claude Lévi-Strauss*(New York: Viking Press, 1970); Howard Gardner, *The Quest for Mind: Piaget, Lévi-Strauss, and the Structuralist Movement*(Chicago: University of Chicago Press, 1973); E. Hayes and Tanya Hayes, eds., *Claude Lévi-Strauss: The Anthropologist as Hero*(Cambridge: MIT Press, 1970); Marcel Hénaff, *Claude Lévi-Strauss and the Making of Structural Anthropology*(Minneapolis: University of Minnesota Press, 1998). 신화에 관한 그의 가장 중요한 저작은 네 권으로 된 신화학 시리즈—*The Raw and the Cooked*(New York: Harper and Row, 1969; 프랑스어 원본, 1964)[『신화학 1: 날것과 익힌 것』, 임봉길 옮김, 한길사, 2005]; *From Honey to Ashes*(New York: Harper and Row, 1973; 프랑스어 원본, 1966)[『신화학 2: 꿀에서 재까지』, 임봉길 옮김, 한길사, 2008]; *The Origin of Table Manners*(New York: Harper and Row, 1978; 프랑스어 원본, 1968); *The Naked Man*(New York: Harper and Row, 1981; 프랑스어 원본, 1971)—이다. 레비스트로스의 좀 더 최근의 저작은 다음과 같다. *The Jealous Potter*(Chicago: University of Chicago Press, 1988; 프랑스어 원본, 1985), *The Story of Lynx*(Chicago: University of Chicago Press, 1995; 프랑스어 원본, 1991).

3. 엘리아데에 관한 연구는 첨예하게 양분된다. 그의 저작을 공감적으로 다룬 최근의 연구로는 다음이 있다. David Carrasco and Jane Law, eds., *Waiting for the Dawn: Mircea Eliade in Perspective*(Boulder, CO: Westview Press, 1985); David Cave, *Mircea Eliade's Vision for a New Humanism*(New York: Oxford University Press, 1993); Bryan S. Rennie, *Reconstructing Eliade: Making Sense of Religion*(Albany: State University of New York Press, 1996). 좀 더 비판적인 연구의 목록은 아래 주석 13번을 참조하기 바란다. 신화에 관한 엘리아데의 가장 중요한 저작은 다음과 같다. *Patterns in Comparative Religion*(London: Sheed and Ward, 1958; 프랑스어 원본, *Traité de l'histoire de religions*, George Dúmezil 서문, 1949)[『종교형태론』, 이은봉 옮김, 한길사, 1996; 『종교사개론』, 이재실 옮김, 까치, 1993]; *The Myth of the Eternal Return*(Princeton, NJ:

Princeton University Press, 1954; 프랑스어 원본, 1949)[『우주와 역사』, 정진홍 옮김, 현대사상사, 1975; 『영원회귀의 신화: 원형과 반복』, 심재중 옮김, 이학사, 2003]; *The Sacred and the Profane*(New York: Harcourt, Brace and World, 1959; 독일어 원본, 1957)[『성과 속』, 이동하 옮김, 학민사, 1983; 『성과 속』, 이은봉 옮김, 한길사, 1998]; *Myth and Reality*(New York: Harper and Row, 1963) [『신화와 현실』, 이은봉 옮김, 성균관대출판부, 1985]; *A History of Religious Ideas*, 3 vols.(Chicago: University of Chicago Press, 1978~85; 프랑스어 원본, 1976~78)[『세계종교사상사』 1~3권, 이용주·박규태·최종성·김재현 옮김, 이학사, 2005].

4. 이 점은 존 브로가 3기능 체계가 히브리성서 이야기들에서도 발견된다고 주장함으로써 촉발한 유명하고 의미심장한 논쟁에서 강조되었다. 뒤메질은 이 주장을 단호히 반박했다. 다음을 참조할 것. John Brough, "The Tripartite Ideology of the Indo-Europeans: An Experiment in Method", *Bulletin of the School of Oriental and African Studies* 22(1959): 68~86; Georges Dumézil, "L'Idéologie tripartie de Indo-Européens et la Bible", *Kratylos* 4(1959): 97~118.

5. Eliade, *Myth of the Eternal Return*, pp. ix~x, 63~71, 102~12, 147~59, 이하 여러 곳.

6. 엘리아데가 뒤메질을 인용하는 부분을 살펴보면, 그가 가장 좋아한 책은 *Le Problème des Centaures*였음이 드러난다. 나는 또한 1972년과 1973년에 엘리아데가 시카고대학에서 인도-유럽 종교에 관한 세미나를 개설하면서 뒤메질의 저작이 이 분야 최고의 대작이며 모든 종교학도가 따를만한 모델이라고 소개했던 것으로 기억한다. 하지만 엘리아데는 여러 번 그의 오랜 친구가 삼분 기능 체계를 발견했던 계기들에 대해 유감을 표했는데, 그는 뒤메질의 저작이 그후로 본래의 대담성과 창조성을 잃은 채 밋밋한 중언부언이 되어버렸다고 여겼다. 엘리아데와 뒤메질의 관계에 대한 다소 이상화된 그림은 "Ces Religions dont nous héritons: Un dialogue entre Mircea Eliade et Georges Dumézil", *Les Nouvelles littéraires*, 2 Nov. 1978, pp. 17~

18을 참조할 것. 또한 Dario Cosi, ed., *Mircea Eliade e Goerges Dumézil*(Padua: Sargon, 1994)에 실린 글들도 참조할 것. 안타깝게도 이 글들 대부분은 두 사람 중 어느 한쪽만 강조하고 있으며, 두 사람의 관계에 대해서는 그저 이따금씩만 언급하는 데 그치고 있다.

7. 이 그림은 단지 가장 중요한 영향 관계의 윤곽을 잡기 위한 것이다. 중요한 인물들 중 일부가 누락되었으며(Creuzer, Schelling 등), 레비스트로스가 바 그녀를 극찬했던 일 같은 일부 관계들도 누락되었다. 후자에 대해서는 다음을 참조할 것. Didier Eribon, *Conversations with Claude Lévi-Strauss*, trans. Paula Wissing(Chicago: University of Chicago Press, 1991)[『가까이 그리고 멀리서: 클로드 레비스트로스의 회고록』, 송태현 옮김, 강, 2003], p. 176; James Boon, "Lévi-Strauss, Wagner, Romanticism: A Reading Back...", in George Stocking, ed., *History of Anthropology*, Vol. 6: *Romantic Motives—Essays on Anthropological Sensibility*(Madison: University of Wisconsin Press, 1989).

8. 융의 민족학적 기조에 관해서는 Richard Noll, *The Jung Cult*(Princeton, NJ: Princeton University Press, 1994); *The Aryan Christ*(New York: Random House, 1997) 참조. 엘리아데와 융의 관계에 대해서는 많이 알려져 있지만, 그가 전통주의적이고 자족적인 비의주의자인 르네 게농이나 율리우스 에볼라와 맺었던 관계에 대해서는 잘 알려져 있지 않다. 이에 관해서는 다음을 참조할 것. Eliade, *Occultism, Witchcraft, and Cultural Fashion*(Chicago: University of Chicago Press, 1976), pp. 47~68; *Journal III: 1970~1978* (Chicago: University of Chicago Press, 1989), pp. 161~63; Enrico Montanari, "Eliade e Guénon", *Studi e Materiali di Storia delle Religioni* 61 (1995): 131~49; Steven Wasserstrom, "The Lives of Baron Evolva", *Alphabet City* 4~5(1995): 84~99. 이 주제와 관련하여 나는 아직 간행되지 않은 다음의 몇몇 연구에서 도움을 받았다. Steven Wasserstrom, "Eliade and Evolva"; Hugh Urban, "Religion for the Age of Darkness: 'Tantrism' in the Works and Lives, Methods and Paths of the History of Religions"; Cristiano Grottanelli, "Mircea Eliade, Carl Schmitt, René Guénon, 1942",

in Natale Spineto, ed., *Interrompere il quotidiano: La costruzione del tempo nell' esperienza religiosa*(Milan: Editorial Jaca, 근간).

9. 카유아 및 이 짧지만 중요했던 단체에서 그가 수행한 역할에 대해서는 Denis Hollier, eds., *The College of Sociology, 1937~39*(Minneapolis: University of Minnesota Press, 1988) 참조.

10. Claude Lévi-Strauss, *Introduction to the Work of Marcel Mauss*, trans. Felicity Baker(London: Routledge and Kegan Paul, 1987); M. Merleau-Ponty, De Mauss à Lévi-Strauss", in *Signes*(Paris: Gallinard, 1960), pp. 143~57; Dumézil, *Entretiens avec Didier Eribon*, pp. 47~50. 비록 뒤메질이 모스로부터 받은 영향을 인정하기는 했지만(pp. 62~64), 그는 대체로 그것이 마르셀 그라네[Marcel Granet[1884~1940]*를 통한 것이었다고 여겼다. 레비스트로스도 역시 그라네를 존경했다. Eribon, *Conversations with Claude Lévi-Strauss*, p. 99.

11. 제2차 세계대전 직전에 트루베츠코이가 공통기어, 원민족, 본향, 계통수, 이주와 정복 과정을 상정하지 않은 채로 인도-유럽어들의 상응 관계를 설명하려 했던 시도는 특히 흥미롭다. "Gedanken über das Indogermanenproblem", *Acta Linguistica* 1(1939): 81~89.

12. *Discours de réception de M. Georges Dumézil à l'Académie Française et résponse de M. Claude Lévi-Strauss*(Paris: Gallimard, 1979), pp. 73~75.

13. 엘리아데에 관한 비판적 연구는 다음을 참조할 것. Ivan Strenski, *Four Theories of Myth in Twentieth-Century: Cassirer, Eliade, Lévi-Strauss, and Malinowski*(Iowa City: University of Iowa Press, 1987)[이반 스트렌스키, 『20세기 신화이론: 카시러, 말리노프스키, 엘리아데, 레비스트로스』, 이용주 옮김, 이학사, 2008], pp. 70~159; *Religion in Relation*(Charleston: University of South Carolina Press, 1993), pp. 15~40, 166~79; Daniel Dubuisson, *Mythologies du XXe siècle*(Lille: Presses universitaires de Lille, 1993), pp. 217~303; Edmund Leach, "Sermons by a Man on a Ladder", *New York Book Reviews*, 20 Oct. 1996, pp. 28~31; Jonathan Z. Smith, *Map Is Not*

Territory: Studies in the History of Religions(Leiden: E. J. Brill, 1978), pp. 88~103; *To Take Place: Toward Theory in Ritual*(Chicago: University of Chicago Press, 1987)[조너선 스미스, 『자리 잡기: 의례 내의 이론을 찾아서』, 방원일 옮김, 이학사, 2009], pp. 1~23; Vittorio Lanternari, "Ripensando a Mircea Eliade", *La critica sociologica* 79(1986): 67~82; Norman Manea, "Happy Guilt: Mircea Eliade, Fascism, and the Unhappy Fate of Romania", *New Republic*, 5 Aug. 1991, pp. 27~36; "The Incompatibilities", *New Republic*, 20 April 1998, pp. 32~37; Adriana Berger, "Mircea Eliade: Romanian Fascism and the History of Religions in the United States", in Nancy Horowitz, ed., *Tainted Greatness: Antisemitism and Cultural Heroes* (Philadelphia: Temple University Press, 1994), pp. 51~74; Russell McCutcheon, *Manufacturing Religion: The Discourse on Sui Generis Religion and the Politics of Nostalgia*(New York: Oxford University Press, 1997); Steven Wasserstrom, *Religion after Religion: Gershom Scholem, Mircea Eliade and Henry Corbin*(Princeton, NJ: Princeton University Press, 1999). 균형 잡힌 시각에서 엘리아데의 공헌을 지속적으로 인정하면서 비판적으로 읽으려는 시도들도 있다. Phillipe Borgeaud, "Mythe et histoire chez Mircea Eliade: Réflexion d'un écolier en histoire des religions", *Institut National Génévois: Annales*(1993): 33~48; Ulrich Berner, "Mircea Eliade(1907~1986)", in Axel Michaels, ed., *Klassiker der Religionswissenschaft von Friedrich Schleiermacher bis Mircea Eliade*(Munich: C. H. Beck, 1997), pp. 343~53.

14. 뒤메질에 대한 비판적 논의는 다음을 참조할 것. Grottanelli, *Ideiologie miti massacri*; Arnaldo Momigliano, "Introduction to a Discussion of Georges Dumézil", in *Studies on Modern Scholarship*(Berkeley: University of California Press, 1994), pp. 286~301; "Georges Dumézil and the Trifunctional Approach to Roman Civilization", *History and Theory* 23(1984): 312~30; Carlo Ginzburg, "Germanic Mythology and Nazism: Thoughts on an Old Book by Goerges Dumézil", in *Clues, Myths, and the Historical Method*

(Baltimore: Johns Hopkins University Press, 1989), pp. 126~45; Bruce Lincoln, *Death, War, and Sacrifice: Studies in Ideology and Practice*(Chicago: University of Chicago Press, 1991), pp. 231~68; Patrizia Pinotti, "La «Republica» e Dumézil: Gerarchia e sovanità", in Mario Vegetti, trans. *Platone, La Repubblica Libro IV*(Pavia: Departimento di fiolosofia dell' Università di Pavia, 1997), pp. 257~88. 뒤메질에 대한 적극적이고 매우 유익한 옹호는 Didier Eribon, *Faut-il brûler Dumézil? Mythologie, science, et politique*(Paris: Flammarion, 1992)에서 볼 수 있다. 뒤메질에 대한 다양한 평가를 모아놓은 책으로는 Edgar Polomé, ed., *Indo-European Religion after Dumézil*(Washington, DC: Institute for the Study of Man, 1996)이 있다. 뒤메질에 대한 비판을 반박하고 완화하려는 시도로는 Guy Stroumsa, "Georges Dumézil, Ancient German Myths, and Modern Demons", *Zeitschrift für Religionswissenschaft* 97(1999 근간) 참조.

15. 특히 다음을 참조할 것. Lucien Goldmann, "Structuralisme, marxisme, existentialisme", *L'homme et la société* 2(1966): 105~24; Lionel Abel, "Sartre vs. Lévi-Strauss", *Commonweal* 84(1966): 364~68; Maurice Gaudlier, "Myth and History", *New Left Review* 69(1971): 93~112; Stanley Diamond, "Myth of Structuralism", in Ino Rossi, ed., *The Unconscious in Culture: The Structuralism of Claude Lévi-Strauss in Perspective*(New York: E. P. Dutton, 1971), pp. 292~335; Henri Lefebvre, *Au-delà du structuralisme*(Paris: Editions Anthropos, 1971); Fredric Jameson, *The Prison House of Language: A Critical Account of Structuralism and Russian Formalism*(Princeton, NJ: Princeton University Press, 1972); Pierre Bourdieu, *Outline of a Theory of Practice*(Cambridge: Cambridge University Press, 1977); B. Scholte, "From Discourses to Silence: The Structuralist Impasse", in Stanley Diamond, ed., *Toward a Marxist Anthropology*(The Hague: Mouton, 1979), pp. 31~57. 구조주의 패러다임을 유지하고 있는 흥미로운 비판은 다음을 참조할 것. Terrence Turner, "Narrative Structure and Mythopoesis: A

Critique and Reformulation of Structuralist Concepts of Myth, Narrative and Poetics", *Arethusa* 10(1977): 103~63; Roy Wagner, *Lethal Speech: Daribi Myth as Symbolic Obviation*(Ithaca, NY: Cornell University Press, 1978); Mark Mosko, "The Canonic Formula of Myth and Nonmyth", *American Ethnologist* 18(1991): 126~51.

16. 1968년 혁명에 대한 레비스트로스의 반응에 관해서는 *Conversations with Claude Lévi-Strauss*, pp. 77~78, 92 참조.

17. Emile Durkheim and Marcel Mauss, *Primitive Classification*, trans. Rodney Needham(Chicago: University of Chicago Press, 1963; 프랑스어 원본, 1901~2), pp. 77~78: "모든 신화는 근본적으로 분류 체계다. 하지만 그것은 과학적 사고가 아니라 종교적 신념에서 원칙을 빌려오는 분류 체계다."[Chaque mythologie est, au fond, une classification, mais qui emprunte ses principles à des croyances religieuses, et non pas à des notion scientifiques.] Marcel Mauss, *Oeuvres*(Paris: Edition de Minuit, 1974), 2: 79.

18. 내가 염두에 두고 있는 것은 다음과 같은 책들이다. Antonio Gramsci, *Prison Notebooks*(New York: Columbia University Press, 1992)[『그람시의 옥중수고』 1·2, 이상훈 옮김, 거름, 1999]; Roland Barthes, *Myhologies*(London: Jonathan Cape, 1972)[『신화론』, 정현 옮김, 현대미학사, 1996; 『현대의 신화』, 이화여대기호학연구소 옮김, 동문선, 1997]; Pierre Bourdieu, *Language and Symbolic Power*(Cambridge, MA: Harvard University Press, 1991)[『상징폭력과 문화재생산』, 정일준 옮김, 새물결, 1997, 이 책은 부분적인 번역본이다].

19. Roman Jacobson, *On Language*, ed. Linda Waugh and Monique Monville-Burston(Cambridge, MA: Harvard University Press, 1990), 8장, "The Concept of Mark."(pp. 134~40) 다음의 진술이 특히 관련된다. "어떤 표지와 이 표지의 부재 사이의 관계로서, 언어 체계의 모든 차원에 내재한 이항 대립에 대한 생각은 그 분화와 출현에서 전체 언어 체계에 위계질서가 깔려 있다는 생각에 논리적 결론을 가져다준다."(p. 137)

20. Emile Durkheim, *The Elementary Forms of the Religious Life*, trans. Karen

Fields(New York: Free Press, 1995; 프랑스어 원본, 1912), p. 149.
21. Cecile O'Rahilly, ed. and trans., *Táin Bó Cúalnge from the Book of Leinster* (Dublin: Dublin Institute for Advanced Studies, 1967).
22. *Táin Bó Cúalnge*, 71~74행: "Acht boí tarb sainemail ar búaib Ailella ocus ba lóeg bó do Meidb atacomnaic ocus Fiendbennach ainm. Acht nírbo miad leis beith for bantichur, acht docuaid co mboi for búaib in ríg."
23. Ibid., 4824~25행: "Is and drecgais a fúal fola for Meidb."
24. Ibid., 4847행: "Rapa chomadas in lá sa indiu ám i ndiad mná."
25. 이 마지막 수단—실제로는 해결될 수 없는 긴장과 갈등을 허구적으로 해결하는 것—은 『황소 공격』의 마지막 장면에서 볼 수 있다. 이 부분에서 두 황소가 맞붙어 싸운 끝에, 돈 쿨리가 핀드벤나흐를 죽인다. 여기서 또다시 위계가 단단히 확립된다. 흰 황소는 검은 황소에 비할 바가 아니라는 것이다. 하지만 승리한 황소도 싸움에서 이기자마자 바로 죽는데, 이것은 대등과 위계의 범주가 혼란해지게 만든다. 두 황소는 비록 서로 대등하지 않았지만, 죽은 후에는 다시 대등해진다. 여기서 메드브와 아일릴의 대등하지 못했던 본래 관계는 전혀 예기치 못한 방식으로 다시 대등해진다. 메드브는 원했던 황소를 얻지 못했지만, 아일릴은 애초에 그가 황소를 가졌기에 우위를 점할 수 있었던 강점을 잃게 된 것이다.
26. 사회적 현실을 수정해서 재현하는 능력은 두 가지 요소에 달려 있다. (a) 기표와 기의 사이의 간극(이 때문에 어떤 재현이든 애초에 그 지시 대상을 불완전하게만 닮게 된다), (b) 재현을 소비하는 행위를 통해 의식이 형성된 청중 역시 사회질서를 구성하는 사람들이라는 점(이 덕분에 그들은 자신이 신뢰해온 재현들에 들어맞도록 실재를 재구성할 수 있게 된다).
27. 이 부분에 대한 기존의 논의는 다음을 참조할 것. R. Bett, "Immortality and Nature of the Soul in Phaedrus", *Phronesis* 31(1986): 1~26; Jacqueline de Romilly, "Les Conflicts de l'âme dans le Phèdre de Platon", *Wiener Studien* 16(1982): 100~113; Walter Nicolai, "Der Mythos vom Sündenfall der Seele(bei Empedokles und Platon)", *Gymnasium* 88(1981): 512~24;

"Du bon usage du règlement", in J.-P. Vernant, ed., *Divination et rationalité* (Paris: Seuil, 1974): 220~48; A. Lebeck, "The General Myth of Plato's Phaedrus", *Greek, Roman, and Byzantine Studies* 13(1972): 267~90; G. J. Vries, *A Commentary on the Phaedrus*(Amsterdam: Hakkert, 1969); E. Schmalzkriedt, "Der Umfahrtmythos des Phaidros", *Der allsprachliche Unterricht* 9(1966): 60~99; D. D. McGibbon, "The Fall of the Soul in Plato's Phaedrus", *Classical Quarterly* 14(1964): 56~63; R. S. Bluck, "Phaedrus and Reincarnation", *American Journal of Philosophy* 79(1958): 156~64.

28. 이에 대해서는 특히 다음을 참조할 것. R. Hackforth, *Plato's Phaedrus* (Cambridge: Cambridge University Press, 1952), pp. 3~7; Luc Brisson, *Platon, Phèdre*(Paris: Flammarion, 1989), pp. 33~34. *Phaedrus* 247c에 나오는 천공 너머의 영역에 대한 묘사를 *Republic* 6: 514a~517a에 나오는 묘사와 비교하고, 또한 *Phaedrus* 246b에 나오는 영혼의 세 부분에 대한 분석을 *Republic* 4에 나오는 분석과 비교해볼 것. Slobodan Dusanic, "The Political Context of Plato's Phaedrus", *Rivista storica dell' antichità* 10(1980): 1~26은 이 대화를 366~65에 나오는 사건과 관련지으려 하는데, 이는 다소 낡은 시도로 보이며, 그 논의는 그다지 설득력이 없다. 좀 더 나은 논의는 Michael Morgan, "Philosophical Madness and Political Rhetoric in the Phaedrus", in *Platonic Piety: Philosophy and Ritual in Fourth-Century Athens* (New Haven, CT: Yale University Press, 1990), pp. 158~87을 볼 것.

29. *Phaedrus* 246ab, 그리고 253d~254e에서 좀 더 펼쳐지는 이미지.

30. *Phaedrus* 246e~247a.

31. *Phaedrus* 247be.

32. *Phaedrus* 248ac: "Καὶ οὗτος μὲν θεῶν βίος· αἱ δὲ ἄλλαι ψυχαί, ἡ μὲν ἄριστα θεῷ ἑπομένη καὶ εἰκασμένη ὑπερῆρεν εἰς τὸν ἔξω τόπον τὴν τοῦ ἡνιόχου κεφαλήν, καὶ συμπεριηνέχθη τὴν περιφοράν, θορυβουμένη ὑπὸ τῶν ἵππων καὶ μόγις καθορῶσα τὰ ὄντα· ἡ δὲ

τοτὲ μὲν ἦρε, τοτὲ δ' ἔδυ, βιαζομένων δὲ τῶν ἵππων τὰ μὲν εἶδεν, τὰ δ' οὔ· αἱ δὲ δὴ ἄλλαι γλιχόμεναι μὲν ἅπασαι τοῦ ἄνω ἕπονται, ἀδυνατοῦσαι δέ, ὑποβρύχιαι ξυμπεριφέρονται, πατοῦσαι ἀλλήλας καὶ ἐπιβάλλουσαι, ἑτέρα πρὸ τῆς ἑτέρας πειρωμένη γενέσθαι. θόρυβος οὖν καὶ ἅμιλλα καὶ ἱδρὼς ἔσχατος γίγνεται, οὗ δὴ κακίᾳ ἡνιόχων πολλαὶ μὲν χωλεύονται, πολλαὶ δὲ πολλὰ πτερὰ θραύονται...θεσμός τε Ἀδραστείας ὅδε. ἥτις ἂν ψυχὴ θεῷ ξυνοπαδὸς γενομένη κατίδῃ τι τῶν ἀληθῶν, μέχρι τε τῆς ἑτέρας περιόδου εἶναι ἀπήμονα, κἂν ἀεὶ τοῦτο δύνηται ποιεῖν, ἀεὶ ἀβλαβῆ εἶναι. ὅταν δὲ ἀδυνατήσασα ἐπισπέσθαι μὴ ἴδῃ, καί τινι συντυχίᾳ χρησαμένη λήθης τε καὶ κακίας πλησθεῖσα βαρυνθῇ, βαρυνθεῖσα δὲ πτερορρυήσῃ τε καὶ ἐπὶ τὴν γῆν πέσῃ."

33. *Phaedrus* 248de: "τότε νόμος ταύτην μὴ φυτεῦσαι εἰς μηδεμίαν θήρειον φύσιν ἐν τῇ πρώτῃ γενέσει, ἀλλὰ τὴν μὲν πλεῖστα ἰδοῦσαν εἰς γονὴν ἀνδρὸς γενεσομένου φιλοσόφου ἢ φιλοκάλου ἢ μουσικοῦ τινος καὶ ἐρωτικοῦ, τὴν δὲ δευτέραν εἰς βασιλέως ἐννόμου ἢ πολεμικοῦ καὶ ἀρχικοῦ, τρίτην εἰς πολιτικοῦ ἤ τινος οἰκονομικοῦ ἢ χρηματιστικοῦ, τετάρτην εἰς φιλοπόνου γυμναστικοῦ ἢ περὶ σώματος ἴασίν τινος ἐσομένου, πέμπτην μαντικὸν βίον ἤ τινα τελεστικὸν ἕξουσαν· ἕκτῃ ποιητικὸς ἢ τῶν περὶ μίμησίν τις ἄλλος ἁρμόσει, ἑβδόμῃ δημιουργικὸς ἢ γεωργικός, ὀγδόῃ σοφιστικὸς ἢ δημοπικός, ἐννάτῃ τυραννικός."

34. *Phaedrus* 249a: "ἡ τοῦ φιλοσοφήσαντος ἀδόλως ἢ παιδεραστήσαντος μετὰ φιλοσοφίας."

35. *Phaedrus* 248c~249d, 특히 249c. 또한 246de, 248cd, 250ac의 논의 부분도 관련된다.

36. *Phaedrus* 252c~253b. 이 구절 및 그것이 대화의 다른 부분과 어떻게 다른 지에 대해서는 M. Dyson, "Zeus and Philosophy in the Myth of Plato's

Phaedrus", *Classical Quarterly* 32(1982): 307~11 참조.

37. *Phaedrus* 278d에서 *philosopos*라는 단어가 좀 더 오래된 *sophos*와 대조되어 도입되는 방식에 주목할 것. *philosophos*나 *philosophië* 같은 어휘와 관련하여 플라톤의 용법이 근본적인 새로움과 형성적인 의미를 갖는다고 본 아주 충실한 역사적 연구로는 Monique Dixaut, *Le Naturel Philosophe: Essai sur les dialogues de Platon*(Paris: Les Belles Lettres, 1985) 참조.

38. Morgan, *Platonic Piety*, p. 158.

39. Pindar, Fragment 133(Snell[127 Bowra]), 플라톤이 *Meno*[『메논』] 81bc에서 인용. 다른 주제에 관해서였기는 하지만, 엠페도클레스도 이 대화에 관해 논의한 바 있다(76cd).

40. 이는 핀다로스가 아크라가스의 폭군인 테론Theron의 올림픽경기 승리를 기념하기 위해 지은 시와 그 주제가 매우 비슷하다는 점에서 확인된다 (*Olympia* 2: 476). 많은 연구자가 핀다로스와 엠페도클레스의 저술이 시칠리아, 좀 더 구체적으로는 아크라가스에서 이루어졌다는 점을 감안하여, 플라톤이 시칠리아에 처음 머무는 동안 윤회에 관한 그들의 사상을 접하게 되었을 거라고 추측해왔다. 다음을 참조할 것. Herbert Strainge Long, "A Study of the Doctrine of Metempsychosis in Greece from Pythagoras to Plato"(Ph.D. diss., Princeton University, 1948); G. Zuntz, *Persephone* (Oxford: Clarendon Press, 1971); Nancy Demand, "Pindar's Olympian 2, Theron's Faith, and Empedocles' Katharmoi", *Greek, Roman, and Byzantine Studies* 16(1975): 347~57.

41. Pindar, Fragment 133(Snell):

οἷσι δὲ Φερσεφόνα ποινὰν παλαιοῦ πένθεος
δέξεται, ἐς τὸν ὕπερθεν ἅλιον κείνων ἐνάτῳ ἔτεϊ
ἀνδιδοῖ ψυχὰς πάλιν, ἐκ τᾶν βασιλῆες ἀγαυοί
καὶ σθένει κραιπνοὶ σοφίᾳ τε μέγιστοι
  ἄνδρες αὔξοντ· ἐς δὲ τὸν λοιπὸν χρόνον

ἥροες ἁγνοὶ πρὸς ἀνθρώπων καλέονται.

42. 엠페도클레스와 *Katharmoi*('정화')라는 제목이 붙여진 그의 텍스트에 관해서는 다음을 참조할 것. Ava Chitwood, "The Death of Empedocles", *American Journal of Philology* 107(1986): 175~91; S. Panagiotou, "Empedocles on His Own Destiny", *Mnemosyne* 36(1983): 276~85; M. R. Wright, *Empedocles: The Extant Fragments*(New Haven, CT: Yale University Press, 1981); Zuntz, *Persephone*, pp. 179~274.

43. Empedocles, Fragment 31B115.6(Diels-Kranz): "τρίς...μυρίας ὥρας."

44. Fragment 31B117.

45. Fragment 31B127.

46. Fragment 31B112:

ὦ φίλοι, οἳ μέγα ἄστυ κατὰ ξανθοῦ Ἀκράγαντος
ναίετ' ἀν' ἄκρα πόλεος, ἀγαθῶν μελεδήμονες ἔργων,
ξείνων αἰδοῖοι λιμένες, κακότητος ἄπειροι,
χαίρετ'· ἐγὼ δ' ὑμῖν θεὸς ἄμβροτος, οὐκέτι θνητός
πωλεῦμαι μετὰ πᾶσι τετιμένος, ὥσπερ ἔοικα,
ταινίαις τε περίστεπτος στέφεσίν τε θαλείοις.
<πᾶσι δὲ> ποῖς ἂν ἵκωμαι ἐς ἄστεα τηλεθάοντα,
ἀνδράσιν ἠδὲ γυναιξί, σεβίζομαι· οἱ δ' ἅμ' ἕπονται
μυρίοι ἐξερέοντες, ὅπῃ πρὸς κέρδος ἀταρπός,
οἱ μὲν μαντοσυνέων κεχρημένοι, οἱ δ' ἐπὶ νούσων
παντοίων ἐπύθοντο κλύειν εὐηκέα βάξιν,
δηρὸν δὴ χαλεπῇσι πεπαρμένοι <ἀμφ' ὀδύνῃσιν>.

47. Fragment 31B146:

εἰς δὲ τέλος μάντεις τε καὶ ὑμνοπόλοι καὶ ἰητροί
καὶ πρόμοι ἀνθρώποισιν ἐπιχθονίοισι πέλονται,
ἔνθεν ἀναβλαστοῦσι θεοὶ τιμῆισι φέριστοι.

48. Diogenes Laertius, 8.63. 그는 엠페도클레스를 열렬한 민주주의자로 묘사하면서 그 근거로 아리스토텔레스를 인용하고 있다. 이런 관행은 거의 믿을만한 것이 못 되지만, 그렇다고 완전히 무시할 수도 없다. 엠페도클레스가 살던 당시 아크라가스에서의 정치적 갈등에 관한 논의는 David Asheri, "Agrigento Libera: Rivolgimenti interni e problemi costituzionali, ca. 471~466 A.C.", *Athenaeum* 68(1990): 483~501 참조.

49. Marcel Detienne, *The Masters of Truth in Archaic Greece*, trans. Janet Lloyd (New York: Zone, 1996; 프랑스어 원본, 1967). 시인과 왕은 이미 헤시오도스의 *Theogony* 81~104에서도 구분이 이루어졌다(*Odyssey* 17.384~86도 볼 것). 이 서사시에서는 예언가와 치유자의 위상도 매우 높은데, 이는 시빌과 피티아Pythia는 물론, 칼차스Calchas, 테이레시아스Teiresias, 멜람푸스Mepalpus, 마카온Machaon 같은 인물들을 보면 알 수 있다. 좀 더 자세한 논의는 Cristiano Grottanelli, "Healers and Saviors in of the Eastern Mediterranean in Pre-Classical Times", in Ugo Bianchi, ed., *Soteriology of the Oriental Cults in the Roman Empire*(Leiden: E. J. Brill, 1982), pp. 649~70 참조.

50. Cf. *Iliad* 5.837, 8.41, 13.23, 16.148; Parmenides, Fragment 28B1.1~10; Empedocles, Fragment 31B3.5. 이와 비슷한 방식으로 영혼을 전차에 비유하는 것이 *Katha Upanisad* 1.3.3~9에서도 나온다는 점에도 주목할 것.

51. [*Phaedrus*] 248b의 *leimōn*과 *alētheias pedion*에 관해서는 *Odyssey* 11.539 (*asphodelos leimōn*); Empedocles, Fragment 31B121(*Atēs...leimōna*); *Republic* 10: 614e, 616b를 참조할 것. 좀 더 자세한 논의는 Paul Courcelle, "La Plaine de verité(Platon, *Phèdre* 248b)", *Connais-toi toi-même* 3(1975): 655~60을 볼 것.

52. 천 년 주기에 관해서는 Empedocles, Fragment 31B115.6(*tris min myrias ōras*); Herodotus 2.123; Aeschylus[아이스퀼로스], *Prometheus Bound*[『묶인 프로메테우스』] 94를 비교할 것. B. L. van der Waerden, "Das grosse Jahr und die ewige Wiederkehr", *Hermes* 80(1952): 129~55도 참조.

53. *Phaedrus* 248c의 *thesmos...Adrasteias*에 관해서는 Pindar, Fragment 133 (Snell)(*poinan palaiou pentheos*); *Olympia* 2.60(*logon...anagkai*); Empedocles, Fragment 31B115.1(*Anagkēs khrēma*)을 비교할 것.

54. 므네모쉬네와 레테의 강 신화에 관해서는 페텔리아에서 발견된 것과 같은 '오르페우스교' 서판들(Fragment 32a, Kern); 또는 Pausanias[파우사니아스] 9.39에 묘사된 트로포니우스의 신탁을 비교할 것. 좀 더 자세한 논의는 Bruce Lincoln, "Waters of Memory, Waters of Forgetfulness", in *Death, War, and Sacrifice*, pp. 49~61; Jean-Pierre Vernant, "Le Fleuve 'amêlès' et la 'mélès thanatou,'" *Mythe et pensée chez le grecs*(Paris: Maspero, 1965)[장-피에르 베르낭, 『그리스인들의 신화와 사유』, 박희영 옮김, 아카넷, 2005], pp. 79~94; Karl Kerenyi, "Mnemosyne-Lesmosyne: Über die Quellen 'Erinnerung' und 'Vergessenheit' in der griechischen Mythologie", in *Die Geburt der Helena*(Zurich: Rhein Verlag, 1945), pp. 99~101 참조.

8장

1. Petronius, *Satyricon* 48.8. 엘리엇의 시 『황무지 The Wasteland』의 제사題詞로 인용되어 있다. 또한 *Aeneid*[『아이네이스』] 6.321에 대한 세르비우스의 주를 볼 것. Ovid, *Metamorphoses*[『변신』] 14.130 이하도 볼 것.
2. Pausanias 10.12.8.
3. H. W. Parke, *Sibyls and Sibylline Prophecy*(London: Routledge, 1988), p. 117, p. 124 n. 30.
4. 특히 Dionysius Halicarnassus 4.62.2~4; Aulus Gellius, *Attic Nights*[『아티카

의 밤』] 1.19를 볼 것.

5. 이 텍스트의 좋은 판본들은 다음과 같다. Stephen Schröder, *Plutarchs Schrift De Pythiae oraculis: Text, Einleitung und Kommentar*(Stuttgart: B. G. Teubner, 1990); Ernesto Valgiglio, *Plutarco, Gli oracoli della Pizia*(Naples: M. D'Auria, 1992); Robert Flacelière, *Plutarque, Dialogue sur les oracles de la Pythie*(Paris: Les Belles Lettres, 1962). 내가 채택한 연도는 C. P. Jones, "Towards a Chronology of Plutarch's Works", *Journal of Roman Studies* 56(1966): 61~74를 따른 것이다. 다른 학자들 중에는 늦게는 120년경에 써진 것으로 생각한 이도 있다. 예를 들어 Yvonne Vernière, "La Théorie de l'inspiration prophétique dans les Dialogues Pythiques de Plutarque", *Kernos* 3(1990): 359~66, 특히 p. 364.

6. 이 전통과 이의 확실성을 거부하는 이유에 대해서는 Christiane Sourvinou-Inwood, "Myth as History: The Previous Owners of the Delphic Oracle", in Jan Bremmer, ed., *Interpretations of Greek Mythology*(London: Routledge, 1988), pp. 215~41을 볼 것. 무시무시한 왕뱀 퓌톤을 무찌른 아폴론의 신화에 관해서는 Joseph Fontenrose, *Python: A Study of Delphic Myth and Its Origins*(Berkeley: University of California Press, 1959).

7. *De Pythiae oraculis* 398c: "καθίζεσθαι τὴν πρώτην Σίβυλλαν ἐκ τοῦ Ἑλικῶνος παραγενομένην ὑπὸ τῶν Μουσῶν τραφεῖσαν." 플루타르코스는 부가적인 설명에서 시빌라의 원래 고향이 말리아라고 보는 전통도 있다고 언급하지만, 그는 분명 시빌라를 신들로부터 직접 델포이로 데려오는 설명을 선호한다. Cf. Pausanias 10.12.1.

8. 사라피온은 스토아 성향을 지닌 아티카의 시인이자 플루타르코스의 친구다. 플루타르코스의 작품 *De E apud Delphos*는 그에게 헌정되었다. *De Pythiae oraculis* 402 이하에 따르면 플루타르코스의 동년배 중 오직 사라피온만이 여전히 오르페우스, 헤시오도스, 파르메니데스, 엠페도클레스 등의 방식을 따라 시적인 형태로 철학적 담론을 쓰고 있었다고 한다. 이 대화를 제외하고는 그에 대해 별로 알려진 것이 없다. Robert Flacelière, "Le Poète

stoïcien Sarapion d'Athènes, ami de Plutarque", *Revue des études grecques* 64(1951): 325~27.

9. *De Pythiae oraculis* 398 cd: "ὁ μὲν Σαραπίων ἐμνήσθη τῶν ἐπῶν, ἐν οἷς ὕμνησεν ἑαυτήν, ὡς οὐδ' ἀποθανοῦσα λήξει μαντικῆς, ἀλλ' αὐτὴ μὲν ἐν τῇ σελήνῃ περίεισι τὸ καλούμενον φαινόμενον γενομένη πρόσωπον, τῷ δ' ἀέρι τὸ πνεῦμα συγκραθὲν ἐν φήμαις ἀεὶ φορήσεται καὶ κληδόσιν· ἐκ δὲ τοῦ σώματος μεταβαλόντος ἐν τῇ γῇ πόας καὶ ὕλης ἀναφυομένης βοσκήσεται ταύτην ἱερὰ θρέμματα χρόας τε παντοδαπὰς ἴσχοντα καὶ μορφὰς καὶ ποιότητας ἐπὶ τῶν σπλάγχνων ἀφ' ὧν αἱ προδηλώσεις ἀνθρώποις τοῦ μέλλοντος."

10. *Grímnismál*[『그림니스말』] 40. 나는 나의 책 *Myth, Cosmos, and Society: Indo-European Themes of Creation and Destruction*(Cambridge, MA: Harvard University Press, 1986)에서 이러한 신화들을 연구한 적이 있다. 이를 연구한 다른 학자들의 글로는 다음과 같은 것들이 있다. Jaan Puhvel, "Remus et Frater", *History of Religions* 15(1975): 146~57; Alfred Ebensbauer, "Ursprungsglaube, Herrschergott und Menschenopfer: Beobachtungen zum Semnonenkult(Germania c. 39)", in M. Mayrhofer et al., eds. *Antiquitates Indogermanicae: Gedenkschrift für Hermann Güntert*(Innsbruck: Innsbrucker Beiträge zur Sprachwissenschaft, 1974), pp. 233~49; Hoang-son Hoang-sy-Quy, "Le Mythe indien de l'homme cosmique dans son contexte culturel et dans son évolution", *Revue de l'histoire des religions* 175(1969): 133~54; Walter Burkert, "Caesar und Romulus-Quirinus", *Historia* 11(1962): 356~76; G. Bonfante, "Microcosmo e macrocosmo nel mito indoeuropeo", *Die Sprache* 5(1959): 1~8; A. W. Macdonald, "A propos de Prajâpati", *Journal asiatique* 240(1953): 323~38; Adam Frenkian, "Puruṣa—Gayomard—Anthropos", *Revue des études indo-européennes* 3(1943): 118~31. 이 분야의 기념비적인 책은 여전히 Hermann Güntert, *Der arische Weltkönig und Heiland*(Halle: Max Niemeyer, 1923)이다. '인도-

유럽'의 맥락 바깥에서는 메소포타미아의 킹구와 티아마트, 중국의 반고와 혼돈, 이집트의 오시리스, 세람의 하이누벨레 등에서 나타나는 창조적 해체에 관한 이야기에도 주목해봐야 할 것이다. 이 자료들을 다루는 데 있어서 나는 덤덤한 보편주의뿐만 아니라 인도-유럽의 특수성을 찬미하는 태도 모두를 피해가고자 한다.

11. *Zad Spram* 3.50: "uš pas pad im, rōšnīh zōr i az tōhm i gāw abar grift. uš ō māh barēd. rōšnīh andar gāw būd be ō māh yazd abēspārd."[그러고 나서 그는 황소의 씨의 빛의 힘을 들어 올려 이를 달로 가져갔다. 황소 안에 빛이 있었고, 그는 이를 달의 신성에게 주었다.] 텍스트는 계속해서 어떻게 이 씨, 즉 이 동물의 생명의 정수가 달에서 정화되고, 다시 땅으로 돌아와 거기서 다른 모든 동물이 창조되었는지 설명한다. 텍스트는 Ph. Gignoux and A. Tafazzoli, eds., *Anthologie de Zādspram*(Paris: Association pour l'avancement des études iraniennes, 1993).

12. Ibid., 3.43~44: "im čiyōn gāw i Ēvagdād be widard az ān čiyōnīh čihr i urwarīg dāšt. 50 ud 7 sardag jorda 12 sardag urwar i bēšaz. az handām handām waxšēd. hēnd.... harw urwar ax handām i waxšēd abzāyēnēd i ān handām." Cf. *Greater Bundahišn* 13. 0~4.

13. *Cath Maige Turedh* 33~35; *Lebor Gabála Érenn* 7. 310.

14. 나아가 아일랜드 신화는, 어떻게 미아크의 여동생 아이르메드Airmed가 미아크의 몸에서 나온 모든 풀을 분류하여 약초에 관한 과학을 수립하려고 노력했는지, 그리고 이 시도가 질투심 많은 디안 케흐트Dian Cecht에 의해서 어떻게 방해받았는지 이야기한다(*Cath Maige Turedh* 35). 이란 신화에서는 이 같은 이야기가 지금은 손실된 텍스트 *Damdād Nask*에 기록되어 있었다. 팔라비 문헌은 이 손실된 텍스트로부터 많은 부분을 인용했다. 생각건대 비슷한 사고가 보리를 "인간의 골수"로 묘사하는 호메로스의 상용구에서도 감지될 수 있을 것이다(*alphita...muelon andrōn, Odyssey* 2.290, 20.108).

15. 그리스인들, 로마인들, 에트루스카인들의 장복과 간신점에 대해서는 Cicero, *De divinatione*[『점술에 관하여』] 1.131, 2.28~37, 42를 볼 것. 또한 A.

Bouché-Leclercq, *Histoire de la divination dans l'antiquité*(Paris; Ernest Leroux, 1882), 4: 61~74; H. Hagen, *Die physiologische und psychologische Bedeutung der Leber in der Antike*; F. Lisarrague, "Les Entrailles de la cité: Lectures de signes—propositions sur la hieroscopie", *Hephaistos* 1(1979): 92~108; J. M. Lawrence, *Hepatoscopy and Extispicy in Greco-Roman and Early Christian Texts*; and L. B. van der Meer, *The Bronze Liver of Piacenza: Analysis of a Poytheistic Structure*(Amsterdam: J. C. Gieben, 1987)를 볼 것. 점술 전반에 대해서는 다음을 참조할 것. Jean-Pierre Vernant, ed., *Divination et rationalité*(Paris: Editions du Seuil, 1974); Friedrich Pfeffer, *Studien zur Mantik in der Philosophie der Antike*(Meisenheim am Glan: Anton Hain, 1976); Raymond Bloch, *La Divination dans l'antiquité*(Paris: Presses universitaires de France, 1984); Dario Sabbatucci, *Divinazione e cosmologie* (Milan: Il Saggiatore, 1989), 그리고 *Caesarodunum*(1985~86) 52, 54, 56의 부록으로 출판된 세 편으로 이루어진 논문, "La Divination dans le monde étrusco-italique".

16. 문제가 되는 동사는 *emnēsthē*이다. 슈뢰더Schröder는 "회상하다"라는 단순한 의미를 선호하지만, 몇몇 구절에서는 "인용하다"를 의미하는 것 같기도 하다고 지적한다(p. 206).

17. 예를 들어 알렉산드리아의 클레멘스Clement of Alexandria는 *Stromateis*[『신변잡기』] 1.70. 3f에서 자신이 사라피온의 구절들을 인용하고 있다고 잘못 주장하게 된다.

18. 플레곤의 삶과 작품에 대해서는 Pauly-Wissowa, 20: 261~264를 볼 것. 플레곤이 시빌라의 글에 관심을 갖고 있었고 또 이를 접할 수 있었다는 것은, 시빌라의 신탁에 대한 얼마 안 되는 자세한 인용문들이 진기한 일들에 관한 그의 또 다른 책 속에서 발견된다는 사실에서 분명히 알 수 있다. 이 텍스트에 대한 광범위한 논의를 보려면 Hermann Diels, *Sibyllinische Blätter*(Berlin: Gerog Reimer, 1890)를 볼 것.

19. 비슷한 방식이 Pliny[플리니우스], *Natural History*[『자연사』] 7.162~64로 이

어진다. 또한 루키아누스Lucian가 썼다고 하는 Peri makrobiōn[『장수에 관하여』]도 참조할 것.
20. 아래 인용문에 앞서 "천 년 조금 못 되게 살았던"(oligon apodeonta tōn khiliōn) 시빌라에 대한 소개 글이 있다.
21. Felix Jacoby, Die Fragmente der griechischen Historiker(Berlin: Weidmann, 1929); [Phlegon], Fragment 257f37, p. 1188.

ἀλλὰ τί δὴ πανόδυρτος ἐπ' ἀλλοτρίοισι πάθεσσιν
θέσφατα φοιβάζω, λυσσώδα μοῖραν ἔχουσα,
οἴστρου δὲ σφετέρου καταγεύομαι ἀλγινόεντος·
ἐν δεκάτηι γενεᾶι χαλεπὸν κατὰ γῆρας ἔχουσα,
μαινομένη μὲν ἐνὶ θνητοῖς καὶ ἄπιστα λέγουσα,
πάντα δ' ὕπαρ προϊδοῦσα βροτῶν δυσανάσχετα κήδη.
καὶ τότ μοι φθονέσας Λητοῦς ἐρικυδέος υἱός
μαντοσύνης, παθέων δὲ καταπλήσας ὀλοὸν κῆρ,
ψυχὴν ἐκλύσει δεσμευομένην ἐνὶ λυγρῶι
σώματι, σαρκοτυπεῖ διοιστεύσας δέμας ἰῶι
ἔνθ' ἄρα μοι ψυχὴ μὲν ἐς ἠέρα πωτηθεῖσα,
πνεύματι συγκραθεῖσα βροτῶν εἰς οὔατα πέμψει
κληδόνας ἐν πυκινοῖς αἰνίγμασι συμπλεχθείσας·
σῶμα δ' ἀεικελίως ἄταφον πρὸς μητέρος αἴης
κείσεται· οὐ γάρ τις θνητῶν ἐπὶ γαῖαν ἀμήσει
οὐδὲ τάφωι κρύψει· κατὰ γὰρ χθονὸς εὐρυοδείης
δύσεται αἷμα μέλαν τερσαινομένοιο χρόνοιο.
ἔνθεν δὴ πολλῆς ἀναφύσεται ἔρνεα ποίης,
ἢ καταβοσκομένων μήλων εἰς ἥπατα δύσα
ἀθανάτων δείξει βουλεύματα μαντοσύνηισι.
σαρκῶν δ' ὄρνιθες πτεροείμονες αἵ κε πάσωνται,

μαντοσύνην θνητοῖσιν ἀληθέα ποιπνύσουσι.

22. Parke, *Sibyls and Sibylline Prophecy*, pp. 114~18. 특히 이 구절과 일곱 번째 *Sibylline Oracle*(시빌라 신탁(7.151~62)의 결론 부분과의 유사성에 주목할 것.
23. 이 대조는 플라톤의 *Phaedrus* 244cd에 나온다. 여기서는 시빌라가 행하는 점술을 델포이의 퓌티아와 연결시키고, 이 둘을 조점술 및 이와 유사한 점술들과 대조시킨다. 키케로 역시 점술의 "자연적인" 형태와 "인공적인" 형태를 구분해서 신적인 영감을 받은 것과 이성적인 테크닉에 의존하는 것을 구분한다.(Cicero, *De divinatione* 2. 26~27; cf. 1.4, 12, 34, 109~10, 113, 127~30, 2.42).
24. 예를 들어 서사시에서 클레도노만시의 두 예를 찾아볼 수 있는데, 하나는 오뒤세우스가 구혼자들 사이에서 처음 우연히 듣게 된 말을 통해, 제우스의 성공의 약속을 감지하는 장면이고(*Odyssey* 18.117), 다른 하나는 그가 시중드는 하녀의 말에서 이를 감지하는 장면(20.120)이다. 후자는 특히 복잡한데, 오뒤세우스가 누군가를 통해 전조가 되는 말(*phēmē*)을 보내달라고 제우스에게 부탁했기 때문이다. 제우스는 구름 없는 하늘의 천둥이라는 신호(*sēma*)로 이에 응답한다. 물방앗간에서 이 천둥소리를 들은 하녀가 이는 구혼자들의 패배를 뜻하는 전조(*teras*)라고 말하고, 오뒤세우스는 이 클레돈에 감사한다(18.95~121). 다음 글들을 더 참조할 것. John Peradotto, "Cledonomancy in the Odysseus", *American Journal of Philology* 90(1969): 1~21; Cristiano Grottanelli, "Bambini e divinazione: 7. Cledonomanzia con bambini", in Ottavia Niccoli, ed. *Infanzie*(Florence: Ponte alle grazie, 1993), pp. 52~57. 이 논의 방향에 대해 프리츠 그라프Fritz Graf에게 감사를 표한다.
25. 조점술의 가장 유명한 예, 즉 로마의 건국을 결정지은 그 장면에서 로물루스와 레무스가 관찰한 것은 독수리, 즉 육식을 하는 새였다는 것에 주의하자 (Plutarch, *Romulus* 7.1).
26. *De Pythiae oraculis* 398c: "αὐτὴ μὲν ἐν τῇ σελήνῃ περίεισι τὸ

καλούμενον φαινόμενον φενομένη πρόσωπον."

27. 플루타르코스의 종말론, 그의 종교적 사고 안에서 그것의 위치, 플라톤 전통에서 플루타르코스의 위치에 대해서는 다음을 볼 것. Frederick E. Brenk, *In Mist Apparelled: Religious Themes in Plutarch's Moralia and Lives* (Leiden: E. J. Brill, 1977); Yvonne Vernière, *Symboles et mythes dans la pensée de Plutarque*(Paris: Les Belles Lettre, 1977); Ioan Culianu, "Inter lunam terrasque...Incubazione, catalessi, ed estasi in Plutarco", in Giulia Piccaluga, ed., *Perennitas: Studi in onore di Angelo Brelich*(Rome: Ateneo, 1980), pp. 149~72.

28. Robert Flacelière, "La Lune selon Plutarque", in *Mélanges d'histoire ancienne et d'archéologie offerts à Paul Collart*(Lausanne: E. de Boccard, 1976), pp. 193~95; Y. Vernière, "La Lune, réservoir des âmes", in François Jouan, ed., *Mort et fécondité dans les mythologies*(Paris: Les Belles Letres, 1986), pp. 101~8을 볼 것. 가장 중요한 원전 자료는 Plutarch, *De facie in orbe lunae*, 특히 942ef, 943a, 945cd; cf. *De Pythiae oraculis* 397c; *De defectu oraculum* 416dc.

29. *De Pythiae oraculis* 404e: "τὸν...θεὸν χρώμενον τῇ Πυθίᾳ πρὸς ἀκοήν καθὼς ἥλιος χρῆται σελήνῃ πρὸς ὄψιν." Cf. *De sera numinis vindicta* [『신의 징벌의 지연에 관하여』] 566bc, *De Pythiae oraculis* 400d, 404d. 더 참조하려면 Giulia Sissa, "Lunar Pythia", in *Greek Virginity*(Cambridge, MA: Harvard University Press, 1990), pp. 25~32.

30. 분류 체계의 위계적 차원에 대해서는 Bruce Lincoln, *Discourse and the Construction of Society*(New York: Oxford University Press, 1989), pp. 131~41을 볼 것.

31. 플루타르코스는 기원후 90년부터 125년 그가 사망할 때까지 이 같은 역할을 했다. 자세한 내용에 대해서는 Guy Soury, "Plutarque, prêtre de Delphes, l'inspiration prophétique", *Revue des études greques* 55(1942): 50~69; Robert Flacelière, "Plutarque et la Pythie", *Revue des études greques* 56(1943):

72~111; "Plutarque, apologiste de Delphes", *L'Information littéraire* 5(1953): 97~103; M. L. Danieli, "Plutarco a Delfi: Note sulla religiosità plutarchea", *Nuovo Didaskalion* 15(1965): 5~23.

32. 플루타르코스는 *De Pythiae oraculis* 397d, 402b, 407d, 408bc, 그리고 *De defectu oraculorum*[『신탁의 실패에 관하여』] 414b에서 당시 델포이가 겪고 있던 문제점들을 이야기한다. *De Pythiae oraculis* 409a에서는 델포이에서 진행되고 있던 재건축 프로그램을 자랑스럽게 거론하고, 409bc에서는 이 작업에 자신이 기여한 바에 대해 이야기한다.

33. 가장 초기 자료에는 시빌라가 오직 한 명이며, 폰투스의 헤라클레이데스 Heraclides of Pontus에 의해서 여러 명의 시빌라가 처음 거론되었다. 그는 에뤼트라이, 마르페수스 그리고 델포이를 언급했다. 보통, 바로가 이야기한 10명의 시빌라가 표준으로 취급되지만, 다른 이들은 더 많은 시빌라를 이야기하기도 했다. Parke, *Sibyls and Sibylline Prophecy*, pp. 23~46을 볼 것.

34. "Σίβυλλα ἡ Ἐρυθραία ἐβίωσεν ἔτη ὀλίγον ἀποδέοντα τῶν χιλίων, ὡς αὐτή φησιν ἐν τοῖς χρησμοῖς τόνδε τὸν τρόπον." 257f37(Jacoby).

35. Aeschylus, *Agamemnon*[『아가멤논』] 1201~12. 카산드라에 관한 자세한 설명은 J. Davreux, *La Légende de la prophétesse Cassandre d'après les textes et le monuments*(Paris: E. Droz, 1942)를 볼 것.

36. Aeschylus, *Agamemnon* 1256~94. 카산드라가 아폴론을 비난하는 장면은 1072~87, 1136~39, 1256~57행, 예언의 표지를 파괴하는 것은 1264~68행, 자신의 죽음을 신들이 만든 희생으로 언급하는 것은 1275~78행, 자신의 운명을 받아들이는 것은 1290~94행에 나온다.

37. Ovid, *Metamorphoses* 14.130~53에 전문이 나오고, 나는 그중 147~53을 인용했다.

tempus erit, cum de tanto me corpore parvam
longa dies faciet, consumptaque membra senecta
ad minimum redigentur onus: nec amata videbor

nec placuisse deo, Phoebus quoque forsitan ipse
vel non cognoscet, vel dilexisse negabit:
usque adeo mutata ferar nullique videnda,
voce tamen noscar; vocem mihi fata relinquent.

38. [Heraclides of Pontus,] Fragment 130; Fritz Wehrli, *Herakleides Pontikos* (Basel: Benno Schwabe, 1953), p. 40.

ὦ Δελφοί, θεράποντες ἐκηβόλου Ἀπόλλωνος,
ἦλθον ἐγὼ χρήσουσα Διὸς νόον αἰγιόχοιο,
αὐτοκασιγνήτῳ κεχολωμένη Ἀπόλλωνι.

39. Ibid.
40. Pausanias 10.12.2.
41. 최소한 플루타르코스는 아폴론이 시빌라의 영감 받은 목소리, 그녀의 깊은 우울 그리고 천 년의 삶에 대해 책임이 있다는 것을 알고 있었다. 이 주제들은 그 자신이 *De Pythiae oraculis* 397a(=Diels-Kranz, Fragment 12B92)에서 직접 인용하기도 한, 시빌라가 언급된 가장 오래된 텍스트에 이미 등장하기 때문이다. "헤라클레이토스에 따르면, 시빌라는 그 신 덕분에, 즐겁지 않은, 꾸밈없는, 향기 나지 않는 일들을 광기의 입으로 전하면서, 그녀의 목소리와 함께 천 년을 넘게 살았다."[Σίβυλλα δὲ μαινομένῳ στόματι καθ᾽ Ἡράκλειτον ἀγέλαστα καὶ ἀκαλλώπιστα καὶ ἀμύριστα φθεγγομένη χιλίων ἐτῶν ἐξικνεῖται τῇ φωνῇ διὰ τὸν θεόν.]
42. 퓌티아 여사제의 처녀성과 그녀의 예언의 말에 대해서는 Sissa, *Greek Virginity*, pp. 7~70을 볼 것.

9장

1. *Gylfaginning* 23: "Hinn þriði áss er sá kallaðr er Niqrðr, hann býr á himni þar sem heitir Nóatún. Hann ræðr firir gǫngu vindz ok stillir siá ok eld; á hann skal heita til sæfara ok til veiða.... Niǫ<r>ðr á þá konu er Skaði heitir, dóttir þiaza iǫtuns. Skaði vill hafa bústað þann er átt hafði faðir hennar, þat er á fiǫllum nǫkkvorum, þar sem heitir þrymheimir. En Niqrðr vill vera næ sæ. þau sættuz á þat at þau skyldu vera .ix. nætr í þrymheimi en þá aðrar .ix. at Nóatúnum. En er Niqrðr kom aptr til Nóatúna af fiallinu pá kvað hann þetta:

Leið erumk fiǫll,
varaka ek lengi <á>
nætr einar .ix.,
úlfa þytr
mér þótti illr vera
hiá sǫngvi svana.

pá kvað Skaði þetta:

Sofa ek <ne> máttak
sæfar beðium á
fugls iarmi firir;
sá mik vekr
er af viði kemr
morgun hverian már.

þá fór Skaði upp á fiallit ok bygði í þrymheimi, ok ferr hon miǫk á skíðum ok með boga ok skýtr dýr. Hon heitir Qndurguð eða Qundurdís." Cf. Saxo Grammaticus, *Gesta Danorum* 1.33.

2. *Orkneyingasaga* 1(Nordal ed., 1.1~2.4): "Forniotr hefir konungr hætit; hann red firir því landi, er kallat er Finnland ok Kvenland; þat liggr firir austan hafsbotnn þann, er gengr til motz vit Gandvik; þat kollu Helsingiabotnn. Forniotr atti III syne, het æinn Hlerr, er ver kollum Ægi, annar Logi, þride Kari; hann var fadir Frosta, faudur Snærs hins gamla. Hans son het Þorri, han atti II syne, het annarr Nór, en annarr Gór; dottir hans het Goi. Þorri var blotmadr mikill; hann hafde blot a hveriu are at midium vetri; þat kolludu þeir Þorrablót; af því tok manadrinn hæiti. Þat var tidenda æinn vetr at Þorrabloti, at Goi hvarf i brott, ok var hennar læita farit, ok finnzst hon æigi. Ok er sa manadr leid, let Þorri fa at bloti ok blota til þess, er þeir yrde vissir, hvar Goi væri nidr komin; þat kolludu þeir Goiblot. Æinskis urdu þeir visir um hana at helldr. III vetrum sidarr streingdu þeir brædr heit, at þeir skylldu hennar leita; ok skipta sva letinne, at Norr skyllde leita um londin, en Górr skyllde leita um utsker ok eyiar, ok forr hann a skipum."

3. 고르의 행적은 *Orkneyingasaga* 1(Nordal 2.3~13)에, 노르의 행적은 1~2(Nordal, 2.13~4.22)에 상세히 기술되어 있다.

4. *Orkneyingasaga* 2(Nordal 4.11~16): "Hrolfr hafde numit a brott af Kvenlandi Goi Þorradottur. Hann fór þegar til motz vid Nor ok baud honum til æinvigis; þeir börduzst læingi ok vard hvorgi sárr. Epitr þat sættuzst þeir, ok fek Norr systur Hrolfs, en Hrolfr fek Goi."

5. *Orkneyingasaga* 2(Nordal 4.19~22): "Red hann því riki medan hann lifde, en synir hans eptir hann, ok skiptu þeir landi með sér. Ok tóku svá fikin at smækkask, sem konungarnir tóku at fjQlgask, ok greindusk svá i fylki."

6. 표준적인 번역은 Wilhelm Ranisch, *Die Gautrekssaga in zwei Fassungen*(Berlin: Mayer and Müller, 1900)이다. 이 텍스트에 대한 기존 연구는 Lee Hollander, "The Gautland Cycle of Sagas", *Journal of English and German Philosophy*

11 (1912): 61~81, 209~17; "The Relative Age of the Gautrekssaga and the Hrólfssaga Gautrekssonar", *Arkiv for Nordisk Filologi* 25(1913): 120~34; Stig Wikander, "Från Indisk Djurfabel till Isländsk Saga", *Vetenskapssocieteten i Lund, Årsbok*(1964): 89~114; E. Paul Durenberger, "Reciprocity in Gautrek's Saga", *Northern Studies* 19(1982): 23~37 등이 있다. 최근의 번역은 Robert Nedoma, *Gautreks saga konungs: Die Saga von König Gautrek*(Goppingen: Kummerle, 1990); Hermann Pálson and Paul Edwards, *Gautrek's Saga and Other Medieval Tales*(London: University of London Press, 1968) 등이 있다. 삭소 그라마티쿠스의 책(여기서 가우트렉은 고트리쿠스Gotricus라는 이름으로 나온다)과 『식민의 서Landnámabók』[9세기와 10세기 노르웨이인들의 아이슬란드 정착 과정을 기록한 익명 저자의 기록]에서 가우트렉 왕이 다뤄지고 있다는 점을 감안하면, 그를 8세기까지 거슬러 올라가는 인물로 추정할 수도 있다. 가우트렉과 레프의 거래에 관한 좀 다른 설명은 Saxo 8.296~97 참조.

7. *Gautrek's Saga* 1(Ranisch, 1.10~2.9): "Í þann tíma var víða bygt, þar sem miklir skógar vóru umhverfis, þvíat margir menn ruddu mǫrkina, þar sem fjarlæg var almannabygð, ok gjǫrðu sér þar alhýsi sumir, þeir sem flýit hǫfðu af almannaveg fyrir nǫkkur sín ranglig tiltæki; sumir flýðu fyrir ljóðæsku, eða nǫkkur æfintýr, ok þóttuzt þá síðr spottaðir eða hæddir verða, ef þeir væri fjari annarra manna athlátri, ok lifðu svó út allan sinn alldr, at þeir fundu øngva aðra menn en þá sem hjá þeim vóru. þeir hǫfðu ok margir leitat sér staðar langt frá almannaveg, ok kómu því øngvir menn þá heim at sækja...."

8. *Gautrek's Saga* 1(Ranisch 4.16~19): "Ei þrafu þat at undra, þvíat vér hǫfum alldri gest átt á æfi vórri, ok þess get ek, at þú sért bónda engi ǫffúsugestr."

9. 텍스트는 가우티가 집안으로 들어갔을 때 흐르던 이 침묵에 관해 명확히 언급하고 있다(*Gautrek's Saga* 1, Ranisch 3.15~22). "왕은 마음속으로 밖에서는 도무지 잘 수 없겠다고 생각했다. 또 그가 보기에, 안으로 들어가도

되겠느냐고 부탁했을 때 어떤 대접을 받게 될는지도 확실치 않았다. 그래서 그는 과감하게 문으로 다가갔다. 하인 하나가 문 앞으로 왔는데, 그는 왕을 들여보내려 하지 않았다. 왕은 그에게 자기 신분을 밝히고는 문으로 들어갔다. 왕은 거실로 들어갔다. 거기에는 네 명의 남자와 네 명의 여자가 있었다. 그들은 가우티 왕을 반기지 않았다. 그래서 그는 자리에 앉았다."[hugsar hann þat með sér, at hann var lítt viðbúinn úti at liggja, en þótti ei vísar viðtǫkur, ef hann biði þess er honum væri innboðit; gengr djarfliga at dyrunum. Hinn ferr fyrir dyrnar ok vill hann ei inn láta. Konungr lætr hann kenna aflsmunar ok gengr ór dyrum þann er fyrir stóð. Konungr gekk til stofu; þar vóru fyrir fjórir karlar ok fjórar konur; ekki var þar heilsat Gauta konungi; þó sezt hann niðr.]

10. *Gautrek's Saga* 2(Ranisch 7.10~17): "þá er Snotra kom heim, sat faðir hennar yfir fé sinu ok mælti: Með oss hafa orðit býsn mikil, er konungr sjá hefir komit til vórra hýbýla ok etit upp fyrir oss mikla eigu ok þat sem oss henti sizt at láta; má ek ei sjá, at vér megum hallda ǫllu vóru hýski fyrir takfæðar sakir, ok því hefi ek saman borit alla mína eigu, ok ætla ek at skipta arfi með yðr sonum mínum, en ek ætla mér ok konu minni ok þræli til Valhallan."

11. 이 모티브에 관해서는 James Milroy, "The Story of Ætternisstapi in Gautreks Saga", *Saga Book of the Viking Society* 17(1967/68): 206~23을 참조할 것.

12. 『가우트렉의 사가』의 주요 판본은 두 가지다. 라니쉬는 그중의 하나가(K, E, L, M 사본) 좀 더 오래되었을 것이라고 보는데, 여기에는 두 편의 주요 에피소드가 담겨 있다. 하나는 가우티의 에피소드고, 다른 하나는 레프의 에피소드다. 후대의 판본(A, B, C 사본)에는 이 두 편 외에 세 번째 에피소드가 담겨 있다. 그것은 비카르Vikkar와 스타르카드르Starkaðr의 에피소드인데, 이는 현재의 논의에서는 별로 중요치 않다.

13. Hllander, "The Gautland Cycle of Sagas"의 논의와 Ranisch, pp. xl~lii를 볼 것.

14. *Gautrek's Saga* 6(Ranisch 26.22~27.5): "þá er hann var úngr, lagðizt hann

í elldaskála, ok beit hrís ok bǫrk af trjám; hann var furðuliga mikill vexti; ekki færði hann saur af sér, ok til einkis rétti hann sínar hendr, svó at ǫðrum væri til gagns. Faðir hans var fjárorkumaðr mikil, ok líkaði honum illa óþrifnaðr sonar síns. Refr varð frægr mjǫk at øngum snotrleik né frama, helldr at því at hann gjǫrði sik athlægi annarra sinna hraustra frænda, ok þótti fǫður hans hann ólíkligr til nǫkkurs frama, sem ǫðrum úngum mǫnnum var þá títt."

15. *Gautrek's Saga* 9(Ranisch 36.22~37.1): "hann tekr ok uxann góða, ok leiðr til standar. Hann hrindr fram einu skipi, ok ætlar á land."
16. *Gautrek's Saga* 9(Ranisch 37.21~38.3): "Jarl svaraði: Hefir þú ei spurt, at ek þigg øngvar gjafir, þvíat ek vil øngum manni launa. Refr svaraði: Spurt hefi ek sínku þína, at engi þarf til fjár mǫti at ælta, þótt þér sé gefit, en þó vil ek attu þiggir þenna grip, ok má vera, attu gerir mér gagn í orðum þínum, hverr sem peninga laun verða. Jarl mællti: þiggja mun ek uxann við þessi þín ummæli, ok gakk þú inn ok ver hér fyrst í nótt."
17. *Gautrek's Saga*(Ranisch 42.1~2): "þó eru ei mikil uxalunin." Cf. Ranisch 40.20, 43.16~17, 44.8~9, 48.26~28.
18. 네리 백작은 레프에게 이 숫돌을 준다. 이야기의 표면적 차원에서 흥미를 끄는 것은 바로 그 돌이 무가치한 물건이라는 점, 즉 그렇게 하찮은 물건이 어떻게 엄청난 부를 가져오게 되는지 하는 점이다. 하지만 일부 연구자들은 서턴 후Sutton Hoo[잉글랜드 동부 서포크 주의 우드브리지 마을 근처에 있는 6세기에서 7세기 초의 무덤 유적지]의 무덤들에서 숫돌이 왕가의 상징으로 쓰인 점에 주목하여, 이 돌이 네리가 끼어든 결과 레프가 얻게 될 부와 권력을 미리 보여주는 복선이라는 흥미로운 주장을 해왔다. 이에 관해서는 다음을 참조할 것. Jacqueline Simpson, "The King's Whetstone", *Antiquity* 53(1979): 96~100; Stephen A. Mitchell, "The Whetstone as Symbol of Authority in Old English and Old Norse", *Scandinavian Studies* 57(1985): 1~31.

19. *Gautrek's Saga* 9(Ranisch 40.24~41.6): "Konungr spurði, hver þessi maðr var. Hann svaraði: Ek heiti Refr, ok villda ek, at þér þægið af mér gullbaug þenna, ok lagði á borðit fyrir konunginn. Konungr leit á, ok mællti: þetta er mikil gersemi, eða hverr gaf þér? Refr svaraði: Gautrekrkonungr gaf mér bauginn. Konungr mællti: Hvat gaftu honum? Refr svaraði: Eitt lítit heinarbrýni. Konungr mællti: Mikit er um ǫrleik Gautreks konungs, er hann gefr gull við grjóti."

20. *Gautrek's Saga* 9(Ranisch 41.10~17): "Konungr lét búa eitt skip, ok einn dag bað hann Ref ganga með sér. Konungr mællti: Hér er eitt skip, er ek vil gefa þér með ǫllum þeim farmi, er þér má bezt henta, ok mǫnnumsvó mǫrgum sem þú þarft; vil ek ei, attu sért lengr annarra farþegi, at fara hvert er þér líkar, ok er þetta þó lítit hjá því, sem Gautrekr konungr launaði þér heinarbrýnit."

21. *Gautrek's Saga* 10(Ranisch 42.13~43.1): "Nú býzt Refr, ok siglir til Danmerkr. Hann finir Hrólf konung, ok gengr fyrir hann, ok fagnar honum. Konung spyrr hann, hverr hann væri. Hann kveðzt Refr heita. Konungr svaraði: Ertu kallaðr Gjafa-Refr? Hann svaraði: þegit hef ek gjafir at mǫnnum, ok þó enn gefit stundum. Refr mællti: Rakka þessa ena litlu vil ek, herra, gefa yðr með búnaði sínum. Konungr mællti, ok leit til: Slíkt eru stórar gersimar, eða hverr gaf þér? Refr svaraði: Ella konungr. Hrólfr konungr mællti: hvat gaftu honum? Refr svaraði: Gullbaug. Eða hverr gaf þér hann? Refr svaraði: Gautrekr konungr. Eða hvat gaftu honum? Refr svaraði: Heinarbrýni. Hrólfr konungr mællti: Mikir er um ǫrleik Gautreks konungs, er hann gefr gull við grjóti."

22. *Gautrek's Saga* 10(Ranisch 43.5~8): "þá mællti konungr: Laun hefi ek hugat þér, skip skalltu af mér þiggja, svó sem af Englakonungi, skal þat vera með hinum bezta farmi ok mǫnnum."

23. 바이킹 시대와 후대의 교역 유형에 관해서는 다음을 참조할 것. Eric

Lönnroth, "Communications, vie économique et modèles politiques des Vikings en Scandinavea", in *I Normanni e la loro espansione in europa nell' alto medioevo*(Spoleto: Centro Italiano di studi sull' alto medioevo, 1969), pp. 101~15; Regis Boyer, "Les Vikings: Des guerriers ou des commerçants", in R. Boyer, ed., *Les Vikings et leur civilisation*(The Hague: Mouton, 1976), pp. 211~40; Bruce Gelsinger, *Icelandic Enterprise: Commerce and Economy in the Middle Ages*(Columbia: University of South Carolina Press, 1981); Ross Samson, ed., *Social Approaches to Viking Studies* (Glasgow: Cruithne Press, 1991), pp. 87~133; Brigit Sawyer and Peter Sawyer, *Medieval Scandinavia*(Minneapolis: University of Minnesota Press, 1993), pp. 144~65.

24. 이 문제에 관해 생각하면서 나는 다음 연구들이 도움이 된다는 것을 알게 되었다. Marshall Sahlins, *Stone Age Economics*(New York: Aldine, 1972); Jacques Le Goff, *Time, Work, and Culture in the Middle Ages*(Chicago: University of Chicago Press, 1980); Aaron Gurevich, *Categories of Medieval Culture*(London: Routledge and Kegan Paul, 1985), pp. 211~85; *Historical Anthropology of the Middle Age*(Chicago: University of Chicago Press, 1992), pp. 177~89; William Ian Miller, "Gift, Sale, Payment, Raid: Case Studies in the Negotiation and Classification of Exchange in Medieval Iceland", *Speculum* 61(1986): 18~50; E. Paul Durrenberger, "Reciprocity in Gautrek's Saga", *The Dynamics of Medieval Iceland*(Iowa City: University of Iowa Press, 1992), pp. 65~74; 그리고 Ross Samson, ed., *Social Approaches to Viking Studies*(Glasgow: Cruithne Press, 1991), pp. 87~133에 수록된 다섯 편의 논문.

25. 부의 경제와 체면의 경제의 상호 관계에 대해서는 다음을 참조할 것. Pierre Bourdieu, *Distinction: A Social Critique of the Judgement of Taste*(Cambridge, MA: Harvard University Press, 1984)[피에르 부르디외, 『구별 짓기: 문화와 취향의 사회학』, 최종철 옮김, 새물결, 2005]; Richard Leppert and Bruce

Lincoln, ed., "Discursive Strategies and the Economy of Prestige", *Cultural Critique* 12(Spring 1989) 특집.

26. *Gautrek's Saga* 11(Ranisch 47.21~22): "ríkr jarl var móðurfaðir þinn, en faðir þinn øruggr kappi."

27. *Gautrek's Saga* 11(Ranisch 48: 28~49.6): "Nú lét Gautrekr konungr búa til veizlu, ok gekk nú Refr at eiga Helgu, dóttur Gautreks konnungs; þar með gaf Gautrekr konungr honum jarls nafn, ok þótti hinn frægazti at ǫllum vaskleik, var ok ætt hans af tignum mǫnnum, en faðir hans hinn mesti víkingr okkapi. Refr stýrði þessu jarlsríki ok varð ekki gamall."

28. 고대 스칸디나비아의 언어와 이데올로기에서 (과거-현재-미래의 삼원적 구도보다는) 이런 [과거-비과거(현재-미래)의] 이원적 구분이 특징적이었다는 점에 관해서는 Paul Bauschatz, *The Well and the Tree*(Amherst: University of Massachusetts Press, 1982)에서 설득력 있게 증명하고 있다.

10장

1. *Greater Bundahišn* 4A.1~6(TD Manuscript 46.3~47.6): "ēniz gōwēd kū: ka gāw ēkdād frāz widard pad dašn dast ōbast. Gayōmard pas ān ka bē widard pad hōy dast[obast]. Gōšurun čiyōn ruwān-i gāw-i ēkdād az tan-i gāw bērōn mih āyēd pēš gāw bē ēstād. čand sad mard ka pad ēk bār wāng dārēnd. ō i Ohrmazd garzēd kū-it: ⁺radārīh-i dām-i pad kē bē daštān ka zamīg wizandag andar nibayēd urwar hušk āb bēšād. kū hēd ān mard kē-t guft kū: dahōm tā pahrēz be gōwēd. uš guft Ohrmazd kū: wēmār hē Gōšurun az ān i gannāg mēnōg wē mārīh ud kēn i dēwān abar burdan hē. agar ān mard andar ēn zamān frāz šāyēd dādan gannāg mēnōg ēn stahmagīh nē bawēd hādfrāz raft Gōšurun pad star pāyag garzēd hamēwēnag frāz tā māh pāyag ud garzēd hamēwēnag tā xwaršēd pāyag hamēwēnag garzēd.

ušān pas frawahr ī zarduxšt be nimūd kū: be dahōm ō gētīg kē pahrēz be gowēd. hunsand būd Gošurun un padīrēd kū dām be parwarōm kū pad gōspand abāz ō gētīg dahišnīh hamdādestān būd." Ervad Tahmuras Dinshaji Anklesaria, ed., *The Bundahišn. Being a Fascimile of the TD Manuscript No. 2*(Bombay: British India Press, 1908)에 실린 텍스트임.
2. 다음도 참조할 것. *Yasna*[『야스나』] 29(기원전 1000년경에 지어짐); *Yašt*[『야쉬트』] 10.38, 10.84~87, 15.1, 그리고 Georges Dumézil, "A propos de la planite de l'âme du boeuf(Yasna 29)", *Bulletin de l'Aacadémie royale de Belgique, Classes des Lettres* 51(1965): 42~43. 2차 문헌은 방대한데, 특히 다음이 주목할만하다. Hermann Lommel, "Yasna 29: Die Klage des Rindes", *Zeitschrift für Iranologie und Iranisik* 10(1935): 96~115; J. C. Tavadia, *Indo-Iranian Studies*(Santiniketan: Visva-Bharati, 1952), 2: 27~75; Marijan Molé, *Culte, mythe et cosmologie dans l'Iran ancien*(Paris: Presses universitaires de France, 1963), pp. 193~202; Georges Dumézil, *Les Dieux souverains des indo-européens*(Paris: Gallimard, 1977), pp. 127~31; Jaques Duchesne-Guillemin, "On the Complaint of the Ox-Soul", *Journal of Indo-European Studies* 1(1973): 101~4; Bruce Lincoln, "The Myth of the 'Bovine's Lament,'" *Journal of Indo-European Studies* 3(1975): 337~62; W. W. Malandra, "The Brahman's Cow", in *Studi e materiali di storia delle religioni*(근간). 문제의 가축이 단지 은유적인 것일 뿐이라고 보는 학자들도 있다. 이 입장을 취하는 대표적 연구는 다음과 같다. Helmut Humbach, "Zarathustra und die Rinderschlachung", in *Wort und Wirklichkeit: Eugen Ludwig Rapp zum 70. Geburtstag*(Meisenheim am Glann: 1977), 2: 17~29; "Der metaphorische Gebrauch von av. gau- 'Rind' und die Jatakas", *Münchener Studien zum Sprachwissenschaft* 41(1982): 103~17.
3. *Dēnkard*[『덴카르드』] 9.29.1(Sanjana): "zadan ud ōzadan rēšēnītan ud duzīdan." 9.29.10에는 소들이 잡아먹히는 것에 대해 황소가 분개하는 또 다른 이야기가 나온다. 이 구절의 전문과 번역은 Molé, *Culte, mythe et*

cosmologie, pp. 196~98 참조.
4. *Yasna* 29.1b: "ā mā aēšəmō hazascā ramō(ā)hišāyā dərəšcā təvišcā."
5. 내가 이런 특성들을 발견한 다른 유일한 자료는 *Zad Spram* 2.13~14뿐이었다. 이는 『대분다히쉰』에 나오는 설명의 축약본인 듯하다.
6. *Greater Bundahišn* 6E.2~3, 7.4~6, 13.4.
7. 예를 들어 *Greater Bundahišn* 1A.4~21, 4.10~19, 4.27~28, 5.3, 6B~D를 볼 것. 적어도 하나의 아베스타 텍스트(*Yašt* 13.86)에서는 최초의 여섯 피조물이 순서대로 되어 있다.
8. *Greater Bundahišn* 7.1~9(TD MS. 71.12~73.4): "gōwēd pad dēn kū: ka ganāgmēnōg andar dwārēd nē pad sāl ud māh ud rōz čē tēz pad zamān be nazdist ō 3 ēk i ēn zamīg dudīgar ō 3 2 ēk i ēn zamīg sidīgār ō ēn zamīg hamāg be mad. pas ō urwār hast i Ohrmazd ān i awēšān kirb abar grift abar awēšān stārag pāyag burd ud frāz ō stāragān dād hast rōšnīh awēšān stā ragān kē pad abāz ō gētīg tābēnd. ciyōn gowēd kū: axtarān i āb-čīhrag ud zamīg-čīhrag ud urwar-čīhrag hēnd. awēšān āb-čīhrān tištar ud tarahag padēwar ud pēšparwēz ud 6 stārag kē parwēz xwānēnd. awēšān āb stāragān. ān i zamīg čihr haftōringān ud meh mayān asmān awēšān zamīg +stāragān. ān i urwar čihr abārīg jud az awēšān. pas ganāgmēnōg ō gēw mad. gāw ō nēmrōz arg pad dašn dast xufsēd. nazdist ān i dašn pāy ō amburd. ohrmazd ān i gāw tan ud ēwēnag abar grift ō i māh abespārd. čiyōn hast ēn rōšngar māh abāz ō gēhān tābēd. čiyōn gowēd kū: māh i gōspand tōhmag kū ēwēnag gāwān gōspandān pad māh pāyag estēd. pas ka ō gayōmard mād. gayōmard ō nēmrōz rōn hōy arg xufsēd ud nazdist-iz ān i hōy pāy ō amburd. ohrmazd ān i ōy kirb grift. ō xwaršēd abespārd. cīyon hast ēn rōšnīh i xwaršēd kē ō gēhān padiš tabēd. abar gāw ōwōn būd ciyōn māh ud gayōmard ōwōn būd ciyōn xwaršēd."
9. *Greater Bundahišn* 2.1~19와 3.7을 볼 것. 우주론 및 우주 발생론에 관한 다른 팔라비 텍스트의 논의도 유용하다. *Zad Spram* 1.31~33, 2.1~12; *Mēnōg i*

Xrād[『메노그 이 크스라드』] 7.9~12, 44.7~11과 49; Dēnkard 3.123; Ardā Wirāz Nāmag[『아르다 위라즈 나마그』] 12.5~14.30.

10. 특히 Yašt 12.29~33, Sirōzē 1.12~13을 볼 것. 만일 수수께끼 같고 많이 논의된 Yasna 32.10ac를 차라투스트라가 '인간 : 가축 :: 태양 : 달로 되어 있는 올바른 우주론적 구조와 달리 가축과 태양을 상응시키려는 시도를 비판한 것으로 볼 수 있다면, 이 구절도 역시 도움이 될 것이다.

그 사람은 소와 해를 그 눈으로 보는 것이
가장 나쁘다고 하는 가르침을 파괴한다.
[hvō mā nā sravå mōrəndat   yə̄ acištəm vaēnaŋhē aogədā
gąm ašibyā hvarəcā.]

11. 이를 뒷받침할만한 자료적 증거를 찾지는 못했지만, 나는 초승달을 동물의 뿔로 보는 이러한 연상에는 편향되고 사이비-경험적인 확증이 있다고 생각한다.

12. Dēnkard(Sanjana) 9.29~3: "ud agar-im ō gētīg brīhēnēh, ān-im uz-uštānīh hā bē dah kū amārtar bavom +i ān dušxwar dart."

13. Greater Bundahišn 4A.2(TD MS. 26.8~11): "radārīh-ī dām-ī pad kē bē daštān ka zamīg wizandag andar nibayēd urwar hušk āb bēšād. kū hēd ān mard kē-t guft kū: dahōm tā pahrēz be gōwēd."

14. David Sick, "Cattle, Sacrifice, and the Sun: A Mythic Cycle in Greece, Iran, and India", Ph.D. diss., University of Minnesota, Dept. of Classics (1996). 문제의 텍스트는 Odyssey 12.260~402로, 이에 관해서는 다음도 참조할 것. Pierre Vidal-Naquet, "Valeurs religieuses et mythiques de la terre et du sacrifice dans l'Odyssée", Annales E.S.C. 25(1970): 1278~97, 특히 1288~89; Jean-Pierre Vernant, "Manger aux pays du soleil", in J.-P. Vernant and M. Detienne, eds., La Cuisine du Sacrifice(Paris: Gallimard, 1979), pp. 239~49; Alfred Heubeck and Arie Hoekstra, eds.,

A Commentary on Homer's "Odyssey"(Oxford: Oxford University Press, 1989), 2: 132~40. Enrico Campanile, "I bovi del sole iperione", Incontri Linguistici 11(1986): 25~30은 신화를 '언어의 질병'으로 본 프리드리히 막스 뮐러의 이미 오래전에 폐기된 이론을 자꾸 생각나게 한다. 이 연구는 별로 논할 가치가 없다.

15. Odyssey 12.394~396:

τοῖσιν δ' αὐτίκ' ἔπειτα θεοὶ τέραα προὔφαινον·
εἷρπον μὲν ῥινοί, κρέα δ' ἀμφ' ὀβελοῖσι μεμύκει,
ὀπταλέα τε καὶ ὠμά: βοῶν δ' ὣς γίγνετο φωνή.

16. Henry George Liddell and Robert Scott, *A Greek-English Lexicon*(Oxford: Oxford University Press, 1968), p. 1151. 이 단어의 어원은 원-인도-유럽어 **mū-k-*다. 이는 목젖을 이용한 확장-연구개음으로, 위아래 입술을 모은 채 앞으로 내밀어서 소리를 내는 의성어에 가까운 소리가 나게 한다. (리투아니아어의 *mūkiū*와 *mūkti*, 러시아어의 *mycát'*, 독일 중부 고지대 방언의 *mūhen*과 비슷하다.) Julius Pokorny, *Indogermanische etymologisches Wörtebuch* (Bern: Franke Verlag, 1959), pp. 751~52.

17. Iliad 20.260: "μέγα δ' ἀμφὶ σάκος μύκε δουρὸς ἀκωκῇ."
18. Iliad 5.749와 8.393. 두 부분은 공식처럼 똑같다.
19. Iliad 12.457~462:

στῆ δὲ μάλ' ἐγγὺς ἰών, καὶ ἐρεισάμενος βάλε μέσσας
εὖ διαβάς, ἵνα μή οἱ ἀφαυρότερον βέλος εἴη,
ῥῆξε δ' ἀπ' ἀμφοτέρους θαιρούς· πέσε δὲ λίθος εἴσω
βριθοσύνῃ, μέγα δ' ἀμφὶ πύλαι μύκον, οὐδ' ἄρ' ὀχῆες
ἐσχεθέτην, σανίδες δὲ διέτμαγεν ἄλλυδις ἄλλη
λᾶος ὑπὸ ῥιπῆς·

20. *Iliad* 18.579~586. 이 부분은 아킬레우스의 갑옷에 관해 묘사한다.

σμερδαλέω δὲ λέοντε δύ' ἐν πρώτῃσι βόεσσι
ταῦρον ἐρύγμηλον ἐχέτην· ὃ δὲ μακρὰ μεμυκὼς
ἕλκετο· τὸν δὲ κύνες μετεκίαθον ἠδ' αἰζηοί.
τὼ μὲν ἀναρρήξαντε βοὸς μεγάλοιο βοείην
ἔγκατα καὶ μέλαν αἷμα λαφύσσετον· οἱ δὲ νομῆες
αὔτως ἐνδίεσαν ταχέας κύνας ὀτρύνοντες.
οἱ δ' ἤ τοι δακέειν μὲν ἀπετρωπῶντο λεόντων,
ἱστάμενοι δὲ μάλ' ἐγγὺς ὑλάκτεον ἔκ τ' ἀλέοντο.

21. *Odyssey* 10.410~415.
22. *Iliad* 21.234~239.

ὁ δ' ἐπέσσυτο οἴδματι θύων,
πάντα δ' ὄρινε ῥέεθρα κυκώμενος, ὦσε δὲ νεκροὺς
πολλούς, οἵ ῥα κατ' αὐτὸν ἅλις ἔσαν, οὓς κτάν' Ἀχιλλεύς·
τοὺς ἔκβαλλε θύραζε μεμυκὼς ἠΰτε ταῦρος
χέρσονδε· ζωοὺς δὲ σάω κατὰ καλὰ ῥέεθρα,
κρύπτων ἐν δίνῃσι βαθείῃσιν μεγάλῃσι.

23. 쿨리아누의 저작과 그의 죽음이 지닌 비극적 맥락에 관해서는 Ted Anton, *Eros, Magic, and the Murder of Professor Culianu*(Evanston: Northwestern University Press, 1996) 참조.
24. 나는 *Death, War, and Sacrifice*(Chicago: University of Chicago Press, 1991), pp. xiii~xxi와 119~27에서 내 관심이 변하게 된 까닭에 대해 논한 바 있다.

11장

1. 존스에 관해서는 4장의 주 24번에 있는 문헌을 참조할 것.
2. 존스는 다음 편지들에서 맹세 문제에 대한 관심을 강조하고 있다. Garland Cannon, ed., *The Letters of Sir William Jones*, 2 vols.(Oxford: Clarendon Press, 1970), 2: 677~78(6 June 1785, 찰스 윌킨스에게 쓴 편지), 2: 682(17 Sept. 1785, 찰스 윌킨스에게 쓴 편지), 2: 685~86(28 Sept. 1785, 토마스 로Thomas Law에게 쓴 편지). 윌리엄 피트William Pitt 2세에게 쓴 1785년 2월 5일자 편지도 관련이 있다. 2: 662.
3. Cannon, *Letters of Sir William Jones*, 2: 720~21(24 Oct. 1786, 루즈C. W. Rouse에게 쓴 편지).
4. Ibid., 2: 683~84(28 Sept. 1785, 찰스 챕먼Charles Chapman에게 쓴 편지). 다음도 참조할 것. 2: 742(22 July 1787, 스펜서 백작Earl Spencer 2세에게 쓴 편지), 2: 795(19 March 1788, 콘월리스Cornwallis 경에게 쓴 편지).
5. Ibid., 2: 686(30 Sept. 1785, 아서 프리차드Arthur Pritchard에게 쓴 편지). 다음도 참조할 것. 2: 717~18(23 Oct. 1786, 워렌 헤이스팅스Warren Hastings에게 쓴 편지).
6. 존스는 죽기 직전에 이 텍스트의 첫 번역서를 출간했는데, 이는 동양학계에서나 인도에 대한 영국인들의 찬사에서 이 책의 특권적 위치를 확보하기 위해서였다. *Institutes of Hindu Law; or, the Ordinances of Menu*(1794).
7. Cannon, *Letters of Sir William Jones*, 2: 682(17 Sept. 1785, 찰스 윌킨스에게 쓴 편지). 캐논은 라말로카나가 바이디야(바이데하) 카스트 신분이었다고 적고 있는데, 이는 보통의 관념과 잘 맞지 않는다. 바이데하는 바이샤 카스트의 아버지와 크샤트리아 카스트의 어머니 사이에서 태어난 자식들로, 여자 주인을 섬기는 일을 하도록 되어 있기 때문이다(*Mānava Dharmaśāstra* 10.11과 47). 의술은 이보다 훨씬 더 높은 암바슈타 카스트, 즉 브라만 카스트의 아버지와 바이샤 카스트의 어머니 사이에서 태어난 아들들의 몫이다(*Mānava Dharmaśāstra* 10.8과 47). 존스는 다른 곳에서 라말로카나가 "브라만 카스트는

아니지만, 뛰어난 학자였으며, 편견이 전혀 없는 사람"이라고 적고 있다. Lord Teigenmouth, ed., *Works of Sir William Jones*(London: J. Stockdale and J. Walker, 1807), 4: 19.
8. Cannon, *Letters of Sir William Jones*, 2: 748(12 Aug. 1787, 스펜서 백작 2세에게 쓴 편지), 2: 813(19 Sept. 1788, 스펜서 백작 2세에게 쓴 편지).
9. Sir William Jones, "On the Chronology of the Hindus", in *Collected Works* 4: 1~47, 바로 뒤이어 "A Supplement to the Essay on Indian Chronology", 4: 48~69가 실려 있다.
10. Ibid., 4: 1.
11. Ibid., 4: 2.
12. S. N. Mukherjee, *Sir William Jones*(Cambridge: Cambridge University Press, 1958), pp. 97~104의 논의를 참조할 것. 존스의 종교적 신앙 및 그가 힌두 연대기와 성서 연대기를 조화시키는 데 보였던 관심은 다음에 잘 나타나 있다. Ibid., pp. 188~89에서 존스의 관심 목록에 대해 논의하는 부분; 존스의 1784년 글, "On the Gods of Greece, Italy, and India", *Collected Works* 4: 319~97(이 글은 존스가 Jacob Bryant의 1775년 책, *The Analysis of Ancient Mythology*에서 자극받아 쓴 것이다); 존스가 연대기에 관한 글을 쓰던 당시의 일부 편지들. Cannon, *Letters of Sir William Jones*, 2: 758(26 Aug. 1787, 스펜서 백작 2세에게 쓴 편지), 2: 784(8 Oct. 1787, 스펜서 경에게 쓴 편지), 2: 785(5 Jan. 1788, 헨리 포드Henry Ford에게 쓴 편지. "네 권의 『베다』나 인도 경전들은 천지창조와 대홍수에 관한 모세의 설명과 반대되기는커녕 오히려 그것을 확증해줍니다.").
13. Cannon, *Letters of Sir William Jones*, 2: 12.
14. Ibid.
15. Ibid., 2: 29~30.
16. Ibid., 2: 42. 그의 결론도 참조할 것. "이상으로 우리는 필요한 만큼의 가장 긴 기간을 아우르며 인도 역사에 관한 윤곽을 제시하고, 지금으로부터 3800년이 넘게 거슬러 올라가는 인도 제국의 근원을 추적했다. 하지만 그

자체로 아주 모호한 주제, 그리고 스스로를 과장하면서 의도적으로 자기네 고대사를 진실 너머로까지 확장해온 브라만들의 날조에 너무 많이 가려진 주제에 대해, 우리는 개연성 있는 추측에 만족하면서 입수 가능한 최선의 자료로부터 추론해야만 한다."(2: 45)

17. 결론 부분의 표(2: 47)에서, 존스는 나름대로 아주 정확한 연도를 제시한다. 그는 아담/마누가 "우리 시대인 1788년보다 5794년 전에" 창조되었다고 적고 있다. 계산을 해보면, 이 연도는 기원전 4006년이 되는데, 이는 당시 존스가 알고 있던 표준적인 성서적 연대기의 연도보다 2년 앞선 것이다. 왜 결과상에서 이런 차이가 나는지에 대해, 나는 두 가지 가설을 제시하고자 한다. (1) 이 언어학의 대가는 뺄셈에 약했다. (2) 그는 자신의 연구결과가 지닌 독립성과 독창성 그리고 신빙성을 확고히 하기 위해 일부러 2년의 차이가 나게 만들었다.

18. Jones, "On the Chronology of the Hindus", 4: 27~28(철자법과 명칭의 오류를 바로잡기 위해 몇 군데를 약간 수정했다).

19. Ibid., 4: 22 참조. "기존의 힌두 연대기는 너무나도 터무니없는 모순에서 시작하기 때문에, 전체 체계를 망가뜨려버린다." 이만큼 혹독하지는 않지만 이와 비슷한 언급이 4: 33, 35, 42, 43에서도 보인다.

20. 이 이야기의 고전적인 판본은 *Māhabhārata* 1.76~80에 나온다. 다른 판본으로는 다음을 볼 것. *Agni Purāṇa* 274.21~23; *Bhāgavata Purāṇa* 9.18~19; *Brahma Purāṇa* 10.4~38; *Brahmāṇḍa Purāṇa* 2.3.68.14~107; *Kūrma Purāṇa* 1.22.6~1; *Liṅga Purāṇa* 66.63~67.14; *Vāyu Purāṇa* 2.15~103, 그리고 *Māhabhārata* 5.147. 이 이야기는 특히 Georges Dumézil, *Mythe et epopée* (Paris: Gallimard, 1971), 2: 239~71, English trans., Alf Hiltebeitel, *The Destiny of a King*(Chicago: University of Chicago Press, 1973), pp. 9~27에서 논의되고 있다. 존스의 조언자들이 『마하바라타』나 『바가바타 푸라나』를 따르고 있었다는 사실은 그들이 다섯 형제 각각에게 결부지은 방위에 잘 나타나 있다. 그 방위는 다른 판본들에 나오는 방위와는 다르다.

21. P. V. Kane, *History of Dharmaśāstra*(Poona: Bhandarkar Oriental Research

Institute, 1941), 2: 50~58의 논의를 참조할 것. 관련되는 텍스트에는 *Āpastambha Dharma Sūtra* 2.6.13.1~5; *Mānava Dharma Śāstra* 10.5와 41; *Kautilya Dharma Śāstra* 3.7; *Gautama Dharma Śāstra* 4.25 등이 포함된다.

22. *Mahābhārata* 1.76.31~34:

> yayātir uvāca /
> adharmo na spṛśed evaṃ mahān mām iha bhārgava /
> varṇasaṃkrajo brahman iti tvāṃ pravṛṇomy aham //
> śukra uvāca /
> adharmāt tvāṃ vimuñcāmi varayasva yathepsitam /
> asim vivāhe mā glāsīr ahaṃ pāpaṃ nudami te //
> vahasva bhāryāṃ dharmeṇa devayānīṃ sumadhyamām /
> anathā saha samprītim atulām samavāpsyasi //
> iyaṃ cāpi kumārī te śarmiṣṭhā vārṣaparvaṇī /
> sampūjyā satataṃ rājan mā caināṃ śayane hvayeḥ //

23. *Mahābhārata* 1.77.23: "devayānyā bhujiṣyāsmi vaśyā ca tava bhārgavī / sā cāhaṃ ca tvayā rājan bharaṇīye bhajasva mām //"

24. *Mahābhārata* 1.80.14~15: "yadur jyeṣṭhas tava susto...kathaṃ jyeṣṭhān atikramya kanīyāt rājyan arhati.'"

25. *Mahābhārata* 1.80.16~18:

> yayātir uvāca /
> brāhmaṇāpramukhā varṇāḥ sarve śṛṇvantu me vacaḥ /
> jyeṣṭhaṃ prati yathā rājyam na deyaṃ me kathaṃcana //
> mama jyeṣṭhena yadunā niyogo nānupālitaḥ /
> pratikūlaḥ pitur yaśca na sa putraḥ satāṃ mataḥ //
> mātāpitror vacanakṛddhitaḥ pathyaśca yaḥ sutaḥ /

sa putraḥ putravad yaśca vartate pitṛmātṛṣu /

26. *Māhabhārata* 1.80.22~23:

prakṛtaya ūcuḥ

yaḥ putro guṇasampanno mātāpitror hitaḥ sadā /
sarvam arhati kalyāṇam kanīthān api sa prabho //
arhaḥ pūrur idam rājyam yaḥ sutaḥ priyakṛt tava /
varadānena śukrasya na śakyam vaktum uttaram //

27. 『리그베다』에서는 이 주인공들이 비록 형제 사이로 다뤄지지는 않지만, 이미 4방위와 관련이 지어진다. RV 1.108과 8.10.5 참조.

28. Jones, "On the Chronology of Hindus", 4: 28. 문헌학적 분석으로는, Manfred Mayrhofer, *Kurzgefasstes etymologische Wörterbuch des Altindischen* (Heidelberg: Carl Winter, 1956~76) 3: 9, 그리고 여기에 인용된 글들을 볼 것.

29. Jones, "On the Chronology of Hindus", 4: 13, 15, 16, 19. 존스가 의존한 주요 자료는 그가 1787년에 입수한 푸라나의 요약본이었다. *Purāṇārthaprakāśa*라는 제목의 이 책은 라다칸타가 자신의 제자 존 쇼어John Shore를 위해 쓴 것이 확실하며, 쇼어는 라다칸타를 존스에게 소개해주었다. 존스에게 고바르다나를 소개해준 이는 찰스 윌킨스와 그의 스승인 카쉬나트Kāśināth였다. 카쉬나트는 존스에게 세 가지 귀한 선물을 준 일로 그의 호의를 샀다. 존스는 고바르다나와 라다칸타에게 영국 행정부에서 일할 자리를 마련해주었다. 고바르다나는 법정에 속한 산스크리트 학자가 되었고, 라다칸타는 *Digest of Indian Law*의 편집장이 되었다. 이 두 사람과 존스의 관계에 대해서는 다음을 참조할 것. Rosane Rocher, "Weaving knowledge: Sir William Jones and Indian Pandits", Garland Cannon and Kevin R. Brine, eds., *Objects of Enquiry: The Life, Contribution, and Influences*

of *Sir William Jones, 1746~1794*(New York: New York University Press, 1995), pp. 51~79 참조; Abhijit Mukherji, "European Jones and Asiatic Pandits", *Journal of the Asiatic Society* 27(1985): 43~58. 특히 다음 편지도 참조할 것. Cannon, *Letters of Sir William Jones*, 2: 666(15 Mar. 1785, 찰스 윌킨스에게 쓴 편지), 2: 735(25 Mar. 1787, 존 쇼어에게 쓴 편지), 2: 737(12 May 1787, 존 쇼어에게 쓴 편지), 2: 762(16 Aug. 1787, 존 쇼어에게 쓴 편지), 2: 802(13 April 1788, 콘월리스 경에게 쓴 편지).

30. Sir Monier Monier-Williams, *A Sanskrit-English Dictionary*(Oxford: Clarendon Press, 1899), p. 848.

31. *Māhabhārata* 1.79.7:

   yayātir uvāca /
   yat tvaṃ me hrdayāñāto vayaḥ svaṃ na prayacchasi /
   tasmād arājyabhāk tāta prajā te vai bhaviṣyati //

32. *Māhabhārata* 1.79.18~19:

   yayātir uvāca /
   yat tvaṃ me hrdayāñāto vayaḥ svaṃ na prayacchasi /
   tasmād druhyo priyaḥ kāmo na te sampatsyate kvacit //
   uḍupaplavasṃtāro yatra nityaṃ bhaviṣyati /
   arājā bhojaśabdaṃ tvaṃ tatrāvāpsyasi sānvayaḥ //

33. *Māhabhārata* 1.79.22~23:

   yayātir uvāca /
   yat tvaṃ me hrdayāñāto vayaḥ svaṃ na prayacchasi /
   jarādoṣas tvayokto 'yaṃ tasmāt tvaṃ pratipatsyase //

prajāśca yauvanaprāptā vinaśiṣyanty ano tava /
agnipraskandanaparas tvaṃ cāpy evaṃ bhaviṣyasi //

34. *Māhabhārata* 1.79.11~13:

Yayātir uvāca /
yat tvaṃ me hrdayāñjāto vayaḥ svaṃ na prayacchasi /
tasmāt prajā samucchedaṃ turvaso tava yāsyati //
saṁkīrṇācāradharmeṣu pratilomacareṣu ca /
piśitāśiṣu cāntyeṣu mūḍha rājā bhaviṣysi //
gurudāraprasakteṣu tiryagyonigateṣu ca /
paśudharmiṣu pāpeṣu mleccheṣu prabhaviṣyasi //

후기

1. 인도-유럽에 관해 현재까지 연구된 것에 대한 요약을 시도한 저작으로는 다음이 있다. J. P. Mallory, *Encyclopedia of Indo-European Culture*(London: Fitzroy Dearborn, 1997); Thomas V. Gamkrelidze and Vyacheslav V. Ivanov, *Indo-European and the Indo-Europeans: A Reconstruction and Historical Analysis of a Proto-language and a Proto-culture*, trans. Johanna Nichols, ed. Werner Winter(Berlin: Mouton de Gruyter, 1995); R. S. P. Beeks, *Comparative Indo-European Linguistics: An Introduction*(Amsterdam: J. Benjamins, 1995); Françoise Bader, ed., *Langues indo-européennes*(Paris: CNRS Edition, 1994); Winfred Lehmann, *Theoretical Bases of Indo-European Linguistics*(London: Routledge, 1993); Oswald Szemerényi, *Einführung in die vergleichende Sprachwissenschaft*(Darmstadt: Wissenschaftliche Buchgesselschaft, 1989).

2. 두 번째 분석도 인도-유럽어의 확산에 관한 이론에 분명한 공헌을 하고

있다. 이는 '야만족들의 침략'이나 민족대이동 시기에 게르만족이 서부 유럽과 북부 아프리카까지 확산되었다고 본다. 하지만 이는 신빙성이 훨씬 더 적다. 문제의 민족들은 그들이 정복한 민족들의 언어를 변화시키지 않았기 때문이다.

3. N. S. Trubetzkoy, "Gedanken über das Indogermanenproblem", *Acta Linguistica* 1(1939): 81~89; Anton Scherer, ed., *Die Urheimat der Indo-germanen* (Darmstadt: Wissenschaftliche Gesselschaft, 1968), pp. 214~23에 재수록.

4. Franco Crevatin, *Ricerche sull' antichità indoeuropea*(Trieste: Edizioni LINT, 1979).

5. Stefan Zimmer, *Ursprache, Urvolk und Indogermanisierung: Zur Methode der indogermanischen Altertumskunde*(Innsbruck: Institute für Sprachwissenschaft, 1990).

6. Procopius, *Vandalic War* 1.2.2~5: "Γοτθικά ἔθνη πολλά μέν καὶ ἄλλα πρότερόν τε ἦν καὶ τανῦν ἔστι, τὰ δὲ δὴ πάντων μέγιστά τε καὶ ἀξιολογώτατα Γότθοι τέ εἰσι καὶ Βανδίλοι καὶ Ούισίγοτθοι καὶ Γήπαιδες. πάλαι μέντοι Σαυρομάται καὶ Μελάγχλαινοι ὠνομάζοντο· εἰσὶ δὲ οἱ καὶ Γετικὰ ἔθνη ταῦτ' ἐκάλουυν. οὗτοι ἄπαντες ὀνόμασι μὲν ἀλλήλων διαφέρουσιν, ὥσπερ εἴρηται, ἄλλῳ δὲ τῶν πάντων οὐδενὶ διαλλάσσουσι. λευκοί τε γὰρ ἄπαντες τὰ σώματά εἰσι καὶ τὰς κόμας ξανθοί, εὐμήκεις τε καὶ ἀγαθοὶ τὰς ὄψεις, καὶ νόμοις μὲν τοῖς αὐτοῖς χρῶνται, ὁμοίως δὲ τὰ ἐς τὸν θεὸν αὐτοῖς ἤσκηται. τῆς γὰρ Ἀρείου δόξης εἰσὶν ἄπαντες, φωνή τε αὐτοῖς ἐστι μία, Γοτθικὴ λεγομένη· καὶ μοι δοκοῦν ἐξ ἑνὸς μὲν εἶναι ἄπαντες τὸ παλαιὸν ἔθνους, ὀνόμασι δὲ ὕστερον τῶν ἑκάστοις ἡγησαμένων διακεκρίσθαι. οὗτος ὁ λεὼς ὑπὲρ ποταμὸν Ἴστρον ἐκ παλαιοῦ ᾤκουν."

7. 이스테르 강에 관해서는 다음을 참조할 것. Strabo 2.5.30, 7.1.1., 7.3.13~15; Pliny, *Natural History* 4.79~81; Diodorus Siculus 4.56.7, 5.25.4; Horace[호

라티우스』 4.15.12; 그리고 Procopius, *Vandalic War* 3.1.10과 *De Aedificationes* [『건축술에 관하여』] 4.5.9~10, 4.6.11~14.
8. 이 옛날 이론들에 관해서는 다음에서 잘 논의되고 있다. Sergent, *Les Indo-européens*(Paris: Payot, 1995), pp. 54~64; J. P. Mallory, *In Search of the Indo-Europeans: Language, Archeology and Myth*(London: Thames and Hudson, 1989); "A Short History of the Indo-European Problem", *Journal of Indo-European Studies* 1(1973): 21~65. 좀 더 오래된 저작들의 발췌는 Scherer, *Die Urheimat der Indogermanen*에서 구할 수 있다.
9. 짐부타스의 글들은 *The Kurgan Culture and the Indo-Europeanization of Europe*(Washington, DC: Institute for the Study of Man, 1997)에 수록되었다. 그녀의 반-인도-유럽적 저작인 *Goddesses and Gods of Old Europe* (Berkeley: University of California Press, 1974)도 참조할 것.
10. Colin Renfrew, *Archaeology and Language: The Puzzle of Indo-European Origins* (Cambridge: Cambridge University Press, 1987).
11. 이 다양한 입장에 관해서는 다음을 참조할 것. Gamkrelidze and Ivanov, *Indo-European and the Indo-Europeans*; Mario Alinei, *Orinini delle lingue d'Europa*. Vol. 1: *La teoria della Continuitá*(Bologna: Il Mullino, 1996); George Feuerstein, Subhash Kk, and David Frawley, *In Search of the Cradle of Civilization; New Light on Ancient India*(Wheaton, IL: Quest, 1995); David Frawley, *The Myth of the Aryan Invasion of India*(New Delhi: Voice of India, 1994); Shrikant Talageri, *The Aryan Invasion Theory: A Reappraisal*(New Delhi: Aditya Prakashan, 1993); Martiros Kavoukjian, *Armenia, Subartu, and Sumer: The Indo-European Homeland and Ancient Mesopotamia*(Montreal: M. Kavoukjian, 1987).
12. 좀 더 자세한 논의는 나의 *Priests, Warriors, and Cattle: A Study in the Ecology of Religions*(Berkeley: University of California, 1981), pp. 179~84를 참조할 것.

부록: 옮긴이의 인명 및 용어 설명

[ㄱ]

『**가우트렉의 사가**Gautreks saga』: 고대 스칸디나비아 예타 지방의 왕 가우트렉Gautrekr의 행적에 관한 전설. 13세기 말부터 기록이 나타나기 시작하며, 이보다 앞선 『가우트렉의 아들 흐롤프의 사가Hrólfs saga Gautrekssonar』에 대한 일종의 후속편이었을 것이라고 추정된다.

게농, 르네 René Guénon(188~1951): 프랑스의 저술가. 형이상학적 문제들과 성스러움, 상징, 입문식, 동양 종교 등에 관심을 두었으며, 근대를 전통으로부터 타락한 시대로 규정했다. 『힌두 교의학 입문』(1921), 『동양의 형이상학』(1939) 등의 저서가 있다.

고대 노르드어 Old Norse: 노르웨이를 비롯한 스칸디나비아 일대의 북유럽에서 바이킹 시대를 포함한 중세에 사용되었던 게르만어. 서기 1000년 전후로 유럽에서 가장 널리 분포된 언어였다. 고대 노르드어의 가장 오래된 기록은 룬 문자로 적혀 있으며 주로 금석문에 쓰였고, 서사 문학인 사가나 에다 같은 문헌들에는 로마자가 사용되었다.

고르기아스Gorgias(기원전 485~380년경): 레온티니 출신 수사학자, 소피스트. 그가 대사 자격으로 아테네에 온 427년은 아테네 연설 전통에 시칠리아의 기교가 도입된, 수사학의 역사의 중요한 한 기점으로 여겨진다. 현존하는 「헬레네 찬사」, 「팔라메데스의 변호」그리고 「에피타피오스」 단편에는 고르기아스적 특징으로 불리는 현란한 수사학 기교들이 잘 나타나 있다. 그는 아무것도 존재하지 않으며, 설사 존재한다 하더라도 파악할 수 없으며, 설사 파악한다 하더라도 그것을 전달할 수는 없다고 주장했다. 그는 믿을만한 지식, 확고한 진리는 존재하지 않는다고 생각했다.

그라네, 마르셀 Marcel Granet(1884~1940): 프랑스의 사회학자, 인류학자, 중국학자. 뒤르케임과 모스의 영향을 받았으며, 이를 최초로 중국 연구에 적용했다. 『중국의 종교La religion des Chinois』(1922) 등의 저서가 있다.

[ㄴ]

누아두Nuadu: 켈트 신화에서 누아두(누아다)는 투아하 데 다난의 첫 번째 왕이다. 누아다가 이끌던 투아하 데 다난 군대는 아일랜드에 도착하여 선주민족인 피르보르족Fir Bolg과 모이투라 평원에서 전투를 벌이게 되었다. 이 전투에서 누아다는 피르보르족 최강의 전사였던 스렝Sreng(또는 Streng)에게 팔이 잘리게 되었다. 누아다는 의술사 디안 케흐트의 도움으로 은으로 만든 마법의 의수를 붙이게 되었고, 그래서 '은 팔'이라는 뜻의 '아케트라브Airgetlám'라는 별명을 얻게 되었다.

『니벨룽의 노래』Nibelungenlied: 5~6세기의 역사적 사건들에 근거한 고중세 게르만 지역의 대표적인 신화적 영웅 서사시. 다양한 판본이 있으며, 최초의 사본은 13세기 초의 것이 전해진다. 부르군트의 영웅 지크프리트는 용을 죽인 후 왕의 누이 크림힐트와 결혼하지만 암살을 당하고, 이에 크림힐트가 훈족 왕과 결혼하여 남편을 위해 자신의 고국 사람들에게 복수한다는 내용이다. 바그너는 이 신화를 토대로 오페라《니벨룽의 반지》를 작곡했다.

《니벨룽의 반지〔Der Ring des Nibelungen〕》 4부작: 바그너가 1848년부터 1874년까지 약 26년에 걸쳐 만든 작품으로, 〈라인의 황금Das Rheingold〉, 〈발퀴레Die Walküre〉, 〈지크프리트Siegfried〉, 〈신들의 황혼Götterdämmerung〉으로 이루어져 있다.

[ㄷ]

다르마샤스트라Dharmaśāstra: '정의의 학문'이라는 뜻으로, '의무경義務經'이라고도 불리는 고대 인도 법률이다. 힌두 국가들에서 오랫동안 그 자체로 또는 다소 수정된 형태로, 관습 문제나 민사사건에 관한 법적 판단의 근거로서 사실상 실정법이나 다름없는 중요한 위상을 지녀왔다.

다르마dharma: '법法'으로 번역되며, 여기서 법이란 우주의 근본적이고 영원한 법칙과 인간이 따라야 할 종교적·사회적 법규를 동시에 의미한다.

『대大분다히쉰Greater Bundahiśn』: '분다히쉰'은 '최초의 창조'라는 뜻이며, 8~9세기에 집성된 조로아스터교의 우주 창생론 기록이다. 아베스타에 많이 의존하고 있고 아베스타에 암시된 개념들을 발전시키고 있지만, 경전의 일부는 아니며, 중기 페르시아어로 쓰여 있다. 내용이 짧은 인도 판본과 긴 이란 판본이 있으며, 전자는 '소小shorter분다히쉰'이나 '인도 분다히쉰'으로, 후자는 '대大분다히쉰'이나 '이란 분다히쉰' 또는 그냥 '분다히쉰'으로 부른다.

대장장이 빌란트Wieland der Schmied: 게르만 신화의 주인공으로 요정 아내가 떠나면서 남겨준 마법의 반지를 왕에게 빼앗기고 섬에 갇혀 강제로 공예품을 만드는 노역을 하다가 결국 왕과 그 가족에게 잔인하게 복수를 한 후 반지를 되찾고 탈출하여 자유를 찾는다는 내용이다. 왕정 악단 지휘자였던 바그너는 1849년 봉기가 일어났을 때 혁명파에 가담했다가 결과가 불리하게 돌아가자, 절친한 친구 프란츠 리스트의 도움으로 스위스로 가서 9년 동안 망명 생활을 했으며, 그 초기에 빌란트 신화를 토대로 오페라 대본 「대장장이 빌란트」 초고를 집필하여 『미래의 예술작품』 부록으로 첨부했다. 그러나 그는 이 대본을 오페라로 완성하는 것을 포기했고, 이 대본은 40년 후 슬로바키아의 한 작곡가에 의해 오페라로 만들어져 1920년대에 슬로바키아에서 초연되었다.

데모크리토스Democritus(기원전 460년경~370년경): 트라키아 압데라 출신의 그리스 철학자. 디오게네스 라에르티오스에 따르면 70여 권의 책을 저술했다고 하나 이중 온전히 전해지는 것은 하나도 없고, 단지 짧고 불분명한 도덕적 금언들만이 전해진다. 레우키포스와 함께 고대 원자론의 창시자로 거론된다. 단일하고 유한하며 소멸하지 않는 우주와 목적론적 세계관을 상정하는 철학자들—플라톤, 아리스토텔레스, 스토아학파 등—과 달리, 다수의 무한한 우주, 소멸하는 세계, 반-목적론적인 원인들과 물질계의 원자론 등을 주장함으로써 에피쿠로스와 루크레티우스를 제외하고는 르네상스 이후까지 그의 사상을 지지하는 이들이 별로 없었다.

데바나가리Dévanágari: 고대 산스크리트어를 비롯해 프라크리트어, 힌디어, 마라티어를 표기할 때 쓰는 인도 문자.

드 브누아, 알랭Alain de Benoist(1943~): 프랑스의 철학자. 자유주의, 자유시장, 평등주의를 비판하는 신우파Nouvelle Droite를 창시하고, 잡지 『누벨 에콜』을 창간했다. 프랑스의 싱크탱크인 GRECE의 수장이기도 하다.

디오도로스 시켈리오테스Diodorus Siculus: 그리스의 역사가로, 기원전 1세기 카이사르와 아우구스투스 시대의 인물. 그리스어로 『세계사』(40권)를 저술하였는데, 고대 이집트, 메소포타미아, 트로이아전쟁, 알렉산더 대왕을 포함하여 카이사르의 갈리아 전쟁까지 다뤘다. 현재 1~5권, 11~20권이 남아 있다. 이 책은 세 부분으로 나눠지는데, 처음 6권까지는 트로이아 멸망 이전까지의 고대 이집트(1권), 메소포타미아, 인도, 스키타이, 아라비아(2권), 북아프리카(3권), 그리스와 유럽(4~6

권)의 신화적인 역사와 지리, 문화 등을 서술하였다.

[ㄹ]

라플란드Lapp: 노르웨이, 스웨덴, 핀란드의 북부와 러시아 북서부 끝에 걸쳐 있는, 대부분이 북극권에 속하는 북유럽 지역을 가리킨다.

레비브륄, 뤼시앙Lucien Lévy-Bruhl(1857~1939): 프랑스의 철학자. '신비적 참여'를 특징으로 하는 '원시 심성' 개념을 통해 신화, 의례, 종교, 사회의 비합리적 요소를 이해하는 새로운 시각을 인류학에 제공했다.

로망스어Romance languages: 로마제국이 무너진 뒤 라틴어가 옛 제국 영토의 각 지역에서 중세 내내 분화와 변천을 거듭하면서 형성된 언어들의 총칭. 이베로로망스어(포르투갈어, 스페인어 등), 갈로로망스어(프랑스어 등), 이탈로로망스어(이탈리아어, 레토로망스어[라딘어, 라디노어, 사르디니아어] 등), 발칸로망스어(루마니아어 등)로 나뉜다.

『롤랑의 노래Chanson de Roland』: 프랑스의 가장 오래된 서사시로, 무훈시 중 최고의 걸작 중 하나로 꼽힌다. 작자는 불분명하지만 작품 마지막 행에 이름이 나오는 노르망디의 시인 튀롤이 아닐까 추정되곤 한다. 성립 연대는 1098년부터 1100년 사이일 것으로 추정된다. 778년 8월 15일 스페인 원정에서 돌아오던 샤를마뉴 대제의 후위 부대가 피레네 산속 롱스발에서 바스크인의 기습으로 전멸한 사실에 바탕을 두고 있다. 치밀한 구성과 침착하고 힘찬 문체로 황제와 신에게 봉사하는 프랑스의 무사도를 찬양하고, 이슬람 세력에 대한 그리스도교 신앙의 승리를 노래했다.

르낭, 에르네스트Ernest Renan(1823~92): 프랑스의 사상가, 종교사학자, 언어학자. H. A. 텐느와 더불어 프랑스 실증주의를 대표한다. 주요 저서인 『기독교 기원사』(7권, 1863~1883)는 실증적 역사 비판의 입장에서 기독교를 문화사적으로 연구했으며, 특히 그 1권인 『예수의 생애』는 예수의 인간화로 큰 파문을 일으켰다. 그 밖의 저서로 『이스라엘 민족사』, 『청소년 시절의 추억』 등이 있다.

르팽, 장-마리Jean-Marie Le Pen(1928~): 프랑스의 극우 정치가이자 반유대주의자. 프랑스 민족주의 극우 정당인 국민전선(FN)의 설립자이자 당수. 르팽은 프랑스 대통령 선거에 다섯 번이나 출마했는데, 2002년 대선에서는 세간의 예상을 뒤엎고 사회당의 조스팽을 낙선시키고 시라크와 2차 결선 투표까지 진출하기도 하였다. 2007년 대선에도 출마했지만 4위에 그쳤다. 외국인 이민 제한(특히 이슬람), 주권 강화, 사형제 및 관세 유지, 낙태 금지, 동성 결혼 금지, 안락사 금지 등을 내세우는 국민전선은 현재 중도 우파인 국민행동연합, 좌파인 프랑스 사회당에 이어 제3당의 자리를 유지하고 있다. 르팽과 당의 2인자 브뤼노 골니슈는 홀로코스트 부정 혐의로 유죄판결을 받은 바 있다.

리비우스Titus Livius(기원전 59~기원후 17): 고대 로마의 역사가. 로마의 건국부터 아우구스투스가 평화를 이룩할 때까지 대제국 로마를 건설한 로마인의 도덕과 힘을 찬양한 편년체 역사서『로마 건국사』142권을 썼다. 현재 1~10권, 21~45권 등 35권만 전해지는데, 전자는 로마 도시국가의 전설적 기원에서 시작하여 왕정 시대를 거쳐 공화정의 초기를 다뤘고, 후자는 포에니전쟁과 마케도니아전쟁을 주제로 삼았다.

[ㅁ]

『마그 투레드의 두 번째 전투Cath Maige Tuiredh』: 신화 권The Mythological Cycle, 울스터 권The Ulster Cycle, 페니안 권The Fenian Cycle, 역사 권The Historical Cycle의 네 부분으로 구성된 고대 아일랜드의 서사시 전설 중에서 첫 번째 부분인 신화 권에 속하는 책. 다누 여신의 일족Tuatha Dé Danann이 포모레족the Fomorians(고대 아일랜드에 살던 반신족들)을 물리치는 이야기를 다루고 있다. 고대 아일랜드의 신들에 관한 가장 풍부한 자료를 담고 있는 이 텍스트는 16세기 필사본으로 전해지지만 텍스트 자체는 11세기로 거슬러 올라간다고 여겨지고 있다.

『마누법전Manāva Dharmaśātra』: 기원전 200년에서 기원후 200년 사이에 만들어졌다는 인도 고대의 백과전서적인 종교 경전. 12장, 2684조의 산스크리트 운문으로 쓰여 있다. '마누'는 인류의 시조를 뜻하며, 일체의 법에 관한 최고의 권위로 숭앙받는 존재이다. 이 법전은 그의 계시에 의하여 성립되었다고 전할 뿐 그 저자나 연대는 알려져 있지 않다. 우주의 개벽, 만물의 창조부터 카스트, 성, 종교, 재산 등 힌두교도가 지켜야 할 각종 규범과 의례를 담고 있다. 그 핵심은 '다르마dharma' [法]로서, 열두 장에 걸쳐 브라만부터 수드라까지 각 신분이 지켜야 할 다르마를 서술하고 있다.

마르탱주의Martinism: 18세기 말 프랑스의 루이-클로드 드 생-마르탱Louis Claude de Saint-Martin(1743~1803)이 창시한 비의적 기독교 일파. 그리스도를 치유자로 여기며, 명상을 통해 개인 내면의 본래적 완전성을 회복하는 것을 추구한다.

『마하바라타Māhabhārata』: '바라타 왕조의 대서사시'라는 뜻으로, 『라마야나Rāmāyana(라마의 사랑 이야기)』와 더불어 고대 인도의 가장 위대한 2대 서사시 중 하나로 꼽힌다.

만하르트, 빌헬름Wilhelm Manhardt(1831~1880): 독일의 민속학자. 발트 신화 전문가이며, 태양 신화를 가장 중시했다. 원칙 없는 수집과 비교로 후대에 많은 비판을 받았다.

말레, 폴 앙리Paul Henri Mallet(1730~1807): 제네바 출신의 스위스 저술가. 덴마크의 고대 문학과 역사에 매료되어 1755년 『덴마크 역사 입문』을 편찬했다. 이어서 덴마크의 문학에 관한 『켈트와 고대 스칸디나비아의 신화와 시Monuments de la mythologie et de la poésie des Celtes, et particulièrement des anciens Scandinaves』를 편찬하였고, 이 책은 덴마크어, 영어 등으로 번역되며 널리 읽혔다. 특히 여기에는 에다의 첫 번째 프랑스어 번역이 실려 있어 더 주목을 받았다.

멘델스존, 모제스Moses Mendelssohn(1729~1786): 독일 계몽 시대의 철학자로서 라이프니츠-볼프학파의 한 사람. 독일 동부 데사우의 유대인 집안에서 태어났다. 신의 존재와 영혼불멸을 증명하는 데 힘을 쏟았고, 이런 문제야말로 철학의 궁극적 과제라고 규정하였다. 베를린아카데미가 1763년에 형이상학적 진리의 판명성에 관한 논문을 모집했을 때 칸트를 누르고 최고점을 받은 것으로도 유명하다. 작곡가 J. L. 펠릭스 멘델스존은 그의 손자이다.

뮐러, 칼 오트프리트Karl Otfried Müller(1797~1840): 독일의 고전학자. 독일 신화학의 비조로서, 스파르타를 동경했다. 『도리아족의 역사와 고대』(1839) 등의 저서가 있다.

[ㅂ]

발할라Valhalla(Valhöll): '도살당한 자들의 전당'이라는 뜻으로, 북유럽신화에서 오딘 신을 위해 싸우다가 용맹스럽게 전사한 자들이 들어가게 된다는 사후 세계.

방브니스트, 에밀Émile Benveniste(1902~76): 프랑스의 언어학자. 역사언어학자인 메이예의 제자이자 후계자였으나 소쉬르의 이론을 접한 뒤 구조언어학으로 돌아섰다. 주저로『일반언어학의 제 문제』(1966~74) 등이 있다.

벌핀치, 토마스Thomas Bulfinch(1796~1867): 미국의 대중 저술가. 세계적으로는 물론 우리나라에서도 여전히 인기를 누리고 있는 바로 그『그리스-로마 신화』(1855)의 저자다. 학문적 엄밀성보다는 대중적 흥미에 더 초점을 두고 우후죽순 쏟아져 나오는 온갖 그리스-로마 신화집들의 효시라 할만하다.

베로수스Berosus: 기원전 290년경 바빌론 벨로스 신전의 신관. 시리아의 왕 안티오코스 1세에게 바빌로니아 역사서인『바빌로니아지』를 써서 바쳤다. 이 책은 바빌로니아의 역사와 천문학을 그리스 세계에 소개했다는 점에서 중요한 자료다.

벨커, 프리드리히 고트리프Friedrich Gottlieb Welcker(1784~1868): 독일의 문헌학자이자 고고학자. 기센대학에서 고전 문헌학을 공부했고, 1806년 이탈리아로 가서 빌헬름 폰 훔볼트의 집에서 1년 이상 가정교사로 지내면서 훔볼트의 친구가 되기도 했다. 1808년 기센으로 돌아와 독일 최초의 그리스 문학·고고학 담당 교수가 되었다.

「뵐루스파Voluspa」: 『운문 에다』의 첫 번째 시로, '예언녀의 계시'라는 뜻이다. 세계 창조와 첫 전쟁의 발생, 신과 인간에게 닥치는 위험, 혼돈과 종말의 도래, 세계적 대화재에 의한 세계의 멸망 그리고 마침내 조화가 회복되는 가운데 도래하는 새 세상에 대해 노래하고 있다.

부르군트Burgund: 부르군트족은 옛 게르만 민족 중 동게르만계의 한 부족으로 원래는 발트해 연안의 포메른 동부에 살다가 1세기경 비스툴라강 하류 지역으로 이동하였고, 군디카르의 영도 아래 3세기부터 점차 남서쪽으로 이동하여 413년 서로마의 맹방으로 보름스를 수도로 부르군트 왕국을 세웠다. 하지만 436년 서로마와 동맹 관계에 있던 훈족의 공격을 받아 멸망하였다. 이 사건은 나중에 전설화되어 『니벨룽의 노래』의 주제가 되었다.

뷔르누프, 외젠Eugène Burnouf(1801~52): 프랑스의 문헌학자. 프랑스 근대 인도학·불교학의 창시자. 32세 때 콜레주드프랑스의 산스크리트어 교수가 되었다. 영국의 B. H. 호지슨이 네팔에서 수집한 많은 산스크리트 불교 경전 사본을 해석하고 연구하여 『인도불교사 서설』을 저술하고 『법화경』을 프랑스어로 번역하기도 하였다. 친구였던 C. 라센과 함께 저술한 『팔리어에 관한 시론』은 유럽에서 팔리어 연구의 기초를 세운 저작이다. 막스 뮐러에게 산스크리트어를 가르치고 『리그베다』를 번역할 것을 권유한 것으로도 유명하다.

비르코프, 루돌프 루트비히 칼Rudolf Ludwig Karl Virchow(1821~1902): 독일의 의사, 인류학자, 공중 보건 운동가, 병리학자, 선사시대 연구자, 생물학자, 정치가. 그는 '병리학의 아버지'라 일컬어지며, 사회의학 분야를 창시했다.

비아스, 프리에네의Bias of Priene(기원전 6세기경): 그리스의 일곱 현인 중 한 명.

비코, 지암바티스타Giambattista(Giovanni Battista) Vico(1668~1744): 이탈리아의 철학자. 나폴리대학 수사학 교수로 있었고 말년에는 나폴리 왕실 수사관이 되었다. 데카르트 철학에 반대하여, 사유가 아니라 행위에 진리의 기준을 두었다. 이 때문에 자연에 관한 학문의 가능성을 배제하고 인간 역사에 주로 관심을 가졌다. 인간의 정신활동에서 감각·표상력·이성의 세 단계에 호응하여, 역사 속에도 세 시기, 즉 원시적이며 신적인 시기, 시적이며 영웅적인 시기, 그리고 시민적이며 참다운 인간적인 시기가 있고 이것들이 계속 번갈아 가며 출현한다고 생각했다. 또한 고대 민족의 언어·법률·신화 등에 관련된 많은 사실을 독자적인 입장에서 해석하였으며, 특히 『새로운 학문』에서 호메로스를 전체 그리스 민족의 상징으로 해석하는 「신으로서의 호메로스의 발견」이라는 글이 유명하다.

비트루비우스 Vitruvius: 기원전 1세기경에 활약한 고대 로마의 기술자, 건축가. 그의 일생에 관해서는 알려진 바가 거의 없고, 그의 저술에서 추출해낸 것뿐이다. 율리우스 카이사르 로마 군단의 건축 기사로 스페인과 갈리아 등에서 복무한 것으로 추정된다. 후에 아우구스투스가 그에게 재정적 지원을 하였다고 한다. 그의 저술로 알려진 『건축에 관하여 De achitectura』(총10권)는 로마 건축을 집대성한 저작이다. 그리스 건축에서 상당 부분 영향을 받았으며 규칙적 비례와 대칭 구조, 고전적 형식미를 강조했다. 그리스 건축양식을 도리아, 이오니아, 코린트식으로 분류한 것도 비트루비우스이다. 그는 르네상스 시대에 이르러 재조명되었고, 고대 로마 건축 연구 및 르네상스, 바로크, 신고전주의에 이르기까지 엄청난 영향을 미쳤다.

[ㅅ]

사비교도 Sabian: 남부 이라크에 사는 민족으로, 쿠란에서는 무슬림, 유대인, 기독교인과 나란히 진정한 신을 믿는 사람들로 여겨진다.

사회학파 école sociologique: 로제 카유아, 조르주 바타이유, 조르주 암브로시노 등이 1937년 파리에서 창설한 지식인 그룹으로, 1939년까지 지속되었다. 초현실주의가 개인의 무의식을 중시한 나머지 인간 경험의 사회적 측면을 간과한다고 비판하면서, 그 대안으로 성스러움의 사회학, 즉 성스러움의 현존이 뚜렷한 곳에서 사회적 실존이 드러나는 모든 현상을 연구하는 것을 중시했다. 그들은 특히 집단적 의례를 중시했으며, 인간성의 본질은 개인의 내면이 아니라 강한 공동체적 경험의 영역인 의례에서 찾아야 한다고 보았다.

삭소 그라마티쿠스 Saxo Grammaticus(1150?~1220?): 덴마크의 역사가. 그라마티쿠스는 '문장가'라는 뜻으로 라틴어를 잘한 데서 생긴 별명이다. 코펜하겐을 개발한 당시의 뛰어난 성직자 압살론(1128~1201)의 비서를 지냈고, 그의 뜻을 이어받아 『덴마크인의 사적』을 썼다. 이것은 라틴어로 쓰인, 신화시대부터 당시까지의 덴마크 역사로 12권의 방대한 저술이다. 특히 9권까지는 고대 북유럽신화나 전설이 담겨 있다. 같은 시대 스노리 스투를루손이 쓴 『산문 에다』와는 다른 전승을 많이 담고 있다.

30년 전쟁(1618~1648): 신성 로마제국이 있던 독일을 중심으로 개신교와 가톨릭 사이에 벌어진 종교전쟁. 30년 전쟁의 시작은 종교전쟁이었으나, 점차 영토 및 통상 등 각국의 이해관계가 얽히면서 상호 적대관계 및 동맹이 이루어지는 무력 대결로 변질되었고, 스웨덴이 참전한 1630년 이후에는 합스부르크 왕가, 부르봉 왕가, 바사 왕가 등에 의한 강대국 간의 전쟁으로 변화했다. 30년간 벌어진 전쟁은 유럽의 지도 및 종교, 문화 등을 크게 변화시켰다.

성서 주석학의 연대기: 17세기 중반에 영국 성공회의 제임스 어셔James Ussher(1581~1656) 주교가 성서에 나오는 계보들과 일부 성서 구절들에 근거하여 천지창조가 기원전 4004년 10월 23일 일요일 전날 저녁에 시작되었다고 주장한 것을 가리킨다. 어셔의 견해는, 19세기 들어 근대 지질학이 성립되고 1859년 다윈의 『종의 기원』이 간행되기 전까지, 가톨릭, 개신교, 성공회를 망라한 근대 서구 기독교계 전반에서 수용되었다. 20세기 들어서도 개신교의 일부 근본주의 진영이 어셔의 견해를 계속 고수하기는 했지만, 어쨌든 그의 영향은 오늘날 이미 거의 사라진 지 오래다. 심지어 다윈의 진화론을 거부하고 성서를 문자주의적으로 해석하는 오늘날의 개신교 창조과학 진영조차도 대개는 어셔의 견해를 거부한다. 하지만 창조과학 진영의 일부는 천지 창조가 기원전 4000년경에 시작되었다고 보는 견해를 여전히 고수하고 있다.

셸링, 프리드리히 빌헬름 요제프 폰 Friedrich Wilhelm Joseph von Schelling(1775~1854): 독일의 관념론 철학자. 주관과 객관의 절대자를 찾는 동일 철학을 주장하고, 만년에는 신화와 계시의 철학을 개진했다. 저서에 『철학의 절대 형식의 가능성에 관하여』(1794), 『인간 자유의 본질에 대한 철학적 탐구』(1809) 등이 있다.

슐라이허, 아우구스트 August Schleicher(1821~68): 독일의 언어학자. 주저인 『인도-유럽어들에 관한 비교 문법 개관』(1861~62)으로 원-인도-유럽어를 재구성하려는 노력들에 큰 영향을 주었다.

슐레겔, 프리드리히 폰 Friedrich von Schlegel(1772~1829): 독일의 초기 낭만주의 철학자, 시인, 평론가. 역시 시인이자 평론가인 형 아우구스트 슐레겔August Wilhelm von Schlegel(1767~1845)과 더불어 흔히 슐레겔 형제라고 불린다. 1798년 함께 초기 낭만파의 기관지 『아테네움』을 창간하고 노발리스, L. 티크 등과 더불어 우주의 무한한 충일과 완전한 통일에 대한 사랑과 동경의 시로 낭만주의 문학을 고취하였다. 1800년 기관지의 폐간으로 그룹은 해체되었지만, 슐레겔 형제는 지속적인 강연과 저술로 독일 낭만주의의 확산에 크게 공헌하였다. 아우구스트의 저서로는 『극예술 및 문학에 관한 강화』 등이, 프리드리히의 저서로는 『고대 인도인의 언어와 지혜에 관하여』 등이 있다.

스노리 스투를루손 Snorri Sturluson(1178~1241): 아이슬란드의 시인, 역사가, 정치가. 스투를루손은 성이 아니라 '스투를라Sturla'의 아들이라는 뜻이다. 산문 에다인 『신新에다』와 초기 노르웨이 왕들에 관한 전설과 역사가 담긴 사가를 모아놓은 『헤임스크링라』를 집필했다.

스트라보Strabo(기원전 54~기원후 23?): 그리스의 지리학자이자 역사가로, 그의 『지리학』은 아우구스투스의 재임 기간(기원전 27~기원후 14) 동안 그리스·로마에 알려져 있던 국가와 민족에 대한 내용이 담긴 현존하는 유일한 책이다.

시빌라([영] Sibyl, [라틴어] Sibylla, [그리스어] Σίβυλλα): 여성 예언자. 원래 시빌라는 한 명의 여성 예언자의 이름이었던 것으로 보이나, 폰투스의 헤라클레이데스 시대에 이르면, 시빌라의 탄생지로 여러 장소가 이야기되며, 여러 서로 다른 시빌라에 관한 전승이 거론되고, 시빌라는 이 이름이라기보다 여성 예언자를 칭하는 일반적인 명사처럼 쓰이게 된다. 시빌라 전승은 여러 가지가 있으나 바로Varro가 정리한 바에 따르면 다음 10개가 대표적이다. ① 페르시아, ② 리비아, ③ 델포이, ④ 킴메르, ⑤ 에뤼트라이아, ⑥ 사모스, ⑦ 쿠마이, ⑧ 헬레스폰토스, ⑨ 프리기아, ⑩ 티부르. 그 밖에 이집트, 사르디아, 히브리, 테살로니아의 시빌라 등도 있다.

신지학神智學Theosophy: 19세기 말 러시아 태생 미국 이민자 헬레나 페트로브나 블라바츠키Helena Petrovna Blavatsky(1831~1891)가 뉴욕에서 창시한 신비주의 종파. 보편적 인류애, 종교들의 일치성, 자연과 인간 내면의 힘 등을 추구한다.

[ㅇ]

아니우스, 비테르보의Annius of Viterbo(1432경~1502): 이탈리아의 도미니크회 수사이자, 역사가. 비테르보에서 태어났으며 원래 이름은 조반니 난니Giovanni Nanni였다. 그는 『아니우스의 고대사』로 알려진 『다양한 고대Antiquitatum Variarum』를 저술했다. 그는 이 책에 기독교 이전에 그리스어와 라틴어 이교도 저자들이 썼다고 하는 날조된 글들을 실었으며, 이들을 만투아에서 발견했다고 주장했다. 이 책은 당시의 고대사 연구에 큰 영향을 미쳤다.

아르킬로스Archilochus(기원전 680~645년경): 파로스 출신의 그리스 군인이자 시인. 절제되고 개성적인 단장격과 풍자에 능했으며, 호메로스 이후 최고의 시인으로 평가받기도 한다.

아르튀르, 콩트 드 고비노 Artur, Comte de Gobineau(1816~1882): 프랑스의 작가이자 외교관. 독일과 스위스에서 자랐고, 외교관이 되어 유럽 각지와 남아메리카 여러 나라에서 활동하였다. 이때의 체험을 바탕으로 『문명 비평』, 『중앙아시아의 종교와 철학』, 『페르시아인의 역사』 및 소설 『아시아 이야기』 등을 저술하였다. 그의 세계관이 가장 적나라하게 드러나는 저작은 바로 『인종 불평등론』(1853~55)이다. 그는 고대 로마인의 위대한 육체적·정신적 건강이 셈족과의 혼혈 및 그리스도교에 의해 타락했다고 보고, 고대로부터 순수 혈통을 이어온 민족만이 그런 문화적 퇴폐와 몰락이 없다고 주장하면서, 바로 그런 민족으로 아리아족과 게르만족을 들었다. 특히 아리아족과 비교하여 게르만족의 우월성을 주장했다. 이 책은 나치 이데올로기의 기초가 된 것으로 악명 높지만, 그의 장시 「플레이아드」(1874)와 단편 『아델라이드』(1869)는 불후의 명작으로 꼽힌다.

아리우스주의Arianism: 알렉산드리아의 신학자 아리우스Arius(250 또는 256~336)는 성자는 성부의 피조물이며 성부에게 종속된다고 주장하며 예수의 신성과 인성 중 신성을 부인함으로써 기존 삼위일체 교리를 정면으로 거부했다. 아리우스주의는 초기 기독교의 주요 분파로 성장했지만, 325년 콘스탄티누스 황제가 주재한 제1차 니케아공의회에서 알렉산드리아의 라이벌 아타나시우스Athanasius(293년경~373)에 의해 이단으로 정죄되고 아리우스가 추방되면서 유럽 변방으로 밀려났다. 그러나 아리우스주의는 중세에서 현대에 이르기까지 기독교 주류나 비주류에서 삼위일체 교리에 대한 재해석과 도전이 제기될 때마다 새롭게 부활하곤 했다.

아베스타어Avestan: 사산 왕조(224~654)에 해당하는 중기 페르시아 언어들 중에서 7세기경 조로아스터교 경전인 아베스타와 성스러운 찬가에 쓰였던 언어.

아이언 가드 Garda de Fier(Iron Guard, 철위단): 1927년 코르넬리우 젤레아

코드레아누에 의해 설립된 이 조직은 원래 '미카엘 대천사 군단'이라고 불렸으며, 루마니아 정교회의 발전과 인종 개혁에 전념했다. 이 단체는 반-유대주의와 신비적 민족주의를 근간으로 했다. 1933년 12월 정부에 의해 해산당했으나 '토툴 펜트루 차러(모든 것을 조국을 위하여)'라는 명칭으로 재등장하여 카롤 2세의 지원 아래 다시 어느 정도 성장했으며, 1937년 선거에서 16%의 표를 얻었다(1932년에는 1.2% 였음). 1938년 카롤 왕이 1인 독재를 선포한 후 다시 탄압을 받았으나, 1940년 그가 퇴위하자 '군단운동Legionnaire Movement'이라는 이름으로 다시 등장했다. 1940~41년 당원들이 이온 안토네스쿠 장군의 내각에 참여했으나, 1941년 1월에는 다시 안토네스쿠를 반대하는 친독일 반란을 일으켰다. 그러나 독일이 그 반란 사건과의 관계를 인정하지 않음으로써 아이언 가드의 명예는 땅에 떨어졌다.

『아일랜드 정복기Lebor Gabála Érenn』: 아일랜드 민족의 신화적 기원과 역사를 그 시초부터 중세까지 다룬 시와 산문으로 구성된 문집. 아일랜드 선사시대에 관한 중요한 기록으로서 11세기 한 무명의 학자에 의해 수집 편집되었으며, 신화, 전설, 역사, 민담, 기독교 사관, 정치적 선전 등이 스며들어 있다.

아흐네네르베, 나치 친위대의Schutzstaffel(SS) Ahnenerbe: SS는 나치의 '친위대'를 말한다. 아흐네네르베는 나치 친위대 소속 부서 중 하나로, 인체 실험과 게르만 민족의 고대사를 연구하는 싱크탱크였다. 1935년 7월 1일에 하인리히 힘러, 헤르만 비르트Herman Wirth, 리하르트 발터 다레Richard Walther Darré가 설립하였다. 아흐네네르베의 목표는 아리아족의 인류학사와 문화사를 연구하는 것이었고, 후에는 선사시대와 신화시대 북유럽인들이 한때 세계를 지배했다는 것을 입증하려는 의도를 가지고 실험과 탐사를 시행했다. 아흐네네르베는 소속 의사들에 의해서 온갖 잔인한 인간 생체 실험이 자행된 것으로 악명이 높다.

악시옹 프랑세즈Action Française: 프랑스의 작가이자 시인, 비평가인 샤를 모라(1868~1952)가 주도했던 반-공화정 우익 단체이자, 1908년 3월

21일부터 1944년 8월 24일까지 이 단체가 발간했던 일간지의 이름이기도 하다. 악시옹 프랑세즈 운동은 19세기 말 드레퓌스사건을 계기로 시작되었다. 샤를 모라는 완전한 민족주의 원칙을 수립하고, 내부적 갈등을 빚고 있는 프랑스 사회를 통합시킬 유일한 정체는 왕정이라고 보고 그 복고를 추구했다. 악시옹 프랑세즈는 가톨릭 신자나 중소기업인 등으로부터 폭넓은 지지를 받았다. 민족주의적 정서가 강했던 제1차 세계대전 후 전성기를 구가했고, 1934년에는 제3공화국(1870~1940)을 전복시키고자 치열한 공격을 가하기도 했다. 제2차 세계대전 당시 비시 정부와 더불어 독일에 협력한 이유로 전후에 불신을 받아 소멸되었다.

안락의자 인류학자 armchair anthropologist : 19세기 중후반에 자기가 직접 현지 조사를 하지 않고 연구실에 앉아, 서구의 관료, 사업가, 교사, 의사, 군인, 선교사, 여행가 등이 피식민지 원주민 사회들과 관련해 생산한 자료들을 쌓아놓고 비교하며 연구하던 초기 인류학자들을 가리킨다. 20세기 초에 말리노프스키 등에 의해 현지 조사가 인류학의 핵심적인 방법으로 자리 잡게 되면서 비판의 대상이 되었다. 현지 조사에 근거하지 않는다는 점 외에도, 20세기 후반 인류학과 종교학 진영에서 비교 방법에 대한 이론적 논의가 일면서, 안락의자 인류학자들의 다분히 주관적 인상에 근거한 자의적이고 무원칙적이며 몰역사적인 비교 방법도 도마 위에 올랐다. 그러나 그들을 간단히 무시해버릴 수는 없다. 다양한 문화를 비교하며 구축한 그들의 이론들 중에는 보편적 설명력을 지닌 것들도 없지 않으며, 이는 특정 지역 현지 조사가 아닌 폭넓은 비교를 통해 구축된 것으로 그 가치를 충분히 인정할만하기 때문이다. 예를 들어 주술의 유형을 그 원리에 따라 모방 주술과 감염 주술로 구분한 프레이저의 이론은 안락의자 인류학자들이 생산한 이론들 중에서 지금까지도 그 탁월성을 인정받는 이론 중 하나다.

야코비, 프리드리히 Friedrich Jacobi(1743~1819) : 독일의 사상가. 칸트의 비판적 이성철학과 피히테의 관념론에 반대하며, 감정에 바탕을 둔 감정철학과 신앙철학을 주장하였다. 레싱과 스피노자의 관계를 둘러싸고 모제스 멘델스존과 '범신론 논쟁'을 했던 것으로 유명하다. '니힐리즘'이라는 말을 처음으로 사용하기도 하였다. 주요 저서로는 『스피노자의 학설에 대하여』(1789)가 있다.

에볼라, 율리우스Julius Evola(1898~1974): 이탈리아의 철학자, 시인, 저술가, 비의 종교가, 정치가, 군인으로, 파시스트 열성 당원이었다. 『성배의 신비』(1937), 『힘의 요가』(1949) 등의 저서가 있다.

에우리피데스Euripides(기원전 480년경~406년경): 아테네 출신의 그리스 작가. 아이스퀼로스, 소포클레스와 함께 가장 잘 알려진 고대 그리스 비극 작가다. 『엘렉트라』, 『메데아』, 『박카이』, 『히폴뤼토스』, 『트로이아의 여인들』 등 총 18편의 작품이 전해진다.

에피메니데스, 크레타의Epimenides of Crete: 기원전 6세기경의 철학자이자 시인. 본문에 나오는 그의 역설적인 말("크레타인들은 언제나 거짓말쟁이들이고, 사악한 짐승들이며, 게걸스레 먹어대는 게으름뱅이들이다.")은 그의 시 『크레티카』에 나오는 한 구절이다. 20세기 초 버트란드 러셀이 '러셀의 역설'을 설명하며 인용해서 유명해졌다. '크레타인들은 항상 거짓말만 한다.'는 문장이 참이라면, 역시 크레타인인 에피메니데스의 말 역시 거짓말일 것이기 때문에 이 문장은 거짓이 된다. 한편 이 문장이 거짓이라면, 크레타인인 에피메니데스는 거짓말을 하지 않았을 것이기 때문에 이 문장은 참이 된다. 따라서 이는 참인 동시에 거짓이고, 참도 아니고 거짓도 아닌 문장이다. 한편 이 같은 역설의 맥락과는 상관없이, 『크레티카』는 신약성서에서도 두 번 인용되었다(「디도서」 1:12; 「사도행전」 17:28).

엠페도클레스Empedocles(기원전 492년경~432): 시칠리아 아크라가스 출신의 그리스 철학자. 생애에 대해 확실하게 알려진 것이 없으나, 귀족 출신이었고 정치, 종교 활동에도 참가했을 것이라 생각된다. 디오게네스 라에르티오스에 따르면 「자연에 관하여」와 「정화」라는 두 편의 시를 썼다. 모든 물질은 흙, 물, 불, 공기 이 4원소의 합성물이며, '사량'과 '투쟁'이라는 두 원리에 의해 이 원소들이 서로 결합되거나 분리된다고 생각했다. 따라서 세상의 단일성과 불변성을 주장한 파르메니데스를 따르면서도 이 4원소들의 결합과 분리라는 변화는 인정했다. 영혼의 윤회를 주장한 윤회설로도 유명하다.

『오르크네이 영주들의 사가Orkneyingasaga』: 9세기부터 12세기까지 노르웨이의 지배 아래 있던 스코틀랜드 북부 오르크네이 군도의 역사를 다룬 서사시. 12세기 말 익명의 저자에 의해 고대 아이슬란드어로 기록되었으며, 허구적 전설과 역사적 사실이 섞여 있다.

오시안Ossian: 3세기경 고대 켈트족의 전설적인 시인이자 용사로 알려져 있으며, 제임스 맥퍼슨이 그 시를 수집하여 영역본, 『고지방 수집 고대 시가 단장』(1760), 『핑갈』(1762), 『테모라』(1763) 3권을 발표함으로써 이름이 알려졌다. 아일랜드, 스코틀랜드의 고지대에 살았고 부친인 영웅 핑갈을 노래한 시를 썼다고 전해졌다. 하지만 본문에서도 언급했듯 사무엘 존슨은 이것이 맥퍼슨의 자작시라고 단정하였고, 오늘날 대개의 연구자들은 맥퍼슨이 옛 자료를 활용한 것은 대부분은 그의 창작이라고 보고 있다.

울필라Wulfila(311년경~382년경): 고트족을 기독교로 개종시킨 주교이자 선교사. 그리스어와 라틴어를 개조하여 고트 문자를 창안했고, 381년 그리스어로 된 성서의 일부를 고트어로 번역했다. 그가 번역한 복음서들과 바울서신들은 상당 부분 현존하며, 「느헤미야」 번역의 일부도 남아 있다. 그의 성서 번역 중 현존하는 자료들은 W. 슈트라이트베르크의 『고트어 성서Gotishche Bibel』에 수록되어 있다.

유가Yuga: 힌두교에서 말하는 우주와 인류의 한 시대. 사티야 유가(크리타 유가), 트레타 유가, 드바파라 유가, 칼리 유가의 네 유가가 있으며, 뒤로 갈수록 기간이 짧아진다. 이 네 유가가 합쳐져 마하 유가(432만 년)를 이루고, 2,000마하 유가는 우주의 기본 주기인 겁劫kalpa을 이룬다. 첫 번째인 사티야 유가는 최고의 황금 시대로 172만 8,000년 동안 지속되며, 마지막인 칼리 유가는 가장 타락한 시대로 기원전

3102년에 시작해 43만 2,000년 동안 지속된다. 칼리 유가가 끝나면 현재 우주가 파괴되고, 새로운 우주의 주기가 시작된다.

유헤메리즘euhemerism: 기원전 4세기 말에서 3세기 사이 그리스의 에우헤메로스가 주장한 이론으로, 신들과 이들에 관한 신화는 과거에 실존했던 조상이나 영웅들의 공적을 기리던 이야기가 와전된 데서 비롯되었다는 주장.

이디시어Yiddish: 중부 및 동부 유럽 출신 유대인들이 사용하는 언어로, 히브리어 및 아람어와 함께 유대 역사상 가장 중요한 3대 문어文語의 하나다. 연대가 밝혀진 가장 오래된 이디시어 문헌은 12세기의 것이지만, 학자들은 그 기원을 유대인들이 중부 유럽에서 독자적인 문화적 존재로 등장한 9세기경으로 보고 있다. 처음에는 셈어 성분과 게르만어 성분을 받아들인 뒤 복잡하게 융합되었고, 로망스제어와 슬라브어 성분(특히 폴란드어)도 약간 받아들였다. 동부 유럽에서 세계 각지로 대거 이주한 유대인들을 통해 전 세계로 퍼졌고, 유대인들의 국제 혼성어로서 전통적 역할이 더욱 확대되었다. 수백만 명에 이르는 이디시어 사용자들은 나치의 유대인 학살에 희생되었다. 또한 소련에서는 이디시어 사용자를 공식적으로 억압했고, 근대 헤브라이어를 적극 보호하는 정책을 쓴 이스라엘도 최근까지 비공식적으로 반대 입장을 취했으며, 서방 국가에 거주하는 많은 유대인이 그 나라의 언어에 동화되어 이디시어 사용자 수는 더욱 줄어들었다. 그럼에도 불구하고 수많은 나라의 극단적 정통파 하시디즘 유대교인들과 컬럼비아대학, 히브리대학, 옥스퍼드대학, 파리대학 등 주요 대학의 유대인 학생들이 이 언어를 사용하고 있다.

[ㅈ]

『자드 스프람 선집Zad Spram』: 9세기 말 이란에 살았던 조로아스터교 승려인 자드 스프람의 저술 모음집. 이 『선집』은 35장으로 구성되어 있는데, 세상의 창조와 종말, 인간론, 자라투스트라의 전설 등 정통 조로아스터교 신학의 중요한 문제들을 다루고 있다.

자라산다Jarasandha：『마하바라타』에 나오는 등장인물로, 마가다 왕국의 왕.

전설적인 사가들 Fornaldarsögur：아이슬란드가 노르웨이의 식민지가 되기 이전 시기에 아이슬란드에 거주하던 노르웨이인들 사이에서 생겨난 전설들의 통칭. 『가우트렉의 사가』 등 28편의 긴 사가와 『라그나르의 아들들 이야기Ragnarssona þáttr』 등 8편의 짧은 사가를 아우른다. 대개 13세기 중반에서 14세기 사이에 아이슬란드어로 기록되었다.

조합 사회stato corporativo(corporate society)：1930년 이탈리아 파시스트당에 의해 만들어진 특수한 국가 통치 형태. 이들은 국가권력을 전면적으로 장악하고 유지하기 위해 각종 직능단체를 자신들의 지배하에 편입하고, 이들 단체의 대표자들로 구성되는 '파시스트 대평의회'를 설치하여, 이를 통해 전 국민을 지배하는 독자적 체제를 만든 후 이를 '조합 국가'라고 불렀다. 사상적으로 노동조합을 혁명의 주체로 하는 소렐의 생디칼리즘syndicalism(혁명적 노동조합주의)을 배경으로 했지만, 노동과 생산을 사회적 의무라고 규정하면서 조합 자체가 어용화되었다.

존슨, 사무엘 Samuel Johnson(1709~1784)：영국의 시인·평론가. 옥스퍼드 대학에 입학하였으나 경제적 어려움으로 중퇴하였고, 1755년 영국 최초로 영어사전을 만들어 영문학 발전에 크게 이바지했다. 이후 풍자시 「런던」, 「덧없는 소망」과 영국 시인 52명의 전기와 작품론을 정리한 『영국 시인전』 10권을 발표했다.

『종형 곡선 The Bell Curve』：미국의 동물행동학자 리처드 헤른슈타인Richard Herrnstein(1930~1994)과 정치과학자 찰스 머레이Charles Murray(1943~)가 쓴 책이다. 그들은 이 책에서 지능지수로 사람을 나눴을 때 그 분포가 종 모양을 이룬다는 전제를 세웠다. 그리고 지능이 낮은 저능아들은 대부분 흑인이며, 미국 사회의 경제적 불평등과 계층화는 뿌리 깊은 지능 차이에서 왔으므로, 유전자가 인간의 지능을 결정하는 한, 지능이 모자란 사람들의 출산을 막아야 한다고 주장했다.

1994년 가을에 출간된 후 베스트셀러가 되면서 미국 사회에서 큰 논란을 불러일으켰다.

[ㅊ]

체임벌린, 휴스턴 스튜어트Houston Stewart Chamberlain(1855~1927): 영국에서 출생했으며 정치철학과 자연과학 저서의 저자. 리하르트 바그너 사후 그의 딸과 결혼했다. 그의 책 『19세기의 토대』는 20세기 초 범게르만 민족주의 운동과 이후 나치의 인종차별주의에 영향을 주었다.

[ㅋ]

카우프만, 월터Walter Kaufmann(1921~1980): 독일 출신의 미국 철학자. 니체 번역과 연구로 잘 알려져 있지만, 그의 연구 범위는 존재론, 종교철학, 역사철학, 미학, 윤리학 등에도 두루 걸쳐 있었다. 대표작으로 『니체: 철학자, 심리학자, 안티크라이스트』, 『종교와 철학 비평』 등이 있으며 국내에는 『인문학의 미래』, 『헤겔: 그의 시대와 사상』이 번역되어 있다.

카유아, 로제Roger Caillois(1913~78): 프랑스의 저술가. 문학비평, 사회학, 철학, 종교사 등을 넘나들며 보물, 놀이, 축제, 성스러움 등에 관한 방대한 저술을 남겼으며, 조르주 바타유 등과 함께 '사회학파'를 창시했다. 대표적인 저서로 『인간과 성스러움L'Homme et le sacré』(1939)이 있다.

『칼레발라Kalevala』: 핀란드의 민족 서사시. 엘리아스 뢴로트Elias Lönrott가 주로 카리알라 지방에서 수집한 시를 바탕으로 1835년에 32편으로, 다시 1849년에 50편으로 출판하였다. 칼레발라는 '영웅들의 나라'라는 뜻이다. 주요 내용은 천지창조의 이야기와 예언자 배이내뫼이넨, 대장장이 일마리넨, 전형적인 협객 렘민캐이넨 등 세 사람이 북쪽 나라 포흐욜라의 로우히 여왕의 딸에게 구혼하러 가는 이야기이다. 장 시벨리우스의 음악에 상당한 영향을 주었다.

켈티스, 콘라드Conrad Celtis(Celtes)(1459~1508): 독일 르네상스의 인문주의 학자이자 신-라틴어 시인. 하이델베르크에서 달베르크와 아그리콜라의 지도를 받았다. 저작으로『게르마니아 개관』외에『운문과 시 창작 예술Ars versificandi et carminum』(1486)이 있다.

쿨리아누, 요안Ioan Petru Culianu(1950~1991): 루마니아 태생의 종교학자, 정치평론가, 소설가. 부쿠레슈티대학과 밀라노 가톨릭성심대학에서 박사 학위를 받은 후 시카고대학 종교학과 교수가 되었으며, 이어 파리4대학에서도 박사 학위를 받았다. 전문 분야는 영지주의 및 르네상스 시대 마법이며, 주요 저서로『사이카도니아: 영혼 승천에 관한 자료와 그 타당성에 대한 검토』(1983),『르네상스기의 에로스와 마법』(1990) 등이 있다. 그는 같은 루마니아 출신인 엘리아데와 오래도록 돈독한 관계를 유지했으나, 엘리아데가 청년 시절 루마니아 파시스트 조직인 아이언 가드에 관여했을지도 모른다는 의혹을 제기함으로써 결국 엘리아데와 사이가 벌어졌다. 그는 캠퍼스 내 연구동 화장실에서 머리에 총을 맞아 사망했다. 범인은 잡히지 않았는데, 그가 루마니아 공산 정권과 극우 조직을 모두 비판해왔다는 점에서 둘 중 어느 한 쪽에 의해 피살되었을 것으로 추정되고 있다. 또 그가 조사하던 비의 종교 단체에게 피살되었으리라는 추측도 있다.

크로이처, 게오르크 프리드리히Georg Friedrich Creuzer(1771~1858): 독일의 고전학자. 호메로스와 헤시오도스의 신화는 본래 동양에서 나와 헬레니즘 시대 이전에 에게 해를 거쳐 그리스로 전해졌다는 주장을 했다. 이 주장을 담은 책이『고대인, 특히 그리스인의 상징성과 신화』(총4권, 1810~12)다.

크리티아스Critias(기원전 460년경~403년경): 플라톤과 마찬가지로 오래된 부유한 가문에서 출생했으며, 친구 알키비아데스와 함께 소크라테스의 주변에 모이던 이들 중 하나였다. 남아 있는 비극 및 다른 작품들 단편은 그가 시사적인 문제에 관심을 두고 있었음을 보여준다. 일부 학자들은 그의 것이라고 생각되는 비극 작품들 중 일부는 사실 에 우리피데스의 작품일지도 모른다고 의심하기도 한다. 아테네의 30인 참주 중 한 명이기도 하다. 스파르타의 방식을 추종했고, 크세노폰의 글에서는 폭력적인 극단주의자로 묘사되었다.

크세노파네스Xenophanes(기원전 560~480년경): 콜로폰 출신의 그리스 시인, 자연철학자. 남아 있는 한 시구에서 자신이 25세 때 이오니아를 떠나 67년간 방황했다고 말한 것으로 보아, 기원전 545년 페르시아가 이오니아를 점령한 후 고향을 떠나 평생 방랑하며 살았던 것으로 보인다. 신인동형론神人同形論anthropomorphism 및 호메로스와 헤시오도스가 신들을 묘사한 방식을 비난했으며, 플라톤, 아리스토텔레스, 스토아학파 등으로 이어지는 자연철학의 기반을 닦았다. 파르메니데스의 스승이었다는 설도 있으나 불확실하며, 엘레아학파의 창시자로 이야기되는 경우도 있다.

킴메르족Cimmerian: 기원전 7세기경 크리미아를 비롯한 남러시아와 소아시아 지방에 살던 유목 민족.

킴브리족Cimbri: 고대 게르만족의 하나. 게르만족 대이동의 선구자였으며, 기원전 101년 이탈리아 반도를 침입했다가 로마의 장군 마리우스에게 패배했다.

[ㅌ]

타밀어Tamil: 드라비다어족의 남부 드라비다어파에 속하며, 인도의 15개 공용어 중 하나로 인도 남동부 타밀나두 주에서 쓰인다. 독자적 문자를 가진 드라비다어 중 유일하게 기원 전후의 문헌을 보유하고 있으며, 드라비다어 중 비교적 인도-아리아어 계통의 영향을 적게 받은 언어이기도 하다. 타밀어로 된 가장 오래된 자료는 마두라이 근교에서 발견된 기원전 250~150년경의 타밀브라흐미 조각문이다.

탁크티 잠시드Takhti Jemshid: 이란 페르세폴리스의 본래 고대 이름.

[ㅍ]

파르메니데스Parmenides(기원전 520년경~450년경): 엘레아 출신의 그리스 철학자. 보통「자연에 대하여」라는 제목으로 불리는 철학적 운문의 단편이 남아 있다. 말과 사고를 핵심에 두고, 무엇인가 존재하지 않는다면 그것에 대한 생각과 말도 있을 수 없다는 논리하에 존재(있음)를 확정지었다. 무, 비존재, 변화, 다수성 등을 모두 부정하며, 말해질 수 있거나 생각될 수 있는 것은 반드시 생성과 소멸도 없고, 온전하며, 단일한, 변화하지 않는 완결된 것이라 주장함으로써 일자론을 확립했다.

파우사니아스Pausanias: 2세기 중엽에 살았던 그리스의 여행가이자 지리학자. 아티카, 고린토, 라코니아, 메세니아 등 그리스 전역을 여행하며 고대 그리스의 유적과 당대의 모습을 기록한 여행기이자 지리서, 『그리스 기행hellados periegesis』을 남겼다.

팔라비어Pahlavi: 7세기의 중기 페르시아어들 중에서 아베스타의 역주나 종교문학에 쓰였던 언어.

푸라나purāṇa: '고대의 전승'이라는 뜻으로, 힌두교의 종교 문헌들 중 대중적인 신화, 전설, 계보 등을 모아놓은 것을 말한다. 형성 연대와 기원이 다른 다양한 문헌이 전해지며, 주로 다루는 주제는 태초의 우주 창조, 우주의 파괴 이후의 두 번째 우주 창조, 신들과 성자들의 계보, 역사적으로 중요한 사건들, 왕가의 역사 등이다.

프라하학파Prague School: 1920~30년대에 러시아 태생으로 체코에서 활동하던 야콥슨과(그는 제2차 세계대전 때 북유럽을 거쳐 미국으로 망명했다) 러시아의 언어학자 트루베츠코이를 중심으로 프라하에서 형성된 구조언어학 그룹. 언어 내적인 요소들의 기능, 언어들 간의 요소 대비, 대비되는 요소들에 의해 형성된 전체적인 언어 체계 등을 강조했으며, 구문과 문장 구조 분석에 기능주의적 방법을 도입했다. 특히 변별적 특질을 이용한 음운 체계 분석을 발전시켜 훗날 변형문법 이론에 중요한 영향을 주었다.

프랑코, 프란치스코Francisco Franco(1892~1975): 본명은 프란치스코 파울리노 에르멘네힐도 테오둘로 프랑코 이 바하몬데Francisco Paulino Hermenegildo Teódulo Franco y Bahamonde로 스페인의 독재자이다. 1936년 모로코인 용병을 포함한 자신의 직속 군대를 이끌고 인민전선 정부에 반대해 봉기를 일으켰는데, 이것이 바로 스페인 내전이다. 내전에서 그는 국민 정부의 주석 및 군 총사령관이 되었으며, 1939년에는 스페인의 총통이 되어 종신 독재를 했다. 제2차 세계대전 중에는 같은 파시스트 국가인 독일, 이탈리아와 동맹하지 않았으나, 실제로는 여러 가지로 측면 지원하였으며, 전후에는 국제사회의 비난을 받았다.

프로이센·프랑스전쟁Franco-Prussian War(보불전쟁): 프로이센-오스트리아 전쟁에서 오스트리아를 패배시킨 비스마르크가 독일 통일의 마지막 걸림돌인 프랑스를 제거하여 독일 통일을 마무리하고자 일으킨 전쟁. 표면상으로는 프랑스의 나폴레옹 3세 황제가 먼저 전쟁을 선포한 것으로 시작되었으나, 이는 비스마르크의 교묘한 책동에 의한 것이었다. 결국 승리한 프로이센은 1871년 1월, 파리 교외의 베르사이유 궁전 거울방에서 제국의 성립을 선포하고, 프로이센 국왕이었던 빌헬름 1세가 초대 독일제국 황제로 추대되었다. 그 외에 독일은 알자스와 로렌 지방을 획득하였으며 많은 전쟁 보상금을 받았다.

프로코피우스Procopius(500년경~560년경): 비잔틴제국의 역사가. 그의 저술은 총 세 가지로, 『폴레몬Polemon』(총8권)은 전쟁을, 『페리 크티스마톤Peri Ktismaton』(총6권)은 건축을 다루었으며, 그가 죽은 뒤에 간행된 『아네크도타Anecdota』는 숨겨진 역사를 다루고 있다.

프로타고라스Protagoras(기원전 490~420년경): 압데라 출신의 그리스 철학자. 신들의 존재와 본성에 관한 불가지론과 '인간은 만물의 척도다.'라는 주장으로 유명하다. 이는 감각기관에 기반을 둔 인간의 인식이 제각각이기 때문에 이 인식에 기초한 인간의 지식 역시 사람마다 다르다는 상대주의적 진리론이다. 플라톤과 데모크리토스는 만약 모든 믿음이 진리라면, 모든 믿음이 진리라는 말은 사실이 아니다라는 믿음마저도 진리가 되어 이는 결국 자기모순적이라고 비판했다. 플라톤은 『프로타고라스』 편에서 그를 사회계약 이론에 바탕을 둔 보수적 사회 도덕주의자로 묘사했다.

플라시 전투 The Battle of Plassey(Palashi): 1757년에 인도 북동부 벵골 지방의 태수인 시라지 우드 다울라가 영국 동인도회사의 밀무역이 벵골 지방 경제에 타격을 입히는 데 반발하여 영국인들을 콜카타(캘커타) 시에서 추방하자 동인도회사 군대가 공격을 하면서 벌어진 전투. 동인도회사는 적장들을 매수하여 수적 열세를 극복하고 전투에서 승리했으며, 이로써 영국의 인도 지배를 위한 토대가 확실히 다져지게 되었다.

플레곤, 트랄레스의 Phlegon of Tralles: 2세기 하드리아누스 황제 시대에 살았던 그리스 작가. 주요 작품은 첫 번째부터 229번째까지의 올림픽경기(기원전 776년부터 기원후 137년)에 대한 역사적 개요를 기록한 총 16권으로 된 『올림피아드』로서 작품 자체는 현존하지 않지만, 에우세비우스의 『연대기』와 포티우스, 신켈루스의 글에 그 일부가 기록되어 전해진다. 현존하는 두 작품은 본문에 인용된 『장수에 관하여』와 귀신 이야기, 예언, 희귀한 이야기를 담은 『진기한 일들에 관하여』이다. 시칠리아에 대한 글, 로마의 지리, 로마의 축제에 관한 글들도 남겼다고 전해진다.

핀다로스 Pidar(기원전 522/518년경~422/438년 이후): 보이오티아의 키노스케팔라이 출신의 그리스 서정시인. 4대 범그리스 축제(피티아, 올림피아, 네메아, 이스트미아)에서 승리한 우승자들을 찬양하는 합창 승전가, 『에피니키아 Epinicia』 4권이 현재까지 전해진다. 찬가를 쓸 때 승리자들의 도시의 영웅들을 다룬 신화를 즐겨 사용했다.

[ㅎ]

하만, 요한 게오르크 Johann Georg Hamann(1730~88): 독일 계몽주의 철학자. 존재의 기본 진리를 믿음과 감각의 경험을 통해 깨달을 수 있다고 주장한 장 자크 루소와 더불어 18세기 말 독일에서 일어난 문예운동인 질풍노도 운동에 큰 영향을 주었다. 그는 경건파 루터주의자였고, 임마누엘 칸트의 친구이자 학문적 적수이기도 했다.

하이네, 하인리히Heinrich Heine(1797~1856): 독일의 낭만파 시인, 정치사상가. 『노래책』(1827)과 『로만체로』(1851) 등의 시집과 『독일 종교와 철학의 역사에 대하여』(1835) 등의 책을 썼다.

헤라클레이토스Heraclitus(기원전 535~475년경): 아나톨리아 에페소스 출신의 그리스 철학자. 로고스를 사고의 핵심 개념으로 두었고, 우리가 경험하는 사물의 질서는 항상 변화하기 때문에 같은 강물에 두 번 들어갈 수 없다는 말을 한 것으로 유명하다. 변화가 우주의 질서를 유지하는 데 필수적이라고 생각했으며, 정의는 투쟁으로서 자연은 서로 반대되는 것들이 만들어내는, 마치 팽팽한 활과 같은 긴장 속에 놓여 있다고 주장했다.

헤르더, 요한 고트프리트Johann Gottfried Herder(1744~1803): 독일의 신학자, 철학자, 역사학자, 심리학자, 교육자이자 문인이었으며, 질풍노도 운동을 주도했다. 칸트의 제자였던 헤르더는 칸트에게서 논리학, 형이상학, 윤리학, 수학, 천문학, 지리학까지 배웠고, 그의 영향으로 『에밀』을 비롯한 루소의 저술을 전반적으로 섭렵하였다. 1766~7년에는 『독일 현대문학에 관하여』라는 제목의 단편 모음집 3권을 발표하였는데, 여기서 그의 언어철학적 가설이 등장하였다. 후에 스트라스부르에서 요양을 하던 시기에 괴테를 만나 괴테에게 막대한 영향을 미쳤다. 헤르더 자신이 편집한 『독일의 예술에 관하여』(1766)에는 괴테, 헤르더, 뫼저의 글들이 수록되었고, 이 글은 독일 질풍노도 운동에서 아주 중요한 글이 되었다. 『언어의 기원에 관하여』(1770)도 질풍노도 운동에 큰 영향을 미쳤다. 저서로 『1769년 나의 여행기』와 『인본성의 증진을 위한 서한집』 등이 있다.

헤카타이오스Hecataeus(기원전 500년경): 밀레토스 출신의 그리스 작가. 초기 이오니아 산문 작가들 중 가장 중요한 인물이다. 지리학에 관한 책 『세계여행기』(*Periegesis* 또는 *Periodos ges*)와 신화학 책 『계보』(*Histories* 또는 *Heroologia*)를 썼고, 둘 다 그 단편 일부만 남아 있다.

훔볼트, 알렉산더 폰Alexander von Humboldt(1769~1859): 독일의 자연과학자이자 지리학자. 베네수엘라의 오리노코 강 상류와 아마존 강 상류, 에콰도르의 키토 부근 화산과 안데스산맥 등을 탐험하고 조사했다. 지구자기를 조사하기 위해 이탈리아를 여행하고, 우랄·알타이·중앙아시아를 여행하여 최초로 중앙아시아 자연지리에 관한 정확한 자료를 남겼다. 세계를 여행한 성과로 많은 저서를 간행하여 자연지리학의 시조로 일컬어진다. 대표작으로는 19세기 전반기의 과학을 상세히 묘사한 『코스모스Kosmos』 다섯 권이 있다.

히브리성서: 구약성서를 말한다. 유대교와 기독교가 공유하는 이 경전과 관련해 '구약The Old Testament'이라는 표현은 메시아가 오리라는 '옛 약속'이 예수를 통해 성취되었다고 여기는 기독교에서만 통용될 뿐, 약속은 아직 성취되지 않았다고 여기는 유대교에서는 통하지 않는다. 따라서 최근에는 표현의 중립성을 위해 '구약성서'는 '히브리성서The Hebrew Bible/The Hebrew Scripture'로, '신약성서The New Testament'는 '기독교성서The Christian Bible/The Christian Scripture'로 쓰는 추세다.

옮긴이의 말

 신화는 우리 시대의 두드러진 문화적 키워드 중 하나다. 서점에 가보면 낯익은 그리스-로마 신화집(대개 토마스 벌핀치 판본의 변형들이다)에서 각 나라별 신화집, 여러 나라의 신화들을 모아놓은 단행본과 전집류, 신화 용어집과 사전류, 그리고 작가, 저술가, 학자 등이 신화를 맛깔스레 각색하거나, 해설하거나, 문학, 영화, 미술 같은 문화 요소와 결부지어 논의한 책들에 이르기까지 신화와 관련된 다양한 저서와 번역서를 만날 수 있다. 그뿐이 아니다. 일찍이 기호학자들, 신화학자들, 종교학자들은 『스타워즈』나 『슈퍼맨』 같은 영화가 신화의 구조를 빼닮았다고 하여 이를 현대의 새로운 신화라고 했는데, 그 뒤를 잇는 『매트릭스』, 『반지의 제왕』, 『해리 포터』 같은 영화들은 구조 차원을 넘어 소재 면에서도 명백히 신화적인 요소들을 대거 차용하고 있다. 또 온라인 게임의 가상현실 속에 구축된 사이버 공간은 우리가 누비는 그 어떤 공간보다도 더욱 온갖 신화적 요소로 가득하다.

단지 읽을거리, 볼거리, 놀거리 차원에서만 신화가 인기인 것은 아니다. 신화는 좋은 생각거리도 제공하고 있어서, 다양한 학문 방법을 동원해 신화를 분석하거나 신화라는 장르 자체에 대한 이론적 성찰을 도모한 책들도 속속 저술되거나 번역되고 있다. 20세기 후반 이후 내내 세계적 인기를 누려온 신화학자 조지프 캠벨과 종교학자 겸 신화학자 미르체아 엘리아데의 책은 거의 모두가 번역되었고(캠벨의 『신의 가면』 4부작, 『신화의 힘』, 『천의 얼굴을 가진 영웅』, 『신화의 이미지』 등과, 엘리아데의 『세계종교사상사』 3부작, 『성과 속』, 『종교형태론』, 『영원회귀의 신화』, 『샤머니즘』, 『메피스토펠레스와 양성인』, 『이미지와 신화』, 『신화, 꿈, 신비』, 『신화와 현실』 등), 까다롭고 방대하기로 유명한 인류학자 클로드 레비스트로스의 『신화학』 4부작도 이미 두 권이나 번역되었으며, 나머지도 조만간 번역될 것으로 보인다. 이 밖에 신화 비판에 근거한 문화 비평 이론서의 고전인 기호학자 롤랑 바르트의 『신화론』은 번역본이 이미 두 종이나 나와 있으며, 엘리아데를 독창적으로 계승한 신화학자 웬디 도니거의 『다른 사람들의 신화』가 번역되었고(그녀의 또 다른 주요 신화 연구서인 『숨겨진 거미』도 번역되고 있는 중이다), 역사학자 폴 벤느의 『그리스인들은 신화를 믿었는가』도 소개되어 있다. 향유되는 이야기 면에서나 이론적 논의 면에서나, 신화는 그야말로 전성기를 구가하고 있다 하겠다.

그런데 어딘지 좀 허전하다. 신화 이론들을 조금만 공부해본 사람이라면, 캠벨과 엘리아데의 인기에 문제가 없지 않다는 사실을 금세 알게 된다. 캠벨에게는 텍스트 본래의 역사적 맥락과 상관없이 자신의 주관적 인상에만 근거해 무원칙적이고 무분별하게 온갖 신화를 비교해댄다는 비판이 가해지곤 한다. 엘리아데에게는 이와 같은 비판에 덧붙여, 그가 학자라기보다는 성스러움 개념을 중심으로 새로운 영적 비전을 제시하려 하는 사제나 샤먼에 더 가까우며, 역사와 정치에 대한 그의 과도한 거부감은 젊은 시절 루마니아 파시스트 운동에 가담했던 이력에서 기인한다는 비판이 가해지곤 한다. 또 지금이야 이들만큼 인기는 없지만, 20세기 중반 세계 지성계를 휩쓸었고, 지금도 그 영향력이 결코 만만치 않은 레비스트로스에 대해서는 몰역사성과 몰사회성, 그리고 언어적 환원주의 등에 대한 비판이 가해지곤 한다.

하지만 우리 주변에서 이런 비판적 목소리를 들을 기회는 그리 흔치 않다. 신화 이론서는 제법 많아졌지만, 신화 이론들 자체에 대한 성찰과 비판, 그리고 이들과는 다른 시각의 대안적인 신화 분석과 이론은 여전히 접하기가 어렵다. 분명 신화의 유행은 하나의 문화적 현상이고, 따라서 그 유행 안에 머물기보다는 그 현상을 비평적으로 읽어내는 작업이 필요하다. 그리고 이를 위해서는 무엇보다도 신화를 분석하고 해석하는 기존의 이론과 방법에 대한 메타적인 검토가 절실하다. 이 점에서 연전에 엘리아데라는 인물과 그의 신화학과 종교학을 공감적 입장에서 전체적으로 조망한 저술과 번역서가 나온 일이나(정진홍, 『M. 엘리아데, 신화와 종교』; 안진태, 『엘리아데, 신화, 종교』; 더글라스 알렌, 『엘리아데의 신화와 종교』), 엘리아데를 비롯해 카시러, 말리노프스키, 레비스트로스 같은 거장들의 신화 이론을 비판적으로 검토한 책이 번역된 일은(이반 스트렌스키, 『20세기 신화 이론』) 무척 고무적이다.

미국 시카고대학의 종교학자 브루스 링컨의 『신화 이론화하기』는 이렇게 신화 이론을 메타적으로 검토하려는 작업들의 연장선에 있다. 다만 그는 그가 극찬하는 스트렌스키와 마찬가지로 기존 신화 이론가들 대부분에 대해 호의적이기보다는 확고한 비판적 입장을 취한다. 그는 이 책에서 신화에 관한 이론을 구축하려는 기존의 시도들이 어떤 계보를 따라 펼쳐져 왔는지를 추적하면서, 동시에 기존의 신화 분석 방법들과는 사뭇 다른 방법으로 다양한 신화 텍스트를 직접 분석하고 있다. 그는 신화란 무엇인지를 딱히 정의하지 않는다. 신화라는 것 자체가 그 어떤 명확한 정의도 허락하지 않는, 극히 모호하고 복합적이며 유동적인 개념이기 때문이다. 그러나 신화 텍스트를 분석하고, 신화 이론을 해부하기 위해서는 모종의 작업적 정의가 필요한 법이다. 따라서 링컨은 잠정적으로 신화를 '서사 형식의 이데올로기ideology in narrative form'로 규정하면서 논의를 시작한다.

이런 식의 신화 이해에는 여러 가지 뿌리가 있다. 우선 그것은 프랑스 사회학과 인류학의 초석을 놓은 에밀 뒤르케임과 마르셀 모스의 '모든 신화는 근본적으로 분류 체계'라는 견해를 계승하고 있다. 인간 사회와 문화 속의 모든 담론과 실천이 그렇듯, 신화 역시 사물을 조직하고 분류하는 방식의 하나라는 것이다. 그런데 링컨은 뒤르케임과 모스의 견해가 지닌 다소 안이한 중립성을 넘어서는 그 나름의 견해를 제시한다. 신화는 그냥 평범한 분류 체계가 아니라, 특정한 방식으로 위계를 조직하고 권력을 분배하는 이데올로기적 분류 체계라는 것이다. 여기서 링컨은 '허위의식으로서 이데올로기'에 관한 맑스의 생각을 보완한 안토니오 그람시의 '지배와 저항의 헤게모니적 토대로서 이데올로기' 개념을 계승하면서, 동시에 신화를 '이차적 의미 작용이 벌어지는 파롤화된 이데올로기'로 본 롤랑 바르트를 계승하고 있다. 링컨은 이런 입장을 그가 신화 분석의 주요 도구로 활용하고 있는 레비스트로스 식의 구조주의적 분석 방법에도 적용한다. 레비스트로스는 신화가 일련의 대립적인 신화소들의 쌍을 구축하고 중재함으로써 인간 사고의 딜레마들을 해결하는 장치라고 보았는데, 링컨은 레비스트로스가 공시성에 치중한 나머지 통시성을 무시하고, 인간의 정신적 측면에만 관심을 가진 나머지 사회적 측면을 간과하며, 신화소들의 대립과 중재 방식을 찾아내는 데 골몰한 나머지 그 대립과 중재의 이면에서 작동하는 위계화의 이데올로기적 효과를 놓친 점을 보완하고 있다.

이 책의 각 장에서 다루는 내용은 링컨이 직접 머리말에 간단히 요약해놓고 있으므로, 여기서 굳이 반복할 필요는 없을 것이다. 다만 링컨이 이 책에서 하고 있는 작업의 특성은 간단하게나마 짚어볼 필요가 있겠다. 링컨은 이 책에서 그 성격이 사뭇 다르면서도 서로 밀접히 연관된 세 가지 작업을 하고 있다. 우선 그는 고대 그리스에서 뮈토스로부터 로고스로 담론의 헤게모니가 옮겨간 변화 과정에서 도대체 무슨 일이 벌어졌는지를 분석한다. 링컨에 따르면, 우리가 이 주제에 관해 으레 짐작하곤 하는 것과 달리, 그 변화는 신화에서 이성으로, 비합리성에서 합리성으로 단번에 깔끔하게 옮겨간 것이 아니다. 오히려 그 변화는 누구의 생각이 주목받고, 누구의 목소리가 권위를 부여받을 것인지를 둘러싼 담론적 권력 투쟁 속에서, 권력을 장악한 집단에 의해 뮈토스와 로고스의 의미가 재편되고 위상이 뒤바뀐 역동적인 과정의 산물이다. 이러한 논의는 뮈토스에 대한 로고스의 승리라는 생각이 그 자체로 하나의 (허위의식으로서) 신화에 불과하다는 점을 드러내는 효과를 낳고 있다(1장과 2장).

다음으로 링컨은 근대와 현대 신화 연구의 흐름을 세밀히 추적하면서 신화에 관심을 갖고, 연구하고, 특정한 신화 이론을 구축하려던 시도들에서 어떤 이데올로기들이 작동하고 있었는지를 해부한다. 우선 그는 근대 유럽에서 낭만주의와 민족주의가 결합하면서 신화가 어떻게 민족 정체성의 뿌리로 새로운 관심을 끌게 되었고, 이렇게 재발견된 (또는 날조된) 신화가 어떻게 자민족 중심주의와 인종주의의 이데올로기적 토대를 제공했는지를 규명한다. 그리하여 그는 그림 형제의 민담 연구나 리하르트 바그너의 오페라를 비롯한 다양한 신화 이론과 담론 속에 내재한 때로 은밀하고 때로 노골적인 민족주의 이데올로기를 하나하나 밝혀낸다(3장). 그리고 이 작업의 연장선에서 좀 더 구체적인 사례로 윌리엄 존스의 인도 연구에서 아리아 민족주의의 토대로서 본연의 인도-유럽에 대한 환상이 어떤 식으로 펼쳐지고 있었는지(4장), 프리드리히 니체의 저작에 아리아 민족주의의 원형이 어떻게 절묘하게 스며들어 있었는지(5장), 그리고 조르주 뒤메질의 신화 연구에서 우파 민족주의를 비롯한 온갖 이데올로기가 어떻게 복잡하게 서로 얽혀 있었는지(6장)를 밝혀낸다. 이어서 링컨은 좀 더 현대로 시선을 옮겨 20세기 중후반 신화 연구 진영의 두 거장, 특히 뒤메질과 교우를 나누며 그로부터 영향을 받았던 엘리아데와 레비스트로스의 신화 이론을 검토한다. 그는 엘리아데의 제자였지만 스승에 대한 그의 평가는 매우 냉담하고 소략하다. 한 사람의 인간으로서, 스승으로서는 존경하지만, 신화 연구 이론과 방법에 관한 한 그에게서는 배울 점이 별로 없다는 것이다. 반면 그는 레비스트로스에게는 꽤 관대하다. 비록 레비스트로스 역시 문제가 없지는 않지만, 적어도 신화라는 서사 속의 이데올로기를 해부하는 데서는 그의 구조주의적 방법을 (맑스로 보완해서) 수정해 사용할만한 유용성이 있다는 것이다(7장 앞부분).

이상이 신화 이론의 역사적 궤적을 추적하는, 이론에 관한 메타-이론적 작업이었다면, 세 번째 작업은 서사 형식의 이데올로기로서 신화의 구체적 사례들을 실제로 분석하는 일이다. 이는 그야말로 시대와 장소를 종횡무진 넘나들며 펼쳐진다. 고대 아일랜드 서사시에서는 가부장적 이데올로기가 어떤 식으로 성적 차이를 자연화하면서 젠더 규범을 요지부동의 원칙으로 재확립하는지를 밝혀내고, 고대 그리스 사상가들의 텍스트들에서는 신흥 엘리트인 철학자 집단이 어떻게 자신들을 정점에 놓는 식으로 사회적 위계 담론을 재편하려 했는지를 밝혀낸다(7장 후반부). 로마 시대 그리스인 저술가들의 텍스트들에서는 상이한 종교적 집단들이 어떻게 자신들의 이익과 목적에 따라 다양한 점술 체계의 위계를 서로 상이하게 재구성하려 했는지를 밝혀내고(8장), 고대 북유럽 서사시에서는 해상무역에 근거한 상업자본주의의 출현이 기존의 폐쇄적이고 자족적인 경제 체제와 어떤 식으로 대비되며 칭송되고 있었는지를 밝혀내며(9장), 고대 이란의 조로아스터교 경전에서는 인간을 만물의 지배자로 설정하려는 목소리와 이에 저항하는 목소리를 대비시킴으로써 이 고대적 텍스트가 어떤 식으로 피억압자의 목소리를 대변하고 있었는지를 밝혀낸다(10장). 또 인도 연구의 대가였던 윌리엄 존스와 관련해서는, 그가 인도의 고대 서사시를 활용해 어떤 식으로 식민 지배를 정당화하려 했고, 이와 대조적으로 동일한 서사시를 활용해 인도인들이 존스의 오만과 영국의 지배에 어떤 식으로 흠집을 내려 했는지를 분석한다(11장). 그런데 마지막에 가서 링컨은 서사 형식의 이데올로기로서 신화에 대한 자신의 생각이 보류되는 한 가지 영역을 설정한다. 그것은 바로 학문이다. 물론 학문하는 행위 자체도 서사 형식의 이데올로기를 구축하는 신화일 수 있고, 엉터리 각주에서 보이듯이 온갖 부정직과 기만적 이데올로기로 뒤범벅될 수도 있지만, 적어도 정직하고 정확하게 각주를 달려는 노력이 있고, 논지와 자료를 서로 점검하고 교정해줄 지적 공동체가 있는 한, 학문은 이데올로기의 단순한 매개수단으로 전락하지 않을 여지를 지닌다는 것이다. 그 구체적 실증으로 그는 이데올로기에 함몰된 부정직한 학문적 작업의 사례들과 그렇지 않은 사례들을 대비하고, 단순한 향유나 재구성의 차원을 넘어선 비판적 학문으로서 신화 연구의 가능성과 전망을 모색한다(후기).

링컨의 논의가 주로 서구 신화들과 약간의 비서구 신화들, 그리고 전적으로 서구 학계의 신화 이론에 국한되기는 하지만, 그의 논의는 우리에게도 적지 않은 시사점을 던져준다. 서구 근대성의 영향 속에서 살아온 우리에게도 로고스와 이성의 승리에 대한 환상은 여전히 강고하다. 여기서 뮈토스와 로고스의 복잡한 함의들과 그 관계 방식의 변화를 추적하는 링컨의 작업은 우리 안의 이 환상을 근본적으로 되돌아보게 해준다. 또 민족주의 등의 온갖 이데올로기에 휘둘리던 근대 신화학의 계보를 추적하는 그의 작업은 근대화와 식민화의 격동 속에서 무지와 미신의 산물로서 신화에 대한 비판적 담론과 나란히, 민족 정체성의 진정한 뿌리로서 신화, 특히 단군 신화를 재발견하고 발명하려던 민족주의적 담론이 지배해온 우리의 과거와 현재를 진지하게 되살피게 해준다. 서양에 대한 열등감과 반감의 미묘한 공존, 그리고 결혼 이민자로서 또 이주 노동자로서 우리와 함께 살게 된 제3세계 사람들에 대한 멸시와 우월감 등에서 드러나는 우리 식의 인종주의에는 단일민족의 허상을 좇는 편협한 민족주의 이데올로기가 깔려 있고, 그 바탕에는 바로 민족의 뿌리로 상정된 단군 신화가 있다. 링컨은 우리 안의 인종주의적 그림자를 극복하는 데 필요한 일, 즉 신화와 민족주의가 복잡하게 상호작용을 해온 역사적 과정을 복원하고 비판적으로 재평가하는 데 유용한 작업 모델을 제공해준다.

무엇보다도 링컨은 신화란 자고로 '성스러운 이야기'라거나 '우주와 인간 존재의 궁극적 의미가 담긴 이야기'라는 식의 낭만주의적 신화 이해가 지배적인 가운데, 신화와 신화 이론에 대한 비판적 성찰보다는 신화의 단순한 향유, 그리고 신화 이론의 단편적인 수용과 적용에만 그치고 있는 우리의 현재를 되돌아볼 수 있게 해준다. 물론 낭만주의적 신화 이해도 나름의 쓸모는 있다. 상징과 의미라는, 쉽게 떨어낼 수 없는 주제에 관해서는 낭만주의자들에게서도 일면 귀 기울여 들을만한 부분이 있기 때문이다. 다만 문제는 낭만주의적 시각이 마치 신화를 읽는 유일한 독법인 양 오해되고 있다는 점이다. 링컨은 이 오해를 확실히 교정해준다. 그는 낭만주의가 아닌 계몽주의의 노선을 따라 좀 더 진솔하고 비판적으로 신화 텍스트와 그 컨텍스트를 분석하는 대안적 방법을 제공해준다. 그의 방법은 효과적이고 매력적이다. 결국 링컨을 통해 우리는, 신화가 대대적으로 유행하고 있는 현실에 그저 휩쓸리지 않고 한 걸음 떨어져서 신화 자체를, 또 신화에 관한 담론과 이론을 비판적으로 성찰하는 하나의 방법을 배울 수 있을 것이다.

이 책을 번역하기 시작한 것은 2005년 여름이었다. 처음엔 김윤성이 용감하게 혼자서 번역을 시작했지만 시대와 지역을 종횡무진 넘나드는 그 방대함 앞에서 쩔쩔매던 중이었고, 최화선이 참여하면서부터 비로소 번역 작업을 본격화할 수 있었다. 그러나 얼마 후 각자 미국에 정착하거나 국내 대학의 전임이 되면서 번역이 계속 지연되다가 결국 중단되고 말았다. 그러다가 2007년 가을 홍윤희가 새로 합류하면서 다시 번역을 재개하여 마침내 완성할 수 있었다. 번역은 우리 세 사람이 각자의 전공 분야나 관심사에 따라, 또 분량을 고려하여 분담했다. 1장, 2장, 4장, 8장은 최화선이, 3장, 5장, 6장은 홍윤희가, 7장, 9장, 10장, 11장, 그리고 머리말과 후기는 김윤성이 초역을 했다. 번역을 진행하면서 우리는 인터넷이라는 문명의 이기 덕을 톡톡히 봤다. 국내외에 흩어져 있었기에 한 자리에 모이기란 쉽지 않은 일이었고, 그 복안으로 우리는 인터넷 카페를 개설해 번역 파일들을 올려 함께 읽고, 책의 내용, 번역 방식, 용어와 개념에 대한 서로의 생각을 나눌 수 있었다. 따라서 이 책 전체는 우리 세 사람의 공동 작업의 산물이며, 번역의 오류가 있다면 우리 모두의 공동 책임이다.

번역이 완성되어 책으로 나오기까지는 이 책을 함께 읽고, 토론하고, 교정을 보아준 많은 이들의 도움이 있었다. 2000년대 초반 이 책을 처음으로 함께 읽었던 서울대 종교학과 대학원 선후배들과 초역을 살펴준 지금의 동학들, 그리고 지난 학기에 원서와 초역을 함께 읽으며 이 책으로 세미나를 했던 지금의 한신대 종교문화학과 대학원 동학들께 감사를 드린다. 무엇보다도 어려운 출판계 상황에도 불구하고, 우리가 번역을 포기하지 않고 완성하기까지 오래 기다려주고, 원서와 초역을 일일이 대조하며 더 나은 번역이 되게끔 조언을 해주고, 마침내 이렇게 책이 완성되어 나오기까지 모든 노력을 아끼지 않아준 이학사 측에 깊은 감사를 드린다.

2009년 8월
옮긴이들

찾아보기

[ㄱ]
간신점 269, 271, 273, 276
게농, 르네 238, 241
『게르마니아』(타키투스) 94~95, 143, 193~194
『게르마니아 개관』(켈티스) 193
게르만 신화
  뒤메질의 - 분석 218~231
  뒤메질의 - 분석에 깔린 서브텍스트 230~232
  신체 부위 상실에 관한 이야기들 221~224
  오딘 225~226
  티르 신화 218~220, 225
『게르만의 신화와 신』(뒤메질) 213, 225, 227~228, 231
게르만족
 - 문화에 대한 아니우스의 날조된 텍스트 95~97
 - 민족 정체성에 대한 생각 106, 345
 - 아시아 기원설의 수용 105~107
 - 영감의 힘으로서 오딘(뒤메질) 225
 -에 대한 타키투스의 묘사 196~197
 -의 기원들(위베르) 216~217
금발 아리아인의 후예로서 -(푀셰) 194~195
게이어, 로버트 210

찾아보기 551

겔너, 에른스트 132
『계간 인류』 210
계몽주의
  -적 가치에 대한 하만의 반대 100
  성서 비판 97
  신화적 시에 대한 비판 98~100
계통수 모델
  -에 대한 도전 348~349
  인도-유럽어들의 전개에 대한 -
  348, 354
고고학
  인도-유럽인의 기원에 대한 증거
  353
고대 북유럽의 에다
  -에서 유래한 신화들 97~98
  스노리의 『산문 에다』 140~143
고로피우스, 요하네스 베카누스 143,
  146~147, 149
고로피우스주의 143
고르기아스 72~74, 77, 80
고비노, 아르튀르(백작) 115, 128,
  184, 186
구술 문화
  -로서 신화(크세노파네스) 64~66
  - 속의 소크라테스 80
  『신통기』와 『오뒤세이아』 속의 -
  48~59
구조주의(레비스트로스) 239
『국가』(플라톤) 80, 252, 255
귄터, 한스 F. K. 137, 209, 340

귄테르트, 헤르만 15, 134
그로타넬리, 크리스티아노 16, 187,
  213
그륀베흐, 빌헬름 135
그리스 비극
  니체가 쓴 -의 역사 117~119
「그리스, 이탈리아, 인도의 신들에 관
  하여」(존스) 156, 170
그림, 빌헬름 107
그림, 야코프 107, 159
금발의 야수(니체) 10, 177~178,
  180~182, 185, 190~192, 202~
  203
기독교
  -의 원천으로서 유대교적 뿌리(니
  체) 190~191
  반-아리아적 종교로서 -(니체)
  190~191, 205~206
  신화로 함축된 - 97
  포이어바흐의 - 분석 109
『기독교의 본질』(포이어바흐) 109
기랄두스 캄브렌시스 141~143, 149,
  168

[ㄴ]
나치
  금발의 야수에 대한 생각의 활용
  182, 203~206
  - 사상에서 귄터의 역할 209
  -가 활용한 신화적 주제들 137

-에 반대한 학자들 352
-에 연루된 학자들 15
-의 토대로서 체임벌린의 텍스트 115
-의 힘으로서 오딘 225
인도-유럽의 고향에 관한 논제 208
난니, 조반니 → '아니우스, 비테르보의' 항목 참조
낭만주의
　게르만 민족 정체성의 구축에서 - 105~106
　-의 선구자로서 하만 100~101
　-의 신화 포용 345
　헤르더의 - 101
노르덴, 에드바르트 194~195
『누벨 에콜』(드 브누아) 207~208, 210
뉘베르크, H. S. 135, 215~216
니체, 프리드리히
　-의 저작과 논의에 나타난 금발의 야수 10, 177~182, 185, 190, 202~203
　-의 저작에 나타난 신화 116~123
　아리아족 이전 검은 머리 민족들에 대한 경고 186~187

[ㄷ]
대립
　『가우트렉의 사가』에 나타난 - 288~300

고대 북유럽 텍스트에 나타난 니요르드와 스카디의 - 283~284
레비스트로스가 활용한 - 203
셈족과 아리아족의 - 109~127, 237
신화와 음악의 -(니체) 117
아리아인과 유대인의 -이라는 나치적 주제 137~138
『오르크네이 영주들의 사가』에 실린 고대 북유럽 텍스트 속의 - 285~288
이항 -(야콥슨) 245
『파이드로스』의 이야기에 나타난 - 256~257
『대분다히쉰』 301, 303, 305
데 브리스, 얀 15, 134, 214~215
데티엔, 마르셀 29
『덴마크 역사 입문』(말레) 98
『도덕의 계보』(니체) 10, 123, 177, 179, 182, 187
『독일 신화』(그림 형제) 108
두개골 지수 185
뒤메질, 조르주 133~134
　-에 대한 비판 242~244
　-의 신화 연구 235~236
　-의 이력과 공헌 211~212
　-이 레비스트로스와 엘리아데에 끼친 영향 236
　-이 본 인도-유럽 신화와 종교의 특징 11

찾아보기 553

'조르주 마르스네'라는 가명의 - 218
뒤비송, 다니엘 11
드 브누아, 알랭 207, 211, 232
드 소미즈, 클로드 148
디오도로스 시켈리오테스 197, 201

[ㄹ]
라스크, 라스무스 159
라이프니츠, G. W. 148~149, 168
랭, 앤드류 129~130, 133, 240, 344
레비브륄, 뤼시앙 344
레비스트로스, 클로드 203, 211
   뒤메질에게서 받은 영향 236~239
   신화 관련 저작과 연구 235~236, 249, 344~345
레치우스, 안데르스 185
렌프류, 콜린 353
로고스/로고이
   고대 텍스트에서 - 34~35
   고르기아스의 - 사용 72~73
   그리스 서사시에서 - 8
   데모크리토스 67
   -에 관한 해석들 35, 37
   소크라테스 이전 철학자들 66~71
   엠페도클레스 68~69
   크세노파네스 63
   플라톤의 - 사용 80~86
   헤라클레이토스 62

헤시오도스 24~30, 35~40
헤시오도스에게서 뮈토스/뮈토이와 -의 대조 39~43
호메로스 30~40
로젠베르크, 알프레드 137, 214, 225
롬멜, 헤르만 15, 134
루드베크, 올로프 143
르낭, 에르네스트 126
리비우스 196~197, 201

[ㅁ]
『마누 법전』
   니체의 자콜리오 번역본 활용 187~191
   존스의 텍스트 활용 317~321
마이어, 게르하르트 144
마틴, 리처드 45
막스 뮐러, 프리드리히 15, 123~124, 126~128, 130, 133~134, 157, 170~171, 240, 340
말
   -의 형태로서 로고스/로고이의 사용 (헤라클레이토스) 62
   헤시오도스와 호메로스에서 사용된 -의 형태들 39~47
말레, 폴 앙리 98, 100~101
말리노프스키, 브로니슬라프 131~133, 241
맥퍼슨, 제임스 98~101, 240, 346
머레이, 찰스 210

머리색
  검은 머리 민족에 대한 경고(니체)
    186~187
  금발의 중요성(니체) 182~184
  비르코프의 연구에서 금발 머리와
    검은 머리 185
  지역과 관련된 -의 차이 194~196
메이예, 앙투안 134, 159, 217, 239,
  241
모건, 마이클 258
모라, 샤를 213
모미글리아노, 아르날도 213, 217
모스, 마르셀 12, 129, 216, 235, 239,
  241, 244
모일리, 칼 135
몬보도, 제임스 버넷(경) 149, 157
무흐, 루돌프 15, 134
무흐, 마태우스 352
문헌학
  막스 뮐러의 더 오래된 신화에 근
    거한 문헌학 활용 127~130
  -에서 인류학으로의 패러다임 전환
    129~131
  '언어', '언어학' 항목도 참조
문화
  게르만 -에 대한 아니우스의 날조
    된 서술 95~97
  - 상대주의(헤르더) 102
  『황소 공격』에서 -가 자연으로 잘
    못 표상됨 246~249

뮈토스/뮈토이
  고르기아스 73
  곧은 -와 굽은 - 39~40
  그리스 서사시에서 - 8~9
  뮈토플라스테온테스(신화를 꾸며
    내는 사람들)에 대한 데모크리토
    스의 생각 66~67
  소크라테스 이전 철학자들 66~67
  시인들이 고안해낸 -(플라톤) 87~
    88
  시인의 - 사용에 대한 플라톤의 비
    판 81~88
  엠페도클레스 68~71
  크세노파네스 63~64
  파르메니데스 67~68
  플라톤 이후 그리스-로마인들의 -
    에 대한 견해 93~94
  핀다로스 62
  헤시오도스 35~47
  헤시오도스에게서 -와 로고스/로고
    이의 대조 38~43
  호메로스 44~47, 54~56
뮐러, 프리드리히 막스 → '막스 뮐
  러, 프리드리히' 항목 참조
「미래의 예술 작품」(바그너) 109,
  111~113
『미트라-바루나』(뒤메질) 218, 227~
  229, 231
민족Volk
  게르만 - 정체성 형성에 대한 생각

찾아보기 555

106~107
-에 의한 신화 사용(헤르더) 103~
105, 107~108
-의 정화와 재생(니체) 117~118
-의 형성(헤르더) 102~103
바그너의 신화와-재결합 109~112
『민족』 209
민족의 기원
단일 지점으로서「창세기」에 관한
이론 144~146
-에 대한 자콜리오의 해석 188~
189
복손의 스카타이 기원설 147~148
아리아인 기원에 관한 이론들 351~
352
헤르더의 아시아 기원설 105~106
민족주의
『게르마니아』에 의해 촉발된 -에
대한 관심 143
게르만 민족 정체성의 형성과 -
106~107, 345
말레와 맥퍼슨의 책에 의해 촉발된
- 100
민족-국가 정체성의 추구 9
-적 맥락에서의 오시안 99
20세기 유럽의 - 134
밀리우스, 아브라함 144, 149, 168

[ㅂ]
바그너, 리하르트 109, 111~117,

119~121, 123, 186, 192, 205,
226~227, 240, 345
바이로이트 파 186, 192, 205
반 게넵, 아놀드 129
반-셈족주의
바그너의 - 111, 115, 123
바이로이트 파의 - 192
포이어바흐의 - 109~110
『발타리우스』 223~224
방브니스트, 에밀 15, 159, 239
배 상징(고대 북유럽) 282~300
배로우, 아이작 167
범-북유럽인의 우정을 위한 북부연
맹 209
베레치아, 아나클레토 187
베르낭, 장-피에르 29
베스트호프, 디트리히 143
『베오울프』 222~224
벨커, G. 121
보프, 프란츠 108, 124, 159, 239
복손, 마르쿠스 주에리우스 147~
149, 155, 157, 168
볼프람, 리하르트 134
부디노이족(헤로도토스) 194~195,
202
『북방 세계』 209
『북방인』 209
분류 체계
-로서 신화(뒤르케임과 모스) 244~
246

556

시빌라의 죽음에 관한 신화에서 -
　275~279
신화 형식으로 된 -에서 차별 246~
　252
야야티의 아들들에 관한 신화에서 -
　333~338
인간 종류의 -(엠페도클레스, 핀다
　로스, 플라톤) 262~263
인류학자들이 선호하는 - 128
점술 행위의 - 271~279
『쿨리의 황소 공격』 246~249
환생 순서에 따른 위계의 재조정
　259~263
분젤, 크리스천 124
『불 훔치기와 신의 음료』(쿤) 120
뷔르누프, 외젠 124, 133
뷔스트, 발터 15, 134
브라이언트, 제이콥 154~157, 164,
　166, 168~170, 240, 340
브랜든, S. G. F. 131
브레알, 미셸 133, 241
블로크, 마르크 225
비교신화학
　막스 뮐러의 - 123~130
　문헌학과 인류학을 연결하는 -(뒤
　　메질) 134
　-의 옹호자로서 쿤 120
　20세기 유럽의 - 133~136
　프랑스의 - 133
『비극의 탄생』(니체)

- 속의 신화적 이야기들 116~118
-에 나타난 게르만 문화와 정치
　117~119
프로메테우스 신화 120~122
비덴그렌, 게오 135
비르코프, 루돌프 183~186
비칸데르, 스티그 14~15, 135, 215~
　216
비코, 기암바티스타(조반니 바티스
　타) 97, 240
비트루비우스 198~199, 202~203

[ㅅ]
사이드, 에드워드 152~153
삭소 그라마티쿠스 227
산스크리트어
　-에 대한 독일인의 관심 107
　-에 대한 존스의 논의 158~162
　존스의 - 공부 317
『새로운 애국자』 209
섀더, 한스 하인리히 15, 134
『서구의 운명』 209
선-아리아 무리
　-로서 검은 머리 게르만 민족에 대
　　한 경고(니체) 186~187
　슬라브-핀족(카트르파주) 184~
　　186
성서
　-에 나타난 북유럽인들에 대한 관
　　심(1640년대) 97

-에 대한 계몽주의의 은폐된 비판
　　　들 97
　　울필라의 신약성서 고트어 번역 97
　　'「창세기」' 항목도 참조
셈족
　　-에 대한 자콜리오의 해석 188~
　　　189
　　-의 산물로서 의례 125
　　아리아족과 -의 대조(니체) 120~
　　　123
　　아리아족과 -의 대조(엘리아데)
　　　237
셰만, 루트비히 115
소쉬르, 페르디낭 드 128, 134, 239,
　　241
소크라테스 79~81
　　-에 대한 니체의 비판 118~119
　　-의 죽음에 대한 플라톤의 설명
　　　81~82
소피스트 71~72, 74, 79, 88, 255,
　　257~258, 262~263
슈뢰더, 레오폴트 폰 134
슈뢰더, 프란츠 롤프 134
슈리키우스, 아드리안 143, 147
슐라이허, 아우구스트 159, 239
슐레겔, 프리드리히 107, 119, 123,
　　240, 352
스노리 스투를루손 140, 170, 218
스미스, W. 로버트슨 129, 240
스키타이 테제 148~149, 157

스트라보 197, 201
스트렌스키, 이반 11, 17, 216
시
　　기원전 5세기말 아테네에서의 - 79
　　-에 대한 고르기아스의 견해 72
　　-에 대한 막스 뮐러의 견해 124~
　　　125
　　-에 대한 크세노파네스의 비판 80
　　시인과 -에 대한 플라톤의 공격
　　　80~85
　　오시안의 작품으로 간주되는 - 98~
　　　99
　　재이론화된 신화적 - 100
시빌라, 델포이의(플루타르코스)
　　265~279
　　-의 몸에서 유래한 점술 행위들
　　　266~276
시빌라, 에뤼트라이의(플레곤)
　　-에 대한 아폴론의 처사 277
　　-의 몸에서 유래한 점술 행위들
　　　271~277
　　-의 예언 270~271
시빌라, 쿠마이의
　　-에 대한 아폴론의 처사 278
　　-의 개작 271~281
　　엘리엇 작품 속의 - 264~265
시인
　　-에 대한 소크라테스 이전 철학자
　　　들의 공격 60~62
　　-에 대한 헤라클레이토스의 비판

60~62
　-의 가치에 대한 플라톤의 인식
　　84~88
　철학자-왕과 다른 -의 역할(플라톤) 87
시크, 데이비드 17, 309
『신통기』(헤시오도스)
　-에 나타난 시인과 무사 여신들의 합법적인 말 55~59
　-에 나타난 진실한 말과 거짓된 말 22~30
　-에서 레게인과 뮈테오마이의 사용 22~24
　-에서 중요한 단어로서 로고스/로고이의 사용 24~30
신화myth
　게르만어 민족Volk의 정의(그림 형제) 107~109
　계몽주의 철학자들의 - 비판 97~98
　그리스 문화의 신화에 대한 르네상스기의 견해 9, 93~94
　니체의 -라는 주제 사용 116~117
　바그너의 민족 재구성 109~112
　북유럽 에다 신화의 번역 98
　서사 형식의 이데올로기로서 - 12, 246~249
　신앙과 관습에 관심 있는 학자들이 주목한 - 128~129
　신화를 자아내는 신화학자 170~

　　172, 353~354
　-에 대한 낭만주의자들의 태도 97
　-에 대한 말리노프스키의 견해 131~133
　-에 대한 문헌학적 접근과 인류학적 접근 128~131
　-에 대한 이론과 접근(1725~1980) 238~241
　-에 대한 인식 전환에서 플라톤의 역할 79~88
　-의 사례들에서 아리아 또는 인도-유럽 11~12
　-의 상대적 타당성과 권위 7~8
　-의 재조정 249~258
　-학자로서 존스 170
　아리아 -(막스 뮐러) 124~126
　아리아인에 관련된 담론에서 - 135~137
　원시인들의 이야기로서 - 129
　일정한 스타일을 지닌 서사 담론 7
　제2차 세계대전 이후의 - 연구 235~236
　크세노파네스의 - 재해석 64~65
　『파이드로스』의 신화 252~258
　플라톤 이후의 - 이해 93~94
　헤르더의 체계에서 - 101~103
　'신화mythology', '비교신화학' 항목도 참조
신화mythology
　나치즘과 게르만 신화(뒤메질)

225~227
대장장이 빌란트 113
바그너의 니벨룽의 반지 연작에서
지크프리트 이야기 113~114
브라이언트의 고대 - 분석 154,
164, 168
-와 언어의 비교(브라이언트) 154
제2차 세계대전 이후의 - 연구
235~236
트로이아인들의 북방 이주(스노리)
140~141
'게르만 신화', '인도-유럽 신화'
항목도 참조
쓰기
그리스에서 -의 도입 59~61
파피루스나 양피지에 써진 단어들
60

[ㅇ]
『아그리콜라전』(타키투스) 195
아니우스, 비테르보의(조반니 난니)
95~97
아리아 신화
니체의 - 121~122
벨커의 - 121
20세기의 - 담론 137
쿤의 - 120
아리아인
고대 -에 대한 존스의 가설 135
나치의 담론에서 - 137~138

남아시아의 -(막스 뮐러) 124
셈족과 대조되는 - 121~123, 237
19세기와 20세기 담론 속의 - 136~
138
- 검증 요소로서 두개골 지수 185
'아리아 인종'이라는 용어의 사용
115~116
-의 고향으로서 인도(슐레겔) 107
-의 기원에 관한 이론들 352
-의 신체적 특징 185~193
-의 야만적 특질들(니체) 186
'인도-유럽인', '선-아리아 종족'
항목도 참조
아몬인(브라이언트) 155, 165~167,
169
아시아
게르만족의 기원을 -에서 찾은 바
그너 114~115
- 주요 어족의 기원(존스) 105~
106, 149~150
존스가 -인들에게 부여한 특성
172~176
헤르더의 - 기원론 105~106
알라르, 장-폴 208
알트하임, 프란츠 15, 134
야콥슨, 로만 239, 241, 245
애예르, 안드레아스 148
어족
아리아어, 셈어, 투르크어 간의 어
족 구분(뮐러) 126

언어

계통수 모델 348~349

고로피우스주의의 오류 143

고유의 -가 없는 유대인들(바그너) 111

그리스어 및 라틴어와의 연관 찾기 143~144

막스 뮐러의 언어학적 분류 125~128

민족-국가의 상징으로서 -에 대한 추구 9

북방 -의 기원들 143~148

신화와 -의 비교(브라이언트) 154

어휘론적 비교(기랄두스) 141~143

-들의 공통 기원에 관한 존스의 테제 10, 105, 152, 157~159

-에 대한 소피스트의 질문들 71~72

-에 대한 스노리의 생각 140~144

-의 기원(헤르더) 127

인도-유럽어들 사이의 관계 347~348

인도-유럽어의 음운론과 어형론 127

파도 모델(트루베츠코이) 348~349

하만의 - 이론 100~101

'인도-유럽어', '언어의 기원', '산스크리트어', '타밀어' 항목도 참조

언어의 기원

언어의 공통 기원으로서 스키타이어에 관한 이론 147~148

-에 관한 북유럽인들의 이론 143~144

-에 관한 중세 지식인들의 이론 140~143

유럽어의 기원에 대한 존스의 가설 105, 152, 158~162, 170~171

언어학

격변화를 사용하는 언어들과 그렇지 않은 언어들의 구분 125~126

공시 -의 도입 128

공통기어의 재구성 170

과학으로서 - 347

기랄두스의 - 141~143

뒤메질의 인도-유럽 재구축의 맥락에서 언어학 239

레비스트로스의 언어 이론 239

스노리가 트로이아인들이 북방으로 이주했다며 제시한 증거 140~141

아시아 민족들의 -에 대한 존스의 분석 161~167, 172~176

-에 대한 뒤메질의 관심 239

-에 대한 소쉬르의 기여 239

-의 권위자로서 존스 151

이항 대립 245

프라하학파 239, 245
프로코피우스의 선사시대 민족들의 언어들 재구성 349~352
'언어', '대립' 항목도 참조
에리봉, 디디에 213, 216~218
에볼라, 율리우스 238, 241
엘리아데, 미르체아
  신화 연구에 대한 -의 공헌 235~236
  -가 받은 사상적 영향들 236~237
  -에 대한 비판 242
  -의 비교신화학 활용 134~135
엘리엇, T. S. 131, 264~265
엠페도클레스, 아크라가스의 68~72, 82, 260~263
연관
  시빌라의 죽음에 나타난 분류 체계 속의 - 275
  『파이드로스』의 이야기 속의 - 257
연대기
  성서 -와 인도 -의 조정(존스) 318~321
영혼의 윤회
  엠페도클레스의 -론 69~70, 260~262
  플라톤 262~263
  핀다로스 259
『오뒤세이아』(호메로스)
  시인 예찬과 시에 관한 이론 49~54

-에서 로고스/로고이의 사용 31
-에서 뮈토스/뮈토이의 사용 44~56
오드리, 장 208, 211, 232, 340
오시안
  맥퍼슨의 사기 346
  -의 작품으로 간주된 시 98~99
오토, 발터 134
『외팔이 에길의 사가』 221, 224
우랄알타이어족, 또는 투르크-몽골어족(막스 뮐러) 126
『원시 분류 체계』(뒤르케임과 모스) 12, 244
웨스턴, 제시 131
위계
  분류 체계에서 -(뒤르케임) 245~246
  야야티 신화 속의 - 333~338
  원초적 황소 신화 속의 경쟁적 - 301~309
  점술 분류 체계의 - 275~279
  『파이드로스』에 나타난 - 254~257
위베르, 앙리 216~217
윌킨스, 찰스 151
유대인
  기독교보다 덜 위험한 유대교(니체) 191~192
  나치 신화 속의 - 137
  디아스포라 -(헤르더) 107

-과 그리스인의 대조(포이어바흐) 110
-에 대한 존스의 논의 167
-에 대한 헤르더의 논의 107
-의 이기주의(포이어바흐) 110~111
'반-셈족주의' 항목도 참조
유럽인
『게르마니아』의 생각에 대한 북유럽인들의 수용 95
남유럽인들에게 부여된 신체적 기질적 특징 198~199
북유럽 언어기원론 143~144
북유럽인들에게 부여된 신체적 기질적 특징 192~202
성서에 대한 북유럽인들의 관심 96~97
융, C. G. 135, 225, 238, 241
이기주의
바그너의 - 주제 활용 111~112
유대인의 -(포이어바흐) 109~112
이데올로기
니체의 정치 - 재코드화 182~184
서사 형식의 -로서 신화 246~249
-에 관한 익명의 소피스트의 이론 74~77
인도-유럽의 3기능 -(뒤메질) 212~213
학문의 일부로서 - 339~341
헤시오도스의 『신통기』에 담긴 - 55~59
『20세기 신화 이론』(스트렌스키) 11
『20세기의 신화학들』(뒤비송) 11
인도
아리아인의 고향으로서 -(슐레겔) 107
-에 대한 독일인들의 관심 106~107
-의 발전을 저해하는 신화(뮐러) 124
인도-유럽 신화
-를 재구성하는 연구 207~210
-에 대한 학문적 토대로서 뒤메질의 연구 210~232
『인도-유럽 연구』 208, 211
인도-유럽어
기랄두스 테제 141~143
-들 사이의 관계 347~348
-들의 음운론과 어형론 127
인도-유럽 민족들
뒤메질의 3기능 이론 212, 218~225, 237~238
뒤메질의 - 237, 242~244
뒤메질의 - 연구 210~217
아리아인의 대체물로서 - 169
엘리아데의 - 236~238
-에 관련된 문제들의 이론화 354~355
-에 관한 전후 시기 담론 16
-에 대한 뒤메질의 생각에 영향을

준 사람들 214~215
-의 기원에 대한 자콜리오의 해석 188
-의 우월성(드 브누아, 오드리, 피어슨) 232
존스의 테제 148~149
『인도-유럽학회지』 208~211
『인류 역사의 철학에 대한 관념들』(헤르더) 102
인류연구소 210
인종
  고비노의 -론 115
  많은 인종들에서 금발(니체) 180~182
  바그너의 고비노-론 수용 115
  인류학자들에 의한 - 구분 128
  존스의 원형-찾기 164~166
  짙은 피부-에 대한 밝은 피부-의 승리(푀셰) 186, 193
인종차별
  게이어와 피어슨의 - 210
  『종형 곡선』 분석의 - 210
  '나치' 항목도 참조
『일과 날』(헤시오도스)
  날들과 세 가지 범주의 상호관계 27~28
  -에 나타난 참된 말과 거짓말 22~30
  -에서 로고스/로고이의 사용 27~28

『일리아스』(호메로스)
  - 속의 로고스/로고이 32~34
  - 속의 뮈토스/뮈테오마이 사용 44~47

[ㅈ]
자콜리오, 루이 188~189
장복 269, 275~276
조점 271, 273, 276
존스, 윌리엄(경) 10, 126, 136
  문명 성취도에 관한 이론 157~163
  브라이언트에게서 받은 영향 154~157, 164~171
  산스크리트어 공부 316~318
  아시아 시들의 우월성에 대한 견해 149
  아시아에 대한 언급들 149~150
  언어들의 공통 기원에 대한 견해 10, 105, 152, 157~162, 170
  인도에서 체류하는 동안 연구할 주제들 152~153, 155
  인도에서의 임무와 과제 315
  -의 인도-유럽 테제 148~149
종교
  반-아리아적 -로서 기독교(니체) 190~192
  셈족 -에 대한 자콜리오의 해석 188~189
  인도-유럽 - 214
  인도-유럽 -(귄터) 209

-에서 상징 282
『종형 곡선』(헤른슈타인과 머레이) 210
주석
　　신화에 대한 -의 승리 346
　　학문적 텍스트에서 -의 역할 341~343
진즈부르그, 카를로 213, 217
짐부타스, 마리아 352~353

[ㅊ]
차별
　　신화 형식으로 된 분류 속의 - 246~249
　　-의 도구로서 이항 대립 203, 237
차일드, V. 고든 352
「창세기」
　　브라이언트의 - 민족지 재조정 154~155
　　존스의 - 민족지와 원초적 종족 연결 163~167
　　-에 근거한 헤르더와 존스의 선입견 105~106
　　-에 없는 투이스콘 96
　　-의 인물들에 근거한 인류 기원 이론 144~146, 168
철학
　　계몽주의 철학자들의 - 97
　　소크라테스 이전 철학자들의 로고스/로고이와 뮈토스/뮈토이 사용 66~70
　　실제-삶의 위계 속의 철학자들 263
　　저술에서 뮈토스/뮈토이를 활용한 철학자들 82~88
　　진실의 영역으로서 -(플라톤) 88
철학자-왕
　　시인들의 신화에 대한 면밀한 검토 87
　　시인의 스승으로서 -(플라톤) 87
　　『파이드로스』에 나타난 - 255~259, 262
체임벌린, 휴스턴 스튜어트 115, 229
침머, 슈테판 349

[ㅋ]
카루스, 칼 구스타프 185~186
카우프만, 월터 182, 192
카유아, 로제 239
카트르파주, 아르망 드 184~186
케레니, 카롤리 135
켈트족
　　금발의 아리아인으로서 -(니체)
켈티스, 콘라트 193
코시나, 구스타프 352
코퍼스, 빌헬름 352
콘포드, 프랜시스 130
쿤, 아달베르트 120~121, 123, 159, 240
『쿨리의 황소 공격』 246
크레바틴, 프랑코 349

크리티아스 77~78, 85
크세노파네스 60~66, 80, 82, 97, 201
클레도노만시 271, 273, 275~276
키르히마이어, 게오르크 카스파 148

[ㅌ]
타밀어 188
타일러, E. B. 129
타키투스 94~97, 105, 143, 193~197, 201, 203
투이스콘 95~96
트루베츠코이, N. S. 239, 348~349

[ㅍ]
파도 모델(트루베츠코이) 348
파르메니데스 67~68, 82
파불라/파불라이
　로마 이야기의 - 9
　플라톤 이후 -에 대한 그리스-로마의 견해 93~94
파우사니아스 172, 265, 279
『파이드로스』(플라톤)
　신화 장르에서 전개의 사례로서 - 252~258
　-에 실린 소크라테스의 두 가지 연설 간의 대조 83~85
파이스트, 지그문트 352
파이어니어 기금 209
파크, H. W. 271

페트로니우스 264~265
펜카, 칼 352
포이어바흐, 루트비히 109~111, 240
폰 훔볼트, 알렉산더 95
푀셰, 테오도르 185~186, 193~194
『퓌티아 신탁에 관하여』(플루타르코스) 265, 275~276
프라쉬, 요한 루트비히 144
프레이저, 제임스 조지 15, 129~134, 237, 241, 344
프로메테우스
　이브와 대조되는 -(니체) 120~122
　-의 아리아적 기원(쿤) 120
프로코피우스 174, 201, 349~351
프로타고라스 71, 73, 82
플라톤
　뮈토스/뮈토이로 소통하는 철학자들에 대한 비판 82
　신화에 대한 그의 태도의 활용 344
　신화와 시인의 가치에 대한 인식 84~85
　아테네 귀족정치의 승자 78~79
　『파이드로스』에 대한 분석 252~258
플레곤, 트랄레스의 269~273, 275~277, 280
플루타르코스
　델포이의 시빌라에 대한 설명 265~271
　-의 내세론 274

피어슨, 로저 209~211, 232
피우스 2세(교황) 94
피콜로미니, 아이네아스 실비우스 94
　'피우스 2세(교황)' 항목도 참조
핀다로스 62, 259, 262~263

[ㅎ]
하만, 요한 게오르크 100~101, 125, 240
하우어, 야코프 빌헬름 134
학문
　맥퍼슨의 문서화되지 않은 - 346
　비교신화학 133~134
　신앙과 관습에 관심을 두는 - 128~129
　신화로서 - 353
　-과 신화의 차이 12, 341~347
　-에서 주석의 역할 341~343, 346
　-에서 토론의 역할 342
할헤드, 너대니얼 151
해리슨, 제인 엘렌 130, 241
헤겔, G. W. F. 133
헤라클레이데스, 폰투스의 279
헤라클레이토스 21, 45~46, 60~62, 69
헤로도토스 147, 194~195, 202
헤르더, 요한 고트프리트
　언어에 대한 -의 생각 127
　『인류 역사의 철학에 대한 관념들』의 체계 102~105

-의 민족 관념 135
-의 신화 이론 346
-의 아시아 기원론 105~109
『헤르메스에게 바치는 호메로스풍의 찬가』 31
헤른슈타인, 리처드 210
헤시오도스
　『신통기』 22~30, 55~59
　『일과 날』 22~30
　크세노파네스의 - 비판 65
　-가 사용한 말의 형식들 22~30, 35~47
호메로스
　-가 사용한 말의 형식들 34~47
　-에 대한 고르기아스의 비판 73
　-에 대한 비판 73
　-에 대한 크세노파네스의 비판 65
　-의 로고스/로고이 30~31
회플러, 오토 15, 134, 214~216
훅, S. H. 131
히르트, 헤르만 352
히틀러, 아돌프
　-와 오딘 신의 연관 227
「힌두인의 연대기에 관하여」(존스) 318
힘러, 하인리히 214